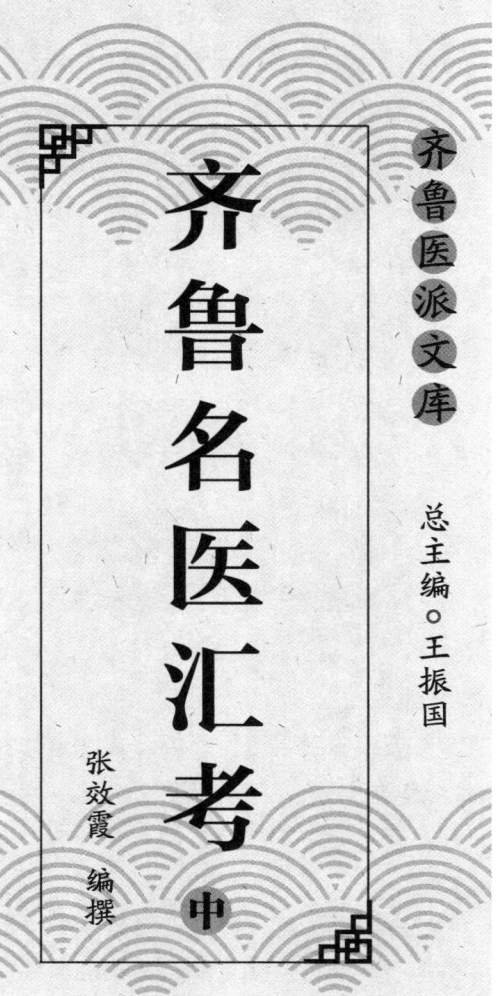

齐鲁医派文库

总主编 ○ 王振国

齐鲁名医汇考

张效霞 编撰

（中）

山东科学技术出版社
·济南·

潍坊

◎ 郭存谦 ◎

郭存谦，字光山。雄县人。万历间，以进士宰潍。有王君同等疑狱，积年不决，一讯得情，远近颂"神明"。岁饥，亲自赈给，治药疗疫，全活万人。赎锾易谷，贮常平仓，仿朱子遗法。

[乾隆《潍县志》卷三《名宦》]

郭存谦，字光山。雄县人。万历间，以进士宰潍。值王君同等疑狱，积年不决，一讯得情，远近称"神明"。岁饥，亲自赈给；疫作，自为药治疗，全活万人。赎锾易谷，积为常平仓，仿朱子遗法。至今尸祝之。

[乾隆《莱州府志》卷九《宦绩》]

郭存谦，字光山。北直雄县人。进士。万历三十六年（1608）知潍县。值王君同等疑狱，积年不决，一讯得情，远近称"神明"。岁饥，亟筹赈给；疫作，自为医治，全活甚众。赎锾易谷，积为常平仓，仿朱子遗法行之。

[宣统《山东通志》卷七十三《职官志第四·历代宦绩》]

郭存谦，字仲恭。雄县人。万历时进士，授山东潍县令。岁饥，仿义仓法为永惠仓，以资赈贷。擢吏部，历至掌铨，以陈奏忤权贵归，后起户部，晋光禄少卿。时逆珰势炽，有为立碑颂德者，存谦不书名，以故久淹冷曹。崇祯初，拜光禄卿，以春秋高予告，屡荐不起。年八十卒。

[康熙《畿辅通志》卷二十六《德望大臣》]

郭存谦，字仲恭。雄县人。万历丁未（1607）进士，授山东潍县令。岁饥，仿义仓法为永惠仓，以资赈贷。擢吏部，历至掌铨，以陈奏忤权贵归，后起户部，进光禄少卿。时逆珰势炽，有为立碑颂德者，存谦不书名，以故久淹冷曹。崇祯改元,进光禄卿,以春秋高予告,屡荐不起。年八十卒旧志。

[光绪《保定府志》卷五十四《仕绩》]

郭存谦,字仲恭。镇之次子。万历丁未进士,授山东潍县令。岁饥,仿考亭义仓法为永惠仓,以资赈贷。敩士爱民,善政备举。擢吏部,历至掌铨,以事忤权贵归,后起户部,进光禄少卿。时魏党势炽,有为立碑颂德者,存谦不书名,以故三载不迁。崇祯改元,由通政进光禄卿,以春秋高予告。具言:臣少孤,非祖母无以至今日,愿得三品诰封足矣。遂奉有,居官清慎,具见恬志之旨。先后在光禄,如清逋赋,恤粮解,汰胥役,创廒三百余间,省耗数十万石,皆人不乐为者,而毅然行之。里居后,屡荐不起。年八十卒。子石麟,廪生。以荫历工部员外郎。孙沆,崇祯癸未(1643)武探花;潜,康熙丙午(1666)举人。

[民国《雄县新志》文献略《明仕绩》]

郭存谦,(万历)三十六年(1608)任。有"传"。

[乾隆《莱州府志》卷六《潍县知县》]

(万历)丁未(1607)科黄士俊榜

郭存谦,雄县人。官光禄寺卿。

[康熙《畿辅通志》卷十七《进士》]

郭存谦,万历十六年(1588)戊子科。

[民国《雄县新志》文献略《明举人》]

郭存谦墓,在雄县西北七里《雄县志》。

[光绪《保定府志》卷四十三《陵墓》]

效霞按:郭存谦之字,山东省各《县志》《府志》《通志》,皆作"光山";其故乡之《雄县新志》《保定府志》《畿辅通志》,皆作"仲恭"。以古人之名与字关系例之,作"仲恭"为是,"光山"可能是其号。所建义仓,山东省各《志》,均作"常平仓";其地望各《志》,均作"永惠仓",未知孰是。

◎ 田可行 ◎

田可行,少失怙,母殁,贫仅衬葬,而坟不能筑。庐墓三年,日夜负土成坟。时盛疫,有异人授秘方,云:以此治,无不愈。言讫不见。病者咸来取方,约活千余人。谢者,分毫不受。其详载寒亭北五里冢前碑。

[乾隆《潍县志》卷四《孝义》]

田可行，武定州人。明末，随母探亲，至邑东北乡纪家庄，栖止焉。母殁，乞邻人藁葬庄西。庐居墓上，日负土筑坟，三年遂成大冢，高丈余，阔三四丈。时盛疫，有异人授秘方，云：以此治，无不愈。言讫不见。病者咸来取方，计活千余人，不受酬谢。出庐后，去不返。村人感之，醵钱为刊碑。权廪生乘运纪其孝行，即今寒亭北五里冢前碑也。

[民国《潍县志稿》卷三十一《孝友》]

◎ 孙出声 ◎

孙出声，《四书文稿》《诗余》《删定太华经》《针法辨》一卷、《观物小语》《卦义考》《柳毅传》。

[民国《潍县志稿》卷三十七《艺文》]

孙出声，字振铎。周家庄人。父席休，字迓衡。明诸生。工诗古文辞。出声幼承家学，读书至夜分不辍，由诸生旋食廪饩，著述甚富。平生言动谨饬，虽暗室危坐，无惰容。毅宗末年，流寇四起，过其村者，每相戒以"勿惊孙先生"。比闻鼎革耗，号泣不食，出遇同岸友刘谦，相抱痛苦，几绝，少甦，别去，径入临朐乱山中不出。卒年八十有四。所著述，见《艺文志》。

[民国《潍县志稿》卷二十九《高士》]

刘谦，字六吉。西坡子庄人。明末诸生。富文学，与孙出声振铎友善。明鼎革，与出声号泣终日，送别出声后，闭门著述，不预科场。年八十四卒。

[民国《潍县志稿》卷三十《文学》]

◎ 姚廷皋 ◎

姚廷皋，《伤寒辑要》一卷。

[民国《潍县志稿》卷三十七《艺文》]

《伤寒辑要》一卷，姚廷皋撰。廷皋，潍县人。是书见《潍县志稿·艺文》。

[《山东通志艺文志订补·子部·第一册》]

姚廷皋，明代山东潍县人。生平未详。著有《伤寒辑要》一卷，今未见。

[《中医人名大辞典》]

清

◎ 王庆宇 ◎

王庆宇，于清顺治四年（1647）开办"王万春堂"。据《潍县志稿》卷十二记载，"王氏"一族始祖朱某，系明神宗犹子，甲申（1644）之变，李闯王攻占北京，便改姓王，与一太监逃来潍县城，在安乐街买朱姓房屋三间定居，遂将由宫中带来的明太医院秘方配制"杏核丹"眼药，在潍县东门瓮城外设摊零售。鼎革后，清廷封派官吏接管各地，赴潍官员中有一明朝归降清朝的官吏与王庆宇相识，目睹其在东门摆摊之状，假托此乃同乡亲友，密嘱新任县令给以关照，三间瓦房在东门瓮城路北拔地而起，王庆宇挂起"王万春堂"字号开张，专售自制的"杏核丹""拨云散""扫乌丹""上清散""明目退翳散"等眼药。虽本小利微，但因循"制作精细，货真价实"之道，生意甚为兴隆。随着家族的繁衍，分成"王万春堂东记"和"西记"两家。1933年，瓮城拆除后，又在南坝崖街东西两侧建房营业。原"王万春堂西记"店主王永顺将"西记"字号让出，新立"顺记"。1950年末，"东记""西记""顺记"三家财产分别为八百六十三元、三百六十四元、三百六十六元。1956年，三家药店加入公私合营。

[《潍坊市医药志》第二编《药店》]

◎ 彭永龄 ◎

彭永龄，孝顺父母，品行端方。世传医术，施药济人。乾隆十八年（1753），邑令韩举乡饮众宾。

[乾隆《潍县志》卷二《乡饮》]

◎ 吕 芳 ◎

吕芳，事祖母及母，俱以孝称。有从侄吕传中，幼失父母，恩养十年，为之娶，又予之宅一所、地十二亩。乾隆十二年（1747），岁凶，继大疫，芳施药济人，买木作棺，不能殓者给之。

[乾隆《潍县志》卷四《善行》]

吕芳，事祖母及母，俱以孝称。有再从子名传中，幼失怙恃，恩养十年，为之婚娶，又与宅一所、地一十二亩。乾隆十二年，岁饥，继以大疫，施药济人，买棺，施贫不能殓者。

[民国《潍县志稿》卷三十一《孝友》]

◎ 彭之惠 ◎

彭之惠，字学祖。原籍江西南昌人。精岐黄。顺治间，游山左，与益都翟玉华相友善，后历潍，因家焉。凡与人病，靡不洞见症结，远近称名医。邑人丁肆夏预诊其脉，十年后必发疳，果验。亦能自诊，决寿命于二年之前。著有《内经详解》《伤寒论》行世。

[《潍县乡土志·学问》]

◎ 彭之岁 ◎

彭之惠，字学祖。江西南昌人。精岐黄。顺治间游山左，与益都翟玉华相友善。后历潍，因家焉。凡遇人病，靡不洞见症结，远近称"名医"。邑人丁肆夏预诊其脉，十年后必发疳，果验。亦能自诊，决寿命于二年之前。

[乾隆《潍县志》卷六《方技》]

彭之惠，字学祖。江西南昌人。与弟之岁，精通医理。顺治初，流寓至潍。能治病于未发之前。夙与益都翟良玉华友善。时探丸尚，啸聚海上。一日，数骑至门邀。之惠驰行二百余里，至一山，则贼穴也。有渠魁势狞猛言：有子卧病，闻名相招，能治者重赏，否则当殉病者。之惠入视良久，出，谓：病者心肝已坏，无从得治。唏嘘俯首请死而已。魁立捉刀入内，杀其子，取心肝验之，果然。始大惊曰：真好医生，杀之可惜。遂放归。之惠诊病，靡不洞见症结。为邑人丁肆夏预诊其脉，十年后必发疳症，已而果然。又能自决寿命于某年月。卒，葬于潍。其子姓，后行医胶州。之岁，遂籍潍，绵延三世，医药皆效。又阅数世，始以科目起其家。

[民国《潍县志稿》卷三十二《艺术》]

彭之惠，字学祖。原籍江西南昌人。精岐黄。顺治间，游山左，与益都翟玉华相友善，后历潍，因家焉。凡与人病，靡不洞见症结，远近称名医。邑人丁肆夏预诊其脉，十年后必发疳，果验。亦能自诊，决寿命于二年之前。著有《内经详解》《伤寒论》行世。

[《潍县乡土志·学问》]

《内经详解》《伤寒论》，彭之惠撰。之惠，字学祖。潍县人。二书见《乡土志》。

[宣统《山东通志》卷一百三十六《艺文志第十·子部·医家》]

◎ 郭　栋 ◎

郭栋，字抡升。精岐黄术，所全活不下数十百人，尤笃于睦族。慷慨识大体，屡督大工役，事无不办。子耀章，字景文。知辰州事。乾隆中，征缅军兴，辰当军行要道，栋寄书勉以忠孝，虽破家无虑。事平，计赔数千金。耀章亦以勤劳卒于任。

[民国《潍县志稿》卷二十九《义行》]

崇圣祠，旧名"启圣祠"，雍正元年（1723）加封。孔子先世五代王爵改祠曰"崇圣"。明嘉靖六年（1527），知县杨宜建于明伦堂西南，生员陈运新等重修。乾隆六年（1741），移建于明伦堂东，贡生郭栋督修。

[乾隆《潍县志》卷二《学校》]

郭栋，例贡生。封奉直大夫、兵马司正指挥。田氏，赠宜人，以子耀章贵。

[乾隆《潍县志》卷二《封荫》]

◎ 周文奎 ◎

周文奎，号淡叟。监生。性刚直，轻财好义。凡邑中修城池及学宫、庙宇、道路、桥梁诸巨工，悉与其事，不辞劳瘁。城上文昌阁，多年失修，又纠同人，出资修饰之。甲午（1774）王伦之乱，又出劝邑之殷实者捐资，为备御之具。又精医，每逢瘟疫盛行时，必广施药饵以活人。年八十九岁卒。著有《淡叟晚集》。

[民国《潍县志稿》卷二十九《义行》]

◎ 魏希亮 ◎

魏希亮，魏家温庄人。精医术。灾疫流行时，希亮沿户诊治，虽劳不倦。施药贫家，不取分文。里人每有旧嫌宿怨，得其一言即解。四十余载，村中无诉讼者。

[民国《潍县志稿》卷二十九《义行》]

魏希亮（1823—1887），潍县大魏家村人。其学术渊源于《外科正宗》，外科造诣尤深。灾疫流行时，逐户诊治，虽劳不辞。施药贫家，不取分文，颇负盛名。光绪十三年（1887），乡人赠"劳心桑梓"巨匾一块，后被烧毁。

[《潍坊市卫生志》第八篇《名医录》]

[《潍县中医药志》第五章《医林人物表》]

[《山东中医药志》第六篇《人物表》]

◎ 王 琅 ◎

王琅，字次琳。都家庄人。性孝友，品行端方。道光乙未（1835），贡入成均。精岐黄业，著有《妇科幼科要旨》，未梓行。好善乐施，蒙师寿光何宴昌既老且贫，板舆迎养，卒乃购备衣棺，为之营葬。诸子业师齐延庆，东关人也。解馆后，岁常馈问，冬必遣遗棉衣，终其身。道光癸未（1823），岁饥，同里玄启隆以贫鬻妻，既就道矣。闻而力阻之，亟餽以粟米，并资之钱帛，俾营生业，夫妇始得完聚。至今生齿繁衍，乡人高之。

[民国《潍县志稿》卷二十九《义行》]

◎ 曹心传 ◎

曹心传，字德科。桥西庄人。性孝友，好施与。同治丁卯（1867），捻军东下，倡修土堡御乱，西北门地主傅某不愿施地，心传出己地半亩易之。其他修炮台、造枪炮，皆特别捐款。以是月余工竣，一村赖以安全。又精岐黄术，活人无算。行医一世，未尝受谢仪一钱。光绪二十四年（1898）卒。

[民国《潍县志稿》卷二十九《义行》]

◎ 郭伟业 ◎

郭伟业，字贻昆。九岁丧父，侍母刘以孝闻。与弟伟勋同居六十年，式好无间。所交多知名士。至于嫌隙疑难，每出意见以为定衡，无不慴服。邑令郑燮素重之，凡有大工役，恒属之董理，人皆服其公正。晚年，以医济人，全活甚众。遇老弱贫苦，尤加意焉。

[民国《潍县志稿》卷三十《文学》]

文昌阁，在城东南角上。举人于泽长等建，乾隆十五年（1750）教谕邓汝贤倡阖邑绅士重修，添建官亭三楹于阁后。阁前魁星楼，州同郭羲、郭伟业，副贡郭思聪、中书郭鸿文、同知郭燿章新建。

[乾隆《潍县志》卷二《坛庙》]

◎ 郭伟勋 ◎

郭伟勋，字熙虞，号芝亭。乾隆庚戌（1790），钦赐翰林检讨。生平抑抑自下，接卑幼如宾客。见贫而好学者，即代为延师教育之。尝倡建宗祠，每朔望率子侄谒拜，耄耋不衰。又工篆隶，嗜印章。晚年，兼留意医学，不吝重资，备丹饵以济人，所全活无算。乡谥"文恪"。

[民国《潍县志稿》卷三十《文学》]

郭伟勋，字熙虞。潍人。乾隆五十四年（1790），以年届九十，恩赐举人。明年，赐检讨。生平抑抑自下，乐善不倦，建宗祠，修族谱。工篆隶印章，尝萃秦汉及诸名家图章，都为一册，曰《松筠桐荫馆集印》。晚年，留意岐黄，备丹饵，以济人，多所全活。

[宣统《山东通志》卷一百七十七《人物志第十一·国朝莱州府》]

《松筠桐荫馆集印》六卷，郭伟勋撰。伟勋有《外科记要》，见医家类。是编见《榆园杂录》。

《印章初学须知》一卷据本书，郭伟勋撰。其说曰辨字，曰式法，曰配合，曰落墨，曰章法，曰刀法，曰入手，曰运指，曰运刀，曰转折，曰奇正，曰方圆，曰粗细，曰局势，曰怪僻，曰回文，曰天趣，曰老境，曰入神，曰深造，曰印边，曰一弯百随，曰修制之法，曰二多，曰三妙，曰四疵，曰五要，曰六忌，曰八体，末复缀以《杂说》七条。其配合、落墨、刀法、修制，皆引安邱张在辛之说。

[宣统《山东通志》卷一百三十七《艺文志第十·子部·艺术》]

《外科纪要》二卷、《叙乐堂集方》一卷，郭伟业与弟伟勋同撰。伟业，字贻昆，号质亭。潍县人。候选州同。伟勋，字熙虞，号芸亭。增生。乾隆己酉（1789）恩赐举人，庚戌赐翰林院检讨。二书见《榆园杂录》。

[宣统《山东通志》卷一百三十六《艺文志第十·子部·医家》]

◎ 丁裕彦 ◎

丁裕彦，字毓清。城隍庙巷人。钦赐编修廷翰仲子。邑诸生。博极群书，不求仕进。家有小楼，日键户，撰著其中，足不履庭户者十余年。所著《周易述义》十卷、《洪范宗经》三卷，皆刊行于世。治经之暇，旁及岐黄诸书，治疾多奇效。卒年七十有四。

[民国《潍县志稿》卷三十《文学》]

《周易述传》十卷，丁裕彦撰。裕彦，字毓清。潍县人。是书刊于道光壬寅（1842）。"自序"云：兹册即以孔子传中所列通例发明经义，述传以解经。仍以经解经，不儳以臆说，不混以枝词。又"条例"云：是经之注，以从朱注为主。朱注于《象传》，皆言以卦象、卦体、卦德、卦变，释卦名义、卦辞而皆浑言之。兹敷衍其义，使朱注所指，悉得畅发据本书。

[宣统《山东通志》卷一百二十七《艺文志第十·经部·易》]

◎ 韩兆龙 ◎

韩兆龙，字箴轩。幼业儒，性淳朴狷介。事亲以孝闻，人以是称为"韩孝子"云。当母李之殁也，病起仓卒，奉侍无几，悲哀泣血。自棺殓以及殡葬，无几微遗憾。父殁，亦如之。以家贫，庐墓不给，乃洒扫祭室，奉木主祭奠，周三年。每至墓所，哀号竟日。又善风鉴，精岐黄术，为一乡之善士焉。

[民国《潍县志稿》卷三十一《孝友》]

◎ 戴大川 ◎

戴大川，下密社戴家庄人。幼好学，笃信诗书。医药拯人，平生慈善事，难以枚举。道光六年（1826），父母相继殁。比葬，庐墓三年。墓西福康河，其汲水处，虽严冬不结冰，人皆谓大孝所感云。

[民国《潍县志稿》卷三十一《孝友》]

◎ 李长丰 ◎

李长丰，字伯隆。贾庄人。年二十，即能代父办理公益事，如修河堤，设学校，赈凶歉诸务，罔不悉协机宜。父殁，以母老无庐墓埋，乃抑哀，婉愉事母。母能以符咒疗病，求医者门限几穿。长丰冀节母劳，乃受其术，出应人求。母年七十八殁，吁地呼天，痛不欲生。既葬，庐墓侧，每食必祭奠，三年乃出。

[民国《潍县志稿》卷三十一《孝友》]

◎ 陈立本 ◎

东关团长、增生陈立本，精岐黄术。昆仲之间怡怡如也，比闻警报，遂慨然以团长自任。遇变前一日，东关乡勇掺毕将散，立本独持枪沿街叫号。比太平军至，亲督勇御之于王家后门。兵败，逃窜至凤凰山下，遇害。并案请恤，议给云骑尉世职，附祀陈威凤祠。

[民国《潍县志稿》卷三十一《忠烈》]

◎ 郎 嵦 ◎

郎嵦，字冲霄。诸生。读书不事章句，而浏览已足。精岐黄术。尝自命曰：大丈夫不能为宰辅，以善天下；即当为国医，以济万人。声震遐迩，活命无算。所著医书，见《艺文》。

[民国《潍县志稿》卷三十二《艺术》]

郎嵦，《心郎脉诀》二卷。

[民国《潍县志稿》卷三十七《艺文》]

◎ 孙仲采 ◎

◎ 孙 炤 ◎

孙仲采，字伊光。城里仓巷人。善医小儿痘疹。一日，过某氏门，见女仆刅儿立门外。仲采察儿颜色，直前，执其手而捯之，儿大哭，女仆怒，大骂。主人惊出，见仲采，知有异，询以故。仲采曰：儿将生恶痘，势必死。豫移其处，虽重无恙。已而果然。设肆市药，凡贫苦者，概施之，所活无算。子炤，字明章。能世其业。族子某，从之游，得其方案，亦名于时。临殁，尽焚所遗书，其术遂不传。

[民国《潍县志稿》卷三十二《艺术》]

孙仲采，字伊光。清代潍县城里仓巷人。业医，善医小儿痘疹。子炤，传其术。

[《山东中医药志》第六篇《人物表》]

◎ 谭辉廷 ◎

谭辉廷，字云耀。性超异，精医术。治人病，每剂用药，只五六味，而亦奏奇效。邑人每呼为"谭六味"云。

[民国《潍县志稿》卷三十二《艺术》]

◎ 王 渤 ◎

王渤，岁贡生。坟庄人。品行端方，以医术活人。乾隆十年（1745），赖令光表表其门闾。

[民国《潍县志稿》卷三十二《艺术》]

◎ 张建之 ◎

张建之，字孟和。南沟西庄人。邑诸生。通《易》，精医。邻人有疾者，为诊治之，罔不效，间党盛德之。年六十三岁卒。

[民国《潍县志稿》卷三十二《艺术》]

张建之，自学成才，擅长痘疹，求者不绝，无不应手而效，无嫌富爱贫之心，尤惠于贫家，百里老幼皆知其名。

[《潍坊市卫生志》第八篇《名医录》]
[《潍县中医药志》第五章《医林人物表》]

◎ 李悦山 ◎

李悦山，字廷霭。埠口庄人。精通医学，于内外两科、小儿痘疹，无不精通，济世活人，名播远迩。

[民国《潍县志稿》卷三十二《艺术》]

◎ 孙玉桓 ◎

孙玉桓，字冠五。西于渠庄人。附贡生。学问深纯，精通医术，乡人为之立碑表彰之。

[民国《潍县志稿》卷三十二《艺术》]

孙道通（1835—1909），字冠五。榜名玉桓。潍县西于渠村人。贡生。学识渊博，精通医术。有手抄本《脉诀》一书，藏于家中。乡人为其立碑，以彰其德。

[《潍坊市卫生志》第八篇《名医录》]
[《潍县中医药志》第五章《医林人物表》]
[《山东中医药志》第六篇《人物表》]

◎ 刘无名 ◎

刘无名，字东紫。城里人。精医理，以《黄帝素问》为本，参以唐宋名医诸说，攻去其疾，元气自复。潍大疫，求医者踵门。因不多用参、芪，富室往往不敢尝其药，故富室延请亦不至。族兄洪翔戒之曰：富贵者以势位骄人，贫贱者以才艺骄人，皆客气也。由是，富贵信之者，亦渐与之医。

刘洪翔无名弟小传

宋陆放翁诗云：自嗟不及东家老，至死无人识姓名。余族弟取其义，以命名，曰无名。无名弟少孤，母氏劬劳。既长，克尽孝义。兄无已尝怀之寝，事兄如父，使妻事嫂如母。诟詈捶楚忍受，姒娣间之所无。家贫废学，精医理。以《黄帝素问》为本，参以唐宋名医诸说，攻去其疾，而元气自复。潍大疫，求医者踵门，日夜无片刻闲余。用其所制成方，治瘴疠，全活几千人。因不多用参、芪，富室往往不敢尝其药。性狷介，未尝丝毫有干于富室，故富室延请亦不至。余尝谓无名弟：富贵者以势位骄人，贫贱者以才艺骄人，皆客气也。由是，富贵信之者，亦渐与之医。胸中博洽，评骘古今人物，刻画世情俗态，壮言杂以谐语，听着无不倾倒，故所至之地，人不但服其医，兼喜与之谈。少慕方外之术，号东紫。往来即墨、大小二崂间，与羽冠缁衣游，无所得，乃归。余抚闽，召至署，暇则陶以学问，使知圣贤伦常外，无他道也。

[民国《潍县志稿》卷三十二《艺术》]

刘无名，字东紫。清代潍县城里人。精医理，治病以攻为主，不善用参、芪补品。富者不延，延亦不至。

[《山东中医药志》第六篇《人物表》]

◎ 丁仲麟 ◎

◎ 田椒农 ◎

◎ 陈敦甫 ◎

丁仲麟，字次翔。邹县教谕延夔子。年未弱冠，补博士弟子员。既屡见摈于有司，乃慨然曰：墨卷者，干禄之具。持敲门砖，屡扣不应，曷他图乎？遂学医。中年居历下，活人无算，名大噪。每与同邑田椒农云坡、陈敦甫等论医学，雄辩滔滔，四座皆不能屈。江苏某有宰高密县者，病噎几殆，延诊得愈。某遂挽留其在署施诊，坚不放行，不数年竟卒幕中。宰为赙仪，归其榇。所著《温病发蒙》《妇科索隐》等书，尚存于家。

[民国《潍县志稿》卷三十二《艺术》]

丁仲麟，字次翔。清代邹县人。初业儒，后习医术，中年悬壶历下，有盛名。

著有《温病发蒙》《妇科索隐》，未刊。

[《山东中医药志》第六篇《人物表》]

◎ 蔡玉珂 ◎

蔡玉珂，于家庄人。精外科。邑人有患疮者，医药罔效，延玉珂至，立予单方黄芪四钱，匆匆即去。其人服之，辗转终夜，未得就枕。翌晨，询其故，玉珂曰：黄芪主提气，其病非提气不为功。药服必躁，余不胜其扰，是以去也。未几，疮寻愈。

[民国《潍县志稿》卷三十二《艺术》]

蔡玉珂（1830—1922），又名玉恪，字敬林，晚年乡称"蔡恪老人"。潍县于家庄人。幼而勤奋嗜学，博学多闻，尤喜读方书。早年任教，后业医。擅长外科，善治疮疡。晚年撰有《外科辑要》四卷，未梓。

源经承鉴　诊治规范

蔡氏学术源于《内经》《难经》，继承阐发《医宗金鉴》之精华。如其在遗著《外科辑要》中云：夫人身一小天地也，天地失和，则宇宙为灾；人身失和，则四体为病。所以善摄生者，必饮食有节，起居有常，寡欲清心，形与神俱，则营卫周流，六淫无自而入，疮疡何自而生。

《外科辑要》对痈疽治疗尤有独见，如颧疡、颧疽、颧疔三证，云：三证俱生于颧骨，肿高溃速，阳分证也，是为颧疡；若漫肿坚硬，阴分证也，是为颧疽。疡证初起宜用仙方活命饮，疽证初起宜用内疏黄连汤。如坚硬似疔，麻木疼痛，是为颧疔。初起宜蟾酥丸或菊花汤、黄连解毒饮、夺命丹之类，外敷菊花叶，按疔治之。

医学渊博　技术超群

玉珂医学造诣深博，技术高明。邑人有患疮者，医药罔效，延玉珂至，立予单方黄芪四钱，匆匆而去，其人服之，辗转终夜，未得就枕，翌日询其故？玉珂曰：黄芪主提气，其病非提气不为功，药服必躁，余不胜其扰是以去也。未几，疮寻愈。潍邑丁宅一女，前后阴间生疮，名为"穿档"，根深迟溃，痛连腰背肛门，溺便不利，烦躁难眠，医药无效，病情危重，邑内名医邀至满堂，均束手无法，聘玉珂诊治，外涂"移山倒海散"，内服"七神汤"，继服透托方药而愈。又邻疃一生疔者，因失治毒陷入里，高热、头痛、口渴、躁扰不安，至珂舍求诊。诊之为"疔毒走黄"，急服药一剂，告之曰：尔病情危重，若能速服此药，可转危为安，否则预后不良。患者持药行至中途，毒性大作，步履艰难，遂晕倒于堑中，为求生将药生吞，经昏睡汗出，诸证消失。复回珂舍，珂诊之曰：病已好转，复予药一剂，服之而康复。另有段尔庄一壮年，人称"二强劲"。嘴上生"锁口疔"，赴太公堂赶会，经玉珂处，珂见之曰：汝嘴角生疔，宜从速医治，免生祸殃。其人不理，径直而去，未及半日疔毒大作，死于归途。

乡公称：恪老医病，其妙如神，尊之者生，逆之者亡。

医德高尚　平易近人

蔡氏医术，名播遐迩。东至胶莱，西至弥河之畔，南至五莲山，北至渤海之滨，周围数百里，接踵而来，登门求诊。玉珂非独术高，又重医德。在蔡氏家乡流传着一桩轶事：一个寒冬的凌晨，玉珂门前停放着一辆轿车，专程延诊，此时又一背粪篓老叟，亦来请玉珂出诊。珂先徒步先去老叟家诊治，复乘车出门去富家出诊。

性格倔强，不畏权豪。潍邑一官宦家，将玉珂请至府中医病，数日不使其归，村人吴姓者家人有疾，寻珂至府门，门役不准入内，两人发生口角，珂闻声而出，当吴述明情由后，玉珂立即随吴扬长而去。

蔡氏医风可范。尝云：凡有疾求救于吾者，不问其富贵贫贱，妇女老幼，怨亲善友，普通一等，一视同仁，彼之痛苦，若己有之，不分昼夜寒暑，饥渴劳累及个人的吉凶祸福，皆竭力抢救。此吾苍生作医之箴言。玉珂积毕生经验概括为：胆欲大，心欲细，证有据，行有规，切忌主观臆测。

济世活人　万古流芳

"业精于勤，荒于嬉。"医理至精至奥，且发展日新月异，学似逆水行舟，不进则退。蔡氏在皓首之年仍手不释卷，耄耋之年以毛笔正楷抄写《内外经验良方》，以传后世。寿至九十二岁。卒后，噩耗传之八方，乡里感其德，不远千里纷纷登门追悼，因吊唁者络绎不绝，致柩停留百日始葬。

[《山东中医药志》第六篇《传记》]

[《潍坊市卫生志》第八篇《名人传略》]

[《潍县中医药志》第五章《外科医生蔡玉珂传》]

◎ 都周南 ◎

都周南，都家庄人。精外科，所治无不立愈。其为人，性情和蔼，有求必应。殁后，乡人思其德，拜墓祈祷者，迄今不绝。

[民国《潍县志稿》卷三十二《艺术》]

都周南（1827—1894），字公甫。潍县都家庄村人。外科造诣颇深，登门求诊者络绎不绝。高超医技与高尚品德，至今仍在乡间广为传颂。

[《潍坊市卫生志》第八篇《名医录》]
[《潍县中医药志》第五章《医林人物表》]
[《山东中医药志》第六篇《人物表》]

◎ 陈长贞 ◎

◎ 马湘於 ◎

陈长贞，字起元。赋性聪颖，家世习医，旧藏医书甚富，于是朝夕披览，研穷脉理。少孤家贫，供事于"天德堂"药店，师事马湘於，一切方脉，罔不默识于心，精探奥赜。及壮，出诊咸应手而愈。由是，名大噪。知县朱靖宣额其门曰"著手回春"。光绪七八年间，邑中发见白喉症，伤人极多，独创一方，活人无算。诸医咸奉其方为圭臬，奏效如神。每晨，求诊者常数十人。敦请往诊者，更难缕数。朝饭前，辄乘舆出，后车十余乘随行，络绎于道。终日不得家食，夜深始归。虽极劳瘁，迄不少息。盖不忍患病者之久待也。以是积劳日甚，年四十一而卒。著有《伤寒秘要》，藏于家。

[民国《潍县志稿》卷三十二《艺术》]

陈长贞，字起元。清代潍县人。家世习医，精脉学，以善治白喉病而闻名。著有《伤寒秘要》，未刊。知县朱靖宣额其门曰"著手回春"。

[《山东中医药志》第六篇《人物表》]

◎ 韩则淹 ◎

韩则淹，字竹庭。邑诸生。丁家道口人。善治痘疹。盖小儿痘疹之毒，根于脏腑。初发现时，真伪难辨。毫厘之差，生死关焉。则淹能视儿面部，即洞悉隐微。是以按症投剂，无不神效。凡诊痘，不乘舆马，不饮食于患者之家。倘遇寒门，则施以药饵，概不受酬谢焉。

[民国《潍县志稿》卷三十二《艺术》]

◎ 王廷宾 ◎

王廷宾，字子卿。南眉村人。善治痘疹。

[民国《潍县志稿》卷三十二《艺术》]

王廷宾（1823—1900），字子卿。潍县南眉村人。行医五十年，专治痘疹，亦长于眼科。著有《痘疹铭心》《银海辑要》，抄录《古方辑要》数本，均散失。

[《潍坊市卫生志》第八篇《名医录》]
[《潍县中医药志》第五章《医林人物表》]
[《山东中医药志》第六篇《人物表》]

◎ 谭昺煦 ◎

◎ 谭敬修 ◎

◎ 陈步云 ◎

谭昺煦，字熙民。东关人。诸生。鸿胪寺序班。咸丰乙卯（1855），考充太医院医士。子敬修，亦精医术。昺煦所抄辑之《伤寒歌诀意解》《新编内经详解》诸册，其子孙尚保存于家。厥后五十年，又有太医院吏目陈步云，北乡田尔庄人。教读于太医院院判庄守和家，因师焉。术既精专，请脉内廷，复多奇效。惜不永年，病殁京寓。

[民国《潍县志稿》卷三十二《艺术》]

谭昺煦，字熙民。清代潍县东关人。庠生，鸿胪寺序班。咸丰乙卯考为太医院医士。辑有《伤寒歌诀意解》《新编内经详解》，未刊。子敬修，亦精医术。

[《山东中医药志》第六篇《人物表》]

◎ 王芸经 ◎

王芸经，字芝庭。行七。精于医，求诊者户限为穿。虽汗流浃背，无不详为推断。尤善治痧喉诸症，以故邻县亦无不知"王七先生"者。殁后，人感其德，肖像祀之。

[民国《潍县志稿》卷三十二《艺术》]

◎ 刘嘉森 ◎

◎ 崔凤山 ◎

刘嘉森，字瑞甫。潆三子。性孝友，博览典籍，熟谙掌故之学。捐职北河县丞，到工甫数月，即告终养，归其家。以商业亏累，异母兄嘉榖羁质省垣。嘉森首请代兄，不允，遂留职橐饘，凡六年，讼乃解。姊夫陈梦彪以困踬名场，抑郁死。姊嫠且老，赒济终其身，并襚敛之具悉备焉。王菉友先生，其从外祖也。《说文韵谱校》一书，为出资校刊之。平度崔凤山先生，针砭圣手。嘉森从授其术，所治病应指奏效，以是踵门求治者无虚日。比其殁，吊者哭不能成声。今其仲子及族人，尚有受其秘术者。

[民国《潍县志稿》卷三十二《艺术》]

效霞按：王菉友，即王筠，字贯山，号篆友。山东安丘县人。清代语言学家、文字学家。寿州知州王驭超之子。道光元年（1821），考中举人。道光二十四（1844），授山西省乡宁知县，代理徐沟、曲沃知县。任职期间，为政清廉，勤于政事，讼至立判，卓有政绩。少而好学，喜爱研究小篆与大篆文字。年纪稍长，即博览群书，研读经史。一生中，尤其喜爱研究《说文》之学。精心研究许慎所著《说文解字》，研究段玉裁、桂馥的《说文》著作。即使任职事务繁忙，也"暇则抱一编不去手"，未尝一日废学。著有《说文释例》《文字蒙求》《说文句读》《说文韵谱校》《说文属》等。咸丰四年（1854）卒，年七十二岁。

◎ 丁启喆 ◎

丁启喆，字东斋，号雪庐。从族叔曾祖善长习六法，又游刘嘉颖门，画工人物，法宗老莲。嗣从郭恩孚习诗词，复与高密傅丙鉴时有唱酬，诗学益进。遇有临摹，兼事题咏，当时成为"双绝"。历任本县私立广文中学、私立丁氏益群小学图画教员，复于课暇与刘炯等创办同志画社，学者多所成就。尤精岐黄，活人甚众。著有《自笑轩诗集》《老莲汇稿》等。晚年，复绘北海人范就《本郡名人轶事》，各附题跋，用志景仰。其发扬潜德，有功于文献尤大。

[民国《潍县志稿》卷三十二《艺术》]

◎ 杨玉相 ◎

杨玉相，字润轩。潍人。道光十二年（1832）举人。任鱼台训导，以亲老告归。咸丰二年（1852），独出重资，创建本邑试院，所费四万缗多，士皆感其惠。又以出痘为婴儿之害，乃携同里儿十数辈，并其父母，不远千里，入都赴牛痘局引种，并以其法推行乡里，设局传布，储药饵，延良医，二十余年间，全活不可胜计。卒祀乡贤。

[宣统《山东通志》卷一百七十七《人物志第十一·国朝莱州府》]

杨玉相，潍县人。乙酉（1825）拔贡。（咸丰）二年（1852）任。

[光绪《鱼台县志》卷二《职官表·训导》]

◎ 栾清祥 ◎

栾清祥（1836—1924），潍县华疃村人。行五，乡人皆称"栾老五"。精岐黄术，擅外科，尤善治疮疡。对病人不分贵贱，平等相待，登门求诊者甚多。卒后，乡人思其恩德，赠"齿德俱尊"巨匾一块。

[《潍坊市卫生志》第八篇《名医录》]

[《潍县中医药志》第五章《医林人物表》]

[《山东中医药志》第六篇《人物表》]

◎ 张幼庵 ◎

◎ 陈　氏 ◎

张幼庵，清光绪六年（1880），潍县城张兆栋（曾任两广总督）之五侄媳陈氏在县城东门大街路北海道司巷西开设"颐寿昌"药店，因经营无方，连年亏损，陈氏借分家之机将药店兑给张幼庵（张兆栋继室所生，排行十三），自任股东，聘用经理六人，潜心经营，至1932年前后，拥有房屋八十余间，存有名贵药材二十万公斤，长年雇用店员三十余人，经营药材曾销往济南、青岛、烟台、莒县等地。1933年，张幼庵病故，嗣孙张积存出任药店股东。1950年，在潍坊市工商业联合会的主持下，对"颐寿昌"按资方、劳方四六分利改组，劳方新立字号"益寿荣""泰隆""益记"，张积存分得资金六千六百四十二元，在邓发东街开设"颐寿昌存记"，主营中药煎剂。1956年1月，"颐寿昌存记"加入公私合营。

[《潍坊市医药志》第二编《药店》]

◎ 郭有善 ◎

郭有善，字同人。城里人，监生。工书画，能叠石为山，书法二王，所著《映雪闲笔四种》：曰《便蒙书法》，曰《山川图》，曰《山水述要》，曰《山石俚解》。又著《寿世指南》，荟萃毕生精力，成此十数卷，藏于家。

［民国《潍县志稿》卷三十二《人物·艺术》］

《映雪闲笔》四卷，郭有善撰。有善，字同人。潍县人。监生。是书载《榆园杂录》。《采访册》云：凡四种，一为《寿世指南》，一论《书法渊源》，一论《图绘名家》，一为《老年临摹古揭格式》。

［民国《山东通志》卷一百三十九《艺文志第十·子部·杂家》］

◎ 孙 淦 ◎

孙淦，《白喉忌表抉微》。

［民国《潍县志稿》卷三十七《艺文》］

孙淦，字丽泉，号筱坪。举人。乡谥"孝敏"。弟淇，字左泉。优增生。事继母至孝，学问渊博，与淦齐名，时人谓之"二泉"。淦所著诗词、文稿，散存于昌邑县者最多。

［民国《潍县志稿》卷三十《人物·文学》］

◎ 彭延龄 ◎

彭延龄，《医学入门》十二卷。

［民国《潍县志稿》卷三十七《艺文》］

彭延龄，清代山东潍县人。生平不详。著有《医学入门》十二卷，未见刊行。

［《中医人名大辞典》］

◎ 彭 洙 ◎

彭洙，《外科指南》。

［民国《潍县志稿》卷三十七《艺文》］

◎ 丁廷珍 ◎

丁廷珍，《守城纪要》一卷，《南匪记略诗草》一卷，《守围记》一卷，《潍坊全城记略》一卷,《兵书汇钞十四种》,《痘疹精要》十卷,《痘疹秘诀》一卷,《验方精选》八卷。

[民国《潍县志稿》卷三十七《艺文》]

丁廷珍,字致堂。克城四子。例贡,刑部郎中。道光丙申(1836),潍饥,偕兄捐资煮粥,活人无算。东城外有万年桥,俗名大石桥,而登莱通衢,用西山山石,脆易坏,廷珍以父尝修之,欲竟其志,乃易以平度东山白石,平度去邑远,运费巨,廷珍独任之,且饬子孙世任修砌。咸丰辛酉(1861),太平军东来,廷珍先事倡议捐资筹防,督造守御器械,凡七年,不辞劳瘁,县令张每语人曰:办团练如丁某,司牧者高枕可也。光绪丙子(1876),大饥,子善宝、善庆、善长,遵遗命输金捐赈,东抚文凑请建"乐善好施"坊。善宝,自有"传";善庆,字寿长;善长,字心臣,均精绘事,师事掖县张士保,善庆尤雅好博古。

[民国《潍县志稿》卷二十九《人物·义行》]

◎ 田名珍 ◎

田名珍,《重修堂医补》一卷。

[民国《潍县志稿》卷三十七《艺文》]

田名珍,清代山东潍县人。生平未详。著有《重修堂医补》一卷,未见刊行。

[《中医人名大辞典》]

◎ 庆仙和尚 ◎

庆仙和尚,不详其里居、姓氏,以行医至潍。潍人郭腾蛟问曰:闻有庆仙老和尚,其父习仓公术,庆仙得传焉,师与名字偶同乎?庆仙曰:即我是也,自落发空门,无意为国家用,曾援弟子数人,皆庸碌不足道,今老矣,行医糊口以终天年,谓此实随余论归地下矣,乃足下资质超绝,复垂意于斯,敢不效其区区乎!因尽授之。

[《民国潍县志稿》卷三十六《人物·释道》]

民国

◎ 孙思恭 ◎

孙思恭（1854—1931），字敬亭。潍县前埠下村人。精医理，擅妇科，有丰富的临床经验，登门求诊者众多，名扬潍县、昌邑一带。

[《潍坊市卫生志》第八篇《名医录》]

[《潍县中医药志》第五章《医林人物表》]

◎ 蒯九龄 ◎

蒯九龄（1860—1924），字梦卿。潍县城里人。精儿科，尤长小儿惊风。往年曾往北平行医，声誉颇高，北洋政府欲留之于北平，坚辞归里。将一生经验撰为《幼科捷径》，文稿多散失，仅保留秘方若干。其孙仰山，承其业。

[《潍坊市卫生志》第八篇《名医录》]

◎ 王相如 ◎

王相如（1867—1943），字慕蔺。潍县北王家马头村人。精研经典，对妇科有独特见解，经验丰富，医术高超，求诊者终日不绝，名闻潍县。著有《医方集锦》，未刊，已佚。遗有《洞天奥旨》《胎产心法》《笔花医镜》《医宗金鉴》等手抄本，可供医者临床参用。

[《潍坊市卫生志》第八篇《名医录》]

[《潍县中医药志》第五章《医林人物表》]

[《山东中医药志》第六篇《人物表》]

◎ 张学朱 ◎

张学朱（1871—1949），字次陶。潍县南埠子村人。精妇、眼科。1924年，在潍县寒亭开设"众福堂"药铺，兼坐堂先生，行医三十余年。遗有手抄本《普济苍生》，为内、妇、眼等科临床经验汇编。子孙传其业。

[《潍坊市卫生志》第八篇《名医录》]

[《潍县中医药志》第五章《医林人物表》]

[《山东中医药志》第六篇《人物表》]

◎ 位明述 ◎

位明述（1880—1943），潍县大魏家村人。外科造诣精深，技术高超，求医者踵门，名扬潍县及邻近各县。

[《潍县中医药志》第五章《医林人物表》]

◎ 朱延泰 ◎

朱延泰（1887—1948），潍县（今寒亭区）大流河村人。曾在固提"天生泰"药铺坐堂行医。精眼科，行医数十年，临床经验丰富，经诊治而愈者十之八九。为人谦恭，平易近人，登门求医者甚多，在潍县、昌邑一带享有盛誉。

[《潍坊市卫生志》第八篇《名医录》]

[《潍县中医药志》第五章《医林人物表》]

◎ 李德温 ◎

李德温（1888—？），字勖民。潍县城里胡家牌坊人。清末京师大学堂毕业，做过七品京官，民国时为国会议员、潍县国医公会会长。对中医颇有研究，诊病细致，处方严谨，切中要害。民国初年，潍县城里郭家巷子有一老妇，年已九十，患瘫证卧床十载，经其治疗，服药十剂即能下床学步。另有一李姓老妇，瘫痪数年，闻讯前来求治，亦得痊愈。

[《潍坊市卫生志》第八篇《名医录》]

安 丘

明

◎ 张守蒙 ◎

张守蒙，字明甫。澄子，邑诸生。绩学不遇，究心医卜、星命之学，无不奇验。正德时，齐彦明倡乱安邱。失守时，守蒙客青州。闻变，单骑归里。沿途盗贼充斥，问知姓名，佥曰：善人，勿犯也。其厚德能服强暴，如此。

[道光《安邱新志》卷二十二《笃行》]

◎ 窦仁宇 ◎

窦仁宇，精医术，疗治多奇验。居邑西乡，而携其小妻，悬壶于城。岁终归，见其妻，骇曰：此行尸也！不急治，将无救。妻恚曰：自利，吾死，谁希汝救者！宇默然叹曰：数也！不可逃。潜市棺木，殓具甚备。次日，其子入城省宇，持所市红烛、彩画等物。宇曰：汝母无恙耶？乌须此！急与驰归，则死已逾刻矣。其神异如此。张杞园《耳梦录》载其事甚悉。

[道光《安邱新志》卷二十四《技术》]

窦仁宇老先生，医术造诣很深，救活的病人数不胜数。我十多岁的时候，这位老医生的年纪已逾九旬。我的母亲患了寒疾，濒临病危，请窦翁来给她看病。吃了他开的药，母亲的病很快就好了。窦翁的家在西乡，平时他只携带两个小妾住在城里，靠行医为生。有一年快过年了，他偶然返回家中，看见妻子的体形和脸色有些异常，便给她把脉，然后对她说：你得了绝症，怕是不好治了。妻子一听火了，愤怒地说：你沉溺在小老婆身上，恨不得我早死，这明明是在诅咒我。窦翁没同妻子争辩，就走出了家门。到了腊月二十三祠灶这天，他的儿子来到城里，要买红蜡烛、花纸等年货。窦翁责问他：你娘没病吗？给她准备送终的衣被吧，今天就能用得着了。你倒买那些红红绿绿的东西干啥？儿子刚回到家，他娘就去世了。

梁颃是秀才韩朋桓的妾，得了痨病。韩朋桓请来窦翁给她看病，窦翁还没走到厅堂，便听到了梁颃的咳嗽声，他随即回头就走，说：肺气已经绝了，没有治好的希望了。没过几天，梁颃果然香消玉殒，朋桓含泪把她葬在村前的名叫文陵的高地上。有人问窦翁：您的医术那么高明，是不是老师秘密授给的？窦翁说：我哪里有什么奇遇，唯有是读了龚云林先生的书，刻苦钻研，既掌握他讲的原理，又要靠自己的悟性，两方面相结合，所以大体上没有出错的地方。

窦翁死后，他的子孙清理他遗留下来的小书箱子，果然仅仅存有几册《医鉴》之类的书。

[《白话耳梦录》]

◎ 马应龙 ◎

马应龙，字伯光。文炜子。生有异质，淬砺问学，博通强记。为诸生时，从父作邑志，论著多所创定，有良史风。万历壬辰（1592）成进士，除杞县令。时大旱，人相食，公为数十粥厂，活民无算。赈使钟公绘图以进，创诸仓，积谷七万余斛，治乌冈河，底绩两蒙钦赏。葺学，课士，考礼，制定乐律，文教彬彬焉。捐俸作冬生院，以居茕独，买腴田三百亩，赡之。藩校杀人，贿作蜚语，惑当事者，公竟论如法，升礼部主事，杞人怀之，伐石颂德。寻转郎中，请告家居。卒，杞荐绅士民闻之流涕，举入名宦祠。公内行修美，以孝友称。于书无所不读，寒暑疾病，不废研咏。天文、历法、声律、卜筮、医药诸家言，往往独诣，即专门弗及也。所著《杞乘》四十八卷、《道德经注解》二卷、《艺林钩玄录》二十四卷、《碎金录》二卷、《辞林玉屑》二卷、《诗文》若干卷、《考订古本周礼》六卷、《古本参同契》二卷、《毛诗》七卷、《尚书》七卷。

[康熙《续安邱新志》卷十九《文苑》]

马应龙，字伯光。安丘人。万历壬辰进士，除杞县令。多异政，仕至精膳司郎中，请告家居，卒。公天性纯笃，以孝友闻，尤好学。所著《杞乘》四十八卷、《道德经注解》二卷、《艺林钩微录》二十四卷、《词林玉屑》二卷、《批评秦汉文》十二卷、《考订古本周礼》六卷、《古本参同契》二卷、《毛诗》七卷、《尚书》七卷、《文集》若干卷。

[康熙《青州府志》卷十八《文学》]

马应龙，字光伯。文炜子。万历二十年（1592）进士，授杞县知县。时大旱，人相食，应龙为数十粥厂，活民无算。赈使钟某绘图以进，创诸仓，积谷七万余斛，治乌冈河，事竣，两蒙钦赏。葺学宫，课士，考礼，制定乐律，文教彬彬焉。捐奉作冬生院，以居茕独，买腴田三百亩，赡之。藩校杀人，贿作蜚语，惑当事者，应龙竟论如法，升礼部主事，杞人怀之，伐石颂德。寻转郎中，请告家居。卒，杞缙绅士闻者，为之流涕，举入名宦祠。应龙内行修美，以孝友称。于书无所不读，寒暑疾病，不废研咏。历法、声律、卜筮、医药诸家言，往往独诣，即专门弗及也。所著有《杞乘》四十八卷、《道德经注解》二卷、《艺林钩玄录》二十四卷、《碎金录》二卷、《辞林玉屑》二卷、《诗文》若干卷、《考订古本周礼六礼》六卷、《古本参同契》二卷、《毛诗》七卷、《尚书解》七卷。孙长春，别有"传"。

[咸丰《青州府志》卷四十五《人物传八》]

马应龙，字伯光。安邱人。万历壬辰进士，除杞县令。多异政，仕至精膳司郎中。所著《杞乘》四十八卷、《注道德经》二卷、《艺林钩微录》二十四卷、《词林玉屑》二卷、《古文参同契》二卷、《文集》若干。

[雍正《山东通志》卷二十八之三《人物三》]

马应龙，字伯光。安邱人。万历二十年进士，知杞县。多异政，仕至礼部郎中。学问淹博，富于著述，有《杞乘》四十八卷、《注道德经》二卷、《艺林钩微录》二十四卷、《词林玉屑》二卷、《古文参同契》二卷、《文集》若干卷。

[宣统《山东通志》卷一百六十三《人物志第十一·历代文苑》]

马应龙，字伯光。安邱人。都御史文炜子。万历壬辰进士，历礼部郎中卒。博雅好古，《注道德经》二卷、《考订古本周礼》六卷、《参同契》二卷、《尚书》七卷、《毛诗》七卷、《艺林钩元录》二十六卷。初为杞令，纂《杞乘》四十八卷。今安邱旧志二十八卷，最精赡，有体裁，署其父文炜撰，实应龙少时手笔也。

[宣统《山东通志》卷一百九十九《杂志·异闻琐事》]

马应龙，字北溟。安邱人。万历二十年以进士知杞县。政务宽厚，恤民礼士，风化日淳。率邑中诸名士，纂修《杞乘》，则例一本迁《史》，世称宏识健笔。至于立社学，建常平仓，更修复谊公署之废阙者，教养兼施，杞民至今讴思焉。

[乾隆《杞县志》卷九《名宦》]

《尚书解》七卷，马应龙撰。应龙，字伯光。安邱人。万历壬辰进士，官礼部郎中。是书见《府志》。

[宣统《山东通志》卷一百二十七《艺文志第十·经部·书》]

《毛诗》七卷，马应龙撰。应龙有《尚书解》，见书类。是书见《府志》。

［宣统《山东通志》卷一百二十八《艺文志第十·经部·诗》］

《考定古本周礼》六卷，马应龙撰。应龙，见书类。是书见《经义考》。

［宣统《山东通志》卷一百二十八《艺文志第十·经部·礼》］

《杞乘》四十八卷，马应龙撰。应龙有《尚书解》，见经部书类。是书，初为杞令时作，见《池北偶谈》。

［宣统《山东通志》卷一百三十三《艺文志第十·史部·地理》］

《艺林钩微录》二十四卷，马应龙撰。应龙有《尚书解》，见经部书类。是书见《明志》。

《碎金录》二卷，马应龙撰。见《府志》。

［宣统《山东通志》卷一百三十九《艺文志第十·子部·杂家》］

《词林玉屑》二卷，马应龙撰。应龙，见经部书类。是书见《府志》。

［宣统《山东通志》卷一百四十《艺文志第十·子部·类书》］

《梵雅》十二卷，马应龙撰。应龙，见经部书类。《池北偶谈》载是书云：释言第一，释义第二，释相第三，释教第四，释佛第五，释菩萨第六，释声闻第七，释外道第八，释人伦第九，释天文第十，释地理第十一，释鸟兽第十二。

［宣统《山东通志》卷一百四十《艺文志第十·子部·释家》］

《道德经注解》二卷、《古本参同契》二卷，马应龙撰。应龙，见经部书类。二书见《府志》。

［宣统《山东通志》卷一百四十《艺文志第十·子部·道家》］

《文集》十卷，马应龙撰。应龙有《尚书解》，见经部书类。是集见《征选山左明诗启》。《府志》云：《诗文》若干卷。

［宣统《山东通志》卷一百四十二《艺文志第十·集部·别集》］

郎中马应龙墓，在城东五里河。

［道光《安邱新志》卷四《古迹考》］

清

◎ 若 愚 ◎

若愚,明宗室,鼎革后为僧,自青州法庆寺来居邑西之儒林庄关帝庙。天象、地理、医卜、星命之学,无不精核,而卒不以传人。与青州薛仪甫善。

[道光《安邱新志》卷二十五《方外》]

◎ 张德铣 ◎

张德铣,字石农。重舆孙。少颖悟,读书过目不忘。弱冠,以县试第一人,补博士弟子,旋饩于庠。丰姿秀出,蕴藉风流。为制举业,兼攻诗、古文辞、书法。日有课程,篆印绘画,随意为之,识者罔不绝倒。兄德铭久以文事显,人因称"二张"。家鼎盛时,不骄不矜。后贫不自给,亦怡然无忧虞色,从不以乞怜向人。人周之,合义则受,否则却。尝有携厚资求图章者,笑曰:室悬磬矣!然不可以货取也。终不应。最重祀事,筵馔丰洁,典衣以供,不少懈。自贡成均,司临邑、郓城、禹城、宁海、宁阳教铎。尤精岐黄术,病家至门,虽昏暮必往,往即应手奏效,活人无算。无何以风病卒,年五十七。所著诗文雅洁,缘手星散,可惜也。

[道光《安邱新志》卷十九《文苑》]

张德铣,安邱人。廪生。(嘉庆)十六年(1811)任。

[道光《济南府志》卷三十二《临邑训导》]

[同治《临邑县志》卷七《训导》]

张德铣,安邱人。岁贡。(道光)二年(1822)署任。

[道光《济南府志》卷三十一《禹城教谕》]

张德铣,安邱廪贡。(道光)八年(1828)署任。

[光绪《增修登州府志》卷三十二《文秩八·宁海州·训导》]

(道光)十二年(1832)

张德铣,安邱人。廪贡。

[光绪《宁阳县志》卷三《皇朝秩官表二·教谕》]

《半山岐黄术》，张德銧撰。德銧，字石农。安邱人。廪贡，官宁海学正。是编见《乡土志》。

[宣统《山东通志》卷一百三十六《艺文志第十·子部·医家》]

《半山园诗文集》，张德銧撰。德銧有《半山岐黄术》，见子部医家类。是集见《乡土志》。

[宣统《山东通志》卷一百四十五下《艺文志第十·集部·别集》]

◎ 王木宗 ◎

王木宗，字楷庵。岁贡生。一生刚直无私，曲人有过，面斥之。遇富贵之不自检者，益侃侃尽言无隐。少食贫，谋舌耕，而学问深邃。有品望读书家，争延致之，然非正人之门，则谢绝不应。后以双亲高年，侍侧，不远出。四方来学者日众，书室不能容，乃于南园，辟"深柳堂"居之。张又文亚恒为写《深柳堂图》，记其事。两弟早世，抚其孤，分田宅与之。尤精岐黄术，有抱疾求医者，应手辄效。晚年，馆张氏之"书味楼"，与张仲修、季守兄弟称莫逆交，十年始归。自是，不设帐，课子教孙，间合诸老年，为鸡豚宴。读书谈古，以训子弟、端风化为事，乡里化之。左右数十里，从无好争尚气，不循礼法者，真老成典型也。卒年七十七。

[道光《安邱新志》卷二十二《笃行》]

（嘉庆）五年庚申（1800）

王木宗，有"传"。

[道光《安邱新志》卷十三《贡举表·岁贡例贡》]

◎ 王瑞麒 ◎

王简，字素园。驭超仲子。嘉庆庚辰（1820）进士，甘肃即用知县，署陇西。摘奸发，伏如神。邻邑有疑狱，上官辄以属之，悉得其情，补镇原。西域军兴，檄掌西宁粮台，调皋兰。岁大旱，谷贵，中军副将某获囤积者十余辈。属案治，简悉纵之。上官召问故，曰：严治囤积，商贩且闻而裹足，不如增价，待其辐辏，我则开仓平粜，价必减。从之。事果，集饥民四万余，粥厂一不能给，力请上官于黄河北岸增一厂。时浮桥已撤，河冰激冲，榜人不敢渡，请俟五日。简曰：迟五日，民饿死矣！将以我一人之命，为此数万民命争耳！犯冰而渡，措置厂务，往返竟无恙。饥民皆得全活，欢声雷动，升固原知州，复檄掌喀什噶尔粮台。事定，迁西宁知府，调岳州，进辰沅永靖道，历河南按察使，旋擢河南布政使，以失察属吏，罢归。咸丰癸丑（1853），粤寇北犯。山东巡抚张亮基奏派简带勇，防直东交界。联合乡团，驻守齐河，贼不敢犯。李开方就擒，赏知府衔。卒于家，乡人私谥曰"贞毅"。初，简归田后，以寇难方亟，即所居宋官疃筑圩，以资守望。其后，捻匪肆扰，独获全济，人皆服其先见焉。子彦侃，字刚亭。倜傥，多大略。年十五，佐父征西域，大帅以下咸称其能。后从忠亲王于高唐襄军事，以功奖直隶州知州，分山西候补，补缺后以知府用。咸丰辛酉（1861），彦侃方居母忧，闻捻寇至，族众惧议逃。彦侃曰：我能往，寇亦能往，不如守也。遂衰经登陴，见村外避难者麋至，开门纳之。派垛编夫，什伍相代，勒以兵法。又以其羡为游卒，往来策应。时甚雨多冻，尽搜家中衣给守者；衣尽，佐以茵褥。复大出粟，以饷众。自春徂秋，贼再至，每于圩外挑衅百端，以守御严，终不敢逼，赖以免祸者数万人，一方倚为保障焉。服阕，旋卒。未获大有展布，识者惜之。彦侃子瑞麒，字石生。附贡生。援例为工部主事。濡染家学，工诗词，善书法，尤精岐黄术，活人无算。

[民国《续安邱新志》卷十七《事功》]

（咸丰）九年己未（1859）

王瑞麒，简孙。字石生。工部营。

[民国《续安邱新志》卷十二《贡举表·例贡》]

◎ 韩　泳 ◎

◎ 王所咨 ◎

韩泳，字文潜。应奎从孙。生员。长身伟干，倜傥不群。明崇祯末年，所在盗起。王疃贼魁陈丙将悉锐攻安邱，泳从数骑，直抵其巢，为陈顺逆祸福，辞气慷慨。丙悚听愧服，即日罢兵。少从邑人王所咨游，王故精于医，泳从受痘疹心法，得其三昧，人皆以"医圣"目之。善擘窠书，工诗，著有《西斋杂咏》《西游小草》。卒年八十余。潍县韩梦周表其墓。

[民国《续安邱新志》卷十八《文苑》]

（康熙）二十六年丁卯（1687），春麦米折色，银统归地丁；秋大水；冬行乡饮酒礼，大宾韩泳。

[道光《安邱新志》卷一《总纪》]

韩泳著《西斋咏》《西游草》。

[道光《安邱新志》卷十一《艺文考》]

《西斋杂记》，韩泳撰。泳，字文潜。安邱人。是书见《乡土志》。

[宣统《山东通志》卷一百四十《艺文志第十·子部·小说》]

《西游小草》，韩泳撰。泳有《西斋杂记》，见子部小说类。是编见《乡土志》。

[宣统《山东通志》卷一百四十四《艺文志第十·集部·别集》]

◎ 张鹤翱 ◎

张柏恒，字雪航。德纪仲子。嘉庆戊辰（1868）举人。性孝友，少承家学，工诗、古文辞。遇忠孝节义事，每力为表彰。邑有急难，解纷息争，皆取决于一言，尤喜奖掖后进。选金乡训导，修学宫，复书院，进诸生，勉以文行，士皆蒸蒸向风焉。晚迁高唐学正，不赴。著《式训集》《书航集》《金乡乡贤传》《耳梦续录》《增订安邱新志》各若干卷。弟桧恒，字云台。生员。旷达多高致，工篆刻，著有《学印草》一卷。桧恒弟栝恒，字雪舲。生员。早卒，有《荆门遗稿》。柏恒子鹤翱，字翼贤。生员。学行纯笃，恪守家法，素精医理，辄奏奇效云。

[民国《续安邱新志》卷十八《文苑》]

张鹤翱，生员。祖厚父。赠通奉大夫、吏部员外郎，加六级。

[民国《续安邱新志》卷十三《貤封表》]

◎ 李 侗 ◎

李侗，字子愿。生员。善事继母，友爱两弟，人无间言。幼入塾，敏慧异常。年甫成童，"七经""三传"皆成诵。长而无书不读，凡天文、地理、医卜、星命，靡不博通，而尤深于经学。著有《春秋经传述杜》《纪统辨异》百余卷。

[民国《续安邱新志》卷十八《文苑》]

李侗著《纪统辨异》十二卷、《春秋经传述杜》八卷。

[民国《续安邱新志》卷十《艺文考》]

◎ 曹玉田 ◎

曹煇吉，字君光。复彬子，例贡生。少孤，性孝友。奉母韩，朝夕侍侧，无间寒暑，三十年如一日。与弟炳吉同让产于三兄，人以为难。子赞善，字翼公。恪守家法，敦睦宗族，乡里称贤。赞善子玉田，字琢庵。援例为鸿胪寺主簿。笃于内行，代父持家计，一门雍睦无间言。尝督修学宫，不辞劳瘁。又好蓄良药以施病者，人多赖之。

[民国《续安邱新志》卷二十《笃行》]

曹玉田，贡生。贤书祖。赠奉政大夫、同知衔、河南商城县知县。

[民国《续安邱新志》卷十三《貤封表》]

（道光）二年壬午（1822）

曹玉田，字琢庵。考授鸿胪寺主簿。

[道光《安邱新志》卷十三《贡举表》]

◎ 李映溪 ◎

李映溪，字虎桥。廪贡生。性颖悟，博涉书史，教授生徒，雅善启发。咸丰辛酉（1861）秋，捻匪至，映溪与族人询言率众筑昌安堡，守御严密，赖以全者数千家。晚精医理，应手辄效。乡望归之。

[民国《续安邱新志》卷二十《笃行》]

◎ 曹 会 ◎

曹会，字东麓。生员。秉性严毅，读书自刻苦，以躬行实践为归。幼学得族人汗青力，汗青殁，孙孤，失学，乃裹粮往教三年，然后去。族侄振械殉捻匪难，遗孤，贫不能娶，以婢妻之其母舅邹希孟贫无子，出资为购一妾。其后，两家似续皆因此得延。咸丰辛酉（1861）避乱，为贼所逼，其妻李氏以一死，脱会于难。会感其义，终身不复娶。平生俭朴，宾客过从，仿率真会遗意，以二簋为度，其或设馔相邀，二簋外亦不下箸也。晚岁，精岐黄术，求无不应。或致谢忱，必坚却之。著有《东麓见闻》二卷。

[民国《续安邱新志》卷二十《笃行》]

◎ 刘用康 ◎

刘用康，字锡侯。际乎曾孙。恩贡生。邃于医，尤精女科。所用方剂，神明变化，人多不解，而应手奏效。为人慷慨乐易，经明行修。凡邑中善举，皆躬为之倡，乡人推重焉。著有《医镜》《临症便览》《妇科辑要》各一卷。

[民国《续安邱新志》卷二十二《技术》]

刘用康，字锡侯。恩贡生。精医术，擅妇科，所用方剂，变化多端，时人多不解，而应手奏效。为人慷慨，喜读书，重修行。凡乡里与民有益之事，皆积极倡导，甚为乡人所敬。著有《医镜》《临症便览》《妇科辑要》各一卷，皆佚。

[《潍坊市卫生志》第八篇《名医录》]

[《安丘县卫生志》第十四章《医林人物》]

[《山东中医药志》第六篇《人物表》]

（道光）二年壬午（1822）

刘用康，字锡侯。

[道光《安邱新志》卷十三《贡举表·岁贡例贡》]

节烈合坊，道光二十二年（1840）建，在东门里，共四百余名贫苦节烈咸得旌表，一邑盛事也。邑人刘用康、刘钟朴董其事甚勤。

[道光《安邱新志》卷五《建置考》]

◎ 曹绪武 ◎

曹绪武，字绳祖，号裕斋。善治痘疹，能望色决人生死，疗治多奇验。著有《曹氏痧疹》一卷，行于世。

[民国《续安邱新志》卷二十二《技术》]

曹绪武，字绳祖，号裕斋。善治痘疹，能望色决人生死，治疗多奇验。著有《曹氏痧疹》一卷，刊行于世。该书立方遣药，甚为精湛，凡治疹者多依此书，民国时期安邱及周围数县广为传抄，为民间医生所推崇。

[《潍坊市卫生志》第八篇《名医录》]

[《安丘县卫生志》第十四章《医林人物》]

[《山东中医药志》第六篇《人物表》]

◎ 刘　磐 ◎

◎ 马兴隆 ◎

◎ 张咸熙 ◎

◎ 贺克敏 ◎

刘磐，字介夫。亦精痘疹，全活小儿无算。著有《疹症辑要》一卷。尽以其术，授弟子马兴隆；兴隆授张咸熙、贺克敏。张善痘前，贺善痘后，并有名于时。

[民国《续安邱新志》卷二十二《技术》]

刘磐，字介夫。安丘县人，清代名医。擅儿科，尤精痘疹。著有《疹症辑要》一卷，已佚。生前尽以其术，授于弟子马兴隆，兴隆又授于张咸熙、贺克敏，三人皆以治疗痧疹名于时。

贺克敏（1797—1875），字农村，号淑庵。安邱县贾戈乡东南村人。精于痘疹，对痘疹针法尤有卓识，别具一格。在其所著《痘疹新书》卷二《针法》中说：治痘方药，备见各书，唯有针刺，尚无良模，若或横穿斜刺，幼儿何堪宰辱？近来识得手法，要有轻重疾徐，深勿伤肌坏里，浅非在表在膜，得心应手方妙。此书未见刊行，贺氏后裔传抄保存。

张咸熙（1800—1875），安邱县贾戈乡大沙埠村人。擅长痧症、妇科，为当时名医，活动于安邱、昌乐、昌邑、高密等县。著有《张氏痘疹》，已佚。

[《潍坊市卫生志》第八篇《名医录》]
[《山东中医药志》第六篇《人物表》]

◎ 李莘遇 ◎

李湘苴，字春畹。安邱人。大本曾孙。嘉庆六年（1801）拔贡。由户部小京官历迁郎中，出为江南河库道，帑不滥而事集，以养士爱民为务。罢职归，江淮士民送者不绝于道。乡居，值岁饥，解囊橐，恤族邻，全活甚众。乡里有争讼者，得湘苴一言而解。著有《碧琅玕斋诗集》。子莘遇，字尹亭。道光十七年（1837）拔贡。由刑部小京官转主事，殚心治狱，明决精细，僚友皆推服焉。以终养归里。咸丰十一年（1861），捻匪肆扰，率众筑堡于刘山，依以免难者二百余村。会时疫起，莘遇素精医理，昼夜诊治，活人无算，乡人感之。

[宣统《山东通志》卷一百七十五《人物志第十一·国朝青州府》]

（道光）十七年丁酉

李莘遇，湘苴子。拔贡。廷试一等第二名，以小京官用，分刑部。

[道光《安邱新志》卷十三《贡举表·岁贡例贡》]

李莘遇，（道光）十七年丁酉。刑部主事。

[咸丰《青州府志》卷十九《选举表五·拔贡》]

◎ 张 贞 ◎

《宝墨楼书目》，张贞撰。贞见传记类。《半部稿》载是编"序"，略云：鸠集二十余年，自经、史、子、集，以逮农圃、医巫、稗官、小说，亦略能备，藉以耗壮心，遣暇日。而性复善忘，案上积卷，往往迷其处所，故簿录之，使易检阅，非欲竞多以斗靡也。

[宣统《山东通志》卷一百三十四《艺文志第十·史部·目录》]

张贞，字起元，晚号园叟。世有隐德，至性过人。九岁而孤，窥伺者众，焚橐中券百余纸，析田产与族人，闭户静守，肆力于学，于书无所不读。弱冠，名噪齐鲁间。康熙壬子（1672），贡入成均。名卿巨公，见者靡不倾倒。戊午（1678），举博学鸿儒，以母丧辞。壬戌（1682），史馆缺员，诏试太和门，中式第三，以翰林待诏用，亦不就。隐居杞城别业，著书自娱。闲游吴越名山水，世号"杞园先生"。恸不逮养其父，事母至孝，丧葬如古礼，四时祠祭，必诚必洁。访求先人事实，乞名公作志传，汇为《家乘》。伯叔父无子，各以己子承祀。性严正，喜退让，犯而不校。遇忠孝节义事，辄记之，以为世劝。晚年，集里中遗老，讲圣贤性命之学，不为俗儒迂腐之论。屡举乡饮大宾，多逊谢不出。雅善临池，精研篆籀。年七十六卒，乡人私谥"文孝"。督学黄公允舆人之请，崇祀乡贤。所著有《青州乡贤志》《安丘乡贤传》《杞纪》《族谱》《半部稿》《或语》《潜州集》《娱老集》《耳梦录》，行于世。

[康熙《续安邱县志》卷十九《文苑》]

张贞，字起元。乡贤民感孙，继伦子。康熙壬子拔贡。刻苦好学，攻古文词，卓然大家。闲游燕赵吴越，访海内名流，相与上下古今，讨论原委，泛滥于经书坟典者数十年，久之而得其学问之所在。己未（1679），以博学鸿词征，因母病不起。乙丑（1685），以史馆缺员再征，御试第三名，授翰林院孔目，寻改待诏，皆不就。退居杞子故城，闭户著书，与刘直斋讲身心性命之学，躬行实践，不为迂儒腐论，一时学者翕然宗焉。贞少孤，事母至孝。值地震变，为救母，压重楼下，死而甦。念伯叔无嗣，推己子为之后，作文告庙，凄恻动人。虑先世懿行之湮也，采集事实，遍乞名人志传，梓《家乘》，以垂久远。善书法，精篆刻，好蓄图籍。周栎园亮工赠以印曰"渠邱文献世家"。至今人艳称之。卒年七十六，学者易名"文孝先生"，崇祀乡贤。著有《青州府志》《青州乡贤传》《安邱乡贤传》《杞纪》《家乘》《族谱》《半部藳》《或语》《潜州集》《娱老集》《耳梦录》《印谱》数百卷，载《府志·理学传》《增广府志·文学传》《山东通志·人物传》。嘉庆十六年（1811），前山东考试官编修程静轩以其书上国史馆，附《儒林传》中。子在辛、在戊、在乙，俱以文行世其家。

[道光《安邱新志》卷十七《儒林》]

张贞，字起元。继伦子。康熙十一年（1672）拔贡。九岁而孤，苦志向学。年十三，受知于学使宣城施愚山闰章。补郡诸生，名誉日隆，乃肆力为古文。康熙元年，祥符周亮工为青州海防道，亟赏之。十八年，以博学鸿词征，母忧不起。二十四年，召试太和门，以第三人授翰林院待诏，亦不就。日与其乡人王训、寿光安致远、诸城李澄中，以文行相切劘。又北入都，南走吴越，得交王尚书士禛、朱检讨彝尊、曹祭酒禾、汪编修琬、汪刑部懋麟、魏布衣禧，折中得当，所业日进。性至孝，痛不逮养，力崇先德，汪编修所称"一举笔而思永其先人"者，尤为知贞之深也。又尝以余力攻书，精篆刻，周亮工赠一印曰"渠邱文献世家"。人艳称之。其卒也，乡人私谥曰"文孝"。著有《杞纪》二十二卷，见录于《四库全书》。其《青州乡贤传》《安邱乡贤传》《半部稿》《或语》《潜州集》《娱老集》《耳梦录》等书，皆传于世。

[咸丰《青州府志》卷四十七《人物传十》]

张贞，字起元，亦字杞园。安丘人。壬子拔贡。幼孤，族人涎其产，分给以求安。刻苦好学数奇，弃举子业，专事古文词，卓然名家。游燕赵吴越，海内胜流，莫不倾倒。己未，举博学鸿儒，以母丧不就。乙丑，以史馆缺员，钦试第三，当以翰林待诏用，亦不就。退居杞城故园，日以著述自娱，暇则摹古篆籀文。痛不逮养，力崇先德，纂辑《家乘》成书。伯叔父无嗣，以二子分承其祀。屡举乡饮大宾，谢不出。性严正，善退让，犯而不校。七十六卒，邑人私谥"文孝先生"，请祀乡贤。所著有《青州乡贤志》《安丘乡贤传》《杞纪》《族谱》《半部稿》《或语》《潜州集》《娱老集》《耳梦录》，行于世。

[康熙《青州府志》卷十八《文学》]

张贞，字起元。安邱人。康熙十一年拔贡。年十三，受知于学使宣城施闰章。祥符周亮工为青州海防道，亦亟赏之。康熙十八年，以博学鸿词征，值母忧。二十四年，补试，授翰林院待诏，不就。日与其乡人王训、寿光安致远、诸城李澄中，以文行相切劘。又北入都，南走吴越，得交尚书王士禛、检讨朱彝尊、祭酒曹禾、编修汪琬、刑部汪懋麟、布衣魏禧，所业日进。性至孝，痛不逮养，力崇先德，汪琬称其"一举笔而思永其先人"。又尝以余力攻书，精篆刻。著有《杞纪》

二十二卷，见录于《四库全书》。其《青州乡贤传》《安邱乡贤传》《半部稿》《或语》《潜州集》《娱老集》《耳梦录》等书，皆传于世。

[宣统《山东通志》卷一百七十五《人物志第十一·国朝青州府》]

张贞著《杞纪》《青州府志》《青州乡贤传》《安邱乡贤传》《族谱》《家乘》《半部稿》《或语集》《潜州集》《娱老集》《耳梦录》。

[道光《安邱新志》卷十一《艺文考》]

《青州乡贤小传》，张贞撰。贞，字起元，号杞园。安邱人。康熙壬子拔贡，举博学鸿词，授翰林院待诏。《娱老集》载是书"序"，略云：学宫乡贤册所载者九十六人，撮其流风旧事，翦裁排缵，各为小传一通。其所不知，则更俟博求，以广其遗阙云耳。按：《府志·艺文》作《青州乡贤传》，兹依《娱老集》标目。

《安邱乡贤小传》，张贞撰。《娱老集》载是编"序"，略云：就学宫所祀乡贤，述其行业，以寄向往，考彼旧祀，合之新入者，凡四十五人。按：《府志·艺文》作《安邱乡贤传》，兹依《娱老集》标目。

[宣统《山东通志》卷一百三十二《艺文志第十·史部·传记》]

《杞纪》二十二卷，张贞撰。贞有《青州乡贤小传》，见传记类。《四库存目提要》曰：是书以安邱东北界接高、昌诸邑，为杞国旧地，爰采史传之关于杞者，综其条目，曰图考，曰星土，曰舆地，曰山川，曰系年，曰沿革，曰封建，曰年表，曰世次，曰原古，曰分国，曰系家，曰苗裔，曰春秋经传，曰经传别解，曰人物，曰遗书，曰艺林，曰杂缀。王士禛"序"称其有良史才，以安邱一隅，上溯太原斟鄩之故居，下迄国朝数千年事迹，所采之书，凡四百余种，可谓勤矣。然以为杞之故墟，既于"系年"录《春秋》经文之载杞事者，复为"年表""世次""系家"，不几于叠床架屋乎？且又全录《春秋》经传及经传别解为四卷，不更赘乎？于"遗书"录《夏小正》，于"人物"收姮娥，其泛滥抑又甚矣。"艺林"内录《齐风》"汶水汤汤"之诗，则以徐州入济之汶为青州入潍之汶。至如振鹭有瞽、顾炎武大禹陵诗，皆一例采入，尤不免地志之锢习也。

[宣统《山东通志》卷一百三十三《艺文志第十·史部·地理》]

《渠邱耳梦录》，张贞撰。贞有《青州乡贤小传》，见史部传记类。《娱老集》载是编"序"，略云："耳梦"用《汉书》语，颜注"耳常听闻而记之也"。古人云：在朝言朝，在野言野。余以渠人而记渠事，亦士君子倦倦不忘乡党意也。若张端义之《贵耳集》、康誉之之《昨梦录》，其义则予窃取之矣。按：是书又有贞后人柏恒增订本，见《乡土志》。又《晒书堂笔录》云：潍河多鲤，汶水无鱼，见张杞园《耳梦录》。

[宣统《山东通志》卷一百四十《艺文志第十·子部·小说》]

《渠亭山人半部稿》四册，张贞撰。贞有《青州乡贤小传》，见史部传记类。是集凡四刻，一刻为一册。初刻曰《渠亭文稿》，二刻曰《或语》，三刻曰《潜州集》，四刻曰《娱老集》。首册"自序"略云：余文稿刻成，客有见者，曰：此子半部稿耶？余问其故，客曰：古今之自集其文与集昔人之文者，必备诗赋文章，而后谓之全集。是编有文无诗，故知其半部也。余曰：噫！岂谓是与？余束发时，业好读诗古文词。及自操觚，则为文而不为诗；即偶为之，终亦不似。盖其天性也，违己拂性之事，生平弗为，故卒舍诗而为文。虽然，有境必穷，读书者之事也，敢自恕乎？即以"半部"名吾稿，以志吾愧，老钝可策，且将勉为其全者矣。又高珩"序"略云：杞园于海内贤士大夫多缟纻之交，而诸君子每评骘一言，辄煜煜如颊上三毛。如云"叙事简洁，有《史》《汉》风"，此王敷彝之语也。如云"笔直而思曲，以欧、苏之跌荡为长句，以韩、柳之沈郁为炼句"，此汪蛟门之语也。如云"行文如罗浮二山，因风雨为合离"，此王阮亭之语也据本书。

[宣统《山东通志》卷一百四十四《艺文志第十·集部·别集》]

效霞按：张贞，由康熙《青州府志》列入《文学传》来看，其为文学家。但从其所编家藏书目——《宝墨楼书目》，有"医巫"类书籍，且"晚年，集里中遗老，讲圣贤性命之学""与刘直斋讲身心性命之学"，其为"儒而知医"者，亦未可知。识者鉴之。

◎ 于麟阁 ◎

于麟阁，字子霍。安邱县南逯乡于家沟村人。光绪乙亥年（1875）恩贡生。天资聪颖，先习儒后攻医。在学术上推崇《伤寒论》《金匮要略》《黄元御医书八种》，经年累月，苦究深研，医技渐高，处方用药，每有奇效，一时声名远扬，慕名求治者接踵而至。擅长内科、针灸，其徒弟五人（鲁家哨之鲁丁臣、曹家峪之乔寿臣、北张家庄之张桂方、冷家山之王夕印、景芝南院之赵二琪）均有名于时。《续安邱新志·文苑》有"传"，只言"少英锐，积学工文，乡试累荐不遇，后遂弃帖括，肆力于诗"。著有《医话》数本及诗稿《秋蛩吟集》一卷，已佚。

[《潍坊市卫生志》第八篇《名医录》]

[《安丘县卫生志》第十四章《医林人物》]

于麟阁，字子霍。恩贡生。少英锐，积学工文，乡试累荐不遇，后遂弃帖括，肆力于诗。著有《秋蛰吟集》，藏于家。

[民国《续安邱新志》卷十八《文苑》]

于麟阁著《避寇余草》一卷、《秋蛰吟集》一卷。

[民国《续安邱新志》卷十《艺文考》]

◎ 韩仁原 ◎

《敬口斋痘科》，韩仁原撰。仁原，安邱人。是书见《采访册》。

[宣统《山东通志》卷一百三十六《艺文志第十·子部·医家》]

◎ 曹其僩 ◎

《观楳堂外科》，曹其僩撰。其僩，安邱人。是书见《采访册》。

[宣统《山东通志》卷一百三十六《艺文志第十·子部·医家》]

曹其僩，清代山东人。生平里居未详。著有《观梅堂外科》，未见刊行。

[《中医人名大辞典》]

民国

◎ 吕孝端 ◎

吕孝端（1869—1939），字子芳。安邱县赵戈乡沟头村人。出身中医世家，其祖父、父亲皆擅外科，名重乡里。性聪慧，自幼随祖父学医，博览历代外科论著，不数载，医术超其先人。其术主要源于《医宗金鉴·外科心法要诀》《外科正宗》。善治疮痈，辨证精确，组方严谨，内外结合，屡获良效，名闻安邱、昌邑、诸城一带。

[《潍坊市卫生志》第八篇《名医录》]

◎ **曹庆和** ◎

◎ **曹庚臣** ◎

"西万和"药店，位于安邱县城南关，坐落在繁华的街中心，该店始创于清咸丰元年（1851），是一个前店营业、后场加工，制售一体，有一百多年批零兼营历史的老店，主营中药饮片及自制膏丹丸散近百种。素因药品质优，品类齐全，而誉满全县，特别是自制的"枣泥针砂丸""宝石散""瓜子眼药水"等，选料精细，配制考究，疗效明显，在中成药市场上独占鳌头，畅销不衰，成为安邱县最有影响的中药店堂之一。

1851年春，江西一名药商，来到安邱，借住在县城东小关中医曹庆和家，发现安邱县城中药业不发达，欲在县城开设中药铺。经与曹庆和商妥，在县城商业集中的南关街租用了四间临街的房屋合资开办了中药铺，取名为"西万和堂生店"。江西药商担任掌柜，曹庆和任账房先生，雇用店员四人，江西药商系祖辈经商，不但在生意上很有一套，且对膏丹丸散的配方制作以及中药材饮片的加工炮炙更胜一筹。自制的"瓜子眼药水""拨云散""宝石散""枣泥针砂丸"效优而价廉，适应当地需要。同时，江西药商重视柜台艺术。讲求"和气生财"，对买药者一视同仁，老幼不欺，生意十分兴隆。五年后，成为安邱县规模最大、资金最雄厚的药店。有雇员十五人，房屋四十间，资产达白银八万两，年售中药材十万斤以上，行销范围遍及安邱、临朐、沂水等地。约在1862年，兼营中药材批发业务，对中小药店进行批发，生意更是兴隆。

清朝末年，江西药商已年过花甲，因思乡心切，便给曹庆和留下了制剂配方，带了近万两白银回了江西老家。"西万和堂生店"改名为"西万和"，由曹庆和独资经营。

曹庆和不但继承了江西药商的制剂配方工艺，而且在生意上也很有一套。1904年，曹庆和根据几年普发一次黄疸性肝炎的规律，决定在药材收购上下"赌注"：每年清明后，山区农民迫于生计采集茵陈出鲁，但是茵陈销量甚少，其他药店拒绝收购。曹庆和便吩咐伙计压价收购茵陈，每斤一个铜板，并在店外张贴收购广告，一年光景收购的茵陈堆积如山，早收的已发黄了。翌年五月，黄疸性肝炎流行，安邱县发病率高达30%以上。各地茵陈奇缺，唯"西万和"库存最多。曹庆和看准了机会，派出人员到处"以奇卖缺"，以四五吊钱高价出售，大发横财。

曹庆和死后，其子曹庚臣继承父业，担任掌柜，并请其姑夫来店为其辅佐，处理本店事宜。曹庚臣是上等坐堂先生，人称"曹七爷"。其人精明过人，极善交际，从地方绅士、官宦到社会名流，无所不交。与当时的县长交情更深。几年时间财产翻了一番，在本地影响甚广。雇用店员二十多人。此时曹庚臣与其八岁的儿子被土匪"架票"，为赎票卖掉一顷多地，使"西万和"元气大伤。

曹庚臣后期逐渐奢侈腐化，整日因吃喝玩乐，吸鸦片，逛妓院，胡作非为，而不问店事。二掌柜刘金柱也视买卖为儿戏，不务正业，在青岛"压付子"买空卖空，一次就赔进了几千块大洋。由于诸多因素导致药店生意每况愈下，老店员曹次功等人见其朝不保夕之状纷纷辞职。另行建店，先后从"西万和"分出的有"育和泰""和记""同仁堂"和"仁寿堂"四家药店。至此，兴盛几十年的"西万和"药店，至抗战前夕，已是四分五裂，生意一落千丈。

1938年1月，日伪军侵占安邱后，"西万和"药店在恐慌和不安中艰难度月，生意更是日渐萧条，依靠典地和折类财产来维持。不久，曹庚臣之子曹仲玉继承父业，出任第三代掌柜，发誓重振家业，发达生意。虽采取了一些手段，但因局势混乱，日伪军大肆抢掠，而未奏效。至抗战胜利，"西万和"药店已是名存实亡。1948年安邱解放前夕，靠出售祖传的"枣泥针砂丸""瓜子眼药水"为主要生计。中华人民共和国成立后，公私合营前夕，"西万和"药店过渡到联合诊所。

[《安邱县医药志》第五章《私营药店》]

临朐

明

◎ 申玉才 ◎

申玉才,字润宸。万历三十七年(1609)由寄籍中式山西乡试举人。幼嗜学,博极群书。性至孝,会时疫盛行,母染疾。玉才侍奉唯谨,医药且遍,势转笃。因祷于神祠,请以身代。夜□□人若真武者,授以良方。玉才跪受。追寤,即合药以进,母病果瘥。乃以其方疗治乡里,获愈无算。玉才好施与,乐振人之急,见义必为。尝倡修学庙,岁稍歉即出粟赒济贫乏者,敦睦宗党。万历四十四年(1616),邑中大饥。远族学敏不能自存,妻子流丧。玉才赡以薪米,遂以为常。见其子玉佩,以为美才,招至家,使与子若弟共读,饮食教诲,为之授室。玉佩感激发愤,弱冠补诸生,知名于时,万历末贡成均。

[光绪《临朐县志》卷十四《节行》]

义孝弟祠,在学宫西,飨堂三楹,东房三间。雍正元年(1723)诏旨特建节孝祠同。祀元辛世显,明王雄、鞠珍、沈嚳、潘暠、卜希、颜窦庆、马说、张栋、杨芬、王天吉、刘注、申玉才、李法言、陈致恭、陈之垣、张茂英、王道灿、张显儒、尹三省、陈善、王居易、尹谐、尹良辅、路敬、朱整、朱天、安来仪。

[光绪《临朐县志》卷五《坛庙》]

(万历)三十七年己酉

申玉才,寄籍山西,有"传"。

[光绪《临朐县志》卷十二上《科贡表上·举人》]

(万历)三十七年己酉

申玉才,临朐人。

[咸丰《青州府志》卷十六下《选举表二下·举人》]

清

◎ 窦作杞 ◎

窦作杞，字荆甫。文涛长子也。以子景燕仕，累赠文林郎、安平县知县、顺天府南路同知。作杞幼有至性，髫龀丧母，泣血不食，长老叹异。为文修洁自喜，祖父尤奇爱之。屡应乡举不利，以父善病，乃弃举子业，穷究方书，窥轩岐之秘。视膳尝药，先事调摄。父年八十余，犹康强不衰。渐以其术疗乡人，垂死得活。求诊者，填户常满，莫不应手瘥。效时方之长桑、扁鹊，作杞用医名世。长子、叔子列仕籍，作杞为封君，家不中资，服御简素如寒士。每驰书戒论两子，谓：汝仲、季弟耕且读，善养吾老人，恪守家法。汝曹须致身报国，勿以吾老人为忧。知故或诵其俭德，作杞笑曰：有子幸知自爱，勉为清白吏，仆虽贫，所深乐也。使为污吏，肥身家，仆兹戚矣！何暇享其奉乎！乡里推其行谊，谓足继冯贞静、傅清毅云。子四人，景燕、景默最知名。景燕，自有"传"。景默，事具《景燕传》采李廷枢《具平集》修。

[光绪《临朐县志》卷十四《先正》]

◎ 陈坦飞 ◎

《伤寒论》《痘疹论》，陈坦飞撰。坦飞，临朐人。乾隆间诸生。著有《五经集解》。二编见《乡土志》。

[宣统《山东通志》卷一百三十六《艺文志第十·子部·医家》]

陈坦飞，赵疃人。乾隆间廪生。好学不倦，著有《五经集解》，藏于家，现《易经》佚失。尤精医学，著有《伤寒论》《痘疹论》。凡伤寒之经其手者，无不痊效。

[《临朐县乡土志》卷一《耆旧》]

◎ 窦景燕 ◎

窦景燕，字馥昆。作杞子，以景燕官赠作杞文林郎、安平县知县、顺天府南路同知。景燕天姿英毅，早岁负奇气，于时辈少所许可。独从叔父作相及邑人刘元炤受学，溥通传注。以父精于医，景燕少时，窃窥其书，辄了大义。私以意为人处方药，无不奇中。踵门者，日不暇给。其叔恐因之废学，严禁厉之。乃扃户下帷，讲诵弗辍。期年，学大通。举乾隆五十一年（1786）乡试，嘉庆初大挑，分发直隶，署子牙河通判。捕蝗甚力，总督颜检下其法于诸县。调署唐县，期年，狱无重囚。丁母忧，服除，补知安平县。初至，谒城隍庙，于廊庑间得二巨橐，储诸军器簿，列群盗姓名。景燕阴按□治之，无得脱者。自是，以善捕盗名，魁党望风解窜。调邢台，讯谳无留滞，严治豪暴，境内肃然，邢民歌诵之，升顺天府南路同知。所部获邪教有逆谋，景燕驰往勘之，事连府尹书役。吏部尚书邹炳泰方兼府尹，以逆谋未露，置弗问。景燕争之甚力，邹怒，劾罢之。越数年，林清谋逆事发，多为景燕讼冤者。兵部尚书兼顺天府尹刘镮之荐景燕复为知县，补武清，调知沧州，廉能噪一时。有巨盗白乙，矫健善斗，遨游肆市，数十百人莫敢近。景燕诇知白有所狎娼，厚贿之，尽得其出没踪迹。乃使娼饮之酒，窃其兵，率勇士缚之，置于法，徒党解散，复挂吏议。旋丁父忧，还籍。会滑县教匪平，献渠魁京师。仁宗廷鞫之匪党，供辞有"畏窦同知，三年不为盗"之语。仁宗以问廷臣，景燕事遂得上闻，乃复故官。寻以旱蝗督捕致疾，请告归。子以埙，庠生；以培，国学生。弟景默，以诸生自效，讨滑匪，叙功授府经历，署知安徽广德州，亦以廉干著称。

[光绪《临朐县志》卷十四《先正》]

窦景燕，字馥昆。廷宰六世孙。乾隆五十一年举人，嘉庆初大挑，分发直隶，署子牙河通判。捕蝗甚力，总督颜检下其法于诸县。署唐县，期年，狱无重囚。丁母忧，服除，补安平县。初至，谒城隍庙，于廊庑间得二巨橐，皆盗械也。群盗屏迹，自是以善捕盗闻，寻升顺天府南路同知。所部获邪教有逆谋，景燕驰往勘之，事连府尹书役。吏部尚书邹炳泰方兼府尹，以逆谋未露，置弗问。景燕争之甚力，邹怒，劾罢之。越数年，林清谋逆事发，用兼顺天府尹、兵部尚书刘镮之荐，复起为知县。丁父忧，服阕，补武清县。叠获巨盗，得旨嘉奖，升沧州知州，寻复授南路同知。二年，以督捕蝗劳顿致疾，得请归。

[咸丰《青州府志》卷四十九《人物传十二》]

窦景燕，字馥昆。临朐人。乾隆五十一年举人，大挑知县，分直隶，署子牙河通判。捕蝗甚力，总督颜检下其法于各属。署唐县，期年，狱无重囚。补安平，以善捕盗闻，升顺天府南路同知。所部获邪教有逆谋，景燕驰往勘之，事连府尹书役。吏部尚书邹炳泰方兼府尹，以逆谋未露，置弗问。景燕争之力，邹怒，劾罢之。及林清谋逆事发，用兼尹兵部尚书刘镮之荐，起为知县，补武清。叠获巨盗，升沧州知州，复授南路同知，以捕蝗致疾告归。

[宣统《山东通志》卷一百七十五《人物志第十一·国朝青州府》]

窦景燕，山东临朐县人。丙午举人。嘉庆十二年（1807）至十四年任。强济称职，曹无留事，复义仓，修邑乘，兴废举坠，论者美之。升顺天府南路同知。

[嘉庆《邢台县志》卷五《知县》]

窦景燕，山东临朐县人。（乾隆）丙午（1851）举人。（嘉庆）十二年至十四年任。修《县志》，稿成未刻，去。有"传"。

[光绪《邢台县志》卷四《职名表·县令》]

知县窦景燕，强济称职，曹无留事，复义仓，修邑乘，兴废举坠，论者美之。升顺天府南路同知。

[光绪《邢台县志》卷四《宦绩》]

窦景燕，字尔东。山东临朐县举人。嘉庆二十三年（1818）知沧州。性严猛，不接绅士，尤长于缉捕，闻有盗数，辄亲往。双椎数十劻，马上运之如风。遇贼，躬与贼斗，无得脱者。终其任，宵小绝迹，州境夜不闭户焉。畿辅牧令"缉捕才以景燕为第一"，升顺天南路同知。

[光绪《重修天津府志》卷四十《宦绩二》]

[民国《沧县志》卷七《职官志·传》]

（乾隆）五十一年丙午

窦景燕，临朐人。直隶南路厅同知。

[咸丰《青州府志》卷十八下《选举表四下·举人》]

白家口义渡，在西关外。嘉庆十四年（1809），宋文成劝公润当捐修。十六年，宋广泰又劝德庆当捐资重修。二十五年，知州窦景燕重修。道光二十四年（1844），州人王晴浦等重募修。

[民国《沧县志》卷七《方舆志·津渡》]

◎ 陈凤年 ◎

《痘疹经验集》《小儿科方针》，陈凤年撰。凤年，字集五。临朐人。二编见《乡土志》。

[宣统《山东通志》卷一百三十六《艺文志第十·子部·医家》]

陈凤年，字集五。大章庄人。自少穷究方书，得轩岐之秘，以济人为心，待诊者日常填户，乡里有求，虽夜必兴。着有《痘疹经验集》《小儿科方针》，咸同间经兵燹焉。道光七年（1827），知县张志彦旌其门曰"十全为上"。

[光绪《临朐县乡土志》卷一《耆旧》]

◎ 张锡爵 ◎

《痘疹揭要》，张锡爵撰。锡爵，字晋三。临朐人。监生。《乡土志》载是编云：里中医者，遵之甚验。

[宣统《山东通志》卷一百三十六《艺文志第十·子部·医家》]

张锡爵，字晋三。盘阳社段家庄人。监生。精医术，道光庚戌（1850）间，时疫流行，尝设局施药，疗贫民病。尤善书画，行草遒劲有法。著有《痘疹揭要》，里中医者，遵之甚验。

[光绪《临朐县乡土志》卷一《耆旧》]

张锡爵，字晋三。以居丹水之右，别号"丹西"。终身未掇一衿，而其书法大方，非欧非柳，有古有今，字里行间，蓄有无数邱壑。今其字极少，惟段家庄尚有锡爵手书"秋兴八首"，大屏八幅，存其族人家中。

[民国《临朐续志》卷二十二《杂记》]

◎ 宫献廷 ◎

《引痘浅说》《痘症溯源》，宫献廷撰。献廷，字敬修。临朐人。《乡土志》云：二书抄写行世。

[宣统《山东通志》卷一百三十六《艺文志第十·子部·医家》]

宫献廷，字敬修。龙冈社人。少读书有远志，后以食齿繁累，弃儒业医，得宋人引种牛痘之真，传其法，按穴点引，预为调摄，由此瘢痘一症，天行传染，均无所害，大吏闻其名，聘以重金，设局省垣，以宏博济，礼遇甚隆。其性情端方，馆省四十余年，于外事一无所闻。殁年七十有九。著有《引痘浅说》《痘症溯源》二书，抄写行世。

[光绪《临朐县乡土志》卷一《耆旧》]

◎ 李道广 ◎

李道广，龙山社李家山人也。幼遇异人，得仙术，治疾不需方药，撮土少许，服病者，立瘳。酬以财帛，概却弗受。遐迩喧播，门恒如市。知县某疑其左道惑众，逮置牢狱，久始得释。道广乃潜处静室，堇户，惟留一窦，家人与之食则食，弗与亦不索也。已而启户出，放浪云壑。与汶阳张新修友善，高谈玄虚，胜气绝俗。新修大惊异，以为长桑、桂父之流。一日，诣新修，索干糇。急问：何往？曰：将至逢山，饲石狗。既去，遂不复返。李家山村外巨石上，有足印二，深寸许，传为道广遗迹。村人又言：山素无井泉，饮者颇苦远汲。道广指磐石，语众曰：是下有泉。众凿之，果得水，虽盛旱不竭，沾溉之利，至今赖焉。

[光绪《临朐县志》卷十六《杂记》]

李道广，龙山社李家山人也。幼遇异人，得仙术，治病不需方药，撮土少许，服病者，病立瘳。酬以财帛，概却弗受。遐迩喧播，门恒如市。知县某疑其左道惑众，逮置狱中，久之得释。道广乃潜处静室，堇其户，惟留一窦与人通，家人与之食则食，弗与亦不索也。已而启户出，放浪云壑。与汶阳张新修友善，高谈玄虚，胜气绝俗。新修大惊异，以为长桑、桂父之流也。一日，诣新修，索干糇。急问：何往？曰：将至逢山，饲石狗。既去，遂不复返。李家山村外巨石上，印有足模二，深寸许，传为道广遗迹。村素无井泉，居民远汲，颇苦。道广指磐石，语众曰：是下有泉。众凿之，果得水，虽盛旱不涸，至今利颇之见旧志。

[民国《临朐续志》卷二十二《杂记》]

◎ 褚鸿吉 ◎

《外科书》数卷，褚鸿吉撰。鸿吉，临朐人。《乡土志》载是编云：经咸同兵燹尽失。

[宣统《山东通志》卷一百三十六《艺文志第十·子部·医家》]

褚鸿吉，田庄人。精医学，尤精于外科，痈疽、疮疖，针砭无一不效。著有《外科书》数卷，藏于家，经咸同丘燹尽失焉。殁后，病者祷于墓前，辄应。邑人于其社内蜘蛛山建药王庙，塑其像于旁，号曰"褚先生"。至今香火不断。

[光绪《临朐县乡土志》卷一《耆旧》]

褚鸿吉，字耿光。城西北大田庄人。幼有异才，读书未成名，遂改业岐黄。善针灸，有扁鹊华佗之誉。凡患疮疽者，鸿基至，多著手即愈。殁后，里人思其德，为立祠蜘蛛山，岁时祭之，迄今不绝云陈炳照采访。

[民国《临朐续志》卷二十二《人物列传》]

褚鸿吉，字耿光。清代临朐县大田庄人。通医道，精外科，善治疮疡、痘疹，投药辄效。卒后乡公建祠崇奉，历三百余年。至今乡人称"鸿吉爷爷"。

[《山东中医药志》第六篇《人物表》]

◎ 阎 森 ◎

《医林精集》，阎森撰。森，字蔚村。临朐人。诸生。其家七世精医，森尤精痘疹。是编见《乡土志》。

[宣统《山东通志》卷一百三十六《艺文志第十·子部·医家》]

闫森者，字蔚村。夫召社人。为邑诸生。其家七世精于医，至森于痘疹二症，尤为精深。著有《医林精集》待刊。

[光绪《临朐县乡土志》卷一《耆旧》]

◎ 牛书田 ◎

《易医通义》，牛书田撰。书田，字子耕。临朐人。廪贡，官兖州训导，以守城功加光禄寺署正衔。是书见《乡土志》。

[宣统《山东通志》卷一百三十六《艺文志第十·子部·医家》]

牛书田，号子耕。汉卿子。廪贡生。学以躬行为本，文艺为末。同治间任兖州府学训导时，值冠警，与知府议守城计，躬亲巡视，防御多智，城赖以完，以功加光禄寺署正衔。会闻母讣，归里，哀毁几绝。服阕，教授岐阳、嵩阴间，每讲《论语》"父母在不远游"章，辄愧悔流涕。后署平度州学正。著有《易医通义》，存于家。

[光绪《临朐县乡土志》卷一《耆旧》]

◎ 王英魁 ◎

王英魁，字子敏。福山社人。善针灸。少未尝学，而于药方诸书，开解明悟，浏览默会，如夙诵者。按穴施治，应手得效。一人，久患□痹，乞英魁诊之。英魁为下针数处，即能言笑。次日，复□□治，遂步履如常。其造诣神妙，多此类。比一岁中，疗救全活者数百人，未尝受谢邀誉，里人咸感慕焉。

[光绪《临朐县志》卷十六《杂记》]

王英魁（1829—1910），字子敏。临朐县白塔南洋河村人。聪颖喜读，因家贫辍学而务农，农闲学医，尤喜针灸，其医术源于《针灸大成》，勤学苦练，医技渐高，求诊者络绎不绝。据《县志》记载：曾至高崖村治十余岁小儿，时病家已延医七八人在座，见英魁至，似一农夫，不屑为礼。英魁诊后曰：此症宜针灸，药物不及。群医不以为然，促其立即施针，实欲窘之。是日，主人邀群医皆宿，次晨病势大减，群医叹服，暗暗自去，英魁留医数日，患儿完好如初。

[《潍坊市卫生志》第八篇《名医录》]

[《山东中医药志》第六篇《人物表》]

◎ 于衍珠 ◎

◎ 张云翔 ◎

◎ 袁俊升 ◎

国药业同业公会主席于衍珠，常务委员：张云翔、袁俊升。

[民国《临朐续志》卷十三《党部》]

◎ 闵传魁 ◎

闵传魁，字梅村。闵家庄人。性磊落，好读书，不求甚解而大旨了然，尤嗜唐宋诗及名人诗话。继以四方多警，兼肄武，入武庠。有明断才，人多以疑难就决。乡邻有斗者，公一至，立为排解，无不帖然感服。咸丰辛酉（1861），南匪入境。其母时方病，传魁侍汤药，余闲督修寨堡，整饬乡团，一方资以保障。越明年，僧邸帅师剿淄逆刘德佩，转饷维艰。传魁冒矢石，馈饷糈，为他邑倡。光绪丁丑（1877），岁饥且大疫。传魁率子侄辈襄赈数月，并施药饵以活病者，故四乡有"仁人"之誉。而传魁无德色，其懿行大端如此。殆所谓"忠于谋人，勇于为义"者欤据王树榕采访修。

[民国《临朐续志》卷二十《人物列传》]

◎ 钟恕斋 ◎

钟德吉，字蔼人。其弟德昌，字惠卿。邑东北乡钟家行山人。昆仲同以善行著，自清光绪十八年（1892）至二十六年，三经乡人为制碑匾屏幛，以旌其德。考"序文"称：其父恕斋公，一生良谨，以医术积德。德吉兄弟缵先志，务以淳厚慈善熏亲邻，一乡化之。附近村庄遇争执，得一言立解，鲜有以雀鼠睚眦启衅者。家本富饶，环纪山丹水间，倚为财墟，拥丰田，多佃农。岁歉，减租止息以为常。轻财好施，家仓储积若山。凶年，开仓赈饥，门庭如市。其惠济穷氓，德尤溥。兄弟友爱，终始礼让。子二人，锡恩、锡龄；孙八人，俱忠厚恂谨，门以内雍雍如也。孙海峰、海桐，俱游学东瀛。海峰回国，曾一任夏津知县。曾孙多人，今仍富甲一乡。论者谓积善之报云据李桐岗所寄《善行序文》修。

[民国《临朐续志》卷二十《人物列传》]

◎ 刘秉台 ◎

刘秉台，字子成。吕庄人。少孤贫，饔飧常至不给。母张氏贤，茹艰辛使学。年十六，弃学就农。嗣以善治痘疹名。常言：痘疹无死症，死者皆庸医杀之也。人求诊，非远出数十里不停；近村延，立至。诊毕即回，杯水不扰。或御车马来，力辞弗乘。病愈酬，轻重悉不受。远近周知，亦无往谢者。如此五十年，誉望隆著。生平无妄言，见善如不及。无论亲族异姓，或行戾于义，辄不避嫌怨训饬之，务使人引咎乃已。以故少长有过，皆相戒：勿令子成知。乡里服化，不恭不敢与接。操持端谨，终始不渝。卒年九十二岁。葬日，临吊者达数千人，皆如哭私亲焉据李焕章等采访修。

[民国《临朐续志》卷二十《人物列传》]

刘秉台，字子成。清康熙间临朐县蒋峪吕庄人。业医，善治痘疹，能望色，疗人应手取效。有求必应，有延必往，入病家，杯水不扰，贫富酬谢，悉辞不受。丧日，远近不约而集者站满十余亩地，葬礼达十五日之久，筑墓立碑乃去。

[《山东中医药志》第六篇《人物表》]
[《潍坊市卫生志》第八篇《名医录》]

◎ 马作梅 ◎

◎ 马椿龄 ◎

◎ 马南星 ◎

◎ 马 谔 ◎

马作梅，字香岩。辛寨人。监生。为人公正廉明，望重一乡。有宿学，且精医术。有手辑《妇人科医方》刊行。

[光绪《临朐县乡土志》卷一《耆旧》]

马作梅，字香岩。辛寨人。赋性谨饬，幼承家教綦严。燕居未尝疲倚箕踞，盛暑未尝解带露裎。与人接，向无疾言遽色，而人无不爱敬之。乡里有争，作梅至，立解。咸丰辛酉（1861）乱，创修围堡。僧格林沁王追匪至辛寨，嘉其建筑得法，命名谓"公保寨"。四乡避难者麇集，保全尤多。作梅善岐黄术，尤精妇人、痘疹两科。有手辑《验方》数卷，藏于家。子椿龄、孙南星，均能世其业采《乡土志》。

马南星，字箕辰。邑南辛寨人。自其父祖以至高曾，皆力农，重儒业，一门淳朴彬彬，具诗礼家风。父昌龄，扶义倜傥，以"任侠"称乡里。清光绪初，岁大饥，人相食。昌龄出粟助赈，全活无算。于时南星幼，稔其父善举不忘。昆仲三，南星居长。自幼歧嶷，异常儿。及出就傅，锐意向学。后因痞病瘦，弃学肄武，疾遽愈转壮。应童子武科试，青州太守李见而异之，给奖品物，并赠诗嘉勉，有"他年材有用，须自此时储"之句。未弱冠，即补县学武庠生。嗣秋闱屡不售，遂无意进取，家居事亲，晨昏无倦容。待两弟耀星、文星终始和乐，村邻艳称弗置。为诸子侄受学，必延聘名儒教读，供脩馔必恭必敬，一时尊师重道为邑南乡冠。尝诫子侄曰：学以明理致用为主，如驰骛虚名，是自欺也。尔曹深戒之！生有至性，笃于宗族戚党。虽家无饶资，常出所有以济贫乏。戚族待以举火者，恒至数家。尤喜结纳名流，远近闻声，每特意造访。子孙肃客，皆周旋中礼。过者羡其庭训焉。乡里有争，南星至，如春云沃雪，能熔冰炭作水乳，人咸服其德化之神。坦怀乐善，睟然见于面目。治医以小儿、妇女科著，常自备药饵，不索值，以应急需。求者趾错于门，心未尝厌烦。有病丐乞食至其家，南星诊其病状，为止宿，撮药疗之。次日，疾大减，请行。南星止之曰：再剂始瘳。汝去，此不可保也。已而果然，丐欢谢去。民国戊辰（1928），邑大水兼蝗灾。华洋义赈会及世界红卍字会，先后来朐施赈。至辛寨，主其家，隐为擘画一切。是年冬，复函求慈善团体，得棉衣数百袭，以散给极贫者。邑侯冯公祖仁，在城南关设粥厂，以食饿者。命南星襄赈务，无滥无遗，活人万计。尔时南星已六十余，以衰迈之身，朝夕奔走，卧不安席者数月。盖皆本其慈善之心，一无所为而为之也。晚年，童颜丰润，类四十许人。家居好道术，茹素诵经以为常。好搜集劝善等书，以化世俗。庚午（1930）九月，寿六十有五，无疾而逝。及大敛，体软如绵，颜色如生人，共异之。子三人，长讷，山东警监学校毕业，历充本县自治筹备处干事、财政管理员；次谔，以医世其业；季誩，少殁据卢绍尼为撰《行状》修。

[民国《临朐续志》卷二十《人物列传》]

马作梅，字香岩。临朐县白塔南洋河村人。中年行医，开业于临朐县辛寨等地。先习《内经》《难经》《神农本草》，后精读《济阴纲目》《万氏妇人科》，故尤精妇科，认为妇人以阴为本，发病多因七情所伤，故以调理气血为主治之。医术高明，医德纯正，为人严肃公正，在当地颇负盛名。

[《山东中医药志》第六篇《人物表》]

[《潍坊市卫生志》第八篇《名医录》]

《妇人科医方》，马作梅撰。作梅，字香岩。临朐人。监生。《乡土志》云：手辑《妇人科医方》刊行。

[宣统《山东通志》卷一百三十六《艺文志第十·子部·医家》]

◎ 卜宪周 ◎

卜宪周，字佐臣。邑西南丝窝庄人。少聪慧，喜读书，孝友根于天性。家贫甚，十七岁设帐授徒，博甘旨，奉二亲。逾年丁父艰，哀毁骨立，丧葬如礼。自是，家益窘，几不可支。宪周恃舌耕，妻高氏勤针黹，交资薄，获养孀母。母申氏，俭衣食，得无忧。宪周教弟抚妹，以次毕婚嫁，母心大慰。清鼎革，宪周灰志进取，家居奉亲，优游林泉，博众艺，工书法，尤精篆刻。兼以医术活人，求者踵门，无不应。诚正夙孚人，乡邻有争讼，诉公庭，皆愿就宪周决曲直。民国初年，家渐裕，母龙钟矣。宪周奉益谨，愉色婉容，晨昏侍膝下。尝语其弟曰：事亲以得欢心为主。否则，供鼎烹，不及菽水也。娣姒化之，俱能善事寡母。母逝，宪周决意庐墓。戚友以时不靖，未便遽行古道，力阻之。宪周乃终制绝腥荤，面颜枯槁，人不能识，三年未尝见齿。后数年，忽以中风致不起据高海青所寄《行状》修。

[民国《临朐续志》卷二十《人物列传》]

◎ 王荫远 ◎

王荫远，字樾园。东乡魏家庄子人。自少昆弟颇多，为曾祖母李抚养，爱若掌上珠。读书记悟过人，好读紫阳《纲目》。游庠后，棘闱屡踬，其两弟明远、惠远已俱食饩矣，而荫远始以二等补增广。丁酉（1897）乡试，中副车。自笑曰：三四胞弟廪，而吾独补增人，中举而吾中副车。甚矣！功名之难也。癸卯（1903）科乡试中式，榜发拜举主，蒙面奖"熟读史鉴"，盖实生平所长也。废科举后，荫远主讲县立高等小学校，一时成德达材之选，多出其门。又精岐黄术。因年老不愿供教职，乃悬壶柳山寨。求诊者，户限为穿，誉传遐迩。后以时事多故，不堪俗扰，遂闭门扫迹，颐养天年。治家严整，黎明即起，法朱伯庐考宝早扫，师曾文正。生平强酒健饭，至七十余弗衰。长眉丰髭，论古今治乱之源，滔滔惊座客。虽年迈而勤读，如为诸生时。熟《左氏传》，偶谈及，能朗朗举其词。真笃学君子也。后以疾卒于家据刘锡瑞采访修。

[民国《临朐续志》卷二十《人物列传》]

王荫远（1840—1916），字樾园。临朐县柳山乡魏家庄子村人。为明代户部给事王佐才之十四代孙。幼颖悟，喜读书。光绪癸卯，科试时曾以破题中肯，主考当面奖识，得中举人。中年在临朐县城书院执教，边攻医籍，不数年，尽得要领，遂辞去教务，悬壶行医。善取各家之长，融为一体，对明清温病医家尤为推崇，深研温热病。时值乱年，瘟疫流行，多数医生以"麻桂"论治，多成坏病，以"下不厌早，汗不厌迟"的温病理论，速驱病毒而存阴液，其下法曲微妙尽，不拘一格；其清法，常在清热解毒药中伍以活血化瘀之品，疗效颇著，故求诊者日渐增多。在临朐、昌乐、安邱一带享有较高声誉。曾孙王金村至今仍传其业。

[《潍坊市卫生志》第八篇《名医录》]
[《山东中医药志》第六篇《人物表》]

民国四年乙卯（公历一千九百十五年）

奉令筹备国民大会选举，邑人王荫远、刘玟均被举为初选代表。

[民国《临朐续志》卷二《大事记》]

民国

◎ 赵文恭 ◎

赵文恭（1862—1935），字懿斋。临朐县尧山郑家河沟村人。自幼好学，二十七岁府考庠生第一名。次年欲赴乡试，行前，三弟文海忽病喉，延医服药，两剂暴亡，遂弃举学医，熟读《内经》《难经》《景岳全书》《医宗金鉴》。因弟病喉误于庸医，故对历代喉科著述尤为深研，曾言：喉症不难治，治之不效，医之庸也。一时名扬齐鲁。治病不分贵贱，一视同仁，轻症重恙，无不细心诊断，有求必应，故德隆望尊。卒后，人为其立碑纪念。

[《潍坊市卫生志》第八篇《名医录》]
[《山东中医药志》第六篇《人物表》]

效霞按：民国《临朐县志》卷十三《县议事会参事会》载，赵文恭为第一期、第二期县议事会议员。

◎ 胡 澂 ◎

胡澂，字玉汝。胡家岭人。邑庠生。性孝友，昆仲三人，澂居长，早失恃，事继母竭诚供奉，一乡称之。笃于手足，始终翕然。初设帐授徒，嗣于七贤店行岐黄术。虽居市而喜接同道，和易近人。遇友好，杯酒欢宴。爱谈诗、谈文、谈字、谈画、谈山水风景、谈名人轶事，一市隐而乐道者。兄弟聚居，丁口颇多。澂以孝友率下，子侄辈皆恂谨守礼，远近皆钦其家祥。一生好嗜石砚，搜掘岩阿。尝由邑嵩山龙岩寺产砚材地，觅人肩石归，躬自椎磨。所制有绝工者，曾经山东博物展览会鉴赏给奖。黄埠店贺桐岗，字琴山。善书画，与澂同游庠。又高家庄高锡绅，字笏臣。以工画桐菊，噪一时。澂皆与友。尝精选贺、高二人得意笔，制为巨册珍藏之。友朋索观，或奖誉，则掀髯喜。暮年，童颜鹤发，须飘飘如雪，道气盎然。众咸推必得高寿，乃竟于民国二十二年（1933）秋在七贤店与友人酣饮，席间无疾而逝据赵魁英采访修。

[民国《临朐续志》卷二十《人物列传》]

胡澂（1866—1933），字玉汝，号石友。临朐县七贤胡家岭人。光绪年间中庠生，执教于本村。时痘疹年年有发，善医此者又乏人，以致死人枕藉。目睹此景，发奋攻医，先习经典以奠基础，后宗《医宗金鉴》，深入研究，在临朐县七贤镇开设"长生堂"药肆，后归家乡胡家岭业医。志于痘疹之学，造诣颇深。从其孙胡宝清根据遗墨资料整理的《麻疹治疗概要》一文可以看出，对麻疹的病因、机理、治疗均有系统而独特的见解，并创造了预防麻疹验方数则，临床验证有效。

[《潍坊市卫生志》第八篇《名医录》]
[《山东中医药志》第六篇《人物表》]

◎ **赵奎英** ◎

赵奎英（1867—1942），字俊青。临朐县七贤长沟村人。清末廪生，后业塾教，课余攻医。民国塾学废止，专事行医，曾在冶源开设"育庆堂"。对内、妇二科颇有造诣，曾创治痢一方：当归、白芍、丹皮、酒大黄、焦山楂、枳实、槟榔、地榆，颇具疗效，至今沿用。

[《潍坊市卫生志》第八篇《名医录》]

◎ 高锡利 ◎

高锡利（1873—1947），字次元。临朐县七贤高家庄村人。少年家贫，塾学数年便因生活所迫，给谷家沟赵家当雇工。赵家业中医，藏书较多，自设药铺，高氏乃白天耕作，夜间苦读，数载后回家开业行医，并继续研读医书，以借书抄录为主，先后手抄六十余本。学识渊博，通晓各科，尤长外科。性情谦和，善处同道，义诊施药屡见不鲜，深得乡人尊敬。

[《潍坊市卫生志》第八篇《名医录》]

◎ 王　恩 ◎

◎ 王毓芹 ◎

王恩（1873—1947），字锡三。临朐县柳山乡魏家庄子村人。出身于书香门第，幼聪慧，从父辈读经书，立志研岐黄。数年后医名渐长，遂受聘于柳山寨"广聚丰"药号，坐堂行医十八年。归里与其子毓芹经营"万寿堂"药店。文学功底扎实，精通中医经典，医学造诣颇深，曾于1934年赴青州参加当局对开业医生的淘汰考试，获第二名。专治内科与杂病，对时症温病有独特见解，遣方用药，遵经不泥古，采众长不囿门户之见，每收奇效。某年霍乱流行，发病急骤，吐泻频作，村日死十余人，人心惶惶。时医皆用藿香正气、六合定中类方，治之无效。王氏详察病情，断用黄连解毒汤，服之立效，遂广传其方，解危救难，活人甚众，医名远播。有医案、验方等手稿近十万言，"文化大革命"中尽付一炬。业医积德不聚财，抚病恤贫，赠药救危，家无余资，远近乡里皆颂其德。子毓芹，亦擅时症温病；孙金凯、金璀继其医术。

[《潍坊市卫生志》第八篇《名医录》]

昌 乐

◎ 李 清 ◎

李清，北海人。少学道，多延方士，终无所遇，求之愈切。隋开皇四年（584），尝入云门山窟，遇老人，授以书一轴。甫半日归，视其城郭，人民、屋室皆变，无一相识者。访其家，则子孙辈皆云：其祖尝入南山，不知所终。时则唐高宗永徽元年（650）矣。开所授书视之，乃小儿医方，疗之无不效者。于是，齐鲁之人，从之学者甚众。后入泰山不出。

［民国《昌乐县续志》卷三十八《杂稽》］

李清，北海人。世传染业，少学道，多延方士，终无所遇，求之愈笃。开皇四年，尝入云门山窟，仙人授书一轴。甫半日归，视其城郭，人民、屋室皆变，无一相识者。访其子孙，皆云：尝入南山，不知所终。时为唐高宗永徽元年。开所授书视之，乃小儿医方，疗之立愈。齐鲁间从而学道术者甚众。后入泰山，莫知所终旧志。《集异记》曰：李清，北海人也。代传染业。清少学道，多延齐鲁之术士道流，必诚敬接奉之。终无所遇，而勤求之意弥切。家富于财，素为州里之豪盯。子孙及内外姻族，近百数家，皆能游手射利于益都。每清生日，则争先馈遗，凡积百余万。清性仁俭，来则不拒，纳亦不散。如此相因，填累藏舍。年六十九，生日前一旬，忽召姻族，大陈酒食。已而谓曰：吾赖尔辈勤力无过，各能生活，以是吾获优赡。然吾布衣蔬食，逾三十年矣。宁复有意于华侈哉！尔辈以吾老长行，每馈吾生日衣装玩具，侈亦至矣。然吾自以久所得，缄之一室，曾未阅视，徒损尔之给用，资吾之粪土，竟何为哉！幸天未录吾魂气，行将又及吾之生辰，吾固知尔辈又营续寿之礼，吾所以先期而会，盖止尔之常态耳。子孙皆曰：续寿自远有之，非此将何以展卑下孝敬之心？愿无止绝，俾姻故之不安也。清曰：苟尔辈志不可夺，则从吾所欲而致之，可乎？皆曰：愿闻尊旨。清曰：各能遗吾洪纤麻縻百尺，总而计之，是吾获数千百丈矣。以此为绍续，吾寿岂不延长哉！皆曰：谨奉教。然尊旨必有所以，卑小敢问？清笑谓曰：终亦须令尔辈知之。吾下界俗人，妄意求道，精神心力，夙夜勤劳，于今六十载矣，而曾无影响。吾年已老耄，朽蠹殆尽，自期筋骸不过二三年耳。欲乘视听步履之尚能，将行夙志。尔辈幸无吾阻。先是，青州南十里有高山，俯压郡城，峰顶中裂，豁为关崖。州人家家坐对岚岫，归云过鸟，历历尽见。按《图经》云：云门山，俗亦谓之劈山。而清蓄意多时。及是，谓姻族曰：云门山，神仙之窟宅也。吾将往焉。吾生日坐大竹簣，以辘轳自缒而下，以纤縻为媒焉。脱不可前，吾当急引其媒尔，则出吾于媒末。设有所遇而能肆吾志，亦当复来归。子孙姻族泣谏曰：冥冥深远，不测纪极。况山精木魅，蛇虺怪物，何类不储？忍以千金之身，自投于斯，岂久视永年之阶乎！清曰：吾志也。汝辈必阻，则吾私行矣。是不获竹簣洪縻之安也。众知不可回，则共治其事。及期而姻族乡里，凡千百人，竞赍酒馔。迟明，大会于山椒。清乃挥手辞谢而入焉。良久及地，其中极暗，仰视天，才如手掌。扣四壁，止容两席许。东南有穴，可俯偻而入。乃弃簣游焉。初甚狭细，前往则可伸腰。如此约行三十里，晃朗微明。俄及洞口，山川景象，云烟草树，宛非人世。旷望久之，惟东南十数里，隐映若有居人焉。因徐步诣之，至则陡绝一台，基级极峻，而南向可以登陟。遂虔诚而上，颇怀恐惧。及至，窥其堂宇甚严，中有道士四五人。清于是扣门。俄有青童应门问焉。答曰：青州染工李清。青童如词以报。清闻中堂曰：李清伊来也。乃令前。清惶怖趋拜。当轩一人遥语曰：未宜来，何即遽至？因令遍拜诸贤。其时日已午，忽有白发翁自门而入，礼谒，启曰：蓬莱霞明观丁尊师新到。众圣令邀诸真登上清赴会。于是列真偕行，谓清曰：汝且居此。临出顾曰：慎无开北扉。清巡视院宇，兼启东西门，情意飘飘然，自谓永栖真境。因至堂北，见北户斜掩，偶出顾望，下为青州，宛然在目，离思归心，良久方已。悔恨思返，诸真则已还矣。其中相谓曰：令其勿犯北门，竟尔自惑，信知仙境不可妄至也。因与瓶中酒一瓯，其色浓白。既而谓曰：汝可且归。清则叩头求哀，又云：无路却返。众谓清曰：会当至此，但时限未耳。汝无苦无途，但闭目，足至地，则到乡也。清不得已，流涕辞行。或相谓曰：既遣其归，须令有以为生。清心恃豪富，讶此语为不知己。一人顾清曰：汝于堂内阁上，取一轴书去。清既得，谓清曰：脱归无倚，可以此书自给。清遂闭目，觉身如飞鸟，但闻风水之声相激。须臾履地。开目即青州之南门，其时才申未。城隍阡陌，仿佛如旧。至于屋室树木，人民服用，已尽变改。独行尽日，更无一人相识者。即诣故居，朝来之大宅宏门，改张新旧，曾无仿像。左侧有业染者，因投诣与之语。其人称姓李，自云：我本北海富家。因指前后闾闬，此皆我祖先之故业。曾闻先祖于隋开皇四年（584）生日自缒南山，不知所终，因是家道沦破。清悒怏久之。乃换姓氏，寓游城邑。因取所得书阅之，则疗小儿诸疾方也。其年，青州小儿疠疫，清之所医，无不立愈。不旬月，财产复振。时高宗永徽元年（650），天下富庶，而北海往往有知清者。因是，齐鲁人从而学道术者，凡百千辈。至五年（654），乃谢门徒，云：吾往泰山观封禅。自此，莫知所往。

[光绪《益都县图志》卷四十六《艺术》]

李清，北海人。隋开皇四年，尝入云门山窟，仙人授书一轴。甫半日归，视城郭，人民、屋宇皆非旧。访其子孙，已曾、玄矣，时唐永徽元年也。阅所授书，乃小儿医方，试之奇效。后入泰山，莫知所终。

[民国《重修泰安县志》卷十《畸人》]

李清，北海人。世传染业，少学道，多延方士，终无所遇，求之愈笃。开皇四年，尝入云门山窟，仙人授书一轴。甫半日归，视其城郭，人民、屋室皆变，无一相识者。访其子孙，皆云：尝入南山，不知所终。时为唐高宗永徽元年。开所授书视之，乃小儿医方，疗之立愈。齐鲁间从而学道术者甚众。后入泰山，莫知所终。

[嘉靖《青州府志》卷十五《仙释》]

李清，益都人。世传染业，少学道，多延方士。开皇四年，尝入云门山窟，仙人授书一轴。甫半日归，视其城郭，人民、屋室皆变，无一相识者。访其子孙，皆云：尝入南山，不知所终。时为唐高宗永徽元年。开所授书视之，乃小儿医方，疗之立愈。齐鲁间从而学道术者甚众。后入秦山，莫知所终。

[康熙《青州府志》卷二十《仙释》]

李清，益都人。少学道，多延方士。开皇四年，尝入云门山窟，仙人授书一轴。甫半日归，视其城郭，人民、屋室皆变，无一相识者。访其子孙，皆云：尝入南山，不知所终。时为高宗永徽元年。开所授书视之，乃小儿医方，疗之立愈。齐鲁间从学者甚众。后入泰山，莫知所终旧志。

[咸丰《青州府志》卷五十二《仙释》]

李清，北海人。少学道，多延方士，终无所遇，求之愈切。隋开皇四年，尝入云门山窟，遇仙人，授以书一轴。甫半日归，视其城郭，人民、屋室皆变，无一相识者。访其子孙，皆云：尝入南山，不知所终。时为唐高宗永徽元年矣。开所授书视之，乃小儿医方，疗之立愈。齐鲁之人，从学者甚众。后入泰山，莫知所终。

[嘉靖《山东通志》卷三十四《仙释·青州府》]

[康熙《山东通志》卷四十七《仙释·青州府》]

李清，北海人。少学道，多延方士，终无所遇，求之愈切。隋开皇四年，尝入云门山窟，遇老人，授以书一轴。甫半日归，视其城郭，人民、屋室皆变，无一相识者。访其家，则子孙辈皆云：其祖尝入南山，不知所终。时则唐高宗永徽元年矣。开所授书视之，乃小儿医方，疗之无不效者。于是齐鲁之人，从之学者甚众。后入泰山不出。

[宣统《山东通志》卷二百《杂志下·仙释》]

效霞按：李清，嘉靖《青州府志》、嘉靖《山东通志》皆谓其为"北海人"，康熙《青州府志》卷二十《仙释》、咸丰《青州府志》卷五十二《仙释传》均作"益都人"。今暂归属于昌乐。

明

◎ 臧文庆 ◎

医学训科，臧文庆，景泰年任。

[嘉靖《昌乐县志》卷二《职官》]

效霞按：民国《昌乐县续志》卷十七《金石志》所载《重修庙学之记碑在学官，明正统十三年》云："时大明正统十三年（1448）岁次戊辰季秋朔日，昌乐县儒学教谕鲁山张肃撰，训导东安周尚文篆，青州府昌乐县承事郎、知县李迪，功郎、县丞焦铭，将仕郎、主簿顾通，丹河驿丞阮汝龙，递运所大使张焘，税课局大使李显，阴阳官辛浩，僧会司圆泰，医官臧文庆，王府官赵翼，致仕官葛器，举人高杰，道士鹿继先，监生宋信、王鲁、李维同立。"

◎ 戴 良 ◎

戴良，字叔能。浦江人。通经史、百家暨医、卜、释、老之说，学古文于黄潽、柳贯、吴莱。贯卒，经纪其家。太祖初定金华，命与胡翰等十二人会食省中，日二人更番讲经史，陈治道。明年，用良为学正，与宋濂、叶仪辈训诸生。太祖既旋师，良忽弃官逸去。辛丑，元顺帝用荐者言，授良江北行省儒学提举。良见时事不可为，避地吴中，依张士诚。久之，见士诚将败，挈家泛海，抵登、莱。欲间行归扩廓军，道梗，寓昌乐数年。洪武六年（1373）始南还，变姓名，隐四明山。太祖物色得之。十六年，召至京师，试以文，命居会同馆，日给大官膳，欲官之，以老疾固辞，忤旨。明年四月，暴卒，盖自裁也。元亡后，惟良与王逢不忘故主，每形于歌诗，故卒不获其死云。良世居金华九灵山下，自号"九灵山人"。

[嘉庆《昌乐县志》卷二十九《侨寓》]

效霞按：戴良曾寓居昌乐，似可补史籍载录之阙。戴良非齐鲁人士，故其他地方志所载之传录，不赘述。

清

◎ 赵溦源 ◎

◎ 左玉华 ◎

医学训科
赵溦源
左玉华，字山辉。本县人。

[嘉庆《昌乐县志》卷十四《秩官表》]

◎ 赵 玫 ◎

赵玫，字赤玉。贡生。乡荐元孙。早失恃，事继母至孝。族人有景文者，疾笃，以孤相托，养育如己子，教之成立。少好文学，而精岐黄。无论贫富，有求必应，谢者坚却不受，邑人称之。

[嘉庆《昌乐县志》卷二十四《笃行》]

赵玫，字赤玉。贡生。例授修职郎。

[民国《昌乐县续志》卷二十三《议叙表·职衔》]

◎ 李生焕 ◎

李生焕，乾隆己卯（1759）结庐方山，状貌魁梧，不似方外人。精岐黄，工书，亦能诗。《除夕感怀》云：四十余年阅事多，事多却似梦中过。又将残岁今宵饯，话到伤情剑欲磨。以疾卒。

[嘉庆《昌乐县志》卷三十《方伎》]

◎ 赵希谦 ◎

赵希谦，字六吉。性耿介方正，家贫业儒，弗竟去而学医，尤精痘疹。凡遇险症，他人袖手不治者，每易危为安。中年，生计益窘，乃卖药于市，日得百钱，粗粝外，则为课儿诵读资。尤邃于《易学》及六壬诸书，为人卜祸福，多奇中。年七十三，偶染时疾，以册授子而卒。其子开视，乃自择葬期及示其子安贫读书之遗嘱也。

[嘉庆《昌乐县志》卷三十《方伎》]

◎ 阎廷效 ◎

阎廷效，精痘疹，多奇中。远近延请，无不往。贫家，或无车马，闻其症急，辄徒步行。虽数十里，不为劳。家贫甚，绝不计较财物。卒年七十二。

[嘉庆《昌乐县志》卷三十《方伎》]

◎ 陈怀节 ◎

陈怀节，字竹亭。少读书，因体弱致疾，乃专事养身，因精岐黄术，疾以愈。施药济人，从无德色。晚年，课孙读书，训迪有方。殁后五年，戊辰（1808）恩科，长孙汝桂中式经魁，人谓"怀节学行裕后"云。

[嘉庆《昌乐县志》卷三十《方伎》]

◎ 郑玉美 ◎

郑玉美，字蓝田。昌乐人。少孤，事母孝。尝守"父母在不远游"之义，平生未尝远出，或以事诣亲故，虽数十里，必即日返，不以风雨阻也。母一日不见，玉美辄不乐。母殁，擗踊哭泣，痛绝复甦。及葬，扶柩至墓上，痛哭呕血，气绝不续者移时。春秋祭祀，必率家人扫除，躬涤杯棬以进。性慈爱，乡里有不举火者，时时赒恤之。晚年阅古书传方，为药以济人，不可胜纪。有《医学辨误》藏于家。

[咸丰《青州府志》卷五十《人物传十三》]

◎ 刘士忠 ◎

刘士忠，字一臣。平生寡言笑，里人敬惮之，而起居淡如也。性至孝，当五六岁时，于园中拾一熟梅子，归遗诸母。母不受，持之泣，卒不自食。尝赴京省姑，见父命，五昼夜即达里门。父得肝经症，侍汤药，不离寝帷，三年如一日。自幼受书，即循循有规矩。稍长，益刻苦作文，务深入，不屑时好，以故偃蹇场屋。晚年，习岐黄术，脉理精详，求诊者接踵，一乡赖之。

[民国《昌乐县志》卷二十八《孝友》]

◎ 刘 玟 ◎

刘玟，字孺佩。自幼善事亲，凡事先意承志。母早卒。父殁，庐墓三年。在庐时，潜心医学，后遂以医术济世。古以"孝子仁人"并称，实无愧焉。

[民国《昌乐县续志》卷二十八《孝友》]

◎ 王汝楫 ◎

王汝垣，字介衡，号汇川。岁贡生。笃行，传学朱长子。性孝友，事亲能色养。父殁，与诸弟闭户课读，以兄作师，口讲指画，朝夕不倦。仲弟汝墉、季弟汝师，相继游庠食饩。叔弟汝楫，以岐黄名世。考德问业，不出户庭。盖极天伦之乐云。

[民国《昌乐县志》卷二十八《孝友》]

◎ 冯魁五 ◎

冯魁五，字善元。弟冠五，字殿元。兄弟友爱甚笃，亲疾并侍汤药，常数月不解衣。亲殁，魁五哀毁成痨。冠五为之筑别墅，以养兄疴。魁五，莳花种药，暇则读方书，制丸散，以济一方，凡三十年。兄弟起居必共，怡怡如也。宗族称孝友者，咸引两人为矜式。邑岁贡生孟昭然为之"传"。

[民国《昌乐县志》卷二十八《孝友》]

◎ 陈汝礼 ◎

陈汝礼，字子仪，号立夫。邑诸生。援例授江苏丞。西使赏藩，逾流沙，越弱水，经野人界，人咸伤异域。公随地吟咏，自若藩王，酬赆弗受。归，携所产一丰一芊各三十斤。判海州，以六百金购何首乌，不自食，驰献长兄柏园。后，柏园果康而寿。海州故多盐枭，胡大成为之魁，所为不法，莫敢谁何。公至廉，得其殃民状白，上官请逮大成。上官难之退，部勒其民，得兵数百人，捣贼穴。天将曙，忽雾，众莫敢前。公奋身先入，一贼飞刀奔公。公急挥□灭其鼻，喝众同进，擒大成，获铜管攒竹炮四十八枝，允散其从者。州内用是大安。事闻，特超署知州任。将就职，母韩孺人谓之曰：汝除民害固宜，但胡大成等因劝惩之不早，罪酿不赦，而子又利其功，非吾愿也。遂致仕归。性喜聚书，集凡数百种。好岐黄术，精眼科。值时疫，按病施药，且岁以为常。道光间，岁屡饥，出粟赈济。亲朋贫乏者，或为置田，或恤其家，或客终其身。懿行，不胜枚举。道光二十六年（1846）卒，年六十有四。

[民国《昌乐县志》卷二十九《事功》]

◎ 高培官 ◎

高培官，字印堂，号海鹤。载庚子。性颖敏，乐善好施。领府院两案，补诸生。因父殁持家，弃举业。延师课两弟，鸿飞、培寰俱游庠食饩。邻族子弟，无力就傅者，招之来学，并给以饮食；穷困不能赴试者，助以资斧。里人以地界致口角，相持不解，割己地与之。同治六年（1867），独力筑圩，依以避难者，四十余村。事闻，钦加五品职衔。丙子（1876），岁饥，公义务协办赈济，举乡饮大宾。工书法，兼精岐黄。著有《易经增义》，未梓，藏于家。

[民国《昌乐县续志》卷三十《笃行》]

高培官，曾生，五品衔，乡饮大宾。

[民国《昌乐县续志》卷二十三《议叙表·职衔》]

◎ 刘 纯 ◎

刘纯，字恒修。少习医术，尚义好施。邻居韩姓，贫无室。公慨助资斧为完婚。年六十，无子，因媒妁撮合，费钱四十缗，纳寿光韩桥朱家崖朱维妻为妾。事成，朱妻与夫别，久不出。公疑，窃听之。悉朱妻念夫贫，将己着新裤与夫易。公心动，呼朱夫妻，语之曰：汝二人情缘未断，余不忍离拆。立将婚约退回，钱四十缗即以赠之。朱夫妻皆感泣，跪庭中，拜公为义父。公后纳秦氏，生三子。年至八旬，已有四孙。自题其厅事联云：少年学医，中年通五方十剂；六旬无嗣，八旬庆三子四孙。朱维感公厚恩，没齿不忘。今历数世，朱氏子孙犹岁时至公墓前祭扫云。

[民国《昌乐县续志》卷三十《笃行》]

◎ 刘纯一 ◎

刘纯一，东山旺人。世有阴德，好善乐施，周急恤贫，施舍药饵，有求必应，施不望报，乡人公议，以"忠厚传家"匾其门。

[民国《昌乐县续志》卷三十《笃行》]

◎ 李美玉 ◎

李美玉，字璬铭，又字子璞。郡庠生。性忠厚，家贫力学，屡膺鹗荐，不获一第，退而裁成后进。生平教人，先德行而后文艺，出其门者，类皆循循敦谨，无浮华习气。晚年，慕黄老之学，清静修己，施医药以济人。年近八旬，犹能灯下作蝇头字。子二，长庆升，次庆镛，俱庠生。

[民国《昌乐县续志》卷三十《笃行》]

◎ 滕庆雯 ◎

滕庆雯，字云瑞。邑庠生。性孝友，温厚端方，读书务真诠，持身严，无矫情，无吝色。通医术。

[民国《昌乐县续志》卷三十《笃行》]

◎ 陈汝守 ◎

陈汝守，字允贞，号柏园。汝庚之兄。监生，貤封承德郎、内阁中书加三级，例封武略左骑尉。岁饥，尝五赈其族，费巨万不惜。精医术。著有《柏园集》。卒年九十，乡谥"献悫先生"。

[民国《昌乐县续志》卷三十《笃行》]

陈汝守，汝庚之胞兄。太学生。例封武略左骑尉，貤封承德郎、内阁中书加三级。

[民国《昌乐县续志》卷二十四《诰敕表》]

◎ 刘宅仁 ◎

刘懋赏，字申锡。岁贡生。笃行好学，为世儒宗。设帐乡塾，垂五十年，一时知名士，多出其门。年逾八旬，犹手不释卷，以明经终。著有《尚友编》《乡党篇析义》。孙宅仁，字寿亭。少负奇颖，工书能文，先世遗书，涉猎殆遍，不屑屑于章句之学，酷嗜古文词。同治丙寅（1866），《重修石桥河碑记》，其手笔也。晚年，绝意功名，弃儒就医，有名于时。

[民国《昌乐县续志》卷三十一《文学》]

重修大石桥河桥碑记
邑人刘宅仁

吾村大石桥，命于何年？名于何地？遗文不载。或曰：桥在村北里许，埋地中，每逢盛世，春和景明，烟浓雾霭，遂现其像于桃红柳绿之中，第见桥之下，波翻浪涌，桥之上，毂击肩摩，盖盛境也，亦奇观也，而无可考，不足据，且远不如近，幻不若真。吾所以名村者，即此桥也。盖此桥当冲，而吾村较大，故号为大石桥云。是桥也，不知创始者何人？重修者何日？而当吾世而桥坏矣。行侣往来，时增悼叹。辛酉（1861）之春，共议重修，且得吾族中应和公、淮南公暨再明经之各格外捐资，以倡其始。又得公玉、公量、任功、任道、宅成辈奔走经营，以赞其功。鸠工庀材，告成有日，乃不幸而难作矣。功既寝，难举事，且数年间风尘未息，覆亡不暇，谁将图其功者？今岁春，山左无事，族人共议曰：此桥不成，非特行人病涉，亦无以对同事者之死于地下耳。由是，群起欢呼，不匝月而工竣，且南北又为小桥二，以通车马，利行人，连□接轸，负歌行休，又若曩昔矣。且是桥也，欹倒盈没历七年而石无损，流离满目经三次而人争先，天乎！人乎！吾不文，聊记其事，以昭来者。同治五年（1866）。

[民国《昌乐县续志》卷十六《碑记》]

◎ 滕应绶 ◎

滕应绶，字佩山，号石崖。太史子玉孙。岁贡生。天资颖悟，少承家学，工文善书法。丁某爱其才，荐于李宫保营，随营征剿，管理文案，兼赞军机。以军功保举训导，转教谕，加五品衔，赏戴花翎。因母老，告终养。晚年家居，风鉴、星学等书涉猎殆遍，尤精岐黄。

[民国《昌乐县续志》卷三十一《文学》]

（同治）五年丙寅（1866）
滕应绶

[民国《昌乐县续志》卷二十一《选举表·贡生》]

◎ 刘振庭 ◎

刘振庭，字子殖。博雅能文章，尤长于诗，兼精内外性命之学。既冠，补博士弟子员。省试不第，遂绝意进取，家居教授。晚效韩伯休之为人，卖药城东门外，贫者不较值。邑宰程公素礼重之，举乡饮大宾。都人士公制屏匾祝嘏焉。著有《传经堂闲吟诗草》。

[民国《昌乐县续志》卷三十一《文学》]

◎ 赵临庚 ◎

赵临庚，字西谷。乐善好施，里党姻戚婚丧，贫不能举，助之无德色。精岐黄，为人诊疾，兼施药饵。

[民国《昌乐县续志》卷三十四《义行》]

◎ 刘耀清 ◎

刘耀清，字光远。光绪乙亥（1875）科武举人。光绪丙子（1876），办理赈务，加五品衔，赏戴蓝翎。晚年，博涉医术，施送方药，活人无算，一方称善人焉。

[民国《昌乐县续志》卷三十四《义行》]

刘耀清，字光远。光绪乙亥科武举。以办赈功，保举五品衔，候补守备，封武德骑尉。见本传。

[民国《昌乐县续志》卷二十一《选举表·武科》]

光绪元年乙亥恩科

刘耀清，昌乐人。

[宣统《山东通志》卷一百九《学校志第六·国朝武举人》]

◎ 曹善来 ◎

曹善来，专治疳病，兼施药饵，一乡德之。

[民国《昌乐县续志》卷三十四《义行》]

◎ 李学纯 ◎

李学纯，乡饮介宾。精通医术，求者辄应，一经著手，往往回春，四乡公送匾以荣之曰"一乡硕望"。寿享八十四岁。

[民国《昌乐县续志》卷三十四《义行》]

◎ 马元吉 ◎

◎ 马　湘 ◎

◎ 马龙骏 ◎

◎ 马荣光 ◎

　　马元吉，字文仲。性至孝，因父患疮，延医不至，乃焚香告天立誓，父病得愈，必精习医术以济人。既而父病果愈，于是弃儒学医。医书到眼，无不明澈，若有神助者然。久之艺成，远近延请，无不往。病者谢仪，贫富皆不受。尝见一异乡人生巨疮，引至家，医治月余始愈。其人不知感恩，反拐荷田锄而去。去后，疮复发，转求之，医如故。时号公为"生佛"。殁后，乡谥"文中先生"，共为立祠祀之。今将近百年，香火犹不绝焉。子湘、孙龙骏、从孙荣光世其业。

　　湘，字楚江。翰林院待诏，乡饮大宾。传父术，清廉亦肖父。精外科，闻邻人嗽声，曰：是人五日后，必发心疔，危症也。属其预治，不听。阅六日，果发疔在鸠尾，急延视之。曰：幸早从事，无害也。为处方调理而愈。其神奇，多类此。年登八秩，乡人制锦庆祝，七邑毕至。殁后，乡谥"孝惠"，祔主入祠，并勒碑纪实。

　　龙骏，郡庠生。传父祖术，每逢二七，黎明即起，日暮恒不得息。殁，谥"仁宣"，祔主入祠。

　　荣光，字瑞堂。乡饮耆宾。由胞叔孝惠传授，艺精心慈，里人感德。殁后，亦祔主入祠。

[民国《昌乐县续志》卷三十五《方技》]

　　马元吉，字文仲。嘉庆年间昌乐县马家河子村人。因其父患疮，延医不至，乃立志弃儒学医，发奋攻读，孜孜不倦，数年医成。擅外科，其术本于《外科正宗》，医术高明，尤重医德，后人感其恩德，共为立祠以示纪念，祠内碑文曰"良医马先生文仲公之墓"。

　　马湘，道光间名医，系嘉庆年间名医马元吉之子。学术源于《医宗金鉴》，医德医术颇佳。死后由潍县陈宅主持，在四乡协助下于道光十四年（1834）立碑。

　　马龙骏，清光绪年间名医。其学术源于《疡医大全》，医术高明，名重六县。终年立庙，祭位曰"皇清郡庠生儒医仁宣马先生之位"。每年农历三月十五日，立为庙会，以示祭奠。清光绪十六年（1890），昌乐、潍县、寿光、临朐、益都等地县令共为马氏祠树匾三块,大门为"齿德儒医",殿内为"世继青囊",后殿门为"诚祈感应"。

[《潍坊市卫生志》第八篇《名医录》]
[《山东中医药志》第六篇《人物表》]

◎ 刘 炘 ◎

刘炘,字怡亭。例贡生。设塾于家,课里族子弟。通阳宅,兼精医学。以子贵,诰赠朝议大夫。

[民国《昌乐县续志》卷三十五《方技》]

◎ 刘瑞堂 ◎

刘瑞堂,字云卿。邑庠生。与伯兄赓堂、仲兄敬堂,俱以学行名于时。公故有心血虚疾,调治数年始愈。慨然曰:此岂不可济世耶!遂弃举业,习岐黄。时马楚江父子以专门医学外科,声驰海岱间。公别树一帜,专攻内科,辨脉审症,不爽毫厘。虽牛童马走,不惮往,复诊视。故每至一处,辄为乡人挽留不能去。

[民国《昌乐县续志》卷三十五《方技》]

刘瑞堂,字云卿。清代昌乐县人,邑庠生。业岐黄术,工内科。

[《山东中医药志》第六篇《人物表》]

◎ 赵敬先 ◎

◎ 赵敬周 ◎

赵敬先,字经堂。邑庠生。家素裕,食指繁,医生常不离门,遂潜心医学,博极群书而登峰造极。内科一门,与刘瑞堂并称绝技。邑令李表其门曰"普济群生"。弟敬周,字礼堂。亦庠生。事兄谨,由兄传授,而时疫一门尤擅长焉。

[民国《昌乐县续志》卷三十五《方技》]

赵敬先,字经堂。清代昌乐县人。邑庠生。精医术,善治内科。

[《山东中医药志》第六篇《人物表》]

◎ 郄士让 ◎

◎ 郄作羹 ◎

郄士让,字礼堂。精内科及痘疹,贫家延请,不计远近,恒徒步往。立方遵古，不炫奇。殁后，共为醵资立碑，以志德惠。子作羹，世其业。

[民国《昌乐县续志》卷三十五《方技》]

郄士让，字礼堂。清代昌乐县人。业医，精内科及痘疹。贫家延请，不计远近，徒步以往。子作羹，世其业。

[《山东中医药志》第六篇《人物表》]

◎ 郄乐贤 ◎

郄乐贤，字俊斋。精内科。邑人王永昌，病伤寒胁痛，经数医无效，痛极喘促，势濒危殆。延治，问其期，答：五日。曰：是尚可治？过七日则不救矣！此右胁痛，当分痰气。立方调治，一剂豁然。人皆服其精焉。

[民国《昌乐县续志》卷三十五《方技》]

郄乐贤，字俊斋。清代昌乐县人。业医，精内科。

[《山东中医药志》第六篇《人物表》]

◎ 赵芹香 ◎

赵芹香，字鲁村。少孤，事母孝。母以积劳致肺疾，晚益剧。遂研究医经，别有心得。一时求方脉者，无间朝夕。县知事张匾其门曰"术衍淳于"。至急人之急，不遗余力，有古义侠风。

[民国《昌乐县续志》卷三十五《方技》]

赵芹香，字鲁村。清代昌乐县人。工医，精方脉，诊治多验。县知事张匾其门曰"术衍淳于"。

[《山东中医药志》第六篇《人物表》]

◎ 田升麟 ◎

田升麟，字瑞廷。通医术，外科尤精。一切疮症，经公手，病若失。遇险症，闻信即徒步往。恒过时，不暇饮食。邑人感其德，勒石墓道。

[民国《昌乐县续志》卷三十五《方技》]

田升麟，字瑞廷。清代昌乐县人。通医术，外科尤精。泽及乡民，邑人感其德，勒石墓道。

[《山东中医药志》第六篇《人物表》]

◎ 高舆能 ◎

高舆能，字拙斋。邑庠生。晚年因疾，究心岐黄。注《瑶函臆说》，藏于家。

[民国《昌乐县续志》卷三十五《方技》]

◎ 王尔恂 ◎

王尔恂，字慎斋。精痘疹，每遇痘疹年，昼夜不遑寝食，不以为劳。

[民国《昌乐县续志》卷三十五《方技》]

◎ 滕景曾 ◎

滕景曾，字沂川。增广生。困于棘闱，攻医术，以岐黄得名于时。

[民国《昌乐县续志》卷三十五《方技》]

◎ 郑步堂 ◎

郑步堂，邑庠生。通医术，尤善妇人科。今历四世，其经验良方，后人犹传其术焉。

[民国《昌乐县续志》卷三十五《方技》]

郑步堂，清代昌乐县人。邑庠生。通医术，擅长妇科，子孙传其业历四世。

[《山东中医药志》第六篇《人物表》]

◎ 高在辰 ◎

◎ 高庄临 ◎

高在辰，字灿如。家素裕，精医道。有杭州贾沈其鹤者，寓青州，冬月得危症，延公医。公慨然就道，不惮往复跋涉。知安丘县事、四川王鲁之孝廉疾，延公，用肩舆。公谦谢，骑驴而往。乡人以疾求者，施之药；远者，并给饮食。活人济世，著为家法。二子，长载赓，字承绪。候选布政司经历。次庄临，字敬亭。邑增生。传父术，施药治疾，不受谢仪，克绍家声。

[民国《昌乐县续志》卷三十五《方技》]

◎ 高 琳 ◎

高琳，字绍堂。廪贡生。工书法，考取国史馆汉誊录，议叙二府同知，赏戴花翎。精岐黄，晚年家居，治病施药。著有《女科辑要》，藏于家。

[民国《昌乐县续志》卷三十五《方技》]

高琳，字绍堂。清代昌乐人。贡生。工书法，考取国史馆。精岐黄术，晚年居家，治病施药。著有《女科辑要》，未刊。

[《山东中医药志》第六篇《人物表》]

◎ 程名远 ◎

程名远，字作哲。善治痘疹，兼工针画，一乡赖之。

[民国《昌乐县续志》卷三十五《方技》]

◎ 刘松龄 ◎

刘松龄，字寿山。邑庠生。少有虚弱疾，入泮后，弃儒就医，因精其术。贫富谢仪，概不受。中年后，声驰遐迩。名流贵族，酬答书画。积久，满一楼焉。

[民国《昌乐县续志》卷三十五《方技》]

◎ 黄鹏龄 ◎

◎ 黄立孝 ◎

◎ 黄汉元 ◎

◎ 黄作则 ◎

◎ 黄永熙 ◎

黄鹏龄，幼习岐黄术。公曾祖立孝先生，以医学名世。祖汉元、父作则继之，皆能守其家法。公承庭训，博通淹贯，尤得外科秘诀。凡难治险症，经公手，辄奏奇效。每晨起诊疾，日暮而疾至者，还来，不得息。以故遐迩莫不知黄先生云。子永熙，能世其业。

[民国《昌乐县续志》卷三十五《方技》]

黄鹏令，清代昌乐县人。其先人三世业医，精外科，鹏令承家业，以医闻名。子永熙，继其业。

[《山东中医药志》第六篇《人物表》]

◎ 刘鹿鸣 ◎

刘鹿鸣，幼读书，涉猎药经，精痘疹。贫富延请，无不往，未尝受谢。

［民国《昌乐县续志》卷三十五《方技》］

◎ 刘 楷 ◎

刘楷，字式臣。因家贫多病，弃儒就医，善时疫。寒家延请，步行，不须舆马，乡人德之，公举耆儒。学使尹给匾曰"矜式乡间"。

［民国《昌乐县续志》卷三十五《方技》］

刘楷，字式臣。清代昌乐县人。业医，善治时疫。贫家延请，徒步而至，乡人感其德，赠匾曰"矜式乡间"。

［《山东中医药志》第六篇《人物表》］

◎ 杨克敏 ◎

杨克敏，字颖轩。幼读书，雅慕岐黄术。及长，博览医经，邃于叔和《脉诀》。每治病，诊毕，发明病之原委，无不一一吻合。治妇人胎产尤精。

［民国《昌乐县续志》卷三十五《方技》］

杨克敏，字颖轩。清代昌乐县人。业医，通脉理，善治妇人胎产病。

［《山东中医药志》第六篇《人物表》］

◎ 张培元 ◎

张培元，少读书，精力过人。中年后，专攻医术，善时疫。每治病，至人家，茶食外，余不复扰。晚年，寄兴吟咏。尝有诗云：从事岐黄术，精深惜莫明；惟能无愧怍，借此慰平生。其为人可想见。卒年七十九岁。

［民国《昌乐县续志》卷三十五《方技》］

张培元，清代昌乐县人。工医术，善治时疫病。出诊病家，不扰茶食。

［《山东中医药志》第六篇《人物表》］

◎ 杨殿甲 ◎

杨殿甲，字鼎三。少读书，慕岐黄术，精心毅力，遂涉其藩。痘疹一门，尤精。家贫，一介不取。年六十卒，吊者皆为流涕。

［民国《昌乐县续志》卷三十五《方技》］

◎ 王　成 ◎

王成，字韶九。精痘疹，矢志济人，积德好善。同治六年（1867），里人公给匾曰"仁术活人"。

[民国《昌乐县续志》卷三十五《方技》]

王成，字韶九。清代昌乐县人。业医，善治痘疹。积德好善，乡人赠匾曰"仁术活人"。

[《山东中医药志》第六篇《人物表》]

◎ 张　滨 ◎

◎ 张子峰 ◎

◎ 张萃堂 ◎

张滨，字北海。少孤贫，力学。通医术，尤长于痘疹。遇险症，医一次，不复待延而至。贫者，辄徒步往。济世活人，见称于时。子子峰、孙萃堂，亦以医名。

[民国《昌乐县续志》卷三十五《方技》]

张滨，字北海。清代昌乐县人。精岐黄术，尤善治痘疹。应贫家诊，多徒步以往。以济世活人为怀。子子峰、孙萃堂，亦以医名。

[《山东中医药志》第六篇《人物表》]

◎ 刘立庸 ◎

◎ 刘广恩 ◎

◎ 刘湘源 ◎

刘立庸，字理堂。自先世曾祖纯，世为名医。立庸守家法，兼内、外两科。遇危症，每易危为安。邑人赵滋荣，腹生鳖瘕，已成形。数医无效，经一调治即愈。益都谭家坊子陈凤仪与弟凤梧，析居得气蛊。延立庸，至其家。立庸劝其兄弟和睦，席次吟诗讽之，有"莫教紫荆啼黏树，如何雁影俱分飞"之句。陈氏兄弟感悟，和好如初，凤仪病亦愈。以诗医奇疾，世罕有，一时传为佳话。子五人，季广恩，字惠卿；孙湘源，犹能世其业。

[民国《昌乐县续志》卷三十五《方技》]

刘立庸，字理堂。清代昌乐县人。先人世为名医，立庸守家业，术工内、外两科，子孙袭其业。

[《山东中医药志》第六篇《人物表》]

◎ 荣希光 ◎

荣希光，字辉亭。幼嗜学，性廉介，遇事明决。同治五年（1866），倡议筑寨。寨成，贼至，附近各村，依以安全。晚年，涉猎医术，精痘疹，以济世为心，一乡称善人焉。

[民国《昌乐县续志》卷三十五《方技》]

荣希光，字辉亭。清代昌乐县人。晚年习医术，精痘疹科。以济世为心，一乡称善人。

[《山东中医药志》第六篇《人物表》]

◎ 滕照甫 ◎

滕照甫，以字行。为人端谨，静默寡言。少应童子试，有声。性孝友，一予一取，事至微，亦必禀诸父母，视诸侄如子。善按摩之术，凡疾病，应手立愈。虽极贫贱，招之即速往。疾愈，亦未尝索谢。安丘曹禄丰为之"传"。

[民国《昌乐县续志》卷三十五《方技》]

◎ 李文德 ◎

李文德，字来之。通医术，不受谢仪，或强之，曰：医本仁术，不慎则杀人。若因以为利，则恶矣。终不受。

[民国《昌乐县续志》卷三十五《方技》]

李文德，字来之。清代昌乐县人。通医术，为人诊治，不受谢礼。

[《山东中医药志》第六篇《人物表》]

◎ 战安平 ◎

战安平，字子衡。少困场屋，不得志，攻岐黄术，精内、外两科。远近求者，无不应。家贫，不索谢。乡人高其行。

[民国《昌乐县续志》卷三十五《方技》]

战安平，字子衡。清代昌乐县人。工岐黄术，精内、外两科，远近求者，无不应，贫家不索谢。

[《山东中医药志》第六篇《人物表》]

◎ 李椅桐 ◎

李椅桐，字琴山。邑庠生。性豪迈，以书史自娱。精痘疹，尤善治痧。贫家延请，不需车马。至今乡人称之。

[民国《昌乐县续志》卷三十五《方技》]

◎ 赵长龄 ◎

赵长龄，字松年。《事功传》锡龄之弟。性孝友，多膂力，少以胆略自雄，弓刀不去手。咸丰辛酉（1861）之变，父伯启携家人避寇，公乘马持刀随，去村十余里，贼猝至。公挺刃与贼搏，贼攒刺之。公度家人行已远，驰而免。因侍父疾，博涉岐黄术。慨然曰：此亦足以济世也。遂专精于医，不辞劳，不受馈，邑人德之，相率匾其门。

[民国《昌乐县续志》卷三十五《方技》]

赵长龄，字松年。候选府经历，军功，保举五品衔。

[民国《昌乐县续志》卷三十三《议叙表·杂职》]

◎ 赵 冕 ◎

赵冕，字寅东。立志高尚，制品端严。精眼科，求医者踵至。有言谢者，则正色拒之。邑侯吴公病目，剧。召之不往，但就来人问其状，为处方立愈。馈以金，不受；至其门，亦不见。

[民国《昌乐县续志》卷三十五《方技》]

赵冕，字寅东。清代昌乐县人。业医，术精眼科。凡言谢者，皆正色拒之。

[《山东中医药志》第六篇《人物表》]

◎ 赵希清 ◎

◎ 赵禧临 ◎

◎ 赵肃源 ◎

赵希清，字洁士。邑廪生。通医术，尤精痘疹。远近延请，皆自备车马以往。

同时赵禧临，字吉士；赵肃源，字清臣，皆专门痘疹，以岐黄名。

[民国《昌乐县续志》卷三十五《方技》]

效霞按：嘉庆《昌乐县志·重修县志姓氏》之"督梓"有"邑人赵禧临"。

◎ 王瑞麟 ◎

王瑞麟，字呈祥。性醇厚，少颖悟，有才思，困于场屋，因潜心青囊术，精痘疹，著《痘疹管窥》，行于世。卒年八十六岁。

[民国《昌乐县续志》卷三十五《方技》]

王瑞麟，字呈祥。清代昌乐县人。业医，术精痘疹。著有《痘疹管窥》行世。

[《山东中医药志》第六篇《人物表》]

◎ 高麟囿 ◎

高麟囿，邑庠生。精医术，痘疹一科，尤称能手，共呼为"神医"。著有《验方歌诀》四卷。

[民国《昌乐县续志》卷三十五《方技》]

高麟囿，清代昌乐县人。邑庠生。精于医，尤善治痘疹。著有《验方歌诀》四卷，未刊。

[《山东中医药志》第六篇《人物表》]

◎ 李沦清 ◎

李沦清，又名建行。性旷达，能诗，兼精岐黄术。求者盈门，不辞劳，不索谢，士林咸称颂之。

[民国《昌乐县续志》卷三十五《方技》]

◎ 赵之兰 ◎

◎ 赵泸溪 ◎

◎ 赵澂源 ◎

◎ 赵滋慎 ◎

◎ 赵履坤 ◎

◎ 赵裕亮 ◎

◎ 赵延福 ◎

赵之兰，字馨谷。公祖泸溪，典史以恭，由湘中得痘疹妙诀。公父激源，益加研究。公幼承庭训，以痘疹名于时。公之子滋慎、孙履坤、曾孙裕亮、元孙延福，世其业。

[民国《昌乐县续志》卷三十五《方技》]

◎ 陈　俊 ◎

陈俊，字伯杰。章丘人。通医术，卖药城南关。不蓄资财，四方馈遗，随手尽。殁，葬西阁外。颇著灵验，至今祷祀者不绝。道光二十年（1840），乡人立石表墓。民国十五年（1926），复立碑，禁樵牧，为之建垣焉。

[民国《昌乐县续志》卷三十六《侨寓》]

民国

◎ 王曰琳 ◎

王曰琳，字玉亭。年十九，入邑庠。秋闱鹗荐者屡，卒不售。闭户穷经，深造自得。以岁贡生终。晚年，博览医书，摘录《救世奇方》，试之辄验。

[民国《昌乐县续志》卷三十《文学》]

◎ 于瑞香 ◎

于瑞香，字兰斋。乔阳人。读书未成，去而学医。民国五年（1916），以公推为乔山团团长，同北展团总孟宪盼、北岩团总秦书升，剿匪于秦家淳于，卓著成绩。卒年七十二岁。

[民国《昌乐县续志》卷三十四《义行》]

◎ 王玉振 ◎

王玉振，章邱县祥公庄人。1879年，从章邱肩挑一担来昌乐开设"泰和堂"药店。当时资金较少，货架空虚，为了装饰门面，丰满架口，曾用麦糠、杂草等充当药品，用纸包成大包，写上药名，陈列上架，显示药全。

"泰和堂"药店，做生意十分讲究和气生财。童叟无欺，顾客临门概以笑脸相迎，热情相待，来有迎音，去有送语，柜台配方细心谨慎，先审方有无相反相畏及有毒药品，一则对病人负责，二则怕招祸灾，影响本店声誉。抓药时根据处方每味药的分量和要求（炒、炙等），一剂一称分别各包，并在药包上注明先煎、后下、冲等字样。对顾客反复交代，抓完后复核药名、分量，有无遗漏。确系无误，交给顾客，同时按处方要求交代自加药引（葱、姜、大枣、黄酒等）。

1904年后，生意逐渐兴隆，零售兼代批发，买主进店马上让座，递烟献茶，有时掌柜陪同进餐。最重要的是守信用重质量，赢得顾客信赖。在日常营业中，自制各种膏、丹、丸、散，计有三十种之多（如补心丹、六味地黄丸、金匮肾气丸、保安万灵丹、镇惊丸、拔毒膏、益元散等）。为方便群众代客加工，根据顾客不同要求，形式多样，有多味综合配制，亦有单味加工，就店按方配制，有的配制丸散（如蜜丸、水丸、糊丸、散剂等），有的随时带走，有的定期取货，均按处方认真配制。

夜间店内留人，随叫随开。该店共父子五人，资金达三千余元，经营品种达八百余种。进货多由潍县、青州等地。销售额每月九百余元，为了扩大业务，招徕顾客，在购销方面均有赊销方式，按每月结算，或到年底决算。零售也是同样，每年交腊月前（古历的十二月），派出专人登门讨账。

对饮片加工精益求精。如半夏、槟榔、熟附子等，片薄如纸，整洁美观。严格遵古炮炙。事先检查有无，该炮制的软片，提前制好备用。

1938年后，日伪军占据昌乐，只开一个东门，交通不便，生意萧条，无奈迁入城南关经营。当时局势动荡不安，物价不稳，实行了现钱交易。

1948年昌乐解放，即迁回原址（南门里），该店获得新生，整理门面，开张营业。在党的工商业政策的指引下，生意日趋繁荣。遇到经验良方，随笔记录（如牙痛、气管炎、贫血、调经、腰腿痛、药酒等方），介绍给相似病状的病人试用，有时颇见疗效。该店自制的鸡肝散，又名消疳散，处方如下：炉甘石五钱、滑石五钱、海螵蛸五钱、石决明两半、朱砂钱半、雄黄二钱、梅片少许，用公鸡肝三个，每个肝包药末五分，用米疳水煮，内服，专治小儿疳积（俗称奶皮子），深受群众欢迎。至1956年该店过渡到药材公司。

[《昌乐县医药志》第六章《私营药店》]

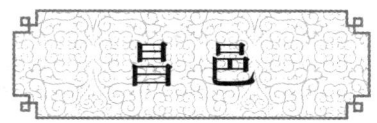

昌 邑

明

◎ 姜 镗 ◎

姜镗，成化甲午（1474）科，授凤阳府通判。尝辨冤狱，活百余人。事闻旌异，以疾乞归。遂潜心卢扁术，施药活人不訾。入《凤阳名宦志》。

[乾隆《昌邑县志》卷五《乡科》]

举人坊，成化十一年（1475），知县陈文为甲午科举人姜镗立，今废。

[乾隆《昌邑县志》卷七《坊表》]

甲午科成化十年

姜镗，昌邑人。通判。

[雍正《山东通志》卷十五之一《举人》]

◎ 孙 镈 ◎

孙镈，道昭社人。万历四十三年（1615），大疫，死亡相继。镈购奇方，鬻产施药，全活无算。后虽贫窘，淡如也。别驾朱嘉其行，诣闾赐杖帛，举乡饮耆宾。

[乾隆《昌邑县志》卷六《潜德》]

清

◎ 赵振基 ◎

关帝庙，在县治南延真观故址。明隆庆间，邑人葛缙捐资重修。万历四十一年（1613），知县十有征重修。崇祯五年（1632），总兵邓圮捐资重修。国朝顺治十年（1653），知县刘士伟重修。康熙十七年（1678），知县党丕禄重修。康熙二十九年（1690），医学赵振基重修，邑人于瑗捐山基一砖。五十二年（1713），知县孟寅生重修。每岁春秋仲月五月十三日，知县官同僚佐致祭。

[乾隆《昌邑县志》卷四《祀典》]

◎ 宫延庆 ◎

宫延庆，康熙二十九年（1690）贡。廉静慈祥，捐地赡族，施药疗疫。

[乾隆《昌邑县志》卷五《府贡》]

宫延庆，郡贡生。恺悌慈祥，随分济物。甲申（1704），大饥疫，尽出所蓄，济戚党，施药救疗病者。胞叔贫而无嗣，量出己产，为立后。置义田，以赡族人。

[乾隆《昌邑县志》卷六《义》]

◎ 姜士楳 ◎

姜士楳，附监。赒恤贫乏，施药济众。以子焯贵，赠奉直大夫、徐州知州。

[乾隆《昌邑县志》卷五《貤封》]

姜士楳，赠文林郎、感恩县知县，以子焯贵。

[乾隆《莱州府志》卷八《封荫》]

◎ 李方升 ◎

乾隆四十二年（1777）

李方升，善医。

[光绪《昌邑县续志》卷五《五贡》]

◎ 傅丙南 ◎

傅丙南，从九品，保县丞，署宁远州吏目，旋以军功保知县。通岐黄，求必应。

[光绪《昌邑县续志》卷五《例仕》]

◎ 韩永存 ◎

韩永存，字葆斋。下湾社人。教授生徒，贫者助之膏火。善医，著有《痘疹新书》四卷。咸丰四年（1854），恩赐八品顶带，并"熙朝人瑞"匾额。

[光绪《昌邑县续志》卷六《恩荣》]

◎ 耿纯玉 ◎

◎ 耿哲兴 ◎

耿纯玉，字辉山。夏店人。嘉庆丁卯（1807）乡魁，宰罗田五年。杜包苴，锄豪强，捐俸倡修书院，罗民为建生祠。改宜城，修城捕盗，建学造士。邑中旧无科名，至是有获解者。后宰潜江，汉江决，出金募蒸饼数万斤，哺饥民，督役筑堤，全城获命。去之日，祖道者络绎百余里。在楚二十余年，永绝干谒。事关民命，断断与上宪争。告归，授生徒，多所成立。父哲兴，邑诸生。善医。纯玉侍养时，亦研此术。及宦滇南，时疫流行，所活甚众。著《滇黔记游》、批《伤寒论》及《张景岳全书》。

[光绪《昌邑县续志》卷六《政绩》]

嘉庆

耿纯玉，丁卯科。《政绩》有"传"。

[光绪《昌邑县续志》卷五《举人》]

《滇黔纪游》，耿纯玉撰。纯玉，字辉山。昌邑人。嘉庆丁卯举人，官罗田知县。是书见《采访册》。

[宣统《山东通志》卷一百三十二《艺文志第十·史部·传记》]

◎ 姜于铜 ◎

姜于铜，字明远。太学生。宋庄社人。其曾祖乾五于乾隆五十一年（1786）出粟赈饥，道台褒以"义敦分润"匾额。道光十六年（1836），捐资助赈，议叙八品衔。善岐黄，每舍药活人，乡里为勒碑曰"德洽桑梓"。

[光绪《昌邑县续志》卷六《善行》]

◎ 姜汝畛 ◎

姜汝畛，字晓晴。南隅人。太学生。习岐黄术，侍直太医院。回籍监修凤鸣书院，劝捐经费银六万一百七十两，与主事张殿栋及高怀芳、张嘉运、黄志和等，筹广文、武学额各六名。咸同间，团练守城，接济官军粮饷，尤重赖焉。

[光绪《昌邑县续志》卷六《善行》]

城隍庙，道光三年（1823），知县汤世培重修寝宫、戏楼，二十六年，知县李着彭萃重修；同治十三年（1874），知县茅方廉率绅士姜汝畛、刘兰洲重修……

关帝庙，在县治南。乾隆九年（1744），邑人夏敬可、刘之矗建；道光二年（1822），知县汤世培重修；同治六年（1867），绅士姜汝畛、梁克襄、杨省三、韩鹤临、刘蔚然重修……

[光绪《昌邑县续志》卷四《祀典》]

效霞按：由光绪《昌邑县续志》所载城隍庙、关帝庙二条，可知姜汝畛为清代咸同年间人。

◎ 宋和泰 ◎

宋和泰，字秉谦。兴福社人。幼孤，事母以孝闻。教授乡里，得脩脯以奉母。母病，医药罔效，乃设泰山神位，终夜虔祷，母病寻愈。素善医卜、堪舆之学，求者无不往应，乡人为立"善行碑"。

[光绪《昌邑县续志》卷六《善行》]

◎ 黄元御 ◎

黄元御，字坤载。山东昌邑人。诸生。因庸医误药损目，发愤学医，于《素问》《灵枢》《难经》《伤寒论》《金匮玉函经》皆有注释，凡数十万言。自命甚高，喜更改古书，以伸己说。其论治病，主于扶阳以抑阴。

[《清史稿》卷五百二《列传二百八十九》]

黄元御，字坤载，号研农，别号玉楸子。明太保忠宣十一世孙。聪明过人，甫成童为诸生，世推为"国器"。因目疾为庸医所误，一目失明，发愤曰：不能为名相济世，亦当为名医济人。总汇医理，精益求精，考授御医。纯皇帝南巡，奉诏侍从，著方调药皆神效，御赐"妙悟岐黄"匾额。著《四圣心源》《伤寒悬解》《素灵微蕴》《伤寒说意》《四圣悬枢》《长沙药解》《玉楸堂稿》《玉楸药解》《灵枢解》《灵枢素问悬解》《难经解》《周易悬解》《道德经解》共十三种，刊行者八种。

[光绪《昌邑县续志》卷六《文学》]

黄元御，字坤载。昌邑人。经学词章，均有可观，而尤邃于医。所著《医学八种》，盛行于世。盖金元朱、刘说起，学者宗之，多以苦寒伐生气，元御倡为"扶阳抑阴"之说，诊治多验，痘科尤长。所著各书，持论不无稍偏，然自有心得，非故作太玄者比，宜其名震一时云。

[宣统《山东通志》卷一百七十七《人物志第十一·国朝莱州府》]

黄玉路（1705—1758），字元御，一字坤载，号研农，别号玉楸子。昌邑县黄辛郭家村人。生于诗书门第，祖父运贞，廪贡生、候选训导。父钟邑，庠生。兄德润，增生；德淳，监生。自幼勤奋好学，聪慧过人，自云：诸子百家之论，率过目冰消，入耳瓦解。性豪爽，意志坚毅。少负奇才，尝欲奋志青云，以功名高天下，世推为国器，刻意进取，欲成旷世之才，治世名宿。雍正十二年（1734），元御年三十，不幸为庸医误药，左目失明。

清制，凡五官不正者，均不仕禄。是以遂弃举子业，另立为良医活人之新志。杜门谢客，馨心渺虑，思黄帝、岐伯、越人、仲景之道，三载而悟。为人治病，效多称心，名扬齐鲁，时有"南臧（诸城臧枚吉）北黄（昌邑黄元御）"之誉。乾隆十五年（1750），北游京师，适帝病，众御医治之无效。有昌邑宦官，知元御善医，遂荐于朝廷，进宫诊治，元御辞曰：敝乃草民，不明君臣大礼。恐有欺君之罪。帝转谕：免施君臣大礼。并嘱带俸银及绫罗缎匹为礼，再召元御进宫。元御再辞曰：敝乃布衣之士，无功岂敢受禄。帝怒，即赐以五品顶戴按品级赐禄，差人三召，始应诏入宫。帝欲试其术，遂虚设一帐，令宫女卧其内，降帐幔，仅露一手于外，命其诊脉。诊毕退出，侍官问：帝患何病？何方可治？元御曰：龙得凤脉，不久人世，调治无益。侍官告帝，乃知良医。遂起帐，面君诊视，诊毕，帝问曰：朕何病？对曰：万岁小恙，乃七分药毒，三分病耳。帝复问：何方可医？元御曰：先服二剂去药毒，再服一剂去病。后果服三剂而愈。乾隆十六年，帝南巡，奉诏侍从，随驾武林（今杭州），凡帝有所不适，著方调治多效，帝感其学，慨其术，书御匾"妙悟岐黄"赐之，高悬于门首。

好棋艺，常与帝对弈，棋具乃玉子楸盘，后帝以此赐之，遂号玉楸子。居太医院，受御医排斥，心感扁鹊为李醯所害，虑吉凶莫测，自云：帝眷之隆，何可恃也，良时非多，勖之而已。辞归乡里。不久，帝诏回京，元御以病辞命；后潜游江南，济世活人。

元御以医知名，一岁夏月出行，有数人见其至，共相谋曰：黄氏号为名医，吾等试之。一人故仆地，急召元御诊。元御曰：此人仅能延数刻耳，哀哉！群皆嗤之。元御：毋，其听余言，汝等初意，非与余为戏耶！不知今当夏月，湿热交蒸，此人仆地之时，热毒之气已由口鼻吸入，内又有肠胃之病，感之而发，其来也暴，非药石所能疗矣。众不信，元御遂行。未几，其人果腹痛，不数时即毙。人皆嗟叹，共称黄术之神。

元御之施治也，贫富贵贱一等。一次，三人同登堂延请，一乘轿者，一骑驴者，一步行者。元御别来之先后，视病之轻重。先诊步行者，次诊骑驴者，后诊乘轿者。事后，乡人交口称颂。

元御学验俱丰，著述宏富，著有《素灵微蕴》《伤寒悬解》《金匮悬解》《四圣悬枢》《四圣心源》《长沙药解》《瘟疫痘疹》《伤寒说意》《玉楸药解》《灵枢悬解》《难经悬解》，凡九十八卷，数十万言，均已刊行。黄氏医书，医理精湛，解前人莫解之解，明先贤未明之明，遍于宇内，迄今200余年，其效日彰，为医者所宝，文者所珍。元御兼通易学、道学，著有《椛元赋》《周易悬解》《道德经》，除《椛元赋》流传于世外，余未见刊本。

元御为医之道，崇尚黄帝、岐伯、越人、仲景，合称"四圣"。自云：理必《内》《难》，法必仲景，药必《神农本草经》。对此，历代医家多遭其贬，故后世评黄氏者，多谓其"自命甚高""欲驾千古而上之"。

乾隆二十三年九月十日病逝于昌邑县南隅村，终年五十三岁。民国十三年（1934）邑人仰慕潜德，议请入祀乡贤，为乡里民众所崇拜，四时集会，瞻仰者络绎不绝。同时，邑中缙绅学商诸人于其墓前立碑，志其功德，以示名垂不朽。

元御有二子，长洪谟，次洪训。

墓碑铭文

清高宗御极之三十年，诏开四库书馆，征求天下书籍，分经史子集，共存一万三千七百余种，而子书分十四类，儒、法、兵、农而外，购藏古今医书，至为宏富。又诏求天下隐逸之士，有深于医学者，齐集京师，以备顾问。而吾邑玉楸子先生前膺其选。乾隆庚午（1750），北游帝城。辛未（1751），随驾武林，高宗赐以官，不受，以布衣之士陪万乘之辇，当时高其节，后世遵其学，至今中国研究医学者，皆奉为山斗。呜呼！此足极天下之至荣也已。有清一代科举，奔走天下之士。先生少负奇才，常欲奋志青云以功名高天下，中年得目疾，为庸医所误，自以为无路仕进，遂闭门读书，纵观古今医学数百种，荟萃古今名医学说，集其大成为一家言。所著有《伤寒悬解》《金匮悬解》《四圣心源》《四圣悬枢》《长沙药解》《伤寒说意》《素灵微蕴》《玉楸药解》八种，刊行于世矣。先生"自序"云：心游万仞，精鹜八极，灵思妙悟，离披纷来，幽理玄言，络绎奔赴，此亦足天下之至乐也。吾尚观自大豪杰，著书立说，藏之名山，传至后世者，当其时必怨郁穷愁，所遇不合而后得闭户著述，以发其抑塞磊落之气。韩子作《说难》、扬雄草《太玄》、屈原赋《离骚》、司马成《史记》，得意之事，皆自失意中来，古人所以不朽也。先生因失明而得穷困，因穷困而得读书，而后得以学术名天下。较后世之酣室豢富，贵夸乡里，而荣一时者，固不可以道里计，此难为一二俗人言也。先生姓黄氏，忠宣公十代孙。讳玉路，字元御，一字坤载，玉楸子其号也。所著有《素问悬解》《灵枢悬解》《难经悬解》《玉楸子堂稿》《道德经解》未就刊。呜呼！忠宣公以功业著为一代名臣，先生以学术鸣为一代医宗，后光辉映，世济其美，足以光邑乘矣。先生所治危症有神效，高宗以"妙悟岐黄"额诸医院门首。民国十二年（1933），邑人议呈诸入乡贤祠，俾后世尸祝之。余不敏于文，以表之以为不朽。

[《山东中医药志》第六篇《传记》]

[《潍坊市卫生志》第八篇《名人传略》]

[《昌邑县卫生志》第十二章《清代名医黄元御传》]

[《潍坊市医药志》第五编《传略》]

黄元御墓，在县西二里南辛郭。

[光绪《昌邑县续志》卷七《陵墓》]

《周易悬象》自序

黄元御

在昔文、周、孔子三圣传《易》，本兴神物，以前民用，百姓之愚，可以与能者也。顾三圣而后，非第百姓不能，而汉、魏、晋、唐诸家《易》传，亦未得尽通，下至此后诸儒，经义全昧，而议论俗腐，辞理庸烂。三圣人安得有此等肺肠？盖《易》兴末世，蒙难而作，忧患深切，语多隐晦。言曲而事肆，旨远而辞文，龙跃虎变，风号雷惊，天语飞声，人闻失色。加之简策凌乱，章句舛互，泥其辞反失其意，拘其文乃背其情。临水投石，而没人不得；当空掷块，而明者不见。况于迂儒下土，测以胶固之心，解以株守之辞，化神奇为臭腐。对之使人白日欲睡矣。萧山毛奇龄，以旷世逸才笺注"五经"，并皆精彻。惟其《易》解，仲氏推《易》之说仲氏，奇龄兄，名锡龄，殊难为训。夫《周易》言推，乃演卦之法，而设象系辞，则无此意。其《象传》所云"刚来、柔来"诸语，皆于反对两卦，彼此互发，非自别卦推移而不得其说。穿连诸卦，牵缠缪辀，甚无谓也。仆于《易》理，十年不解。丙子三月，偶与元览处士烛下清言，间及王辅嗣《易》无互体之论，元览以《系传》非其中爻不备折之，默然而退，遂有仰钻之隙，既解《道德》《灵枢》，六月中，乃草《周易》。诸象元杳，皆在《说卦》之中，临文有得，不烦蔓引株连，尔时剪烛夜研，辟户晨推。每讶心开，恒惊须断。迄于三灵元感，一线幽通。太璞既雕，大圜亦破。乃知圣经渊妙，以至于此，水尽山穷，别开天地。往于故纸堆中求之，宜其不得也。嗟乎！三圣明《易》，皆遭困厄，是真《易》能困人耶？非《易》能困人也，不困不解耳。以《易》理之元，三圣于困中解之，况无三圣之才，欲于得意之际，砉然解焉，不亦难乎？所谓困亨者，此也。然则与欲求亨，不如守困矣。

[光绪《昌邑县续志》卷八《序》]

《周易悬象》八卷，黄元御撰。元御，字坤载，号研农。昌邑人。诸生。是书，《四库存目提要》曰：在近人《易》说中，犹可谓学有根据。惟好以己意改古书，并《象》《象传》于经，合《文言》为一篇。改乾卦之次序，使与坤卦以下同。割《系辞》十九卦之说，移入《文言》。至《系辞》全移其次第，并多所删节，又割掇《说卦》以补之，《说卦》更多所改正，尤非古法。

[宣统《山东通志》卷一百二十七《艺文志第十·经部·易》]

《道德经悬解》二卷，黄元御撰。元御，见经部易类。是编，《四库存目提要》曰：是书多以养生家言训释《老子》，于原文章次多所变更，字句亦多有窜乱，谓之改本《老子》可也。

[宣统《山东通志》卷一百四十《艺文志第十·子部·道家》]

◎ 黄德静 ◎

黄德静，元御堂兄。增生。重廉隅，不苟取，不妄交。精痘疹科，著有《痘疹集要》《离骚解》。

[光绪《昌邑县续志》卷六《艺术》]

◎ 王维瑚 ◎

王维瑚，东店人。以业华佗术著名，瘳人疾，不索酬。抚宪阎敬铭赐以屏画，谓"可与卢扁媲美"。

[光绪《昌邑县续志》卷六《艺术》]

王维瑚（1796—1864），字绍夏。昌邑县城关镇东店村人。医术精湛，医德高尚，擅长内、外科。曾由昌邑县令推荐，给济南道台治病，愈后，道台赠"著手成春"匾额。

[《潍坊市卫生志》第八篇《名医录》]
[《昌邑县卫生志》第十二章《医林人物事略》]
[《山东中医药志》第六篇《人物表》]

◎ 陈统三 ◎

陈统三，下湾社人。诸生。同治丁卯（1867），以办饷奖五品衔。善医，疗人疾，不受谢，贫者与以药，人多赖之。著有《痘疹辨伪》《眼科要略》。

[光绪《昌邑县续志》卷六《艺术》]

◎ 陈丕显 ◎

陈丕显，字文谟。李伍社人。业儒，兼习医，善写菊。性廉正，所与交，必知名士。著《医会》《外科心裁》《医学撮要》《针法易简》等书。

[光绪《昌邑县续志》卷六《艺术》]

陈丕显（1765—1847），字文谟。昌邑县柳疃镇陈家庄村人。勤奋好学，对《医宗金鉴》《针灸大成》《黄元御医书八种》颇有研究。擅长内、外科及针灸。学识渊博，品行端正，名扬四方。著有《医学撮要》，其主要内容为验方汇集。

[《潍坊市卫生志》第八篇《名医录》]
[《昌邑县卫生志》第十二章《医林人物事略》]
[《山东中医药志》第六篇《人物表》]

◎ 刘望周 ◎

刘望周，字启文。宫家屯人。善岐黄业，求医者门庭若市，必以先后为次，不授谢，乡里重之。

[光绪《昌邑县续志》卷六《艺术》]

◎ 刘维栋 ◎

刘维栋，号东溪。北逢村人。少颖悟，书一过辄了。性至孝，以亲疾业岐黄。轻财尚义，好客嗜酒。遇疑难事，剖析是非利害，皆曲中。精刀圭，贫困者造门，则施以药饵；显者来，多避之。所活家，谢以财，不受；谢以酒，则留客对饮。家颇裕，以任侠，故致中落。虽家无儋石，未尝出门丐升斗。遇花晨月夕，无不饮酒自乐。及卒，里人徐河清为之作"传"。

[光绪《昌邑县续志》卷六《潜德》]

◎ 郑天禄 ◎

郑天禄（1783—1855），昌邑县塔尔堡镇岳家屯村人。勤奋好学，长于外科、针灸，行医于诸城巴山他人药铺，不逾两年，名声远扬。在七旬寿辰时，四方乡里合赠一匾，上书"仁山永翠"。

[《潍坊市卫生志》第八篇《名医录》]

[《昌邑县卫生志》第十二章《医林人物事略》]

[《山东中医药志》第六篇《人物表》]

◎ 杨玉京 ◎

《分类药方》，杨玉京辑。玉京，昌邑人。是书《昌邑著述考》据姜以铎《东塾杂集》著录，并载光绪十三年（1887）表弟姜以铎序略云：丙戌季春，余患牙疼，属弟子杨季唐向伊祖玉京老兄觅方调治。次日，次唐即持汤药一剂，荜拨数枚，外有杨兄录积《分类药方》一本，指明为余所用方药。余牙疾获痊，谤视其书，自男妇心胃疼痛以及周身疮毒、跌打损伤，治法悉备。

[《山东通志艺文志订补·子部·第一册》]

民国

◎ 王汉礼 ◎

王汉礼（1849—1926），昌邑县李家卜乡十字路村人。自幼勤奋好学，对《医宗金鉴》《傅青主女科》《痘疹汇编》有所研究，擅长妇、儿科，尤精痘疹。为人治病热情认真，深受乡人赞扬，赠一匾曰"著手成春"。著有《百病主治大法》《名医指掌》等，未刊。

[《潍坊市卫生志》第八篇《名医录》]
[《昌邑县卫生志》第十二章《医林人物事略》]
[《山东中医药志》第六篇《人物表》]

◎ 朱良玉 ◎

朱良玉（1858—1922），字璞山。昌邑县卜庄乡岔路口村人。对《医宗金鉴》有所研究，擅长外科，疗效颇佳，医德高尚，名扬四方。卒后，世人念其功德，捐金为其树碑"功同良相"，挂匾"医德可风"。

[《潍坊市卫生志》第八篇《名医录》]
[《昌邑县卫生志》第十二章《医林人物事略》]
[《山东中医药志》第六篇《人物表》]

◎ 尹化远 ◎

尹化远（1862—1938），字来亭。昌邑县围子乡凤凰庄村人。清末庠生。习医后对《黄元御医书八种》有所研究，擅长内科。诊病认真，不分贫富，有求必应。曾行医北京，颇负盛名。因学识渊博，1936年曾任昌邑县中医会试的主管主试。

[《潍坊市卫生志》第八篇《名医录》]
[《昌邑县卫生志》第十二章《医林人物事略》]
[《山东中医药志》第六篇《人物表》]

◎ 魏孔举 ◎

魏孔举（1866—1936），字伦堂。昌邑县龙池乡马渠村人。医宗《黄元御医书八种》《医宗金鉴》《痘疹全书》，精痘疹。行医远及平度、掖县、潍县等地，颇负盛名。乡人屡赠匾额，上书"懿行同钦""仁术树德""惠济乡间"等，以赞其功。

[《潍坊市卫生志》第八篇《名医录》]

[《昌邑县卫生志》第十二章《医林人物事略》]

[《山东中医药志》第六篇《人物表》]

◎ 刘在朝 ◎

刘在朝（1872—1945），字勋臣。昌邑县李家埠乡刘家道照村人。学识渊博，执教兼行医，有求必应。对妇科及针灸颇有研究，著有《脉诀秘传》《药性分部》。

[《潍坊市卫生志》第八篇《名医录》]

[《昌邑县卫生志》第十二章《医林人物事略》]

◎ 朱星奎 ◎

民国六年（1917），围子镇张家村人朱星奎关闭了在密城开的小药铺，带领其妻及儿子朱学三来到昌邑城里西门大街南购买了梁梅介"仁述药局"的房子、药橱及全部药材，成立了"天成祥"药店。朱星奎当掌柜兼坐堂先生，其子朱学三当账房先生，其妻带药卖药，一家三口开始营业。

朱星奎医术高明。1919年昌邑城驻军吴佩孚部队刘营长其子得病，求朱星奎医治，经调方治疗痊愈，刘派人送去厚礼表示感谢，朱不收。于是，刘便请名人写"妙手回春"匾额一块，派人送到"天成祥"药店。此后，"天成祥"药店名声大振。

1921年，昌邑城"同筹厚"汇兑庄（钱庄）掌柜魏某的孩子得病，经朱星奎治痊，魏感朱救子之恩，主动解决了当时"天成祥"资金周转不灵的困难。于是，朱去潍县"颐寿昌"药庄购药三马车，价值八百余元（银元）。以后朱每次进货皆从"同筹厚"汇兑庄账号支出。年底朱还魏银，再三推让后，魏只收下本钱，不要银利。从此，"天成祥"药店如鱼得水，买卖十分兴隆，一跃成为全县药店之首，人员增加十一人，房子扩展到三十间，门市四间，仓库七间，作坊三间。1935年，"天成祥"药店到了最兴旺时期，资金约达一万余元，品种齐全，经营中药饮片，和自制膏、丹、丸、散等七百余种，是1949年前昌邑县最大的中药店。

"天成祥"药店掌柜朱星奎不但医术高明，而且经营有方。从进货到加工炮炙自制中成药以及批发零售，都一丝不苟。进货要求极为严格，非地道药材不进，药材到店后严格挑选，不合格不入库。自制的膏、丹、丸、散二十余种，制作精细，用料考究，配制黄连上清丸的主要原料必须是川黄连，配制木香顺气丸的主要原料木香必须是进口木香，特别是制作的救急丹、四宝丹对肠胃炎、痢疾，疗效明显，独具一格。饮片炮炙，朱星奎亲自过目，对不符合炮炙要求的坚决返工，达不到规范标准的不准装斗出售，如杏仁粒粒去皮去尖，麦冬个个去芯，枇杷叶片片去毛，并十分讲究柜台艺术，讲究"和气生财"，"信誉第一、老幼不欺"，柜台配方缜密，赢得了顾客信赖。"天成祥"药店生意兴隆持续长达二十年之久。

1946年，由于国民党大举进犯，昌邑屡经战争摧残，加之药店掌柜朱星奎病故，"天成祥"药店随即停业。

[《昌邑县医药志》第六章《私营经营机构》]

高 密

明

◎ 阎　兰 ◎

阎仲宙，秉志公正，操行慈良，务德好施，不侮鳏寡，不畏强御，乡邻有疑难事，得其一言，无不立决。子三，藻，官南京省祭酒；芹，万历甲戌（1574）科进士，官湖广布政司参政；兰，官太医院院判。后先辉映，人咸谓世德所致云。

[民国《高密县志》卷十四《善行》]

清

◎ 姜之琦 ◎

姜之琦,会稽人。康熙二十九年(1690),以进士任知县。清廉自持,政无烦苛。精岐黄、堪舆之术。筑胶河于滩堤,令水西北流,以束龙脉。施药济人,每晨兴,问方病者踵接。后以忧去,邑人泣送者万余。

[光绪《高密县志》卷六《宦绩》]

姜之琦,浙江会稽人。康熙二十九年,以进士任高密。清洁自励,政无烦苛,筑胶河于滩堤,令水西北流,以束龙脉。尝施药济人,人多感颂。

[宣统《山东通志》卷七十七《职官志第四·国朝宦绩》]

姜之琦,会稽人。康熙二十九年,以进士任知县。清廉自持,政无烦苛。精岐黄,施药济人,每晨兴,问方病者踵接。后以忧去,邑人泣送者万余。

[《高密县卫生志》第九篇《清代名医事略》]

康熙十一年壬子科
姜之琦,府学。

[康熙《会稽县志》卷二十《进士》]

◎ 姜朝贡 ◎

姜朝贡,早孤,事母以孝闻。母患疽,贫不能延医,日夜吁神,乞以身代。忽有道人至,以药敷,母疽立愈,且授之方。贡遂为良外科,求者辄应,不择人,不索谢。祀忠孝祠。

[光绪《高密县志》卷八《孝友》]

姜朝贡,事母以孝闻。母患疽,贫不能延医,忽有道人至,以药敷,母疽愈,且授之方。遂为外科名医,求者辄应,不择人,不索谢。

[《高密县卫生志》第九篇《清代名医事略》]

◎ 宋 昶 ◎

宋昶,字仲和。性介。父为炳,诸生。被诬陷罪,昶呈代父,徙于禹城,艰苦备尝，数年归。孝养益力，痛父非罪除名，弃儒而医，活人无算。

[光绪《高密县志》卷八《孝友》]

宋昶，弃儒而医，活人无算。

[《高密县卫生志》第九篇《清代名医事略》]

◎ 刘建安 ◎

刘建安，字静亭。与弟建文，友爱甚笃。建文不事生产，父母为析炊后，弟贫，复分财予之。晚年，精于医。贫者求疗，必馈以药饵。

[光绪《高密县志》卷八《孝友》]

刘建安。晚年精于医，贫者求医，必馈以药饵。

[《高密县卫生志》第九篇《清代名医事略》]

◎ 单 韶 ◎

◎ 单孟坚 ◎

单韶，字廉夫，号菱浦。监生。天资英异，幼有"神童"誉。从父宦游二十余年，诵读攻苦，过于寒素。禅宗、医理，并诣精深。所作古文，长洲王芑孙亟称之。著《薖庐文集》。工诗，载《山左诗续钞》。

[光绪《高密县志》卷八《文苑》]

单韶《李石桐诗集序》

石桐先生之病也，当乾隆癸丑（1793）之仲冬，余时亦感剧疾，遣族孙孟坚往问，二日而孟坚返，曰：先生昨夜殁矣。殁时告其家人曰：身后事无足言者，惟吾《诗集》尚须料理。吾殁，可向廉夫索"序"。旋又曰：此自廉夫事，吾无与也。遂瞑。悲夫！悲夫！先生何信韶之深也！先生既葬，其子诒璠持全集来道先生遗言，一如孟坚语。余哭而受之，告诒璠曰：余岂真能知此诗哉？且少鹤在，余不得独任，待其归，与共论订，庶无憾耳。又五年而少鹤殁岭南，余于是无所待矣。发其全集，读之录诗如干首，为之序，而并以原稿付诒璠，使藏于家。诗自明代以来，声气门户之说，纷然淆乱，其变极矣。先生当虞山、渔洋主盟之后，独能奋袂其间，刮磨湔洗，一举而空之。虽其说未能广行于天下，而十数年间，清才之士亦有闻而信之者，则先生廓清之功，顾不伟欤？先生天资高妙，而措辞淡雅，不事藻绩，其萧然闲放之趣，有非他人才力能仿佛者。至于其会心惬志，足感人于性情之中，与向之相率而为伪者，不侔矣。间尝论诗人，自南渡以后，若先生者，可为豪杰之士矣。呜呼！此岂可以声光气焰求哉？先生尝谓韶曰：吾诗自《岑江集》后，稍能自立，如得数年不死，以附益之，便可尽删前所存，独存此等数百首，颇可观也。言未久而先生殁。惜哉！惜哉！故《岑江集》以后，多先生所自选，余又录《草堂集》以下十之五六，并列存之，庶览者有以验其功力之不同，而知其学之勤也。国家承平日久，文章罩敷，通儒硕彦，缀文之士，莫不自致，希日月之末光，骎骎乎庙廊之上矣。而山林槁僻之人，犹能竭其心力，以息数百年如蜩如螗之响。后之人，读其诗，论其世，必将有反复流连，生其异代之感。此其人，真足知先生之诗矣。先生之葬也，王君熙甫志其生平颇详，兹故不著。论其诗之所得者如此。

[光绪《高密县志》卷九下《艺文志》]

◎ 张廷傅 ◎

张廷傅，字师百。文明子。敦尚古处，一介不苟取。人有负，焚其券。有犯，不与校。涉猎群书，尤精《难经》。贫者求之，应手愈；富贵家虽厚币致之，不往也。邑乘自万历乙巳（1605）后，久废缺，赖傅所辑稿补成之。邑人屡以德行举，辞不应。

[光绪《高密县志》卷八《卓行》]

张廷傅墓，城东南十里，子爱翔附。

[光绪《高密县志》卷十《坟墓》]

◎ 张元佐 ◎

张元佐，附生。前《志》康岳曾孙。乾隆丙寅（1746），岁饥，出粟赈贫，里党无流亡者。并舍药救疫，全活尤多。

[光绪《高密县志》卷八《善行》]

◎ 程和尚 ◎

程和尚，居夏庄三元庙。精医，以药济人，不取值。苦志焚修。一夕，忽起，沐浴，更衣，坐化。乡人树塔以志。

[光绪《高密县志》卷十《拾遗》]

程和尚，居高密三元庙。以药济人，不取值。淡泊世故，苦志勤修。一夕，忽起，沐浴，更衣，坐化。乡人树塔志之。

[乾隆《莱州府志》卷十二《仙释》]

◎ 管绘南 ◎

管绘南，遇道人，传授方术，精外科，应手辄愈。初，道人授方时，曰：阅人多矣！唯子具有仙骨，善为之，勿自误前程也。越数载，道人复来访之。闻绘南颇挟其术要金帛，怅然而去。

[光绪《高密县志》卷十《志余》]

◎ 郝廷桂 ◎

郝廷桂，字芳臣，号小山。廪膳生。道光甲午（1834）科举人，大挑一等，改授费县儒学训导。因守城功，加五品衔，光禄寺署正，推升教授，以老休致。嗜吟咏，集二百余首，欲付梓，未果。兼长医道，问疾者门常如市焉。

[民国《高密县志》卷十四《仕绩》]

郝廷桂，高密人。以名孝廉司铎来费，与知县余舜臣劝修书院，亲至乡间，多方开导，邑人感激，踊跃输将，集腋成裘，栋宇斯立，至今赖之。

[光绪《费县志》卷三《宦绩》]

郝廷桂，道光甲午科举人。费县儒学训导，兼长医道，问病者门常如市。

[《高密县卫生志》第九篇《清代名医事略》]

◎ 刘承谟 ◎

刘承谟，字景文。邑诸生。性耿介，不阿流俗。学以考据为主，工诗词，尤精《难经》，远近求者立应，活人无算。僻居村落，以吟咏自遣。著有《西园草堂诗稿》《词稿》，藏于家。

[民国《高密县志》卷十四上《文苑》]

刘承谟，尤精《难经》，远近求者立应，富贵虽厚，强致之不往也。

[《高密县卫生志》第九篇《清代名医事略》]

◎ 梁学古 ◎

梁学古，字朴斋。读书不求闻达，乡居训蒙自遣，旁究岐黄，为人施疗，概不受谢。无事，携竿垂钓，竟日无获，意自陶然。生平自奉俭约，家人或以为请，辄愀然曰：吾父母艰苦起家，未得一日安享，吾敢过乎！其他懿行，多类此。

[民国《高密县志》卷十四《卓行》]

梁学古，旁究岐黄，为人施疗，概不受谢。

[《高密县卫生志》第九篇《清代名医事略》]

◎ 郝毓琨 ◎

郝毓琨，字阆庵，号雪堂。继桓子。性沉默寡言，精医道，当时有"神仙"之称，言其治病有如神明。家素饶，兼舍施药材，乡人咸称盛德。著医书多种，皆未付梓。

[民国《高密县志》卷十四《善行》]

郝毓琨，字阆庵，号雪堂。性沉默寡言，精医道，当时有"神仙"之称，言其治病有如神明。家素饶，兼舍施药材，乡人咸称盛德。著书多种，皆未付梓。

[《高密县卫生志》第九篇《清代名医事略》]

◎ 杨延庆 ◎

杨延庆，性廉介，精医学，凡所医病，如须贵重药品，皆手自选制，病者用之，不取值。远近求医者，接踵于门，活人无算。或有酬谢，皆峻却之。著有《伤寒论辨》四卷。

[民国《高密县志》卷十四《善行》]

杨延庆，清代高密人。精通医学，凡所医病，如须贵重药品，皆亲手选制，遇贫家用之，不索值，远近求医者，接踵于门，或有酬谢者，尽皆却之。著有《伤寒论辨》四卷。

[《潍坊市卫生志》第八篇《名医录》]
[《高密县卫生志》第九篇《清代名医事略》]
[《山东中医药志》第六篇《人物表》]

民国

◎ 郭承让 ◎

郭承让，字逊斋。弃儒就商，精医术。民国五年（1916），民间乏食，饥民骚动。承让出资数千缗，在夏庄设局公粜，不利分文，人心以安。其为医，不设药肆，贫富求者立应。子恩和，有父风。

[民国《高密县志》卷十四《善行》]

郭承让，弃儒精医术，其为医，不设药肆，贫富求者立应。

[《高密县卫生志》第九篇《清代名医事略》]

◎ 王化行 ◎

王化行，号南国。邑庠生。精医术，所治疗，应手奏效。为人乐意慈善，有求者立应，不以贫富为后先，贫家用药，不索值，乡人至今称之。

[民国《高密县志》卷十四《善行》]

王化行，号南国。邑庠生。精医术，治疗应手奏效。为人乐意慈善，求者立应，不以贫富为后先，贫家用药，不索值，乡人称之。

[《高密县卫生志》第九篇《清代名医事略》]

[《山东中医药志》第六篇《人物表》]

◎ 单昭仕 ◎

单昭仕，字晋卿。充王党社社长五十年，与堂兄昭俶，佐县令周麟章，修治全县河道，出其擘划者实多。父母病，亲侍汤药，衣不解带者数阅月。门临韩信大路，为旧时东西往来孔道，因于道侧，设"竹报堂"药肆，施医施药施茶，行旅德之。遇岁饥，量力施衣食，并倡捐赈济，全活无算，一乡啧啧称善焉。工诗，著有《修竹闲吟集》。

[民国《高密县志》卷十四《善行》]

◎ 单树阁 ◎

单树阁，以字行。民国初年，募资创办两级小学校于管家灵芝。精岐黄术，晚年悬壶青岛，贫富求者立应，活人无算。著有《树阁经验良方》及《树阁诗集》。

[民国《高密县志》卷十四《善行》]

单树阁，精岐黄术，晚年悬壶青岛，贫富求者立应，活人无算。著有《树阁经验良方》。

[《高密县卫生志》第九篇《清代名医事略》]

◎ 陈星炜 ◎

陈星炜（1873—1940），字柳南。高密县柏城单家庄村人，祖籍潍县。排行第九，故号"陈九"，系高密名医"三九"之一。天资聪颖，攻读儒书，求举事，曾入县试，获首名监生。后值停科，二十一岁致志于医，先读《内经》《伤寒论》，后返潍县，先后师从于本族两位名老中医数年，尽得师传，遂回乡行医。中年曾参加青岛中医考试，成绩优良，颁发证书，在青岛悬壶多年。1937年，在高密县城东门里开设"广仁堂"药铺。精内、外、妇、儿、眼诸科，尤专温病，在学术上对吴又可、王孟英等人的温病著作有独特见解。曾多次批注《瘟疫论》，晚年编成《临床经验集》二本。晚年，授业其子戟门，现为高密名老中医，曾任县政协副主席、县人大副主任。

[《潍坊市卫生志》第八篇《名医录》]

[《高密县卫生志》第九篇《民国时期医界名人》]

◎ 马崇儒 ◎

铁鹤观，在城南十五里许。明衡籓良医所良医正马崇儒铸铁鹤二只，约丈高，于殿前，故名。

[康熙《益都县志》卷四《寺观》]

◎ 高 杲 ◎

◎ 梁 垍 ◎

◎ 梁厚能 ◎

高杲，金岭镇人。性醇厚正直，以济人利物为事。弘治间，传异人医术，辨证出奇，郡医莫外，时号为"卢扁"。尤专伤寒钤法，定脉不差时刻，所全活者不可胜计。注念贫穷，务与善药，未尝有责报心。行年七十余卒。所著有《钤法书》二卷。

[康熙《益都县志》卷十《方技》]

高杲，金岭镇人。弘治间，得异人医术，辨证出奇，时称"卢扁"。尤精伤寒钤法，定脉不差时刻。年七十余卒。著有《钤法书》二卷。

[光绪《益都县图志》卷四十六《艺术》]

高杲，字景辉。益都金岭镇人。性醇厚正直，以济利存心。弘治间，传异人医术，直抵精明，诊视察故，辨证出奇，天下让能，群医莫及，时号为"卢扁"。尤专伤寒钤法，定脉不差时刻，所全活者不可胜计，名著中外，倾动贵显，抱疾求疗者踵门无虚日。尤注念贫困家，务与善药，未尝有责报心，乡党高其义行。年七十余卒，逮属纩，问药者犹在门也。所著有《铃法书》二卷。泉术不传，时有梁垝者，字宗玉。亦同时著名，得其指授。垝之子曰厚能，为一方推重云。

[嘉靖《青州府志》卷十五《方技》]

高泉，益都人。弘治间，传异人医术，诊视察故，辨证出奇，时号为"卢扁"。尤专伤寒铃法，定脉不差时刻。更注念贫困。所著有《铃法书》二卷。

[康熙《青州府志》卷二十《方技》]

高泉，益都人。学医得异人术，造诣精良。以济人为心，遇有贫穷，尤为注念，生平未尝责报于人。年七十余卒。著有《铃法集》二卷以旧志及《山东通志》修。

[咸丰《青州府志》卷五十一《艺术》]

高泉，益都金岭镇人。性醇厚正直，以济利存心。弘治间，传异人医术，直抵精明，诊视察病，辨证出奇，时号为"卢扁"。尤专伤寒铃法，定脉不差时刻，所全活者不可胜计，抱疾求疗者踵门无虚日。尤注念贫困家，未尝有责报心。行年七十余卒。逮属纩，问药者犹在门也。所著有《铃法书》二卷。

[康熙《山东通志》卷四十九《方技》]

高泉，益都人。性淳朴，常以利物存心，因学医，受异人术，造诣精明，求疗者门无虚日，尤精伤寒铃法，时刻不爽。所著有《铃法书》二卷。

[雍正《山东通志》卷三十一《方伎志》]

按《青州府志》：高泉，益都金岭镇人。性醇厚正直，以济利存心。弘治间，传异人医术，精诊视察，故辨证出奇，天下让能，群医莫及，时号为"卢扁"。尤专伤寒铃法，定脉不差时刻，所全活者不可胜计，抱疾求疗者踵门无虚日。尤注念贫困家，务与善药，未尝有责报心。行年七十余卒。逮属纩，问药者犹在门也。所著有《铃法书》二卷。

[《古今图书集成医部全录》卷五百十二《医术名流列传》]

高泉（1481—1556），字景辉。金岭镇人，明代著名医学家。弘治年间，受异人传授，诊视精明，尤遂于脉诊，知生死，断预后，医技超群，疗效奇验，常施药于家贫患者，时有"卢扁"之称。精研《伤寒论》，著《伤寒铃法》二卷，已佚。

[《临淄区志》第三十三卷《人物简介》]

[《淄博市卫生志》第十九篇《人物传略》]

[《临淄区卫生志》附录《医林人物》]

[《潍坊市卫生志》第八篇《名医录》]

[《山东中医药志》第六篇《传记》]

[《中国医学大辞典》]

◎ 赵 镗 ◎

赵镗，世精眼科。少尝问其父曰：开光砭翳，孰愈起死回生！治疗一端，孰愈保安全体？父大异之，令穷研医典，遂洞豁至理，对脉察疾，应验如神。尤矢心施药，所全活者甚众。一日，梦神人告之曰：扶危济颠，阴功阳报，金紫之贵也。未几，朝命册封长女为衡藩新乐王妃，恩授西城兵马指挥。始征前梦。

[康熙《益都县志》卷十《方技》]

赵镗，世精眼科。少尝问其父曰：开光砭翳，孰愈起死回生！治疗一端，孰愈保安全体？父大异之，令穷研医典，遂洞豁至理，对脉察疾，应验如神。一日，梦神人告之曰：扶危济颠，阴功阳报，金紫之贵也。未几，长女册为衡藩新乐王妃，授镗兵马指挥使。始征前梦。

[光绪《益都县图志》卷四十六《艺术》]

赵镗，字国用。益都人。世业医，精眼科，人以"赵光明"称之。少问其父曰：开光砭翳，孰愈起死回生？治疗一端，孰愈保安全体？父大异之，令穷研医典，遂潜心体验，已而洞豁至理，对脉察疾，应验如神。尤矢心施药，所全活者甚众。一日，梦神人告之曰：扶危济颠，阴功阳报，金紫之贵也。未几，朝命册封长女为衡藩新乐王妃，恩授西城兵马指挥。始寤前梦云。

[嘉靖《青州府志》卷十五《方技》]

赵镗，益都人。精眼科，人以"赵光明"称之。潜心医典，洞豁至理，对脉察疾，应验如神。

[康熙《青州府志》卷二十《方技》]

赵镗，益都人。精眼科，人以"赵光明"称之以旧志修。

[咸丰《青州府志》卷五十一《艺术》]

赵镗，益都人。精眼科，人以"赵光明"称之。潜心医典，洞豁至理，对疾察脉，应验如神。

[雍正《山东通志》卷三十一《方伎志》]

按《青州府志》：赵镗，益都人。精眼科，人以"赵光明"称之。少问其父曰：开光砭翳，孰愈起死回生？治疗一端，孰愈保安全体！父大异之，令穷研医典，遂潜心体验，无间寒暑昼夜，已而洞豁至理，叹曰：流俗所业，皆纸上陈言，未尽古人之妙。受金岭镇高杲脉诀，始入玄微，对脉察疾，应验如神。矢心施药，有赍金帛谢者，辄怒曰：吾悯世人夭札，业医施药，岂望报耶？却之，类多感恩堕泪而去。或问之曰：疾同而攻理异，药同而效验异，何也？曰：医者意也。以意逆病，以脉证之，苟不究其得病之原，而惟概治已著之病，鲜不失矣。效验宁不异哉？术行二十余年，全活者数万。一日假寐，梦一神人告之曰：扶危济颠，阴功阳报，金紫之贵也。及寤，莫知所谓。未几，朝命册封其长女为衡藩新乐王妃，恩授西城兵马指挥。始征前梦。

[《古今图书集成医部全录》卷五百十二《医术名流列传》]

赵铠，字国用。明代益都人。出身于世医之家，精眼科，时人颂称"赵光明"。少年时即博览群书，熟读各家学说，对经典著作，穷源溯流。又从金岭镇高杲习脉诀，始入玄微，诊脉察疾，得心应手，行医二十余年。病家酬谢，推之不受。后任西城兵马指挥之职。

[《潍坊市卫生志》第八篇《名医录》]
[《山东中医药志》第六篇《人物表》]

◎ 梁伯载 ◎

嘉靖十七年（1538），益都城医人梁伯载弟普新娶妇郁氏，月余自其母家归，夫妻阖户而寝。比晓不出，呼之弗应。毁户入视之，夫妇并寝，妇已焚为烬，止余一足，夫寝其旁，死而不焦，身止数泡耳。席被依然，无少焦灼。阖邑聚观，莫有彻其解者。郡《志》称"阴火"，亦臆见耳。

[康熙《益都县志》卷十四《杂志》]

◎ 杨惟正 ◎

杨惟正字叔子，《痘疹辩言》无卷数。此书久已不传，仅见房可壮手书所作《序文》一册，略曰：叔子从余游十余年，俊才逸群，编摩之下，潜心方脉诸集，久而神契，每群医束手者，惟正一剂而愈。且好行其德，不受馈谢。有《脉解》《痰集》《杂证》《伤寒》《妇人》《小儿便方》，痘疹其一斑耳。

[光绪《益都县图志》卷二十四《艺文志上》]

◎ 王君荣 ◎

王君荣，字国庆。务本乡张孟口人。父郁，赠河间府通判。君荣，嘉靖三十七年（1558）举人，万历元年（1573）再举于乡。性警悟多艺，能旁通医卜、五行及形家言。选光州知州，从经略宋某征倭，为大军给刍粮，费累巨万。及还，钩勘，毫秒不爽，升巩昌府同知，监市还赐金绮，升四品俸。以同事忌嫉，改判河间府，归。年七十卒。子鳞，监生；孙建枢，进士。见《选举》。

[光绪《益都县图志》卷三十五《列传》]

效霞按：嘉靖《青州府志》卷四《乡举》载：王君荣中嘉靖三十七年戊午科"亚魁"。

王君荣，益都人。性警悟多艺，能自卜筮，星命、医药、相宅诸书，无不精解。先任光州，迁判河间。从经略宋公征倭至高丽，与其君臣议媾。事倾，国师事之。卫大军给刍粮，费累巨万。及还，钩勘，毫秒不爽。升攻昌同知，改判河间，致政还。年七十卒。

[康熙《青州府志》卷十六《武功》]

王君荣，字国庆。益都人。嘉靖三十七年举人，万历元年再举于乡。性警悟多艺，能旁通医卜及形家诸书。授光州知州，从经略宋某征倭，为大军给刍粮，费累巨万。及还，钩勘，毫秒不爽。升巩昌府同知，加四品奉。以同事忌嫉，改判河间，归。孙建枢，进士。

[咸丰《青州府志》卷四十四《人物传七》]

《阳宅十书》四卷，王君荣撰。君荣，字国庆。益都人。嘉靖戊午（1558）举人，万历癸酉（1573）再举于乡。历官巩昌府同知。是书见《明志》。李文藻曰：君荣此书盛行于世，苏州坊间有翻刻本。

[宣统《山东通志》卷一百三十七《艺文志第十·子部·术数》]

河间府通判王君荣墓，在城北七里。尚书钟羽正撰《志》。

[康熙《益都县志》卷三《冢墓》]

王君荣，山东益都县人。由举人万历十九年（1591）任。

[万历《河间府志》卷九《通判》]

◎ 王 瑁 ◎

附明衡王府官属

良医一人，王瑁。见嘉靖十六年（1537）钟家井《崔府君庙碑》。

[光绪《益都县图志》卷四十七《外传》]

◎ 周 标 ◎

周标，字小庄。滋次子。温夷长者，口不能道词。入粟，补国子生。隆庆六年（1572），遇例增补光禄寺监事。或劝之仕，曰：人生适志耳！与吾邑邑居都市，磐折贵人前，孰与徜徉钓游，鲤弋高鸿，而间以其余资，周恤贫病，令穷乏者依我之为愉快哉！由是，遂不出，而益推财济急，一以利物为事。贫无棺者，与之。病不能医者，手药饵铺之。呻吟蒙袂，日集其门，弗厌也。又约名隽为文会，葺亭舍，持酒食，相劳勉，因之登科第者数人。兄枢，早卒。嫂崔，寡居，无子。标及妻钟礼事之，衣食必先崔，以是成完节，人两贤之。子烃，府学生。

[光绪《益都县图志》卷四十五《隐逸》]

清

◎ 房 陆 ◎

房陆，字子由。青州人。清初民间名医。曾拜师名医翟良，得其真传，医术高超，尤善种痘和治疗天花，是翟良之得意门生。

[《潍坊市卫生志》第八篇《名医录》]

◎ 毕曰澥 ◎

毕曰澥有"传"，《滇游记》一卷、《附记》一卷《四库全书提要》曰：是编乃曰澥父忠吉官云南布政司参议，曰澥省亲时所作，按日记载道路见闻及旅中杂事，自三月十六日起，至十月十一日止，而叙文及卷首俱不详其为何年，殊嫌疏漏。考曰：澥所作《苍洱小记》，有孙宾文题词，其"序"称丙子腊日，曰澥邀饮，欲读《滇记》云云，则作于康熙丙子（1696）以前也。其《附记》一卷，则途中所见风土，不可分系某日者，故总录于末云。《苍洱小记》一卷《四库全书提要》曰：是编亦曰澥父忠吉官云南布政司参议时，曰澋省觐，至大理，纪其山川名胜而作。相传，灵鹫山即今点苍山，为释迦佛修道处；宾川之鸡足山即伽叶道场，故曰澋是书，多引佛经为证据。《游西湖记》一卷自康熙甲申（1704）二月十六日启行，四月归里，叙述游览，词致雅隽，颇似伽蓝《记水经注》等书。《印海》一卷、《穷乡救急方》一卷二书，旧志不载，《先正诗钞》"小传"亦不言有此书，惟据《焉文稿古文》有《印海》及《穷乡救急方》二叙，因收入之。《印海序》略曰：学人望古遥集文字一道，尤当派流穷源。以余所见，官私印不下数十，金填玉筯光芒，苍绣中允，与周鼎、商彝并珍席上。唐宋以还，古法不逮，六义精严，别传旨趣。近世学者为"缪""篆"二字之误，《拱璧摭古》一编，辄尔师心逞奇，是文人之游戏，殊失望古之初心也。余幼学奏刀，二十年来，斤斤墨守，多从赏鉴家乞印片楮，暇日缀之成帙。秦与汉与？将近代与？比之寒山片石，未为不可。《穷乡救急方序》，大旨谓穷乡无医，因取验方，汇为一编，以济穷氓之急，亦仁人之用心也。

[光绪《益都县图志》卷二十五《艺文志下》]

毕曰澋，字剑津。以岁贡官任乡知县，有操守，多惠政。长于诗、古文辞，其学行皆有父风云。

[光绪《益都县图志》卷三十七《列传》]

《滇游记》一卷、附记一卷，毕曰澋撰。曰澋，字秋岐，又字剑津。忠吉子。康熙间岁贡，官知县。《四库存目提要》曰：是编乃曰澋父忠吉官云南布政司参议，曰澋省亲时所作。按日记载道路见闻及旅中杂事，自三月十六日起，至十月十一日止，而序文及卷首俱不详其为何年，殊谦疏漏。考曰：澋所作《苍洱小记》，有孙宾文题词，其"序"称丙子腊日，曰澋邀饮，欲续《滇记》云云，则作于康熙丙子以前也。其《附记》一卷，则途中所见土风，不可分系某日者，故总录于末云。

[宣统《山东通志》卷一百三十二《艺文志第十·史部·传记》]

《苍洱小记》一卷，毕曰澋撰。曰澋有《滇游记》，见传记类。《四库存目提要》曰：是编亦曰澋父忠吉官云南布政司参议时，曰澋省觐，至大理，纪其山川名胜而作。相传灵鹫山即今点苍山，为释迦佛修道处；宾川之鸡足山，即迦叶道场，故曰澋是书，多引佛经为证据。

《游西湖记》一卷，毕曰澋撰。《县志》载是编云：自康熙甲申二月十六日启行，四月归里，叙述游览，词致雅隽，颇似伽蓝《记水经注》等书。

[宣统《山东通志》卷一百三十三《艺文志第十·史部·地理》]

《言鲭录》，毕曰澋撰。曰澋，见史部传记类。是书见《县志》。

[宣统《山东通志》卷一百三十九《艺文志第十·子部·杂家》]

《问树轩丛谈》，毕曰澍撰。曰澍，见史部传记类。是书见《县志》。

[宣统《山东通志》卷一百四十《艺文志第十·子部·小说》]

◎ 马印麟 ◎
◎ 马 晟 ◎

马印麟字长公。金岭镇人。明时有名晟者为衡藩良医正，自晟至印麟，七世皆以医名。印麟年八十余，著数书刊行济世，《瘟疫发源辨论》二卷专论五运六气，附以生平经验，有平陵杨瑄"序"。《延龄口诀》一卷、《保身养生诀》一卷二书系导引家言，附以方药服食，兼及惜福种德之事，庶几内外交养者。《胎产须知》一卷、《保婴秘诀》一卷、《救急良方》一卷杨滇《邑先辈纪略》曰：马长公先世，以岐黄著名，至长公三世矣。多所全济，自称"好生主人"。所著《保婴秘诀》《救急良方》，多有验者云。《明医汇辑》一卷。

[光绪《益都县图志》卷二十五《艺文志下》]

马印麟，字长公。回族。其先祖马晟为明代名医，传至马印麟，已是七代医药世家。印麟终年八十余岁，一生著书甚多，有《瘟疫发源辨论》二卷，专论五运六气，附以平生经验；《延龄口诀》一卷、《保身养生诀》一卷，二书系引道家言，附以服食方药及养生之道；《保婴秘诀》一卷、《救急良方》一卷，是其著作的精华，用于临床多验；《胎产须知》一卷，是印麟妇产医疗经验的总结。以上诸书，似已亡佚。

[《临淄区志》卷三十三《人物简介》]

[《淄博市卫生志》第十九篇《人物简介》]

[《临淄区卫生志》附录《医林人物》]

◎ 徐濂岷 ◎

徐岱薰字南野，号拙山。金岭镇人。道光乙巳（1845）恩贡，授披县教谕，不赴。性孝友，所学以诚意正心为本，教授生徒以品行为先，远近翕然宗之。年八十余卒。子沧岷、濂岷，孙江菜，皆蜚声黉序间，恪守遗训，不涉讼端。濂岷，尤精岐黄，以《张景岳全书》为宗，斟酌损益，订为四卷，可为医学津梁。《雪崖诗草》二卷。

[光绪《益都县图志》卷二十五《艺文志下》]

◎ 刘执蒲 ◎

刘执蒲字剑堂。北关人。监生，《痘科辑要》八卷。

[光绪《益都县图志》卷二十五《艺文志下》]

◎ 李 远 ◎

李文藻，字素伯，一字茞畹，晚又号南涧。先世由枣强迁居县东门外之春牛街。祖元盛，有"善人"之目。尝夜行，遇暴客，审视之，曰：公耶！几伤善人舍。挺跪谢之。父远，字君宏。亦乐施与。善小儿科，远近求者辄应，不惮烦也。文藻天姿俊朗，读书博览今古，不为世俗之学，所至必交其贤豪长者。乾隆己卯（1759），以第二人举于乡。填榜日，按察使沈廷芳闻呼文藻名，起揖主考，钱大昕贺曰：此子，天下才也，君得人矣。明年会试中式，又明年成进士，选恩平县知县。庚寅（1770），充广东乡试同考官，署新安县，调潮阳县，以海疆三年，俸满保荐，擢桂林府同知。岁余，卒，年止四十九。居官以清白强干称。岭南俗多窃牛，毛色相似。虽获盗，多不承，有司无如之何。文藻始至，令有牛者，各于牛角印烙私记。凡赴墟卖牛者，牙侩以印烙登簿，以印付买主。如告失牛，先以印呈官，官遣役持印验墟簿，无得隐者。大府善其法，下所部行之。阳江民刘维邦，以母病延道士作法，借邻人刀十柄，缚梯上，以驱祟。吏索钱不遂，取刀送县，诬以不轨。文藻奉檄往勘，廉得其实，白于上官，释之。未几，阳江令以他事被劾，疑文藻挤之也。因遣其仆至恩平，欲探阴事中伤之，居两月，终无所得，乃已。潮阳民，好械斗，往往杀伤多人。文藻悬钲于堂上，有将斗者，令地保驰入城，击钲以告，立往拘治，众则散矣。自是，械斗稍息。县故有东山书院，延进士郑安道为师，购经史数十种，以教学者。潮阳与海阳、揭阳俗称"三阳"，仕其地者多致富，文藻去官日，囊橐萧然。还至番禺，命工摹光孝寺贯休画罗汉像四轴以归，曰：此吾广南宦橐也。性好聚书，每入肆见异书，辄典衣取债致之。又从友朋借钞，藏弆书万卷，皆手自雠校，无晚近俚俗之本。《海岱会集》者，前明青、莱二郡乡先达所为诗也，文藻求之不可，得闻书贾刘某有写本，请假观，不可。时值冬寒，为买一裘，始许录副书十二卷，呵冻手，抄三旬乃毕，时文藻甫弱冠也。于金石刻搜罗尤富，所过学宫、寺观、岩洞、崖壁，必停骖周览，仆人以毡墨从，有所得，尽打之。尝乘舟出迎总督，小憩南海庙，命仆打碑，秉烛竟夜，比晓问，总督舟已过矣。其诗古文皆自摅所见，不傍人门户，视近代摹拟肤浅以为古家者，蔑如也。然口不道前辈之短，以为非盛德事。过岭后，治公事，日不暇给，而诗益工。邮亭僧院，信笔留题，虽舆隶皆知为才子也。生平乐道人善，乡先正诗文可传者，必撰次表章之。德州卢见曾、宋弼选《山左明诗钞》，文藻为搜辑，登莱、青诗人集数十家。选既成，而卢以罪籍家，文藻驰德州，求于官库得之，卒刻之于恩平。元和惠栋、婺源江永，皆素未之识，访其遗书刊行之。德州梁鸿翥，穷老而笃学，月必诵"九经"一过，乡里咸目为痴。文藻一见奇之，为之延誉，遂知名于世。其在岭表，士子以文就质者无虚日，独称钦州冯敏昌、顺德明六常、张锦芳，作《岭南三子歌》，其奖借后进，诚有味乎其言之也。大昕尝谓文藻有三反，长身多髯，起起如千夫长，而胸有万卷书，一也；生长于北海，官于南海，二也；湛思著书，欲以文学显，而世称其政事，三也。虽戏语，而文藻之生平实赅括于此云。其所著有《泰山金石考》十二卷、《益都金石考》四卷、《毛诗本义》一册、《山东元碑录》一册、《濮雅》八卷、《青社拾闻》四卷、《饫饤录》三卷、《金石书录》四卷、《尹河南集笺注》若干卷又附录《补遗》二卷、《齐藩录》二卷、《隶补南北史考略》《国朝献征录》《齐谚》《粤谚》《师友记》诸书，多散佚，或未成。今存者，《尧陵考》四卷、《文集》三卷、《岭南诗集》八卷。《尧陵考》亦未成之本，同里段松苓为之编定。《文集》则昌乐阎湘蕙辑录者，非原书也。弟文涛，字平仲。有诗名。叔弟文渊，别有"传"。季弟文濬，字季深。监生。好吟诗，有《粤游集》。文藻子章鄄，生员。文涛子章甫，字冕堂。嘉庆十八年（1813）举人，授高密县训导。工诗，有学行，卒于官以钱大昕撰《墓志》及《南涧文集》、新《府志》修。

[光绪《益都县图志》卷三十七《列传》]

李远见子文藻"传"，《拙斋集》一卷。《四库全书提要》曰：是集皆五七言近体，吐属亦颇恬雅。其刊版字画，悉从《说文》，以小篆改隶，诡形怪态，则殊为好异。

[光绪《益都县图志》卷二十五《艺文志下》]

《拙斋集》一卷，李远撰。远，字君宏。益都人。《四库全书提要》曰：是集皆五七言近体，吐属亦颇恬雅。其刊版字画，悉从《说文》，以小篆改隶，诡形怪态，则殊为好异。

[宣统《山东通志》卷一百四十五上《艺文志·集部·别集》]

◎ 朱 溶 ◎

朱溶，字玉川。生员。善诗，兼精医学。

[光绪《益都县图志》卷三十七《列传》]

朱溶字玉川，号云帆。沅弟。道光壬辰（1832）岁贡。《诗钞》一卷此卷采访得之，仅二十首，原稿未见。刘香树《论诗绝句云》：香象羚羊妙入神，玉川才笔亦嶙峋。间名底事推金榜，屈杀江东第一人。即为溶咏也。

[光绪《益都县图志》卷二十五《艺文志下》]

《诗钞》一卷，朱溶撰。溶，字玉川，号云帆。沅弟。道光壬辰岁贡。《县志》云：此卷采访得之，仅二十首，原稿未见。刘香树《论诗绝句云》：香象羚羊妙入神，玉川才笔亦嶙峋。间名底事推金榜，屈杀江东第一人。即为溶咏也。

[宣统《山东通志》卷一百四十六上《艺文志第十·集部·别集》]

◎ 杨 岘 ◎

杨绍基，字履亭。应奎族人也。父岘，字松岩。工医，好购书，置数千，卷皆手自校勘。及卒，殓葬以古礼，不用其旧俗。绍基，状貌丰伟，精厉廉悍。幼从叔父峒受书，故学有根柢。嘉庆三年（1798）举于乡，道光十八年（1838）始以截取选浙江永康县。引见后，改河南南召县。盖怜其老，予以近地也。南召瘠邑，绍基以慈爱安静为治，百姓乐之。二十二年（1842）夏，大雨雹。又明年，大水，没民田六十余顷。大吏勘，不成灾。并自出奉钱数千缗，振恤之。巨盗高某为民害，为其淫掠者无算。绍基捕得，立毙之，远近称快。以目疾告归，家居十余年。咸丰八年（1858），年八十五，方以重赴鹿鸣，上请部，文未下而卒，遗命以棺衾葬。子滇，字南池。好吟诗，尤留心邑中文献，著有《邑先辈纪略》等书。

[光绪《益都县图志》卷三十七《列传》]

◎ 曹羲孺 ◎

曹羲孺，字幼逸。璜子，府学生员。性孝友，母苏年高久病，侍养昼夜不懈。性狷介，操履严洁，与人无竞言，无昵交，无虚语，人有过，必以道义相规。亲知同席，望之肃然。世为廉吏，资产浇簿，绝迹营逐，疏水布衣，萧然一室。诵读不辍，自经史外，释典、道书、五行、星命家言，靡不穷究，尤精于医，以疾告者，不避风雨，往疗之，人服其厚德云。

[光绪《益都县图志》卷三十九《儒学》]

◎ 唐威原 ◎

唐世大，字于京。南仇人。自六世祖以下，世为诸生。父威原，精于医。世大，幼而好学，颖悟过人。雍正初，举于乡，官东阿县教谕。以实学课士，著《讲约教条十二则》，借训民以训士。乾隆初，青州饥，馨粟助振。作《荒年行》，以劝好义者。缠绵恳恻，闻者感泣。知县王尔鉴雅重之，屡顾其庐，以诗相酬和。生平著述甚富，多不存稿。孙六吉，曾孙如埔，皆县学生，能世其家。

[光绪《益都县图志》卷三十九《儒学》]

◎ 朱　穆 ◎

朱承煦，字天门，号海客。先世自徽徙苏，父穆以善医游青州，遂著籍为益都人。承煦，乾隆十二年（1747）顺天榜举人，考教习。期满，选略阳县知县，调大冶。政尚宽平，江汉间人思之。少力学，尤工诗，著有《偶存偷闲诸集》。在京师，纪文达公昀亟称之。

[光绪《益都县图志》卷三十九《儒学》]

◎ 李文渊 ◎

李文渊，字静叔。生九月，能言。早孤。尝詈其师，母邢笞之，乃更折节向学，而事母益谨。既冠，志日广，第古人而师友之。旁通医。母多病，文渊调护适宜，故母尤倚之。文渊病，母持之而泣文渊病祷文曰：维年月日益都县学生员李文渊谨为文，付其兄进士李文藻等，跪祷于上下神祇之灵曰：贤人君子之生于世也，惟其才不同于众人，与夫草木禽兽焉而已。三代之前，立德立功者多；其立言者，非诚载道之言，则不敢笔之于书，以传于后。秦汉以来，道术庞杂，诸子百家，异喙争鸣，歌骚诗赋，绮丽之篇，缘情出变，所业不同，要皆赫然暴炙于世，虽其人之自立则然，而实天之宽与之年，以成之也。文渊生二十二年，自其童即不敢以众人自待，而窃深草木禽兽同其腐烂之，耻每以世人习尚脆靡，轻气节，期于他日，力矫其弊。读古圣贤之书，熟诵殚思，有所开解，亦欲作为文章，与天下后世之人，告语不衰，自知识未定，词未达，未尝著于篇。乃忽患咳喘，近一月不愈，虽或未至伤生，而自诊六脉濡急，甚可惧也。以文渊自揣其质，假之以年，其庶几异于众人，庶几不与草木禽兽同腐也。不完于德，当以功不得于功，当以言三者，庶几其一焉。若竟从此休，则欲与古人争尺寸，而未来之岁月，不为我有，岂不恨哉！孔子曰：死生亦大矣！又曰：朝闻道，夕死可矣。文渊至可死之时，必不敢自爱其死，而今日之不可死，固神明之共知而共鉴者也。况亲老，吾又无嗣，欲同众人之死，而不可得欤！《泰誓》曰：民之所欲，天必从之。文渊虽无状，亦尚未有大恶。祈神之视之，同于众人，俾了其志。倘既荷神祐而复，自虚其生，无所表见，则神加之罚，丞未晚也。伏枕陈情，惟增惭惧。谨祷！曰：尔死，我何生为？久之，母亦病。文渊强起视医药，目不交睫者数日。母殁，文渊哭无时，病遂剧，自为文志墓文曰：子姓李，名文渊，字静叔。益都人。祖讳元盛，考讳远，皆有隐德，纳粟得官职，未仕，卒。妣邢氏，梦日落为犬而生予。六岁孤。性刚暴，与人争无虚日，妣恶之。一日，詈其师，妣笞之数十，因遂黾勉为谨顺，力读书，补诸生，妣亦爱之矣。盖其事亲也。后于贤而拔于庸，色未尽敬以怡气未尽，下以舒问视未尽，勤以恒而能俭用，以顺志正行以承教，故妣称之曰：近年诸儿，文渊第一也。妣多疾，予知医药，妣依倚之如右臂。乾隆三十一年（1766）三月，予感疾病，妣持其手，泣曰：尔死，我何以生？愿先尔死，犹不尔悲也。对曰：儿无恙也！儿无恙也！亦泣，莫能仰视。有间梦雹雨其身，语妻，妻曰：闻姑言梦雹者丧父母，妾正月梦雹，三月母卒，凶兆也。未十日而妣得疾，越十日，六月戊申卒。方妣之疾也，予甫杖而行，守视八日。既卒，不食日余，拜宾客六日，疾复作，某月日遂死，年如干。妻郇氏，子无，某月日葬于某原。铭曰：予幼有大志，尚气节，好古文，所谓韩文公、文信公者，无日不思与之齐也。其蓄于中者，释经论史，析理辨物，数十条未著于篇，曰：吾待其汩汩然未耳。志墓月余而死，既含而苏，明年春卜葬其母有日矣。文渊自度不能出送葬，日夕哭，呕血不止。比葬，遂不食，亦不复语，阅三日而死，以衰绖敛。年二十六李文藻《书静叔自为墓志铭后》曰：静叔墓志铭，自作于去年七月，九月壬辰，死一日，已含矣。至夜而苏，自述状云：由见而不能见，由闻而不能闻，心中惟守"存顺没宁"四字，神气渐散，遂无知觉，尹师鲁所云，亦无恐怖，亦无鬼神，至言也。苏后，患寒热滞下，入十一月少瘥。静叔亦自谓得不死，曰：墓志稿可焚也。先是妣孺人之葬，拟在秋冬，以静叔故，改卜于今年二月，而静叔入正月复病，又不肯肉食，毁瘠仅存皮骨。葬日，举家从柩，一医者守之，静叔自是不食亦不语，初虞毕，亟视之，不可为矣。又三日气绝，乾隆三十二年（1767）二月壬戌也。遂以其卒之岁十月庚午葬之考妣墓侧，而书其自志所未及者如此。文渊好古文，尝言：昌黎韩氏之说，后人往往阴袒阳绌之。其《原性》曰：性有三品。而复云：所以为性者五。盖已析气质、理义言之矣。后人谓分气质、理义言性，始宋儒。何也？吕东莱疑《西铭》为兼爱，以其言一视同仁，未及笃近举远也。然则《原人》一篇，兼《西铭》之旨过之矣。后人尊《西铭》不及《原人》，何也？既以《原性》《原人》著道之体，则原道自应言用，朱子讥其未识道之全体。信乎梁鸿翥《李静叔传》曰：静叔，敦内行，好研经义，其学在辨义察伦，期于有用。平生讲述，自恧未成，不愿留于世，惟于自作墓铭后，记其所著文目二十六事，并其旨趣所主。余索而读之，乃知其察伦也，实能别同异于微芒，而辨人情之所忽；其辨义也，实能指往事，明法戒，而断人心之所疑；其储经济期用于世，实能悉民生利病，效之于行，非徒侈其言已也。於戏！惜哉！**其议论，根柢古昔，不苟同，多类此**钱大昕撰本传。周永年《李静叔私谥孝悼议》曰：吾友李文渊静叔，益都诸生。不喜为时文，逐声利，而好键室，陈经史，钩贯稽考；为古文，笃信望溪方氏之说，必谨于义法。静叔之兄南涧，屡远游，留静叔侍母。静叔晨昏在视，必竭其诚。未几，静叔病，母忧静叔病，亦病。母且卒，而静叔之病剧。其殁也，实母葬之后三日。南涧恸之甚，以书来曰：静叔曾一见子，静叔、文子曾论定之请，私为之谥，可乎？案谥法：慈惠爱亲曰孝，年中早折曰悼。静叔之事亲，用劳用力，盖庶几乎不匮者，可谓孝矣！学未副志，中道而夭悼，孰甚与！谨私谥之曰：孝悼。后之君子，得以考焉。罗有高《书私谥李静叔议后》曰：益都李叔子文渊，字静叔。生九月，言其方言，无不能言者。六岁而孤。童时颇强气好争，母恶之，惩。母之笞严，自檠矫为谨顺，母乃更怜爱之，过于诸兄。好古文，以古为师，师其道，治其词，勤勤不舍，日究上下数千年，儒术治具文章，升降正变原派，日详以辨，固之不苟发，需其盛而沛之，欲以正本剧伪，易积醨以醇。以是服道日安，躬履于事亲，从兄日察。已而病，病且久不愈，母忧之。已而母病，叔子强病守视母，凡八日，母卒。不食日余，拜宾客六日，病大作，自以必死，则自为文铭墓。越月，则又条其所欲论著之言，目之，得二十六事，合一篇，系铭之后。越月死，已饭而苏。越两月，向愈矣，自谓不死矣，谓铭墓书可焚矣。越两月，复病。越月，母葬有期，度赢惫不得送葬，自伤，日夜哭，呕血，遂不复饮食，不复语，竟死。其同怀兄菡晚言：叔子居丧，坚不肯肉食，执义不夺，毁瘠至于形。虞毕，亟视之，不可为矣。叔子之友历城周君永年，私制谥曰"孝悼"，述议以章之。予闻周君治古礼，文精冷，其制谥焉，其必有处焉，其非徇末造之俗，苟以美名振叔子以为文，而施叔子以其所不安。而予深考其义，类以比切叔子平生师古之心，则予窃恐未必其概于叔子之心，而或以伤叔子之心，是不可以无论者也。夫叔子之师于古，廉其志念，深遥矣，广博而笃矣。夫不惟其名之慕者，夫诚乐其实，役思单精壹力，求以终之，以为吾将毕吾志焉，以成吾身，以庶几乎古人所谓不匮者，庶几乎其可以事吾亲也。不幸中道病，劳母之虑，吾知叔子所以忧其病，幸旦夕廖，宽母怀，无不尽方决也。不幸母前死，力丧，病日深以死，不意更生，犹望万一延生，以毕其志，以成亲，以为吾道如是，吾亲所以虑我者如是也。而竟死命也。悲夫！恫矣！何名之安！夫周君据谥法之云，夫固迹叔子生平事母之行以名之，而宁谓叔子殉母以死耶！记曰：先王谥以尊名节，以壹惠，耻名之浮于行也。又曰：君子不自大其事，不自尚其功，以求处情。周君知叔子哀其早死，表其大者，以冠谥夫，岂不曰：是情也，名行相应也，不浮也。唯然，而叔子痛无穷期矣！痛其求处此名之情，而未之厌也；痛其未厌，而长被此名也。叔子望三古而奋为之友者，备以三古之道，求叔子壹其名曰"悼"，叔子或者少安乎！虽然，私命谥，古与前闻之礼，与使于礼，于古无处焉，是则何以处叔子也！

[光绪《益都县图志》卷三十九《儒学》]

李文渊，字静叔。远三子。生九月，能言。早孤。尝获谴于师，母邢笞之，乃折节向学，事母益谨孝。既冠，志意日广，第古人而师友之。旁通医。母多病，非文渊不进药。文渊病骤，母持之，泣曰：尔死，我何生为？文渊强起视药，目不交睫者数日。母殁，文渊哭无时，病遂剧，自为文志墓。月余而死，既含而苏。明年春，母将葬，文渊不能亲视窆，痛哭，呕血不止。比葬，遂不食，阅二日卒，以衰绖殓。年二十六。生平潜心《易》《礼》两经，日取古人图像、传注，罗而绎之，有文目二十六事，皆未卒业。尝以宁都魏禧、桐城方苞所论《左传》，有未尽之义，乃以己意评点之，仅及"僖公二十四年"。文藻哀其遗稿，编为三卷，刊版于潮阳，名曰《左传评》，与所著《得心录》一卷，皆见录于《四库》，而《提要》无贬辞。嘉定钱大昕为之"传"，称其所为古文，根柢古昔，不为苟同。德州梁鸿翥亦称其学能辨义察伦，期于有用，使天假之年，正未知其诣方所至为何如也。

[咸丰《青州府志》卷四十九《人物传十二》]

李文渊，字静叔。益都人。文藻弟。少为诸生，精医理。母多病，文渊调护适宜，母倚之。文渊病，母持之，泣曰：尔死，我何生为？文渊强起视医药，目不交睫。母殁，文渊哭无时，病遂剧，自为文志墓而死。既含而苏。母葬期，文渊不能亲视窆，痛哭，呕血不止。比葬，遂不食，阅三日而卒，以衰绖敛。年二十六。生平潜心《易》《礼》两经，为古文，笃信桐城方氏之说，必谨于义法。著有《左传评》及《得心录》，皆见录于《四库全书》。

[宣统《山东通志》卷一百七十五《人物志第十一·国朝青州府》]

李文渊，《得心录》一卷。《四库全书提要》曰：是编皆所制新方。前有自题云：古方不能尽中后人之病，后人不得尽泥古人之法，故名曰《得心录》。凡十九方。其敌参膏四方，案应补之证，委曲调剂，以他药代之，为贫不能具参者计，虽未必果能相代，然其用志可尚也。

[光绪《益都县图志》卷二十五《艺文志下》]

李文渊，《得心录》一卷、《左传评》俱见《四库全书总目》，其《左传评》无卷数。

[咸丰《青州府志》卷三十三《艺文考》]

◎ 李 纶 ◎

李纶，字经五。李官庄人。道光间举人，官陵县教谕。性和易，引掖后进，如恐不挚，游其门者多所成就。纶幼，孤母复多病，侍奉汤药，动辄经年。久之，遂精医理，远近求疗者如市。同时有田铫，字利畬；鲁坊，字虚谷。俱贡生，以学行重于一时云。

[光绪《益都县图志》卷三十九《儒学》]

◎ 马本固 ◎

◎ 马温葵 ◎

◎ 马建铎 ◎

马本固，字培元。金岭镇人。父温葵，字向午。县学生。家世业医，温葵尤精其术，寓济南垂五十年，人呼为"青州卢扁"。本固六岁失恃，父客历下，其外家怜而抚之。长从父受医，性嗜学，读书必求实用。晚年，以医授次子建铎。曰：此吾家世守也。然有三损，而误药杀人不与焉。汝其戒之！立心邪淫，罔恤品行，一也。偶尔失欢，轻重人病，二也。妇女隐疾，不为掩讳，三也。识者以为业医者之龟鉴焉。咸丰十一年（1861）贼至，殉难。赐恤如例。先是，贼至之前一年，本固作韵语以教其长子建名，谓之遗训，且曰：功名富贵，惟士人不可言命；仙佛皆人所为，特患心不专功不至耳。昔有人问沈近思侍郎，如何是救贫良法？答以读书其人以为迂，实不迂者，终日营营，徒丧其品，何如优游书史，得力在眉睫间哉！功名纵不得，而学问在我，读书何负于人乎！至是竟卒，人以为有先见云以《墓志》修。

[光绪《益都县图志》卷四十《忠节》]

马温葵，字向午。清代益都县人。寓济行医五十余年，时人称"青州卢扁"。

[《山东中医药志》第六篇《人物表》]

马温葵见《本固传》，《马氏医案汇钞》。

[光绪《益都县图志》卷二十五《艺文志下》]

《马氏医案汇钞》，马温葵撰。温葵，字向午。益都人。诸生。寓济南垂五十年，人呼为"青州卢扁"。是书见《县志》。

[宣统《山东通志》卷一百三十六《艺文志第十·子部·医家》]

◎ 王作楫 ◎

王作楫，字相廷。金岭镇回部人。岁贡生。拣选浙江知县，署鸣鹤场盐大使，革陋规，除积弊，无敢干以私者，上官不便，其所为调，使往宁波。作楫知不合于世，又念母老，遂告归。乾隆元年（1736），母年百有一岁，作楫请于官，巡抚岳濬入告，诏赐金帛，建坊旌表。越五年，母卒，作楫哀毁骨立。及葬，庐墓侧，朝夕哭，冢树为枯，缙绅举其孝行，亦得旌。初，作楫母乐善好施，作楫曲体其意，三施田，葬贫人之无地者；设普济院，置田六十余亩，岁收所入，储于院，以备凶荒，贱入贵出，以平市价此田今存六十亩，入官，充孤贫粮。里中冠昏丧葬不给者周之，施药饵以济病者，冬则施粥，岁以为常。雍正九年（1731），母年九十余矣，患病垂殆时，值岁饥，作楫举族里人所署借券，尽焚之；奴婢出其籍，宗戚及佣工数百人，计口授粟，余则减置平粜，以为母祈祷。母疾果愈。妻张相夫事姑亦以孝称。其姒病失明，左右就养，张自任之，昼夜不离姑侧者二十年。乾隆十一年（1746），里人请于督学，表其门焉。

[光绪《益都县图志》卷四十一《孝义》]

◎ 唐世英 ◎

唐世英，字冠干。南仇人。素封，好济施，每手自丸药，以待病者之求。里中不能婚嫁者，必资给之。尝值岁饥，滨、蒲、高、博之民，闻其风，争来就食，赖以全活者甚众。知县李时乘亲书其门曰"为善最乐"。卒后，子孙守其训，世有善行。光绪二年（1876）饥，其七世孙妇曹氏为粥食饿者，日尝三百余人。又诣县输谷百余石，知县徐家杰表其门，又书"积德累仁"四字于其间云。

[光绪《益都县图志》卷四十一《孝义》]

◎ 冀逢庆 ◎

冀逢庆，世为郑墓店人，迁东南鹁鸽王村。祖父世忠厚，逢庆少，渐家训，容止言辞，一范于正。读书不多，能观大义。与弟析产，推厚取薄，弟亦固辞交让者久之。自奉甚俭，而周急无所吝。通医术，储药盈箧，贫而病者，亲为诊视，检方和药饮之，所济甚众。逢庆寡交游，惟贾文明者，独行士也，贫而介，逢庆与之契。每入城，必造之。问所需，或值匮乏，则出所携以赠文明。亦量受之，苟米薪才给，则不取也，岁以为常。乡人某，佣于其家，妻子皆别居。佣病死，家无所依。逢庆使迎其妻子至，养之。其子稍长，具脩脯，俾入里塾焉。乾隆四十年（1775）卒，年七十。子重美，能守农业。有孙三人。初，逢庆遇相人者，言：君之貌，于法当为僧，否则无嗣。至是其言不验，人以为厚德之报云。

[光绪《益都县图志》卷四十一《孝义》]

◎ 刘汉章 ◎

刘兴华，北泉人。监生。乾隆五十一年（1786）饥，兴华择邻里贫乏者，使运石修路，人日给米二升，村人既得糊口，而道路亦成坦途。人请立碑纪其事，兴华以为邀名，不许。长子汉章，使业医，为其术可以济人也。有贫而病者，则持药往饵之。

[光绪《益都县图志》卷四十一《孝义》]

◎ 郑 峒 ◎

郑峒，字晓峰。卢家店人。廪贡生。性孝友。通医，人求之，无不应。父卒，欲庐墓，以母老不果。母卒，庐墓三年。嘉庆元年（1796），举孝廉方正科。从兄崧，例贡生。事继母亦以孝闻。

[光绪《益都县图志》卷四十一《孝义》]

郑峒，字晓峰。益都人。性纯孝。通医，求者无不应。父卒，欲庐墓，以母老奉侍不得离。母卒，庐墓三年。嘉庆元年，举孝廉方正。峒从兄崧，例贡。事继母亦以孝闻。

[咸丰《青州府志》卷五十《人物传十三》]

◎ 有昭澍 ◎

有希孔，字景尼。先贤有子七十世孙。先世自曲阜徙平阴，至三十四世，因避乱，又迁于县东南阳河之阳，世为阳河庄人。乾隆三年（1738），既升有子，为十二哲。希孔以阳河旧祠不称，乃建议修堂宇，增祭器。又置祭田，立碑世守。弟绍孔，字梦周。道光二十二年（1842），授徒得数金，将持易粟，闻重修学宫，倾囊助之。学官高其谊，曰：是诚无愧先贤子孙矣。绍孔子昭澍，精医，他医束手者，昭澍投药辄愈。寿至九十四岁卒。

[光绪《益都县图志》卷四十一《孝义》]

◎ 甄 垌 ◎

◎ 甄 超 ◎

甄垌，字又夫。其先乐安甄家庙人，高祖武庠生超，迁县之口埠，遂占籍焉。祖善医，尤精痘疹。垌尽传其秘，乡里求之者无虚日。废书，叹曰：吾为医累矣！虽然苟利于人，亦吾志也。自是，遂专于医。母卒，庐于墓侧，距水远，艰于汲。忽有泉，自庐侧出，澄澈而甘，挹之不竭。晚年，博稽群书，并述所闻于先世者，为医书数种，藏于家。同治八年（1869），知县华钧以其行上闻，诏表其门。

[光绪《益都县图志》卷四十一《孝义》]

◎ 冯建镐 ◎

冯建镐，字景武。长秋人。少工医，尤精外科。不受人谢，远近求医者，踵接于门。近者予药归，远则留之，具寝膳，俟愈乃遣。咸丰七年（1857），岁饥，出粟数十石，济间里之困乏者。光绪二年（1876），旱饥，出粟振间里如初。又输于官百余石，得叙五品衔。子可中、协中，俱县学生。

[光绪《益都县图志》卷四十一《孝义》]

◎ 唐 氏 ◎

唐氏，金岭镇王光文妻。读书明大义，兼精医。十八于归，数月夫卒。唐欲以身殉，姑李氏劝慰之，并以其夫兄光络次子士义为之子。唐衔哀从之。既而夫兄光綖生子士贞，唐抚爱如己出。士义故多病，遂并以士贞与之。士义兄弟又相继卒，各遗孤二人，唐氏教以耕读，皆成立。守节六十七年，八十四岁乃卒。督学某表其门。

[光绪《益都县图志》卷四十二《列女》]

◎ 马鸣显 ◎

马鸣显，字柱石。先世由临淄徙居金岭镇。父希汤，字景殷。事母孝，抚诸弟及兄弟之孤皆成之，里党贤之。鸣显躯干丰伟，髫龄崭然露头角，不与几。儿齿受书，不肯俯就帖括，又值兵革，遂废业。然人或质疑义，辄娓娓辨析，深入理奥，故士大夫乐与之游。顺治末，海氛不靖，福建参政胶州法若真备兵兴全永道，招鸣显入其幕，多所谋划。郑成功围兴化，鸣显击却之。贼决海堤，灌民稻，鸣显率民兵翼津上，诡称待战，使民密荷畚锸，夜筑堤数百丈如故，贼惊为神助，不敢再掘。王师进剿厦门，驻军漳全，糗粮刍藁，皆责于监司，鸣显为区划井然，罔不毕集。总督李率泰亟奖之，俾署道标中军事。兴化贼平，主师者上其功以都督，参议叙用。鸣显幡然曰：吾本青齐布衣，耕云钓月，溷迹高阳酒徒，吾素志也。乌用兜鍪进身为？亟引病归，课农教子。马氏世业医，间出刀圭疗病者，应手奏效。年七十二卒。题墓碣曰：处士马公之墓。从遗命也。尝辑先世懿行，为《述训》一卷，以示子孙。又著《马氏谱系》，凡若干卷。

[光绪《益都县图志》卷四十五《隐逸》]

◎ 赵登云 ◎

赵登云，字丹梯。亲仁乡人。嘉庆间武举人。有同年生，官兵部，贻书劝令赴都，为求官计。登云曰：方今海宇乂安，正武夫家居时也。且吾性拙，不耐仕宦，出必负荐者。卒不往。居乡恂恂有儒者风。精医学外科，有求者辄往诊视，不受谢，里人至今称之。

[光绪《益都县图志》卷四十五《隐逸》]

赵登云，字丹梯。清代益都县人。嘉庆间武举。修医道，工外科。

[《山东中医药志》第六篇《人物表》]

效霞按：光绪《益都县图志》卷二十二《选举表》载，赵登云为嘉庆六年（1801）武举人。

◎ 刘三锡 ◎

刘三锡，字寿世。孝悌乡刘君台人。精医学外科，远近贫富求，无不应。康熙五十二年（1713）卒，年五十二。乡人神其术，有患病者，试祷其墓，病辄愈。因之祷祀者日多，乾隆十六年（1751）乡人为之立庙，并勒碑于其墓。祷祀者，至今不绝。墓前酹酒地，恒无干土云。

[光绪《益都县图志》卷四十六《艺术》]

刘三锡（1662—1713），字寿世。益都县孝悌（今谭坊）乡刘君台村人。无子嗣。为当地著名外科医生。专治疮痈，积累了一套成熟的经验，善用膏药、丸散之类。对病家有求必应，远近贫富一样。一生生活简朴，不受礼。每遇成脓之疮痈，皆用酒漱口后将脓血吸出，群众无不为之感动。死后，乾隆十六年（1751），乡人在其墓前立碑，以示怀念。每逢其生日（农历三月二十八日），远近百里乡民都蜂拥而至，盛时近万人，遂演变为三月二十八日刘君台庙会。

[《潍坊市卫生志》第八篇《名人传略》]

[《山东中医药志》第六篇《人物表》]

◎ 钟魁伦 ◎

◎ 王 氏 ◎

钟魁伦，字卓庵。务本乡郎家庄人。幼读书，即兼习岐黄术。后补县学生，戏谓所知曰：此可以冒儒医之名矣！遂弃举业，一以济世活人为事。博综医家言，而别有领悟，一时有"秦越人"之目。延之者，每不远数百里而来。其出，亦每数月不一归也。著有《内外科摘录》《经络图说》诸书及《论医绝句诗一百二十首》。妻王氏，新城王文简公裔孙也。幼通文字，从夫受医，亦有心得。晚年里党求疗者，或就其家，或以安车延致之，应手多效。子传禧，孙家振，俱诸生。

[光绪《益都县图志》卷四十六《艺术》]

钟魁伦，字卓庵，号竹溪。清代益都县务本乡（今王母宫郎家庄）人。父凤鸣，生四子，魁伦为长，其弟两为武举，一为武解元，唯魁伦自幼喜读，兼习岐黄，后补县学生，魁伦戏曰："此可以冒儒医之名矣！遂弃举业，一以济世活人为事。博综医家言，而别有领悟，一时有'秦越人'之目。"（《益都县图志》）著有《经络图说》《内外科摘录》《论医绝句诗》，均焚于"文化大革命"。其后人供一秘方：半斤重鲜鲫鱼一条，去内脏，腹内加琥珀一块如枣大，用湿纸将鱼包好，放草木灰中闷熟，取鱼去头刺，加滑石粉捣匀，成丸如豆大，以朱砂为衣，治五淋，疗效可靠。

[《潍坊市卫生志》第八篇《名医录》]

[《山东中医药志》第六篇《人物表》]

钟魁伦有"传"，《经络图说》《内外科摘录》俱无卷数、《论医绝句百首》。

[光绪《益都县图志》卷二十五《艺文志下》]

《经络图说》《内外科摘录》《论医绝句百二十首》，钟魁伦撰。魁伦，字卓庵。益都人。诸生。三书见《县志》。

[宣统《山东通志》卷一百三十六《艺文志·子部·医家》]

◎ 孙绍文 ◎

孙绍文，字维新。务本乡陈家冢人。精痘科。尝过双庙庄，有张氏子痘殇置门外，家人环之哭。绍文视之，曰：此子未死，勿悲也。遂命市药，自齿间吹入，气息似动。又吹之，果动。乃抱归，又投药一剂而愈。赵家坡有患痘者，绍文一见，曰：死证也，无医。固请之，曰：治亦可愈，特百日后必发，终归无济耳。命食地龙，遂愈。至百四日，果复作而卒。孙龙化，别有"传"_{杜元斌采访}。

[光绪《益都县图志》卷四十六《艺术》]

孙绍文，字维新。益都县高柳陈家冢村人。清代大学士。精痘科。据孙永庆存的《孙氏家谱》和残缺的孙氏祠碑，陈家冢孙氏太祖惠南于康熙六年（1667）从石佛寺迁来，绍文为惠南五代孙，约为同治年间人。孙氏治病神验，在益都广为流传。《益都县图志》有载。

[《潍坊市卫生志》第八篇《名医录》]
[《山东中医药志》第六篇《人物表》]

◎ 王　乾 ◎

◎ 王士起 ◎

◎ 王　梅 ◎

◎ 王太吉 ◎

◎ 王　清 ◎

◎ 王　智 ◎

◎ 王　洙 ◎

◎ 王来康 ◎

◎ 王昭业 ◎

◎ 王永昌 ◎

王乾，字健阳。亲仁乡东朱鹿人。精医，处方施药，孜孜无倦。子孙世传其学,济人甚众。年八十二岁卒。传子士起,字升斋。年七十八卒。传子梅,字福庵。尤工眼科。年八十五卒。传子太吉,字汉东。太吉传子清,字澄源。凡五世。县人之以医世其家者,惟朱鹿王氏与金岭镇马氏,东西相埒云。清子智,字子方。今亦能延祖业。自乾至清,著书凡若千卷,并详《艺文》。又王洙,字鲁南,仁智乡张赵庄人,七世工医,惜其先世行谊未详。又王来康者,字福三。安定乡人。父昭业,以医传来康。来康又传子永昌,亦三世以医显焉。

[光绪《益都县图志》卷四十六《艺术》]

王乾有"传",《难经妙略》一卷、《订天星十二穴》一卷、《神应经百穴法歌》一卷、《医学验集》一卷附《孙梅眼科》一卷、《阐微》一卷、《梅子太吉温病解》一卷、《劳伤解》一卷、《杂病解》一卷、《太吉子清医学世集妇人科》二卷、《活幼世集》一卷。

[光绪《益都县图志》卷二十五《艺文志下》]

王乾,字健阳。明末清初益都县朱鹿人。业医,子孙相传达六世,以世医著称于县邑。乾与子孙相继著书很多,有《难经妙略》一卷、《订天星十二穴》一卷、《神应经百穴法歌》一卷、《医学验集》一卷、《眼科》一卷、《阐病解》一卷、《杂病解》一卷、《医学世集妇人种》二卷、《活幼世集》一卷,均佚。

[《山东中医药志》第六篇《人物表》]

◎ 李东璧 ◎

◎ 刘 森 ◎

李东璧,亲仁乡孙扳庄人。精于医,病有可为,投药一剂立起。年百余岁,无疾而卒。同时有刘森者,字木林。乐善乡井亭庄人。亦以医著。患家延请,不计贫富,虽风雪昏夜必往。酬以财物,皆不受。年八十九,亦无疾而卒。

[光绪《益都县图志》卷四十六《艺术》]

李东璧,清代益都县人。精于医。

[《山东中医药志》第六篇《人物表》]

刘森,字木林。晚清益都县弥河井亭村人。《县志》载其"以医著。患家延请,不计贫富,虽风雪昏夜必往。酬以财物,皆不受"。年八十九,无疾而终。后人感其德,为其画像挂匾,以示纪念。其书籍及遗物,在"文化大革命"期间被焚。

[《潍坊市卫生志》第八篇《名医录》]

[《山东中医药志》第六篇《人物表》]

◎ 马 君 ◎

医人马君，佚其名。居金陵镇。精《脉诀》，疗病若目睹。夜坐，有老翁求医，诊其手，曰：君非人也。老翁曰：然！吾狐也，有宿疾，求君除之。曰：此受惊也。气为惊压故郁，而血遂因以凝滞。吾为若调之。授以方药，狐服之，病愈。会周村镇有火灾，狐摄布数十匹酬焉。马不受，曰：子安得此？必盗之人间，吾岂受盗物乎！狐曰：非也。此物应遭火焚，吾预摄之以来耳。每匹皆有朱判"火"字，不信，试展阅之。验之诚然《邑先辈记略》。

[光绪《益都县图志》卷五十四《杂志》]

◎ 丁汉三 ◎

《外科摘要》一卷，守本堂丁氏辑。现存：清抄本，青州市图书馆藏，《青州古籍名录》著录，提要云：丁汉三先祖世居东关，行医为业，堂号"守本堂"。

[《山东通志艺文志订补·子部·第一册》]

◎ 张绍南 ◎

《张绍南救急良方》一卷，张绍南撰。绍南，字仲轩。益都人。增生。工书画。是书现存：清抄本（一册），百壶斋藏，见《青州古籍名录》。

[《山东通志艺文志订补·子部·第一册》]

民国

◎ 邵林书 ◎

邵林书（1869—1941），字玉庭。益都县文登西台头村人。清太学生。出身于书香门第，中医世家，至其已祖传眼科七代。医技精湛，1919年邀往南京给张勋之母治愈眼病而闻名，张勋书"七世秘诀"木匾相赠。在南京行医数年乃归里行医，乡人先后赠匾五幅，现已无存。

[《潍坊市卫生志》第八篇《名医录》]

◎ 丁竹溪 ◎

◎ 马西灏 ◎

◎ 田升庵 ◎

◎ 王善亭 ◎

◎ 成仁正 ◎

◎ 秦范五 ◎

◎ 单钰斋 ◎

丁竹溪，山东黄县人。清同治八年（1869），投资铜元二千吊，自任股东、掌柜，在益都城东关十字路口东路北开设"金城顺记"药店。后因经营不善，歇业。清光绪二年（1876），原"金城顺记"药店大伙计马西灏（益都县东关人）提议由丁竹溪出资，自己领东沿用"金城顺记"重新开业。1920年，时局混乱，"金城顺记"药店从东北购进大批高粱高价出售，同时低价收购地产药材，转手倒卖，获巨利后，即将药店迁往城里中山大街（1949后改称民主大街），并增设了药材仓库、加工场等。后因时局动荡，"金城顺记"药店几易掌柜，先后有田升庵、王善亭、成仁正、秦范五、单钰斋等人继任。1934年后，"金城顺记"药店分别在城北关开设"金城恒记"药店，在上海嵩山路设立"协成元"药行，在安徽亳州设立"祥兴"药行，在河南郑州设立"自立"药行，在香港设立"利元长"药行，同时在济南、张家口、沈阳、丹东等地设有购销点，人誉"金城顺"为"金米城"。1956年公私合营时，"金城顺记"药店有店员五十余人，资金十八万人民币。

[《潍坊市医药志》第二编《药店》]

[《益都县医药志》第三章《私营医药商业》]

诸 城

明

◎ 冯 广 ◎

冯广,郑州人。由进士先任桐城,以调繁。未几,政平讼理。公余亲制药饵,以疗民病。置漏泽园,并记其事。

[康熙《诸城县志》卷四《历代职官》]

冯广,河南郑州人。进士。成化间知诸城县,政平讼理。公余亲制药饵,以疗民病。置漏泽园,自为碑记之。

[咸丰《青州府志》卷三十六《名宦传三》]

冯广,河南郑州人。进士。成化间知诸城县,政平讼理。公余亲制药饵,以疗民病。置漏泽园。

[宣统《山东通志》卷七十三《职官志第四·历代宦绩》]

成化乙酉(1465)科

冯广,郑州人。壬辰(1472)进士。知县。

[万历《开封府志》卷十二《科目》]

◎ 王化贞 ◎

王化贞,字肖乾。原和社人。万历壬子(1612)举人,任至辽东巡抚。著有《普门医品》《产鉴》《痘疹全书》,行世。

[康熙《诸城县志》卷六《科目》]

王化贞,号肖乾。万历癸丑(1613)科进士,历任都察院右佥都御史、巡抚辽东。居乡以孝闻,御史温公匾其门曰"孝友可风"。方伯赵公匾其门曰"方□特立"。所著有《诗文》及《普门医品》《痘疹》《产鉴》书,行世。

[康熙《诸城县志》卷七《孝友》]

王化贞，字肖乾。明代诸城县城关高乐埠村人，万历四十一年（1613）进士。自幼习岐黄之术，勤奋好学，医文并茂。入仕途，历任户部主事、右参议等职。天启元年（1621），诏为巡抚，分守广宁（今辽宁省北镇县一带）以御清兵南侵。次年二月，因失守广宁，削职归乡。崇祯五年（1632）被杀。

　　王氏出任前，已为邑内名医，著有《痘疹全书》《产鉴》《应急验方》并刊行于世。负罪归乡期待终日之时，出于"指标病情开始法，但解书者，了然易辨，使人人能自为医"之德，及"因便取材"和"为楼者"服务之目的，参阅历代医著四百余部，援引各家学说，广为收录土、单、验方，"盛夏袒裼，挥汗盘搏"，精心撰写业医经验，于天启丙寅（1626）三易其稿，著成《普门医品》，是书体例先论证，后附方，语言通俗，深入浅出。全书四十八卷，论二百八十余证，载方六千余，计五十余万字。《普门医品》反映王氏不拘一法，严谨而又灵活的治学态度；审寒热，辨虚实，洞察细致；审时令，循经络，法时用药，审病机，查病因，溯本穷源；调饮食，固本源，防患未然。

[《山东中医药志》第六篇《传记》]

[《潍坊市卫生志》第八篇《名人传略》]

万历

　　王化贞，诸城人。巡抚辽东。

[康熙《青州府志》卷十三《选举》]

癸丑科万历四十一年周延儒榜

　　王化贞，诸城人。巡抚。

[雍正《山东通志》卷十五之一《选举志》]

　　王化贞著《普门医品》四十八卷、附《医品补遗》四卷，行于世。

[咸丰《青州府志》卷六十四《杂记》]

◎ 李　杰 ◎

　　李杰，字国贤。明教隅人。谨恪循礼，言常呐呐，如不足者。推诚与人，见少年子弟，必教之孝悌。性至孝，家世为明医，杰犹继其业，列药肆于门，人来丐药者，无论贵贱贫富，悉以应之。以岁贡授保定经历。耆年，即告归。卒年八十余，举入乡贤祠。

[康熙《诸城县志》卷七《孝友》]

李杰，字国贤。性谨恪言，呐呐不出口。与人推诚，无城府。见少年子弟，必教以孝悌。年少，善饮酒。一日，醉仆于途，深悔贻父母羞，乃戒饮终身。家世为名医，杰列药肆于门。有匄药者，无论贵贱贫富，皆应之。有群盗入室，胁以刃，尽窃所蓄以去。月光下，杰识其一，即同里人。县令坚问，竟不对。晚年，由岁贡授保定经历，旋告归。卒年八十余。

[乾隆《诸城县志》卷三十九《孝义》]

李杰，诸城人。字国贤。性谨恪循理，见少年子弟，必教之孝弟。以岁贡授保定经历。卒年八十余，入乡贤。

[康熙《青州府志》卷十五《儒林》]

李杰，字国贤。诸城人。嘉靖七年（1528）岁贡。性谨恪，善饮。一日，醉仆于途，悔之，乃戒饮终身。月夜，群盗入室，以刃胁之，尽所蓄以去，识其一人，即同里某也。事鸣于官，诘其人，终不言。尝为保定府经历，旋告归。

[咸丰《青州府志》卷四十四《人物传八》]

保定府经历李杰墓，在城东北三里，地名阑子。

[康熙《诸城县志》卷八《冢墓》]

◎ 王 壇 ◎

王壇，号铁东。原和社人。庠生。性纯孝，母病□食，壇亦不食。壬午城破，居人逃窜，□机守众□□□□□□□□□□□代□□□□□人曰：若应死以孝，故令若生，增寿三纪。遂苏，母亦无恙。隐居山林，教子孙皆为闻人。寿八十岁。著《详校痘疹书》行世。

[康熙《诸城县志》卷七《孝友》]

◎ 杨天民 ◎

杨天民，字正甫。山西太平人。万历十七年（1589）进士。由朝城调繁诸城，下车，问疾苦，察民所利病，辨色视事，吏左右侍。诸讼者以次讯曲直，各当其意而退。吏胥不得相语，公庭如秋霜。县两税吏高下其手，多重入之。天民严稽，复屏绝奇羡。会有倭警，上官急令守城，天民但籍名于官，不扰其业。曰：倭讵能突至哉？勿鸟兽，骇吾赤子也。二十一年（1593），水大浸，斗粟至百钱以上，民率屑草木食之。天民亟发仓储，先期计丁口多寡，自三斗至盈石为例。及期，率倅尉，各司一仓，尽日而毕。又劝富民出粟，逾百石者，绰楔旌其门。给放如官廪法，余作粥赡。就食者，每至粥场，泪簌簌沾襟，饥民感动。其病者，手禁方，起其痼。又修学宫及常山雩泉亭，俾饥民佣工就食于宫，所活甚众。旁县民啸聚劫粮，渐逼境内，天民曰：良民，吾活之，奸民不可纵也。捕其魁挞于市。是岁，租赋无所出。天民缓其征，谓：催科政拙，吾任之奈何取枵腹子日敲扑乎！来岁，大熟，民争输。卒不以缩额为之。累二年，以内召去，父老千余，泣送数百里，勒碑纪其政。至京，擢礼科给事中。与御史牛应元请复"建文"年号。从之后，上言宜早定国本，谪永从典史，以幽愤卒。初，天民去县时，县人立"遗爱祠"祀。之后，官多贪婪，耆老相聚哭祠下。及以杨继盛合祀其中，乃更额曰"二杨祠"。

[乾隆《诸城县志》卷二十八《宦绩》]

杨天民，号学斯。山西太平人。由进士先任朝城，调繁，万历二十一年任。取选礼科给事中详见《名宦传》。

[康熙《诸城县志》卷四《历代职官》]

杨天民，诸城令。山西太平人。进士。万历二十一年大水，明年大饥，民鬻男，女不售，多生弃之，为设平籴法，又亟发仓廪赈之，省刑缓征，民藉少安。又修学宫及常山雩泉亭，俾饥民就食于宫。擢礼科给事中，以建言谪官。卒，祀名宦。

[康熙《青州府志》卷十二《名宦》]

杨天民，山西太平人。进士。由朝城调繁诸城县。察民利病，辨色视事，讼者以次讯曲直，各当其意以去。公庭肃若秋霜，胥吏不得出一语。县两税故多重入之弊，天民严稽覈，屏去奇羡。会有倭警，上官檄令守城，天民但籍其名，不扰民业。万历二十一年，大祲，民至屑草木为食，天民亟发仓储，计丁口多寡，自三斗至盈石为例，躬率倅尉，各监一仓，尽日而毕。又劝富民出粟，逾百石者，绰楔旌其门。给放如官廪法，作粥以赡。老弱至粥场，辄泣下。饥民病者，手方药医之。修学宫及常山雩泉亭，俾饥民佣工就食，所活甚众。邻县民啸聚劫粮，渐逼境内，天民曰：良民，吾活之，奸民不可纵也。捕其魁，挞于市。是岁，租赋无所出，天民缓其征，谓：催科政拙，吾任之奈何取枵腹子日事敲扑乎！来岁大熟，民争输，卒不以缩额为累。二十二年，以内召去，父老千余，泣送数百里，勒碑纪其政。官至礼科给事中。卒，祀名宦。

[咸丰《青州府志》卷三十六《名宦传三》]

杨天民，字正甫。山西太平人。万历时知朝城县，询民疾苦，剔除夙弊，立社仓法，民久而颂之。

[雍正《山东通志》卷二十七《官绩志》]

杨天民，山西太平人。进士。由朝城调繁诸城，察民利病，辨色视事，讼者以次讯曲直，各当其意以去。万历二十一年，大浸，民至屑草木为食，天民亟发仓储，计丁口多寡，自三斗至盈石为例，躬率倅尉，各监一仓，尽日而毕。又劝富民出粟，逾百石者旌其门。给放如官廪法，作粥以赡老弱。其病者，手方药医之。修学宫及常山雩泉亭，俾饥民佣工就食，所活甚众。邻境有啸聚劫粮者，渐逼境内，天民曰：良民，我活之，莠民不可纵也。捕其渠，挞于市。是岁，租赋无所出，皆缓其征求。岁大熟，民争输纳如额。擢礼科给事中。

[宣统《山东通志》卷七十三《职官志第四·历代宦绩》]

杨天民，字觉斯。由进士授朝城知县，廉惠宜民，调繁诸城。邑濒海，亡命贾贩之徒，习剽为奸，设钩距法，所在芟散。更备金广储，以豫不虞。岁大浸，出所储以赈，全活万计，士民赞述尸祝。与富青州埒，召选礼科给事中，首疏复"建文"年号。论顺天乡闱之贿进者，权要意，折补吏科。奏矿税病民，海内直之，升礼科右。万历末，争正国本疏，凡十三上。谪永从县典史，飘摇疠瘴间，犹以不蚤建元良为念，寻卒。熹宗即位，追前勋，赠光禄寺少卿，谕祭祀乡贤。

[光绪《太平县志》卷十一《仕绩》]

清

◎ **顾祖亮** ◎

◎ **施叔驭** ◎

《证治济世编》三卷，顾祖亮辑。祖亮，字汉明。诸城人。万历三十一年生。是书现存：稿本（六册），中国科学院国家图书馆藏，见《中国科学院国家图书馆所藏科学技术史料草目》《中医图书联合目录》。

[《山东通志艺文志订补·子部·第一册》]

顾祖亮（1603—？），清医家。字汉明。娄东（今山东诸城）人。从施叔驭习医，精岐黄术。施氏有医稿，以《证治准绳》为主，辅以缪仲淳《医学广笔记》、李士材《医宗必读》，参以黄柏堂之心传，顾氏为之厘正而成《证治济世编》三卷（1672年）。另于康熙年间（1662—1722）辑有《麻疹秘书》。

[《中医人物词典》]

◎ 刘　迥 ◎

◎ 范　干 ◎

◎ 焦学尹 ◎

◎ 王　节 ◎

◎ 邹述圣 ◎

医学训术

先，刘迥、范干、焦学尹、王节；今，邹述圣。

[康熙《诸城县志》卷四《杂职》]

◎ 王尔翼 ◎

王允憯，字澹心。少补诸生，以家贫弃举业，力耕养母。县人张某落魄，将磨其先人墓碑易粟，知县孙祚昌方欲刊修《学宫记》，苦无石，允予重值。允憯力持不可。迟十日，辇莒石至，高大倍于张碑，孙愧谢。子尔翼，字虞肱。增贡。允憯殁，哭甚哀。叔父鹤，家中落尔，翼岁奉粟二十石，历四十年不倦。族党之孤寡者，多周恤之。又合药济乡里。遐迩，皆颂曰"善人"。

[乾隆《诸城县志》卷三十九《孝义》]

◎ 孔　豹 ◎

孔豹，字炳文。性和易，或侵其田，曰：彼田少，即以此为界可也。晚学医，以药物济人。卒年八十四。

[道光《诸城县续志》卷七《孝义》]

◎ 臧应鏓 ◎

◎ 臧应镐 ◎

臧应鏓，字同颖。监生。喜读书，家凡百口，内外雍肃。从弟应镐，字觐丰。翰林院待诏。与应鏓，岁制药物济人，贫者多主其家，病痊乃去。邻人以孤子托终，不负。弟应锦，亦能诗善书，敦孝友。从孙伯杰，字孟儒。布政司理问。孝友有行。村人容德乞食，以养瞽母。母殁，伯杰为治棺葬之，养德终身。

[道光《诸城县续志》卷七《孝义》]

臧应鏓，字同颖。诸城人。监生。喜读书，家凡百口，内外雍肃。与从弟应镐，岁制药物济人，贫者多主其家，病已乃去。邻人以孤子托，终不负。弟应锦，能诗善书，敦孝友。从孙伯杰，亦有至行。后又有农夫能治家者曰：徐桂家近百口，无诟詈声，子弟亦恂谨有法。

[咸丰《青州府志》卷五十《人物传十三》]

◎ 李峒 ◎

李士健，字天行。监生。与兄士奇，友于甚笃。子峒，字云谷。诸生。岁饥施粥，仍以药物济人。

[道光《诸城县续志》卷七《孝义》]

◎ 范支光 ◎

范支光，字彤辉。监生。精医术，施药，岁费数十金，以为常。邻人子六岁而孤，无近亲，收养之。既长，为娶。邑修学宫、城隍庙、超然台，皆督功役。卒年八十五。

[道光《诸城县续志》卷七《孝义》]

◎ 王瑛 ◎

王瑛，字秉文。监生。乾隆五十一年（1786），饥疫，煮粥活人，病者给药。五世同堂。卒年九十七。

[道光《诸城县续志》卷七《孝义》]

◎ 邱琯 ◎

邱琯，字献西。监生。喜宾客，居常山东麓，宅西筑精舍，呼朋饮酒，赋诗投壶弹棋，邻有侵其田者，不问也。晚精医术，贫而病者，恒延至家，饮食药饵之。

[道光《诸城县续志》卷八《隐逸》]

◎ 窦光彝 ◎

窦光彝，字敦古。诸生。性迟钝，沉潜于学。以父病，肆志岐黄之书，后遂精研四十余年，《灵枢》《素问》《金匮》《伤寒》等书，悉为之注。尝蓄药物，济人。晚复注《周易》。卒年八十三。

[道光《诸城县续志》卷八《隐逸》]

窦光彝，清代诸城人。性格内向，喜读书。因父病，矢志岐黄之术，凡四十余年。著有《内经素问摘注》六卷，《内经灵枢摘注》四卷，《伤寒论注解》三卷，《金匮要略注解》二卷，《灵枢摘要》一册。

[《潍坊市卫生志》第八篇《名医录》]

窦光彝，《内经素问摘注》六卷，《内经灵枢摘注》四卷，《伤寒论注解》三卷，《金匮要略注解》二卷，《灵枢摘要》一册。

[道光《诸城县续志》卷二《艺文考》]

窦光彝著《内经素问摘注》六卷、《内经灵枢摘注》四卷、《伤寒论注解》三卷、《金匮要略注解》二卷。

[咸丰《青州府志》卷六十四《杂记》]

窦光彝，清代诸城县人。研读岐黄之书四十余年。著有《灵枢摘注》四卷、《素问摘注》六卷、《伤寒论注解》二卷，均未刊。

[《山东中医药志》第六篇《人物表》]

◎ 臧达德 ◎

◎ 臧应詹 ◎

◎ 孙岱岳 ◎

◎ 刘　奎 ◎

◎ 刘秉锦 ◎

◎ 刘秉淦 ◎

臧达德,《履霜集》一册。

[光绪《增修诸城县续志》五《艺文考》]

臧达德,行三,字公三。明末清初琅琊(今山东诸城市)人。出生于一个世代官宦书香之家,祖父臧惟几曾任太医院吏目,嫡祖父臧惟一系明嘉靖进士,曾官尚书;父辈中也有两位进士。他生于明末,主要生活于清代顺治、康熙年间,享年七十七岁。公元1654年、1669年两次参加乡试而未第,因而患狂证。病愈之后,隐于医学。在安丘李之椿的启发下于1679年开始研究医方,"岁出数十金和药济人",并将"症之切理,方之有验者",于1684年汇编成《履霜集》一书,取"履霜知戒"之意。其父尔昌,号卢生,附贡生;母高氏,为胶州万历辛丑科进士、河南驿传道副使高锵之女。达德兄弟三人,弟容德,行四,字公谋;育德,行八,字公远(一作公源)。达德妻王氏,继室刘氏,再继周氏,三继徐氏。有子三人,曰振铎、振凤、振权,女五人。其一生主在活动于诸城、安丘、胶州、即墨等地。死后葬于本地陆家庄西北。清代医家臧应詹(枚吉)主要生活于乾隆年间,是达德旁系曾孙辈。

[《齐鲁未刊医籍拾珍》]

臧应詹,字枚吉。诸生。孙岱岳,字鲁青。岁贡。刘奎,字文甫。监生。俱以医名,有论著,藏于家。

[道光《诸城县续志》卷八《隐逸》]

臧应詹,字枚吉。莒州训导。承曾父。十五补诸生。以母老多病,习越人术,晚年益精,远近目为"神医"。其治病神奇,变化不拘成法,而所投辄效。一时名医,多出其门。

[光绪《增修诸城县续志》十九《方技补遗》]

臧应詹,字枚吉。清代诸城县人。其生卒约在雍正末至乾隆中叶,享年七十五岁。以医著称,时有"南臧(应詹)北黄(元御)"之誉。幼而能文,十五补诸生,仕莒州训导。以母老多病,遂习医术,善治内科杂病,兼通外、妇、儿诸科。悬壶乡梓,晚岁益精,远近目为"神医",其治病神奇,不拘成法,而所投辄效。

枚吉学本长沙,善用经方,独出匠心,出奇制胜。乾隆三十四年(1769),邻邑安丘黄公之子病,于四月病衄,先自觉血上巅顶,以手按止,呼人取器,其器乃一铁火盆,可容二升许,器到手松,鼻血如瀑涌下,满器而止,止后即停。日二次,早卯晚酉,不失其期。六月内延医治之,医用六味地黄汤加牛膝,黄公大佳之。服数剂,午间又出一器,日三次衄矣。八月延枚吉诊,脉两尺浮大,告曰:此相火也。诘其由,黄公乃福建人,上任未携内眷,公子年方二十余龄,四月内,同从伯在济南,宿一妓,已解衣上床,伯知,立叱令去之,以此得疾。枚吉以为此衄断不可止,止则成结。上行为逆,下行为顺,地黄汤加牛膝非泻其相火也,下夺之则血可止,乃用桃仁承气汤大剂与之,三服大便见血,鼻衄顿止,病去如失。又连服小剂数帖,更以童便制香附为君、大黄为臣,作丸常服,病遂得愈。

臧氏著有《伤寒论选注》四册、《类方大全》四册、《外科大成》四册、《伤寒妇幼三科》四册、《脉诀》一册。然几经沧桑,锓版多废佚,现仅从民间搜集到《伤寒论选注》及《类方大全》之手抄本。

臧氏著书五种,首推《伤寒论选注》一书。枚吉注此书,广收百家之长,融汇贯通,于众多《伤寒论》注家中,独择成无己及《医宗金鉴》二家,认为二家之注,虽不无小疵,但持论平正通达,诚为后学楷模。枚吉作选注,务在实用,不尚浮词,对"文义深奥""附会穿凿""乱人耳目"之说悉皆删除。尝云:读《伤寒论》首当辨阴阳,阴阳既明,则治无寒热杂投,举措失当之债。伤寒乃寒邪为患,最易伤阳,治伤寒应时时固护阳气,若患者中阳不致无故被戕,则施治较易。若中阳一溃,阴霾用事,虽卢扁不能见功。又能不囿旧说,独抒己见,如对《伤寒论》第215、217、234条之文,均做了不同于前人之新解。书末附有臧氏运用《伤寒论》的心得,颇独具匠心。诚生平心血之结晶也。

[《山东中医药志》第六篇《传记》]
[《潍坊市卫生志》第八篇《名人传略》]

(刘)奎,字文甫,山东诸城人。乾隆末,著《瘟疫论类编》及《松峰说疫》二书,松峰者,奎以自号也。多为穷乡僻壤艰觅医药者说法。有性论瘟疫,已有大头瘟、疙瘩瘟疫、绞肠瘟、软脚瘟之称,奎复举北方俗谚所谓诸疫证名状,一一剖析之。又以贫寒病家无力购药,取乡僻恒有之物可疗病者,发明其功用,补本草所未备,多有心得。同时昌邑黄元御治疫,以浮萍代麻黄,即本奎说。所著书流传日本,医家著述,亦有取焉。

[《清史稿》卷五百二《列传二百八十九·艺术一》]

刘奎,字文甫,号松峰。诸城县(今高密县逢戈庄)人。贡生。与刘墉同宗,为伯叔兄弟。生当雍正、乾隆年间,享年八十五岁。幼年随父迁居五莲县杨家沟,后随叔父统勋至京,拜京都名医郭右陶为师,深得其传。术成以医为业,先后悬壶于京师及西安，诊治多效验，所至之处，均留盛誉。晚年归乡，为民诊病，名噪当时，有"南臧（枚吉）北黄（元御）中刘（奎）"之称。后隐居于杨家沟松朵山下著书立说，山上苍松翠柏高耸，风光无限，乃自号松峰老人。晚岁医术更精，沉疴痼疾，多著手成春。五莲山区，潍河流域，久负盛誉。

生平深崇孙思邈之为人，对其"不得性命之上，率而自逞后快，邀射名誉"之论拳拳不忘，自己也曾提出"救人疾苦，不在名誉"的平心之论。

精于伤寒温疫诸症，师古而不泥古，既宗《伤寒论》六经辨证，又崇尚吴又可温疫之说，参以己验，于乾隆五十三年（1789）草成《松峰说疫》，嘉庆元年（1795）撰成《温疫病类编》刊行于世。此外尚有《松峰医话》一书，未梓，1965年由其后人携至东北，存佚不明。

《松峰说疫》六卷，载病症一百四十余种，方剂二百个。卷一"述古"，叙述历代名家对瘟疫的论述；卷二"论治"，阐述瘟疫治法；卷三"杂疫"，辨析瘟疫；卷四"辨疑"，列举瘟疫的种类及辨证治疗；卷五"诸方"，载治疗预防瘟疫方剂；卷六"运气"，论五运六气与瘟疫发病关系。此书阐析温疫名义，分述各种杂症，治法宗六经分治，并收集民间疗法。以《灵枢》为经，以长沙《伤寒论》六经为体，参己验独创瘟疫六经治法，发展了仲景学说，丰富了温病治法。

名扬齐东，福山县刘嗣宗骑驴跋涉七百余里登门拜访，并为《松峰说疫》一书作序。

子秉锦、秉淦亦工医术，兄弟助父著述，《松峰医话》一书，盖其所辑。

医术精湛，医德高尚，文学造诣颇深，有"善古文诗词，更精岐黄术"之美称，著有《松峰诗略》《松峰文略》等书。

[《山东中医药志》第六篇《传记》]

[《潍坊市卫生志》第八篇《名人传略》]

[《高密县卫生志》第九篇《清代名医事略》]

[《五莲文史资料》第八辑]

（乾隆）四十年乙未（1775）

孙岱岳，岁贡。

[道光《诸城县续志·选举表》]

刘奎，《松峰诗略》一册，《文略》一册，《瘟疫论类编》五卷。

[道光《诸城县续志》卷二《艺文考》]

臧应詹，《伤寒论选注》四册，《类方大全》四册，《伤寒妇幼三科》四册，

《外科大成》四册,《脉诀》一册。

[光绪《增修诸城县续志》五《艺文考》]

《瘟疫论类编》五卷,刘奎撰。奎,字文甫。诸城人。是书见《县志》。

[宣统《山东通志》卷一百三十六《艺文志第十·子部·医家》]

《松峰诗略》一册、《文略》一册,刘奎撰。奎有《瘟疫论类编》,见子部医家类二编见《县志》。《东武诗》存奎一条,引《家传》云:松峰遭遇坎坷,家道猝落,悠如旷如,不介胸中,故其诗多萧闲乐易之趣。

[宣统《山东通志》卷一百四十五上《艺文志第十·集部·别集》]

◎ 臧炆 ◎

臧炆,监生。太医院孔目。

[光绪《增修诸城县续志》八《议叙表》]

◎ 刘锦江 ◎

刘锦江,字春帆。聊城人。甲辰(1844)举人,咸丰九年(1859)任教谕。宽厚纯笃,善书,兼善医。每旦求书及求医者,门如市。月课诸生,亲为指授,诸生皆心折之。负笈从游者,不计束脩,贫者解囊助之。与诸生接,蔼然和霁,煦煦然如坐春风中也。辛酉(1861)秋,捻逆逼县城,与知县邹崇孟,昼夜防御,戒严三月,风雨寒暑不稍懈。司铎六年,成就人才甚众,赘脩任人馈遗,不与较。平居以礼自持,非公不至宰官室,宰官益敬重之。

[光绪《增修诸城县续志》十一《宦绩》]

◎ 汤世德 ◎

汤世德,字心畬。安徽繁昌人。由附监生议叙从九品,咸丰乙卯(1855)署典史。善医术,求医者皆亲为诊视,施药饵,馈遗者拒弗受。性嗜书,尤娴兵法。道光甲辰(1844),海氛不靖,随巡抚托珲布防,堵登郡。上《海防十二策》,洋洋数千言。中丞奇其才。旋,丁内艰。归,值兵燹,妻子流离失所,一官落拓,郁郁不得志。手辑《兵书》数十册,冀得时一展其才。顾终无所遇,亦颓然老矣。在诸,日与学士纵谈时事,讨论古今得失。闻有佳子弟,必招至,授以诗赋准绳,多所成就。尤工绘事,花鸟禽鱼,饶生趣。后殁于青州需次。

[光绪《增修诸城县续志》十一《宦绩》]

◎ 王汝惺 ◎

王汝惺，字敬一。《续志》钟吉子。生时，大母梦巨星耀门庭，故名。七岁能为诗，塾师郑使赋《晚香玉》，有"只缘身是玉，能耐五更霜"之句。师惊异，曰：是虽晚达，然当有后福。道光乙酉（1825），以拔贡朝考得教职。会父病，汝惺曲意侍奉君。父母丧，尽哀尽礼。两兄早卒，抚侄际相、际昌，如己出。际相膺乡荐，际昌亦以督勇剿楚匪有功，由知县阶同知。季父宦蜀，卒，返其丧。复出资畀其子汝润为国子生，赴乡试。汝湄捐县丞，需次楚北。所授生徒，多有声庠序，成进士，登显宦者数人。而汝惺屡荐不售，年四十就直州判，旋任湖南，历署长沙、岳州、衡州、宝庆同知，升知县，任永兴、兴宁、城步、新化、绥宁、龙山、浏阳诸县，所至皆有惠政。每去任，民立石颂德，或设长生禄位。巡抚骆器重之，己酉（1849）乡试，特荐为同考官。是岁，湘省饥且疫，委以赈事，粥米必均。汝惺故善医，遇疾者诊而施之药，全活甚众。其宰龙山也，粤匪数万，扰其境。龙山城小而颓，汝惺预为修葺，严守御贼，围数重弗能逼，时伺贼隙出击之，多被杀伤，凡六阅月，贼卒败。去任浏阳时，率勇剿邻匪，民获安。大吏胪其绩，入奏擢知府，加道衔，赏戴花翎，并赏二品封。汝惺虽世族家，故不丰。及告归，一如寒素。稍有余，则购珍药施病者。卒年八十一。无子，以兄子际昌为子。际相由举人拣发江苏知县，补授江都，摄篆宜兴，兼理荆溪，所至有政声，以军功保升知府、道衔、花翎。

[光绪《增修诸城县续志》十二《列传第一》]

王汝惺，字敬一。咸丰六年丙辰（1856）代任。

[同治《新化县志》卷十四《知县》]

王汝惺，山东诸城县拔贡。（咸丰）七年署。

[同治《绥宁县志》卷二十八《知县》]

王汝惺，山东诸城城县拔贡。咸丰十一年四月署任。

[光绪《龙山县志》卷十三《知县》]

王汝惺，山东诸城拔贡。同治元年（1862）任，二年去，五年回任。

[同治《浏阳县志》卷十五《知县》]

◎ 臧 誉 ◎

臧俊千，字官虞。父誉，以岐黄术济邻里，一时有"善人"之目。俊千，生而颖悟。弱冠,游庠。亲殁,思慕恒不置。道光己酉(1849)举于乡,捷音至,泪涔涔下,恨不逮亲之存也。司训乐陵,课士必如程。戊辰(1868),捻匪北扰,佐邑令严防御。贼至,婴城守,目不交睫者十余日。城获安,叙功加五品衔。丙子(1876),岁饥,捐俸为一邑倡,并免学田租。巨室感其义,争发廪焉。年逾七旬,惧衰老,不称职,欲告归。邑人留之,曰:文庙倾圮久,公归,谁任此事者?乃幡然曰:是俊千责也。遂捐俸以助兴作。工竣,解组去。越二年卒,年七十有九。

[光绪《增修诸城县续志》十二《列传第一》]

◎ 张 袣 ◎

张袣,字日书,号竹仙。举人。性至孝,每遇父母忌日,辄泣下。工制艺及诗古文词,尤癖山水,兴至则千里命驾,家无担石,弗顾也。秉铎峄阳,训诸生有方。岁饥,典衣助赈。晚精岐黄术,活人甚众。年七十七,无疾终。

[光绪《增修诸城县续志》十二《列传第一》]

◎ 王培圻 ◎

王培圻,字申甫。为文精粹湛深,从游者甚众。辛酉(1861),避乱邑中,佐团防,邑令倚之。以恩贡授新泰教谕,课士克勤,文风丕振。又立广生局,施药饵济人。晚年致仕归,寿七十七卒。

[光绪《增修诸城县续志》十二《列传第一》]

(同治)四年乙丑(1865)

王培圻,恩贡。新泰教谕。有"传"。

[光绪《增修诸城县续志》七《选举表》]

◎ 孙 濬 ◎

孙濬,幼善医,乡邻有求者,无论寒暑昼夜,必亲往。辛酉(1861)二月,捻匪大至,举家被执。濬骂贼不屈,身受重伤,体无完肤,遂遇害,时年八十二。

[光绪《增修诸城县续志》十四《忠烈》]

◎ 陈廷相 ◎

陈廷相,性孝,侍父疾数年,色养备至。课弟读,英年食饩。出资倡修先祠。

年饥，出粟，周族党。精痘疹科，全活甚众。辛酉（1861），率众御贼，力尽殉难，年七十三。入祀忠义祠。

[光绪《增修诸城县续志》十四《忠烈》]

◎ 徐戴尧 ◎

徐戴尧，性忠厚，和睦族邻。中年习医，求者立应，不索谢。辛酉（1861）乱，为潮河团长，复倾囊练勇，家中落。子金镕，堵贼遇害，仍督勇，筹防御，无懈志。

[光绪《增修诸城县续志》十五《忠义》]

◎ 臧敷伟 ◎

臧敷伟，从九品。端重，有器识。辛酉（1861）春，助知县崔澜防贼浯上，贼不得渡，屡出奇挫贼锋，贼奔窜。秋八月，贼又至。防守村堡，心力交瘁。柴米缺乏者，按日周济。家素饶，以是顿绌。敷伟顾洒如隐居，课子，礼法整饬。里有争讼者，必多方排解。某甲以索逋与邻讼，敷伟代偿资，俾和好焉。某因贫鬻妻，其妻终日哭。敷伟竭资赎回，俾完聚。晚精医术，施药饵，活人无算。光绪丙子（1876）饥，多方乞贷，助邻里，未尝有矜色。其阴行善事，多类此。

[光绪《增修诸城县续志》十六《孝义》]

◎ 邱林碧 ◎

邱汝巘，监生。父诏卒，母李氏苦节。汝巘念母劬劳，曲尽孝，轻财好义，亲故贫者周恤无吝色。育婢，年及笄，即出资嫁之。子二：林登、林碧，谨守家训，年皆五袠，侍九旬老母如童时，晨昏定省，必待母抚摩而后退。兄弟同案食，兄不食，弟不先也，终身不析爨。林登，善解纷，乡里有斗者，见辄惭阻。以五经教授终。林碧，天性笃厚，侄在元七岁孤，抚之如子。及长，延师课读，俾成名。精眼科，岁制药饵济人，贫者多主其家。好周人急，负债者券猬积，晚年尽火之。曰：不贻子孙累也。除别墅，名"樗园"，与二三知己，日涉其中，好手谈棋枰、酒榼外，山卉野花，翛然自适。卒年七十八。

[光绪《增修诸城县续志》十六《孝义》]

◎ 丁舆衡 ◎

◎ 丁瑞趾 ◎

丁舆衡，从九职。八岁失恃，父患枯疾，左右侍奉，衣不解带者数年。父殁，葬祭尽礼，事继母孝。精医术，广施药材济人，乡里称其德。卒年六十八。从弟监衡，字佐侯。亦以孝友称，以守城功，议叙六品衔。卒，乡谥"孝悫"……瑞趾，字子振。监生。前《志》希慧孙。年十七失怙，事继母谨。母好施予，设粥厂、药肆，以济贫苦。有从叔某家落，祠宇废迁，其栗主祭于支祠，养其眷属三十年，既而出田宅为之立嗣置祠。族党无业者恤之。又设义塾，以训里之子弟。咸丰七年（1857）蝗，出粟易蝗子，费数十石。见人传"息讼歌"，亟刊布以为劝。知县周壬福、仇恩注皆以绰楔荣之，举乡饮大宾。乙亥制科（1875），举孝廉方正，以母老不赴征。年八十，晨昏问视，未尝扶杖入寝门。年九十，无疾终，乡谥"端穆"。

[光绪《增修诸城县续志》十六《孝义》]

丁瑞趾，字子振。青州府诸城县人。举光绪乙亥制科孝廉方正。性好施与，赈饥济贫，若出天性。精医理，置药肆，收疗老幼鳏寡孤独，给其衣食，远近称为"善人"。咸丰辛酉（1861）秋八月，捻匪入境，杀人盈野，避乱于藏马山，突遇匪众，将加刃焉，一贼大呼"止止"，曰：尔非茂甲庄人丁子振乎！瑞趾愕然，曰：汝安得识吾？匪曰：犹记前三年有病丐卧公门侧乎？丐即我也。于时村人将弃我，而公独移我于家，医治衣食而后遣之。今遇公，正我报公之日也。群贼于是义而释之，惟留其乘马而去。性尤孝友。幼失恃，事继母秦氏如所生母，年百岁，瑞趾亦且八十余，而昏定晨省，无异孩提。兄早亡，事寡嫂，敬慎有加。治家严肃，而待人和易，故亲族邻里无不奉为楷模。年九十二，卒于家，乡人私谥曰"端恪先生"。

[宣统《山东通志》卷二百《补遗·人物》]

◎ 丁汝楠 ◎

丁汝楠，六岁失怙，事母孝。岁饥，为粥以食饿者，又施药以疗病人。乡里钦其义，公举乡饮大宾。卒年八十五。

[光绪《增修诸城县续志》十六《孝义》]

◎ 郭长庆 ◎

郭长庆，幼有至性，父疾，衣不解带者二年。父殁，哀毁备至。事母孝。抚两庶弟，友爱甚。析爨后，屡质地为弟偿债。友人仕宦无资者，助之。不能婚葬者，周之。素精方术，为人疗疾，应手效，馈遗悉不受。子汝珂，监生；汝珊，廪贡生，均好善，有父风。

[光绪《增修诸城县续志》十六《孝义》]

◎ 王钟泰 ◎

王钟泰，幼孤，事母孝。嗜读书，以府试第一人，补诸生，屡试超等。晚年，绝意进取，精外科，舍药饵济人。同治丙寅（1866），与隋遴吉等倡议筑堡。丁卯（1867），捻匪窜境，保全数十村。有城宅一区，邻观海书院。适知县重修书院，欲廓其基，增试院，钟泰慨捐之。举大宾，卒年七十三。

[光绪《增修诸城县续志》十六《孝义》]

◎ 王文枢 ◎

王文枢，庠生。性坦白好施。族嫂孀贫，无子。文枢与之田，为立嗣焉。殷姓者，鬻其妇，已立券矣。妇携幼子赴，诉于文枢。文枢偿其金，而收养其妻子，一家赖以完聚。辛酉（1861）乱，邑人仓皇失措。文枢独防要害，练勇筑堡，乡邻十余村，皆得无恙。晚岁，精医学，活人甚众。卒年六十有一。

[光绪《增修诸城县续志》十六《孝义》]

◎ 李方荣 ◎

李方荣，监生。六十无子，鬻一妾，知为良家女，遣之。精医术，施药饵济人。里有争者，言无不解。乡饮举大宾，卒年七十二。

[光绪《增修诸城县续志》十六《孝义》]

◎ 杜 监 ◎

杜监，生性纯笃，敦行谊，立义学，延明师，训族邻子弟，多所成就。又设药济人。岁祲，捐粟赈饥，全活甚众。巡抚经表其门。子镇东、镇邦，俱武生。亦好善乐施，有父风。从弟椒，有孝行，道拾遗，必访还之。遇斗者，一劝即解。其孝义，素孚乡里云。

[光绪《增修诸城县续志》十六《孝义》]

◎ 尹 璇 ◎

尹璇，监生。九岁失怙恃，哀毁骨立，庐墓三年。赖其曾祖侧室吴，得成立。精痘科，远近婴儿患痘者，必亲往诊视，全活无算，馈遗拒弗受。知县汪封渭以"功齐保赤"颜其门。道光乙未（1835），岁饥，出粟，助族邻，一乡无饿莩。居恒排难解纷，息争讼，延师教子，备极诚敬。子辉宗、耀宗，俱成进士，官京外，请封如其官。兴宗，以廪贡考职。孙、曾，皆读书，膺科名，人咸谓厚德之报云。

[光绪《增修诸城县续志》十六《孝义》]

◎ 王叔重 ◎

王叔重，年十三，补诸生，屡困棘闱，遂习医，施药饵济人。性慈善，遇罗雀者，辄买放之。卒年九十六。

[光绪《增修诸城县续志》十六《孝义》]

◎ 刘泽东 ◎

刘泽东，诸生。性恢豁，负气节，交游多豪侠士。咸丰辛酉（1861）秋，捻匪突至，时承平久，人皆望风窜。泽东独激励乡邻，得数百人，御于石河头村南通衢，贼畏避。石河以北数十村，幸免蹂躏。平居，教授生徒，深以脂韦摸棱为耻。精岐黄术，无贫富远近，求必应，一乡称"善士"。

[光绪《增修诸城县续志》十六《孝义》]

◎ 苑桂林 ◎

苑桂林与弟桂芬，同补诸生。尝捐资助贫乏，施药疗疾病。素善医，求者无不应。卒年六十九。子莲池，郡庠生。

[光绪《增修诸城县续志》十六《孝义》]

◎ 袁乐莘 ◎

袁乐莘，轻财好义，性孝友，以医术活人甚众。道光二十五年（1845）八月，公举"善士"。

[光绪《增修诸城县续志》十七《孝义》]

◎ 郭元宰 ◎

监生郭元宰，少失怙，事母以孝称。精医术，求者不以贫富介意。卒年八十，乡谥"孝定"。

[光绪《增修诸城县续志》十七《孝义》]

◎ 尹隆基 ◎

尹忠可，监生。邻里不举火者，必周之。嘉庆丙寅（1806），同于班西、丁衍章修溃口天后宫，捐地十亩为香火资。卒年七十六。子隆基，监生。有父风。道光十三年（1833），岁饥，出粟煮粥，活人甚众。常施药，以救疾苦。卒年五十。

[光绪《增修诸城县续志》十七《孝义》]

◎ 王铭思 ◎

王铭思，字敬斋。附生，乡饮大宾。辛酉（1861）春，督勇防河，与胞侄干林曲尽心力。至秋，率族人修堡，一村赖以生全。精医，尤长幼科。常自携药饵，按户巡视，活人甚多。寿至八十五岁。

[光绪《增修诸城县续志》十七《孝义》]

◎ 柳　宜 ◎

柳宜，以孝闻。素通医术，常出药饵，济贫病。又尝捐沃田四十亩，为同族修祠。道光十五年（1835），知县汪封渭以"敦崇孝义"额其门。卒年六十九。

[光绪《增修诸城县续志》十七《孝义》]

◎ 殷　桂 ◎

殷桂，通医术，贫不能疗者，施以药饵。贸易，值荒岁，负债者不能偿，悉招其人，出券焚之。由是家顿落，至经日不举火。年八十七，无疾终。

[光绪《增修诸城县续志》十七《孝义》]

◎ 郭怀西 ◎

郭怀西，监生。以父多病，弃儒而医。每侍汤药，不解带。村有观音堂，捐地数亩，增修关壮缪庙。茔墓绝嗣者，岁时修筑兼致祭焉。年七十九卒。弟宗文，少孤，事母王以孝著。卒年八十。

[光绪《增修诸城县续志》十七《孝义》]

◎ 王宏基 ◎

监生王宏基，孝友，轻财好施。岁荒，出粟，周贫乏。不足，称贷益之。尤精医，贫病无力者，施药疗治。邑人刘喜海偕诸名宿为立绰楔，制锦称觞焉。寿八十二岁。

[光绪《增修诸城县续志》十七《孝义》]

◎ 范　濂 ◎

范濂，有至性，事母孝。精医术，以母老不忍远出。六旬余，犹嬉戏膝下如儿时。母卒，哀毁成疾，逾年卒。

[光绪《增修诸城县续志》十七《孝义》]

◎ 黄存基 ◎

黄存基，通医术。尝雪中活一丐。辛酉（1861）被贼虏，将杀之时，丐从贼为伪将，趋救得不死。贼酋疾，存基医之愈。酋喜，予以二女子，不受。强闭诸室，存基挑灯危坐，二女子皆号泣。存基曰：我与若同被难，勿惧也。问女姓名，翌日，力请于酋，释二女归。后，存基逃至安丘。土人疑为贼，刃将加矣。存基自呼名，仰天而叹。忽一人至，急解其缚，邀至家，待为上宾。询之，则所救女子之父也。

[光绪《增修诸城县续志》十七《孝义》]

◎ 王毓珩 ◎

王磳，监生。丁卯（1867）乱，众推为团长。年近八旬，抚绥防御，深得人心，叙功加五品衔。寿八十五岁，无疾终。原配王氏，治家有法，事姑孝。继室丁氏，八十二岁得元孙，五世同堂，寿八十四岁。子二：毓琳，附贡生，候选训导，以小三元入泮，忠厚直率，性纯孝，年六十余，犹事父如孺子。事继母，尤谨。毓珩，监生。以医济人，孝行尤著。

[光绪《增修诸城县续志》十八《人瑞》]

◎ 王维金 ◎

王维金，性仁恕，收养乞食子女，及长，令其父兄携去。晚精医术，乞药饵者门如市，贫者就医，不索酬，愈乃去。

[光绪《增修诸城县续志》十九《一行》]

◎ 孙肜恩 ◎

孙肜恩，监生。善医术，为人疗疾，不受谢。有必欲馈者，则怒曰：吾行吾志耳，岂望报哉！

[光绪《增修诸城县续志》十九《一行》]

◎ 郑云坊 ◎

郑云坊，字立州。性谦让，或侵其田，则曰：所侵无几，即以此为界可也。尤精外科，常以药济人。卒年八十九。

[光绪《增修诸城县续志》十九《一行》]

◎ 周汝彬 ◎

周汝彬，乾隆初年，居伏留村。性朴诚，不苟言笑。精数学，尤邃于《易》。年三十余，得异人传授，疗疾病，占阴晴，卜丰歉，以及察地理，决疑难，多奇验。医病，但观气色，不遵《脉诀》。酬以金，拒不受。寿七十三岁，无疾终。今其墓犹呼为"周神仙坟"云。

[光绪《增修诸城县续志》十九《方技补遗》]

◎ 王 湘 ◎

王湘，字兰皋。穷经不试，著作甚富。晚精医，善词曲。卒年八十。

[光绪《增修诸城县续志》二十《隐逸》]

◎ 刘克冲 ◎

刘克冲，少力学，好读史传，累试不售，遂隐于医。列药肆于门，活人甚众。同族有刘继昭者，字耀甫。奎文阁典籍。亦以朴诚好善，闻于时。

[光绪《增修诸城县续志》二十《隐逸》]

◎ 王宗淮 ◎

王宗淮，字云帆。诸生。少有奇才，九应乡试，屡荐不售，家甚贫，虽饔飧不继，而吟咏不辍。晚年善医，求诊疾者，无远近，罔弗应，乡里称之。

[光绪《增修诸城县续志》二十《隐逸》]

王宗淮，字云帆。清代诸城县人。晚年善医术，名闻乡里。

[《山东中医药志》第六篇《人物表》]

◎ 范　迈 ◎

范迈，字云坡。布政司经历衔。性旷达。邑东铁水村，旧有铁园，为前代隐逸所居，遂移家焉。日啸咏林泉间，翛然意远。善书法，得赵松雪遗意。尤精医术，贫病者，恒施以药饵；显贵家求之，弗顾也。年八十四，无疾终。

[光绪《增修诸城县续志》二十《隐逸》]

◎ 徐文勋 ◎

徐文勋，字彬溪。青州府诸城县人。未弱冠，补弟子员。幼端重，进止有法度，性尤孝友。父母殁，事继母，能得欢心。兄弟贫约者，减己资，赒恤之。兄子登俊，贫不能力学，躬教养，以资成立。精医术，延聘者不以贫富歧视。重然诺，接人温厚，而不可以非义干。徐氏为一乡望族，文勋最推为长者。子官俊，邑庠生。

[宣统《山东通志》卷二百《补遗·人物》]

效霞按：光绪《增修诸城县续志·增修县志姓名》载有"附生徐文勋"。

◎ 张宪诰 ◎

（张）宪诰，字瑶简。侗曾孙。钦赐翰林院检讨。博闻强识，能为古文辞。足迹半天下，所与游如陈震、马允刚、杨嗣曾皆一时知名。卒年八十四。

[道光《诸城县续志》卷十七《文苑》]

《痒说》二卷，张宪诰撰。宪诰，诸城人。是书见《县志》。

[宣统《山东通志》卷一百三十六《艺文志第十·子部·医家》]

《其楼文集》，张宪诰撰。宪诰有《痒说》，见子部医家类。是集见《县志》。

按：宪诰，字瑶简。伺曾孙。嘉庆乙丑（1805）钦赐翰林院检讨。医家"宪诰"条，脱漏未载，补识于此。

[宣统《山东通志》卷一百四十五下《艺文志第十·集部·别集》]

◎ 刘振先 ◎

清同治二年（1863），年仅十五岁的刘振先因生活所迫，从章丘县来诸城投靠其表叔翟春铃、高传增（均为章丘人），在其表叔的帮助下，到县城南关的"同合堂"药店当了学徒。学徒期间，刘振先勤奋能干，聪明好学，很快熟悉、掌握了一定的诊病和药材经营炮制技术。其表叔见刘振先精明能干，是个人才，便同他商量自行立号开业。

清同治六年（1867），刘振先学徒期满，同翟春铃、高传增三人集资，在县城东关办起了"三合堂"药店。翟春玲任药店经理，高传增任账房先生，刘振先为坐堂先生，开始行医看病。

"三合堂"药店立号开业后，以看病、零售中药为主。为提高竞争能力，争夺市场，对商品宣传极为重视。在店门外，贴有"药无二价，货真价实"的宣传牌。在看病方面，严肃认真，从不马虎从事。在售药方面，货真价实，不以假充真，以次顶好。在民众中逐渐赢得了较高的声誉，生意可谓兴隆。

"三合堂"药店对中药饮片的加工炮制要求严格。如炒白术，必须用房屋内壁子墙土炒；加工苍术饮片，须用小米汤浸泡，每天换水一次，待浸透后切片。自制加工的中成药膏、丹、丸、散达一百余种，其中紫雪丹、蟾酥丸等名贵成药，选料精细，配制考究，疗效明显，名扬周围邻县。配料时需在每年农历五月端午节的晚上夜深人静时下料配方，割制而成。制作清宁片，对每味中药都需碾十八次，方可配制。独创的"比钱子膏"治疗疮疖、"夜猫子膏"治跌打损伤都具有显著疗效，远销外地。

"三合堂"药店最鼎盛时期，雇员人数多达十五人，对店员和学徒的业务技术要求更为严格。学徒工进店后，白天打扫卫生，在店后碾药、切片，晚上学习药理、药性，每月一次考试，待业务熟悉一段后，再到门市碾药、装斗，逐渐学习柜台营业技术。学员配方需经师兄核对无误后，方可包包。待学员掌握一定的业务技术后，还要进一步学习配制中成药技术，使店员全面掌握业务技术。

清光绪十四年（1888），刘振先四十岁时，其表叔翟春铃、高传增退出"三合堂"药店，提走股金，利润分红，各谋生意，由刘振先自己立业，与其长子刘采廷、次子刘仲全继续行医售药，仍沿用"三合堂"字号。

1900年，刘振先扩大营业规模，由零售兼做批发生意。一方面从济南、胶县、潍坊购进药材补充货源不足，在县城内搞批发业务；一方面雇用五辆手推车组成流动销售小车队。每年农历二月从白龙山药会市场上收购当地药材；如淮香附、苏子、蟾酥、半夏、柴胡等品种。三月份长途贩运到安徽省亳县药材山会销售，然后换回省外品种，再回当地批发销售。同时，刘振先还兼做代购业务，从莒县一带为南方商户代购蟾酥，最多的年份收购量达以前五百公斤。从白龙山收购小龙衣，最多年份收购一百余包（每包十公斤）。随着业务的发展，到1920年最鼎盛时期，拥有资金达四千块银元。药店拥有仓库七间、门头三间、账房二间，共计十二间房屋。成为诸城县有名的大药店。

清光绪三十三年（1907），刘振先因病去世，终年五十九岁，由其二子继承"三合堂"药业。长子刘采廷（字鸿柱）任掌柜兼坐堂先生，主持药店业务，继承和发扬了其父的好医德，看病细致，待人热情，讲究信誉，救世济贫，对左邻六舍看病予以照顾。有时先看病后付钱，有时对困难者不要钱。因而在县城周围民众中享有较高的声望。

次子刘仲全为二掌柜，不务正业，吃喝嫖赌，使"三合堂"药店生意日趋败落。刘采廷见药店无法维持，便于1939年与其弟分家，搬至县城西关大街，继续行医开业，立号为"三合堂鸿记"药店。刘仲全继续维持原"三合堂"业务。1946年刘采廷迁往青岛，沿用"三合堂鸿记"字号行医售药。刘仲全仍不务正业。日军盘踞时期，当上了敌伪保长，于1945年，诸城第一次解放前夕逃往青岛。1946年3月，滨北专署没收"三合堂"药店财产，并入滨北专署医药合作社。

[《诸城县医药志》第四章《经营网点》]

◎ 邱云岘 ◎

邱云岘，《杏林集》二卷、《痘疹辨证》二卷。

[光绪《增修诸城县续志》五《艺文考》]

《杏林集》二卷、《痘疹辨证》二卷，邱云岘撰。云岘，诸城人。二书见《采访册》。

[宣统《山东通志》卷一百三十六《艺文志第十·子部·医家》]

◎ 王永贞 ◎

◎ 王善述 ◎

◎ 王聘轩 ◎

王永贞，自幼爱好医学，二十余岁就开始看病行医。清道光十五年（1835），在诸城县城南阁街中心地段开设"崇仁堂"药店。王永贞既是坐堂先生，又是掌柜的，雇用店员二人。在行医期间，不求大业，药价合理，病家好求，广采众家之长，边学边干，用自己积累的临床经验，以手抄本记录了当时习用的大量土单验方及成药配料加工技术，给后人留下了宝贵的医学遗产，自己的医术也达到了较高的境界，深受四方百姓爱戴。

1916年，王永贞之子王善述继承父业，主持"崇仁堂"药店业务。王善述不会行医，靠其儿女亲家邱立廷（游医）看病开方后介绍到该药店配方，药店生意日渐衰退，面临破产之危。

王善述之子王聘轩，受其祖辈影响，懂点浅薄的医术，因家庭生活矛盾，二十七岁（1908年）到吉林省宁安县为四乡看病行医，两年后略有了点积累，考入天津医学院深造三年，1913年毕业回家。在原来药店的基础上，重整门头，扩大药业，房屋重新刷新，门前挂有"江山重复挣共眼，风雨纵横乱如楼"的大字对联，坐堂行医。诸城县第一个医学院毕业的大学生，一时轰动了全县各地，周围四乡、省内县外看病求医的络绎不绝，生意十分兴隆，药业不断扩大，房屋由原来的四间扩建为十间，常年雇用店员二人，其子王孝轩为药店掌柜，并负责到潍坊"颐寿昌"、胶县"鉴古堂"、青岛"长春堂"联系购进中药材、中成药，并给北京"同仁堂"、济南"宏济堂"代销中成药，亦经营上海"雷允上"的六神丸、戈老二的"戈制半夏"等中成药，经营中药六百余种，年销中药材达三千公斤，自制膏、丹、丸、散百余种，其中"五辣膏""一扫光""碑治丸""金砂丸"等中成药，选料精细，配方考究，疗效明显，名扬四周邻县。

王聘轩于1939年去世，王孝轩继承父业，不会行医，只靠经营药材维持门面。日伪军侵占诸城后，局势胡乱，"崇仁堂"药店生意日渐萧条，1947年被村社接收。

[《诸城县医药志》第四章《经营网点》]

寿 光

◎ 王和平 ◎

北海王和平，性好道术，自以当仙。济南孙邕少事之，从至京师。会和平病殁，邕因葬之东陶。有书百余卷、药数囊，悉以送之。后弟子夏荣言其尸解，邕乃恨不取其宝书、仙药焉。尸解者，言将登仙，假托为尸以解化也。

[《后汉书》卷八十二下《方术列传第七十二下》]

王和平，性好道术。济南孙邕少事之，从至京师。会和平病殁，邕因葬之东陶。有书百余卷、药数囊，悉以殉之。后弟子夏荣言和平尸解，邕乃恨不取其宝书、仙药焉按：《后汉书·方术传》只言和平北海人，旧志既载，新《山东通志》又注云：北海，今寿光境。故仍之。

[民国《寿光县志》卷十二《方技》]

王和平，北海人。性好道术，自以当仙。济南孙邕少事之，从至京师。会和平病殁，邕因葬之东陶。有书百余卷、药数囊，悉以送之。后弟子夏荣言其尸解，邕乃恨不取其宝书、仙药焉。

[嘉靖《青州府志》卷十五《仙释》]

[康熙《益都县志》卷十《仙释》]

[乾隆《历城县志》卷五十《异闻》]

王和平，北海人。性好道术。济南孙邕事之，从至京师。和平病卒，邕葬之东陶。书卷、药囊，悉以从。后弟子夏荣言其尸解，邕始恨不取其宝书、仙药。

[万历《莱州府志》卷六《仙释》]

[嘉靖《山东通志》卷三十四《仙释·莱州府》]

王和平，《通志》云：北海人。性好道术，自谓当仙。济南孙邕少事之，至京师。会和平殁,邕葬之东陶。有书百余卷、药数囊,悉以还之。后弟子言其尸解,乃恨不取其宝书、仙药焉。

[道光《济南府志》卷六十《仙释》]

王和平,北海人。性好道术,自以当仙。济南孙邕少事之,至京师。会和平病殁,邕因葬之东陶。有书百余卷、药数囊,悉以送之。后弟子夏荣言其尸解,邕乃恨不取其宝书、仙药焉。

[道光《济南府志》卷六十一《方伎》]

王和平,北海人。性好道术,济南孙邕事之。和平病卒,邕葬之东陶。书卷、药囊,悉以从。后弟子夏荣言其尸解,邕始恨不取其宝书、仙药。

[道光《重修蓬莱县志》卷二《仙释》]

王和平,北海人。性好道术,自以当仙。济南孙邕少事之,从至京师。会和平病殁,邕因葬之东陶。有书百余卷、药数囊,悉以送之。后弟子夏荣言其尸解,邕乃恨不取其宝书、仙药焉《后汉书·方技》本传。

[咸丰《青州府志》卷五十一《艺术》]

王和平,北海人今寿光。性好道术,自以当仙。济南孙邕少事之,从至京师。和平病殁,因葬之东陶。有书百余卷、药数囊,悉以从。后弟子夏荣言其尸解,邕乃恨不取其宝书、仙药焉《后汉书·方术传》。

[宣统《山东通志》卷一百六十八《人物志第十一·历代艺术》]

效霞按:前人有云"书非校不能读"。此条,《县志》《府志》《通志》皆有记载,内容大体相同,唯有异者在王和平遗存的"书百余卷、药数囊",去向何如?从文义看,民国《寿光县志》所记"悉以殉之",是最正确的。万历《莱州府志》、嘉靖《山东通志》、道光《重修蓬莱县志》作"悉以从","从"有"随"之义,义亦可通。嘉靖《青州府志》、康熙《益都县志》、乾隆《历城县志》、道光《济南府志》作"悉以送之",非是。若将"书百余卷、药数囊"送给了孙邕,怎么会"恨不取其宝书、仙药"呢?

陶山,在县西北三十里。《史记·越世家》:范蠡去齐,止于陶,名陶朱公。《后汉书·方术传》:济南孙邕葬王和平于东陶。《括地志》:陶山,在平阴县东三十五里。山南五里,有朱公冢。旧志:相传山前后有七十二洞《大清一统志》。

[宣统《山东通志》卷二十三《山川·泰安府山》]

明

◎ 苏 约 ◎

苏约，字子守，号对峰。刑部主事继之弟。垂髫时，继已钟爱，多方训诲。约亦善友，与兄处，怡怡如也。入庠后。屡试不售。性温恭，人不知其为贵介弟，处乡以德感人，故人皆向义。卒于万历丙子（1576）三月，族中无长幼皆堕泪。

邑进士张柱《对峰苏公墓表》

苏氏子守者，寿光孝义里人也。号对峰。自宋元，家于斯。远者无论，曾祖潮生文恭，文恭生懋，赠主事、主事丈夫。子五，继、约、纯、缙、绅，继为晓峰君，今官都转运使，进阶嘉议大夫。纯夭，缙殇，绅为署丞，约即子守也。母萧夫人，以嘉靖壬午（1522）十二月十日举公。公生而简重，雅默不苟訾笑，识者器之。垂髫失怙，晓峰钟爱而训迪焉。公执弟道，怡怡也。晓峰贵公，方弱冠即深自谦抑，见走卒下隶，语貌雍雍，人不知其贵介子弟。益缉于学，甲寅（1554）补邑庠生，黉序蜚声。命奇不第，退而耕于里，足不及官府，即亲戚涉贵显者，亦罕睹面。性好饮，饮多至醉，然未有失容。尝联接壤契者，为诞辰社，醵饮阔谈欢如。居每搆方药，疴者索，即躬制遗之。虽祁寒暑雨，不倦。细至方技、纤术，靡不理会，然未以语人，亦未尝自为之。盖见定也。乡邻有忤，公不较。至两不相能者，必曲为劝谕，息而始已。以故事有不平者，多就质，或望闾而返，有太丘风。晓峰守南阳，公省之。抵牙而郡人不知韬晦，类若此。晓峰君约族人以义命公宰之，公凤夜弗懈。凡族之贫者、婚者、丧不能举者，白于晓峰，周之有差，不若于训者谕戒之。春秋刲牲设醴，奠先茔，而祫享焉。岁以为常，族人蒸蒸向义者，人皆称晓峰与公不衰。公寡言笑，与人似落落，久而弥笃。滨士郑君者，在公塾数襈，礼之愈加，至分袂，掩泣为别。公弃养于万历丙子（1576）三月之廿五日，郑闻之，数百里徒跣以吊。呜呼！公殁矣，郑之来胡为哉！此可以见公之感人深也。公性勤俭，然勤不至察，俭不至陋，盖处贵族者之所难也。友于兄弟，宜于父子，垂五十五襈，不见反颜。公之德感，而诸兄弟子侄之贤，益昭昭矣。配蒋氏，先公卒。继郑氏，侧牟氏。子五,九服，庠生，娶邱氏；次九域，娶董氏，蒋出；次九野，郑出；次九式、九垓，俱幼。女二，一字李氏，一幼，俱牟出。孙男三，孙女三。九服等卜以十二月十七日葬公祖兆之次，持其兄庠生梓峰九围状请表于予。予男荣与梓峰为儿女姻，不可以辞，谨次其概如此云。

[民国《寿光县志》卷十二《孝义》]

◎ 张 凤 ◎

张凤，字子朝。大仓人。进士张标、张柱之先祖。精通医术，洪武时，考选为医官，至今扶乩问病者多灵。

[民国《寿光县志》卷十二《方技》]

◎ 孔贞大 ◎

孔贞大，邑西北隅人。善《脉诀》。尝与群友饮城楼上，为杜孝廉学诗诊脉毕，叹曰：尔寿可四年耳！宜速仕！杜不悦，后竟如其言。

[民国《寿光县志》卷十二《方技》]

孔贞大，寿光人。精医术，善太素脉。尝诊孝廉杜学诗脉，曰：寿四年耳！已而果然。能自知死期。

[康熙《青州府志》卷二十《方技》]

孔贞大，寿光人。善太素脉。尝诊孝廉杜学诗脉，曰：尔寿可四年耳！杜不悦，后竟如其言旧志。

[咸丰《青州府志》卷五十一《艺术》]

按《寿光县志》：孔贞大，邑之西北隅人。精医术，善《脉诀》。尝与群友饮城楼上，为孝廉杜学诗诊脉毕，叹曰：尔寿可四年耳！宜速仕！杜不悦，后竟如其言。

[《古今图书集成医部全录》卷五百十五《医术名流列传》]

清

◎ 李　琬 ◎

李琬，字晖东。炎之弟。由山西运同迁浙江温州知府，殚心吏治，尤切于教养。建中山书院，置义田，备膏火，葺育婴堂，募乳母哺之，又买牛取乳，继不足，一时皆颂恺悌。永嘉七都河道久淤，废稻田，琬亲率挑修，得良田数千亩。平阳近海，地为斥卤，详请立场煎盐，民以富饶。擢温处兵备道。未几，引疾归，筑园于第之东偏，垒石浚池，构亭馆，邀故旧，觞咏其中，有西汉疏广遗风。性乐善，每岁施药饵、棺木及棉衣。乾隆壬寅（1782），海水溢溺死者无算。琬率族人，市棺具瘗，为丛冢，刻石志其旁。遇岁荒，见鬻子女者，辄收养之。后听其去留，不与较。迨寿终，远近闻之，莫不挥泪。

[民国《寿光县志》卷十二《事功》]

李琬，字晖东，号莲塘。山东寿光人。郡有东山书院，逼近山麓，易受湿蒸，乃谋更诸爽垲，卜吉于郡署东之中山，创建中山书院，规制宏敞，置膏火田，延师课士，振兴文教，士林至今颂之。整理育婴堂，增置涂田若干，均有《碑记》。又置珠浦岭义冢一区，定掩埋章，辟设土夫，给以工食，岁掩暴露以千计。建盐义仓、永惠桥，又于府署筑中山亭、西射堂，皆有《记》。莅任有年，凡有益于士民者，政无不举。后升任温处道，大修府学、文庙。其实事求是，类如此。

[光绪《永嘉县志》卷十《名宦》]

清浙江温处兵备道李琬墓，在县城北三里庄东。

[民国《寿光县志》卷三《冢墓》]

效霞按：民国《寿光县志》卷十二《耆寿表一》载："李琬，石门董。七十七。乾隆乙巳（1785）与千叟宴，赐御诗、鸠杖、朝珠、丰貂。"

◎ 康立初 ◎

康立初，字公复。店前魏人。康熙乙未（1715），岁祲，流离载道。立初家颇饶，施粥赈饥数月。乞贷者，以田契为质。年丰，召众至，尽界之，不受，付焚如。有远方刘泽民者,挈老幼,居别墅,举家患时疫,立初则亡者棺之,存者药之,数十日不倦。其后人元祯、景明,皆有义行。邑进士董长春有《康氏三世善人记》。

[民国《寿光县志》卷十二《孝义》]

◎ 桑丕承 ◎

桑丕承,字武烈。敦厚能让,或以横逆加,必反己自责。族党无亲疏,加意赒恤。岁饥,设食于路,以待饿者。流民典鬻子女,多收养之。生平,施药饵终身。

[民国《寿光县志》卷十二《孝义》]

桑丕承,字武烈。寿光人。性醇笃,与人无争,横逆之来,必自反克。笃族谊而赡其贫乏。岁饥,设食于路,以待饿者。置义冢,施药饵,皆汲汲为之不倦云。

[咸丰《青州府志》卷四十八《人物传十一》]

◎ 刘永福 ◎

刘永福,字伯若。少失怙恃,手足之爱,出于天性。居常尤重义行。刘某,贫病且老,妻复瞽,永福尝给以刍米,不使饥馁。又尝施药济人,有昏夜求者,必披衣急起应之。

[民国《寿光县志》卷十二《孝义》]

效霞按:民国《寿光县志》卷十二《耆寿表二》载:"刘永福,前东刘。百二岁。"

◎ 刘佐平 ◎

刘佐平,字子衡。侯镇人。幼丧父,喜施予。光绪丙子(1876),岁祲,佐平鬻田,以拯厄。戊子(1888)大水,遇流离转散者,予以食,病则医药之,死则棺殓之,被沾溉者尤多。事母胡,能养志,且曰:施济非要名,奉慈训耳!母终,结庐墓侧,掬土筑邱陇,三年不一归。里人皆高其行。

[民国《寿光县志》卷十二《孝义》]

◎ 李裕之 ◎

李裕之,字问谷。李家南邵人。家素封,喜与文人接。士贫不能读书者,助以膏火资。清季,鸦片毒最烈。裕之购药、设所,远近往戒者踵至。至则殷勤劝勉,戒绝乃已，人皆感其德。又联合附近五庄十三姓，公立一会，各举本姓公正者一人为领袖，相友相助，力谋宁息。宣统元年（1909）知县姜乃升嘉许之，为文立石记其事。

[民国《寿光县志》卷十二《孝义》]

◎ 高桂枝 ◎

高桂枝，字香岩。少聪敏，家贫无力延师，同社岁进士韩怀方裁成之。食饩后，授徒，出其门者多秀士。为人谦冲善下，饮人以和。晚年，精岐黄，踵门求者皆奏效，德行冠一时。光绪丙子（1876）贡成均，不数年，以稀寿终。

[民国《寿光县志》卷十二《儒行》]

（光绪）二年丙子

高桂枝，岳寺庄人。有"传"。

[民国《寿光县志》卷七《贡举表》]

◎ 刘 檀 ◎

刘檀，字辂华。弟楷，字端培。后官庄人也。檀重读书，多厚行，赈粟施药，不自以为德。其长子翼经，字圣羽。乾隆癸酉（1753）中乡试，学问渊通，补费县教谕。次明经，字俊升。邑廪生。性庄严，读书好手录，字体端整，著有《四书详参》五卷。孙光斗，字汉章。邑廪生。事父至孝。恬，字乐园。嘉庆己卯（1819）岁贡。腹笥便便，著有《杏苑逸志》《乐园文集》《通鉴释要》诸书。曾孙新猷，字克壮。嘉庆癸酉（1813）举人，浙江候补知州。中训，字子言。与从兄新猷同榜，别有"传"。玄孙之纲，附贡生；之纶，字言如。幼孱弱，十二岁始入塾。甫弱冠，嘉庆戊寅（1818）举于乡，寻以疾卒。来孙念莪，亦游庠楷，读书游太学，尚志节，不乐进取。晚年著《后浦集》，学者称为"后浦先生"。子壁经，邑庠生；麟经，字圣符。道光壬午（1822）岁贡，设帐京师数年，登贤书，捷南宫者，十余人。孙慎德，入县学。曾孙嘉猷，字禾门。道光乙酉（1825）岁贡，性尤静穆，钞其先人《后浦集》二十卷，无错讹一字。两家书香，绵延不绝，至今人艳称之。

[民国《寿光县志》卷十二《儒行》]

◎ 杨 植 ◎

杨植，字华木。乾隆时人。年甫逾弱冠，父为援例入国学，授吏目职。及父母亡，既葬，乃谢绝世事，坐卧一楼中四十年，博综书史，丹铅不离侧。亲友造访者，寒暄外，无多款曲。精岐黄术，求之无不应。清修独行，里人高之。

[民国《寿光县志》卷十二《高尚》]

◎ 李茂盛 ◎

◎ 李笃生 ◎

李茂盛，字莪华。李家官庄人。雍正时诸生。善医术，尤精痘疹科。无亲疏贵贱，问疾者，部其后先而诊之。出门视疾，则先贫寒而后其有车马者。每食于病者之家，惟酒数杯、胡饼二三枚。曰：吾性所嗜也。其疾在十里内者，必徒行，无劳车马。视而未即愈，每计其日，自诣焉。殁后，葬于九巷村之西南。祈祷多灵应，至今犹尸祝之。光绪间邑训导马荣臣有《碑记》。

赵孝廉懿训曰：吾门人李子莪华，世有隐德。父笃生，精岐黄术，以"善士永终"誉。莪华，其长子也。习父业而加学焉。邑中小儿赖存活者，不下万数。生平言不妄发，事期有济。谓非纯笃士欤！

[民国《寿光县志》卷十二《方技》]

李莪华（1722—1795），名茂盛，以字行。清代寿光县李家官庄人。父笃生，精岐黄术，以慈善闻名。幼而聪慧，读书不泥章句。性笃诚，淡薄利禄功名，遂习父业而传家学，专事仁术以济人，通内、外两科，而外科尤精。相传，时县令叶某之母患肿痈，病情隐迹不显，更十数医莫识病名，莪华独识之，治瘥，由是名扬邑内，远近凡患疮疡者，不论初起已溃，甚或内陷走黄，均请其诊治，或动刀针，或行药饵，无不应手而愈。医小儿痘疹疗效亦高，邑中小儿赖以存活者计以万数。

莪华之诊病也，凡登堂求诊者，不分贵贱亲疏，皆按先后以次而诊之。应聘外诊，则先贫寒而后车马者，路途十里以内者，徒步行，无劳车马接送。凡所诊病人，皆详录症情，按时亲赴再诊。外出诊治食于病家时，只求烧酒一小壶、烧饼二枚。问其故，则曰：吾性所嗜也。实乃为减轻病家负担故，其后率以为例。每遇疠气流行，则不避寒暑，废寝忘食，拯病人于危难之中。邑人为颂其德，于其生前即捐资修庙塑像，立碑扬名。

卒后，葬于九巷村之西南，数年后，迁回李家官庄，每年于四月十三日，莪华生日之时，墓前举行盛会三天，四周乡民，扶老携幼，远方香客，东则海阳、荣成，南则安邱、临朐、益都、诸城，西则阳信、利津，北至渤海之滨，感先生之德，竟不辞数百里之遥，络绎而至，忆其生前所嗜，携烧酒一壶、烧饼二枚，为之祭奠。

莪华医术无传，事略载于《寿光县志》。乡民怀其生前盛德，自发集资三万余元，于1981年在原祠之旧址上光复前祠，庙会之日，依然香客云集，盛况不减。

[《山东中医药志》第六篇《传记》]

[《潍坊市卫生志》第八篇《名人传略》]

◎ 夏克恭 ◎

夏克恭，字端肃。幼失怙，喜读《周易》，旁通奇门、六壬之术。家虽贫，恒与人对奕、弄弦以为乐。因母病，医学尤精。踵门求者如市，无贫富，未尝一索谢。尤无力者，则步行视之，赠以药饵。北走燕京，南游瓯粤，无宁岁。乾隆三十九年（1774），游岱归，语友人曰：此生不复游岱矣！以筮易决之，其在来年五月乎！果于次年五月卒。子中言，乾隆壬子（1792）举人；孙与贤，咸丰壬子（1852）举人。

[民国《寿光县志》卷十二《方技》]

夏克恭，与贤祖。赠中议大夫、陕西乾州知州。

[民国《寿光县志》卷十二《封赠表》]

◎ 李先文 ◎

李先文，字宜之。为人治疾，诊脉、和剂极为详慎。疾愈，或持缣脯相酬，必力却，人皆重其行。

[民国《寿光县志》卷十二《方技》]

◎ 王克勤 ◎

王克勤，字贯一。工算术。弱冠时，得《薛氏遗书》读之，遂精中法。又通西医学术，全活甚众。尝以西域利玛窦《友谊论》，谆谆诲人。既殁，里人为立碑表墓。

[民国《寿光县志》卷十二《方技》]

◎ 任绣春 ◎

任绣春，大雷子埠人。精医术，病者延至家，雅不欲杯盘狼藉，惟旨酒一壶、烹蝗数只为下酒物，则大喜。暇时，出游郊外，着鹑结衣，乘小车，驾小马，御者身不及中人，徜徉自得，见者笑之，不介意。晚年营生旷，自题数语于碣简而有味。

[民国《寿光县志》卷十二《方技》]

任绣春，字成章。大雷子埠人。亲殁，庐墓三十余载，手植松数百株。病革，家人舁之归，临终喃喃诵《蓼莪》篇数语而殁。

[民国《寿光县志》卷十二《孝义》]

◎ 刘云骧 ◎

刘云骧，字雨村，号鹤侣。胡营人。事亲有孝行，兄拔贡生路骧客死济南，闻耗，涕泣往，扶榇归葬。少负隽才，为文声希味淡，不求人知。道光丙午（1846），由上舍生贡太学。晚年，精究长生术。殁后数月，门人以事问乩仙，始知已登仙箓。迄今数十年，扶乩问医方、占休咎，皆奇验。遐迩称为"鹤侣仙师"，建祠宇祀之。

益都李孝廉焕然刘公墓碑

公，讳云骧，字雨村，别号鹤侣，姓刘氏。寿光南境胡营人。其先世自高、曾而下，代有潜德。至公父用五太先生始，以学行显。太先生子三人，长路骧，字冀门，拔贡生。仲即公也。公少负隽才，磊落轩昂，卓然有立志。弱冠，补诸生，以高等食饩，文名重一时。为人务本，行敦大节。太先生春秋高，病痹，不良于行。公日侍床蓐，食上亲进匕箸，俟食讫，然后退。母张太孺人，晚年丧明，公左右奉养，始终无惰容。析箸后，兄客死济南，公往来数百里，以丧归。兄无子，择服侄为之嗣，并割田数亩奉寡嫂，以老寿终。其至性，有如此。公读书有静力，为文章理真法严，有墙东笔意。时学士竞尚词华，主司辄以枯淡抑之，以是秋闱屡踬。迨道光丙午（1886），以恩贡入太学，而公亦绝意仕进矣。居卿教授，循循善诱，蒙指示者多成名。晚年得长生术，神情淡远，悠然自得。及易箦，辗然曰：吾将从赤松子游矣。是时，人未之信。数月，门弟子以乩卜，始知果仙去。余谓：生而为英，死而为灵，理有固然。公以笃行之儒，安贫知命，遁世无悔，殆苏子所谓浩然正气不随死而亡者乎！门弟子欲立石道左，乞文于余，爰述其梗概系之。铭曰：古志士，今贫儒，然贫则贫矣，而德不孤；生存吾顺，死亦不渝，以全其躯，以传其后，清风高节，永为世模。仙乎！仙乎！其是也夫。

[民国《寿光县志》卷十二《方技》]

范氏园，在城南六里沙阿庄。道光初，里人范椿建园，有茅舍三楹，庭前砌小山，修竹千竿，松林茂密，花卉多异种。邑人广东罗定州知州李景沆致仕归，尝游此。崔孝廉承谟设帐时，邑名宿梁士鹤、刘云骧辈，恒聚晤其中。迄今百年，犹雅秀可观。

[民国《寿光县志》卷三《名胜》]

◎ 董素书 ◎

董素书，字朴斋。躯干丰伟，喜读书，尤工岐黄术。逾壮，隐居临朐之冶原三十年，活人甚众，人皆呼为"董仙"。晚年归里，延医者踵门至，虽风雨寒暑亦弗厌。八旬后，患腿疾，卧床诊病，精神如初。县令徐德润额其门曰"德门仁泽"。著有《杏林衣钵》，藏于家。子德亨，入邑庠。

[民国《寿光县志》卷十二《方技》]

董素书（1827—1917），字朴斋。寿光县石门董村人。生于世医之门，自幼读书，兼修岐黄术。后因家贫辍学，承父训，边务农，边习医，凡家藏之医籍无不博览，且天资聪慧，所读之书，多能过目成诵。

年十七，去临朐冶源一药店当伙计，诊治有验，每起沉疴，遂名闻乡里，求诊者接踵于门。年甫弱冠，应聘坐堂，三年，名声大震，誉满临朐。学本东垣，治重脾胃，遣方施药注重调后天，资生化源，扶正以祛邪。曾在临朐冶源行医三十余年。

精于脉学，两尼姑受孕，着男装求诊，素书切其寸口，脉滑利搏指，断为妊娠，两尼姑面红耳赤，始以实情相告。

素书之治病，尝使沉疴顿起，危症转安，故有"董仙"之誉。名士刘云亭赠联曰："回手活人，冶水便成橘井；春风普物，董仙自有杏林。"青州旗人锡章母有痼疾，百医不效，素书一诊，病去若失。谢以重金不受，赠缎上书"恩同再造"。乡公感德，集资修庙，以示怀念。

晚年归乡，仍不辞劳苦，忙于诊务，寿光县令徐德润亲赠巨匾，上书"德门仁泽"四个大字。

喜《易》学，尤重运气说，晚年著有《杏林衣钵》，未刊，已佚。

[《山东中医药志》第六篇《传记》]
[《潍坊市卫生志》第八篇《名人传略》]

民国

◎ 汤玉科 ◎

汤玉科（1852—1941），字晓风。寿光县前杨南刘村人。天资聪明，自幼好学，仕途未晋，弃儒习医，慨然云：人生在世，不得仕晋出谋以治国家，则为良医疗民疾以寿苍生，吾所愿也。学识渊博，医术高明，辨证精确，处方用药，谨慎小心，三思而定，且重医德，故行医数年，名声大震。治病先贫后富，徒步而行，闻及村人有病，辄亲自登门，仔细诊治，深受乡人爱戴。众人为其树碑曰："长沙遗风，著手成春。"

[《潍坊市卫生志》第八篇《名医录》]
[《山东中医药志》第六篇《人物表》]

◎ 郭士盈 ◎

郭士盈（1859—1932），字仙舟。寿光县北络南孙云子村人。为清末民初寿光之名医，擅内、妇两科，尤精于温病，在县城"益福堂"坐堂二十余年。

[《潍坊市卫生志》第八篇《名医录》]
[《山东中医药志》第六篇《人物表》]

◎ 张福海 ◎

张福海（1862—1930），字星涛。寿光县城北傅家庄村人。博学多识，医德高尚，内、外、妇、儿诸科无不通晓，注重后天之本，善调脾胃之气，胆识过人，用药果断。曾治寿光南关一妇人，产后伸舌不缩，水药难进，福海认为是气虚不摄，用人参浓煎取汁，徐徐灌入口中，一剂，舌即退入。临症十分注重气的变化，认为人身之气，虽无形可见，但至关重要，一旦气分受病，必及血分、脏腑，百病遂生，故用药以气药为多。

[《潍坊市卫生志》第八篇《名医录》]
[《山东中医药志》第六篇《人物表》]

◎ 张世恩 ◎

张世恩（1871—1947），字锡三。寿光县北半截河村人。世医之家，精于儿科，对痘疹、惊风、疳积治疗有独到之处。曾于垦利一带行医数年，晚年归里。著有《麻疹撮要》，藏于家。

[《山东中医药志》第六篇《人物表》]

◎ 张子仪 ◎

清光绪三十年（1905），章丘药商张子仪率三人来寿光县城西关东头路北，投资七百吊铜元，赁街房五间、北屋七间，立号"永德堂"药店。张子仪为掌柜。药材主要从济南"德成公""益成西"药庄购进，通过火车零担发往益都车站，再由店员用扁担挑回药店。平时若遇缺货，则到潍县药庄添补。此外，随时收购苦杏仁、桃仁、茵陈、半夏、蝉蜕等地产药材，共经售五百多种，有时对原生药物进行饮片加工和炮炙，生意较兴旺。

1910年开始兼营批发业务，雇有店员二人，制作少量中成药，有四消丸、小儿惊风丸、膏药和七制香附丸十多种。其中小儿惊风丸较有名望，远销外地。广饶、马头、大王、利津等地的小药铺都来批发购药，发展成为批发零售兼营的中药商。

1924年后，"永德堂"药店在寿城的声望越来越高，店铺规模越来越大，店内聘有账房先生、店员、炊事员等七人，设有店规店约，工作有条有理，秩序井然。每年售出药材不下一万公斤，买卖兴隆。同时张子仪利用寿光地产药材的优势，委托家乡亲友为经纪，将寿光地产药材香附、远志、半夏、地骨皮等运往济南出售获得高利，资金达五千余元。

1939年，张子仪年事已高，便将业产交其表侄宋子如接管。宋受理后，正值日军侵占寿光之际，"永德堂"药店遭受日伪敲诈，买卖冷落，处境艰难。

1945年8月，抗日战争胜利后，寿光城又遭国民党多次进犯，生意受损。1948年，全境解放后，党和政府发布保护工商业的政策，鼓励了"永德堂"药店掌柜宋子如重振药业的决心，由于宋的经营灵活，管理有方，生意恢复很快。零售业务每天接待顾客七八十人，兑药百多副，集日更是繁忙，应接不暇。

1952年，人民政府号召私营药店联合经营，"永德堂"药店将人员、资产一起并入城关镇联合诊所。

[《寿光县医药志》第四章《私营药业》]

济宁

元

◎ 李 诚 ◎

李诚，济宁路医学正。见延祐七年（1320）碑。

[道光《济宁直隶州志》卷六《职官表》]

◎ 段彦时 ◎

段彦时墓，在城南三里。彦时精医，湖广按副使吕棠为《墓志》。

[道光《济宁直隶州志》卷五《陵墓》]

◎ 黄 堂 ◎

黄堂，河南内乡人。举人。嘉靖三十二年（1553），知济宁州，岁凶且疫。堂设法赈恤，炒豆以食饥者，施药愈病，多所全活。升长史。

[道光《济宁直隶州志》卷六《宦绩》]

黄堂，河南内乡人。举人。嘉靖二十五年知齐东县，兴学礼士，简静宜民，垦荒田，清徭役，平听断，在任七年，百姓安堵，咸以"青天"称之。后升济宁知州，士民庶留涕泣，为立"去思碑"，祀名宦。

[道光《济南府志》卷三十六《宦绩四》]

黄堂，河南内乡人。举人。嘉靖二十五年知齐东县，兴学礼士，简静宜民，垦荒轻徭，听断平允。迁知济宁州，岁饥且疫，多方赈抚，并施药以疗病者。

[宣统《山东通志》卷七十二《职官志·历代官绩》]

乡贤祠，在崇圣祠右。按旧志：嘉靖三十五年，知州黄堂重修。

[道光《济宁直隶州志》卷五《学校》]

黄堂，兴学礼士，简静宜民，垦荒田，清徭役，平听断，在任七年，百姓安堵，咸以"黄青天"称之。后升济宁州知州，士民庶留涕泣，为立"去思碑"。

[康熙《齐东县志》卷四《名宦》]

忠爱坊，在县前。嘉靖三十一年，士民为知县黄堂立，有《碑记》。后改济东岩邑，今废。

[康熙《齐东县志》卷二《坊表》]

◎ 释湛池 ◎

释湛池，字还无。戒律精严，功行最高，云楼法嗣也。云楼谈经二十年，远近宗之。万历中，示寂铁塔寺，时弟子湛海游峨眉参悟不返。云楼龛塔悉湛池勤护，又结茅庐塔所数年。诸阇黎敬异之。精医，不执古方，手别有刀圭，于针灸、疽疡尤神效。人谢遗，一无所受。

[道光《济宁直隶州志》卷八《方术总传》]

释湛池，字还无。济宁人。功行最高，尤精医术，证治不用古方，别有刀圭，于针灸、疽疡，取效神速。谢遗，一无所受，惟食一斋。

[乾隆《兖州府志》卷三十一《杂志》]

[雍正《山东通志》卷三十一《方伎志》]

按《济宁州志》：释湛池，字还无。戒律精严，功行最高。尤精医术，证治不执古方，别有刀圭，于针灸、疽疡，取效神速。人或谢遗，一无所受，济人至今称之。

[《古今图书集成医部全录》卷五百十六《医术名流列传》]

◎ 周允元 ◎

周允元，字灵衢。其先自吴徙济。善楷隶，山水摹沈周，足乱其真。有养生术，年九十余能蝇头细楷，至百岁终。子某亦工画。同时有魏如松山人，其山水与允元皆名重一时。

[道光《济宁直隶州志》卷八《方术总传》]

周允元，字雲衢。济宁人。善楷隶，工绘画，山水常慕沈石田，笔几乱其真。晚修三一养生之术，年至百岁。

[乾隆《兖州府志》卷三十一《方技》]
[雍正《山东通志》卷三十一《方伎志》]

清

◎ 黄维祺 ◎

《批点性命圭旨》，黄维祺撰。维祺有《易诗随记语录》，见经部五经总义类。是书见《州志》。

[宣统《山东通志》卷一百四十《艺文志第十·子部·道家》]

黄维祺，字五先，号洸洲。顺治十二年进士（1655）。康熙初，授故城知县。廉正自矢，宽徭役，恤刑徒，劝农桑，兴学校。有寡妇，饶于资，夫从弟欲夺之，行贿千金，维祺佯纳之。庭鞫，遽讯曰：尔嫂有淫行乎？其人愕然，无以答。因厉声曰：既无淫行，是节妇也。尔嫂为尔兄守节，忍行贿逐之乎？出其金，谓寡妇曰：以旌汝。杖其人，逐之，合邑称快。时大旱，祷雨立应。又大水出堤上，居民惊窜，维祺衣冠虔祷，水旋退。将以才能荐，因老病力辞去，民泣送者数千人。家居，训后进，执经者屦满。年八十有三，卒之日，犹端坐，讲家人卦，以勖子孙。精于《易》《诗》，有《随记语录》。故城崇祀名宦。妻姜氏，有孝行，见《列女》。

[道光《济宁直隶州志》卷八之三《人物志三·列传》]

黄维祺，字五先。济宁人。顺治十二年进士。知故城县。宽徭役，弛刑徒，表厉孝弟，力田以为民率，其余文法一切弗事，讼庭为清。县有寡妇，饶于资，其夫之弟行千金，构致之狱，维祺佯纳之。庭鞫，遽讯曰：尔嫂节妇也，为尔兄守节，而忍行贿逐之乎？命出其金，置堂下，召寡妇，谓曰：用以旌汝。杖其人，遣之。尝因旱致祷，甘雨立沛。又河水暴涨没堤，居民惊窜，维祺具衣冠迎拜，水势顿止，堤亦得全。治最当迁，而维祺殊无仕进意，力请告归。卒年八十，祀故城名宦。

[宣统《山东通志》卷一百七十二《职官志第四·历代宦绩》]

黄维祺，山东济宁州人。由进士，康熙元年（1662）任。

[雍正《故城县志》卷二《职官》]

黄维祺，辛卯（1651）举人、乙未（1655）进士。

[乾隆《兖州府志》卷十五《选举志》]

顺治八年辛卯科

黄维祺，济宁人。

[宣统《山东通志》卷九十九《举人表》]

顺治十二年乙未科史大成榜

黄维祺，济宁人。三甲百六十五名。

[宣统《山东通志》卷九十四《进士表》]

《易诗随记语录》，黄维祺撰。维祺，字五先，号洸洲。济宁人。顺治乙未进士。官故城知县。《州志》云：精于《易》《诗》，有《随记语录》。

[宣统《山东通志》卷一百二十九《艺文志·经部·总义》]

◎ 刘 汶 ◎

刘汶墓，在八里铺。按刘淇《卫园集》有《亡弟鲁田墓志铭》云：君讳汶，姓刘氏，鲁田字也。本河南确山人。王父讳颜考。通议大夫，山东、四川按察使讳毓秀君，其季子也。生而颖悟过人，年十八举山东丁卯（1687）乡试，既连不得志春官，即绝意仕进。于书无所不读，皆能深知其悃奥肯綮。少多病，学医，辄往往先时处人生死有验。已乃学佛，断弃荤肉，数数病最力不少变。既拣选，终不一谒选。人劝之仕，笑而不答。性孤峻，喜智数，刚果好断，常为人所不肯为，爱憎之口或不能齐然，其高朗洞达，要非流俗人所可庶几者。使天假之年，磨砻渐灌以造厥成，其必有可观。惜乎！其止于是也。所著《太极论》一卷，凡十余万言；《杂文》一卷；《诗》四卷。易箦时精明揩挂，略无昏废，谓君子无所得不可也。卒于康熙四十六年（1707）一月九日，得年三十有八。娶戴氏，男子二：润根、润木，女子一。越四十八年三月二日，葬于济宁城东八里铺之北。淇，君之仲兄也，吾两人齐契同方于兄弟之中，尤有朋友之谊。自君之亡，失左右手，痛君惜君，曷维底耶！爰志其藏而为之铭。其辞曰：先大夫之泽将于君乎？克家而君，遽然其谓之何？匪夫人之才，遂无以观厥成，云何其嗟。虽然，生不竞荣，死不恒化，无亦或难耶！呜呼！已而，已而。

[道光《济宁直隶州志》卷五《陵墓》]

刘汶，字鲁田。其先确山人。父毓秀以乱徙辽左，从何姓。顺治十一年（1654）副榜，抚川陕有功，归至济宁卒，留葬，遂家焉。汶性至孝，才敏善悟。康熙二十六年（1687）以复州卫籍中山东乡试，因御史言汶宜隶汉军，遂入旗籍，得复姓，居济宁守坟墓。

[宣统《山东通志》卷二百《杂志下·流寓》]

◎ 章文伦 ◎

章文伦，字秀生。东关人。事母，色养兼至。好施与，助戚党婚葬。精岐黄、堪舆之术，以济人为心。

[道光《济宁直隶州志》卷八《列传》]

◎ 杨来凤 ◎

杨来凤，字羽伯。顺治十四年（1657）进士，授成县知县。邑在鹿玉山之阳，即仇池故地也。当秦属门户，鸟道蛇盘，丛箐邃岨，兵燹之遗，残民寥落。来凤和煦慈惠，政简刑清，不弛不扰，民以安辑。邑旧属陕，抚后隶甘肃甘州。途远，解送计簿，少迟，又不谙新例，每被驳斥。邑瘠，不能应费，遂罢去。成士民如失父母。来凤博雅多才，安贫乐道，归以诗文自娱，督训子侄亲知，咸成名士。并精于医，全活者甚众。

[道光《济宁直隶州志》卷八《列传》]

戊戌科顺治十五年（1658）孙承恩榜

杨来凤，济宁州人。一百八十三名。

[雍正《山东通志》卷十五之二《进士》]

◎ 李 鲲 ◎

李鲲，字化鹏，号浩斋。精于医，工行草隶篆，性嗜金石，收藏钟鼎图书、碑版甚富。子东琪，号铁桥。克承父学，隶书尊经阁、屏风圣经一章，其所书也。远近搜寻古碑，遇有端倪，即与黄同知易肩舆往向榛莽中，剜苔剔藓，且摸且读。胶东令王君碑、范巨卿碑久佚，东琪搜得之，置学宫。先是鲲于雍正六年（1728）得郑固碑缺石，邰阳褚峻载入《金石经眼录》；及东琪得王君碑，嵫阳牛运震《金石图》称其得片石为承欢助，士林中传为美谈。著有《碑目》二卷。

[道光《济宁直隶州志》卷八《列传》]

诵经明目：李鲲，字化鹏。幼时因痘疡而左目盲。及长，性嗜金石，收藏钟鼎图书、碑版文字甚富，工行草隶篆。乾隆二十九年（1764），六十有四，忽疽发背而右目亦盲。所藏有乡前辈于中丞若瀛所书《白衣大悲五印心陁罗尼经石刻》。至是，晨起必焚香讽诵，不少怠。明年十二月二日，方夙兴礼拜，左目复明，迄今年七十有七，犹能作行书楷。

[道光《济宁直隶州志》卷十《杂稽》]

◎ 李大绍 ◎

李大绍，字闻衣。乾隆甲午（1774）举人。操履谨饬，其学邃于《易》，占事知来，得之主静。五十后，绝意仕进，闭门独处，人罕觏其面。晚岁养真履素，道味粹然，年近九十卒。著有《卫生集》。

[道光《济宁直隶州志》卷八之四《列传》]

《卫生集》，李大绍撰。大绍，字闻衣。济宁人。乾隆甲午举人。《州志》本传云：晚岁养真履素，道味粹然。著有《卫生集》。

[宣统《山东通志》卷一百四十《艺文志第十·子部·道家》]

◎ 楚 裳 ◎

楚裳，字弈绣，号百泉。其先铁岭人，因官济上，遂家焉。裳幼通经史，长于古文诗词。长而出游，遍历名胜，博达群艺，凡阴阳、占候、医方、书算、绘画、音乐之事皆精晓。性和易，与人交无忤容，急人之急。尝割宅供父执丧事。暮年家贫，以笔墨自给，画山水入神，品萃宋元以来诸大家之长。无子，养子平林嗣。于乾隆五十一年（1786）卒，年七十五。平林旋亦卒。历城尹中丞济源，幼时其父携如济宁，裳期以远大，留就学，抚之如子。裳卒后五十年，济源致仕归，为封土勒石焉 据尹济源撰《碑》。

[道光《济宁直隶州志》卷八《侨寓总传》]

楚裳，号百泉。其先铁岭人，因官济宁，遂家焉。裳幼通经史，长于古文诗词。博达群艺，凡阴阳、占候、医方、书算、绘画、音乐之事，无不精晓。性和易，暮年家贫，以笔墨自给，画山水入神品。无子，有养子曰平林。乾隆五十一年，裳卒。未几，平林亦卒。历城尹中丞济源，幼时裳见之，即期以远大，留就学，抚之如子。裳卒五十年，济源为封土勒石焉。

[宣统《山东通志》卷二百《杂志下·流寓》]

楚裳，号百泉。其先铁岭人，因官济宁，遂家焉。画山水，入神品。

[民国《奉天通志》卷二百十四《艺术》]

◎ 刘永彩 ◎

刘永彩，顺治初人。家贫，为妇家所侮，怒而归，途遇怪风眯目，忽拾得素书一卷而不识字，属他人诵之，时即了了，盖接骨法也。治无不效，家以饶，子孙世传之，号"刘接骨"。

[道光《济宁直隶州志》卷八《方术总传》]

◎ 白全德 ◎

白全德，字纯修，号志隐。性狷介诚笃，究心医理，求者无贫富，立起应之，无□资者并施之。乾隆五十八年（1793），无疾卒。著《端砚谱》《古镜谱》各一卷。

[道光《济宁直隶州志》卷八《方术总传》]

◎ 陈宜中 ◎

陈宜中，字仲荄。例贡生。性廉介，志笃于济人，事继母能孝。究心医家言，一以仲景为宗。视病无论久近，求则必往，皆应手效。生平活人无算，不受杯水谢。嗜菊善饮，卒年五十九。

[道光《济宁直隶州志》卷八《方术总传》]

◎ 潘遵鼎 ◎

潘遵鼎，字铁荅。前《志》应宾裔孙。博学多识，乡试屡荐不售，益肆力古文辞，诗宗渔洋，多清微谈远之音。遨游南北，留心经世之学。凡古今制度损益、舆地沿革，靡不讲贯条晰，一时名公卿多折节交之。刑部尚书赵文恪公光东、抚丁文诚公葆桢，尤礼重焉。先是粤捻俶扰，州人车克慎、孙毓淮奉旨团练，以书招之归。遵鼎请联合曹、沂绅民，收其豪杰，为我外援，既固我圉且免资盗阻之者。笑其迂，议遂罢。后捻逆北来，二属俱残破，土匪迄数年不靖，人始服其先见。性友爱。弟遵彭少二岁，年七十犹同居。迎寡姊于家，事奉者三十年。有珍异，必先姊而后己。尤笃友谊。天津李毅斋客死济上，资之殡葬，岁时拜扫，必绕道诣其墓，酹而后去。少精医理，若天授。尝曰：医道，圣人所慎。流为技术，失《周礼》"十全"遗意。《史记》"列传"详列脉案，非深于此道者不能知。以李时珍《本草纲目》博而寡要，爱徐大椿《神农本草百种录》，欲以所知者续之。又谓：药重所出，南北异宜，燥湿异性，思合古今土产为《本草地理今释》一书，未成而卒。著有《勿自欺斋诗文钞》《运气述》《伤寒温习录》。子矩健，附监生。

[民国《济宁直隶州续志》卷十二《列传》]

潘遵鼎，附监，候选州判。

[民国《济宁直隶州续志》卷十一《例职》]

◎ 潘原璧 ◎

潘原璧，字东轩。少颖异，于书无所不读。未冠补诸生，既而鄙夷帖括之学，务为通经致用，尤嗜《易》，视世俗名位，无足动其意者。性至孝。以母病自习岐黄，昕夕探讨，幽宣邃通，为母医辄奏效。家储药物，遇人有病，为之诊治，无倦容。道光季年（1823），岁大祲，族人无所得食者，坌集于庭，悉善待之。村西有荒地三十亩，每于农事暇时，招集邻里穷乏者辟为园，日给以食，老者弱者咸与焉。盖隐寓周恤之意而人不知也。年七十五岁卒。

[民国《济宁直隶州续志》卷十二《列传》]

潘原璧墓，在东乡上九曲潘庄。沧州张庆□表其墓，其略云：先生济宁潘氏，讳原璧。以《易》学鸣于时，人咸称为"东轩先生"。少负颖异之姿，于书无所不读。未冠补诸生，既而鄙夷帖括之学，务为通经致用，尤嗜《易》，其为之益勤，于盈虚消长之义，余庆余殃之理，洞若观火。视世俗名位，无足动其意者。性仁孝。以母病目，兼习岐黄，昕夕探讨，幽宣邃通，为母医辄奏效。家储药物，遇人有病，为之诊治，无倦容。道光之季岁，大祲，族人无所得食者，坌集。是时，长孙妇归来甫三日，先生不敢歧视贫族，令新妇出面逼拜之，且令其烹调佐食，毋或阙礼。村西有地三十亩，荒芜已久，每于农事暇时，招集邻里穷乏者辟为园，日给以食，老者弱者咸与焉。盖隐寓周恤之意而人不知也。乞儿有窃其园果者，诘之，诡以母病对，遗以果而遣之，秘不告人。其宅心仁厚，类如此。呜呼！是真可以激薄俗已。

[民国《济宁直隶州续志》卷八《陵墓》]

潘原璧，以曾孙守廉贵，诰赠资政大夫。

[民国《济宁直隶州续志》卷十一《封赠表》]

◎ 马兆鳌 ◎

马兆鳌，清药商。山东济宁人。祖广伦为山东淄川教谕，公余留心医药，父及叔均随之习医药。叔并设药肆于淄川，名"富春堂"，返故里后，仍以此堂号设药店。兆鳌继先人业，辑经验医方并本堂所制成药效用，于道光八年（1828年）刊为《富春堂经验方书》。

[《中医人物词典》]

◎ 于朝勋 ◎

◎ 于铭勋 ◎

于如川，字仙舟。道光二十年（1840）举人。年十五入邑庠，旋食饩，州牧徐宗干器重之，资以膏火。道光己亥（1839）乡试中副车第一。庚子闱后，宗干阅其文，决为冠多士。是科主司搜房得如川卷，遂定解首。考官入都覆命，宣宗面谕：山东元文甲天下。故当时咸称"盛世名元"。先后主讲德州、安徽、泗州、盱眙书院。庚戌（1850）大挑知县，改教职，选栖霞县训导。以敦行立品训饬士子，朔望亲为讲解，士风为之丕变。邑有诸生马桂芳、姜凤梧，因贫废学，招至署，饮食教诲之，不数年皆成进士。尝兼署莱阳、招远、海阳县教谕，摄登州府教授。同治间，捻匪肆扰，上官素悉其才，檄委协办栖霞团防，缮城浚池，守御以固。既贼围城，如川登陴勉以大义，贼解围去。栖霞有廪生于岸以传习符咒，聚众劫掠。如川乃赴大营请兵，中道为捻匪所阻，几濒于危，卒冒险往。于岸闻之惧，欲他窜，设计诱其党魁戮之。以功保知县，辞，改授光禄寺正署衔。卒于任。著有《半竹轩诗文稿》十卷、《玉尺心商》七卷。子朝勋，字书青。附生。左文襄公宗棠器其才，延致幕中，多所赞画。旋以刑部河南司主事供职京曹，晋员外郎。既佐杨石泉漕帅清江节署，有屯地讼久未决。朝勋亲往履勘，缕析条分，案以清结。其父患痰喘病甚，朝勋割臂肉和药进，获痊。善医，精数学，多奇中。先期知卒年月日，后果不爽。著有《寄庐诗文稿》。季子铭勋，字叔鼎。同治九年（1870）举人。工书法，兼通医理。尤重气谊。主讲平度书院，士论翕然。以拣选知县，摄分河，办理灾赈，立成巨款。先是楚友陈某委妻子济南出游，数年无音问，铭勋得脩金每分与之。后为集资，遣老仆送之归。闻伯兄朝勋殁于粤，呕血数次，明年卒。著有《碧梧听雨轩诗文集》。

[民国《济宁直隶州续志》卷十二《列传》]

◎ 高永平 ◎

高永平，字星垣。咸丰七年（1857），岁歉甚，旧田沮洳，不足自养，然天性好施。邻村南王庄陈姓有鬻妻者，已登舆，永平出资赎之，俾夫妇如初，并按口给粮焉。发逆之乱，筑寨卫众，输资御灾，一乡赖以全活。光绪二年（1876），岁又不登，永平倡议疏浚西泗河，以工代赈，周巡河干，躬亲版闸。晚邃于医，舍药拯疾苦。亲邻贫无告者，周恤无弗至。又以朱集为通衢，设肆其间，有贫民借贷者不计息。兼于其地设义塾，植小学之基础。永平素重文学，时乡人潘守廉设教乡里，命四子皆从之游。仲子书诰，尤以孝友著闻。

[民国《济宁直隶州续志》卷十二《列传》]

◎ 熊毓和 ◎

熊毓和，字介堂。少读书，不屑屑于章句之学。中年，肆力于医，瘟疹、伤寒尤独有心得。庸是有"洞垣一方"之目，岁活人无算。贫乏者尤多造门请诊者，无贵贱、贫富，皆躬亲视之。贫则给药资，赠丸散，以为常，数十年不少吝。尝诫人云：不为良相，当为良医。盖自况云！

[民国《济宁直隶州续志》卷十二《列传》]

◎ 潘矩植 ◎

潘遵涵，字镜泉。父原泗，善属文，体弱多病，早卒。遵涵幼而勤书，受学于邬晴园、夏右臞，不事章句，有古名贤风。先生病殁，无子，孀妇弱女恃粮肆以养，而折阅多贷负。遵涵捐资助之并为之经理，尽偿夙累。事邬夫人如母，复为嫁其女，时论高之……子矩植，精于医，任陆军军医正；矩楹，绥远都统。

[民国《济宁直隶州续志》卷十二《列传》]

安阜街，民国十二年（1923）由潘矩植劝募重修。

[民国《济宁县志》卷四《琐记》]

◎ 韩宝乾 ◎

韩宝乾，字健元。性好施予，尤笃于亲。亲从叔铨年老无子，失明，夫妇无依，迎养以终其天年，殡葬如礼，复以弟三子嗣之。族中孀孤废疾者，均月有廪粟。有穷困不能自存，唏嘘于其侧者，必询所苦，力为拯济。晚年，家计窘而善行不少怠，凡修桥筑路、施榇舍医、恤嫠各善举，必多方提倡之。居常茹素，精研内典二十年如一日。卒时年六十有七。子联基，诸生。

[民国《济宁直隶州续志》卷十二《列传》]

◎ 刘　增 ◎

刘增，字益斋。太学生，兆恩子。母阎氏早卒，增抚于继母仲，仲性严，有小过，呵斥不少贷，增曲意承受，家计虽窘，甘旨无少缺，既家益落黄，遂业医，因得资以养母。易箦时，语不及私，惟属其子广銈善事祖母焉。里人钦其孝，公吁请旌入祀孝悌祠。

[民国《济宁直隶州续志》卷十四《孝义总传》]

◎ 吕时功 ◎

吕时功，字励亭。少为州吏员。嘉庆十八年（1813），岁大饥，上发赈银，有司奉行不力，赖时功力争，黎庶咸沾实惠。赈竣，即坚辞家居焉。生平精岐黄，善绘兰石。有友洪亮贫，时功日画一帧，俾购之以谋食。宗族戚友困乏，恤之恐不及，家中落不计也。子大彬，字文甫。咸丰年，捻匪窜乱，彬日输钱，雇义勇，守土圩，经两月未稍弛，乡里德之。

[民国《济宁直隶州续志》卷十四《孝义总传》]

吕时功，以孙福颐贵，诰赠朝议大夫；以孙福泰贵，晋赠中宪大夫。

[民国《济宁直隶州续志》卷十一《封赠表》]

◎ 李贞甫 ◎

记李贞甫孝行

东山居士公，迁徙来山东。先世居洪洞，仁厚旧家风。隶籍古任郡，典型曾不紊。一门孝友敦，传闻逮远近。百行孝为先，此公独得天。上溯九世祖，自源如广川。懋迁习绮岁，中和期处世。术妙擅岐黄，活人千万计。大小户无论，闻招急趋奔。济贫施妙药，表示遍里门。发捻乱时遭，侍母窃负逃。后随子女辈，不顾任泣号。遇贼贼不虏，转赠遗母脯。欢称君能孝，冥中受天祐。严慈具庆时，奉侍代家姬。此后遵母教，举足不敢离。母病几不起，愿以身代死。一夕梦神人，如愿偿孝子。觉后呼家人，备述梦中神。并志时与日，届期坐归真。生寿未四旬，冥寿祝无垠。子孙多昌炽，随处祀明禋。

[民国《济宁县志》卷三《列传》]

◎ 孙毓汉 ◎

孙毓汉，字云皋。前大学士玉庭之第三孙。幼失怙恃，为其世父善宝、季父瑞珍抚成之。未冠补博士弟子，旋以优等食饩，与兄毓泗、弟毓溎俱有声庠序。道光二年（1822）举于乡，其兄早世，弟毓溎以甲辰（1844）科第一人魁多士。毓汉屡上春官，不得一第。由是澹于荣利，潜心根本性命之学，不沾沾事帖括。咸丰初，江淮寇警，输资佐军，叙内阁中书，偶值趋公，必谨必慎。未几，谢病归。闭门谢客，不妄交接，日手《说文》一编，逐加点勘。居平敬慎威仪，严以律己，罕见惰容。与人交，则盎盎春温，从无急言遽色。治家严肃，尤足为法。著有《晚香草堂随笔》四卷、《古今尺考》一卷。又刊传验方，施良药，活人无算。年七十六，无疾而终。

[民国《济宁直隶州续志》卷十二《世家》]

内阁中书舍人孙公墓碑

公讳毓汉，字云皋，姓孙氏。世居济宁。前大学士寄圃相国第三孙。考讳仁荣，待铨郡倅，累赠通议大夫。妣氏马，赠淑人。生三子，公其仲也。天禀秀颖，孝友夙成。早失怙恃，持丧过礼，鸡斯柴瘠，哀感行路。世父中丞公、季父大农文定公，抚之成立。就傅受经，读《内则》，至"父母殁，为善必果"数句，辄掩卷流涕，亟思无忝所生。攻苦力学，恂谨逾寒士，诗文一遵家法。总角，补诸生，以异第食饩。与兄磬滨文学、弟梧江廉访，铮铮蜚声齐鲁间。既而文学早世，公与廉访先后举于乡，颉颃上公车。廉访寻掇大魁，公屡膺房荐，迄不得当于主司，自安义命，处之怡然。中间一援例，为内阁中书舍人，旋谢病归。闭门不妄交接，乃更潜心根本之学。每三复懿，戒于所云，敬慎威仪者，尤身体力行。独处若对宾客，罕见惰容。与人交，盎盎春温，无疾言遽色，人皆爱而敬之。孙氏自相国后，三世同居，田宅十余处，丁口奴婢数百人。中丞、文定服官中外，乃任公以家督。公综纪精严，寸田尺帛皆有文簿门录，下走不为奸欺。盖受事始，卒三十余年。茔祀日就整洁，先畴岁有增益，遐迩亲族，不忧困乏，其从弟莱山学士每叹服，以为今之谢密，乡论翕然称甚焉。晚好小学，日手《说文》一编，遂细点勘，六书讹舛，多所是正。又裒录上世以来诗文章奏，汇为《家集》若干卷，并《家传》若干篇，躬督手民，镌印函藏，用存世泽。少工楷隶，与弟齐名。后喜作草，得二王法。体素臞，起居饮食，分寸自程。兼习利形导气之术，华艾而神明弗衰。著有《晚香草堂随笔》四卷、《古今尺考》一卷。又刊播验方，兼施善药，活人亡算。光绪二年（1876）十二月十二日，无疾令终，年七十有六。配陈氏，济上名家女，封恭人。内政修举，与公相敬如宾，先卒。子柢，早卒。孙肇熙，庠生。以礼葬公于州城北李家营之原，恭人祔焉。今将立石表厥墓，属余为文，撮举生平行义，书而刻之，以垂示后昆如上。

[民国《济宁县志》卷三《碑录》]

孙毓汉，字云皋。济宁州人。前大学士玉庭之第三孙。幼失怙恃，为其世父善宝、季父瑞珍抚之成立。未冠补博士弟子，旋以优等食饩，与兄毓泗、弟毓溎俱有声庠序。道光二年举于乡，其兄早世，弟毓溎以甲辰科第一人魁多士。毓汉屡上春官，不得一第。由是澹于荣利，潜心根本性命之学，不沾沾事帖括。咸丰初，江淮寇警，输资佐军，叙内阁中书，儤值趋公，必谨必慎。未几，谢病归。闭门谢客，不妄交接，日手《说文》一编，逐加点勘。居平敬慎威仪，严以律己，罕见惰容。与人交，则盎盎春温，从无急言遽色。治家严肃，尤足为法。著有《晚香草堂随笔》四卷、《古今尺考》一卷。又刊传验方，施良药，活人无算。年七十六，无疾而终。

[宣统《山东通志》卷一百七十二《人物志第十一·国朝济宁州》]

孙毓汉，以弟毓溎贵，貤封朝议大夫。

[民国《济宁直隶州续志》卷十一《封赠表》]

◎ 德馨和尚 ◎

袁绍昂《德馨上人塔铭》

德馨和尚，族孙氏，济宁人。年九岁，受守遇禅师，戒于唐沟集之隆兴寺。少成若性，讲求教宗。长益勤劬，潜研内典。闻京西袖云寺有高僧，具菩提心，宣广长舌，登坛演说，为世大觉。爰担簦蹑履，跋山涉川，远道皈依，瞻其仪相。居久之，遂受戒律。越年，接法广邑慧远大师，以三如来身，传六波罗蜜，紫云深处，真性湛然。旋又云游关东、保安、驻锡，塞风凛洌，炼金刚不坏之身，边月苍凉，明法相常圆之体。于是，渡南海，朝名山，来往通都，阐发大道，往往以夜续昼，声如洪钟，而四方之缁素从游者日众。既回故里，礼诸佛弥，勒一榻，戢影东关。

适普照寺大阁倾颓，因矢愿重修坐龛，募化。张笠生观察闵其苦行，独出巨资，而功于以竟，对凫居士作记勒石，至今犹存。嗣以普济庵亦复失修，缁流云散，只身止宿，环堵萧然，闭门杜关，时历三载，乃施者大集，倾动四方，然后葺宇缮垣，旧观顿复。创立常住僧侣，来归演讲，开坛传戒两次，大师之功可谓宏矣。晚年，对凫居士创修济垣静居寺，速大师往，师杖锡遥临，对众说法，艰辛遍历，功成不居，大师之心可谓公矣。至其精岐黄，善绘菩萨像，盖由定生慧之一端也。抑又闻之大师在济垣时，公推为佛教会会长，宣扬梵义，宏邕宗风，与杭州印光法师宗旨无歧异，众心归向，故其道场尤盛。辛酉九月下浣六日，化缘迨遍，跌坐报尽，年七十有五。僧腊六十七载，戒腊五十二度，法腊五十一春。沙门某某等素仰大教，失声望路，爰迎体魄归于本庵。西北净土济宁孙尚卿遵贤笃信佛教，亟为余言。余重其请，因为此铭。铭曰：流泉不竭，圣井愈疾，非具神通，无此法力。宏维大师，天纵之姿，形气无朕，乃见真慈。露演稠林，月照空谷，无我无人。生是使独，大道无常，至精不死，只履西归。我闻如是。

德馨和尚，驻锡普照寺普济庵及省垣净居寺，公推为济南佛教会会长，有高行，年七十五圆寂，仍归葬于济宁焉。

[民国《济宁县志》卷四《琐记》]

普照寺，在城西北隅。光绪年，德馨和尚募化重修，张笠生观察施钱两万串修葺，工未竟，张笠生观察卒，德馨和尚亦他去。此寺附于玉落庵管理，详见州人潘守廉《碑记》。

[民国《济宁直隶州续志》卷九《寺观》]

◎ 卢朝安 ◎

卢朝安，号晓亭。广东新会人。初任郯城、单县，剿寇有声。咸丰六年（1856），知济宁州。岁饥，有蝗，著《捕蝗要览》。越岁春，又饥，集资赈贷，全活甚多；是秋，乃大稔，州境小儿出痘，多弗育，乃设局，劝种牛痘。久，始知其益。又捐资整顿书院，举行宾兴。八年冬，南捻扑州城，擒其渠于金乡王德集，贼遂引去。因浚牛头河，以泻坡水，兼资御侮。又筑城外土圩，周径三十二里，分十三门，垣峻池深，足限戎马。已而，贼屡至，皆藉是守御。先是，徐宗干辑《州志》未竟，携之入蜀，既以志稿寄东，尘封者廿余年，至是始校刊之，且增《续志》四卷。擢登州守，未任。迁兖、沂、曹、济道。初，僧忠亲王驻军济宁，稔其能贼，俾襄营务，理储糈，往复于东、皖、徐、豫之交者数年。同治乙丑（1865），王战殁于曹州，乃谢病归。

[宣统《山东通志》卷七十六《职官志第四·国朝宦绩》]

◎ 刘澄鉴 ◎

刘澄鉴，《温证治》一卷。

[民国《济宁直隶州续志》卷十八《书目》]

刘澄鉴，附生。鸿胪寺序班。

[民国《济宁直隶州续志》卷十一《选举志·例职》]

民国

◎ 李殿华 ◎

李殿华，字宸章。事继母孝，待异母弟能友。喜书法，精岐黄。

[民国《济宁直隶州续志》卷十五《艺术总传》]

李殿华，字宸章。清代济宁人。有孝行，善书法，精医术。

[《山东中医药志》第六篇《人物表》]

◎ 巫希点 ◎

◎ 巫占魁 ◎

◎ 巫延献 ◎

◎ 巫 铎 ◎

巫希点，字绍曾。诸生，鸿胪寺鸣赞。曾祖占魁、祖延献、父铎均以青囊术世其家。希点尤精医理，一时有"洞恒一方"之目。

[民国《济宁直隶州续志》卷十五《艺术总传》]

巫希点，字绍曾。清代济宁人。家世三传业医，希点承家训，于医理尤精。

[《山东中医药志》第六篇《人物表》]

◎ 欧阳长年 ◎

欧阳长年，字仙侪。精于医，著有《医理浅说》。

[民国《济宁直隶州续志》卷十五《艺术总传》]

欧阳长年，字仙侪。清代任城（今市中区）人。自幼好学，精研岐黄，博览医书。清咸丰十一年（1861）在济宁自设"戒慎堂"，以医济人。行医数十年，名扬四方，却从不自恃其才。曾告诫门徒："学医不精，不如不学。""脏腑不能语，全在医心术。岂可以虚实不辨，寒热不分，真假模糊，标本混施，而冒昧从事。又岂可以偶然幸中，即自称为能手？认症宜精，不可粗心浮气，以致张冠李戴。"用药立方严谨精细，分量十分斟酌。认为"六淫之伤，感之自外。对症施药，原无难处，惟如虚病实，症属似是而非，似非而是，或补或泻，或补泻兼施，胸中须有顶见，方能万全。""阴阳胜负，互相乘除。显然易见者，不难因症以用药，苟无确据，自当详审，必得其情，方敢落笔。稍有疏失，罪过不轻，慎之慎之。"治则主张"实者攻之，见效甚速。至于虚症补之未必即效，须悠久成功。其间转进退，良非易事。此言临症之难，非袭取者，所能为也。得其要领，而潜滋培长，则五行之运，不为相生者为生，即相克者亦相生，医道通仙，定虚语哉。"

欧阳长年医德高尚，曾说："今夫补编救弊，使人共登寿域者。吾侪分内之事也。故夸张自恃者，不可以医；急遂苟且者，不可以为医。"深受时人敬佩。著有《医理浅说》一书，凡六卷、六十三论。对四诊八纲，方选用药，内、外、妇、儿、瘟疫等疾病诊治，都有精辟论述。光绪十年（1884），由济宁文元堂刻印行世。

[《济宁市卫生志》第十三篇《传略》]

[《济宁市市中区卫生志》第十篇《已故名医传略》]

[《山东中医药志》第六篇《人物表》]

◎ 田伯颖 ◎

田伯颖，字睿堂。性孝友，精医术，为人诊视，不望报酬，乡里感之，为立石。

[民国《济宁直隶州续志》卷十五《艺术总传》]

田伯颖，字睿堂。清代济宁人。性友善，精医术，为人诊视，不望酬谢，乡公为之立碑。

[《山东中医药志》第六篇《人物表》]

◎ 潘矩健 ◎

潘矩健，字康甫，一字亢阜，别号斟秋。附监生。前《志》附监生、候选州判遵鼎子。矩健生有异禀，读书过目成诵。八岁能属文，十三岁能为诗赋，见者率以大器计之。补诸生后，游幕河南武陟、长葛、开封、南阳诸县。南阳傅凤飏、开封宝子常两太守、豫抚于次棠中丞，争相延致，中丞于公且与订忘年交。旋游毗陵，闭门课子。以岑春蓂太守摄眉州篆，函招往，不获辞，乃抵眉州。时以铁路收归国有，全蜀骚然，匪徒更乘间窃发。眉地当冲要，城守兵单，为匪所陷。矩健为之计划，赴省乞援，卒以克复。旋，城又被围。矩健复深虑熟筹，尽歼贼众，城围乃解。民国肇造，入岱北道夏继泉观察暨泰武将军靳云鹏将军幕。及应东三省陈子光扬、由关李又尘监督之召，陈、李均靳公属僚，夙器矩健，李师事之。比靳将军云鹏以陆军总长兼国务院总理，辟矩健为院咨议，以年老不果往，乃俯就第三区稽征局局长，驻兖州。嗣以兖州兵变，波及于局，公私款项囊括一空，请移局济宁，许之。乃局甫成立，遽遭疾卒。矩健生性孝友，父病，亲侍汤药，衣不解带者数年。父卒，哀毁过甚。葬事毕，家人环劝，始稍稍节哀焉。生平于文事之外，兼精岐黄。盖得自庭训也。著有《前后汉拾遗》三卷、《亢父诗草》二卷。

[民国《济宁县志》卷三《人物》]

潘矩健，附贡。河南县丞。

[民国《济宁直隶州续志》卷十一《文选表》]

◎ 李宝琛 ◎

李宝琛，原名毓琛，字琳卿，又字蔗园。《州志》举人联坛孙、承楷子。宝琛幼警悟，七岁授以陶诗，能知大意。未冠，遍读"十三经"，为文章，下笔千言立就。年二十，补博士弟子员，有声。覃研经史，旁及诸子百家、兵算、医筮之书，皆能抉其秘奥，自抒心得。尤喜为古今体诗，出入唐宋各家，不拘拘于一格论者。推为乡人莱阳宋按察、德州田巡抚之亚匹。乃负才不遇，屡不得志于有司。壮岁以后，栖迟幕府，周游秦、楚、豫、皖，遍览终南、太华、黄山、白岳及歙浦泉唐诸名胜，俯仰古今，悲歌慷慨，意气浩浩如也。尝著《匡时万言书》，贯通新旧之学，批却导窾，繁而挈要，视赵天麟、金镜策，无多让焉。惜当时无知音者，故不获见之实用也。其子继沆，官刑曹，就养京师，与张振卿总宪、刘博泉、徐花农两侍读，延子澄学士，昕夕过从，以诗相倡和，一时名公巨卿，争以一见颜色为幸。辇毂之下，推为艺林宗匠。世变后，还乡里。葛巾芒履，隐居明湖，不与外事接。后以继沆游宦河南，迎养至大梁，遘疾卒。宝琛劬于学，好诱掖后进，前后从游者多知名士。口讲指画，恒漏尽不休。疏解群经奥旨，参以古今时变，多发前人未发之蕴，学徒怡怡然服膺无斁，以为各有所得也。生平勇于行善，每岁除日，躬率厮仆，囊金，遍游闾巷间，闻有嗟叹者，即赠以金钱，俾资度岁。其他周人急难，偿友逋负，解衣推食，不可殚述。著有味古斋《文集》《诗集》《诗话》《扬芬集》《读书质疑》《庄子偶评》等书，惟《诗集》已刊。子继沆，清光绪二十年（1895）进士，刑部直隶司员外郎。

[民国《济宁县志》卷三《人物》]

◎ 孙培益 ◎

孙培益，字励堂，一字渔佣。《州志》乾隆四十年（1775）进士、体仁阁大学士、两江总督玉庭来孙。父肇彬，早卒，时培益年未十岁，赖母氏孔教养成立。培益生而颖异，甫岁读书，即贯彻群经，擅长词赋，尤工四六骈体，酷嗜《尤西堂文集》。年十八，入邑庠，旋食廪饩。经古试，屡冠其曹偶。督学尹铭绶拔置浐源书院，与邑人李毓梅、边凤墀，同有名于时。其后，毓梅、凤墀均以优贡获隽，凤墀旋举于乡，而培益于光绪二十九年（1903）乡试仅中车。宣统初，就直隶州判职，分安徽。遭改革，即杜门不出。生平侍养大母及其母最孝，母卒后，请于朝，得旌表。又严督两弟培颐、培升读，均有声黉序间。培升旋以优行，贡成均。家居无事，辄手一卷，群书插架皮床，几无容膝处，日寝馈其中，而不知倦。精于医，不轻为人诊视，然施治辄愈。岁辛酉（1921），修邑志，培益与焉。时总纂为唐照青刑部烜，相处最得。考据故事，商榷体例，厥功尤多。嗣唐总纂回籍，继其事者为徐庚生农部金铭，与培益乡榜同年，时聚谈，议论风发，辄辄互相唱和，每更漏三下，犹未已也。乃毓梅署青城，卒于任。凤墀客死于江南。唐总纂烜自济宁归里一年余卒。徐总纂金铭于甲子（1924）夏初亦卒。培益闻耗，以其有老母在堂，暇扼腕唏嘘，拟为之筹后事。讵不一月，而培益竟以猝病卒，年仅四十有九。讵天之将丧斯文耶！是亦大可哀已！培益著作甚多，向不存稿。近其弟培颐、培升于故纸堆中，从事掇拾，或者什得其一二云。

[民国《济宁县志》卷三《人物》]

张蔼堂

张蔼堂，字吉人。清附生。幼而勤学，补诸生后，好博览群书，而于《灵枢》《素问》，尤能探其奥。因之，有病伏于隐微，为人所不能道者，蔼堂一一能言之。家设药肆，遇极贫者，往往不计值，岁活人无算，然不以医名。旧有楼三楹，颜曰"待月"，暇常读书于其中。居里门，素以廉介自守。尝语人云：智欲圆而行欲方，吾辈当准此以为则。故居恒取与不苟。厥后，兰山县知县叶明府大可、东抚胡中丞建枢闻其贤，礼辟之，遂佐治以终焉。

[民国《济宁县志》卷三《人物》]

查景绥

查景绥，字星阶。顺天宛平县人。父筠，历官捕河通判、泉河通判，《续州志·宦绩》有传。景绥幼随宦济宁，遂侨居焉。少聪颖，从邑人李琳卿先生宝琛游，熟于音韵、训诂之学，因而发之于诗。琳卿先生素知医，故景绥又兼通医学。屡踬秋闱，荐辄不售，因纳粟以运判分浙江，供差屯溪分卡，期满得代。辛亥政变，遂挂冠归。先是江宁吴邦贤创设惠济粥厂，筠与其事。筠卒后，景绥能继父志，历办十余年，积羡额四千余金，因树碑以记之。居恒留心掌故，一意搜求先辈著述而集录之。于济宁轶事及河上变迁之迹，瞭如指掌。家藏古书画尤多，著有《诗本音》诸书。

[民国《济宁县志》卷三《人物》]

姚光浚

姚光浚，字南泉。浙江余杭县人。清光绪十七年（1891）举人。会典馆誊录，议叙知县，分山东。历任德平、齐河、平阴、黄县、博平、福山知县，所至有惠政，户尸祝之。解组后，侨居于济。地方有大善举，胥捐款佽助，不少吝。生平精岐黄，得神解。盖传之家学云。

[民国《济宁县志》卷三《人物》]

姚光浚，浙江余杭县。举人。光绪二十六年代理县篆，适拳匪肇乱，巧黠之徒，借仇洋为名，愚民盲从，几酿大乱。光浚严办为首者一人，因之宵小敛迹，不敢附和矣。旋，上宪派兵来县剿捕，独结报县无拳匪事，遂寝息，辟以止辟，县民之赖以保全者甚多。

[民国《德平县志》卷三《治绩》]

姚光浚，浙江余杭县人。光绪辛卯（1891）科举人，二十二年知县事。政尚宽大，惠爱士民。诸生月课，每亲自校阅，虽隆冬盛暑不倦，并购书籍百余部，捐置督书院，以便士子取阅。历任田亩税契，吏胥多借以染指，乃出示谕：民税契一纸，不论亩，率一律纳钱一串。匿税之弊一清。调任之日，商民遮道祖钱，立"遗爱碑"以志感。

[民国《齐河县志》卷二十二《宦绩》]

◎ 李厚甫 ◎

李厚甫（1869—1947），济宁县人。业医，术精内科。

[《山东中医药志》第六篇《人物表》]

◎ 朱成麟 ◎

◎ 石笙亭 ◎

◎ 马骏猷 ◎

◎ 孙寿山 ◎

朱成麟（1870—1929），字瑞生。回族。济宁县南关糖坊街人。幼习儒术，清光绪二十五年（1889）赴兖州应试秀才，名中榜首，后补廪生。博通经史，工诗词，尤喜老庄道家书。后弃儒习医，清光绪二十七年在济宁糖坊街寓所开设药室。擅长内科，尤精温病，求诊者若市，凡经诊治，多起沉疴，遂成名医。清末民初，诸多弃儒学医者，拜于门下，如弟子石笙亭、马骏猷、孙寿山等，均为济宁一代名医。

好诗文，著有《买痴馆诗稿》《芥指书屋文稿》《法华经注》等。医著有《温病集腋》六卷、《医学经验浅说》，未梓。

[《山东中医药志》第六篇《传记》]
[《济宁市卫生志》第十三篇《传略》]
[《济宁市市中区卫生志》第十篇《已故名医传略》]

◎ 王毓瀛 ◎

王毓瀛（1871—1942），号十洲。济宁人。世人尊称"王六爷"。少时在"天芝堂"学徒，期满后在该堂应诊。1923年，在小闸口自设"济元堂"坐堂诊治。

行医期间，白天应诊医疗，对贫苦者不望报酬；夜间，出诊官绅人家，车轿迎送，派头十足，诊费药钱昂贵，一应开销全由对方支付。常言："穷人看病，富人纳钱。"

擅内科、儿科，精温病。力主"肾为先天之本，脾胃为后天之本"之说，讲究药材地道与加工炮制，强调医药并重。其子王鼎岑深得其传。

[《济宁市市中区卫生志》第十篇《已故名医传略》]

[《山东中医药志》第六篇《人物表》]

◎ 李壁双 ◎

李壁双（1874—1932），济宁县人。业医，术工内、妇两科。曾任医师公会会长。

[《山东中医药志》第六篇《人物表》]

◎ 程凤仪 ◎

程凤仪（1879—1933），济宁县人。业岐黄术，工外科，善治疮疡。

[《山东中医药志》第六篇《人物表》]

◎ 朱 鹏 ◎

朱鹏（1887—1945），号仲山。济宁郭家花园水口街村人。业医，术精内科。曾获国家及省中医证书。撰有《瘟疫伤寒辨证论》《内脏阴阳平衡论》，未刊。

[《山东中医药志》第六篇《人物表》]

清

◎ 曹光府 ◎

曹光府（生卒年不详），清道光年间名医。微山县彭口闸乡蒋集村人。幼嗜医学，熟读名著，精研岐黄之术。清道光二十一年（1841），在临城沙沟开设"保和堂"中药铺，行医售药，擅长妇科。其医德高尚，医术精湛，方圆百里享有盛名。

勤奋好学，广览群书，根据自己多年的临床经验，于道光三十年著成《舌图》一书（现存）。全书共六十三页，一百一十四个舌图，分为九类，包括：白苔舌（28图）、黄苔舌（17图）、黑舌（14图）、灰舌（11图）、红色舌（22图）、紫舌（11图）、微绛色舌（3图）、蓝色舌（2图）、妊娠伤寒舌（6图）。望诊是中医"四诊"的重要组成部分，而舌诊则是望诊中的重要一环。根据舌色的不同，鉴别诊断出疾病的虚、实、寒、热和病情的轻、重、缓、急，并制订出相应的治疗措施，运用不同的药物方剂，达到治疗不同疾病的目的。为后人在中医的诊断方面，提供了宝贵的经验。

[《微山县卫生志》第十二篇《传》]

◎ 朱英佩 ◎

朱英佩（1848—1893），字玉藻。微山县欢城镇黄村人。通经史，善诗文，屡试不第，遂弃儒习医，攻读岐黄。不耻下问，博览群书，熟读《内经》《难经》《伤寒》《金匮》，擅长内科杂病，特别对中风、痰饮、心肺病的治疗很有经验，远近求诊者络绎不绝。不仅医术精湛，而且医德高尚，无论昼夜寒暑，有求必应。凡贫穷患者无钱服药的，无不解囊相助，不分贵贱贫富，一视同仁，活人无算，受到广大群众的爱戴。名传京师，曾受清光绪皇帝诰封，一时荣耀门庭。《朱氏家谱》载：

皇恩敕赠"全而归之"四字绢绫。《家谱》本传曰：攻书慕医，谨慎孝友。足见其平生之功德。

[《微山县卫生志》第十二篇《传》]

[《山东中医药志》第六篇《人物表》]

◎ 扈敬斋 ◎

◎ 扈兆喜 ◎

扈敬斋（1856—1896），字名仁。微山县夏镇奎文街人，系十四代祖传外科世医。熟读经典，精通外科知识，尤其对《医宗金鉴·外科心法要诀》背诵最熟，临床上运用自如，精心研究外科。对治疗痈、疡确有独到之处，特别治疗发背、疔毒、脱骨疽、颈部瘰疬等恶疮险症，很有经验。曾治一瘰疬患者，局部溃烂，病属危急，被视为不治之症。扈先生诊之，以为尚有生机，遂书方取药灌服，又配药膏敷于患处，病人遂转危为安，不数日疮口愈合。远近闻名，求诊者甚众，且医德高尚，群众爱戴，恭奉金字匾额一块，题曰"绍承仁术"。其祖父扈兆喜，外科医术精湛，誉满乡里，颇负盛名，病家赠匾额一块，题曰"妙手回春"。

[《微山县卫生志》第十二篇《传》]

[《山东中医药志》第六篇《人物表》]

◎ 姜 琚 ◎

姜琚（生于清咸丰年间），字佩章。清代庠生。沛县夏镇（今微山县夏镇运河东岸三孔桥北姜桥）人。出身贫寒，聪敏好学，通经史，善诗文，博学多识，广交各地名士。清同治年间，曾避乱到过南阳（今微山县南阳镇）。中年时期，因当时疫病流行猖獗，夏镇周围尤为严重，死亡较多，心怀仁德，立志救危扶困，遂弃儒习医，精研岐黄，博览群书。在临床辨证中具有真识卓见，立方遣药，确有化险为夷之功。擅长内、妇两科，尤其对瘟病一门，有高深的造诣。每日门庭若市，应诊无暇，活人无算，在群众中享有很高的声誉，人称为"夏镇良医"，名驰滕、沛。上至州官县令，下及黎民苍生，皆受其惠。

江南一商贾，船泊越河之滨（从大运河引往夏镇街心的支河），突然患病，昏迷不省人事，急求姜琚救治。姜诊为温病，毒热冲心，病属危急，即以凉营解毒、清心开窍法治之，数日而愈。商人感激之余，复求姜先生为其父诊疗。其父患虚劳病经年，在江南曾经各地名老医生诊为难治之症，长期服药无效。姜进诊其脉，断为肺阴虚损之病，遂书方：麦冬、阿胶、龟板、沙参、桑叶、冬花之属，每日一剂，并令每日大量吃梨，喝梨膏。患者依法治疗，果两月后痊愈。后来名传江南一带，认为姜的医术高超，不少医者，不远千里来夏镇拜姜琚为师，学医有达三年之久的。精医，别有神解，只书方，不售药，病家多持方去月河畔"育生堂"药铺买药。民间传说："育生堂"药铺主人的女儿，年处妙龄，忽患病，壮热体痛，呕吐不食，遂请姜诊治。姜琚通过望诊，认为毒邪内蕴，非急治不可，遂上前抱住少女不放，其女大惊，"育生堂"主人非常气愤，认为姜琚的行为不轨，遂怒骂不止，姜琚乃禀告：少女欲出痘疮，而因元气素弱，不能托毒外出，毒将攻心，病属危急，故凭大惊气动，火毒随之外泄，痘即表出。是夜，其女果然出痘，后即病愈，病家转怒为喜，当面赔礼道歉，并说先生医术高明，使我女得救，则恩德永怀不忘，昨日恶言相对，实属误会，求其鉴谅，遂设宴款待，并重金酬谢，姜不受，遂辞去。此事成为鲁南一带，姜琚行医的美谈。

[《微山县卫生志》第十二篇《传》]

[《山东中医药志》第六篇《人物表》]

民国

◎ 杨再梅 ◎

杨再梅（1856—1935），字伊贤。微山县夏镇谢桥村人。幼习诗书，屡试不第，感于世乱，遂弃儒习医，熟读《内》《难》二经及《伤寒》《金匮》等书，擅长内科，尤其对温病深有研究，特别对瘟疫、暑温、暑厥等危重病人的诊断明确，用药妥当，确有起死回生、药到病除的功效。求诊者众多，活人无算，医术精湛，誉满乡里，在群众中流传"杨再梅不开方——死症"的赞语。1928年，群众为表示对其爱戴之意，赠送金字匾额一块，题曰"寿世寿人"。不但在医学上有较深的造诣，而且对药物，特别对当地生产的草本药物很有研究，曾用马蔺根绞汁，涂敷局部，治疗"大头瘟"，肿消很快，疗效甚速。善于广交，结识医林，畅谈医学，交流经验，与刘士昌（1866—1956）、沈洪基，被群众称为"医者三友"。

[《微山县卫生志》第十二篇《传》]

[《山东中医药志》第六篇《人物表》]

◎ 沈洪基 ◎

沈洪基（1869—1914），字次功。微山县夏镇盐当街人。自幼勤奋好学，善诗文，应试不第，遂弃儒习医，精通《内》《难》二经，熟读《伤寒》《金匮》及各家名著，擅长内、儿科，特别对小儿痘疹、惊风、痰喘治疗显效。曾在麻疹流行时，根据自己的多年临床经验，研制一方，名"透疹托毒丹"，配成药粉，每包一钱重（具体药物不详），散发给未病小儿，用水化服，凡服药小儿很少发病，起到了预防麻疹的作用。为便利病人，自设"宏德堂"药铺。济困扶危，凡遇贫穷无钱服药患者，均舍药不收费。其医德高尚，有求必应，求诊者甚众，医术精湛，远近闻名，公众先后赠送金字木匾两块，题曰"医惠桑梓""业精岐黄"。其次子光铸（1900—1975），字仲陶，继其业，亦擅长儿科，在民众中享有盛名。

[《微山县卫生志》第十二篇《传》]

[《山东中医药志》第六篇《人物表》]

◎ 唐趋亭 ◎

唐趋亭（1890—1928），微山县留庄四村人。开设"济和堂"药铺，诊病卖药，擅长内科杂病，尤其对小儿痘疹的治疗效果较好，在当地有一定声望。

[《微山县卫生志》第十二篇《传略》]

[《山东中医药志》第六篇《人物表》]

◎ 任以海 ◎

"德兴堂"药店，始创于光绪七年（1881），由鱼台人任以海开办，堂址在两城。药店有店铺、住宅两处院，共有房屋二十余间，其中有门面五间、诊室二间、加工房二间、库房三间等。拥有固定和流动资金一万元（银币），雇用店员十五人。先后聘请卢广文（滕县人）、任正体（鱼台县人）、周连瑞、陈西贡、马秀（均为微山县两城人）为坐堂先生。经营中草药八百余种，药品齐全。贵重药材有麝香、牛黄、砂仁、朱砂、豆蔻、藏红花等，长年不缺。炮制加工认真仔细，自制膏、丹、丸、散五十余种，价格合理，疗效显著，并兼批发药品和收购当地产药材。当时在本地享有很高的声誉，现遗有病家赠送的大理石石碑一方，上书"信知天上无双品，独占人间第一春"。其影响之大，不言而喻。清宣统年间，任以海又在南阳分设"德兴堂"药铺，门口悬"德高望远"匾，行医售药，生意较为兴隆，群众曾公赠南方瓷匾两块，题曰"褚夏回春""神手佛心"。民国十三年（1924）停办，返回两城。民国三十一年（1942），因家产败落，将药店转卖给本地人刘华堂，仍称之为"德兴堂"，改聘辛文瑞、陈西贡、穆泰昌（均系微山县两城人）为坐堂先生。药店一直持续到1952年加入联合诊所。

[《微山县卫生志》第二篇《民间药铺（店）》]

◎ 徐东和 ◎

◎ 鲁立斋 ◎

◎ 王怡青 ◎

"怀济堂"药店，于光绪十二年（1906）由徐东和、鲁立斋（均为滕县人）、王怡青（浙江人）合资创办。设在夏镇北三八街路东，是县境内规模较大、信誉度较高的药店，以兼营国药批发，零售膏、丹、丸、散，品种齐全，炮制加工精细，为时人称道，名传滕、沛一带。药店老板以徐东和为主，招聘李林庆（微山县留庄村人）为总管（总经理）、王子春（微山县夏镇人）为采购，孙本信（微山县夏镇人）为管账先生。店员近四十人，其中药工三十人，共有房舍四十余间，设有门面、诊室、库房、加工房、厨房、住宅等。有两个药橱，三节柜台摆设整齐洁净，堂前挂有"货真价实、童叟无欺"金字匾额，以招揽顾客。拥有资金一万元（银币），出售中草药一千余种，地道药材无不齐备，参、茸、胶、桂、麝香、牛黄等贵重药品应有尽有，自制膏、丹、丸、散三十余种，同时还向沛县、滕县、临城（今枣庄市薛城区驻地）等地批发，生意十分兴隆，每天平均收入约一百元（银币）。药材均择优而购，主要从上海、郑州、天津、内蒙、亳州、徐州等地采购。还于每年农历三月二十八、四月十八日，派专人到滕县药市会、望冢药会采购部分中药，还随时收购当地产药品四十余种。药物炮割，十分讲究色泽、规格，遵古炮制，一丝不苟，所有出售药品无霉烂、变质观象，每味药分包，并号上药名及"先煎""后下"等字样，以便核查和病家辨真伪、优劣，最后用大纸包好，并交代清楚，以确保疗效。店员薪水由总管（经理）根据其技术高低而定，高者五十元，低者二十元，每月一领，年终分红，分红时每人约得二十至五十元。对于店员管理，要求早开市，晚闭门，不准擅离职守，出售药品时要语言温和，态度和蔼。不守堂规者年底辞退。由于管理有方，致使"怀济堂"药店远近闻名，经久不衰。民国四年（1915），曾在合儿庄（今枣庄市台儿庄区）分设"怀济堂"药店，后因生意萧条，于民国十二年（1923）搬迁至临城（今薛城）设"怀济堂"分店。店主徐东和1922年卒后，由其妻徐吴氏继承其业，后由儿媳王建华继承。1956年"怀济堂"并入国药联营社（私人合股经营），1956年并入中西医联合诊所。

[《微山县卫生志》第二篇《民间药铺（店）》]

◎ 针庆珠 ◎

"普庆堂"药店，始创于民国二十四年（1935），由单县人针庆珠（字吉蒲）开办，设在南阳镇街里。针庆珠先生之父系单县城名医，自幼随父习医药，曾在单县办医药站，遍走南北，采购药材，信誉较高，曾任单县商务会会员。1924年，群众公赠金字匾额一块，题曰"术高苏董"。1936年春迁来南阳镇，租房十三间，开设"普庆堂"药店，设有门面、诊室、加工房、库房等。店内挂有条匾，书"出售云贵川广地道药材"等字样，以招揽顾客，并在店门上方悬挂"先学耐烦"横匾，以提醒店员对待前来就诊、买药之人要态度和蔼，语言温和，耐心细致。店内雇有坐堂先生二人、药工六人，收学徒四人。针先生十分重视药物的加工炮制，严格规定："本店不准出售虫蛀、霉烂变质药品，不准出售未经过加工炮制之药品。"坚持做到：拣净杂质，盐炒、酒炒、醋炒、土炒、麸炒、火煅、水飞等多种炮制方法。如香附醋炒、芒硝提炼、巴豆打油（而不是纸浸的旧法）等。由于药物加工炮制精细，其色、气、味俱佳，深得群众信赖。尤为可贵的是，出售膏、丹、丸、散时，附给病家一张自制的木板标签，上书本药的性味、功能、服法、剂量等。凡出售草药时，凭方付药，剂量准确，每味药物用小纸（上印有药物形状、性味、功能、产地、服药禁忌等说明）单包，并注明药品名称，然后用大纸（印有本店堂号）包起，外加一个过滤药渣的小箩，耐心交代煎药注意事项（先煎、后下、快煎、慢煎、浓煎、冲服、包煎等），以确保病家满意、放心，切实达到治疗效果，致使药店生意兴隆，誉满乡里。民国二十八年（1939），日军火烧南阳镇，药店损失颇大，将该店的一半分设于鲁桥镇，堂号仍为"普庆堂"，零售中草药和膏、丹、丸、散，1941年停办。1955年加入联合诊所。

[《微山县卫生志》第二篇《民间药铺（店）》]

◎ 孙本信 ◎

◎ 王志春 ◎

"仁和堂"药店，始建于民国十二年（1923），由夏镇孙本信、王志春等合股开办。设在夏镇文昌街路西。共有房屋二十余间，其中门面五间、库房五间、楼房六间（诊室、加工房）等。雇用店员十余人，经营中草药五百余种，自制膏、丹、丸、散三十余种，拥有资金六千余元（银币），药源主要来自徐州、滕县、亳州等地，药物品种齐全，地道药材和名贵中药长年不缺，药物加工炮制精细，深得群众好评，在当地享有较高声誉。民国三十四年（1945），王志春与×××抽出股金，"仁和堂"由孙本信独资经营，有店员八名，出售药品六百余种，拥有资金约七千元（银币），药店颇有生气。1952年并入国药联营社，1955年公私合营，"仁和堂"入股金七千二百元，成立药材经销部（县药材公司前身）。

[《微山县卫生志》第二篇《民间药铺（店）》]

◎ 郭自祯 ◎

"福临堂"药店，始创于民国四年（1915），由南阳周围坡东水西七家大财主以郭自祯为首共同筹款雇人而设，堂址在南阳镇街里。是当时本地影响较大的药店。雇有中医三名、药工五名、徒工及勤杂人员七名。共有房舍十余间，其中楼房五间、厢房四间、门面三间，出售药品六百余种，自制膏、丹、丸、散四十余种，并兼营批发和药物加工炮制。每年几次去南方进货，使用货船和大车等运输工具。药物品种齐全，人参、鹿茸、豆蔻、朱砂等贵重药品长年不缺，当时南阳周围几县都来该店批发药材，可见其规模之大、生意之兴隆。每年年底结算一次，所得利润除支付工资外，由堂主按股份分红。民国二十八年（1939），被日军付之一炬，所有药品、器具、家产等无一幸存。

[《微山县卫生志》第二篇《民间药铺（店）》]

鱼 台

元

◎ 萧敬谦 ◎

◎ 明　安 ◎

儒学教谕

元

学有教谕，无训导。又，文宣王庙与三皇庙并列，三皇庙庑祀名医，故有儒学教谕，有医学教谕。今至正元季《修学碑》，犹载医学教谕萧敬谦也。盖时虽尊圣礼，未中度且列儒九等，亦无怪其然矣。

明安，举人。至正元季任，见《修学碑记》，即并载医学教谕萧敬谦之碑也。

[康熙《鱼台县志》卷十四《职官》]

医学教谕

萧敬谦，至正间任。

[光绪《鱼台县志》卷二《职官表》]

萧敬谦，医学教谕。

[道光《济宁直隶州志》卷六《职官表》]

清

◎ 陈鸣佐 ◎

医官陈鸣佐,性至孝,因早失怙,母刘氏守节育之,供事菽水,甚竭子力。年既壮,思有益于世,乃潜心医理,垂四十余年,术甚精,活人甚众,亦不计利,贫者以药济之,人称德焉。当事累加旌奖,康熙二十九年(1690)擢领医学训术科,俾凡事医者皆耻则焉。

[康熙《鱼台县志》卷十七《术艺》]

陈鸣佐,性至孝,早失怙,母刘氏守节育之。年既壮,乃潜心医理,垂四十年,术益精,治人辄有奇效,不计利,贫者以药施之。康熙二十九年(1690),授医术训导科。

[光绪《鱼台县志》卷三《耆硕》]

按《鱼台县志》:陈鸣佐,性至孝,因早失怙,母刘氏寡育之,供事菽水,甚竭子力。年既壮,思有益于世,乃潜心医理,垂四十余年,术甚精,活人甚众,亦不计利,贫者以药济之,人称德焉。

[《古今图书集成医部全录》卷五百十七《医术名流列传》]

◎ 屈弘谟 ◎

屈弘谟传

弘谟,鱼邑布衣也。居独山之北。子与侄若孙,皆列黉序,而谟独恂恂不出乡里,好行其德,济人之急,拯人之危,息人之争,逾七十余年无惰志。今上之十有六季二月,邑侯罗公征与乡饮,自后益敦古处,不与门外事,人罕有睹其面者。余往年过山就见之,黄发台背,衣冠甚伟,有上古淳庞之气。聆其绪论,则于前言往大被之风。妻春元,段公化龙之女也。亦秉性纯孝,居姑丧尽礼,内外人称之。又善治家,参政公虽历任中外宦,囊清俭,解组归,即令诸子析烟,各为生计。时连遭水旱,又值四月严霜,二麦不登,家食甚窘,氏乃尽出其妆奁,熔化变易,令僮仆驾舟贩籴,博赢息以赡一家公用,不以自私,且昼夜纺织,不辞劳瘁。由是,家业渐兴，惜享寿不永，于康熙二十九年（1690）以疾终。邑侯马公特为亲吊会葬。盖亦素钦其妇德云。三子：廷玑、廷珆、廷瑨，皆国器，而廷珆尤英资笃学，髫年食饩，屡试前茅，屈指科第，称"刘氏白眉"焉。公笃行仁义，不吝施予。开义学，修奎楼，大有功于学校。又博学多能，工诗词歌赋，虽医卜、星相之书，无不讲贯，其医为尤精。治邑人病，起死回生，历历可指。其在他郡，活人尤多。曾以事往陕，遇陕中患时疫，公手到病除，旬日之间，活者数千人，关中人呼"佛菩萨"，争递迎留，不听出关。公制药不足，给以方，传之陕人，因请姓名、居址，从者以实应之，群踊跃欢呼，曰：我巩昌刘老爷之爱遗，吾侪已千百年难忘矣。今何幸而又遇其公子之恩施也。贫民争以酒食馈，富者皆以金帛酬，公一概谢却。由此推之，则异日致君泽民之功，必有足以继参政而更显者。诚哉！其为笃行君子也。

屈弘谟传

弘谟，鱼邑布衣也。居独山之北。子与侄若孙，皆列黉序，而谟独恂恂不出乡里，好行其德，济人之急，拯人之危，息人之争，逾七十余年无惰志。今上之十有六季二月，邑侯罗公征与乡饮，自后益敦古处，不与门外事，人罕有睹其面者。余往年过山就见之，黄发台背，衣冠甚伟，有上古淳庞之气。聆其绪论，则于前言往行、方册记载、境内故实，一一能详道之，多缙绅士所不及者。兹岁，重修邑志，余数匕延请，乃至城一晤，又颇资闻见焉。则于邑志固有裨益云。

[康熙《鱼台县志》卷十七《术艺》]

◎ 房 琰 ◎

房艺极，应斗之子也。府庠生。重义轻财，凡里族中有死不能具棺及贫而不能婚嫁者，辄解囊以周之。或劝之，曰：盍为子孙计艺极。曰：孔子脱骖以赠，范文正举舟而予。吾纵不能如古人，何至若后人之悭否耶！家卒以此替。子琰，字荆藏。亦庠生。□次洒落，雅好临池，于古名帖无所不窥，而能独成家。远迩之士，得其只字片纸者，无不珍秘之。且精医理，活人无算。

[光绪《鱼台县志》卷三《孝义》]

◎ 王俊儒 ◎

王俊儒，宅心仁厚，济人之急，邑令马给匾曰"术善仓公"。子梅，有至性，家贫亲老，赖馆金以助奉养。自家赴学，恐寝门之弗见也，必祷诸神，后果梦一异境，奔赴至家，得侍亲终。府参将万额其门曰"至孝格天"。

[光绪《鱼台县志》卷三《孝义》]

◎ 王 瀞 ◎

王瀞，字子琚。庠生。忠厚恬淡，以读书自乐，尤精医理，求无不应，而不责谢，人多德之。

[光绪《鱼台县志》卷三《文行》]

◎ 胡 璠 ◎

胡璠，字鲁玉。太学生。风格清高，气宇豪爽，寿八十余岁，而矍铄犹昔，一时号为"人瑞"。子名列胶庠。尤精岐黄术。

[光绪《鱼台县志》卷三《清尚》]

◎ 金 冕 ◎

金冕，家世医，忠厚宽仁，虽至贫者不拒，尤以读书劝谕后人，子侄皆列庠序。

[光绪《鱼台县志》卷三《耆硕》]

◎ 韩 彤 ◎

韩彤，字钦众。家素封，至彤而贫甚，弃举子业，习医，穷极岐黄诸书，名闻四方。寿九十岁卒。

[光绪《鱼台县志》卷三《耆硕》]

◎ 谢富德 ◎

谢富德，字宾如。居南阳镇。性仁厚，勇于善。镇西丁家楼故堤及新挑河南岸桥路，系往来孔道，雍正八年（1730）圮于水，行旅为稀，富德慨然复修之。马公桥倾圮，亦捐资修葺。镇遭回禄延烧数十家，富德凄然，为按户给数日粮，复具缮草，令治屋焉。宗戚中有贫乏者，时赠以粟麦，而阴实镪钞其内，不令人知也。本镇李姓妻某者，未及嫁，其母鬻于外，方将鸣官矣。富德捐赎，讼乃解。他如衣棺、药饵之施，岁无虚日。其平生隐德，类如此。乾隆二年（1737），前令张廉知之，延富德至驿馆，面奖之曰：真义民也。遂以"利济存心"表其门。卒年八十二。

[光绪《鱼台县志》卷三《耆硕》]

谢富德，字宾如。性仁厚，乐施与。宗党中有贫乏者，周恤之，无倦色。有李氏者聘某女，未婚，其母鬻于外，将鸣官矣。富德解资赎之。他如修葺桥路、施衣施棺之举，岁无虚日。邑宰以"利济存心"颜其门。卒年八十三。

[道光《济宁直隶州志》卷八《列传》]

谢富德，字宾如。鱼台人。性仁厚，乐施予。宗党中有贫乏者，时周恤之，无倦色。有李姓者聘某氏，未婚，其母鬻于外，将鸣官矣。富德解资捐赎，讼乃解。他如修葺桥路、施衣施棺之举，岁无虚日。邑宰义之，以"利济存心"表其门。卒年八十有三。

[乾隆《兖州府志》卷二十三《人物志》]

◎ 任赓唐 ◎

任赓唐，字赞襄。候选县丞。性廉正，学攻岐黄，明医理，以济世活人为心，尤乐意施药疗穷民病。寿八十有奇。

[光绪《鱼台县志》卷三《耆硕》]

任赓唐，字赞襄。候选县丞。性廉正，明医理，以济世活人为心，尤乐意施药疗穷民病。寿八十有奇。

[民国《济宁直隶州续志》卷十四《孝义总传》]

◎ 刘瑞埙 ◎

刘瑞埙，字宜昆。性情和静，不务名利。精岐黄之业，以医道行仁术，一生活人无算。子钦禹，官圣府典籍，宽洪乐易，克绍其型。

[光绪《鱼台县志》卷三《耆硕》]

刘瑞埙，字宜昆。性情和静，不务名利。精岐黄之业，以医行仁术，一生活人无算。子钦禹，官圣府典籍，宽洪乐易，克绍其型。

[民国《济宁直隶州续志》卷十五《艺术总传》]

刘瑞埙，字宜昆。清代鱼台县人。性情和静，不务名利。精岐黄术，以医行仁术。

[《山东中医药志》第六篇《人物表》]

◎ 杨士瑞 ◎

杨士瑞，字圣符。庠生。性宽和，无畦町。明岐黄术，救人甚多。寿八旬有奇。

[光绪《鱼台县志》卷三《耆硕》]

[民国《济宁直隶州续志》卷十五《艺术总传》]

杨士瑞，字圣符。清代鱼台县人。庠生。性宽和，明岐黄术，救人甚多。寿八旬有零。

[《山东中医药志》第六篇《人物表》]

◎ 张敦本 ◎

张敦本，字道源。增生。事继母至孝。因三弟误于庸医，遂潜心岐黄。著有《脉诊折中》《验方随笔》待梓。知县曾启埌赠"仁心济世"匾额。

[民国《济宁直隶州续志》卷十五《艺术总传》]

张敦本（1796—1875），字道源。王庙乡后楼村人。自幼熟读"四书""五经"，曾为县儒学增广生员。因三弟误于庸医，遂潜心医学，精通《内经》。为辨明脏腑，探研人体的生理结构，多次到乱葬岗子解剖死婴，并绘图留记，先后用五年时间撰成解剖专著《医林内经》。另著有《脉诊析中》《验方随笔》。不图名利，不卖药，不收费，有求必应，治病救人，故登门求医者络绎不绝。

[《鱼台县志》第三十一编《人物传》]

[《鱼台县卫生志》第八篇《传记》]

[《山东中医药志》第六篇《人物表》]

民国

◎ 阎传钦 ◎

◎ 阎琴鹤 ◎

阎传钦（1855—1927），字省堂，号敬斋。罗屯乡大阎家村人。其父琴鹤精于医术，为继承父亲的事业，传钦潜心钻研《素问》《灵枢》等医学著作，医疗技术不断提高。对妇科、内科造诣较深，尤擅长外科。能以针砭代替手术，医治难产、腑内积聚、肺痈、肠痈等疾病。一时誉满兖、沂、曹、济等地，以致登门求医者络绎不绝。清光绪六年（1880），阎传钦被补为鱼台县丞，但只想为民解除疾苦，不恋官位爵禄，辞不就职。同年，受聘于金乡县温家"长生堂"药铺。晚年潜心总结诊病经验，开始著述，有《析脉论》《秘验方汇》等数册传世。并带徒传医，将所学全部传于后人。后代子孙多能承祖传医术，今仍以配方整骨名重一方。

[《鱼台县志》第三十一编《人物传》]
[《济宁市卫生志》第十三篇《传略》]
[《山东中医药志》第六篇《人物表》]

◎ 李贵三 ◎

李贵三（1870—1935），字畏堂，号凌云。王庙公社苗庄村人。光绪十八年（1892）入庠，三十余岁自学中医，1925年开业行医。一生精读《内经》《伤寒论》《温病条辨》等经典，并对《内经》《伤寒论》做过注释，但所著手稿皆焚于战火。擅长温病、妇科，有独到之处。1930年，鱼台北部地区霍乱流行，自拟清瘟解毒方加减施治，并配合针灸等法，竟使三百多名患者起死回生，声名大震。一贯主张"穷人吃药，富人花钱"，济贫扶危，以治病救命为己任。晚年带徒弟两名，并将医术传授其子振领，亦成为当地名医。

[《鱼台县卫生志》第八篇《传记》]
[《山东中医药志》第六篇《人物表》]

◎ 冯广训 ◎

冯广训（1874—1937），祖籍济宁王母阁。幼年攻读私塾，其父去世后，生活困难，全家逃荒到鱼台县城定居。先在李阁跟一位姓刘的中医学医，三年后在鱼城自设"广济堂"独立开业行医。擅长内科、妇科，尤其治疗天花、麻疹，有独到之处。光绪年间，县令的儿子患天花，多方治疗无效，后经冯广训治愈，县令大为欣赏，令设"官局"，施种牛痘，并拨给十四亩地作为报酬，种牛痘施行免费，每年种痘达三四千人，对预防天花做出很大贡献。

[《鱼台县卫生志》第八篇《传记》]
[《山东中医药志》第六篇《人物表》]

金 乡

元

◎ 赵 用 ◎

赵用，太医院助教。

[咸丰《金乡县志》卷八《选举》]

赵用，字彦昌。元代金乡县人，祖籍金山（今江苏丹徒）。南宋末，元军南征，兵戈相接，举家北渡金乡定居。因医术精良，名赫一时，元朝诰封为太医院助教，业传六世，皆为名医。卒后，于城西北十里境（今名大赵家楼），修茔，立牌，建祠，设石人、石虎、石马等名雕于墓前。清咸丰十一年（1860），捻军焚赵家祠时，诸物皆毁于火。

[《山东中医药志》第六篇《寓医》]
[《济宁市卫生志》第十三篇《传略》]

城西北十里赵氏茔，石人、虎、马诸冥器，甚具。一碑，绝高大。元至正中，太医院助教赵用赐祭碑也。墓田广阔，人称"大林赵氏"。

[咸丰《金乡县志》卷十二《补记》]

明

◎ 彭鲲化 ◎

彭鲲化，汝阳进士，授金乡知县。喜曰：此吾乡二伯与巨卿，鸡黍地也。吾不解作令，其无愧张、范二公哉！时黄、泇两河工并举，金派动以百计，设法招募，民不劳而工集。岁饥，多流移，悉心招抚，蠲其旧赋，仍给牛种，煮粥施药，以赡贫病。吏为奸，或侵牟者，出不意，严核立惩之。听讼片语，即折。筑奎楼，置会田。事具《碑记》。去任时，《留别诸生》诗云：漫说河阳花似潘，满城幸种畹中兰。阳春谁道希人和，明月偏来向我看。璧府茫茫星斗远，书台寂寂典坟残。范张千古情难断，何日重来旧雉坛。又《别父老》云：来时骑竹去投钱，珍重缗民满道前。岂把愁乡成乐土，那将苦并变甘泉。五年浑似家为县，两舄谁言令是仙。别后无能酬父老，祝天长愿赐丰年。一时多传诵之。

[咸丰《金乡县志》卷七《职官》]

彭鲲化，河南汝阳人。进士。万历时知金乡县，时黄、泇两河并举，金派动以百计，设法招募，民不劳而功较倍。岁饥，招集流亡，蠲其旧赋，仍给牛种，煮粥施药，以赡贫病。胥吏或夤缘为奸者立惩之，听诉片语即折。筑魁楼，置会田，振兴文教。具载《碑记》。

[道光《济宁直隶州志》卷六《宦绩》]

彭鲲化，河南汝阳人。进士。万历时知金乡县，值黄、泇两河并举，签派动以百计，多方征募，民不劳而功较倍。岁饥，安集流亡，蠲其旧赋，仍给牛种，煮粥施药，以赡贫病。胥吏或缘以为奸者，惩之。听诉尤称明敏。筑奎楼，置会田，文教日以振起。

[宣统《山东通志》卷七十二《职官志第四·历代宦绩》]

彭鲲化，字飞仲。进士授金乡令，敦朴雅重，政多宽大。性嗜古文，公余辄就咕吟，尤于劝农课士为第一义。绩最，授御史，出按两浙，城社肃清。病归，起大理寺丞。时魏党煽虐仕途，举足陷网。吏部郎苏继欧忤逆珰意，下狱。鲲化念乡谊，薄饷一餐，珰私人议及之，祸几不测，幸素以清直著，得削籍归。魏败，召还职，坚卧不起。筑古香园，读书其中，受徒多名士。著述载《艺文》。弟鲲飏，登辛酉（1601）科；子传读，恩选。

[顺治《汝阳县志》卷九《列传》]

彭鲲化，字飞仲。汝阳人。进士为御史，魏党煽虐，吏部郎苏继欧忤逆珰意，下狱。鲲化念乡谊饷之，竟削籍归。

[康熙《河南通志》卷二十八《人物四》]

◎ 刘广誉 ◎

刘广誉，商邱举人，知县事。值岁大歉，捐俸给牛种，发廪振饥，散粥施药。

修学舍，建坊桥，收恤穷独，日无暇晷，竟以劳瘁卒于官。祀名宦。

[咸丰《金乡县志》卷七《职官》]

刘广誉，河南商邱人，举人。万历时知金乡县，值岁大歉，捐俸给牛种，发廪赈饥，施棺舍药，收恤穷独，以劳卒。祀名宦。

[道光《济宁直隶州志》卷六《宦绩》]

刘广誉，商邱人。万历时由举人知金乡，值岁大歉，捐俸给牛种，发廪赈饥民，施棺舍药，收恤穷独，积劳成恙卒。祀名宦。

[乾隆《兖州府志》卷二十二《宦绩志》]

刘广誉，河南商邱人。举人。万历时知金乡县，值岁大歉，捐俸给牛种，发廪赈饥，施槽舍药，收恤穷独，人颂其仁。

[宣统《山东通志》卷七十二《职官志第四·历代宦绩》]

刘广誉，号省玄。商丘人。万历辛卯（1591）举人，授山东金乡令。修堤防河，民颂其利。

[顺治《归德府志》卷七《人物》]

刘广誉，字省玄。少以孝行闻。万历辛卯举于乡，授山东金乡知县。邑近河多水患，广誉修筑堤防，民怀其利。值数月不雨，人情汹汹，广誉刺血焚疏祷天，甘霖立至，四野又安。治邑惠政颇多，民至今歌思之。

[康熙《商邱县志》卷九《贤达》]

刘广誉，商邱人。辛酉（1601）科。金乡知县。

[乾隆《归德府志》卷七《举人》]

清

◎ 高　阳 ◎

高洁，字宾宸。幼颖异，邑令汝南彭公召居署中读书，十五入邑庠，试辄为诸生冠。时流冥寇充斥，日与邑当事守城御盗，劳最多。顺治初，食饩入贡，优游不仕，以课授终。生平孝友彰著，父遘厉疾，吁天请代，父寻愈。仲弟夭，抚其子女如己出。族中婚丧，多赖以举。岁以粟活饥者累累也。学邃名理，至老犹□玩不辍。子阳，字乾晞。性至孝，父好客，时与亲友燕集，及暮，阳必执灯持䥽，候立门外，虽风雪无间也。叔父早逝，爱诸弟如同父，邑侯王表其门曰"首敦孝行"。常蓄药济人，遇急难，必忼慨为之救。年八十二终。诸生邑祀忠义孝弟祠。

[咸丰《金乡县志》卷九《列传》]

高洁，字宾宸。顺治初贡生。幼即能文，十五为诸生。初，明末流寇充斥，从邑当事守城，散金给粟，执械登陴，城卒以全。父遘厉疾，吁天代父，寻愈。仲弟夭，抚其子女如己出。族中贫不能娶者助之，不能葬者殡之。凶岁散粟，全活甚众。子阳，字乾晞。诸生。性笃孝友，父好客，时与亲燕集，及暮，阳必执灯持䥽，立门外，寒暑雨雪无间。叔早逝，抚诸弟不啻同父。又蓄药济世。寿八十二。

[道光《济宁直隶州志》卷八之三《列传》]

◎ 周 缜 ◎

周缜，字重庵。岁贡生。早失怙，事祖父以孝护闻。虽幼稚，举止悉合古仪，见者敬之。长益严重，刚直不阿时好。至处兄弟，则怡怡如也。敦宗睦族，训子孙以礼，无违者。精岐黄，贫苦有所患，闻辄立至，里人德之。卒年八十一。

[咸丰《金乡县志》卷九《列传》]

周缜，清代金乡县人。乡邑名医。寿至八十一岁。

[《山东中医药志》第六篇《人物表》]

效霞按：据咸丰《金乡县志》卷八《贡生》，周缜为乾隆年间贡生。

◎ 张天续 ◎

张天续，字简绍。庠生。为学务实用，精岐黄术，以救济居心。贫弱有患者，闻即至，人皆德之。督课诸弟成立。子知非，以孝闻。

[咸丰《金乡县志》卷九《列传》]

张天续，字简绍。庠生。务实学，精医事。子知非，以孝闻。督课诸弟成立。

[道光《济宁直隶州志》卷八之四《列传》]

张天续，清代金乡县人。乾隆至咸丰年间，以医术闻名乡邑。

[《山东中医药志》第六篇《人物表》]

◎ 尚 珏 ◎

尚珏，字合璧。金乡人。太学生。少孤勤学，长精于医，无贫富贵贱，必尽心诊治，施药救贫。

[道光《济宁直隶州志》卷八《方术总传》]

◎ 李全修 ◎

李全修，字德备。邑增生。孝友乐善，族中值祀，下盈廷肃然。遇族人纷争，动以至情，闻者感泣。精医术，恒施药饵活人，酬者却不受。佃户数姓，各赡以地。尝施义地五亩，令贫者得葬。六旬时，延诊，在道车中，梦二役，持黄纸，书"助寿二十年"。醒而异之，后八旬卒。

[咸丰《金乡县志》卷九《列传》]

李全修，清代金乡县人。以医闻名于邑。寿高八十岁。

[《山东中医药志》第六篇《人物表》]

◎ 高凤苞 ◎

高凤苞，字栖梧。忼爽多才，精岐黄，邑公举为医学训科。闻粤警，请于官，铸炮造炮车，监补城垣、城门，昼夜不懈，时年八十余矣。贼至，亲燃枪炮，火灼鬓不动。城陷，尽驱其子孙、妇女赴水死，而自投于河。

[咸丰《金乡县志》卷九《忠义》]

高凤苞，字栖梧。忼慨多才艺，精岐黄家言，里人举为医学训科。闻粤警，请于官，铸炮造炮车，监补城垣、城门，昼夜不懈，时年八十余矣。贼至，亲燃枪炮，炮炸，灼须眉殆尽，不动。及城陷，尽驱其子孙、妇女赴水死，而自投于河。

[咸丰《济宁直隶州续志》卷三《列传》]
[民国《济宁直隶州续志》卷十四《忠节总传》]

◎ 李聚斐 ◎

李聚斐，字澳园。庠生。性孝友。父殁，哀毁逾恒；母病，博考方书为治疗，因通岐黄术。施刀圭，舍药饵，活人无算。与弟凝斐友爱弥笃，两姊家贫，以时按济。生平无疾言遽色，与乡人交，一以和处之。卒年七十有五，乡人称"孝和先生"。

[民国《济宁直隶州志》卷十四《孝义总传》]

效霞按：据咸丰《金乡县志》卷八、民国《济宁直隶州续志》卷十一，李聚斐为州同知。

◎ 戴铭诰 ◎

戴铭诰，庠生。弟维诰同居，无间言。事父士俊以孝闻，父年老痿痹，兄弟不离卧侧，衣不解带者九年；每饭，兄弟侍馔，必另一几，子孙自八岁以上者，悉令罗食围坐，以博亲欢，家虽清贫，然天伦乐序，人到于今称之。诰晚年，刀圭济世，有"和缓"之目。维诰畎亩终老，殁世三十余载，乡人矜式弗忘。宣统三年（1911），乡人额其门曰"孝友一堂"。

[民国《济宁直隶州志》卷十四《孝义总传》]

◎ 高峻骞 ◎

高峻骞，字莺乔。乐善好施，虽家不中资，有善举，每乐输恐后。尝与邑人共结一社，施药饵、绵衣，力为倡首。又酷嗜善书，凡先儒劝善惩恶之编，无不博采穷搜，罗而致之，置诸座右，择其尤足醒世者，摘录节取，辑为一书，名曰《悚心集书》，凡六卷，付之剞劂。其后，年老力衰，艰于步行，遂杜门不出，专留心于医道，闻有奇方，则随手登记，间或制为丸散，以备施送。及殁后，患病者犹追思不忘，往往亲诣墓前拜祷云。

[民国《济宁直隶州志》卷十四《孝义总传》]

高峻骞，清代金乡县人。以医知名于乡邑。辑有《悚心集》，未刊。

[《山东中医药志》第六篇《人物表》]

◎ 李明田 ◎

李明田，字倬甫。勤俭自持，居心廉正。精于医术，活人无算。戊午，南匪麇至，与贼战死。

[民国《济宁直隶州志》卷十四《忠节总传》]

◎ 张振田 ◎

张振田，工按摩接骨术。为人医治，不受谢。

[民国《济宁直隶州续志》卷十五《艺术总传》]

张振田，清代金乡县人。工按摩整骨术。为人治病，不受酬谢。

[《山东中医药志》第六篇《人物表》]

◎ **张梦卜** ◎

张梦卜，清代金乡县人。业岐黄术，尤精脉诊。

[《山东中医药志》第六篇《人物表》]

◎ **李体箴** ◎

李体箴，清代金乡县人。业医，擅长外科，兼精痘疹。

[《山东中医药志》第六篇《人物表》]

◎ **张守堂** ◎

张守堂，清代道光至光绪间金乡县人。业医，术精内科。辑有《痘疹全书》，已佚。

[《山东中医药志》第六篇《人物表》]

◎ **周育枞** ◎

周育枞，清代金乡县人。工于医，术精内、外、妇三科。

[《山东中医药志》第六篇《人物表》]

民国

◎ **李玉荣** ◎

李玉荣（1862—1923），金乡县人。业医，术精内科。

[《山东中医药志》第六篇《人物表》]

◎ **朱峻峰** ◎

朱峻峰（1867—1933），金乡县人。以医术知名于时。

[《山东中医药志》第六篇《人物表》]

◎ 刘昊堂 ◎

刘昊堂（1865—1940），金乡县人。以术精外科闻名。

[《山东中医药志》第六篇《人物表》]

元

◎ 乔 桧 ◎

乔桧，松之弟。为医学谕。兄弟皆有时名。卒，葬成家庄。

[光绪《嘉祥县志》卷二《附续志》]

清

◎ 李 玥 ◎
◎ 杜从友 ◎

医学训科

李玥，字英奇。

杜从友，字永博。

[光绪《嘉祥县志》卷二《医学训科》]

◎ 梁栋材 ◎

梁栋材，字柱础。增广生员。为人正直端方，言笑不苟，终身无一欺己欺人语。中年下帷，一时名流，往往出其门。晚年，施痘药。与人谈，必劝之行阴隲事。家庭整肃，课弟栋梯登明癸酉（1633）乡荐。子心恒，登本朝戊戌（1658）甲第。

[光绪《嘉祥县志》卷二《孝义》]

◎ 张 瑗 ◎

张瑗，字蘧庵，号留耕。故弘文院侍读丕吉曾孙。少颖异深沉，为诸生，治经不屑屑章句。事亲孝，精于医，间党多赖之。以岁贡教习内廷，授潮郡司马。潮故多盗，甫下车，擒渠魁数人，镇之法，盗迹敛。郡西南长美河淤塞，捐千金疏浚之。会摄惠来县篆，前令被议追帑，无偿，欲自尽，为出盐税二项之赢代偿之。潮人数百家蹈海寇，罪且大辟，察其冤，平反之。时两广盐政初裁积欠饷银九十余万，制府忧形于色，稔瑗能举，惠、潮一十三场悉委经理，三年间，盐禁清肃，偿所逋而场积裕。制抚交荐，升广守署运使。未期月，销积案千余件，能声大振。循例引见，道病告归，寻卒。乡谥"懿惠"，葬丹凤山之右。进士牛运震志其墓。乾隆三十九年（1774），徐抚军奏准，从祀乡贤。

[光绪《嘉祥县志》卷二《人物》]

广州知府张瑗。

[光绪《嘉祥县志》卷一《乡贤祠》]

◎ 梁工求 ◎

梁工求，字荆璞。岁贡。天姿颖悟，器识俊伟，博学，善草书，散见于石刻者甚多。秉铎利津，首严月课，兼施医术，有问疾者，投以方药，无不奇中。药里之费，岁耗多金，津人赠屏帐匾伞。所著有《四书通典》行世。卒谥"文惠先生"。

[光绪《嘉祥县志》卷二《人物》]

梁工求，字荆璞。（乾隆）六十一年（1722）贡。任利津县训导。

[光绪《嘉祥县志》卷二《岁贡》]

梁工求，字荆璞。岁贡生。善草书，散见于石刻者甚多。官利津训导。著有《四书通典》行世。卒谥"文惠先生"。

[民国《济宁直隶州续志》卷十三《列传下》]

效霞按：据乾隆《兖州府志》卷十五，梁工求为康熙间贡生。咸丰《武定府志》卷十八载：梁工求乾隆间任利津县训导；光绪《嘉祥县志》卷二记其为乾隆六十一年贡，有误。

◎ 杜平勋 ◎

杜平勋，字建君。岁贡生。博学强识，诲人不倦，一时出其门者甚众。精于医，活人甚多。

[光绪《嘉祥县志》卷二《人物》]

杜平勋，（道光）戊午（1858）恩贡。

[咸丰《济宁直隶州续志》卷二《选举志》]

◎ 郭兴礼 ◎

郭兴礼，字鸣谦。庠生。公正廉明，领办北五里团练，官民信服。精于医学，活人甚众。及殁，闻者莫不涕泣。

[光绪《嘉祥县志》卷二《人物》]

◎ 李凤喈 ◎

李凤喈，字鸣熙。廪贡，即补训导。立品敦伦，黜华崇实，教训生徒，无厉容，亦无倦志。本邑、汶、巨名人，多出于门。晚精医术，世人推服。

[光绪《嘉祥县志》卷二《人物》]

◎ 梁盛倬 ◎

梁盛倬，字汉章。增生。安贫乐道，博闻强记。少孤，每值父忌辰，必焚香涕泣，食不下咽者数日。母年老，寝不离侧。发逆过境，举村尽逃，倬奉母，独不忍去。贼至，诘之，倬涕泣哀求，贼为感动，守其门者竟日，母子俱全于难。晚精医术，活人无算。著有《爱闲堂诗草》《孝经浅说》。

[光绪《嘉祥县志》卷二《孝义》]

梁盛倬，字汉章。增生。少孤，每值父忌辰，必焚香泣，食不下咽者数日。母年老，寝不离侧。发逆过境，举村尽徙，倬奉母，独不忍去。贼至，诘之，倬涕泣哀求，贼为所感动，守其门者竟日，母子俱免于难。著有《爱闲堂诗草》《孝经浅说》。

[民国《济宁直隶州续志》卷十四《孝义总传》]

◎ 李太柏 ◎

李太柏，号培元。乾隆时人。七岁入山修炼，从学于明阳之门。有道术，合药济人。在世三十七年，仙去。坐化时，道院有异彩，空中闻笙琴之响。

[光绪《嘉祥县志》卷二《仙释》]

[民国《济宁直隶州续志》卷二十四《杂稽》]

◎ 张山岫 ◎

◎ 张春亭 ◎

张山岫，字两峰。嘉祥人。候选典史。精于岐黄。殁之前一日，自视脉知死期，果如期卒。从孙春亭，字锦堂。庠生。从学，尽得其术。尝暑月赴其友李某家坐，语良久，熟视李曰：君将有急疾，恐不治！李笑其妄。春亭正色曰：勿为戏！按脉久之，为合药末，付其家人，曰：如仓猝不及药，以此吹鼻孔。是年冬，李忽仆地不语。如法治之而甦，急延春亭治之而愈。

[道光《济宁直隶州志》卷八《方术总传》]

◎ 张 焴 ◎

张焴，字雨帆。前《志》嘉峪关巡检泠孙，陕西宁羌州恒宝子。诸生，纳资选莱县教谕，调德州。巡抚丁文诚公、学政黄体芳均重之，奏保以知县用，分直隶，补昌黎，任满请假归。焴工书善绘，于医理尤精。作诗不存稿，年三十五始稍存之，名之曰《古稀得半集》。年七十卒。子之绪，字柳如。工白描，仿李龙眠。孙珍裕，更名鈜升，字聘卿。均善分书。

[民国《济宁直隶州续志》卷十三《列传》]

张焴，嘉祥廪生。（咸丰）十年（1860）六月任（训导），俸满复任，升德州学正。

[光绪《增修登州府志》卷三十一《文秩七》]

◎ 吴　栋 ◎

◎ 吴文恩 ◎

◎ 吴来聘 ◎

◎ 吴　瑚 ◎

◎ 吴凡清 ◎

◎ 吴世厚 ◎

吴栋（1708—1784），字朝柱。仲山乡陶官屯村人。幼习儒，壮学医。学宗《济阴纲目》《万氏妇科》，后重《医林改错》，擅用"逐瘀三汤"。晚年研制黑神丸，独具匠心，视为秘方，作为传家之宝，代代施舍，活人甚众。吴氏妇科先后经吴栋、吴文恩、吴来聘、吴瑚、吴凡清、吴世厚、吴殿弯、吴殿勋七世相传，医术最精者乃吴世厚。

吴世厚（1888—1949），幼从儒，壮行医。继承家传，创"修德堂"药铺，日诊百人，名扬遐迩。晚年著家传秘书《妇人胎前产后秘方》。

[《嘉祥县卫生志》第十一篇《传略》]

◎ 陆学纯 ◎

◎ 陆金镯 ◎

陆学纯（1761—1828），字心一。马村乡西陆村人。清乾隆年间文庠生。幼习儒，壮入泮，不满于仕途，弃儒从医。拜师于痘疹名家陆金镯门下，立志发扬国粹，从师五年，始步入医林，悬壶行医。后感所学不博，难以应世，遂发奋读书，涉猎各科。十年后，由博返约，专事妇科。行医一生，长于调经种子。于郓城、梁山一带颇有医名。晚年著有《点滴妇人规》草稿，以作传家之宝，后毁于"文化大革命"。

陆全林，字贝森。生于1879年，卒于1975年。幼承家传，随父学纯学医，尽得家传，兼通针灸、推拿、儿科等，设"文仁堂"药铺。对多年不育症的治疗独有见解，认为妇女以血为本，以气为帅，气血调和，冲脉盛，任脉通，月事以时下，故能有子。所以治疗首重调气血，使多年不孕者，每喜得贵子。晚年著有《妇科准绳》和《贝森医案》，均失于"文化大革命"。

[《嘉祥县卫生志》第十一篇《传略》]

◎ **张西山** ◎

◎ **张晓龙** ◎

◎ **张攀龙** ◎

◎ **张守和** ◎

◎ **张太和** ◎

◎ **张树松** ◎

◎ **张崇康** ◎

张西山（1790—1858），字华岭，号冠时。万张乡张月官屯村人。出身小康世家，虽乡试及第，却淡泊仕途，设馆教学，弟子盈门。乡邻树碑，赠匾褒扬。山东巡抚转报朝廷，赐"恩进士"匾。嘉庆年间，避兵乱于南方，开始学医，尤其擅长喉科，得到南方医家喉科秘方。还籍后弃儒从医，创张氏喉科。后传七世，当地群众称"北喉"。

张晓龙，西山之子。清代武生。遵父训，施诊行医，终身不受酬谢。

张攀龙，晓龙之弟。生于1813年，卒于1895年。晚年弃儒从医，始创针刺放血治疗喉疾，效如桴鼓；又创制吹敷三散（冰硼散、青黛散、锡类散），验之临床，无不立效。晚年整理医案，汇集成册，课子孙读书兼学医，其子孙二十余皆通于医。县授于"乡饮介宾"，民众赠匾，题曰"功同良相"。

张守和，晓龙之子。生于1841年，卒于1927年。县授"乡饮介宾"，曾任章山里里长。对张氏喉科有所发挥，开始手术治疗喉疾。所用器械有刀、剪、镊子、锄、镰、铲等，用于治疗喉痈、喉瘿、喉瘤等病，卓有成效。

张太和，攀龙之子。清代庠生。晚年习医，开始整理医案，研究医理，使张氏喉科由临床实践经验向理论上升华。所著《张氏喉科医案》，尽毁于"文化大革命"。

张树松，守和之子。生于1860年，卒于1934年。清代授衔五品蓝领。受三代喉科经验禁方，悬壶行医五十余年，名闻遐迩。

张树荣，太和之次子。生于1878年，卒于1962年。幼承祖训，读书兼学医，尤对祖传喉科造诣精深，堪称儒学兼优者。

张崇康，树松之子。清朝太学生。生于1879年，卒于1941年。除继承祖传喉科外，尚涉猎中医内科、妇科、儿科。

张鸿吉，树荣之侄孙。生于1910年，卒于1982年2月28日。幼从树荣学医，勤奋好学，博览群书，对张氏喉科精研细琢，造诣精湛，但又不墨守成规，不拘泥秘方。1949年后，受西医的影响，实行中西合璧，对中医喉科不断创新，治愈率大大提高，名扬遐迩。就诊者除周围数十县外，远及山西、江苏、云南、东三省。自行医以来，历尽五十多个春秋。对贫困缺乏药资者，只要有求，无不解囊相助，大有祖传遗风。为嘉祥县历届人大代表，一生受奖旗、镜匾无数，深受人民的爱戴。晚年患高血压、冠心病，直至谢世前七天，尚为病人治疗。

张明新，鸿吉之子。幼承庭训，1962年被山东中医学院录取为函授生，1965年7月毕业。在二十余年医学生涯中，除继承祖传喉科外，尚涉猎临床各科。

[《济宁市卫生志》第十三篇《传略》]

民国

◎ 窦　钰 ◎

◎ 戚学典 ◎

窦钰（1863—1934），字朝恩，号诙谐。仲山乡卷棚山村人。二十岁，拜巨野谢集乡戚学典为师，从师四年，三十五岁于纸坊集设"万春堂"药铺，坐堂行医。擅长内科、儿科，尤以善治痘疹而闻名于世。晚年医道精深，活人无算，后人感其德，为其立碑颂扬："业精岐黄，博施济世，医救苍赤，一味活人，万家颂为活佛，举世称道如神。"

窦心平，字志青。钰之孙。生于1906年9月，卒于1986年2月6日。十九岁随祖父学医。白天忙于业务，夜晚青灯伴读，经过四年的努力，学业锐进，二十四岁即能单独应诊。继承家传，擅长儿科，精通药学，对中药的识别、加工炮制、制剂等独具匠心。能自制多种膏、丹、丸、散，尤以小儿消积丸、牛黄清心散、疳积散等，闻名于世。于1952年6月组织三区医药人员成立联合诊所，任所长和医联会会长。自1954年至1980年连续二十六年当选为嘉祥县人民代表。

[《济宁市卫生志》第十三篇《传略》]

◎ 黄守良 ◎

◎ 黄有功 ◎

黄守良（1870—1938），字福善。纸坊镇黄村人。随父黄有功于本村设"回春堂"药铺，行医二十余年，颇有医名。

[《济宁市卫生志》第十三篇《传略》]

◎ 李言让 ◎

李言让（1870—1944），字逊山。嘉祥县孟姑集南李庄村人。幼习儒业，后弃儒学医，以儒治医，自修医经及方术，为人治病，多应手奏效，求诊者日众。医名大震，远扬省内外，应邀先后赴郑州、泰安为冯玉祥治病。又被邀去洛阳为吴佩孚疗疾。

行医四十余年，活人甚众，传弟子十人，大弟子巨野人杜端木，字握三。曾任吴佩孚江房营军医长十二年。二弟子鹿洪钦，字品三。曾任陆军某师军医官，1949年后成为郓城县名医，当时并称"三三"。人皆以病经"三三"治疗，死而无怨也。其弟子邹之山、任殿梅、牛金州等，均为地方名医。李氏之行医也，德被乡梓，惠及士庶，乡里爱戴，民国二十二年（1933），嘉祥、曹县、单县、定陶、城武、曹州、济宁等十余县人士联名为其立碑，文曰："三指妙诀施小补，一片婆心济大同。"

[《山东中医药志》第六篇《传记》]
[《济宁市卫生志》第十三篇《传略》]

◎ 董立堂 ◎

◎ 董循礼 ◎

◎ 董瑞田 ◎

董立堂（1878—1940），字鹤亭，号行五先生。町里乡董家村人。先后受其祖父循礼及父瑞田（均为清代贡生，皆精于医）之教诲，始习儒学，十八岁涉猎医学群书，对《内经》《难经》《伤寒论》《金匮要略》等经典著作，致力探索，别具神奇。设"杏林堂"药铺，行医四十载，活人无算。

精于温病，善用清解、攻下两法。认为温病表证既解，邪热内结者，攻下首当其冲。提出"温病下不厌早，以防伤津耗液"的论点。晚年著有《临症医案》手稿，"文化大革命"佚失。

[《济宁市卫生志》第十三篇《传略》]
[《山东中医药志》第六篇《人物表》]

汶 上

◎ 衡　方 ◎

衡方，字兴祖。尧之裔也。伊尹在殷号称阿衡，因氏焉。家于平陆，举孝廉，除郎中，历颖川太守，修清涤俗，招拔隐逸，拜议郎，迁太医院令、京兆尹。建宁初政，朝用旧臣，拜步兵校尉，受任浃旬，因疾而卒。百宾临会莫不失声，海内门生故吏采石树碑焉。

[万历《汶上县志》卷六《人物》]

汉故卫尉卿衡府君之碑

府君讳方，字兴祖。肇先盖尧之苗，本姓伊。耆则有伊尹，相（在）殷之世，号称阿衡，因而氏焉。来自西土，家于平陆。君之烈祖，少以濡（儒）术，安贫乐道。履该颜原，兼修季由，闻斯行诸。砥仁砺义，名闻于上，阶夷愍之贡，经常伯之寮。位左冯翊，先帝所尊，垂名竹帛。考庐江太守，兄雁门太守。世笃忠孝，长发其祥。诞降于君，天资纯懿，昭前之美。少以文塞，敦庞允元。长以钦明，耽诗悦书，研通《春秋》，试郡辟州，举孝廉，除郎中，即丘侯相、胶东令。遵尹铎之导，保鄣（障）二城。参国起按，班叙人纪，原本肇末，化速邮置。州举尤异，迁会稽东部都尉，将继南仲、邵虎之轨，飞翼轸之旌，操参□□□，绥来王之蛮。会丧太夫人，感背人之《凯风》，悼《蓼仪》之劬劳，寝暗苦块，仍留上言，倍荣向哀。礼服祥除，征拜议郎，右北平太守。寻李广之在边，恢魏绛之和戎。戎戢土佚，费省巨亿。怀□□□，安静有绩。迁颖川太守。修清涤俗，招拔隐逸。光大茅茹，国外浮和，淡界缪动，气泄狂疾，□□□□，归来洙泗，用行舍臧。征拜议郎，迁大医令、京兆尹。旧郡归化，《诗》人所咏。并有亡新，君□□□，□隆宽慄，鹑火光物，陨霜剿奸，振滞起旧。存亡继绝，恩降乾太，威肃剥川，本朝录功。入登卫尉，辅翼紫宫。夙夜惟寅，祗隋在公。有单襄穆典谟之风。诏选贤良，招先逸民，君务在寡，失顺其文，举已从政者，退就敕巾。永康之末，君卫孝桓。建宁初政，朝用旧臣，留拜步兵校尉，处六师之帅，维时假阶，将授绲职。受任浃旬，庵离寝疾，年六十有三，建宁元年二月五日癸丑卒。诏遣使臣，入吊赗礼。百僚临会，莫不失声。其年九月十七日辛酉葬。盖《雅》《颂》兴而清庙肃，《中庸》起而祖宗严。故仲尼既殁，诸子缀《论》。《斯干》作歌，用昭于宣。谥以旌德，铭以勒勋。于是海内门生故吏，□□□，采嘉石，树灵碑，镌茂伐，秘将来。其辞曰：峨峨我君，懿烈孔纯。高朗神武，历世忠孝。冯隆鸿轨，不忝前人。宽猛不主，德义是经。韬综颐□，温故前呈。槛英接秀，踵迹晏平。初据百里，显显令闻，济康下民。曜武南会，边民是镇。惟□□□，忧及退身。参议帝室，剖符守藩。北靖□都，有□有声。旋守中岳，幽滞以荣。迈种旧京，恢□□□，舍泽戴仁。□□攸宁。克长克君，不虞不扬。维明维允，耀此声香。能哲能惠，克亮天功。人统□□，赳赳光光。法言稽古，道而后行。兢兢业业，素丝羔羊。闿闿侃侃，颙颙昂昂。何规履絜，金玉其相。謇謇王臣，群公宪章。乐旨君子，□□无疆。铭勒金石，□□□□，令问问□，万世是传碑，门生平原乐陵石朱登字仲希书。

上，衡方碑，在汶上县西南十五里平原郭家楼前，高四尺九寸，广三尺寸五；碑额凸刻隶书十字，二行，字径三寸四五分；碑文隶书，二十三行，行三十六字，字径一寸四五分，每行下漫灭数字。

[宣统《山东通志》卷一百五十《艺文志第十·金石·石二》]

衡方，字兴祖。平陆人。殷阿衡伊尹之后，以官为氏。祖为左冯翊，父雁门太守。方性纯懿，耽诗书，以明《春秋》，应郡辟州，举孝廉，除郎中，历即邱相、胶东令，皆能保障城池，邑无警扰，为政重民本，化导甚速，州举尤异，迁会稽东部都尉，以母忧去。复起为谏议郎，历右北平颍川太守。归，再征拜议郎，迁太医令。永康末，拟外授，仍留拜步兵校尉。年七十三，建宁元年（168）以疾卒。

[道光《重修平度州志》卷十六《官师》]

衡方，字兴祖。平陆人。敦诗悦书，举孝廉，除郎中，即丘侯相、胶东令。州举尤异，迁会稽东部都尉。会丧太夫人，寝暗苫块。服除，拜议郎、右北平太守。建宁初，终卫尉卿见《卫尉衡方碑》。

[光绪《黄岩县志》卷十一《名宦》]

衡方，字兴祖。东汉平陆（今汶上县次邱乡孔庄、赵村附近）人。生于汉和帝元兴元年（105），卒于建宁元年（168）。

历事东汉安帝、顺帝、冲帝、质帝、桓帝，历仕郎中、都尉、太守、太医令、京兆尹，继迁卫尉，又仕步兵校尉，六师之帅。衡氏统军治绩卓著，深得诸宠幸，卒后帝遣使吊祭，并赐礼仪。建宁元年九月十七日，葬后店村南，墓高十余米，占地一千三百平方米。传称衡氏卒后殉葬物多为金、银、珠宝，因此"文革"之初，近村"革委会"纠集村民数百，将墓夷平，深掘数米，只掘出石门一对，长石条数十块，余无所获。现已夷为良田。

衡方卒后，同僚及门生为之立碑、建祠、塑像，传于后世。因年代久远，现唯石碑尚存，立于泰安岱庙内。

[《山东中医药志》第六篇《传记》]

[《济宁市卫生志》第十三篇《传略》]

卫尉衡方墓，在县西南十三里平原村，古碑一通，建宁间立。

[万历《汶上县志》卷七《坟墓》]

汉卫尉卿衡方碑，建宁三年立。

[嘉靖《山东通志》卷二十二《古迹》]

卫尉卿衡方墓碑，在汶上县西南平原村墓前。汉建宁元年立。碑云：伊尹称阿衡，因而氏焉。

[雍正《山东通志》卷九《古迹志》]

清

◎ 路衍祜 ◎

路衍祜，字申之。讷斋，其别号也。为大司马五曾孙，淮阳同知先修子。至性纯孝，步履端方，笃友子，敦姻睦，人皆以陈仲弓、王彦方称之。尤留心掌故，博闻多识，为一邑文献表帅。北游燕台，见道多枯骨，悉雇人掩埋，斧资荡然不虑也。复究心岐黄，得其阃奥。有问疾者，投以方药，无不奇中。人之名益噪，求者益众，不计贵贱贫富，昼夜诊之不厌。药裹之费，岁耗多金。初艰于嗣，至七十始举子，犹及见其婚娶成立，咸谓为积德之报云。两举乡饮宾，崇祀乡贤。

[康熙《续修汶上县志》卷四《宦绩》]

◎ 庞 恒 ◎

庞梅卿父子合传

邑人郭文亮贡生

庞恒，字梅卿。食饩郡庠，明兵部主政尧封公侄孙也。负姿聪颖，究心经史，恒抱大志，屡试未售，乡邻悉为抱屈。一生孝友，克敦忠，厚贻谋。后缘鲁府姻谊，获其秘藏，遂施药济世。虽夜必起，虽食必吐，寒暑不变，至八十余岁不辍也。公有五男，长名开先，夺帜武闱；次名述先、显先，俱游泮水；肇先、见先，悉列□榜。又以子开先贵，蒙覃恩诰封明威将军，里人咸谓积善之庆云……

[万历《汶上县志》卷六《艺文》]

◎ 路允厘 ◎

路允厘，字张维。汶上人。贡生。事继母尽孝，待异母弟如同胞。兄早逝，推腴产以恤其孤。叔兄殁，侄亦旋逝，遗孙三人，皆为抚养成立。力崇节俭，而捐施周济无吝惜。土寇掠汶，皆相戒：勿犯路善人家！晚年，尤精医理，拯恤疾苦，远近颂之。卒祀乡贤。

[宣统《山东通志》卷一百七十二《人物志第十一·国朝兖州府》]

路允厘，汶上人。淮安同知允修之弟。天性纯孝，好善乐施。时，汶境土寇猖獗，皆相戒：勿犯路善人家。允厘性朴素，惟耽书史。后耄年，医学尤精，贫病者资以参、苓，不少倦。年八十有二卒，乡人为之请祀。

[雍正《山东通志》卷二十八之四《人物四》]

路允厘，字张维。允修弟也。以捐谷赈饥，特□恩贡。事继母甚孝，待异母弟如同胞。五兄早逝，推腴产、金钱以赡其孤。三兄殁，其子复早逝，遗侄孙，三人，皆为抚养成立焉。晚岁，益崇节俭，一物不轻用，而捐施周济，则罔所惜。屡举乡饮宾，崇祀乡贤。

[康熙《续修汶上县志》卷四《贤忠》]

路允厘，字张维。汶上恩贡。事继母甚孝，待异母弟如同胞。五兄早逝，推腴产、金钱以赡其孤。三兄殁，侄亦旋逝，遗侄孙三人，皆为抚养成立。晚岁，益崇节俭，一物不轻用，而捐施周济，则罔所惜。屡举乡饮宾，崇祀乡贤。

[乾隆《兖州府志》卷二十三《人物志》]

泗 水

清

◎ 朱 治 ◎

◎ 祝 简 ◎

医学训科
朱治
祝简

[光绪《泗水县志》卷三《医学训科》]

◎ 尤则吁 ◎

尤则吁传
王廷赞

则吁，字钦生。泗城东五十里尤家庄人。生而颖异，长而敦敏，文章道德，卓荦不群。由岁贡考取正白旗官学，教习期满，以知县用。康熙十一年（1672），选授山西长子县。在任多美政，士民感戴。尝因诞辰，公恳提督陕西学政吕和锺为文颂之。其略曰：自尤父母来抚长邑，几五载于兹矣。敬恭接物，俭朴自甘，忠君爱民，毫无需求。入其宇，胥吏寂如也。窥其庭，琴鹤宴如也。行其野，鸡犬谧如也。不任法而尚德政简，故刑清。不徇私而行公吏瘠，故民肥。去火耗，革差徭，饬保甲，靖萑苻，严矣。而汪度容物，则又恢乎其有余。讲乡约，赈孤贫，招流移，给牛种，宽矣。而轩镜烛奸，则又确乎其不拔。浑厚与精明互用，催科共抚字兼优，诸如捐俸薪而修学宫，相形势而移奎楼，置义冢，施棺材，徒步祷雨，单骑劝农，以及舍衣救寒，施药起病，种种美政，罄竹难书。论者以为皆实录云。寻调安邑县，颂声一如宰长子时。年八十九卒。子献忠，由拔贡官乐安教谕。厥后，累世皆以诗书冠带名其家。

[光绪《泗水县志》卷十五《传》]

尤则吁，字钦生。山东泗水县人。贡生。八旗教习。（康熙）十一年任。修启圣祠及明伦堂，迁中书舍人去。

[嘉庆《长子县志》卷五《职官》]

尤则吁，山东泗水人。贡监。（康熙）二十三年任。

[康熙《平阳府志》卷十九《安邑县》]

◎ 杨世岳 ◎

◎ 杨培纯 ◎

杨世岳，字鲁瞻，雅号"杨伴仙"。道光年间监生。因仕进不第，奋攻岐黄，涉猎百家，博采众方，医术精湛，远近驰名，尤擅妇科及针灸，求治者比肩接踵，旦夕无暇，深得病家及世人敬仰。因医道高超，时人称之为"伴仙"。诊务之暇，汇萃数十载临症心得，著成《小儿保祠指南》一书。德高望重，获匾甚多，据后人回忆曾有潍县武进士及邹县知县赠匾，惜其书画匾额，皆于"文化大革命"时毁之。其孙培纯，字文轩。继祖业，尤擅小儿科，全活甚众，远近闻名。

[《泗水县卫生志》第十二章《医林人物传记》]

◎ 张洪荪 ◎

◎ 张宪烈 ◎

◎ 张鹄臣 ◎

张洪荪，道光十六年（1836）在泗水城南关大街路北创办"治生堂"药店，是泗水县历史较长的著名中药店。经营药品齐全，加工炮制精细，并自制膏、丹、丸、散，远销邻近数县。其后三代长支张宪烈、张鹄臣、张其宽均承祖业，先后聘请周茂春、李灿本等知名中医坐堂，使药店声名大振，不断扩大与发展，日售中药数百副，就诊者百余人。曾孙张其宽于1946年辍学习医兼营"治生堂"药铺，1954年响应政府号召，加入联合诊所。

[《泗水县卫生志》第十章《民间医药》]

◎ 郑广尧 ◎

郑广尧，泗水县城关人。少时力学，不数年考取秀才，初为塾师，后弃教从医。熟读经典，擅长内、儿、妇科，用药效验，名震四方。道光二十年（1840），创设"广和堂"药店，所经营药材悉遵古炮制。加工细致，重地道，讲信誉，远销省内外，深受用户称赞。医德高尚，治病不分贵贱，有求必应，遇有带钱不足或赤贫求药者，皆予之。"广和堂"历传四代，曾孙郑纯煆（1906—1959），继祖业，习医药，民国二十八年（1939）毕业于天津中国国医学校函授班，医术渐增，以医济民，药店振兴，四方闻名。中华人民共和国成立后，积极响应政府号召，加入联合诊所及卫生工作者协会，并被选为卫生工作者协会主任。

[《泗水县卫生志》第十章《民间医药》]

◎ 段瑞亭 ◎

◎ 段 伤 ◎

段瑞亭，泗水县马家庄乡北泽沟村人。清代廪生。善岐黄术，明医理，长于温病，每治效验，活人济世，享有盛名。其子伤，贡生。继父业。学有传术，医道不凡，颇有名声。

[《泗水县卫生志》第十二章《医林人物简介》]

◎ 段桂桥 ◎

段桂桥，泗水县马家庄乡北泽沟村人。清代秀才。一生行医，医术精湛，曾设"济生堂"悬壶乡里，全活甚众，求诊者盈门，为马家庄乡一带较有名望的医生。

[《泗水县卫生志》第十二章《医林人物简介》]

◎ 李尚有 ◎

李尚有，字钦朋。泗水县城关人。清末廪生。生于世医之家，性好学，尤喜医典，明医理，精医术，擅长内、儿科，救活甚众，颇有名声。所制方药，后人用之多有效验，受人推崇。

[《泗水县卫生志》第十二章《医林人物简介》]

◎ 张方蔚 ◎

张方蔚，泗水县拓沟东马庄村人。自幼奋进博学，力求进取，因童试不利，愤而习医，潜心攻读医籍，精研医理，而立之年学有专长，对内伤杂症颇有究心，方多宗仲景，药多精炼稳妥，求治者盈门，为泗水县当时一代名医。

[《泗水县卫生志》第十二章《医林人物简介》]

◎ 吕国良 ◎

吕国良，泗水县城关北玉沟村人。幼承庭训，熟读医典，擅长书画，医术较高，长于妇科，尤精痘疹，对痘疹之顺逆、病情吉凶，一经诊视，无不洞若观火，药到病除，治愈者实难枚举，至今被人称颂。

[《泗水县卫生志》第十二章《医林人物简介》]

◎ 高道俊 ◎

高道俊，泗水县泉林镇太平庄村人。一生行医，喜读《内经》《妇科经论》《妇人大全良方》等医籍，长于妇科，求治者众多，享有较高声誉。

[《泗水县卫生志》第十二章《医林人物简介》]

◎ 宋怀钰 ◎

宋怀钰，泗水县拓沟尚庄村人。质朴善医，喜读张景岳之书，长于温补，善治温病，方多宗景岳，治之灵验，医名乡里。

[《泗水县卫生志》第十二章《医林人物简介》]

◎ 李秀经 ◎

李秀经，泗水县城关杨家庄村人。早年行医于乡里，长于外科疮疡，自制膏、丹、丸、散，用之多有效验，求诊者累累满堂，远近闻名。一生为人良善，医德高尚，为世人所敬。

[《泗水县卫生志》第十二章《医林人物简介》]

◎ 宋鸿彬 ◎

宋鸿彬（1810—1900），泗水县泉林镇潘坡村人。一生执医，擅长喉科，医术高明，济世活人，德高望重，为一方喉科名医。

[《泗水县卫生志》第十二章《医林人物简介》]

◎ 刘东源 ◎

刘东源（1832—1940），泗水县泉林镇卞桥村人。少时习医，喜读《伤寒论》《瘟疫论》《温病条辨》等典籍，善治时令瘟疫，辨证灵活，知常达变，方多宗张仲景及吴鞠通，药多寒凉，治之效验，治愈者众多，颇负盛名。

[《泗水县卫生志》第十二章《医林人物简介》]

民国

◎ 王士宗 ◎

王士宗（1848—1923），泗水县泉林镇泗源村人。精岐黄术，救活甚众，求者必应，医德高尚，深得敬重。

[《泗水县卫生志》第十二章《医林人物简介》]

◎ 朱红灯 ◎

朱红灯（1849—1899），亦名朱洪登，幼名朱守财，本名朱占鳌，曾名朱逢明。泗水县柘沟镇宋家河村人。年轻时曾几度在本村聚众设拳场，因杀富济贫，屡遭官府缉拿。但因其精于拳术，白手较量，三五人不得近身，故屡缉不逞。后，隐身习医，略通医道。清光绪二十四年（1898）泗水大涝，避灾到长清县大李庄村（今属齐河县）舅父刘亭水家。是年，黄河决堤，洪水泛滥，淹没农田，粮价飞涨，穷苦农民生活无着，加之外国传教士横行乡里，欺凌百姓，民不聊生，百姓纷纷起来，学拳耍棒。朱以行医为名，组织"义和拳"。

初，朱以逢明为名，假托朱氏后裔，同以明遗民身份出现的本明和尚（俗名杨照顺）等，以"反清复明"为号召，建号"天龙"，使义和拳组织日趋壮大。是时，中国人民与帝国主义侵略势力的矛盾相当尖锐，"反清复明"号召力甚微，遂易为"先学义和拳，后学红灯照，杀了洋鬼子，灭了天主教"作宗旨，遂得人民拥护，山东各地遍设武场，黄河北水灾严重区域内发展尤为迅速，形成反帝爱国的洪流。

清光绪二十四年六月，朱率义和拳攻打长清县徐楼天主教堂，同时对关正清、孙重点两个恶霸予以制裁。此举，震慑了帝国主义传教士和豪绅势力。潘西里团总王洪骆纠集三十六庄地主武装，向义和拳反扑，杀三十余人，义和拳受挫。朱红灯遂于光绪二十五年二月，率师西渡黄河至茌平县五里庄一带，一面招拳民设场习武，一面联络茌平、高唐等地的义和拳首领及禹城的本明和尚，由秘密斗争转向公开，改"义和拳"为"义和团"。三个月内，"茌平县治八百六十余村，习拳者多至八百余处"。9月，平原县杠子李庄李金榜，仗教会势力，凌侮平民李长水，激起众怒。朱率义和团围攻了李金榜，冲击当地教会。杠子李庄逐渐成为平原县义和团的活动中心。后，义和团乘势打击数十村庄内仗势欺人、为非作歹的人，惩罚不法传教士。李金榜以"闹教""抢劫"为由报官。9月22日，平原县令蒋楷派捕役到杠子李庄抓捕六名村民，李长水赴朱红灯处告急。10月初，朱率精干拳民奔杠子李庄，招平原县各场拳民前来。几日内，马颊河沿岸七八十里的平原和恩县（今恩城）的千余名义和团众集聚杠子李庄。蒋楷大惊，于10月11日出骑兵、步兵、捕役奔杠子李庄。义和团鼓号齐鸣，奋起迎战，杀门旗兵二员，官兵阵乱。义和团众乘胜冲杀，官兵人仰马翻，蒋楷仓皇遁回县城。17日晨，朱率义和团众撤离杠子李庄，晚至森罗殿埋伏待命。森罗殿古刹地处马颊河堤，林木茂密，居高临下，便于隐蔽防守。18日辰时，山东巡抚毓贤派亲军营补袁世敦率七百余马、步兵，分三路包抄义和团。朱红灯身披红斗篷，穿红裤，骑红马，持大刀，率先冲向中路敌阵，义和团众跃出阵地，四人为伍，采用"轮起轮伏，轮进轮退"的战术，往来冲杀，追二里许，歼敌九十余名。中路清兵心惊胆裂，惨败而逃，其余两路亦不战自溃。

森罗殿战后，朱回到茌平，同杨照顺、徐登第等义和团首领在禹城丁家寺会集，商讨乘势打击教会势力。11月8日，朱和杨各带一部分义和团众，两路进发。朱红灯从禹城苗家林转战长清李家庄、郑家营。9日，又转回茌平南部张官屯，将平日欺压乡里的教堂教读王观杰逮捕惩办。11月12日，朱红灯同杨照顺的队伍集结于马家窝，决定攻打茌平张庄教堂。11月15日，徐大香率领二十余名义和团众，经张庄村南到义和团大队集合。此时，在张庄教堂住着的反动武装开枪拦阻，激怒拳民，徐大香等团众奋力反击。是时，距张庄不足二里路的义和团大队听到枪声，前来营救，把张庄教堂围了个里三层外三层。之后，冲进教堂，附近群众搬来秫秸点着，加以教堂内本有火药，教堂顿成焦土。巡抚毓贤急遣济东道吉灿升，督同东字正军统领马金叙率兵来茌平镇压。

11月17日，朱红灯和杨照顺率领的义和团队伍在博平华岩寺会合，因内部发生冲突，朱红灯受伤。22日晚，朱红灯只身至茌平五里庄躲避。马金叙经再三探查，得知朱红灯下落，于12月21日率军扑向五里庄，朱红灯不幸被捕。马金叙查获了朱红灯与义和团的来往书信，发现有"明年四月初八日攻打北京"的计划，于次日将朱红灯解送济南。不几天，马金叙又以阴谋手段，收买杨照顺的外甥，于23日夜将高唐后杨村包围，逮捕了杨照顺。

1899年12月24日，朱红灯和杨照顺被山东巡抚毓贤杀害于济南。

[《泗水县志》人物《人物传》]
[《泰安地区志》第十三编《历史名人》]
[《泗水县文史资料》第一辑]
[《泗水历史人物》]
[《济宁近现代人物》]

◎ 仲延彬 ◎

◎ 仲统绪 ◎

◎ 仲延明 ◎

仲延彬（1869—1945），字质生，以字行。其父仲统绪乃清末民初中医。仲质生自幼接受庭训,后随父迁徙济宁北关外开设"万育堂"。1921年自立门庭,在城隍庙街自设"质生堂",坐堂应诊。1934—1944年,任济宁中医医师公会理事。

仲质生擅内科,精儿科。所创制的消积退热丸、珠黄清肝散,治儿病一绝。曾写有儿科经验随笔和治疗经验笔记,后均散失。

仲氏家族人多。仲质生之堂弟仲质英、胞第仲胪生、子仲幼生,均深得其教诲,学成后均在济宁城乡行医,影响较广。

[《济宁市市中区卫生志》第十篇《已故名医传略》]

[《山东中医药志》第六篇《人物表》]

仲统绪(1840—1920),泗水县人。业医,以善治痘疹而闻名乡里。

仲延明(1888—1946),泗水县人。业医,术精儿科,尤善治温病。

[《山东中医药志》第六篇《人物表》]

◎ 宋鸿仪 ◎

宋鸿仪(1870—1920),泗水县泉林镇潘坡村人。自幼勤奋好学,力求进取,后因试不遂其志,弃儒行医,奋攻医学经典,探讨仲景学术,不数年而成器,悬壶应诊,尤长于内、儿、妇科,辨证井然,用药稳妥,屡起沉疴,远近闻名,至今仍称之。

[《泗水县卫生志》第十二章《医林人物简介》]

◎ 汤怀恩 ◎

汤怀恩(1870—1928),号谭甫。泗水县城关三街村人。自幼好学,弱冠为塾师,因其父患眼疾,医药罔效,奋志习医,潜心岐黄术,涉猎百家,精研眼科诸症,历经五年使其父眼疾获愈,由此医名城区,延请者接踵而至。虚心好学,为人正直,对病人态度和蔼,凡请者,有求必应,或坐骑前往,或徒步而行,医德高尚,深受病家和世人敬仰。

[《泗水县卫生志》第十二章《医林人物简介》]

◎ 周茂春 ◎

周茂春(1870—1940),字雅南。泗水县高峪乡丑村人。少读私塾,而立之年始习医,好学不辍,曾在"治生堂"坐堂行医,擅长眼科,求诊者累门。为城东一带较有名望的眼科医生。

[《泗水县卫生志》第十二章《医林人物简介》]

◎ 郑宝兰 ◎

郑宝兰（1871—1940），号香谷。泗水县城关五街村人。出身于世医之家，喜研《内经》《伤寒论》等医典。年轻时曾为塾师，后因连年灾荒，家境贫寒，加之疾病流行，乡民求治困难，目睹民众之苦难，便弃教跟随祖父郑广尧习医。勤学苦练，治学严谨，数年后继祖业"广和堂"，济世救民，尤长于内、儿、妇科。临症多用经方，善用验方，治验者众多，名声渐传，求治者终日不断。为人忠厚善良，药多货真价廉，深得病家称赞。思想进步开明，辛亥革命初期，妇女解放运动正在崛起，不顾封建礼教束缚，积极主张妇女参与社交活动，提倡女子就学。三个女儿均进入师范学校就读，后皆为人师表，为当时泗水县妇女解放做出了榜样。

[《泗水县卫生志》第十二章《医林人物传记》]

[《山东中医药志》第六篇《人物表》]

◎ 吕宪彬 ◎

吕宪彬（1875—1941），泗水县中册乡北临泗村人。出生于世医之家，十二岁从父学医，钻研医典，弱冠之年便能行医，数年后开设"人和堂"。精于妇人产后诸症，尤擅"产后风"，知常达变，用方精炼，配以祖传秘方"黑沙丸"，凡治无不效。曾有临泗三村一少妇张氏，产后受风寒而病，高热神昏谵语，伴有面色潮红、小腹胀痛、恶血不下，医不见效，命在旦夕。家人请宪彬诊视，曰：当以祛风活血、清泻瘀热治之，遂处一方：荆芥、防风、天麻、钩藤、牛膝、红花、知母、地榆炭各九克，桃仁、乳香各六克，丹参、丹皮各十二克。服一剂，神志渐清，二剂尽恶血已下，神志清醒，加服"黑沙丸"，五剂而愈。从医数十载，方圆百里，登门求医者络绎不绝，病危而立者不计其数，为泗水县当时妇科名医。

[《泗水县志》人物《人物传》]

[《泗水县卫生志》第十二章《医林人物传记》]

[《泗水历史人物》]

◎ 张殿奎 ◎

张殿奎（1876—1946），泗水县金庄乡三角湾村人。少时力学，喜研医籍，深明医理，曾在泗城设药铺行医，后归故里设"济生堂"为民疗疾。擅长眼科，专治内障、外障，投药即效，救活众多，是当时金庄一带有名的眼科医生。

[《泗水县卫生志》第十二章《医林人物简介》]

◎ 仲延红 ◎

仲延红（1878—1941），泗水县人。业医，工内、妇两科。

[《山东中医药志》第六篇《人物表》]

◎ 李灿本 ◎

李灿本（1879—1940），字茂本。泗水县城关人。幼读私塾，年少行医，十八岁即为"治生堂"坐堂医生。擅长妇科，治验俱多，在当地较有名望。

[《泗水县卫生志》第十二章《医林人物简介》]

◎ 王辉教 ◎

王辉教（1879—1948），号育之。泗水县龙湾套村人。清末秀才。自幼跟其祖父读书，奋进好学。弱冠执教，后弃教从医。精研《伤寒论》《瘟疫论》，尤长于治疗瘟病，方多精炼，桑菊饮、银翘散为其代表方，每治效验，深受同道称赞。治学严谨，且善于总结经验，诊务之余，手录病案，著有《医方集萃》，后不慎遗失。

[《泗水县卫生志》第十二章《医林人物简介》]

◎ 李延龄 ◎

李延龄（1887—1940），泗水县城关鲁舒村人。幼承庭训，跟随其父李化风（清末秀才）就读，而立之年跟李秀经先生学习外科。擅长疮疡治疗，医术颇高，在附近一带享有盛名。

[《泗水县卫生志》第十二章《医林人物简介》]

◎ 周庆炽 ◎

周庆炽（1887—1940），号雅南。泗水县高峪乡丑村人。自幼跟其兄周庆照（清末秀才）读书，后因家境贫寒，辍学习医。民国十五年（1926），在本村开设药铺，名传乡里，医术高超，临症经验丰富，远近求诊者甚多。思想进步，积极支持其子周兰田参加革命。抗日战争期间，周兰田为鲁南行政公署专员，领导抗日军民奋勇救国，因此敌人几次逮捕他及其家属。民国二十六年，被日军关押在泗城做人质，经人保释后，由地下党组织安排，搬离丑村，先后在泗水县张庄、邹县南北王庄一带行医。不辞劳苦，日夜为军民诊治伤病，为抗日救国作出了贡献。

◎ 姚御观 ◎

阴阳学，今废。按：《元典章》元贞元年（1295），中书省奏定阴阳教授，令各路公选老成厚重、艺术精明、为众推服一名，于《三元》经书出题，移廉访司，体覆举用。明以来，学废，而阴阳生但依附道家。又至元二十二年（1285），设各路医学教授、学正，训诲医生，照依降去十三科题目，每月习课，医义一道，年终置簿，申覆尚医监较优劣。按：今之阴阳学，即《周礼》冯相氏、保章氏、挈壶氏之遗，所以辨祅祥、验晷刻、授人时也。虽天文之位变，渺茫而莫之能辨，然守壶伐鼓以节昼夜，差时择日以辨吉凶，皆其所有事焉。今之医学，即《周礼·医师》疾医、疡医之遗，所以养疗万民之疾病，疕疡致之全愈也。虽养眠考疗视药剂杀参两之术，未必尽精，然按方脉治药饵，肿溃金折之品，别烹煎，咬咀之剂量，皆其所有事焉。此皆关系于生人之义，其可备员而未之闻耶！愿质诸为阴阳学、医者。

医官姚御观乾隆五十七年（1792）四月详报，五十八年九月奉发札付。

[嘉庆《梁山县志》卷三《公署》]

◎ 刘仕伟 ◎

刘仕伟，字信吾，一字鼎隅。乾隆乙丑（1745）科武进士。十三年（1748），金川跳梁，仕伟奉母命，臂刺"精忠"二字，投营自效，隶岳襄勤麾下，屡立战功。岳因奏请，以守备补用。送部引见后，复临勒丕险口，囊土作运粮状，诱贼出，大破之，贼惧请降，岳襄勤亲诣贼巢，以验诚否？带十三人传呼直入，仕伟身为前驱，奏凯。补河南襄城营都司，督令士卒不时操演，营伍整饬，为忠州南北两镇之冠。升山西宁武关参将，嗣以年老告归。仕伟精六壬、星象、医卜诸书，诗字指画，俱可观。罢官后，往来名公巨卿间，人多以异人目之。著有《金川从戎事实》，曹地山"序"以行世。晚尤精灼龟法，得宋儒王洙《遗编》，详加注释，勒为成书，李雨村"序"之。可知其胸次不凡矣。

[嘉庆《梁山县志》卷九《列传》]
[光绪《续修梁山县志》卷九《列传》]

刘仕伟，字信吾。少负不羁才，中乾隆乙丑科武进士。十三年，用兵金川。仕伟谒提督岳钟琪请自效，乃使率民兵进取河边跟杂等寨，先□□焚其七层大碉及大小战碉、平房，轩获甚众。又□官兵攻先葛布基寨，有功。既而进攻木耳金刚，仕伟领新募兵潜出贼后，夺石卡二、水卡一，焚杀无算，身负重创，以守备用。后复临勒丕险口，囊土作运粮状，诱贼出，大被之，贼惧请降。钟琪携十三人亲诣其巢，传呼直入，仕伟身为前驱。奏凯后，补河南襄城营都司，迁山西宁武关参将，告归。仕伟精六壬、星象、医卜诸术，诗字皆可观。罢官后，往来公卿间，多以异人目之。著有《金川从戎事实》，曹秀先为之"序"。

[嘉庆《四川通志》卷一百五十四《人物十二》]

◎ 刘长泰 ◎

刘长泰，字吉庵。邑监生。诚朴友爱。咸丰末，周、曹二逆扰梁，倡捐资，补修乐都寨，制枪矛御贼。同治元年（1862），寨不戒于火，延烧数百家。及宅，反风灭火，人咸叹异。贼退，大疫，施药济贫。会岁饥，复捐钱，购粟散赈，邻里多赖全活。邑宰熊公嘉其义，具详督宪丁，奖给五品衔。

[嘉庆《梁山县志》卷九《列传》]
[光绪《续修梁山县志》卷九《列传》]

◎ 罗储锦 ◎

罗储锦，字绣堂。世居双河场。乐善好施，捐资创修寨堡二、祠庙四、桥梁六。尤耐劳苦，每值大役，棕鞋笠屐，监工弗懈。其他建坊、建宗祠、施棺、施药诸善，难枚举。寿九十余。

[嘉庆《梁山县志》卷九《列传》]
[光绪《续修梁山县志》卷九《列传》]

民国

◎ 谌之荣 ◎

谌之荣（1864—1949），梁山县人。工于医，术精内科。

[《山东中医药志》第六篇《人物表》]

曲 阜

汉

◎ 韦 宣 ◎

韦宣墓，玄成孙。汉之名医。葬城北四十里韦家庄东南。

[民国《续修曲阜县志》卷三《古墓》]

明

◎ 曹 淳 ◎

曹淳墓，明东鲁医官，仕至尚书。葬城东南乡大埠南村后。

[民国《续修曲阜县志》卷三《古墓》]

清

◎ 颜绍晵 ◎

颜绍晵，字素子。诗古文超绝，精于医，活人不索谢。

[乾隆《曲阜县志》卷八十三《列传》]

颜绍晵，字素子。武庠生。性不好武，闭户种菊，以琴书自娱。家无儋石储，而弦歌不辍。著有《清吟诗集》。又精医术。尝医富室子，酬之百金，夷然却之。其孤介，有可想见。《颜氏谱》载其"传"，谓世系不可考，比之逸民朱张云。

[民国《续修曲阜县志》卷五《隐逸》]

颜绍晵，字素子。武庠生。以琴书自娱，家无儋石储，而弦歌不辍。精医术。尝疗富室子，酬之百金，夷然却之。其孤介如此。著有《清吟集》。

[民国《续修曲阜县志》卷五《方伎》]

◎ 颜懋企 ◎

颜懋企，字庶华。懋侨弟。乾隆己巳（1749），皇上幸鲁，特旨拔取十三氏子孙贡入国学。性嗜书，独居一室，坐卧纵横卷帙中。双目炯炯，好考据典故，钩隐搜奇无细，大耻一不知。辑《飞尘集》《说鬼稽神录》《东壁偶识》《葆光楼随笔》《知依堂笔记》，凡三十余万言。自天文、地舆、风俗、律礼、兵农、学校、月令、谥法、博弈、医卜以及草木虫鱼、仙佛鬼怪之类，靡不分门别部，其文险奥不可句，诗更劁刻幽拔，呕心肝出乃已。又作《颜氏史传》《隃糜考》《端石考》《古印考》《图绘考》《诗格》，藏于家。惜年仅四十二而卒。

[乾隆《曲阜县志》卷八十八《文苑》]

《颜氏史传》二卷，颜懋企撰。懋企，字幼民，自号西郭居士。曲阜人。乾隆戊辰（1748）恩贡。是编见《空山堂集》。

[宣统《山东通志》卷一百三十二《艺文志第十·史部·传记》]

《东壁偶识》《葆光楼随笔》《知依堂笔记》，颜懋企撰。懋企，见史部传记类。《空山堂文集·懋企墓志》载诸编云：自天文、历象、疆域、山川、风俗、律吕、典礼、官制、学校、兵权、农政、月令、谥法、博弈、医卜以及草木虫鱼、仙佛鬼怪之属，靡不条析门部，贯串源流本末。

[宣统《山东通志》卷一百三十九《艺文志第十·子部·杂家》]

效霞按：颜懋企之字，乾隆《曲阜县志》与宣统《山东通志》记载不一，当以《山东通志》所载"幼民"为是。

◎ 颜 氏 ◎

孔兴焯妻颜氏，光敏女。夫死，绝粒五日，誓不欲生，所亲以大义谕之，乃强食。孝事堂上，数十年如一日。既侍夫及舅姑疾久，博涉方书，常制丸散，以济乡里之茕独者。工文翰，著有《恤纬斋诗》《晚香堂词》。

[乾隆《曲阜县志》卷九十四《贤淑》]

孔兴焯妻颜氏，光敏女。夫死，绝粒五日，誓不欲生，所亲以大义谕之，乃强食。孝事舅姑数十年如一日。当年侍夫及舅姑疾久，博涉方书，常制丸散，以济乡里之茕独者。工文翰，著有《恤纬斋诗》《晚香堂词》。

[宣统《山东通志》卷一百八十六《国朝列女》]

《恤纬斋诗》，颜氏撰。颜氏，光敏女，同邑孔兴焯妻。《山左诗钞》引颜懋价曰：先姑自幼端慧，从父授书，旁及琴奕。夫既早亡，矢节甘贫，逾六十载，被旌如例。教嗣子及孙皆为诸生。集名《晚香堂诗》，后更名曰"恤纬"。

[宣统《山东通志》卷一百四十四《艺文志第十·集部·别集》]

◎ 陈 颖 ◎

陈颖，字述庵。性拙寡营，好读书，经史百氏皆举其略，顾沉默不逐声誉，世鲜知者。对客，或终日不言；兴发，论古今事，听者忘倦，然皆有据，求一妄语不可得。滋阳牛运震修《泰安府志》,引为助。历城周永年被征校《四库全书》,就问医学源流,草《医书考》报之。素固善医,无意干进。晚补诸生,旋弃去。著《大学集说》一卷、《伤寒卒病论考》八卷、《诊法一隅》三卷,藏于家。乾隆三十五年庚寅(1770),作生圹于城南舞雩坛侧。阅十三年癸卯(1783),年七十有九卒。桂馥乃为之志。

[民国《续修曲阜县志》卷五《经学》]

陈述庵先生生圹志

桂 馥

乾隆三十五年庚寅(1770),陈先生作生圹于城南舞雩坛侧。阅十三年癸卯(1783),先生年七十有九,里人桂馥乃为之志。先生名颖,初名彭,字述庵。其先上海人,祖公元客死济宁,父开泰不能归,先生饥,走四方,偶来曲阜,家焉。性拙寡营,借故家书,闭户读之,经史百氏,皆举其略,顾沉默不逐声誉,世鲜知者。对客,或终日不言;兴发,论古今事,听者忘倦,然皆有据,求一妄语不可得。滋阳牛运震修《泰安府志》,引为助,而运震死,遂罢。历城周永年被征较《四库书》,就问医家源流,草《医书考》报之。素固善医。长官某病,医集于门,先生后至,疏木防己汤。众医恶其异己,乃投以人参。益剧,复延先生。前视其状,解衣据案,汗下如雨,先生顾谓众曰:大汗不脱虚者,如是耶!一老医顿悟,于是先生之药得进。更疏葶苈大枣汤,病者起。谢曰:吾昏,不能早用子,子活我,请为子执鞭。出视众医,惟老者在耳。先生无意干进,晚诸补生,旋弃去。著《大学集说》一卷、《伤寒卒病论考》八卷、《诊法一隅》三卷,藏于家。

[民国《续修曲阜县志》卷八《碑志》]

陈述庵先生墓碑铭

颜崇规

君讳颖,初名彭,字述庵。其先上海人,祖公元客死济宁,父开泰不能归,君饥,走四方,偶来曲阜,家焉。性拙寡营,借故书,闭户读,经史百事,皆举其略,顾沉默不逐声誉,世鲜知者。对客,或终日不言;兴发,论古今事,听者忘倦,求一妄语不可得。滋阳牛运震修《泰安府志》,引为助,既而运震死,遂罢。历城周永年与君谈竟日,叹其湛深。永年被征修《四库全书》,就问医家源流,草

《医方考》报之。君固善医，兖沂道张公病支饮，医集于门，君后至，疏木防己汤。众医恶其愚，仍投以人参。益剧，复召君。前视其状，解衣据案，汗下如雨，君顾谓众曰：虚者如是耶！一老医顿悟，于是君之药得进。继疏葶苈大枣汤，病起。谢曰：吾昏，不能早用子，请为子执鞭。出视众医，惟老生在尔。君无意于进，晚补诸生，旋弃去。著《大学集》一卷、《伤寒杂病论集说》八卷、《诊法一隅》三卷，藏于家。

[民国《续修曲阜县志》卷八《碑志》]

◎ 王廷瑞 ◎

王廷瑞，字子班。博学能文，与泗水王青木相友善。少年游泮，屡踬棘闱，不乐仕进，每日教授生徒，放怀诗酒，且善书法，精医术，举乡饮大宾。

[民国《续修曲阜县志》卷五《文苑》]

王廷瑞，字子班。庠生。性孝友，幼承庭训，有异才，应童子试皆冠军。适有匪越境而至，值父柩在堂，守而弗去，匿破屋中。匪执其兄，廷瑞出，谓贼众曰：君所执者我兄也，余兄弟以父柩在殡，未敢远离，兄系长男，主葬事，余可往服役，甘以身代。贼义之，乃从所请，随贼抵巢穴，乘间与贼众藉秸官辄讲谈古今忠孝节义之事，以化其心，众皆乐听，渐有悔心。廷瑞乃阴与知机者谋誓互善保，旋得返里，视父柩无恙，哀号甚至。居心孝友，概可想见。

[民国《续修曲阜县志》卷五《孝行》]

◎ 孔宪堃 ◎

孔宪堃，字载元，号厚斋。昭焕第五子，恩贡生。性聪明刚断，交人必诚信，谋事有智略。凡义所当为，即勇往直前，不计利害。就职州判，效力河南，年余告归，侍母怡如也。好读，博闻强识，精岐黄，善奕，能草书，兼工吟咏。析居后，不屑治生产，家日落，而教子有义方，故子庆铨、孙繁渥，皆有成就。有《逸友堂适性草》一卷、《诗余偶存》一卷。

[民国《续修曲阜县志》卷五《文苑》]

孔宪堃，河南候补直隶州州判。

[民国《续修曲阜县志》卷三《仕籍》]

孔宪堃，县议会议员。

[民国《续修曲阜县志》卷六《议员》]

《逸友堂诗》，孔宪堃撰。宪堃，字载元，号厚斋。曲阜人。恩贡，候选直隶州判。是编见《山左诗汇钞》。

[宣统《山东通志》卷一百四十五下《艺文志第十·集部·别集》]

◎ 李瑞占 ◎

李瑞占，字雪楼。幼英敏，敦孝友，事继母以孝闻。弱岁，补博士弟子员，旋食饩。殚见洽闻，备览经史，留心经世之学，不沾沾于帖括业。光绪己卯（1879）恩科贡成均，就职教谕，遂绝意进取，教育后进，以敦品励行为要，故一时英彦，多出其门。若孔观察斐轩、孔孝廉愚山等，均其高足。此外，或以文学著，或以功名显，未可一一数也。尤热心地方公益，若建书院，筑仓库积谷赈济，办团练，修城垣，无不悉心擘画，井井有条。事既竣，官民翕然称道弗置。邑侯李公保以原职，尽先拔署。晚年善数学，耽词章，尤精岐黄术。卒年八十有四，士论惜之。子为琳、为珣、维松，皆克以诗书世其家。

[民国《续修曲阜县志》卷五《文苑》]

效霞按：据民国《续修曲阜县志》卷六，李瑞占为"乡饮大宾"。

◎ 杨岳春 ◎

杨岳春，字虚生。历城人。少应童子试，置试题不顾，别作词二阕，纳卷出，文宗索之。急游曲阜，衍圣公孔庆镕见而悦之，授奎文阁典籍。精医理，病者至，应手奏效。性耽吟咏，过故旧家，见其子弟，询读诗几何，必使朗朗诵。善行草书，兼精篆刻。晚年，右指病废，以左手作书，尤饶妩媚。丧偶不复娶，蓄女婢一人，役洒扫。卒葬曲阜。有《意草》一册行世。

[民国《续修曲阜县志》卷五《美术》]

杨岳春，字煦之。奎文阁典籍，升任督理屯田管勾厅。

[民国《续修历城县志》卷三十五《选举表二》]

效霞按：据民国《续修曲阜县志》卷三，杨岳春为"典籍官"。

◎ 孔广达 ◎

孔广达，字新泉。光绪己丑（1889）恩科举人，以戊戌（1898）大挑知县，分发河南。抵省，即以发司书奸，名籍一时。先后仕豫十数年，出署剧邑，所至称神明。入即居府，县谳局有木疑难，必属焉。故豫中数折狱者，必以广达称。祥符绅张茂堂，图奸杀朱赵氏，不以刑求，尽得其情。马黑谋杀案，三十年未办之狱，一朝判决。院文案某揭前总兵陈某，谋不轨，牵陷多人，执所搜册籍为佐证。广达请文案亲书此案奥窔，核笔迹，并册呈列宪，而文案逸，陈众获免。商城叶氏子左惑伏诛妻，孥族亲并被逮，抵任数月，据情禀释。署汜水，适汴洛铁路肆毁庐墓，民激愤，势甚炽，因急驰围，谕解属路局委曲保全，益骎骎泽及枯骨矣。至戢豪贵，薅猾蠹，令甲肃整，政如流水，固由廉敏所致，亦明允之称素符故也。生平治经史之学，出儒术，饰吏治，觅而剔之，昭晰无遗。精研医理，称"国手"。宦途升沉，弗以介意。循例补汝州直隶州州同，辞不赴任。以两宫回銮照科，续保同知，赏戴花翎，赠赒三代如例。国变回籍，倡经学会，以此自终。春秋六十有五。有《渔樵问答》二卷、《信天批谬》一卷，待刊。

[民国《续修曲阜县志》卷五《治绩》]

孔广达，字信泉。山东曲阜人。举人。知县。光绪三十一年（1905）六月。

[民国《重修汜水县志》卷三《清职官表》]

效霞按：孔广达之字，民国《续修曲阜县志》作"新泉"，民国《重修汜水县志》作"信泉"。以"信泉"为长。

◎ 程梦良 ◎

程梦良，字仲新。江苏武进县人。筮仕山东，寄居曲阜，遂家焉。优廪生。赋性孝友，乐善好施，兼精岐黄。游幕沂水县，适太平山土匪扰乱。梦良奉饬督率团丁痛剿，获匪多名。经沂水县知县呈请山东巡抚丁宝桢，保准候选训导，复循例捐升通判。在黄河工程抢险出力，加四品衔。补缺后，以知府用。寻署淄川、福山、莱芜等县知县，靡不政平讼理，口碑载道。迁沂州府通判，因病旋曲。卒年七十有一。

[民国《续修曲阜县志》卷五《寓贤》]

程梦良，字仲新。以通判代理淄篆，接修前任未完考棚工程，乡试举行，宾兴礼。此礼张侯念馓后逾三十年，兹为再见。是日，宾主尽欢，士子与其会者，咸以为荣焉。

[宣统《三续淄川县志》卷九《国朝秩官》]

程梦良，江苏武进增贡生。（光绪）十三年（1887）任。

[民国《福山县志稿》卷三《职官表》]

程梦良，武进增贡。（光绪）十八年署。

[民国《续修莱芜县志》卷十六《官吏表》]

程梦良，江苏武进人。由贡生（光绪）二十一年任。

[民国《临沂县志》卷七《职官》]

◎ 王 氏 ◎

孔兴洵妻王氏，幼知书，精岐黄术，善医疮。兴洵故贫，氏尝典衣裳，得甘旨，以奉姑，自安藜藿。归宁，父母怜其寒，为制衣，归则解以奉姑，再制则改为男衣，以与夫，三制始自着。其贤孝，略如此。

[民国《续修曲阜县志》卷六《贤孝》]

◎ 陈 氏 ◎

朱遇网妻陈氏，年十九于归，生一女。夫以病卒，氏矢志靡他，孝翁姑。又善治家，体恤幼叔。洎叔娶妻黄氏，生一子，叔又以疯症卒。翁姑相继而逝，一家只此两孀妇、一幼子。氏井臼躬亲，覆巢再造。氏善治痘症，亲邻求诊视者，络绎不绝。晚年患瘫，有负子踵门乞诊者，亦或用肩舆来迓，以是活人无算。卒年八十三，旌表如例。

[民国《续修曲阜县志》卷六《节孝》]

◎ 李孝秋 ◎

李曰成继配孔氏，夫殁，遗一子二女，家境寒薄，子女俱幼。氏勤俭持家，备历艰苦。顾恤孤怜贫，慈祥恺悌，出于性生，以故乡里咸称颂焉。子孝秋，精医术，尝施药济人，以继母志，而贤淑乃于是乎益著云。

[民国《续修曲阜县志》卷六《贤淑》]

◎ 郑晓如 ◎

《读医录记》一卷，郑晓如撰。晓如，见经部易类。是书现存：《曲阜郑氏遗书》稿本，台湾"国家图书馆"藏。参见子部杂家类补目《曲阜郑氏遗书》条。

[《山东通志艺文志订补·子部·第一册》]

《曲阜郑氏遗书》一百四卷，曲阜郑晓如撰。现存：稿本，台湾"国家图书馆"藏。子目十：《周易集说》四卷、《周易读本》八卷、《礼记正简》四十六卷、《春秋集解》八卷、《春秋揣义述说》十二卷、《孟子七篇约讲》七卷、《诗声类》十二卷《分例》一卷、《夏时考增说》一卷、《读医录记》一卷。其中第八种《诗声类》系孔广森著作，郑氏批点。书后附有《海内孤本曲阜郑氏遗书十种手稿目录》，为民国时期济南聚文斋书店代销本书时所印行，内有简介及总目。

[《山东通志艺文志订补·子部·第一册》]

郑晓如，初名宪铨。著有《周易集说》《读本》四卷附《周易古韵考笺义》《毛诗集解训蒙》《孝经约义》各一卷，《阙里述闻》十四卷，《皇朝圣师考》《就正诗草》各二卷，《就正诗续稿》一卷。

[民国《续修曲阜县志》卷七《艺文·著述》]

郑晓如，原名宪铨，字子斌，号意堂奇树孙。山东曲阜籍举人，广东知县。工诗，喜言时弊，然深厚朴挚，不为过激语，尤嗜古诗，手录自汉迄唐诗数百首，曰：《古诗选》。著《防山书屋诗集》。

[民国《歙县志》卷十《诗林》]

《曲阜郑氏遗书十种》，一百零四卷，存。清郑晓如撰。是书，台湾《"国立中央图书馆"善本书目》（增订二版）著录稿本，内收《周易集说》四卷、《易经析录》四卷、《周易读本》八卷、《礼记正简》四十六卷（缺《曲礼》《檀弓》二篇）、《春秋集解》八卷、《春秋揣义述说》十二卷、《孟子七篇约讲》七卷、《诗声类》十二卷《分例》一卷（清孔广森撰，郑晓如批点）、《夏时考增说》一卷、《读医录记》一卷。按：晓如平生无他嗜，政事之余，惟喜著书，终其一生，总计不下二十种，一百几十卷，俨然著述大家，湖北省图书馆藏有表兄孔宪彝诗稿四种，亦多经其批校。此书，《清志》《山东通志》《续修县志》《山东文献书目》等俱无著录。其《春秋集解》《春秋揣义述说》，《中国历代艺文总志》（经部）似漏录，《读医录记》亦未见旧目著录。要之，此书之著，足补志乘之未备。是书有台湾"国立中央图书馆"藏稿本（三十九册）。

[《孔子故里著述考》]

民国

◎ 蔡筱山 ◎

牛痘一种,为害甚烈,稍有不慎,险逆百出。民国纪元,经衍圣公孔令贻、蒋志坚、孔繁洁、孔祥霖、尤文田、孔繁裕、吴廷玉、颜锡均、陈庆彬、孔庆鋆、邓文湘等公议,捐资筹设机关,施种牛痘,聘任滋阳蔡筱山主其事,改良种法,二十年来,所全实多。蔡筱山,少习岐黄,从美国人、济南医院院长聂贵东游,卒业后,实习十年。至是经理此事,迄今二十年,颇著成效。后复约集同人,教以新法,继续其传。其济世活人之心,有足多者。嗣于二十三年(1934)秋,同人等为立石,历叙经过情形以作纪念。

[民国《续修曲阜县志》卷五《慈善》]

◎ 刘金佩 ◎

刘金佩(1843—1923),字子臣。曲阜人。孔府家医,因得罪孔令贻之妻陶氏,被逐出衍圣公府,在曲阜西门外开设"成春堂"药铺,很受病人崇信。后孔令贻病,久医无效,复请刘金佩入府,治愈。

[《济宁市卫生志》第十三篇《传略》]

兖 州

清

◎ 曹纪勋 ◎

　　大德堂药铺，故址在后白楼村。清咸丰元年（1851）由曹纪勋创办，为境内较早的私人药铺之一。不仅药物齐全，且能加工炮制膏、丹、丸、散。后由纪勋之子传尧经营，1949 年改称私立诊所。

[《兖州县谷村乡志》第六编《卫生》]

◎ 张建勋 ◎

　　张家药铺，设在前官庄村。清光绪十五年（1889）由张建勋创办，后由其子思真经营，1948 年停业。

[《兖州县谷村乡志》第六编《卫生》]

◎ 尚元吉 ◎

　　尚家药铺，在安邱府村。由尚元吉创办于清光绪二十六年（1900），后由其子殿举承办，1949 年改称私立诊所。

[《兖州县谷村乡志》第六编《卫生》]

◎ 李文早 ◎

◎ 李尊五 ◎

　　李文早，原籍宁阳县，清末迁至王因镇娄庄开药铺，是第一个在兖州开始接种牛痘的医生。其子尊五继承父业，于 1935 年去世。

[《王因镇志》第二十五卷《医疗》]

滋 阳

◎ 郑 澍 ◎

郑恩纶,字君诏。世居邑之颜村店。父宇震,字起东。附贡生。乐善好施,远近推为长者。生四子,恩纶居长,次、三皆既婚而殁,四出嗣伯父。恩纶少理家政,勤俭倍寒素,田宅皆手创之。后议析居,人曰:弟已嗣伯父矣,析宜三。愀然曰:此吾父所积累也,吾兄弟四人,死者已矣,奈何令生者向隅乎?仍四分而阄析之。次支得空基而无宅,或以为言,毅然曰:奈何令一孀妇携三尺嗣孤匍匐他往乎?吾率妻子去矣!遂让宅而移于郊村居焉。生平不枉费一钱,惜人之财若己有。顾独重儒术,里有不能延师者,束脩膏火身任之,督课如子弟。举人吴靖远,少废学,后感其意,发奋遂获隽去。妻宁氏,相夫治家,贤且慈,远近称之。夫妇俱八十四寿终。子二,澍、藻并以谨厚世其家。澍,字莳亭。弱冠以第一补诸生,旋食饩,屡试不售。嘉庆中,以廪贡补四氏学教授。训课勤明,衍圣公待之有加礼。会巨鹿教匪孙惟俭之狱起,辞连公府,管事人有旨逮讯,并饬衍圣公来京候议。府众恟惧,澍白当事,缓其狱,事得解,阖府赖之。圣庙祭田有隶沛县者,入为佃户,隐匿,屡勘不决。衍圣公商之兖守郑公文明,郑公雅知澍,曰:吾不惮一往,第非偕郑,学博不能办檄。澍随行,至则查勘钩稽,悉还原额,俸满保知县。澍以亲老告归,养亲教子,惠族恤邻,兼精岐黄术。闻人有疾,辄赍药往,全活无算。里居二十年,后二亲寿终,服阕,年且六十,始谒选授宁朔知县。甫抵兰州,以疾卒,人惜其才之未获用也。丧归,戚友多哭失声。曰:善人亡矣!妻李氏以妇德著,早卒。澍不复娶。子毓森,廪生;毓林,选贡生;毓本,举人,江西候补知县。

[光绪《滋阳县志》卷八《乡贤》]

[《滋阳县乡土志》]

◎ 乔 珃 ◎

乔廷辅，字予思。邑人。父珃，家仅中人产，好施予，终岁制药济人，生计因之日蹙。廷辅，姿性明敏，贫窭不能具膏火，其舅氏某惜其才，招致其家，使就学焉。时年已十有五矣……

[光绪《滋阳县志》卷八《文学》]

[《滋阳县乡土志》]

◎ 汤 桢 ◎

汤桢，字维周。邑人。胸怀洒落，好读书，不沾沾事家人生产。早补诸生，为文欹崎孤峭，不求合有司绳墨，省试辄被乙，遂弃举子业，诗酒娱情，徜徉自得。所居茅屋数椽，阶除隙地，莳花种竹，间以嶙峋怪石，超然有尘外趣。性喜临池，工行楷。入其室，卷轴纷罗，金石堆案，古色古香，多数百年物。善养生法，不事药饵。年既老，清健无异少壮。一日晨起，逍遥门外，与邻叟话，移时家人请盥，入坐榻上，沉沉如睡去，遂卒。子四，长诰，选贡生；恩浩，监生；恩沐，监生；恩澍，庠生。

[光绪《滋阳县志》卷八《文学》]

[《滋阳县乡土志》]

◎ 郑炳炜 ◎

郑炳炜，字焕然。其先由徽州迁济宁。父彦，字子俊。始占籍滋阳。炳炜性廉介，设药肆于济上，每拣药辄弃其伪。尝买舟自江南归，与一鬻姜者同行数日，客忽病苍黄，为觅医药，客自知不起，以货簿付炳炜，曰：吾贷颇不赀，今以付君，为吾置棺衾，归骨故里足矣！方骇辞，而客已瞑。收簿，为之敛，暂厝江干，运姜归济上，值昂，得息数倍。挈资载柩往江南，询得其家，叩门，有少妇偕幼子出，语之故，泣谢不能起。畀以簿与资，坚不受，曰：君诚长者，然未亡人携三尺藐孤，骤拥千金，只益祸耳，且君挈去，此子成立，再拜君赐可也。不得已，以资还。逾五年，获息又倍，原资亲往，悉付客家，其妻若子益感泣，仅受其半，而以其半付炳炜，坚辞不能却，乃取其息之一以归。此康熙间事，今济上人犹有能言之者。

[光绪《滋阳县志》卷九《耆旧》]

[《滋阳县乡土志》]

◎ 唐咸和 ◎

唐咸和，字介石。邑廪生。少有文行，兼精岐黄术，沉疴立起。由例贡生官训导，历任招远、巨野二学，号为称职。告归卒。著有《周易遵孔》四卷，藏于家。

[光绪《滋阳县志》卷九《耆旧》]

训导

道光

唐咸和，兖州府滋阳县人。廪贡。

[道光《巨野县志》卷九《职官志》]

唐咸和，滋阳廪贡。（道光）十二年（1832）三月署任。

[光绪《增修登州府志》卷三十《文秩六》]

◎ 苗心贵 ◎

◎ 苗为雷 ◎

苗珩，字奇玉。邑人。性慈好施，年九十，六世同居，有司旌之子，心友、心贵、心良，甚相友爱，一家百数十人，雍雍如也。心贵，字天木。尤慷慨，勇于为善，兼精岐黄术，每施药济人，沉疴立起。子二，为霖，庠生。幼失怙，孝事继母，人无间言。道光初，公举孝廉方正，辞不就；为雷，监生。少传父业，以医术显，子孙世其家法。

[光绪《滋阳县志》卷九《耆旧》]

赵永长妻苗氏，苗家营庄苗心贵女。年十七适赵，嘉庆十年（1805），夫故，苗年十九，守节二十三年，年四十一卒。

[道光《济宁直隶州志》卷八之五《人物五》]

效霞按：据此条记载，可知苗心贵为滋阳县苗家营庄人。

◎ 张奉钦 ◎

张奉钦，字虔修。邑人也。少读书，家贫缺膏脯，因习岐黄家言。蚤失怙，舅氏苏栀园先生怜其孤，以长以教，俾至于成人。苏于乾隆戊午（1738）科举经魁，学问渊雅，尤留心掌故，凡邑中风土人物以及书文碑谱，足以载邑乘者，靡不分类搜访，著于篇，历四十年汇成一书，凡五十四卷，其于志之体例详且备矣。后为邑侯冯公借阅，挈之去。奉钦念舅氏之手泽关一方之文献，恐是书之遂轶也，辄心焉戚之。未几，冯任曲阜，乃索还原稿，藏于家。居恒语其子东航、东澜曰：是书也，吾舅之心力存焉！吾邑之实录系焉！汝曹珍之，勿失也！二子受教维谨。迨咸丰辛酉（1861），寇警频闻，东澜乃凿壁藏之，至今犹称完璧云。前邑侯莫公修邑乘，出为蓝本。今兹续修，复取而资考证焉。然则是书之存，皆奉钦什袭之功也。义得书之，以补于编。

[光绪《滋阳县志》卷九《耆旧》]

《滋阳县志稿五》十四卷，苏茜撰。茜，字栀园。滋阳人。牛运震弟子，乾隆戊子（1768）举人。摄溧水知县，改诸城教谕。咸丰《滋阳志》本传云：所著有《县志稿》，搜罗繁富。今兹修志，多所取材。又张奉钦传云：苏于乾隆戊午科举经魁，学问渊雅，尤留心掌故，凡邑中风土人物以及书文碑谱，足以载邑乘者，靡不分类搜访，著于篇，历四十年汇成一书，凡五十四卷，其于志之体例详且备矣。后为邑侯冯公借阅，挈之去。奉钦念舅氏茜为奉钦之舅之手泽，关一方之文献，索还原稿，藏于家。咸丰辛酉，寇警频闻，奉钦子东澜乃凿壁藏之，至今犹称完璧云。

[宣统《山东通志》卷一百三十三《艺文志第十·史部·地理》]

◎ 朱健宁 ◎

朱国泰，字宇熙。家于城西沈国屯。好施予，无吝容，亦无德色。康熙中，岁大饥，设粥局，日给千余口。未几仓匮，因贷粟富室，许以膏田为质，富室靳弗与，遂典地质衣，以终其事，附近村人赖以生活者甚夥。康熙十三年（1674），乞人联名具状，赴县请旌，邑侯杨奖以"功德并懋"四字。又乞工文者，详述事实，树两石于村，以彰其美。其裔孙健宁，邑庠生。事亲以孝闻，严正为里党所矜式，并精岐黄术以活人，其遗风尚津津人口云。

[光绪《滋阳县志》卷九《耆旧》]

◎ 杨起泰 ◎

杨起泰，性肫朴，善持家，历子孙曾元，皆同居一门，蔼然无诟谇声。善养生术，不事药饵。寿享百十五岁。有司以"五世同堂"旌其门。事闻，钦赐"升平人瑞"匾额，并赐缎匹银米等物，时人荣之。

[光绪《滋阳县志》卷九《耆旧》]

◎ 李德润 ◎

李德润，字儒泉。邑之西关人也。少嗜学，尝肆力于经史及宋儒诸语录，皆确有心得，然辞章非所好，故不利场屋，以岁贡终。家綦贫，晚年教弟子于邻僧庵中，古刹一灯，风雨凄然，每逍遥自得，曰：此吾安乐窝也。善摄生，年八十余犹矍铄，日强步每三四里，吐音如洪钟。素无恒产，而不悄假贷。邑中诸名辈窥其乏，以时遗之，惟恐其不受也。性喜推奖后进，经其品题而有闻者甚众，然与人语必以正，不啻严师之诲子弟，人以故畏而亲之。迹其所为，殆蜀严君平之流亚欤！

[光绪《滋阳县志》卷九《耆旧》]

李德润，（道光）岁贡。

[光绪《滋阳县志》卷五《五等贡录》]

◎ 陈茂槤 ◎

陈茂槤，字树堂。邑庠生。性英敏精干，多智略。幼嗜读，家綦贫，藉佣书为膏火资。年几壮，补诸生，益留心经世之学，不沾沾事帖括业。咸丰初，粤匪窜扰，风鹤屡惊，加以饥馑频仍，哀鸿遍野，官府知其能且为中论所推，地方一切赈济、团练、浚筑、仓储诸大政皆委以主办，茂槤悉心擘画，井井有条，格与其事者前后凡三十年，官民皆翕然称之。时既平，阅历愈深，才识益练。与人交，不激不随。朋侪或以疑事相质，必为之委曲剖析，使其人自为抉择不矜。其智，类如此。晚精岐黄术，每出一方，药品无多，而沉疴顿起，时有"卢扁"之誉。卒之日，士论惋惜，以为未竟其才云。

[光绪《滋阳县志》卷九《耆旧》]

◎ 吕西峰 ◎

吕西峰，字崑圃，号瑶亭。城东南隅人。性笃诚，敦孝友，博学能文。早岁补博士弟子，屡试省闱不第，遂弃帖括，以花木自娱。设家塾二，延明师，课亲族子弟，多所成就，至今犹慕其德。甲辰岁，考院倾圮，公倡志修葺，偕王寄塾先生等上诸郡县，转详王春岩观察，力任其事。工既成，则置身事外，若不与闻。其行谊，类如是。工岐黄，尤精眼科。四方来就医者，投方辄效，有"壶天再世"之功。著有《眼科撮要》。

[光绪《滋阳县志》卷九《耆旧》]

[《滋阳县乡土志》]

◎ 赵 燮 ◎

赵燮,字伯调。铜山人。始祖彝,前明袭封忻城;伯祖拙菴,邠州知州。燮为人纯孝,父懋乾,羸疾沉痼,百医不瘳,私刲股肉,和药以进,病良已。尝入都,忽心动,夜梦母,状殊苦,即驰归,母果痛发,急救得安。拙菴八旬患风痹,转侧需人,燮侍奉汤药,寒暑无间,便溺洗涤皆身亲之。少时,喜为经世学,尤致力河渠诸书。既久侍亲疾,乃更知医,间出其术,活人无算,由是"和缓之名"大著。乾隆初,因应衍圣公聘,携家来兖城,寓居东桥。病者至门,未尝拒也。后遂隶滋阳籍。殁,葬南郭外,至今称曰"赵孝子墓"。

[光绪《滋阳县志》卷九《流寓》]

赵燮,字伯调。灿从兄也。父病割股肉以进,母病尝粪甜苦。年六十余卒。子华堂,滋阳县学生员。

[道光《济宁直隶州志》卷八《人物》]

赵燮,事父母诚孝。父患痨嗽,燮侍七阅月,衣不解带,病笃刲股以进。母氏患瘫,燮方在都,忽梦母有疾苦状,遂倍道驰归,医药获愈。婚嫁弟妹八人。江苏学政张扁曰"琏粹齐芳"。知府石扁曰"纯孝可风"。

[道光《铜山县志》卷十五《人物》]

赵燮,徐州人。父患痨嗽,燮侍七阅月,衣不解带,及病笃刲股以进。母病瘫,燮方在都,忽梦母疾苦状,遂倍道驰归,医药获愈。

[同治《徐州府志》卷二十二《孝友》]

◎ 风和尚 ◎

嶧山之阴小村颜氏子,家甚贫,幼时尝酣眠风雪中,无寒色。比长为僧,日曳敝履,以手提裤,踉跄行,状类癫痴,人呼为"风和尚",未之奇也。所言多不可解,事后辄验,始稍稍异之。嶧山太元观议重葺,苦乏资,和尚来山中,以豆施病者,曰:食之,病当愈,愈即出钱助工。食者果愈。张留村有刘乙,五旬生一子,厄于痘,闻豆之能已病也,诣和尚求之。和尚曰:尔子非豆能疗也,第多输金,吾往医尔子。刘许诺,导和尚至家,则曰:尔子愈矣。入视果瘥。由是获资无算,工赖以举。有病瞽者,与以独枚蒜二,啖其一,一目遂明。有病噎者,垂殆矣,取履上垢,丸以畀之,吞丸辄愈。远近奉之若仙,然亦不轻为人医也。后卓锡于东平三官庙,遂不归。一日,素所往来之家,皆见和尚来作别,云:将远行。入庙探视,已示寂矣。后数年，有乡人遇和尚于海上，笑语若平时，濒别付以履，使寄其徒。徒视之，果师履也。或以为尸解云。

[光绪《滋阳县志》卷十四《杂记》]

嵫山之阴小村颜氏子，家甚贫，幼时尝酣眠风雪中，无寒色。比长为僧，日曳敝履，以手提裤，踉跄行，状类癫痴，人呼之为"风和尚"。所言多不可解，事后辄验，人亦未之奇也。时嵫山太元观议重葺，苦乏资，和尚来山中，以豆施病者，曰：食之，病当愈，愈即出钱助工。食者果愈。张留村有刘乙，五旬生一子，危于痘，闻豆之能已病也，诣和尚求之。和尚曰：尔子非豆所能疗也，第多输金，吾往医尔子。刘许诺，导和尚至家，则曰：尔子愈矣。入视果瘳。于是获资无算，工赖以举。有病瞽者，与以独枚蒜二，啖其一，一目遂明。有病噎者，垂殆，取履上垢，作丸以畀之，吞而愈。由是远近奉之，以为仙，然亦不轻为人医也。后卓锡东平三官庙，遂不归。一日，素所往来之家，皆见和尚来作别，云：将远行。入庙探视，已圆寂矣。后数年，有乡人遇和尚于海上，笑语若平时，濒别付以履，使寄门人。其徒视之，果师履。

[宣统《山东通志》卷二百《杂志下·仙释》]

◎ 乔毓泰 ◎

乔毓泰，字被海。郡增广生。学不喜治章句，于经世之书无所不读。性勇毅，多智略。遇人有饥难，义行于色，劳怨不辞。邑有公务，多推为主办，如修城工、重建天仙庙及团练保甲、积谷赈济诸大事，必综理精详，谋划周密，极所能为而止。办公数十年，为桑梓捍患御灾，得上宪、邑人称。毓泰与汤浩齐名，信非虚也。平居以花竹水石自娱，每有会意辄见诸笔墨，不以绘擅名而得画外意。医固其家传，晚年制方药，多所全活。人以为有韩伯休之风焉。

[《滋阳县乡土志》]

◎ 禚晋臣 ◎

◎ 夏景禹 ◎

禚晋臣，字襄廷。以医药济世活人，因而致富。凡于人有益之事无不为。光绪丙子（1876）岁，大旱，次又饥，乡邻多困馁。晋臣约同里陈茂樾、李占文、陈翼昌、王福增、张存猷等议，集资赈济，伊时赖以全活者甚众。于是激发公议，城乡争效募。晋臣又慨出重资，效朱子常平仓法，以备不虞。嗣后，大饥之年，人无饿死者，未必非晋臣之力也。尤可异者，城中培英坊岁久凋残，官绅弗介意，晋臣时时遣工补缀，弗避官私之嫌。事闻上宪，嘉之保奖五品衔在案，嗣子致中豫河试县丞。

[《滋阳县乡土志》]

禚晋臣，字襄廷。行四，精医术，人称"禚四先生"。清同治七年（1868），与亲友夏景禹等五家在中御桥南路西开设"天德堂"药店，设坐堂中医。除销售中药材外，还加工炮制多种膏、丹、丸、散等中成药。

[《兖州市志》卷二十六《医疗》]

[《兖州文史资料》第五辑]

◎ 唐之桂 ◎

唐之桂，字月修。附贡。能承先志，妙岐黄术。凡抱疾就医者，贫则徒予方药，多活人。子二，均善肘后方，故世有"三世"之誉。

[《滋阳县乡土志》]

◎ 王叔和 ◎

高湛《养生论》曰：王叔和，高平人也。博好经方，洞识摄生之道。常谓人曰：食不欲杂，杂则或有所犯。当时或无灾患，积久为人作疾。寻常饮食，每令得所，多餐令人彭亨短气，或至暴疾。夏至、秋分，少食肥腻、饼臛之属，此物与酒食瓜果相妨。当时不必即病，入秋节变，阳消阴息，寒气总至，多至暴卒。良由涉夏取冷太过，饮食不节故也。

[《太平御览》卷七百二十]

王叔和，晋时高平人，为太医令。性度沉静，博通经史，穷研方脉，精意诊切，尤好著述，洞识修养之道，撰《脉经》十卷、《脉诀》四卷、《脉赋》一卷。仲景作《伤寒论》错简，迨叔和撰次成序，得成全书。事见唐甘伯宗《名医传》。

[万历《山西通志》卷二十六《技术》]

王叔和为太医令，性度沉静，博通经史，善方脉，洞识修养之道，撰《脉经》十卷、《脉赋》一卷。仲景作《伤寒论》错简，迨叔和撰此成序，得成全书。

[万历《泽州志》卷十七《技术志·高平》]

王叔和，高平人也。仕晋为太医令，晋乱侨寓襄阳。性度沉静，潜心方脉，精意诊切，洞识摄养之道，平生雅好著述，乃本黄帝《素问》、秦越人《八十一难经》暨张仲景、华元化之书，撰《脉经》十卷，凡九十七篇。叙阴阳表里，辨三部九候，分人迎、气口、神门，条十二经、二十四气、奇经八脉、五脏六腑、三焦、四时之疴，粲如指掌，其文约，其旨远，其理奥，使人占外以知内，视死而别生，按其法而用之，厥验如神，毫发不爽。自《难经》之后，阐明脉旨，殆无余蕴。观其"自叙"有曰：脉理精微，其体难辨。弦紧浮芤，辗转相类。在心易了，入指难明，谓沉为伏，则方治永乖；以缓为迟，则危殆立至。况有数候俱见，异病同脉者乎？夫审药为用，性命所系。和、鹊至妙，犹或加思；仲景明审，亦候形证，一毫有疑，则考校以求验。故伤寒有承气之戒，呕哕发下焦之间，而遗文远旨，代寡能用，旧经秘术，奥而不售，遂令末学，昧于源本，互滋偏见，各逞己能，致微疴成膏肓之变，滞固绝振起之望，良有以也。今撰集岐伯以来，逮于华佗，经论要诀，合为十卷，百病根源，各以类例相从，声色证候，靡不该备。诚能笃志研穷，究其微赜，则可以比踪古贤，代无夭横矣。夫自王氏《脉经》出，而海内学医之士，咸知所宗，论者以为经络之龟镜，以（医）疗之梯航，广仁术而利天下，厥功甚溥。叔和又有《脉诀》四卷、《脉赋》一卷，纂次张仲景《伤寒论》为三十六卷，行于世。墓在岘山下。

[万历《襄阳府志》卷四十《方伎·襄阳县》]

王叔和，高平人也。仕晋为太医令，晋乱，侨寓襄阳。性度沉静，潜心方脉，精意诊切，洞识摄养之道，平生雅好著述，乃本黄帝《素问》、秦越人《八十一难经》暨张仲景、华元化之书，撰《脉经》十卷，凡九十七篇。叙阴阳表里，辨三部九候，分人迎、气口、神门，条十二经、二十四气、奇经八脉、五脏六腑、三焦、四时之疴，粲如指掌，其文约，其旨远，其理奥，使人占外以知内，视死而别生，按其法而用之，厥验如神，毫发不爽。自《难经》之后，阐明脉旨，殆无余蕴。观其"自序"有曰：脉理精微，其体难辨。弦紧浮芤，辗转相类。在心易了，入指难明，谓沉为伏，则方治永乖；以缓为迟，则危殆立至。况有数候俱见，异病同脉者乎？夫审药为用，性命所系。和、鹊至妙，犹或加思；仲景明审，亦候形证，一毫有疑，则考校以求验。故伤寒有承气之戒，呕哕发下焦之间，而遗文远旨，代寡能用，旧经秘术，奥而不售，遂令末学，昧于源本，互滋偏见，各逞己能，致微疴成膏肓之变，滞固绝振起之望，良有以也。今撰集岐伯以来，逮于华佗，经论要诀，合为十卷，百病根源，各以类例相从，声色证候，靡不该备。诚能笃志研究，穷其微赜，则可以比踪古贤，代无夭横矣。夫自王氏《脉经》出，而海内学医之士，咸知所宗。叔和又有《脉诀》四卷、《脉赋》一卷，纂次张仲景《伤寒论》为三十六卷，行于世。墓在岘山下。

[万历《湖广总志》卷七十二《方伎》]

王叔和，高平人。仕晋为太医令，晋乱，侨寓襄阳。本黄帝《素问》、秦越人《八十一难经》暨张仲景、华元化之书，撰《脉经》十卷，凡九十七篇，粲如指掌，自《难经》之后，阐明脉旨，殆无余蕴。其"自叙"有曰：在心易了，入指难明。叔和又有《脉诀》四卷、《脉赋》一卷，纂次张仲景《伤寒论》为三十六卷，行于世。墓在岘山下。

[顺治《襄阳府志》卷十八《侨寓》]

王叔和为太医令，性度沉静，博通经史，穷研方脉，精意诊切，尤好著述，洞识修养之道，撰《脉经》十卷、《脉诀》四卷、《脉赋》三卷。仲景作《伤寒论》错简，追叔和撰次成序，得成全书。见唐甘伯宗《名医传》。考叔和住籍邑之王寺村，今土窑、药碾俱存。

[顺治《高平县志》卷九《方技》]

王叔和，高平人。为太医令，博通经史，洞识修养之道，精诊切，纂岐伯、华佗等书，撰《脉经》，辨晰最详。张仲景作《伤寒论》，文字错简，未易序次，求得叔和汇撰，始成全书。见唐甘伯宗《名医传》。考占籍邑之王寺村，今药碾犹存。

[雍正《泽州府志》卷四十《技术》]

王叔和为太医令，博通经史，洞识修养之道，精诊切，纂岐伯、华佗等书，撰《脉经》十卷、《脉诀》四卷、《脉赋》三卷，辨晰最详。张仲景作《伤寒论》，文字错简，追叔和撰注编次，始成全书。见唐甘伯宗《名医传》。考住邑之王寺村，今土窑、药碾犹存。

[乾隆《高平县志》卷十四《艺术》]

王叔和，高平人。为太医令，晋乱，侨寓襄阳。本黄帝《素问》、秦越人《八十一难经》暨张仲景、华元化之书，撰《脉经》九十七篇，阐明脉旨。其"自叙"有曰：在心易了，入指难明。又纂次张仲景《伤寒论》三十六卷行世。卒，葬于岘山之麓，有碑表其处。

[同治《襄阳县志》卷六《流寓》]

晋太医令王叔和故里，故《志》曰：在王寺村，今土窑、石碾犹存。省冤谷口有王叔和先生故里碑，司昌龄驳之确矣。

[同治《高平县志》卷一《地理》]

王叔和墓，在县南七里岘山羊祜庙之北。叔和，即晋医师王叔和，作《脉诀》者是也。

[天顺《重刊襄阳郡志》卷二《陵墓·襄阳县》]

王叔和墓，在城南岘山之麓。叔和，晋医。有《脉诀》医书传世。

[嘉靖《湖广图经志书》卷八《陵墓·襄阳》]

晋太医令王叔和墓，岘山南。

[万历《襄阳府志》卷三十一《陵墓·襄阳县》]

王叔和墓，襄阳南岘山麓。叔和，名熙。有《脉诀》医书传于世。

[万历《湖广总志》卷四十四《陵墓·襄阳府》]

晋太医令王叔和墓，在岘山。今于路旁，树碑识之。

[乾隆《襄阳府志》卷五《陵墓·襄阳县》]

晋太医令王叔和墓，在岘山。墓碑及碑阴，隆庆六年（1572），良医正江西浮梁凤冈、金尧谟立，范于野题。今于路旁树碑识之。

[同治《襄阳县志》卷一《陵墓》]

晋名医王叔和墓，在邑南三十余里之青龙区。相传公系本邑人，为一代医宗。著有《脉诀》诸书行世。后人钦慕之名，其地为药王冲。

[光绪《麻城县志》卷七《墓》]

凤凰山，县西南五里。梁武帝立寺其上，今废。有洞曰谢庄洞，岩曰谢公岩，宋谢庄任襄，暇则出游于此。明知府徐咸表章之，襄藩宗人朱华南饰以亭榭，知府冯若愚撰《谢公岩表》。三郡《合志》云：由谷隐而南，曰凤凰山，汉水环绕山麓，形家以其地为方城、汉水扼要处，似指旧志所称卧龙山为凤凰山矣。按：城西南诸山皆凤凰之羽翼，亦皆得以凤凰名之。郡中纪事，在凤凰山者甚多，旧志专指谢公岩洞之山为凤凰山，固失之拘。《合志》又改岩洞之所为凤山，亦失之凿。盖襄阳耆旧之盛，实钟秀于西南诸山，故凤凰得为诸山之总名。若卧龙一山，特为凤凰之首，于形势实有合也。山下有池，传为晋王叔和洗药池。

[乾隆《襄阳府志》卷四《山川》]

洗药池，在濯汉亭后，晋王叔和洗药处。

[同治《襄阳县志》卷一《古迹》]

王叔和药碾，在王寺村。今土窑、石碾俱存。

[乾隆《高平县志》卷五《古迹》]

王叔和药碾，晋太医令王叔和居王寺村，今土窑、药碾俱存。

[雍正《泽州府志》卷十三《古迹》]

霍乱之症，大抵由食生冷而得，或受阴寒所致。晋初太医令王熙已言之矣。《千金方》二十六《食治篇》录河东卫汎记云：高平王熙称食不欲杂，杂则或有所犯。有所犯者，或有所伤，或当时虽无灾苦，积久为人作患；又食噉鲙肴，务令简少；鱼肉果实，取益人者而食之。凡常饮食，每令节俭者；贪味多餐，临盘大饱，食讫觉腹中彭亨短气，或致暴疾，仍为霍乱。又夏至以后乞至秋分，必须慎肥腻，饼臛酥油之属，此物与酒浆瓜果理极相妨。夫在身所以多疾者，皆由春夏取冷太过，饮食不节故也。此与高湛《养生论》所引王叔和说，文义大同，辞有详略，则知高平王熙即高平王叔和也。古高平县，在今镇原东原上底占。

[民国《重修镇原县志》卷五《疾病》]

辩乡贤

司昌龄

吾邑乡贤祠，凡三十八人，具于《州志》，其非吾邑而误入者六人：虞溥、郗鉴、徐昭、檀翥、蔡袭、田弘也；其不入祠而误载入《人物》者四人：李贤、蔡祐、王叔和、王友直也。李贤，邑志虽无，而《州志》载之，故并论。吾邑在战国为长平，在汉、魏、晋为泫氏。至以高平名县，则始于元魏之季。其在他方，则兖州有高平，泾原有高平，未易悉数考之。《晋书》：虞溥，高平昌邑人。郗鉴，高平金乡人。考之《北史》，徐昭、檀翥，俱高平金乡人。此四人者，皆兖州之高平也。今去其"昌邑""金乡"等字而谓为吾邑人，可乎？李贤、蔡祐、田弘三人，《周书》皆有传，而袭则祐之父也，蔡祐以武功显，与田弘类，邑志列之孝子，误甚；而《府志》于节行、孝义，皆有蔡祐，一人两见尤谬。李贤之先，陇西成纪人，以祖斌袭领父，兵镇于高平，因家焉。蔡祐之先，陈留圉人，以曾祖绍为夏州镇将，徙居高平，皆以地近而迁。田弘为原州刺史，本传谓以衣锦荣之。考其词事，皆泾原之高平也。与吾邑何涉乎？至王叔和者，史无其传，相传为西晋高平人。吾邑在西晋，本无高平之名。今王寺村所存药碾古迹，盖亦后人之传会耳！《宋史》以王友直为博州高平人。考《宋·地理志》，博州本无高平县。盖或高唐，或博平之误。惟为博州，故其起义勤王，自称河北安抚使，进攻大名。而岂可以为吾邑人哉？夫乡贤之祠，附于文庙，礼之重者也。当日议祠之人，空疏无学，徒见史有"高平"字，意以为是吾邑人，草举充数，遂载祀典，而有司相沿，不复考正。夫配享两庑先贤、先儒，犹时有进退，况诸人本属他方，非有至德，当百世祀者乎？今主之在祠者，非。奉上文不敢骤撤，而其失则不可以不辩。是惟于叙乡贤祠下，详其相沿之误，以俟更定，而《人物传》中直删去不载。至其他人，误且滥者，尽为别白而廓清之，则吾邑之人物著矣。

  故志"选举"载汉王粲，称其博学多识，长于词赋。按：王粲为建安七子之一，汉司空王畅孙，山阳高平人。范《史》《魏志》皆载之。昌龄《辨乡贤》，极精核。漏未订正，何与？

高平郡县沿革考

司昌龄

  高平，今名也，而古或为长平，或为高都，或为泫氏，今又或误以为丹川。高平，今县也，而古或为长平郡，或为高平郡，或为盖州。县今属泽州也，而古或属上党郡，或属建兴郡，或属长平郡，或属高都郡，或属高平郡，或属盖州。盖一地而前后异名，疆域纷错。又他方之名长平、高平者非一，不为疏别，益滋讹谬。今考历代史志，述吾邑古来建置沿革与所属州郡、府军之大略，以及地之分合，名之同异，设为问答，兼总而条贯之，俾学者易晓焉。按：高平，在《禹贡》为冀州之域，春秋初为戎翟所居，后属晋。晋烈公元年，赵献子，浣城泫氏。战国时为长平，属韩。上党地，远韩近赵，秦伐韩，冯亭以上党城市邑十七，献赵，赵受之。及白起破赵军于长平，遂入秦，为高都县，属上党郡。前后汉、魏、晋俱为泫氏县，属上党郡。刘、石、苻、姚之乱，莫可详究。晋孝武帝太元十一年（386），西燕慕容永称帝于长子，分上党为建兴郡。后魏太武帝太平真君九年

（448），省去。文成帝和平五年（464），复置。时泫氏属建兴郡。至孝庄帝永安二年（529），改置建州，治高都城，领高都、长平、安平、泰宁四郡。长平郡县二，曰高平，曰泫氏。盖析泫氏地为高平，高平名县始此按《魏书·地形志》：泫氏作玄氏。盖误遗"水"傍为"玄"，非魏真改名也。今仍作泫氏。又按《隋书·地理志》云：高平，旧曰平高，齐末改焉。据此，则后魏名平高，至北齐始名高平。今以《魏书》为定。北齐文宣帝天保七年（556），并魏四郡为长平、高都二郡，省泫氏入高平，属高都郡。此后，独称高平，不复称泫氏矣。后周武帝建德三年（574），并长平、高都为高平郡。隋文帝开皇三年（583），改高平郡为泽州。此称泽州之始。炀帝大业三年（607），又改泽州为长平郡。唐高祖武德元年（618），置盖州，领高平等县。太宗贞观元年（627），废盖州，以高平等县属泽州。玄宗天宝元年（742），改泽州为高平郡。肃宗乾元元年（758），复为泽州。自是，高平县属泽州。历五代、宋、金、元明，无异焉。统而言之，谓为高都而属上党郡者，秦也；谓为泫氏而属上党郡者，前后汉也，魏也，晋也；仍名泫氏而属建兴郡者，慕容永也，后魏和平后，永安前也；析泫氏为高平而属长平郡者，后魏永安后也；省泫氏，入高平而属高都郡者，北齐也；以高平属高平郡者，后周也，唐天宝时也；始以高平属泽州，继以高平属长平郡者，隋也；以高平属盖州者，唐高祖时也；其以高平属泽州而相沿不革者，前则贞观至开元，后则乾元至今雍正间也。古者，县有令，郡有守，州有刺史。县属于郡，郡属于州。上党郡，在汉、魏、晋皆属并州，魏、齐、周所置郡则属建州，隋文帝废诸郡而以州治民，炀帝改州为郡，复置司隶刺史；唐初改郡为州，盖州、泽州始属绛州总管府，继属潞州总管府，后属潞州都督府，太宗分天下为十道，以泽州属河东道。肃代以后，要冲大郡皆有节度使，泽、潞为昭义军，五代梁末帝改名匡义军，唐灭梁改曰安义军，晋复曰昭义军，宋初曰昭德军，皆治潞州，而以泽州隶焉。宋太宗分天下州军为十五路，置安抚使。泽州属河东路，时犹存高平郡之称。金之泽州，或隶平阳府，或隶潞州昭义军，或隶孟州。又改为忠昌军，皆属河东南路。元世祖初置司侯司，后废之。以泽州属河东山西道肃政廉访司晋宁路。明太祖洪武元年（1368），泽州领高平、阳城、陵川、沁水四县，属平阳府；九年，直隶山西布政司冀南道。皇清因之。后改冀南为冀宁。至雍正六年（1728），升州为府，增置凤台，而高平为次县。此吾邑古来建置沿革与所属州郡、府军之大略也。或曰：高平之名，始于后魏；泽州之名，始于隋。既闻之矣。乃唐既有泽州，又有盖州，俄又专为泽州，其分合可详欤？曰：余考《旧唐书》，武德元年于高平县置盖州，领高平、丹川、陵川、盖城四县。又于获泽县置泽州，领获泽、沁水、端氏三县。此盖州、泽州之分也。二州之外，仍有建州，领晋城县。六年废，建州，自高平移盖州治之，而以晋城县属盖州。八年，移泽州治端氏。九年，省丹川、盖城。贞观元年废盖州，自端氏移泽州，治晋城，领晋城、端氏、陵川、阳城、沁水、高平六县。此盖州、泽州之合也。或曰：高平，本县也。而魏、齐以长平名郡，周以高平为郡，隋大业又有长平郡，唐天宝又有高平郡，沿革无常，似非一地，其郡治果皆安在？且唐于高平县置盖州，岂盖州即高平欤？曰：魏长平郡治泫氏城见《地形志》，齐因之。周高平郡治即齐高都郡治。隋开皇之泽州治丹川，则大业之长平郡亦治丹川。唐贞观之泽州治晋城，则天宝之高平郡亦治晋城。州郡改而治不改也。以此推之，则魏、齐之长平郡，治在吾高平，而周、隋、唐之长平、高平郡，治不在吾高平矣。至盖州即高平，则《唐志》可据。相传，今邑米山镇为盖州，理或然也。第盖州之治，始在高平，而后在晋城耳。或曰：丹川、晋城、陵川、盖城，古未有是名，未知其与高平一地欤？二地欤？曰：丹川之县，置于隋；晋城之县，置于唐；隋之丹川，即魏、齐、周之高都也。隋开皇间，改周高平郡为泽州，而以高都为丹川也，其地即今凤台县。丹水虽源于高平之西北，而其流盛于高都，故以丹川名县。唐武德三年，移丹川于源，泽水北属盖州，于古高都置晋城，属建州。此丹川、晋城之分也。九年，省丹川，入晋城。此丹川、晋城之合也。《隋志》有丹川无晋城，《唐志》有晋城无丹川，故知丹川、晋城分之则二，合之则一也。《隋志》于丹川、晋城外，皆有高平。故知高平自为一地，非丹川、晋城也。而或者谓高平为丹川，误矣按：《隋书·地理志》丹川注云：旧曰高都，后齐置长平、高都二郡，后周并为高平郡，开皇初郡废，十八年改为丹川。详其意，盖谓改高都县为丹川县也。《泽州志》误谓改高平为丹川县，遂滋讹谬。如谓于高平郡置丹川县，则略通。然实是初改高平郡为泽州，而后又改高都县为丹川县也。至陵川，则隋开皇十六年所置。盖析高平东境为县，而唐、宋至今沿之，独元初省陵川入晋城，未久而复。盖城县则唐初析丹川、陵川地为之，数年即废。今陵川县有盖城村，疑其旧治。约而言之，丹川、晋城皆汉高都地也，高平、陵川皆汉泫氏地也。或曰：所谓地之分合，亦既闻之矣。至于名同而地异者，可悉数欤？曰：是仍当考诸史志矣。《竹书纪年》：慎靓王六年，郑侯使韩辰归晋阳及向。二月，城阳、向更名。阳为河雍，向为高平。《括地志》谓高平故城在怀州河阳县西四十里。《战国策》：苏厉为齐遗赵王书云：反温轵、高平于魏。即此。又，芒卯使魏昭王献长平、王屋、洛林之地于秦。《史记》：秦昭王四十二年东伐韩少曲、高平，拔之。其地皆去泽州不远，然不可即以为吾高平也。又始皇五年，将军骜攻魏长平，拔之。《年表》：魏相刘嘉封高平侯。皆非吾高平。《前汉志》：豫州汝南郡有长平县，徐州临淮郡、雍州安定郡皆有高平县。《后汉志》：豫州陈国有长平县，兖州山阳郡有高平侯国，凉州安定郡有高平县。《晋志》：兖州有高平国、高平县，豫州颍川郡、梁国皆有长平县，荆州邵陵郡有高平县。又元帝有桥置高平郡。《宋志》有南高平郡、高平县，属南徐州；有高平郡、高平县，属兖州。又，陈郡有长平县，属豫州；邵陵郡有高平县，属湘州。《南齐志》：南徐州有南高平郡、高平县，豫州陈郡有长平县，北兖州有高平郡，湘州邵陵郡有高平县。如此之类，或同而异，或异而同，皆非吾高平也。至志于《魏书》者，高平之名尤多。有兖州之高平郡、高平县，有东楚州之高平郡、高平县，有南建州之高平郡、高平县，有泾州新平郡之高平县，有原州之高平郡、高平县。此四高平郡、五高平县，皆非吾高平也。《隋志》：淮南郡有长平县。《唐志》：彬州桂阳郡、原州平凉郡皆有高平县。亦皆非吾高平也。他如山川、镇堡、屯寨、陵、渠之类，亦有以长平、高平名者。惟长平城、长平亭、长平关为吾邑耳。又，吾邑有丹水，而弘农南阳亦有丹水，出上洛冢岭山，故汉、晋、宋、齐、魏、隋皆有丹水县。凡此皆名同而地异者也。夫惟致辨于地之分合，名之同异，而后一邑之疆域明。一邑之疆域明，而其人物事迹乃无郢书燕说之诮。吾邑旧志，概不详究。如虞溥、郗鉴、徐昭、檀焘，兖州之高平人也。蔡袭、蔡祐、田弘，雍州之高平人也。皆入吾邑。至博州博平之王友直，亦谓为吾邑人。盖因《宋史》博平误作高平，不知自后魏永安以前，吾邑无高平之称。而宋之博州，未尝有高平县也。且崇祀乡贤、忠孝祠，承讹踵谬，莫甚于此。泽守陶公《州志》、朱公《府志》，虽知其失，然亦不能尽正，而他所增引者，又未免有误也。故余历考史志而具论之。

[乾隆《高平县志》卷十三引《泫志拾遗》]

[同治《高平县志》卷八《杂文》]

[光绪《续高平县志》卷十四《杂著二》]

王叔和，《脉经》十卷、《论病》六卷俱见《隋书·志》，《脉诀》一卷、《孩子脉论》一卷、《脉诀机要》三卷、《金匮玉函》八卷俱见《宋史·志》。

[乾隆《襄阳府志》卷三十一《艺文》]

王叔和，《金匮玉函》八卷、《脉经》十卷、《脉诀》四卷、《脉赋》三卷、《孩子脉论》一卷、《脉诀机要》三卷、《张仲景药方》十五卷。又，《伤寒卒病论》十卷、《金匮要略方》三卷。

[雍正《泽州府志》卷四十三《经籍目》]
[乾隆《高平县志》卷十七《杂志》]

　　效霞按：王叔和之里籍，是山东之高平，还是山西之高平？清代高平人司昌龄在《辩乡贤》一文中指出："王叔和者，史无其传，相传为西晋高平人。吾邑在西晋，本无高平之名。今王寺村所存药碾古迹，盖亦后人之传会耳！"对此，同治《高平县志》评价说："司昌龄驳之确矣。"可见，山西高平人也认为王叔和不是山西高平人。关于山西省高平县之沿革，司昌龄在《高平郡县沿革考》一文中，明确指出："孝庄帝永安二年，改置建州，治高都城，领高都、长平、安平、泰宁四郡。长平郡县二，曰高平，曰泫氏。盖析泫氏地为高平，高平名县始此。""志于《魏书》者，高平之名尤多。有兖州之高平郡、高平县，有东楚州之高平郡、高平县，有南建州之高平郡、高平县，有泾州新平郡之高平县，有原州之高平郡、高平县。此四高平郡、五高平县，皆非吾高平也。"总之，晋朝时山西尚无高平县，王叔和之籍贯在今之山东省而非山西省，确然无疑。乾隆《高平县志》卷十三在转引《泫志拾遗》所载司昌龄《辩乡贤》一文后说："按：虞溥诸人，非产于此，确然无疑。愚意主之在祠者，既不能撤；《人物传》中删去不载，转滋后人之疑；不若仍旧录存诸传，俾后之览者一见了然，知为误入，或有从而更定之者，辨证非苛，抑亦论而不议之意也。"这是山西各《县志》《州志》《通志》之所以仍载录王叔和传记之原因，也是导致近代以来关于王叔和之里籍争论不休之原因。

元

◎ 李之英 ◎

　　李之英，字允达。质沉敏寡言，善覃思明理，精诣耿耿，有发明宦学。数千里，受《易》大义于故礼部尚书曹元用；受《易》《书》《春秋》于翰林学士吴澄，洙泗之义，伊洛之学，所得为多；就正于奎章学士虞集，而从编修陈绎曾往来兖、扬、徐、冀间，受《诗》《礼》《河图》为最久。当其有得，疏食菜羹，若亨太牢；当其愤悱然，膏继晷连，旬日不解带。曹元用罕以《中庸》受人，之英乃以它经出入《中庸》者审问焉。元用不觉，语及诚明，阃奥中，之英剖析《中庸》，微言而对，元用惊曰：中原学者，未见如此其颖悟者也，吾道北矣。以古《河图》质诸元用，元用凝视久之，曰：数在象中。泰定二年（1325），侍臣以俊秀举国子生。越三年，以吴澄、曹元用举为总管高丽、女真汉军万户府儒学正。先是文武异趋，而儒官多非其人，将帅往往轻之。之英至，德业有素，元戎而下，皆师礼焉。位幕府之上，沈阳士庶，虽耆艾之年，莫不归向，济济执经，师道振于海邦。辽俗畏疫疠，不相视疾，有门生病甚，家人去之。之英诣其室，调护旬日而愈。俗微于祭享，之英为正之俗。又畏雷，屋遭震者，以为天厌，连甍大厦，弃置不惜。之英借居，游泳恬然。由是，众悟，习弊为之一扫。天历二年（1329），因官举辽阳乡贡进士，北赴春闱，以母忧寄举。越三年，廷试左榜第二甲第二名，敕赐进士出身，授承事郎、大宁路同知锦州事，未上。至元元年（1335）二月辛巳，以疾卒于家，时年三十有六，葬于冈山之原。

[万历《邹志》卷二《名宦》]
[康熙《邹县志》卷二《人物志》]

　　李之英，字允达。邹县人。沉敏寡言。从曹元用受《易》，从吴澄受《尚书》《春秋》，从陈绎受《鲁诗》《礼》《河图》，而就正于《虞集》。泰定初，为辽左学正，土庶宗之。有门生病，而其家皆远去者，之英就视疗治，寻愈。俗畏雷，或宅遭震，则弃弗居。之英即移处啸咏，积习顿除。

[乾隆《兖州府志》卷二十三《人物志》]

　　李之英，字允达。邹县人。沈敏寡言，从曹元用受《易》，从吴澄受《尚书》《春秋》，从陈绎受《鲁诗》《礼》《河图》，而就正于虞集。泰定三年，为辽左儒学正，士类宗之。有门生病，其家皆远去，之英就视疗治，寻愈。俗畏雷，或宅遭震，则弃弗居。之英移处啸咏，积习顿除。

[宣统《山东通志》卷一百六十二《人物志第十一·历代儒林》]

　　李之英墓，在城西北二里，有碑。

[万历《邹志》卷二《陵墓》]

　　李之英墓，在县北周山。官锦州同知。

[乾隆《兖州府志》卷二十一《陵墓志》]

明

◎ 刘登洲 ◎

刘登洲，尝为县吏，因侍母，遂弃去。母病目，不能视，洲旦夕祷天，延访医药，因梦得奇方而母目渐愈，遂以所梦药方制药济人。及母卒，哀毁逾礼，人皆称孝。

[万历《邹志》卷二《人物》]

刘登洲，尝为县吏，因侍母，遂弃去。母病目，不能视，洲旦夕祷天，延访医药，因梦得奇方，母服之，病渐愈，遂以所梦方制药济人。及母卒，哀毁逾礼。

[康熙《邹县志》卷二《孝义》]

◎ 周象熊 ◎

周象熊，幼业儒，□□神授《青囊》一册，嘱之曰：子以此济世，即易□□□。万历朝宰相叶向高，赴都，卧病界河驿，诸医莫效。延象熊往视，投剂即愈，遂请于朝，授太医院吏目。

[康熙《邹县志》卷二《选举》]

◎ 任孔当 ◎

任孔当，字任之。济宁人。性沉静有智略。明季，闯匪支队陷济宁，遍置伪官，酷虐绅民，大索金币。不得已，全体集议，潜约武弁团丁起义，凡有伪官军士尽歼之。孔当实主其谋。大吏屡以疏荐，俱不就，遂隐于峄山，营室皇经阁左，竹冠羽衣以终其身。读书乐道，讲忠孝，训子弟。施方药，俱神妙，全活邹民颇众。邹民熏其德而善良者不可胜数，遂于峄山中盘立庙祀之。

[《邹县旧志汇编》引《民国续修邹县志稿》]

清

◎ 尹方远 ◎

◎ 尹怀溶 ◎

尹文香，号松谷。小落陵村人。少孤，事母孝。小试不利，遂纳粟入国学。家素封，好施与，不计其偿。咸丰七年（1857）春，饥馑太甚，犹折变田产，周济穷乏，因之家业中落。辛酉（1861）三月三日，教匪扰乱，率练勇，保护村庄，赖以获安。初六日，捻匪蜂拥骤至，一交战，身被数创，乡团溃散。初八日，仅有残勇尹尚坡、王思礼相随，贼众复至，与思礼同时被执遇害。乙丑（1865）岁试，其长子方远入文庠，次子方逵入武庠，乡邻树神道碑以志其事。嗣后，子孙繁盛。方远，由附贡举乡饮大宾，兼精通医理，济宁、鱼、滕亦被其德泽。咸以为积善之家云。

[光绪《邹县续志》卷十二《人物志中卷》]

尹方远，字乐明。落陵村人。少有隽才，博学能文。弱冠游泮，旋作贡士。敦品厉行，为一方之望。教授后学，循循善诱。所著有《训蒙文草》《芸香诗稿》。并精岐黄术，于《灵枢》《素问》颇有心得。著《伤寒易解》四卷。济世活人，著手成春。良医声闻，著于一时，洵可谓功同良相者也。长子名怀溶，尽得父学。文章医术，均称妙手。

[《邹县旧志汇编》引《民国续修邹县志稿》]

[《邹县卫生志》第十三篇《医林人物》]

◎ 唐传猷 ◎

唐传猷，字晋徽，号竹臞。邑之西乡邢家村人。先世居济宁，嗣迁邹四世，世耕读，兼业医。有《夷训志略》《诗述》。累世济人阴骘事甚夥。公具异禀，茹素清癯，不好弄。以咸丰辛酉（1861）捷拔萃科，明年廷试高等，以七品官任吏部主事。家素寒，初官京师，佣书篆隶以自给。久之，传布入醇邸，颇被矜赏，物色得公寓，每命书绢笺、译草贴、篆镜铭。如是者十余年，赐赉频颁，虽见知颇重，未尝干谒，王益重之。光绪戊寅（1878），王奏派监修菩陀峪万年吉地，以劳叙，晋阶员外郎。宝文靖相国屡索书篆隶，亦未尝私谒。在京以风节著，亦白首为郎之故也。嗣因多疾，公子迎养之蜀。著有《松鹤堂诗集纪事》《私淑杂著》，付梓行世。寿七十八岁。子一，承烈，字冕周。另有"传"。

[《邹县旧志汇编》引《民国续修邹县志稿》]

◎ 董毓蘅 ◎

《灵枢笺注》六卷、《乡居方案》六卷、《游梁方案》六卷，董毓蘅撰。毓蘅，邹县人。举孝廉方正，官济源知县。三书见《采访册》。

[宣统《山东通志》卷一百三十六《艺文志第十·子部·医家》]

孝廉方正……董毓蘅，同治元年（1862）举。

[光绪《邹县续志》卷八《选举志·科目》]

◎ 张登岚 ◎

张登岚，字晓山。荣斋长子。幼聪慧好学，同治六年（1867）为诸生，居沛。时捻匪游勇先后扰唐团，势甚张，登岚年甫弱冠，谙兵法，乃仿戚氏兵法，练丁御侮，团赖以安。顾慕张留侯之为人，急流勇退，不以宠利居成功。乱平，奉父耀亭先生迁居邹东之大峪口，以耕读世其业。邹东自教匪乱后，民生凋敝，弦诵久辍，登岚本"经正民兴"之旨，提倡文教，设馆授徒，以"尚公尚实"为宗旨，以"无志无勇"为切戒。顽廉懦立，闻者莫不兴起。性嗜书，熟于经史掌故、星躔、舆地及六壬、阴阳、黄素家言。所著有《周易集腋》《俗礼考源》《备虞集》《天文算学汇编》《各有攻守形势录》《痘疹诗赋辨误》等书藏于家。卒于民国元年（1912）七月，寿六十九。

[《邹县旧志汇编》引《民国续修邹县志稿》]

[《邹县卫生志》第十三篇《医林人物》]

◎ 吕继瑞 ◎

吕继瑞（1864—1944），字辑五。邹县峄山镇吕家台庄村人。清代庠生。《峄山乡志》记载：幼读诗书，颖悟过人，通晓经史，尤精《易经》。科举不第，乃立志学医，精研医术，临床用药，沉疴顿除，民众多信赖之。治学严谨，知识渊博，不以功名为贵，治病不分贫贱高贵，有求必应，以救人为念，辍其所爱，致志于小儿科，长于痘疹，颇受群众称赞。有家传医德"配药虽无人见，存心自有天知""病者痛视为己痛,待病人如亲人""配药要真",传于后人。

[《邹县卫生志》第十三篇《医林人物》]

效霞按:《邹县文史资料》第八辑载有其孙吕凤杰回忆、张文潮整理的《邹南名医吕继瑞》一文,可资参考。

◎ 孔祥云 ◎

孔祥云(1864—1935),邹县香城西韩村人。自幼自学医学,擅长各科,在峄山两下店村开设"大德栈"诊所。从医四十一年,在邹县境内享有盛名,被群众誉为"孔半仙"。

[《邹县卫生志》第十三篇《医林人物》]

◎ 肃 锐 ◎

肃锐,字粹刚。生卒年月不详。《续修邹县志稿》记载:博极群书,弱冠应试县府,皆冠军。入庠后,专精医学,脉理详明,断症毫厘不爽。著有《医学辨同》。曾曰:为医须多读书,勿贪功,勿贪利。多读书则识见日增,不贪功则我不误人,不贪利则人不轻我。

[《邹县卫生志》第十三篇《医林人物》]

清同治年间,肃锐治疗内科杂病,注重补肾培土、调理气机。认为肾为生之根,脾为生之本,久病痼疾无不由内伤根本、气机紊乱所致。注重望诊,主张切脉要脉理详明,从症从脉,以脉合症。认为只有识病明理,才能对症用药。晚年广积医案,著成《医学辨同》一书。

[《邹县卫生志》第八篇《中医技术》]

《医学辨同》,清肃锐(字粹刚)撰。成书年代及内容未详。见民国二十四年《续修邹县志稿》。

[《中国医籍大辞典》]

◎ 韩大鹏 ◎

韩大鹏,溪湖厂。岁贡生。候选训导,举乡饮大宾。善医学,著有《八桂堂诗集》。同治年倡议出疏募资,于凤凰山建忠亲王祠,撰文志剿匪功德,并有"吊忠亲王诗"。

[《邹县旧志汇编》引《民国续修邹县志稿》]

韩大鹏，生卒年不详。清嘉庆年间岁贡生，邹县候选训导。今邹城市中心店镇溪湖厂村人。自幼读书习文，举乡饮宾。精书法，善医学。嘉庆十九年（1814），在本村创办私人诊所"三畏堂"，有门诊、药房三间，医护人员三人，系坐堂、配方、抓药为一体，是当时邹县境内较大的私人诊所之一。主治中医内科，善儿科和妇科。诊脉细致，处方严谨，并善于用民间验方为人治病，为当时群众治愈了许多疑难杂症，在邹县、兖州、曲阜一带有较高的声望。晚年致力于公益及教育事业。同治年间，倡议募资，于凤凰山建忠亲祠，撰文志剿匪功德，并有"吊忠亲王诗"。著有《八桂堂诗集》。在陈寿卿的《续修邹县志稿》中对韩大鹏有记载。

[《邹城历史人物》]

◎ 孟传德 ◎

◎ 孟继均 ◎

"宝仁堂"药店，孟传德创办于清嘉庆二十五年（1820），地址在西门里大街西首路南，有库房、作坊、门面各三间，雇用职员七八人，生意颇兴隆，川广云贵药材堪称齐全，自制多种膏、丹、丸、散。延续一百余年，1955年纳入邹县药材公司。

[《邹县文史资料》第八辑《建国前邹县的医疗事业》]

1820年，"宝仁堂"中医孟传德擅长妇科、儿科，医术高明，颇受民众信赖。因"宝仁堂"服务于孟府，有机会学习、收集孔府、孟府医药知识及宫廷秘方，医疗效果显著。曾将宫廷秘方及临床验方整理成书，传至后人，惜在"文化大革命"期间被红卫兵抄家失传。其子孟继均、孙孟广劝、曾孙孟昭鼎、五世孙孟宪桐、六世孙孟庆丰均承其业。孟庆丰对医药皆为擅长，中华人民共和国成立后，在邹县药材公司主管饮片加工炮制和药材质量检验，同时还应诊慕名而来的病人。1983年，与其弟孟庆节均晋升为主管中药师。

[《邹县卫生志》第八篇《中医传统授业》]

◎ 李元基 ◎

◎ 李蕴荣 ◎

清咸丰元年（1851），李元基在香城开设药铺坐堂行医。其子李蕴荣继承父业，清光绪年间在李家桃园开设"全德堂"药铺。孙李德臻继承之，擅长治疗瘟疫、妇科崩漏、小儿痘疹。其曾孙李鸿梓、李鸿年皆受家传，治疗妇科病有较深造诣。李鸿年在香城分院行医三十年，在邹县东南部有较高的群众威信。

[《邹县卫生志》第八篇《中医传统授业》]

◎ 张德培 ◎

清光绪三十一年（1905），邹县苏庄村富绅刘怀久与曲阜药商张德培合资，在县城北门里开办"怀德堂"药店，资金雄厚，药刀二十把，雇员近三十人，当时为中药材批发零售兼营行栈大户。1931年，收购柏子仁发运上海"丰泰"药行，换回郁金、厚朴、槟榔等药在本地销售。

[《邹县卫生志》第九篇《药品经营》]
[《邹县文史资料》第八辑《建国前邹县的医疗事业》]

◎ 孙远忠 ◎

清宣统三年（1911），孙远忠创办"德元堂"药店，规模较大，雇员达十二人，并有坐堂医生。

[《邹县文史资料》第八辑《建国前邹县的医疗事业》]

◎ 祝华亭 ◎

祝华亭，邹县黄疃村人。少有才华，博通经史。因面有麻子，相貌丑陋，又有口吃，考试不第，乃立志学医。潜心攻读中医典籍，心领神会，结合临床实践，每多应手奏效，被群众誉为"祝半仙"。其子祝振邦，继承父业。孙祝景兰（1881—1951）先在大束村行医，后在县城东门里大街路南开设"宏德堂"，擅长儿科痘疹、内科疳积、破伤风等病症。

[《邹县卫生志》第八篇《中医传统授业》]

◎ 张凤仪 ◎

张凤仪，善治小儿痘疹，注重搜集整理前人经验，积累个人心得。清同治十年（1871），著成《痘疹经》一书，定论精详，便于实用。用书中之方，治疗痘疹，多应手奏效。

[《邹县卫生志》第八篇《中医技术》]

《痘疹经》，清张凤仪撰。成书年代及内容未详。见民国二十四年《续修邹县志稿》。

[《中国医籍大辞典》]

泰安

泰 安

汉

◎ 泰山老父 ◎

泰山老父，姓氏不传。武帝东封，见于山下道旁，头上白光高数尺，怪而问之，对曰：臣年八十五时，衰老垂死，遇道者教臣绝谷，但服术饮井水，并作神枕法，枕中有三十二物，臣行之，转少，今百八十岁矣。帝受其方，赐玉帛，辞不受。后入山，每数年一返乡里，历三百年，遂不复见。

[民国《重修泰安县志》卷十《畴人》]

泰山老父，姓氏不传。武帝东巡，见老翁锄于道旁，头上白光高数尺，怪而问之，对曰：臣年八十五时，衰老垂死，遇有道者教臣绝谷，但服术饮水，并作神枕法，臣行之，以转老为少，黑发更生，齿落复出，今百八十岁矣。帝受其方，赐玉帛。老父后入泰山，每十年、五年时还乡里，三百余年，乃不复还矣。

[嘉靖《山东通志》卷三十四《仙释·泰安府》]
[万历《兖州府志》卷四十六《仙释》]

泰山老父，姓氏不传。武帝东巡，见老翁锄于道旁，头上白光高数尺，怪而问之，对曰：臣年八十五时，衰老垂死，遇有道者教臣绝谷，但服术饮水，并作神枕法，臣行之，以转老为少，黑发更生，齿落复出，今年百八十岁矣。帝受其方，赐玉帛。老父后入泰山，每十年、五年时还乡里，三百余年，乃不复还矣。

[康熙《山东通志》卷四十七《仙释》]

泰山老父，姓氏不传。武帝东封，见老翁于山下道旁，头上白光高数尺，怪而问之，对曰：臣年八十五时，衰老垂死，遇有道者，教臣绝谷，但服术饮井水，并作神枕法，臣行之，转老为少，日行三百里，今年百八十岁矣。帝受其方，赐玉帛，辞不受。老父后入山去，每十年、五年一返乡里，历三百年，遂不复还。

[雍正《山东通志》卷三十《仙释》]

◎ 崔文子 ◎

崔文子，泰山人。世好黄老，居潜山下，后作黄散赤丸，卖药都市。会民有大疫，文子拥朱幡，系黄散，以徇人，饮者即愈，所活万计。

[民国《重修泰安县志》卷十《畴人》]
[乾隆《泰安府志》卷十八《仙释》]

崔文子，泰黄山山人。好黄老术，潜居山下，作丸卖药，有疫气者，饮药即愈。

[嘉靖《山东通志》卷三十四《仙释·泰安府》]

崔文子，泰安黄山人。好黄老术，潜居山下，作丸卖药，有疫气者，饮药即愈。

[康熙《山东通志》卷四十七《仙释》]

崔文子，泰山人。世好黄老，居潜山下，后作黄散赤九，卖药都市。会民有大疫。文拥朱幡，系黄散，以徇人门，饮散者即愈，所活万计。

[雍正《山东通志》卷三十《仙释》]

崔文子，泰黄山山人。好黄老术，潜居山下，作丸卖药，有疫气，投药即愈。

[宣统《山东通志》卷二百《杂志下·仙释》]

南北朝

◎ 羊 欣 ◎

羊欣，字敬元。泰山南城人也。曾祖忱，晋徐州刺史。祖权，黄门郎。父不疑，桂阳太守。欣少靖默，无竞于人，美言笑，善容止。泛览经籍，尤长隶书。不疑初为乌程令，欣时年十二，时王献之为吴兴太守，甚知爱之。献之尝夏月入县，欣着新绢裙昼寝，献之书裙数幅而去。欣本工书，因此弥善。起家辅国参军，府解还家。隆安中，朝廷渐乱，欣优游私门，不复进仕。会稽王世子元显每使欣书，常辞不奉命，元显怒，乃以为其后军府舍人。此职本用寒人，欣意貌恬然，不以高卑见色，论者称焉。欣尝诣领军将军谢混，混拂席改服，然后见之。时混族子灵运在座,退告族兄瞻曰:望蔡见羊欣,遂易衣改席。欣由此益知名。桓玄辅政,领平西将军,以欣为平西参军,仍转主簿,参预机要。欣欲自疏,时漏密事,玄觉其此意,愈重之,以为楚台殿中郎。谓曰:尚书政事之本,殿中礼乐所出。卿昔处股肱,方此为轻也。欣拜职少日,称病自免,屏居里巷,十余年不出。义熙中,弟徽被遇于高祖,高祖谓咨议参军郑鲜之曰:羊徽一时美器,世论犹在兄后,恨不识之。即板欣补右将军刘藩司马,转长史,中军将军道怜咨议参军。出为新安太守。在郡四年,简惠著称。除临川王义庆辅国长史、庐陵王义真车骑咨议参军,并不就。太祖重之,以为新安太守,前后凡十三年,游玩山水,甚得适性。转在义兴,非其好也。顷之,又称病笃自免归。除中散大夫。素好黄老,常手自书章,有病不服药,饮符水而已。兼善医术,撰《药方》十卷。欣以不堪拜伏,辞不朝觐,高祖、太祖并恨不识之。自非寻省近亲,不妄行诣,行必由城外,未尝入六关。元嘉十九年(442)卒,时年七十三。子俊,早卒。

[《宋书》卷六十二《列传第二十二》]

羊欣,字敬元。泰山南城人。曾祖忱,徐州刺史。祖权,黄门郎。父不疑,桂阳太守。欣少靖默,博览善书。不疑令乌程时,欣年十二,王献之为吴兴太守,甚爱之。欣尝着新绢裙昼寝,献之书裙数幅而去。欣由是书益工。起家辅国参军,隆安中,以世乱不复仕。会稽王世子元显尝使欣书扇,辞不奉命。后仕宋太祖,终中散大夫。好黄老,有病辄饮符水。兼善医术,撰《药方》十卷。

[乾隆《泰安县志》卷九《方技》]

羊欣,字敬元。曾祖忱,徐州刺史。祖权,黄门郎。父不疑,桂阳太守。欣少靖默,无竞于人,美言笑,善容止。泛览经籍,尤长隶书。不疑初为乌程令,欣时年十二,时王献之为吴兴太守,甚知爱之。献之尝夏月入县,欣着新绢裙昼寝,献之书裙数幅而去。欣本工书,因此弥善。起家辅国参军,府解还家。隆安中,朝廷渐乱,欣优游私门,不复进仕。会稽王世子元显每使欣书,常辞不奉命,元显怒,乃以为其后军府舍人。欣意貌恬然,不以高卑见色,论者称焉。欣尝诣领军将军谢混,混拂席改服,然后见之。时混族子灵运在座,退告族兄瞻曰:望蔡见羊欣,遂易衣改席。欣由此益知名。桓玄辅政,领平西将军,以欣为平西参军,仍转主簿,参预机要。欣欲自疏,时漏密事,玄觉其意,愈重之,以为楚台殿中郎。谓曰:尚书政事之本,殿中礼乐所出。卿昔处股肱,方此为轻也。欣拜职少日,称病自免,屏居里巷,十余年不出。义熙中,弟徽被遇于高祖,高祖谓咨议参军郑鲜之曰:羊徽一时美器,世论尤在兄后,恨不识之。即拔欣补右将军刘藩司马,转长史,中军将军道怜咨议参军。出为新安太守。在郡四年，简惠著称。除临川王义庆辅国长史、庐陵王义真车骑咨议参军，并不就。太祖重之，以为新安太守，前后凡十三年，游玩山水，甚得适性。转在义兴，非其好也。顷之，又称病笃自免归。除中散大夫。素好黄老，常手自书章，有病不服药，饮符水而已。兼善医术，撰《药方》十卷。欣以不堪拜伏，辞不朝觐，高祖、太祖并恨不识之。自非寻省近亲，不妄行诣，行必由城外，未尝入六关。元嘉九年卒，时年七十三。子俊，早卒节录本传。

[乾隆《新泰县志》卷十五《名臣》]
[乾隆《泰安府志》卷十六《人物志一》]

羊欣，字敬元。泰山南城人。曾祖忱，晋徐州刺史。祖权，黄门郎。父不疑，桂阳太守。欣少靖默，博览经籍，善书。不疑令乌程时，欣年十二，王献之为吴兴太守，甚爱之。献之尝夏月入县，欣着新绢裙昼寝，献之书裙数幅而去。欣书由是益工。起家辅国参军，隆安中，朝廷渐乱，欣优游不复仕进。会稽王世子元显每使欣书扇，辞不奉命，元显怒，挤之，恬不为意。

[《泰山志校证》卷四《人物》]
[康熙《泰安州志》卷三《乡贤》]

羊欣，字敬元。泰山南城人。曾祖忱，徐州刺史。祖权，黄门郎。父不疑，桂阳太守。欣少靖默，博览善书。不疑令乌程时，欣年十二，王献之为吴兴太守，笃爱之。欣尝着新绢裙昼寝，献之书裙数幅而去。欣由是书益工。起家辅国参军，隆安中，以世乱不复仕。会稽王世子元显尝使欣书扇，辞不奉命。后仕宋太祖，移中散大夫。好黄老，有病辄饮符水。兼善医术，撰《药方》十卷。

[民国《重修泰安县志》卷八《方技》]

羊欣，字敬元。泰山南城人也。曾祖忱，晋徐州刺史。祖权，黄门郎。父不疑，桂阳太守。欣少靖默，无竞于人，美言笑，善容止。泛览经籍，尤长隶书。不疑初为乌程令，欣时年十二，时王献之为吴兴太守，甚知爱之。献之尝夏月入县，欣着新绢裙昼寝，献之书裙数幅而去。欣本工书，因此弥善。起家辅国参军，府解还家。隆安中，朝廷渐乱，欣优游私门，不复进仕。会稽王世子元显每使欣书，常辞不奉命，元显怒，乃以为其后军府舍人。此职本用寒人，欣意貌恬然，不以高卑见色，论者称焉。欣尝诣领军将军谢混，混拂席改服，然后见之。时混族子灵运在座，退告族兄瞻曰：望蔡见羊欣，遂易衣改席。欣由此益知名。桓玄辅政，领平西将军，以欣为平西参军，仍转主簿，参预机要。欣欲自疏，时漏密事，玄觉其此意，愈重之，以为楚台殿中郎。谓曰：尚书政事之本，殿中礼乐所出。卿昔处股肱，方此为轻也。欣拜职少日，称病自免，屏居里巷，十余年不出。义熙中，弟徽被遇于高祖，高祖谓咨议参军郑鲜之曰：羊徽一时美器，世论尤在兄后，恨不识之。即拔欣补右军刘藩司马，转长史，中军将军道怜咨议参军。出为新安太守。在郡四年，简惠著称。除临川王义庆辅国长史、庐陵王义真车骑咨议参军，并不就。太祖重之，以为新安太守，前后凡十三年，游玩山水，甚得适性。转在义兴，非其好也。顷之，又称病笃自免归。除中散大夫。素好黄老，常手自书章，有病不服药，饮符水而已。兼善医术，撰《药方》十卷。欣以不堪拜伏，辞不朝觐，高祖、太祖并恨不识之。自非寻省近亲，不妄行诣，行必由城外，未尝入六关。元嘉九年卒，时年七十三。子俊，早卒。弟徽，字敬猷。世誉多欣。高祖镇京口，以为记室参军掌事。八年，迁中书郎直西省，后为太祖西中郎长史、河东太守。子瞻，元嘉末为世祖南中郎长史、寻阳太守，卒官《宋书》。

[光绪《费县志》卷十《人物一》]

羊欣，字敬元。泰山南城人。祖权，黄门郎。父不疑，桂阳太守。桓玄辟欣为平西主簿，参预机要。欣欲自疏，时漏密事，玄觉其意，愈重之，以为楚台殿中郎。谓曰：尚书政事之本，殿中礼乐所出。卿昔处股肱，方此为轻。欣就职称病，自免。家居十余年，文帝朝复为新安太守。

[雍正《山东通志》卷三十《人物三》]
[康熙《山东通志》卷四十《人物》]

羊欣，字敬元。泰山南城人。为新安太守，在郡四年，简惠著称。除临川王义庆辅国长史，不就。文帝重，以为新安太守，在郡十三年，乐其山水。尝谓子弟曰：人生仕官至二千石，斯可矣。及是，便怀止足。

[淳熙《严州图经》卷一《贤牧》]
[万历《严州府志》卷十《太守》]

羊欣，字敬元。泰山南城人也。义熙中，弟徽被遇于高祖，高祖谓咨议参军郑鲜之曰：羊徽一时美器，世论犹在兄后，恨不识之。即拔欣补右将军刘藩司马，后出为新安太守。在郡四年，简惠著称。除临川王义庆辅国长史、庐陵王义真车骑咨议参军，并不就。文帝重之，复以为新安太守，前后凡十三年，乐其山水。尝谓子弟曰：人生仕宦至二千石，斯可矣。及是，便怀止足。转义兴太守，非其好也。顷之，称病笃免归。

[淳熙《新安志》卷九《牧守》]

羊欣，泰山南城人。尝为新安太守。谓子弟曰：人生仕宦至二千石，斯可矣。

转义兴太守，称疾归。

[成化《重修毗陵志》卷十一《历代官绩》]

羊欣，字敬元。泰山南城人。义熙中，弟徽被遇于高祖，高祖拔欣补右将军刘藩司马，后出为新安太守。在郡四年，简惠著称。除临川王义庆辅国长史、庐陵王义真车骑咨议参军，并不就。文帝重之，复以为新安太守，前后凡十三年，久之称疾笃免归。

[嘉靖《徽州府志》卷六《名宦传》]
[弘治《徽州府志》卷四《名宦》]
[康熙《徽州府志》卷五《名宦》]

羊欣，《南史》本传：字敬元。泰山南城人。义熙中，为新安太守。在郡四年，简惠著称。除临川王义庆辅国长史、庐陵王义真车骑咨议参军，并不就。文帝重，以为新安太守，在郡十三年，乐其山水。尝谓子弟曰：人生仕宦至二千石，斯可矣。及是，便怀止足。转义兴太守，非其好也。

[雍正《浙江通志》卷一百五十六《名宦十一》]

羊欣，字敬元。太山南城人。晋隆安中为元显后军府舍人，元兴中为桓玄平西参军，转主簿，楚台建，迁殿中郎，称病免。义熙中，武帝版补刘藩右军司马，转长史，历道怜中军咨议参军，出为新安太守。至宋元嘉中，称病免。除中散大夫。卒年七十三。有《药方》十卷、《集》七卷。

[《全宋文》卷二十二]

羊欣，按《宋书》本传：羊欣，字敬元。素好黄老，尝自书章，有病不服药，饮符水而已。兼善医术，撰《药方》十卷。

按《古今医统》：羊欣，字敬元。好文艺，敦方药，莅事详审，治疾尤精，能以拯济奇功。累迁中散大夫、义兴太守。

[《古今图书集成医部全录》卷五百五《医术名流列传》]

羊欣（370—442），字敬元。南朝宋官吏、书法家。泰山南城（今平邑县魏庄乡南武城）人。曾祖羊忱仕晋至徐州刺史。欣少时文静，无竞于人。广泛涉猎群书，工书法，尤长隶书。

羊欣早年任辅国参军，参军府取消后还家。晋安帝隆安年间，政局动荡，羊欣优游私门，不复进仕。当时会稽王司马道子当政，他的儿子元显使羊欣书扇，常被拒绝。司马元显恼怒之下，命其为后军府舍人。此职本由门第低微的人员担任，作为门阀士族的羊欣对此却"意貌恬然"。

晋安帝元兴元年（402），桓玄攻入建康，掌握朝政，自署太尉、领平西将军，以羊欣为平西将军参军，又转主簿，参预机要。羊欣为了求得桓玄对他的疏远，经常故意泄漏机密，桓玄觉察了他的行为和动机，对他愈加器重。翌年，桓玄被封为楚王，以羊欣为楚台殿中郎。羊欣到职不几天，便称病自免，屏居里巷，十余年不出。

　　义熙年间，刘裕掌握东晋朝政。荐羊欣补右将军刘藩司马，转长史，中军将军刘道怜咨议参军。后出为新安太守，在郡以简惠著称。前后十三年，游山玩水，甚得适性。晚年相继任义兴太守、中散大夫。羊欣不愿拜见皇帝和权贵，辞不朝觐。宋武帝刘裕和文帝刘义隆，都以不认识他而感到遗憾。羊欣除近亲外，也不随便拜访任何人。到京城时，绕行城外，从不入六门。好黄老之学，兼善医术，有《药方》十卷和《文集》七卷。

　　羊欣得王献之传授书法。南朝梁尚书沈约称他尤善隶书，"子敬之后可以独步。时人曰：'买王得羊，不失所望'"。庾肩吾在《书品》中将他排名为"中之上"。唐书法家张怀瓘的《书断》中将他的书作归于"妙品"，并称"师资大令（献之）"，"亲成妙旨，入于室者"，唯独羊欣。元嘉中，羊欣奉诏撰《采古来能书人名》，对晋及以前书家进行品评，又写《续笔阵图》，阐述用笔之法。其书法与当时给事中薄绍之齐名，被并称为"羊薄"。

[《临沂地区志》卷三十《古代人物传》]

[《山东中医药志》第六篇《传记》]

[《平邑县志》人物《人物传》]

[《齐鲁特色文化丛书·人物》]

　　羊欣，泰山南城人。为义兴太守，称病归。

[万历《宜兴县志》卷三《职官》]

　　羊欣，泰山南城人。父不疑为乌程令，欣时年十二，王献之为吴兴太守，尝夏月入县，欣着新绢裙昼寝，献之书裙数幅而去。欣本工书，因此称善《宋书》本传。

[乾隆《乌程县志》卷十六《杂记》]

　　羊欣，字敬元。太山南城人。以上安帝时任。

[雍正《浙江通志》卷一百十一《永嘉郡太守》]

　　羊欣，字敬元。太山南城人。武帝时任。

[雍正《浙江通志》卷一百十一《新安郡太守》]

羊欣，太山人。新安太守，在郡四年，简惠著称《宋书》本传。

[光绪《重修安徽通志》卷一百四十二《名宦六》]

羊欣，字敬元。泰山南城人。守新安，前后凡十七年，以简惠著称。为人静穆，长于隶书《宋书》本传。

[民国《新安县志》卷四《宦绩》]

◎ 纪天锡 ◎

纪天锡，字齐卿。泰安人。早弃进士业，学医，精于其技，遂以医名世。《集注难经》五卷，大定十五年（1175），上其书，授医学博士。

[《金史》卷一百三十一《列传第六十九·方伎》]

纪天锡，字齐卿。弃进士业，学医能精。尝注《难经》五卷予世，大定十五年，上其书，授医学博士。

[乾隆四十七年《泰安县志》卷九《方技》]

纪天锡，字齐卿。泰安州人。早弃进士业，学医，精于其技。尝注《难经》五卷。大定中，授医学博士。

[雍正《山东通志》卷三十一《方伎志》]

纪天赐，字齐卿。泰安人。精于医术，《集注难经》五卷，有名于世。大定十五年，上其书，授医学博士《金史·方技传》。

[宣统《山东通志》卷一百六十八《人物志第十一·历代艺术》]

按《金史》本传：纪天锡，字齐卿。泰安人。早弃进士业，学医，精于其技，遂以医名世。《集注难经》五卷，大定十五年，上其书，授医学博士。

[《古今图书集成医部全录》卷五百九《医术名流列传》]

纪天锡，字齐卿。金代泰安人。早年弃进士业，习医术，以医名世。撰有《集注难经》五卷，大定十五年上其书，授医学博士。

[《山东中医药志》第六篇《传记》]

纪天锡，《难经集注》五卷。字齐卿。泰安州人。

[雍正《山东通志》卷三十四《经籍》]

元

◎ 张志纯 ◎

张志纯，号天倪子。泰安人。六岁能诵"五经"，十二岁入道门。不数年，遂得真炼，赐号崇真保德大师。升化之日，乃自诵偈曰：脱下娘生皮袋，此际乐然轻快。百尺竿头进步，蓬莱洞府去来。前世宿得医僧，今作道门小才。

[宣统《山东通志》卷二百《杂志下·仙释》]

天倪子，泰山人。本名张志纯，入道门数岁，遂得真诀，号崇真大师，居于城西之长春观。升化之日，乃自颂曰：脱下娘生布袋，此际果然轻快。百尺竿头渐进，蓬玄洞里去来。前世宿得医僧，今作道门小才。

[崇祯《历城县志》卷十《仙释》]

张志纯，号天倪子。布金山人。六岁能诵"五经"，十二岁学道，居会真宫。道行超群，元时诏赐号崇真保德大师，授紫服郡人。王天挺赞云：冰霜外洁，日星内炳。又曰：山泽之曜，道德之腴。化时，年百二十岁。《太山纪事云》：志纯，古貌清癯，如松枯竹瘦，广颡细目。会真宫曾有遗像，万历甲午（1594），会真宫火，像不复存。州中故老传说，志纯修真于会真宫，其胞兄以事系济南狱中，志纯每食时，多置怀袖假寐，比觉已失所藏物。盖一日三饭皆以馈其兄，未常乏绝。州去省会，往返三百六十里，每日三度，往来且千八十里矣。人是以讶其有神术。

[民国《重修泰安县志》卷十《名僧名道》]

明

◎ 安科新 ◎

安科新，兴里人。少负直气，为时名儒。登嘉靖丙午（1546）乡试，任镇江府通判。治行卓异，视篆无锡，当道异其才，以丹徒、丹阳、武进、宜兴四县印并属之，一时父老咸称神明。江寇周至廉，率众数千作乱，水道梗塞。公逆战，获之。寻升河南陕州守。渡江，见大炬百余往来江岸，隐隐有哭声。公祷曰：年来倭夷犯顺江北，将士阵亡者多尔。欲伏我归籍耶！果尔，登我舟。祷毕，群炬随公舟得渡。公之精诚，格鬼神，如此。陕人德之，至今有"去思碑"。公乃急疏解组，婆娑丘园，日惟教子课士为事，郡之闻人，多出门下。尝施棺千余，以瘗贫骸。尤精于斑疹小儿，赖以全活者众。寿八十五而终。

[康熙《泰安州志》卷三《乡贤》]

◎ 范希贤 ◎

范希贤，泰安人。由庠生任序班。母病，吁天愿以身代。及殁，哭恸，呕血，昏瞆累日，方苏。父风疾，竭诚祈祷，夜梦神言：能活万命，父寿必延。遂精医药，活济多人。父病果愈。年逾九旬告终，人称"范孝子"。旌表建坊，奉旨入乡贤祠。

[康熙《泰安州志》卷三《孝义》]

范希贤，南留里人。由例贡授鸿胪寺序班。字东圃。幼年苦志芸窗，随父任陇西县，远诣山陕，菽水承欢，竭力二亲，蒙恩纶建孝行石坊于门。及至任鸿胪，因赋性耿介，不合时宜，随致仕于泉石，且庐墓于野，晨昏荐享，设立祭田数亩，每晨施粥道左，捐绵郊外，彼时之人，皆以文正公复生诵之。耄年，择潜仙庵而隐，州守江公讳湛然者赠《归隐歌》一阕，有"丈人家住泰山里，丈人身隐泰山址"之句。又有豸史宋焘《送东圃归山》诗，有"东圃年来学种瓜"之句。迄今百余年，石碣如新，虽墙宇倾圮，而花竹松柏苍老葱郁，过岱之游人，多赏之。享年九旬有余，无病而逝。提督学政张公讳习孔题。

[康熙《泰安州志》卷三《乡贤》]

范希贤，字东圃。泰安人。幼随父任陇西县，竭力事亲，后为鸿胪序班。亲殁，庐墓侧，置祭田数亩，分其余以给族人之不能婚葬者。年九十余卒，从祀乡贤。

[乾隆《泰安府志》卷十八《孝义》]

范希贤，字东圃。幼有至性，随父韶远宦陇西，密襄政，治有声，后为鸿胪寺序班。亲老致仕终养，竭力承欢，如孩提时。亲殁，庐墓侧三年。岁时殷荐，置祭田数亩，分其余以给族人之不能婚葬者。晚年避喧潜仙庵，州士大夫多为诗歌之。年九十余卒，建坊旌表，从祀乡贤祠。

[民国《重修泰安县志》卷八《孝义》]

范希贤墓，城东北四里孔道北。鸿胪寺序班。

[乾隆《泰安府志》卷四《陵墓·泰安县》]

范希贤坊，天启七年（1627）立，在东关。

[民国《重修泰安县志》卷二《坊表》]

◎ 赵 良 ◎

赵赠君墓志铭

方 苞

赠君讳良，字维林。浙江绍兴府沥海所人。吾友赵国麟之父，临若公之子也。生有明崇祯丁丑（1637），时寇贼交哄。未成童，陷贼，匿舟底三日，勺饮不入。既脱，归庐，舍已空。国初，东南未靖，人民流离，多糊口于北方，遂弃儒学医。至幽燕，东游齐鲁，遇族父于泰安州，以医自活，因庐旅焉。淮阴江翁亦寓岱下，以女妻之。而临若公倦游无所合，困而归。闻其子既立室家，附舟北上。至，则国麟之生已数月矣，时康熙癸丑（1673）年也。临若公入，抱孙出，则与石堂诸散人游。赠君既左右无违，而江夫人力致鱼菽瓜蔬以忠养，久而安焉。虽居穷巷，远方畸人老宿多造门。豫章吴舫翁尝叹曰：临若之室，仅容膝，可旋身，而入其中，则旷如也。临若公以康熙三十一年（1692）卒于泰安，赠君及江夫人相继殁，国麟贫不能葬。豫章戴君知地理，得吉兆以告，且探囊箧，助营窀穸。又三十余年，国麟巡抚安徽，入谒世宗宪皇帝山陵，请假归里祭告。因葬故有缺，以书抵余，求补志铭，以列祠堂。观国麟所述，赠君自定家于岱，父归，就养一室之中，父父子子、夫夫妇妇者凡二十年，富贵不足道，国麟之得列于君子之林也。岂偶然哉！临若公二弟卒于南中，老不能奔丧，命赠君归葬，独身以往，冒风雪而归。其治疾者，如疾在身，无贫富贵贱，必竭心力，享年五十有六。以乾隆元年覃恩诰赠安徽巡抚、都察院右副都御史，江氏为夫人，夫人先赠君一年卒。子二人，次国经，太学生；女四人。以康熙乙亥年（1695）九月十一日葬于州西天平山。铭曰：族以乱而散，家以旅而成，行以艰而笃，志以殁而亨。岱畎有碑，沥海有田，恩纶孔赫，世祀其縣，有开自天，其兆必先。

[民国《重修泰安县志》卷十二《选著》]
[乾隆《泰安府志》卷二十七《艺文八》]

清

◎ 卢汉倬 ◎

卢汉倬，字星舫，号诗樵。幼聪敏嗜学，长于书，无所不窥。尝镌一章：星舫氏愿读尽天下古今书。有友见之，以为诞妄。乱抽架上帙历试，咸能背诵，一字不遗，几卷几页并言之凿凿。由是，人服其精博。性矜高，有前明诸生习气。困顿棘围，以道光丁酉（1837）拔贡终。字端整，诗散佚不传。通医理，著《医学管见》。

[民国《重修泰安县志》卷八《文学》]

◎ 王嘉会 ◎

王嘉会，字礼亭。羊楼人。幼有志操，不治生产，专志于学。年十八，补诸生，旋食饩，潜心经史，置诵读日程录，有所见，即登记以验后所学之浅深。作文纯以理胜，结学社，五日一会，与范清溪、镜泉诸人相切磋。出贡最早，而不以旗匾虚名为荣。有从弟某，析居已两世矣，怜其孤苦，招来与之同爨，从弟亦自树立。卒以岐黄名一世，晚年颇有著述，惜不克编辑成帙。

[民国《重修泰安县志》卷八《文学》]

道光
王嘉会，壬辰（1831）。

[民国《重修泰安县志》卷七《岁贡》]

◎ 张凤翙 ◎

张凤翙，字吉人。住栗家庄。生有异禀，聪慧过人。入塾八九年，能读《十三经》《文选》。十四岁，戏作《讨花虱檄》，远近传诵。弱冠游泮，秀甲一黉。方期上进，而捻匪窜扰，故于剑戟韬钤之术，无不涉猎。襄办团练，知不可恃。于是，修葺扇子崖天胜寨，多所全活。兼通《灵》《素》，合药施方，救济无算。教授生徒游庠者，科岁不绝。被其沾溉，或赴鹿鸣以去。而己屡试屡踬，家无担石，意豁如也。晚年，留心经世之学，如《治河二策》，一用两河迭用法，一用清源永逸法，皆前人所未及。《登莱青防海议》，亦预见倭势之寖张，倘得尺寸之柄，未必无补。以岁贡终老，闻者惜之。著有《大学旧本说》《孟子辨注》行世。

[民国《重修泰安县志》卷八《文学》]

◎ 萧今柳 ◎

萧今柳，字柳州。诸生。曹县训导延贺子。孝友好义，康熙癸未（1703）、甲申（1704）间，捐糜粥方药，以济饥馑，村间多赖以生。尤乐崇奖后进，尝自任馆粲，延师训乡蒙。孙儒林，岁贡。工诗文。曾元，皆奕奕有声。

[民国《重修泰安县志》卷八《孝义》]

◎ 聂宗望 ◎

聂宗望，字希尚。学行端严，为士林重。幼继堂伯庠生之珍，孝谨无异所生。殁，尤尽哀如礼。后遭变侮，让田产，艰辛自立，人以为难。家虽贫，好义乐施，洽比乡邻。精医术，尝活人，不问谢资。著有《医案》一书。卒年八十六岁。子釴，能继厥志，而有泉石癖。少以敏，给补郡掾，辄弃去。摩挲金石，穷且老不倦。郡邑修纂及《历城志》皆征，故□名公卿好古者，不远千里，访之。著有《泰山道里记》《刻孙石合编》。

[民国《重修泰安县志》卷八《孝义》]

聂宗望，字希尚。清代泰安县人。工医术，性好义乐施，不计酬谢。著有《医案》一书，未刊。

[《山东中医药志》第六篇《人物表》]

赠太山聂医士宗望

王诵芬

杖履修然鬓发苍，轩岐渊与古今良；救人曾得壶中衡，济世新悬肘后方。迹寄市廛成小隐，心洒造化自舒长；峥嵘杞子连天秀，甘谷何殊仙杏芳聂君家有枸杞一株，老干蟠屈，为百余年物。

赠太山聂医士宗望

邵 龙

金匮藏书秘，修龄气吐霞；闲身忘甲子，仁术驻年华。橘井泉分润，仙林杏作花；何须勾漏使，岩谷有丹砂。

[乾隆《泰安府志》卷二十三《艺文四》]

◎ 张体忠 ◎

张体忠，王庄人。好义轻财，事亲至孝。善医，活人无算。修桥，乐施，救贫济危。太守李给以"义行可风"匾额。

[民国《重修泰安县志》卷八《孝义》]

◎ 赵廷榷 ◎

赵廷榷，字纯生。南石汶村人。太学生。幼聪颖，孝友性成。习医活人，所在感德。

[民国《重修泰安县志》卷八《孝义》]

◎ 于 璀 ◎

于璀，字灿华。下张人。事母以孝闻，母殁，庐墓三年。尤慷慨好施，凡岁歉，辄出粟活人，施药济众，乡里颂其德不衰。

[民国《重修泰安县志》卷八《孝义》]

◎ 杨贵珍 ◎

杨贵珍，太学生。字玉琢。八品乡耆承杰之子，居柳里。家素封，自承杰已好善乐施，至贵珍益以利济为心。饥待其食，寒待其衣，以及桥会、庙工诸义举，事难觊缕。尝设药肆，积债累累，毫无索讨，不立券故也。其子效望，孙连峰，亦世济其美，称为"杨善人家"。邑侯徐清惠公以"德照徂阳"榜其门，洵无愧矣。

[民国《重修泰安县志》卷八《孝义》]

◎ 朱 玑 ◎

朱玑，字在盘。州诸生。笃行理学，旁通医理，诊疾不问所酬，贫者德之。康熙中，举乡饮宾。子淄衣，见《才猷》传。孙印溎，亦举于乡。

[民国《重修泰安县志》卷八《方技》]

朱玑，字在盘。清代泰安县人。州诸生。康熙中，举乡饮介宾。旁通医术，诊疾不问所酬，贫者德之。

[《山东中医药志》第六篇《人物表》]

◎ 沈廷对 ◎

沈廷对，字君召。会稽人，顺治间移籍泰山下。精岐黄术，著有《痘疹撮要》《医学心法》二书。

[民国《重修泰安县志》卷八《方技》]

沈廷对，清浙江会稽县人，顺治间移居泰安。精岐黄术，著有《痘疹撮要》《医学心法》二书，未刊。

[《山东中医药志》第六篇《人物表》]

◎ 韩巢屿 ◎

韩巢屿，字观涛。读书好古，能诗文。精岐黄术，救危拔疴，所至立起，后以痘疹名家。著有《活幼汇参》。

[民国《重修泰安县志》卷八《方技》]

韩巢屿，字观涛。清代泰安县人。能诗文，精医术，以善治痘疹而闻名。著有《活幼汇参》，未刊。

[《山东中医药志》第六篇《人物表》]

◎ 艾国泗 ◎

艾国泗，字儒宗。性醇正，倜傥，好利济，尤精研痘疹，不泥古方，多奇效。

[民国《重修泰安县志》卷八《方技》]

艾国泗，字儒宗。清代泰安县人。治痘疹，不泥古方，多奇效。

[《山东中医药志》第六篇《人物表》]

◎ 赵 清 ◎

赵清，字秋潭。太学生、举人元昌子。侍母疾，熟《内经》，遂精医，能已奇疴。诗及书法，皆为世所重。

[民国《重修泰安县志》卷八《方技》]

◎ 柴衍洞 ◎

柴衍洞，字鹿门。嗜学好古，旁通医理，尤精幼科。于痘疹盛行时，襁负来者，至门不能容，皆按症施治，酬谢弗计也，人皆以"董杏林"目之。知柴姓为先贤子羔子后裔，闻墓在兰陵，将近湮没，躬率其子，探寻之，封其陇阡，表其墓道而还。博稽群书，著《高子年谱世系》若干卷，藏于家。

[民国《重修泰安县志》卷八《方技》]

柴衍洞，字鹿门。清代泰安县人。嗜学好古，旁通医理，术精幼科痘疹。

[《山东中医药志》第六篇《人物表》]

◎ 梁莲峰 ◎

梁莲峰，增生。安驾庄人。精岐黄，并发明接骨，凡跌打、车轧，皮不破而骨碎者，先对好，以膏药贴患处，再用竹木逼挺，勿使错乱，不数日，结成一片，愈后尚能负重。其神妙效力实过西人，世传遗术，远近赖之。

[民国《重修泰安县志》卷八《方技》]

梁瑞图，号莲峰。清代乾隆时泰安县人。增生。业岐黄术，尤精骨科，祖传六代，计二百余年。

[《山东中医药志》第六篇《人物表》]

◎ 刘泽浃 ◎

刘泽浃，字润普。安驾庄人。赋性慈仁，尤笃友，于医精研痘疹，一生全活无算。

[民国《重修泰安县志》卷八《方技》]

刘泽浹，字润普。清代泰安县安驾庄人。业医，善治痘疹。

[《山东中医药志》第六篇《人物表》]

◎ 阎逢寅 ◎

阎逢寅，字方春。省庄人。幼失学，贾孝廉锡桓一见器之，召至门下。应县试，邑宰徐清惠公大加尝叹，拔置第一人。入庠后，弃儒业医。不数年，名大噪，求者踵门，乃设药肆，贫者购药廉其值，或竟不取值，富者倍之。曰：吾既不取聘，今稍偿贫者药债，不亦可乎！有邱某病，及延诊，疾已危矣。家徒四壁，其妻伏地泣，且求助。问：有棺乎？曰：无。有衾乎？曰：无。曰：于我乎取之。及归，检其囊涩，无以应，卒称贷付之。其好行其德，类如此。

[民国《重修泰安县志》卷八《方技》]

阎逢寅，字方春。清代泰安县省庄人。应县试名列榜首，弃儒习医，好济贫活人，名闻县邑。

[《山东中医药志》第六篇《人物表》]

◎ 李宗明 ◎

李宗明，字圣图。监生。李家马庄人。精疡医。程酉山女患胃痈，诸医以夹食伤寒治之，月余罔效。宗明一诊，曰：此胃痈也！一施刀圭，脓出盈盆，服药数剂而痊。程相与约为兄弟，延为城吉堂药肆西席。又请陈蕴为之画像，而赞之曰：其貌庄，其心臧。其为人也，淡于势利之场。其执行也，不昧是非之良。亦农亦士，业精岐黄，视疾病如在身，轻财货如粪壤。时而排难解纷，公正平恕。呜呼！古之人与今之人也，不夷不惠，相与颉颃。捻匪之乱，曾结茅泰山明家滩，作《乐山歌》以自娱。光绪五年（1879）卒，八十七岁。

[民国《重修泰安县志》卷八《方技》]

李宗明，字圣图。清代泰安县人。监生。术专外科，善治疮疡。视人疾如己身，轻财货如粪壤，时而排难解纷，公正廉明。

[《山东中医药志》第六篇《人物表》]

◎ 裴怀珠 ◎

裴怀珠，字辉浦。马庄人。初读书，以时文为无用，专心岐黄。闻有异书，必物色借抄。同族，一诊无俟再延；邻村，每日视十数家，辞酒馔而归家食。咸同间，瘟疫与霍乱大作，活人无算，有垂危复苏者。所集《验方》已成巨帙，惜未付梓，今散佚不传。

[民国《重修泰安县志》卷八《方技》]

◎ 冯恕敏 ◎

冯恕敏，字逊斋。楼德人。工医术，终日病者填，咽、杂证皆有，普通药方不离规模，惟咽喉则独有把握，十不失一。大抵治法分红、白两色，恶寒与不恶寒。白者，感寒而得，最危险，须用散药；红而不恶寒者，直清解可也。后人犹传其术，如遇变证，恐不得其精也。

按：济南治此病，忌用散，无论红、白，只以养阴清肺汤为主剂，而芥花、牛子、蝉蜕、僵蚕等药，则悬为厉禁。与之言，不悟，亦不信，安得精于其术者？历试之，以解其惑哉！

[民国《重修泰安县志》卷八《方技》]

冯恕敏，字逊斋。清代泰安县楼德（今新泰县楼德镇）人。工医术，精喉科，十不失一，大抵分红、白两色，恶寒与不恶寒，白者感寒而得，最险，须用散药；红而不恶寒者，直清解可也。后人传其术。

[《山东中医药志》第六篇《人物表》]

◎ 张同帏 ◎

◎ 李光腴 ◎

张同帏，延东人。世精疡医，不知创自何人，至同帏已数世。病痈者，或数百里舁载而来。疗痈之类，确有传授。后同村有李光腴者，注意阴疽，本《全生集》施治，亦足补张氏之缺。然远方知张而不知李，终不如张氏驰名。

[民国《重修泰安县志》卷八《方技》]

◎ 万用中 ◎

万用中，镇里人。专眼科。病目者，日踵其门，书亦不过《审视瑶函》，然则别有会心，发履启蒙，转移不觉。新泰茅家庄子杨氏世传此术，或谓得杨氏衣钵云。

[民国《重修泰安县志》卷八《方技》]

◎ 韩玑 ◎

张坦妻韩氏,魏家庄人。九品医士韩玑女。十七于归,十九夫亡。氏矢志靡他,甘旨养亲。道光七年(1827),完节以终。八年(1828)请旌。

[民国《重修泰安县志》卷九《节孝》]

◎ 薛心佑 ◎

薛心佑,邑西关万寿宫住持也。青州人。乾隆末偕兄来泰,愿出家,因入万寿宫为道士。是时,庙中贫瘠,师又嗜酒。岁饥,道人亲樵苏,供其师无缺。后自理生产,渐饶裕,以庙事付其徒,不过问。然好行方便,如配合药膏以疗疾,庙中设塾以教附近子弟,小费皆由庙出,收弃儿,出资令他人抚养。庙近漎水,涨则浸没义冢,岁修北岸障护,不使暴露骨骸。此皆慈善事实。惟仗义输财,尤为人所难能。方传家于其徒也,本地绅耆拟修漎河桥,而资无所出,道人愿捐钱四百缗,以为首倡。后其徒各惜有烦,言道人故意恐呵,责以棒,立出四百千,以付董事。卢君星舫作《桥记》津津道之,而叹士大夫反出其下有以哉。其人相貌魁梧,言行质实,不识字,论说颇得大体。未习相术,而知人善任,品评人物,往往不爽。年八十七,遘微疾,命徒众备后事,未具而卒,时咸丰八年戊午(1858)也。

[民国《重修泰安县志》卷十《名僧名道》]

民国

◎ 齐龙光 ◎

◎ 马厚正 ◎

◎ 高善原 ◎

◎ 周鸿升 ◎

◎ 梅文岩 ◎

◎ 赵凌岫 ◎

◎ 夏庆典 ◎

◎ 张心忠 ◎

>齐龙光，青岛医官。
>马厚正，邹县医佐。
>高善原，益都医佐。
>周鸿升，肥乡医佐。
>梅文岩，洛口医佐。
>赵凌岫，范县医佐。
>夏庆典，阳谷医佐。
>张心忠，青城医佐。

[民国《重修泰安县志》卷七《仕进》]

◎ 高莲溪 ◎

◎ 高永锋 ◎

◎ 艾毓洪 ◎

高莲溪（1853—1913），原名继昌，字淑濂，号公愚。泰安市大汶口东武驾村人。生于清咸丰三年（1853）十一月二十七日，卒于民国二年（1913）十一月六日，享年六十一岁。

出身世医之家，祖父高永锋，擅长中医儿科；岳父艾毓洪，亦精于医。自幼勤奋好学，立志进取，攻读经史，三十四岁入邑庠，常以宋代范仲淹"良相良医"自勉。四十岁时因母病，遂专心致力于医学，对《内经》《难经》《神农本草经》《伤寒论》《金匮要略》等经典潜心研究，不数年，以医术闻名，尤以妇科见长。行医十年，名传四乡。五十七岁时，受聘为泰安城"寿益堂"坐堂先生。临症施治，效验很好。应诊月余，泰安世家名士，皆以"大医师"称之。从此，远近闻名，各地求诊者慕名而至，络绎不绝，求诊者盈室。对贫寒患者，尤其体贴关心，曾在《胎产方案》中特意指出：书中所载汤饮丸散各方，用人参者居多，服药之家应分有力、稍有力、无力三等。若有力者，照方服之；稍有力者，减半用之；无力者，以党参代之。其体贴民情用心之细微，于此可见一斑。他平易近人，诊病不分老幼贫富，均能一视同仁。一生救治患者甚多，但从不牟名利得失，不喜听颂扬言词，不受纳礼品，对无钱医治的贫民，常慨然相助，送医送药，不收分文。1911年（宣统三年），四方群众相约要赠送给他一匾额，颂扬他惜苦怜贫、不收报酬之恩德。他坚辞不受，说：吾平生无他益于世，仅以医术而除人病，是吾应尽之职责，又何值得颂扬之足云！于是更加受到人民群众的爱戴和敬仰，求方问医者更多。为了将自己的医术经验传于后世，认真总结，著《胎产方案》书稿，凡四卷。自序云：人生在世，大则名教，小则著述。吾愿于艺术之中，择一有裨于世，施之应效者，不敢云创，亦不敢云述，不过博采而约收之，取其不繁而备，略通古今之变，酌乎贫富之宜，编成是书。如能传之于人，斯此生不虚矣！该书对妇女胎前、产后及临产诸症治疗均有独到见解，有较高的临床使用价值。如在《胎前总论》中说：凡妊娠，脾胃健旺，血气充足，则胎安产顺；禀赋不足而气血衰，脾胃弱，劳役过，以致诸症百出。说明怀孕女子体质的强弱及劳累与产前、产后诸症之关系。再如世医多认为"胎前宜凉"，而高氏认为胎前之病以虚为主，属虚弱者为多，因此应取微温、平补的法则，借以补虚纠偏、扶正祛邪。对妊娠后诸症治疗，除强调健脾益气之外，还注重养血和营。综观全书，多以小方轻剂疗病，尤以胎前诸症为明显，具有简、便、验的组方特点。这些固然与他的医术有关，但也能看出他能体谅民意、为民着想。然而淑濂生前未能将该书付梓。直至其卒后二十年的1934年12月，由其次子宗岳，交泰安大陆书社刊印二百套，意在赠送友人。书一问世，即受到冯玉祥将军、革命老人范明枢的赞赏，当时名医如秦伯未等倍加推重，并题词作序。

[《泰安地区志》第十三编《人物传》]

[《泰安市志》第三十四编《人物传》]

[《泰安卫生志》第十章《医界人物传略》]

[《文史资料选辑》第八辑《大汶口镇史料专辑》]

[《山东中医药志》第六篇《传记》]

◎ 金有重 ◎

金有重（1869—1941），字亦山。泰安市省庄公社岗上大队人。自幼聪慧好学，攻读八年，通晓"四书""五经"，博览诸子百家，兼阅《内经》《难经》及历代主要医籍。年弱冠，即应诊乡里，擅长内、妇两科，行医三年，疗效颇著。就诊者应接不暇，名声大振。医德高尚，常以救济贫苦为念，遇有穷困就诊病人，诊毕后再赠之以药，在群众中享有较高的盛誉。至今乡老犹念其德，传为佳话。

[《泰安地区中医志》五《医林人物表》]

[《山东中医药志》第六篇《人物表》]

◎ 高宗岳 ◎

　　高宗岳（1886—1947），字仲岱。淑廉次子。泰安市大汶口东武驾村人。出身于中医世家，自幼耳濡目染，喜爱中医药学。常在攻读儒经之余，浏览医学著述。其父淑濂喜其志向，同意其弃儒就医，故经常面授《内经》《难经》《伤寒论》《金匮要略》等经典著作。因宗岳勤奋好学，坚持不懈，经数年潜心研读，学业大进。时西医盛行，为探求新知，赴沪就读于东亚医科大学。毕业后，到天津中华新医学校进修，终于成为熟谙医理，术兼中西，擅长内、外、妇、儿诸科的名医。造诣之深，在当时泰安医界，首屈一指。1928年，在宁阳县华丰镇，创办华丰中医院，自任主任兼医师，并附设中医学校。每日除应诊外，则向学生讲授医学，孜孜不倦，为社会培养了不少的医药人才。后被泰安县"保和堂"聘为坐堂医生。1932年，自设"仁寿药局"应诊，以广济众生。

　　宗岳行医以拯疾活人为宗旨，病家有求必应。1935年7月，鲁西一带发生蝗灾，群众因生活所迫，流入泰安者数以万计。期间疫病流行，时有死亡发生。为救济灾民，宗岳被世界红十字会山东总会泰安分会聘为医师，每日徒步往返于灾民居住区巡诊医疗，历时数月，被其救活者甚多。为此，红十字会会长亲赠匾额，彰其功德，并举荐于省，颁发一等奖嘉勉。

　　宗岳从历代医学著作中不断汲取精华，扬长避短，取舍得当，尤注重于实践。每遇疑难问题，必亲自进行探讨，不耻下问，务必得其究竟而后已。他认为，泰山为五岳独尊，天地精英之气多钟于此，山中必有可作药用的奇草异卉。因此，在诊务之余，留心研究泰山药物，经常携带纸笔，身背药篓，亲登泰山，实地考察可供入药的草木、鱼虫、鸟兽、泉石等。察其形态，品其性味，考其异同，辨其真伪。为弄清一药，遍访山民、药农、僧道及当地宿儒、名医，攀危崖，登绝岩，涉深涧，探林泉，进而参照有关史料和医学文献，搜集古今之说，证以临床经验，经十余年努力，撰成《泰山药物志》。书凡八卷，载泰山特产药物六十余种，通产药物五百余味。详细记载泰山药物的生长、习性、形态、分布、品种、质地、鉴别等内容，而重点介绍特产药物。特产之中，又突出介绍何首乌、玉竹、黄精、香附、灵芝、杏参、金银花、山楂、侧柏叶、牛黄、螭霖、黄鲷鱼等十二大特产。附以单方、验方及泰山地理形胜,有关的轶事、传闻,是研究泰山药物的重要参考资料。坚持"天下物皆药"的观点,用寻常中草药研制成的化小儿癖块的"化癖膏"、去云翳的"退云油"、治疥、癣、疮的"风羽膏"等,或口服,或外敷,均获奇效。研制的医方"宗岱保元丹",治疗老幼风痰、心肝燥火、神昏吁喘、呕吐久泻等病,颇有效验。配制的大小玄武汤专治妇女产后疾患。

宗岳勤于笔耕,著有《易风志》一卷、《玉亭山馆七年记》四卷、《佛医验案》一卷、《风俗全书》四种、《光阴志》一百零六卷、《孔府传道编》一部、《仲岱愚言》一卷、《诊疗灾民疾病记》二卷、《治疗记录》十二册。《光阴志》系其平时行医、居家生活、所见所闻之日记。惜只存《泰山志药物志》及《光阴志》残稿,余皆散佚。

迨其晚年,正值日寇肆虐,国难方深之际,睹民生之涂炭,慨国家之厄艰,深自痛伤。由是为贫苦民众治病,益悉心尽力,而恶于与官绅之酬应,每托疾以拒当道者之邀。旋即郁郁成疾,及至日寇投降,抗战胜利,临近解放之前夕,其病已入膏肓,于1947年病逝,终年六十二岁。

[《泰安地区志》第十三编《人物传》]
[《泰安市志》第三十四编《人物传》]
[《泰安卫生志》第十章《医界人物传略》]
[《山东中医药志》第六篇《传记》]
[《文史资料选辑》第八辑《大汶口镇史料专辑》]

先贤高子羔祠,在王母池吕公洞南。民国十五年(1926)秋,高宗岳创建。

[民国《重修泰安县志》卷二《坛庙祠宇》]

宁 阳

明

◎ 吴道昌 ◎

吴道昌，字西河。博学能文。嘉靖中，由岁贡授蒲州判。未几，改判邓州，以廉明著称，迁知安塞县，士民遮道攀留，依依不忍舍。安塞地处西陲，道昌内奠民生，外消戎衅，边隅获安。及解组东归，行李萧然，幞被琴书而已。所著有《养生论》《默泉诗文稿》，藏于家。

[光绪《宁阳县志》卷十三《良吏传》]

《养生论》，吴道昌撰。道昌，字西河。宁阳人。嘉靖中岁贡。历官安塞知县。是书见《县志》。

[宣统《山东通志》卷一百四十《艺文志第十·子部·道家》]

（嘉靖）癸丑（1553）

吴道昌，宁阳。升安塞知县。

[嘉靖《邓州志》卷六《秩官表》]

吴道昌，宁阳人。（嘉靖）三十二年（1553）任，升安塞知县。

[乾隆《邓州志》卷十一《职官》]

吴道昌，山东岁贡。嘉靖年任。

[顺治《安塞县志》职官志《邑令》]

清

◎ 吴德羡 ◎

◎ 纪　严 ◎

◎ 纪茂官 ◎

医　官

吴德羡，顺治十七年（1660）任。

纪严，康熙十年（1671）任。

纪茂官，三十二年（1693）任。

[康熙《宁阳县志》卷三《杂职》]

◎ 赵万侯 ◎

赵文煐，号扔谦。莱阳人。博洽广记，善说书评文。大司寇吴定襄公招聘教授于宁，前辈如宁章周太史公、洞玄朱先生及诸俊彦皆执经问业焉。年过期颐，人咸称为"赵夫子"云。长子万侯，业医；次子万里，孙绍美，俱入宁庠。

[康熙《宁阳县志》卷三《流寓志》]

◎ 李永清 ◎

李永清，太医院八品医士。

[光绪《宁阳县志》卷九《文职录》]

◎ 周仔世 ◎

周爱访，字成延。居邑东南韦周村。绍业子。绍业金判松江府，督饷北输，中途病卒。是时，爱访方七岁，闻讣号，恸哀感行路。稍长，禀质岐嶷，性尤醇笃。兄爱诹，潜心力学，爱访事之如师，奉教惟谨，事母色养备至，与兄并以孝闻。未冠，补邑诸生，岁科试，累冠其曹，文誉籍甚。崇祯中，吏部议通行直省物色怀才抱德、经明行修之士，邑令刘公芳大欲以爱访荐，意弗屑也，乃遗书力辞。芳大高其志，竟弗能屈。旋举己卯（1639）乡试，十六年癸未（1643）成进士，观政吏部，未及授职，假归。明社旋屋，皇朝定鼎，网罗遗佚，爱访于顺治初以征辟，北上入都，选授翰林，直内宏文院。一时，制诏咸与属稿。乙酉（1645），分校京闱。丙戌（1646），典试二楚，甄摘精审，所拔悉知名寒俊，士论翕然。事竣还京，擢编修，以疾卒官，闻者莫不叹惜。爱访仪度端凝，伟躯干美，髭髯丰采，如玉山映人。工诗古文词，书法遒逸，在衡山伯仲间，学者得其片楮，珍若拱璧。邑人请祀乡贤。子仔世、治世，仔世，字克任，增贡生。爱访卒官，仔世年甫十四，徒跣千里，扶榇归。长，精医术，活人无算。会岁饥，有鬻妻养母者，夫妻泣诀于途，仔世立出资，完聚之。工书，有父风。所著《宁邑丧礼辨略》，传于世。治世，岁贡生。与兄事母，并以孝闻。后为利津训导，课士有程，号为称职。卒，并祀乡贤。

[光绪《宁阳县志》卷十一《宦绩传》]

周仔世，宁阳人。翰林编修爱访之少子。父殁时，仔世年十四，与兄治世徒跣扶榇还乡。以勤俭自力，事母备极孝养。值岁饥，有鬻妻以奉母者，仔世倾己粮以完聚之。又笃于友爱，兄弟之子，多所成就。殁后，公举入祀。

[乾隆《兖州府志》卷二十三《人物》]

周仔世，宁阳人。翰林编修爱访之子。父殁于京，宦橐萧然，时年甫十四，与兄治世徒跣扶榇还乡。以俭勤自力，事母备极孝养。值岁饥，有鬻妻以奉母者，仔世倾己粮以完聚之。又笃于友爱，兄弟之子，多为所成就，以是乡族重之。

[雍正《山东通志》卷二十八之四《人物四》]

乡贤祠在大成门西

始建无考。顺治六年（1649），知县及畬重修。康熙三十年（1697），监生周仔世重修。道光十六年（1836），教谕宁彤元募捐修葺，监生宁遴选、拔贡宁葆惺捐钱五十六缗。

[光绪《宁阳县志》卷八《庙制》]

康熙

周仔世，见父爱访"传"。

[光绪《宁阳县志》卷九《例贡》]

◎ 韩从朴 ◎

韩从朴，字季方。邑东北龙鱼泉人。池孙。少颖秀，读书别有会心，为文极峭蒨之致。嘉庆初，补邑诸生，食饩，累擢异等，知名黉序。所居近龙鱼泉，沙水环市，林木茂美，闭门吟诵，浩然有得。好为诗，古文词骨，韵天成格，调遒整顾，往往自削其稿曰：吾将有进也。累荐于乡，不第，时出授徒，多所造就。晚精医术，活人无算。年六十余卒。

[光绪《宁阳县志》卷十三《文学传》]

◎ 刘锡龄 ◎

刘锡龄，字与九。黄茂村人。少颖悟，早入邑庠，有声。旋以高等食饩，益自奋励，键户发箧，手披口吟，于"四子""五经"皆反复研究，确有心得。旁及医卜、星历之书，靡弗赅贯。为制义，恪守先正遗法，不事剿袭。岁科试，累冠其曹，而屡踬棘闱，迄未一遇，自安义命，处之泰然，设馆授徒，尽心奖掖，邑西知名士多出其门，一时推为宿儒。晚以积资充贡，寻卒。子敬一，庠生；枚一，廪生。

[光绪《宁阳县志》卷十三《文学传》]

◎ 宁继桢 ◎

宁继桢，字干臣。前望峰村人。幼失恃，克自树立，事继母如母，视异母弟如同母弟，内行敦笃，族党无间言，才敏嗜学，文誉噪于乡校。弱冠补诸生，以优等食饩。友教四方，多所造就。中年因病废帖括业，乃更潜心岐黄之术，上窥《灵》《素》，兼通仲景、东垣诸书，莫不穷其奥窔，别有神解，扶僵植仆，活人亡算，一时翕然有"卢扁"之誉，而不愿以医名。除诊病外，绝口不谈医。或叩其故，听然曰：昔管公明云：善《易》者不言《易》。吾亦云：善医者不言医，一如欧阳公之不言文，有难言者也。晚益谦退，与物无竞，蔼然春温，人皆敬爱。积资推贡，以子天荫布政司理问衔，请封如例。年近八旬寿终。

[光绪《宁阳县志》卷十三《文学传》]

◎ 张裴度 ◎

张裴度，字榴园。济广子。幼禀家学，资性果毅。早补诸生，知名。中年，以家贫兼习医术，非其志也。咸丰辛酉（1861）春，子之贡随团总宁复箴追贼至夏晖渡口，力战阵亡。有唁之者，慨然曰：儿为国殇，得死所矣！容不为戚，时方举行团练，裴度与其事。癸亥（1863），贼又至，初仅百余人，易视之，乃自集村中健儿，御诸官庄之南原，战始，合贼大至，众溃，裴度死焉。贼退，寻获其尸，众刃攒肤，犹戟手作骂贼状，目未瞑也。事闻，赠恤如例。

[光绪《宁阳县志》卷十三《忠义传》]

◎ 宁毓敏 ◎

宁毓敏，字瑞轩。邑东涧西人。乾隆初监生。幼失怙恃，抚异母弟，不异同生。性厌纷华，惟喜欢诵读。早年攻举子业，屡践省闱不第，乃以余力为诗，辄工，有《雁字三十韵》，尤脍炙人口。书法学欧、柳而变通之，人获尺幅，珍若拱璧。晚精岐黄，求疗者踵相接，虽日旰辍匕，弗厌也。有以尊酒腥肉诣谢者，必却去弗视，邻里尤钦其高义云。

[光绪《宁阳县志》卷十三《笃行传》]

◎ 刘怀珊 ◎

刘怀珊。字海树。邑东北陈家店人。悦亲敬兄，人无间言。性质直，见义勇为。有族叔母，早寡守志，伶仃无依，怀珊迎养于家，供给终身，丧葬皆如礼，又为请旌建坊，以彰苦节。闻者韪之。邑东三十里，有地名乱石厓，孔道也，崎岖特甚，轮多为摧。怀珊鸠工平治，悉成坦途。厓下有桥，年久倾圮，行旅病涉，复竭力修复，架石镕铁，旁增雁翅数丈，一切工费皆独任之。兼善岐黄，尤精痘疹，随方施治，多所全活。嘉庆中，援例以千总注铨，寻卒。子润溪，候选布政司理问；润楠，候选把总；润长，道光丙午（1846）武举人。

[光绪《宁阳县志》卷十三《笃行传》]

◎ 韩　池 ◎

韩池，字仁圃。邑东北韩家海子人。芝芳孙。少禀家训，操履方整。家素封，性好施予，族邻待以举火者无算。有别业在龙鱼泉侧，北枕汶流，夏涝冬冻，人多病涉，乃创置义渡，造舟为梁，行人便之。兼精活人术，自合善药，随时施疗，贫者假以庐舍，资以饮啜，畀以刀圭，须病已乃遣去，就医者恒数十百人，一方称其厚德。雍正中，循例以千总注铨。年七十余卒。

[光绪《宁阳县志》卷十三《笃行传》]

◎ 刘克旭 ◎

◎ 刘淑璨 ◎

◎ 刘淑瑛 ◎

刘克旭，字季华。邑北茅庄人。槃孙。乾隆初监生。生有至性，丱角以孝友称。读书通大义，制行修谨，德宇充粹。治家用黄老术，终日凝然静坐，不下阶戺，而内外咸就条格。家中自子孙，下逮奴隶，食指百余人，各有业业，各有定时，定地定式，务综大纲，而廉其勤惰。门内无喧声、大笑声、勃豀声，行其庭，阒寂若无人，而百事具举。家人有过，不加呵责，但以辞色微示其端，辄相率愧谢，无敢迕者。闭门不妄交，接待戚族和而有礼，时有施予，惟恐人知。晚精眼医，济人无算。生平无他嗜好，独喜茗饮，每与素心雅故清谈竟日，砖炉石铫，萧然意远。年七十余卒。子五人，淑璨，字璀轩。监生。操履方整，恪守家训，兼传父术，疗目疾，辄愈；淑瑛，字晶轩。才敏嗜学，童科每屈其偶，既累试被乙，乃援例入成均。专精医理，其学自《洪范·五行》以及岐黄问答、仲景以下、本草方书，靡不穷其圭旨，拔沉扶痾，应手立效，一时有"卢扁"之誉；淑瑶，监生；淑琦、淑连，俱庠生。

［光绪《宁阳县志》卷十三《笃行传》］

◎ 吴方迥 ◎

吴方迥，字轶亭。邑北吴家村人。乾隆中监生。持躬温雅，无疾言遽色。家素封，其母好施予，方迥每力赞之。母殁，周恤惟恐不及，成母志也。善医，有求立应。晚年，徜徉山水，从一奚奴，采诸药物，手自配制，四方来求者，量给刀圭，靡不如其意以去。年八旬余，童颜鹤发，婆娑茶铛丹灶间，飘飘若神仙中人，寻以寿终。子廷桂，军功，议叙九品衔。

［光绪《宁阳县志》卷十三《笃行传》］

◎ 吴方穆 ◎

吴方穆，字肃莽。邑西东和村人。乾隆中监生。幼读书，略涉大义。比长，沉毅有志略，操履不苟，敦宗睦族，恪守家法。邃于医，以疾来者，殚心诊治，不厌烦冗。乡曲雀鼠微嫌，必先事排解，一方赖以无讼。里人额其庐曰"乡党矜式"。

以寿终。子七，殿魁、拱辰、舒魁、安魁，俱庠生。

[光绪《宁阳县志》卷十三《笃行传》]

◎ 纪殿仪 ◎

纪殿仪，一名纲，字子宏。邑北佛山人。乾隆中监生。性方鲠，觥觥自持。仲弟绅家素饶，无子以伦序，欲继殿仪次子，殿仪不可为；择季弟子叔康嗣，卒以克家称。他日，绅欲以腴田五十亩益殿仪，复辞不受。精医术，活人无算，馈谢一无所取。年八十七卒。邑人苏云升题其画像云：严正似秋，温和似春，道貌足畏，德容可亲，杖履逍遥，羲皇上人。子伯瑜，一名绳武，字肖亭。邑增生。性笃孝，家不中资。乾隆丙午（1786），岁大祲，举家啖糠核，而奉亲甘旨，不异平时。父母怪问之，则以素蓄对亲，心始安。年六十余，善病，绝意进取，其父母故健在，望其成名，乃勉应两试，屡赴棘闱，每岁科擢高等，喜动颜色，所得花枝端绮，必归奉父母前，以博一欢。亲殁，弟谋异爨，乃悉籍田宅及一切所有，令弟自择取之。以弟为父母钟爱，故父母虽殁，犹仰体其心如此。

[光绪《宁阳县志》卷十三《笃行传》]

◎ 宁世乾 ◎

宁世乾，字统元。邑北前望峰村人。乾隆中监生。慷慨好施，沾溉乡里。通医术，尤善疡科，多贮良药，修治精虔，远迩求疗，日凡数十辈，趾错于门，罔弗亲询所苦，付刀圭以去。家素饶，戚友假贷，从无靳惜。晚年，取积券并焚之。殁后，屡有以前债来归者，家人概辞不受。尝与西商通财，失业弗克，偿有愧色，坦然置不问，并助其归装，俾旋故里，其人为之感泣。叔父窘于家计，侍养惟谨，凡饮食、服物，供奉无缺，数十年如一日云。子传镐，监生；岱峰，庠生。

[光绪《宁阳县志》卷十三《笃行传》]

◎ 齐沐清 ◎

齐沐清，字乐亭。齐家庄人。昌绪子。监生。性简重，寡言笑，闭门洁己，不妄交接。善治生，以勤俭致饶，非其义，一介不取也。遇有恤族，周急倾囊，不稍吝。早岁，持门废学，每以为憾。教子极严，延名师，督课有法，其子增生建让，学行重一时；监生建顺，亦恂恂守家法，咸以义方推之。晚通岐黄术，尤喜读石顽书，然不为人医。尝曰：古人云：学医费人。吾敢轻试乎！初，邑境素不产姜，民间所须，皆贩自青口。沐清读鲁论，至"不撤姜食"，曰：此必吾鲁土产，春秋时吴越旷若异域，圣馔安能远致！乃于园中试种，果蕃。乡人效之，至今为利。而落花生初种，亦始自沐清之兄镇清，其利尤溥云。

[光绪《宁阳县志》卷十三《笃行传》]

姜，本南产，近年齐家庄人、监生齐沐清始种之，利倍他蔬，而生殖未蕃。

[光绪《宁阳县志》卷六《物产》]

齐沐清，监生。以外孙黄师阎官翰林院编修，貤赠文林。

[光绪《宁阳县志》卷九《封赠录》]

◎ 苏 庄 ◎

◎ 苏云旋 ◎

苏庄，字敬临。苏家楼人。增生。有文行，兼精医理，活人无算。性廉介，数十年未索一谢。设药肆，贫人辄予之，不取直，咸颂其德。子云旋，字坤盘。八品衔。克承父术，亦不计利。尝有婆人就医，药饵外并给饮食，病痊始遣去。又有胡曰黄者，亦婆人也。病愈无以报，执役数十年，辞之不去。其感人如此。曾著《新产》一书，皆经验良方。孙毓峄、曾孙振彪，皆监生，世医有名。

[光绪《宁阳县志》卷十七《方技传》]

苏庄，字敬临。清代宁阳县人。增生。有文行，兼精医理。子孙传其业。

[《山东中医药志》第六篇《人物表》]

◎ 苏毓峄 ◎

◎ 苏振彪 ◎

苏毓峄，字桐岩。苏家楼人。监生。赋性孝友，见义勇为，虽重费弗惜。与兄析箸，悲不自胜，弗忍遽离。虑兄不善治生，恐致贫困，乃以己应分腴田四十亩让之。不数年，兄果匮，又畀以自置田二十亩。后虽出嗣，犹于本生父母，朝夕奉事惟谨，丧葬从厚。邑令武公、学博白公重其为人，共以"孝悌仁和"扁旌其庐。兼通医理，投方辄效，一方赖之。子清远，武生；振彪，监生，亦知医。

[光绪《宁阳县志》卷十三《孝友传》]

◎ 孙桂馨 ◎

孙桂馨,字一山。后大北村人。增生。性朴,行端植品,力学,家故贫,少失怙,以舌耕养母,得其欢心,每有甘旨,必先奉母,而自馂其余。授徒模范先正,多所成就。晚精医术,施治辄效,然不轻为人医也。年八十九寿终。孙统承、统启,俱庠生。

[光绪《宁阳县志》卷十三《孝友传》]

◎ 沈会龄 ◎

沈会龄,字与九。兴义子。武监生,卫千总衔。性纯笃,事父克孝,偶触父怒,必多方解释,至颜霁乃已。父殁,执丧尽哀。大祥后,午寐,梦见其父,一恸而醒,遂哭泣,终日不食。既而,母老病甓,不能动履,饮食起居必左右扶持,昕夕勿间。迨分析,割宅基一隅,让其长兄,时称孝友。尤好施予,里有贫病,施药给食,多所全活。精骑射,累应省试三次,挑而未售。寻卒。子化邦,武生;化南,文生。

[光绪《宁阳县志》卷十三《孝友传》]

◎ 张存先 ◎

张存先,字念昔,初名维善。居邑东北杏山庄。嘉庆间人。幼失怙恃,祖父抚之成立。稍长,就傅,因祖年衰善病,时须奉养,遂弃儒力农,兼精医理,妙合汤剂,却祖病,更延其年。有求疗者,虽昏夜必躬亲诊视,病愈乃已。族邻相接,蔼然春温;人或触忤,不与校,而俟其自悔。偶有寒俊,无力赴试,量助资斧,无稍吝惜。生平每以不终诵读为憾,乃令长子中鹄受学于宁讷之门,早岁以庠生充贡;次子伦鹄,亦入庠。

[光绪《宁阳县志》卷十三《耆德传》]

◎ 宁传镐 ◎

宁传镐,字怀西。监生世乾子。性孝友,早失怙,事母色养兼至,以疡医世其家,恒虔诚,修合灵丹,以备施送,贫者就医,假屋饮食之,俟其痊自去。与弟岱峰友爱甚敦,为延名师教读,寻以文行著称。与人交,抑然谦逊,蒴蒴如不胜衣,乐善好施,至老弗倦。道光中,捐资助修兖郡试院,道宪王公赠匾旌奖。年八十五寿终。子文骧，字翰逸。监生。恪守家规，咸丰庚申（1860）之变，避寇者每枵腹，煮粥以待，多所沾溉，寻卒；子金灿，附贡生；天墀，增贡生；荣灿，监生，五品衔；英灿，监生，六品衔；金灿子作霖、作梅，天墀子作澍，皆庠生。

[光绪《宁阳县志》卷十三《耆德传》]

◎ **纪开泰** ◎

◎ **纪朝德** ◎

◎ **纪　岩** ◎

◎ **纪体润** ◎

◎ **纪天崇** ◎

◎ **纪茜珠** ◎

◎ **纪若鼎** ◎

纪开泰，字来西。邑西伏山村人。雍正中监生。其上世有名朝德、字东川者，为前明医官，著《医症经验集解》八卷。又有名岩、字敬公者，曾为郡守蔡公廷辅疗痼疾，立愈，有"卢扁"之誉。开泰少传家学，精研《内经》，遍窥仲景以下诸方书，凡有心得，必手自著录，乃广集解为二十四卷，名曰《医学箕裘集》。其治疾，洞察乎标本、阴阳之故，即甚危殆，投以汤剂，咸庆更生。遐迩，造请踵门，无虚日。尝游历下，会巡抚李公疾亟，诸医莫效。有以开泰荐者，延入诊治，一药，病良已。李公神之，欲留置幕府，开泰不乐华膴，力辞归。脱巾散发，颐养林泉，间出其术，活人无算。年届八旬，视听不衰，髭鬓尽黑，见者以为神仙中人。旋以寿终。子四，体润，其季也，能绍其业。天崇，字青峰；曾孙茜珠，字支园；元孙若鼎，字梅臣，世以医学知名。

[光绪《宁阳县志》卷十七《方技传》]

纪开泰，字来西。清代宁阳县人。雍正中监生。父祖皆名医，开泰传家业，精医术，著有《医学箕裘集》，其子、孙、曾孙、玄孙四世皆以医知名。

[《山东中医药志》第六篇《人物表》]

◎ 周祚长 ◎

◎ 周秉义 ◎

◎ 周秉信 ◎

周祚长，字闻远。石碣集人。宸诏子。警敏能文，乾隆初补邑诸生。年十八，以冠军食饩，秀甲一黉。寻肄业胄监，考授州吏目，以亲老告归。乃更专心医学，研究《内经》诸书，尤精《伤寒论》，间出其方以济人，无不立效。郡守唐公倚衡深加敬重，以"国医"称之。子秉义、秉信，俱监生，世传其术，有声于时。

[光绪《宁阳县志》卷十七《方技传》]

周祚长，字闻远。清代宁阳县人。乾隆初邑庠生。工长沙之学，治多效，郡守称"国医"。

[《山东中医药志》第六篇《人物表》]

周祚长，廪监生，考取州吏目。

[光绪《宁阳县志》卷九《文职录》]

◎ 程佩瑜 ◎

程佩瑜，字玉光。邑西北程家海人。乾隆初监生。性孝友，工篆隶，尤邃于医。凡有求者，必为诊视周详，洞见至隐，决死生，立验。晚年，术愈精，求愈众，呻吟而号呼者，旁午于门，佩瑜应之无倦色。富者畀以方，贫者赠以药，不索直，亦不言谢。仆从苦其烦，往往壅阏不为通。佩瑜察悉，乃筑亭舍，外环植绿杨，颜曰"淡暑"，日坐其间，待求者而应之。有壮夫负老媪至，其母也。患疽发背，佩瑜诊之，曰：尚可医，但毒深，须日施丹药一二次，少间恐难生。壮夫因家贫途远，泣下沾襟。佩瑜曰：无伤也。遂馆之别业，朝夕施治而给食焉。月余，老媪痊，壮夫负之去。去后十余年，一日前壮夫来，故貌尽失，问之，知为老媪子也。泣言母死已葬，特来报恩。辞之使去，不听，遂留操作，勤力过诸仆，数年病殁，佩瑜具棺殓之。曰：吾重其孝也。

[光绪《宁阳县志》卷十七《方技传》]

程佩瑜（1736—？），字玉光。今白马乡程家海人。清乾隆初监生。精于医，晚年尤精。患者踵其门，有求必应。先生诊视周详，洞察深隐，富者给以方，贫者赠以药。仆从苦其烦，往往闭门。先生察觉，于舍外筑亭，日坐其间，待患者。一壮夫，母背生疽，背母求诊。程佩玉诊视，毒已深，须日施药一二次，多时治疗。壮夫因家贫路远，泪流沾襟。先生劝壮夫莫悲伤，并设馆收治，赠以饭食，朝夕施治月余，至壮夫母病痊愈。

[《宁阳县志》第三十四编《传记传略》]

[《山东中医药志》第六篇《人物表》]

◎ 王静宇 ◎

◎ 刘应逞 ◎

◎ 刘克任 ◎

王静宇，字坤方。居邑西王家楼。乾隆间人。少从外舅刘应逞学医，博览方书，复与应逞子克任，互相切劘，学乃益进。时出疗疾，沉痼立起，行术数十年，多所全活。晚年，患疡几殆，乡人为之共祷于神，乞延其算，后果愈。众乃醵金报赛，比间尽欢。其盛德感人如此。

[光绪《宁阳县志》卷十七《方技传》]

王静宇，字坤方。清代宁阳县人。业医数十年，活人甚多。

[《山东中医药志》第六篇《人物表》]

◎ 赵金铺 ◎

赵金铺，字颂南。三埠人。乾隆中诸生。好施予，善解纷难。邻有顾某者，为胥吏所衔，诬以盗，几坠网罗，力为湔洗，卒白其枉。晚通岐黄，尤精痘疹，拯危险，有若回春。子三：澍，庠生；湘，岁贡；浒，庠生。

[光绪《宁阳县志》卷十七《方技传》]

赵金铺，字颂南。清代宁阳县人。乾隆中庠生。晚通医术，尤精痘疹。

[《山东中医药志》第六篇《人物表》]

◎ 刘淑桐 ◎

刘淑桐，字濬源。居邑西张村。嘉庆间人。幼习儒，因家累辍业，更从族叔克任学医。昼夜攻苦，尽传其术，投剂辄能活人，名噪汶上、东平间。年七十余卒。

[光绪《宁阳县志》卷十七《方技传》]

刘淑桐，字濬源。清代宁阳县人。业医，名闻汶上、东平等县。

[《山东中医药志》第六篇《人物表》]

◎ 张 濯 ◎

张濯，字文辉。扶鲲子。嘉庆间人。幼习父业，长乃专工医术，察声切脉，洞见症结。尤精痘疹，他医所不治者，靡不应手立效。尝曰：治病如用兵，用兵而但执古法，则有若房琯车战，卒致陈陶之败。今人禀气厚薄，既与昔殊，而药物亦异，倘拘泥成方，鲜有不杀人者。神而明之，是在心知其意耳。行术数十年，活人无算。年七十余卒。

[光绪《宁阳县志》卷十七《方技传》]

张濯，字文辉。清代嘉庆间宁阳县人。工医术，精痘疹。

[《山东中医药志》第六篇《人物表》]

◎ 秦继泰 ◎

秦继泰，居邑东北枕河庄。嘉庆间人。少读书，长辍儒业，乃习疡医。久之，精于其术。自合善药，随宜施治，投以刀圭，呻吟立止。不计贫富，不受馈遗，下至乞丐，无不尽心疗救。行术二十余年，济人无算。赞曰：龙门作史，爰纪扁仓；医关民命，云胡不臧；勿昧四诊，但执古方；惟明且慎，庶几称良。

[光绪《宁阳县志》卷十七《方技传》]

秦继泰，清代嘉庆间宁阳县人。精医术，善治疮疡。

[《山东中医药志》第六篇《人物表》]

◎ 刘淑随 ◎

刘淑随，字贞九。王家楼人。父克任，精医术，知名齐鲁间，一时推为"国手"。淑随幼颖悟，读书寓目不忘，为文独抒心得。弱冠，补诸生，学行重黉序。屡践省闱不第，遂辍举业，复习医，尽传家学，上自《洪范·五行》《素问》《灵枢》，暨仲景以下诸方书，靡不穷其圭旨，治疾酌古方而变通之，应手辄效，咸以为"卢扁复生"。年六十余卒。著有《本草》《医原》《医律》《医宗》《医方》《医案》诸书各若干卷，藏于家。

[光绪《宁阳县志》卷十七《方技传》]

◎ 刘翊炘 ◎

刘翊炘，字凤临。刚城南村人。本儒家子，兼习岐黄术，遂以善医知名远近，活人不可胜计。廉介，不受馈遗，有致谢者，辄趋避之。尝言：古人有云：不为良相，必为良医。志在济世也。敢乘人病危以取利乎！行术数十年，未尝因以自润，布衣蔬食，泊如也。年八十余寿终。

[光绪《宁阳县志》卷十七《方技传》]

刘翊炘，字凤临。清代宁阳县人。本儒家子，兼习岐黄术，遂以善医知名。

[《山东中医药志》第六篇《人物表》]

◎ 许松友 ◎

◎ 许应福 ◎

◎ 许兆麟 ◎

许松友，字鹤亭。台里村人。从九品衔。世医。乾隆间，其先有名应福者，尤以术显。松友能绍其业，自《金匮》《肘后》诸方书，皆得其肯綮。诊病悉见至隐，用药立效，尤精疡科，凡有求者，虽盛暑严寒，远在数十百里外，必立往施治，或赠以良药，不责赘谢，一时有"卢扁"之誉。性尤伉爽，为人谋必忠。尝曰：人我一也，自谋而不为人谋，负人即负己矣。遇事必多方排解，期于无忤乃已，人皆爱而敬之。年七十余终。子兆麟，奎文阁典籍，仍以医世其家。

[光绪《宁阳县志》卷十七《方技传》]

许松友，字鹤亭。清代宁阳县人。从九品衔。世医，精疮疡科。

[《山东中医药志》第六篇《人物表》]

◎ 李光霞 ◎

◎ 宁云程 ◎

◎ 李临端 ◎

李光霞，字蔚轩。监生。果庄人。少通医理，治疾辄效。时，宁进士云程解组归，兼精岐黄术，光霞往从之游，经其指授，学乃益进，远近知名。又尝与宁明经继桢参究古方，确有心得。尤善痘疹，兼理伤寒，乡人以"半仙"称之。尝设药肆，辨别真伪，独蓄良品，兼自精制。富者廉其直，贫者慨以赠，济人无算。寻卒。子临端，从九品衔，克绍其业。

[光绪《宁阳县志》卷十七《方技传》]

李光霞，字蔚轩。清代宁阳县人。监生。通医理，善治痘疹。

[《山东中医药志》第六篇《人物表》]

◎ 周秉继母亲 ◎

书家续斋翁孝友事略
周远昌

　　续斋翁，姓周氏，名秉继，初名秉辛。余同族大父行也。世业农，乏恒产。父早殁，遗子三人，依其母以成立。长秉俊，次秉仁，三即秉继。奉母至孝，家贫，饔飧恒不给，秉继与两兄竭力操作，供菽水，无稍缺。乾隆丙午（1786），岁大祲，其母顾谓秉继等曰：吾乡比不登，先人遗田仅数陇，濒河为沙所壅，不毛者久矣！我母子与其聚而死，何如散而活也！秉继等环跪请命，母曰：若族叔传隶寄居蓟北赤峰县之红花沟，若叔母久欲往寻，苦无伴。今吾欲与之偕行，为糊口计，若等能我从乎？皆唯唯。母曰：今将远行，有先人坟墓在，秉仁可留家守之，寒食奠一盂，麦饭毋为狐狸所穴，吾心帖矣！秉仁泣受命，秉俊入市购一敝柴车，坐其母与叔母，自与秉继推挽以行。越燕赵，出古北口，一望沙漠，山风猎猎，刺骨如割，秉继解衣，衣其母，寒甚，股栗齿上下击有声，惟恃引车疾走，以取微暖。又行七百余里，始达传隶所为蒙古翁牛特西部，寝草茹氊，相托为命。逾年，传隶死，其妻捆余资，急归。秉继母子羁塞外，无所得食。秉继则为人牧羊，羊蕃息，主人欢，更使牧马。尝夜迷失道，坠深谷中，月黑，手扪悬厓，壁立不得上，时闻虎啸声，与豺狼相应和，乍远乍近，若相逼者，自分必死，即亦不惧。平明，秉俊踪迹至，欲挽之，仓猝不知所为。适一樵者来，乃假其绳，自解腰带续之，始缒以出。归见其母，母子相抱哭失声，主人益怜之，厚酬其直，并以田种贷秉俊，力作得谷数十斛。母善针灸，医人辄愈，争裹钱米相饷。居数年，薄有所积。秉继请于母曰：异乡不可久淹，母年高，盍归乎？母诺。乃与兄奉之南还。抵家，秉仁方为人佣，闻之趋归，问讯相见，各悲喜乃更。诛茅葺屋以居，稍出囊中资，置田亩。秉继留两兄耦耕养母，己仍赁身得直，略具甘旨，以进母，顾而乐之，往往为加一餐。后以寿终。秉继躄踊呼抢，竭蹶营葬，负土成坟，余悉如礼。既乃泣谓两兄曰：吾兄弟朝夕奉母，今竟舍我去，此生已矣！何不名努力作生计，俟小有盈余，立片石于祖父母及父母之墓，庶可以报地下也。乃并力耕耘，不辞脱胝，卒如其志。两兄乏嗣，俱以秉继子承祧。道光己亥（1839），邑侯举乡饮酒礼，重秉继为人，引置宾席，宗党咸矜式之。年七十三卒。同时复有族人隆禧者，父死塞外，间关二千余里，徒跣往，寻父殡处，罄资启椟扶归，与母合葬。论曰：世之言孝者，多求诸诗礼之门。秉继特农家子耳，乃始而远适异域，继而还归故乡，专心奉母，生事死葬皆无憾，其过人远矣。卜子有言：事亲竭力谓之已！学若秉继者，岂易于诗礼之门求之哉！隆禧事，不必同，亦足风云。

［光绪《宁阳县志》卷三十《传》］

◎ 赵殿元 ◎

赵殿元，字对廷。赵家庄人。嘉庆中监生。读书通大义，持躬端谨。尤善事亲，乡党称其孝。精岐黄术，疗病审声、切脉，洞见症结，投以刀圭，无不立效。行术六十年，活人无算。善养生，老而弥健，寿九十余卒。子永坦，监生；孙敬轩，庠生。

［光绪《宁阳县志》卷十七《方技传》］

赵殿元，字对廷。清代宁阳县人。嘉庆中监生。读书通大义，持躬端谨。尤善事亲，乡党称其孝。精岐黄术，疗病审声、切脉，能洞见症结之所在，投以刀圭，无不立效，行术六十余年，活人无算。善养生，老而弥健，寿九十余卒。

［《山东中医药志》第六篇《医林寿星小传》］

◎ 程景孟 ◎

程景孟，字淑尼。化观村人。幼读书，以持门废学。性和易，与人无疾言遽色，持躬端谨，取与不苟。里有争端，即为排解，睦邻恤族，一方推为"长者"。精医术，有求必应，从不受谢。贫者遗以善药，其不能自养者，留家中供其糇饵，病愈遣归，人尤感之。年九十一卒。卒之夕，村有人见舆马从北来，舆中则景孟也。或以为"仙去"云。

［光绪《宁阳县志》卷十七《方技传》］

程景孟，字淑尼。清代宁阳县花观村人。生卒年不详。幼读诗书，兼修医道，有求必应，从不受谢，贫者遗以良药，其不能自养者，留家中供食宿，病愈送归，人皆感之，年九十一岁卒。

[《山东中医药志》第六篇《医林寿星小传》]

◎ 徐士廷 ◎

徐士廷，徐家营人。从九品衔。本儒家子，通岐黄术，痘科尤精，活小儿无算。性耿介，无论贫富，不妄取一钱，名闻远近，门常如市。年七十四寿终。

[光绪《宁阳县志》卷十七《方技传》]

徐士廷，清代宁阳县人。从九品衔。通岐黄术，痘疹尤精。

[《山东中医药志》第六篇《人物表》]

◎ 李老者 ◎

李老者，康熙间诸生。曾以井傍何首乌分啖道人，遂授以导引法前定数，名动一时。曾至兖州推官署中豫疏一月事，作帖封固，日拆一封，无爽。一日，拆一帖云：有蛇，甚异，头角狞狰，来入我署。兖州少蛇，抵暮不见，以为失验。及暮，有客自黄州来，遗一蕲蛇。果如所疏。又有一士人，游秦中，叩之，予帖三封，上各署某月日开。届期拆视，一一皆验见徐岳《见闻录》。旧遗，今补。

[光绪《宁阳县志》卷十七《方技传》]

◎ 张 琰 ◎

◎ 聂久吾 ◎

张琰，字逊玉。约为顺治、康熙间人。通晓医经，技艺精纯，尤长于痘疹。自称其家远祖承聂久吾之教，临症治疗痘疹病例近万人。用数年功夫专研种痘术，曾总结当时之况云：种痘者八九千人，其莫救者二三十耳。晚年撰《种痘新书》十二卷，强调"师古而不泥古，读书不尽信其书"，注重临症实践，内容丰富，为我国较早的种痘专书之一。在当时和其后一段相当长的时间内对天花、麻疹之预防与治疗具有相当重要的影响，故其对保障人类健康之贡献殊巨，仁心仁术，诚为两全。

《种痘新书》十二卷，刊于乾隆三年（1738）。卷一至卷二载药性、痘疹诊法及治疗大要；卷三介绍种痘之法；卷四至卷八为痘疹各科诊治；卷九为痘后杂症及调治；卷十为女子痘疹；卷十一为麻疹论治；卷十二为麻疹诸方。其治痘法遵循聂久吾《活幼心书》而有所发挥。

[《泰安地区中医志》五《医林人物表》]
[《山东中医药志》第六篇《人物表》]

民国

◎ 王家让 ◎

王家让（1851—1923），宁阳县南驿公社后泗望大队人。为医不计名利，惟务济世活人，长于痘疹、妇科，名重一方。著《痘疹精言》《妇科治则》，今佚。

[《泰安地区中医志》五《医林人物表》]
[《山东中医药志》第六篇《人物表》]

◎ 郑士文 ◎

郑士文（1867—1947），清末庠生。宁阳县磁窑公社高家村人。庠生。善医，治验颇丰。著《百病集》《外科集》《痘疹诗赋》等，未刊。

[《泰安地区中医志》五《医林人物表》]
[《山东中医药志》第六篇《人物表》]

◎ 杜润泉 ◎

杜润泉（1880—1944），字浚源。埕城镇埕城里村人。幼时入村内私塾，及长投天兵店、伏家庙和肥城县塔房诸名儒为师。学问渐增，蜚声乡里。学业虽成，但无意求功名，而立志于教育事业，在村内任塾师。学校以学田租为唯一收入，薪俸低薄。他不计较个人得失，从不让学生交学资。杜先生主张开门办学，不分贫富。教学不拘泥成法，打破传统的先读后讲死记硬背的古板方法，而是讲读并进。讲课灵活，深入浅出，通俗易懂。对学生循循善诱，诲人不倦。他以自己的博学多闻，注意扩大学生的知识领域。课余时向学生讲今论古，讲解秦、汉、唐、宋诸大家著名文章，让学生掌握其写作方法。鼓励学生博览全书，开拓视野。并以身力行，每天坚持读写，至老不辍。县境北部一些村庄有志上进的学生慕名多前往就读。

晚年，杜先生在教学之余，还攻读岐黄之术，研究医理，熟悉药性，行医治病。不论寒冬暑日，凌晨深夜，有求必应，从无难色。一时使乡里称便。1944年谢世。

[《宁阳县志》第三十四编《传记传略》]

◎ 宁洪瑞 ◎

宁洪瑞（1883—1945），字继五。宁阳县小伯村人。工岐黄术，擅长妇科，名闻宁阳、汶上两县。乡人赠"道探灵素"匾。

[《山东中医药志》第六篇《人物表》]

◎ 张学琴 ◎

张学琴（1887—1949），字子襄。宁阳县杜云谷庄村人。庠生。工医，内、外、妇、儿诸科均精。著有《妇科要旨》，已佚。

[《山东中医药志》第六篇《人物表》]

◎ 田付彬 ◎

田付彬，孔家村人。精通脉诊，尤擅治毒疮，且治病热情。谢世后，村民立有"孑息妙术"碑。上联"至德渊涵橘井流为三世叶"，下联"丰碑赑潝杏林掩映万年春"。

[《宁阳县志》第三十编《医术》]

◎ 武传成 ◎

武传成，张家营村人。主治风寒，有"药到病除"之誉。

[《宁阳县志》第三十编《医术》]

◎ 杨绍经 ◎

杨绍经，吕家庄村人。长于妇科，倍受病家称赞。

[《宁阳县志》第三十编《医术》]

◎ 刘兴远 ◎

刘兴远，涝坡村人。专治云翳，病者多能重见光明，惜秘方无传。

[《宁阳县志》第三十编《医术》]

◎ 杨建庄 ◎

杨建庄，山前村人。长于伤寒、风寒，辨证施治，堪称一绝。

[《宁阳县志》第三十编《医术》]

◎ 许孟祥 ◎

许孟祥，西台里村人。主治外科，凡疮疾，无不应手立效，名噪全县。

[《宁阳县志》第三十编《医术》]

◎ 钱　乙 ◎

◎ 钱　颖 ◎

　　钱乙，字仲阳。本吴越王俶支属，祖从北迁，遂为郓州人。父颖，善医，然嗜酒喜游。一旦，东之海上，不反。乙方三岁，母前死，姑嫁吕氏，哀而收养之。长诲之医，乃告以家世。即泣，请往迹寻，凡八九反。积数岁，遂迎父以归，时已三十年矣。乡人感慨，赋诗咏之。其事吕如事父，吕殁无嗣，为收葬行服。乙始以《颅囟方》著名，至京师，视长公主女疾，授翰林医学。皇子病瘈疭，乙进黄土汤而愈。神宗召问黄土所以愈疾状，对曰：以土胜水，水得其平，则风自止。帝悦，擢太医丞，赐金紫。由是公卿宗戚家延致无虚日。广亲宗子病，诊之曰：此可毋药而愈。其幼在旁，指之曰：是且暴疾惊人，后三日过午，可无恙。其家恚，不答。明日，幼果发痫甚急，召乙治之，三日愈。问其故，曰：火色直视，心与肝俱受邪。过午者，所用时当更也。王子病呕泄，他医与刚剂，加喘焉。乙曰：是本中热，脾且伤，奈何复燥之？将不得前后溲。与之石膏汤，王不信，谢去。信宿浸剧，竟如言而效。士病咳，面青而光，气哽哽。乙曰：肝乘肺，此逆候也。若秋得之，可治；今春，不可治。其人祈哀，强予药。明日，曰：吾药再泻肝，而不少却；三补肺，而益虚；又加唇白，法当三日死。今尚能粥，当过期。居五日而绝。孕妇病，医言胎且堕。乙曰：娠者五脏传养，率六旬乃更，诚能候其月，偏补之，何必堕？已而母子皆得全。又乳妇因悸而病，既愈，目张不得瞑。乙曰：煮郁李酒饮之使醉，即愈。所以然者，目系内连肝胆，恐则气结，胆衡不下，郁李能去结，随酒入胆，结去胆下，则目能瞑矣。饮之，果验。乙本有羸疾，每自以意治之，而后甚，叹曰：此所谓周痹也。入脏者死，吾其已夫！既而曰：吾能移之，使在末。因自制药，日夜饮之。左手足忽挛不能用，喜曰：可矣！所亲登东山，得茯苓大逾斗。以法啖之尽，由是虽偏废，而风骨悍坚如全人。以病免归，不复出。乙为方不名一师，于书无不窥，不靳靳守古法，时度越纵舍，卒与法会。尤邃本草诸书，辨正阙误。或得异药，问之，必为言生出本末，物色名貌，差别之详，退而考之皆合。末年挛痹浸剧，知不可为，召亲戚诀别，易衣待尽，遂卒，年八十二。

[《宋史》卷四百六十二《列传第二百二十一·方技下》]

钱仲阳传

刘 跂

钱乙，字仲阳。上世钱塘人，与吴越王有属。俶纳土，曾祖赟随以北，因家于郓。父颢，善针医，然嗜酒喜游。一旦匿姓名，东游海上，不复返。乙时三岁，母前亡，父同产嫁医吕氏，哀其孤，收养为子。稍长，读书，从吕君问医。吕将殁，乃告以家世，乙号泣，请往迹父，凡五六返，乃得所在。又积数岁，乃迎以归。是时乙年三十余。乡人惊叹，感慨为泣下，多赋诗咏其事。后七年，父以寿终，丧葬如礼。其事吕君犹事父，吕君殁，无嗣，为之收葬行服，嫁其孤女，岁时祭享，皆与亲等。乙始以《颅囟方》著山东。元丰中，长公主女有疾，召使视之，有功，奏授翰林医学，赐绯。明年，皇子仪国公病瘛疭，国医未能治。长公主朝，因言钱乙起草野，有异能，立召入，进黄土汤而愈。神宗皇帝召见褒谕，且问黄土所以愈疾状。乙对曰：以土胜水，木得其平，则风自止。且诸医所治垂愈，小臣适当其愈。

天子悦其对，擢太医丞，赐紫衣金鱼。自是戚里贵室，逮士庶之家，愿致之，无虚日。其论医，诸老宿莫能持难，俄以病免。哲宗皇帝复召宿直禁中。久之，复辞疾赐告，遂不复起。乙本有羸疾，性简易，嗜酒，疾屡攻，自以意治之，辄愈。最后得疾，急甚，乃叹曰：此所谓周痹也。周痹入脏者死，吾其已夫！已而曰：吾能移之，使病在末。因自制药，日夜饮之，人莫见其方。居亡何，左手足挛不能用，乃喜曰：可矣！又使所亲登东山，视菟丝所生，秉火烛其下，火灭处斸之，果得茯苓，其大如斗。因以法啖之，阅月而尽。由此虽偏废，而气骨坚悍如无疾者。退居里舍，杜门不冠屦，坐卧一榻上，时时阅史书杂说，客至，酌酒剧谈。意欲之适，则使二仆夫舆之，出没闾巷，人或邀致之，不肯往。病者日造门，或扶携襁负，累累满前。近自邻井，远或百数十里，皆授之药，致谢而去。初，长公主女病泄利，将殆。乙方醉，曰：当发疹而愈。驸马都尉以为不然，怒责之，不对而退。明日，疹果出，尉喜，以诗谢之。广亲宗室子病，诊之曰：此可无药而愈。顾其幼，曰：此儿旦夕暴病惊人，后三日过午无恙。其家恚，曰：幼何疾？医贪利动人乃如此。明日果发痫甚急，复召乙治之，三日愈。问何以无疾而知？曰：火急直视，心与肝俱受邪。过午者，心与肝所用时当更也。宗室王子病呕泄，医以药温之，加喘。乙曰：病本中热，脾且伤，奈何以刚剂燥之？将不得前后溲。与石膏汤。王与医皆不信，谢罢。乙曰：毋庸，复召我！后二日，果来召，适有故不时往，王疑且怒，使人十数辈趣之至，曰：固石膏汤证也。竟如言而效。有士人病咳，面青而光，其气哽哽。乙曰：肝乘肺，此逆候。若秋得之，可治；今春，不可治。其家祈哀，强之与药。明日，曰：吾药再泻肝而不少却，三补肺而益虚，又加唇白，法当三日死。然安谷者过期，不安谷者不及期，今尚能粥，居五日而绝。有妊妇得疾，医言胎且堕。乙曰：娠者五脏传养，率六旬乃更，诚能候其月，偏补之，何必堕？已而子母皆得全。又乳妇因大怒而病，病虽愈，目张不得瞑。人不能晓，以问乙。乙曰：煮郁李酒饮之，使醉则愈。所以然者，目系内连肝胆，怒则气结，胆衡不下，惟郁李去结，随酒入胆，结去胆下，目则能瞑矣。如言而效。一日过所善翁，闻儿啼，愕曰：何等儿声？翁曰：吾家孪生二男子。乙曰：谨视之，过百日乃可保。翁不怪。居月余，皆毙。乙为方博达，不名一师，所治种种皆通，非但小儿医也。于书无不窥，他人靳靳守古，独度越纵舍，卒与法合。尤邃本草，多识物理，辨正阙误。人或得异药，或持异事问之，必为言出生本末，物色名貌，退而考之皆中。末年，挛痹浸剧，其嗜酒喜寒食，皆不肯禁。自诊知不可为，召亲戚诀别，易衣待尽，享年八十二，终于家。所著书有《伤寒论指微》五卷、《婴孺论》百篇。一子早世，二孙今见为医。

刘跂曰：乙非独其医可称也，其笃行似儒，其奇节似侠，术盛行而身隐约，又类夫有道者。数谓余言：曩学六元五运，夜宿东平王冢巅观气象，至逾月不寐。今老且死，事诚有不在书者，肯以三十日暇从我，当相授。余笑谢弗能，是后遂不复言。呜呼！斯人也，如欲复得之，难哉！殁后，余闻其所治验尤众，东州人人能言之，剟其章章者著之篇，异时史家序方术之士，其将有考焉。

[《小儿药证直诀·钱仲阳传》]

钱乙，字仲阳。其先为吴越王支属，迁郓州。父颖，善医，然嗜酒喜游，东之海上，不返。母先卒，姑母嫁吕氏，收养之。长海之医。至京，视长公主之女疾，效，授翰林医学。皇子病瘛疭，乙进黄土汤而愈。神宗问其故，对曰：以土胜水，水得其平，则风自止。帝悦，擢太医丞，赐金紫。由是公卿宗戚家延致无虚日，活人不可枚举。乙本有羸疾，自以意治之，叹曰：此所谓周痹也。入脏者死。吾能移之，使在末。因自制药，日夜饮之。左手足忽挛不能用，喜曰：可矣！既而得茯苓大如斗，以法啖之，由是虽偏废，而风骨悍坚如全人。乙为方，不靳古法，时越度纵舍，卒与法合。卒年八十二。先是乙往寻父，数岁，遂迎父以归。事吕如是父，吕殁，无嗣，为收葬行服，人皆多之。

[光绪《东平州志》卷十五《方技》]
[民国《东平县志》卷十一下《方伎》]

钱乙，字仲阳。其先为吴越王支属，迁郓州。父颖，善医，然嗜酒喜游，东之海上，不返。母先卒，姑母嫁吕氏，收养之。长海之医。至京，视长公主女疾，效，授翰林医学。皇子病瘛疭，乙进黄土汤而愈。神宗问故，对曰：以土胜水，水得其平，则风自止。上悦，授太医丞。先是乙往寻父，数岁，遂迎父以归。事吕如事父，吕殁，无嗣，为收葬行服，人皆多之。

[乾隆《泰安府志》卷十八《方技》]

钱乙，郓州人。始以《颅囟方》著名，至京师，视长公主疾，有验，授翰林医学。皇子病瘛疭，乙进黄土汤而愈。神宗召问所以，对曰：以土胜水，水得其平，则风自止。帝悦，擢太医丞。乙本有羸疾，每自以意治之，而复甚，叹曰：此所谓周痹也。入脏者死，吾其已夫！既而曰：吾能移之，使在末。因自制药，饮之。左手足忽挛不能用，喜曰：可矣！又得东山茯苓，以法啖之，由是虽偏废，而风骨悍坚如全人。以病免归，卒年八十二。

[嘉靖《山东通志》卷三十三《外传》]

钱乙，郓州人。善医，官翰林医学。皇子病瘛疭，乙进黄土汤而愈。神宗问其故，对曰：以土胜水，水得其平，则风自止。帝悦，擢太医丞，赐金紫。由是公卿宗戚家延致无虚日，活人不可枚举。乙本有羸疾，自以意治之，叹曰：此所谓周痹也。入脏者死，吾能移之，使在末。因自制药，日夜饮之。左手足忽挛不能用，喜曰：可矣！既而得茯苓大如斗，以法啖之尽，由是虽偏废，而风骨悍坚如全人。乙为方不靳靳古法，时度越纵舍，卒与法会。卒年八十二。

[雍正《山东通志》卷三十一《方伎志》]

　　钱乙，字仲阳。郓州人。父颖，善医嗜酒，东游海上，不反。乙三岁，母死，姑吕氏哀而收养之。长诲之医，告以家世。泣请往寻，八九反。积数岁，迎父以归，时已三十年矣。乡人赋诗美之。其事吕如事父，吕殁，无嗣，为殓葬行服。乙始以《颅囟方》著名，至京师，视长公主女疾，授翰林医学。皇子病瘛疭，乙进黄土汤而愈。神宗召问其故，对曰：以土胜水，水得其平，则风自止。帝悦，擢太医丞，赐金紫。由是公卿宗戚家延请无虚日。孕妇病，医言胎且堕。乙曰：娠者五脏传养，率六旬乃更，诚能候其月，偏补之，何必堕？已而母子皆得全。又乳妇因悸而病，既愈，目张不得瞑。乙曰：目系内连肝胆，恐则气结，胆衡不下，惟郁李能去结。煮酒饮之醉，使气随酒入胆，结去胆下，则目能瞑矣。饮之，果验。其他著效甚多，不尽录。乙本有羸疾，自以意治之，后益甚，叹曰：此所谓周痹也。入脏者死，吾其已夫！既而曰：吾能移之，使在末。因自制药，日夜饮之。左手足忽挛不能用，喜曰：可矣！所亲得茯苓，大逾斗，以法啖之，由是风骨悍坚如全人。以病免归，不复出。乙为方不名一师，于书无不窥，不靳靳守古法，时度越纵舍，卒与法会。尤邃本草诸书，辨正阙误。卒年八十二《宋史·方技传》。

[宣统《山东通志》卷一百六十八《人物志第十一·历代艺术》]

　　按《宋史》本传：钱乙，字仲阳。本吴越王俶支属，祖从北迁，遂为郓州人。父颖，善医，然嗜酒喜游。一旦，东之海上，不反。乙方三岁，母前死，姑嫁吕氏，哀而收养之。长诲之医，乃告以家世。即泣，请往迹寻，凡八九反。积数岁，遂迎父以归，时已三十年矣。乡人感慨，赋诗咏之。其事吕如事父，吕殁无嗣，为收葬行服。乙始以《颅囟方》著名，至京师，视长公主女疾，授翰林医学。皇子病瘛疭，乙进黄土汤而愈。神宗召问黄土所以愈疾状，对曰：以土胜水，水得其平，则风自止。帝悦，擢太医丞，赐金紫。由是公卿宗戚家延致无虚日。广亲宗子病，诊之曰：此可毋药而愈。其幼在旁，指之曰：是且暴疾惊人，后三日过午，可无恙。其家恚，不答。明日，幼果发痫甚急，召乙治之，三日愈。问其故，曰：火色直视，心与肝俱受邪。过午者，所用时当更也。王子病呕泄，他医与刚剂，加喘焉。乙曰：是本中热，脾且伤，奈何复燥之？将不得前后溲。与之石膏汤，王不信，谢去。信宿浸剧，竟如言而效。士病咳，面青而光，气哽。乙曰：肝乘肺，此逆候也。若秋得之，可治；今春，不可治。其人哀祈，强予药。明日，曰：吾药再泻肝而不少却，三补肺而益虚，又加唇白，法当三日死。今尚能粥，当过期。居五日而绝。孕妇病，医言胎且堕。乙曰：娠者五脏传养，率六旬乃更，诚能候其月，偏补之，何必堕？已而母子皆全。又乳妇因悸而病，既愈，目张不得瞑。乙曰：煮郁李酒饮之使醉，即愈。所以然者，目系内连肝胆，恐则气结，胆衡不下，郁李能去结，随酒入胆，结去胆下，则目能瞑矣。饮之，果验。乙本有羸疾，每自以意治之，而后甚，叹曰：此所谓周痹也。入脏者死，吾其已夫！既而曰：吾能移之，使在末。因自制药，日夜饮之。左手足忽挛不能用，喜曰：可矣！所亲登东山，得茯苓大逾斗。以法噉之尽，由是虽偏废，而风骨悍坚如全人。以病免归，不复出。乙为方不名一师，于书无不窥，不靳靳守古法，时度越纵舍，卒与法会。尤邃本草诸书，辨正阙误。或得异药，问之，必为言生出本末，物色名貌，差别之详，退而考之皆合。末年挛痹浸剧，知不可为，召亲戚诀别，易衣待尽，遂卒，年八十二。

按《古今医统》：钱乙著有《伤寒指微》《婴孩论》若干卷。

按《医学入门》：乙建为五脏之方，各随所宜。谓肝有相火，有泻而无补；肾有真水，有补而无泻，皆启《内经》之秘。厥后，张元素、刘守真、张从正尽皆取法。

[《古今图书集成医部全录》卷五百七《医术名流列传》]

钱乙，字仲阳。吴越王俶支属。父颖，善医，然嗜酒喜游。一旦，东之海上，不反。乙方三岁，母前死，姑嫁吕氏，哀而收养之。长诲之医，乃告以家世。即泣，请往迹寻，凡八九反。积数岁，遂迎父以归，时已三十年矣。乡人感慨，赋诗咏之。其事吕如事父，吕殁，无嗣，为收葬行服。乙始以《颅囟方》著名，至京师视长公主女疾，授翰林医学。皇子病瘛疭，乙进黄土汤而愈。神宗召问黄土所以治疾状，对曰：以土胜水，水得其平，则风自止。帝悦，擢太医丞，赐金紫。由是公卿宗戚家延致无虚日。广亲宗子病，诊之曰：此可勿药而愈。其幼在旁，指之曰：此且暴疾惊人，后三日过午，可无恙。其家恚，不答。明日，幼果发病甚急，召乙治之，三日愈。问其故，曰：火色直视，心与肝俱受邪。过午者，所用时当更也。王子病呕泄，他医与刚剂，加喘焉。乙曰：是本中热，脾且伤，奈何复燥之？将不得前后溲。与之石膏汤，王不信，谢去。信宿浸剧，竟如言而效。士病咳，而面青光，气哽哽。乙曰：肝乘肺，此逆候也。若秋得之，可治；今春，不可治。其人祈哀，强予药。明日，曰：吾药再泻肝而不少却，三补肺而益虚，又加唇白，法当三日死。今尚能粥，当过期。居五日而绝。又乳妇因悸而病，既愈，目张不得瞑。乙曰：煮郁李酒饮之使醉，即愈。所以然者，目系内连肝胆，恐则气结，胆衡不下，郁李能去结，随酒入胆，结去胆下，则目能瞑矣。饮之，果验。乙本有羸疾，每自以意治之，而后甚，叹曰：此所谓周痹也。入脏者死，吾其已夫！既而曰：吾能移之，使在末。因自制药，日夜饮之。左手足忽挛不能用，喜曰：可矣！使人登东山，得茯苓大如斗。以法啖之尽，由是虽偏废，而风骨悍坚如全人。以病免归，不复出。乙为方不名一师，于书无不窥，不靳靳守古法，时度越纵舍，卒与法会。尤邃本草诸书，辨正缺误。或得异药，问之，必为言生出本末，物色名貌，差别之详，退而考之皆合。末年挛痹浸剧，知不可为，召亲戚诀别，易衣待尽，遂卒，年八十二。

[万历《杭州府志》卷九十一《方技》]
[康熙《杭州府志》卷三十二《方技》]

钱乙，字仲阳。吴越王俶支属。父颖，善医，喜游，东之海上，不返。乙方三岁，母前死，姑嫁吕氏，哀而收养之。长诲之医，告以家世。即泣，请往迹寻，凡八九反。积数岁，遂迎父以归，时已三十年矣。乡人赋诗咏之。乙始以《颅囟方》著名，至京师视长公主女疾，授翰林医学。皇子疾瘛疭，乙进黄土汤而愈。神宗召问黄土所以治症状，对曰：以土胜水，水得其平，则风自止。帝悦，擢太医丞，赐金紫。由是公卿宗戚家延致无虚日。广亲宗子病，诊之曰：此可勿药而愈。其幼在旁，指之曰：此且暴疾惊人，后三日过午，可无恙。其家患，不答。明日，幼果发痫甚急，召乙治之，三日愈。问其故，曰：火色直视，心与肝俱受邪。过午者，所用时当更也。王子病呕泄，他医与刚剂，加喘焉。乙曰：此是本中热，脾且伤，奈何复燥之？将不得前后溲。与之石膏汤而效。孕妇病，医言胎且堕。乙曰：娠者五脏传养，率六旬乃更，诚能候其月，偏补之，何必堕？已而母子皆得全。又乳妇因悸而病，既愈，目张不得瞑。乙煮郁李酒饮之使醉，即愈。所以然者，目系内连肝胆，恐则气结，胆衡不下，郁李能去结，随酒入胆，结去胆下，则目能瞑矣。乙本有羸疾，每自以意治之，而复甚，叹曰：此所谓周痹也。入脏者死，吾其已夫！既而曰：吾能移之，使在末。因自制药，日夜饮之。左手足忽挛不能用，喜曰：可矣！使人登东山，得茯苓大如斗，以法啖之尽，由是虽偏废，而风骨悍坚如全人。以病免归，不复出。乙为方不名一师，卒与法会。尤邃本草诸书，辨正缺误。

或得异药，问之，必为言生出本末，物色名号，差别之详，退而考之皆合《宋史·方技传》。

[乾隆《杭州府志》卷九十六《方伎》]

钱乙，字仲阳。吴越王裔。父颖，善医，浪游不反。姑家收养，且令寻父，久之乃得父。乙始用《颅囟》名，视长公主女疾，授翰林医学。以黄土汤治皇子瘈疭，神宗问状，对以"土胜水，水平风止"。因擢太医丞，赐金紫。预言广亲幼子之将痫，曰：后三日，过午愈。所以将痫者，火色直视，心与肝俱受邪。过午者，所用时当更也。王子病呕泄，乙曰：中热，脾且伤，燥之，将不得溲。与之石膏汤，效。士病咳，而面青光，气哽哽。乙曰：肝乘肺也。秋可治，春不可治。强之药。明日，曰：吾药再泻肝而不少却，三补肺而益虚，又加唇白，法当三日死。能粥，当五日绝。又乳妇悸，愈，目张。乙煮郁李酒饮之愈。所以然者，目系连肝胆，恐则气结，胆衡不下，郁李去结，随酒入胆，结去胆下，瞑矣。乙有周痹疾，自言入脏且死，欲移之末。因自制药，饮，左手足忽挛。又采得斗大茯苓，以法啖之尽，虽偏废而骨坚。于书无不窥，度越纵舍，卒与古法会。

[万历《钱塘县志》外纪《艺术》]

钱乙，字仲阳。吴越王俶支属。父颖，善医，喜游，东之海上，不返。乙方三岁，母则死，姑嫁吕氏，哀而收养之。长诲之医，告以家世。即泣，请往迹寻，凡八九反。积数岁，遂迎父以归，时已三十年。乡人赋诗咏之。乙事吕如父，吕殁，无嗣，为收葬行服。乙始以《颅囟方》著名，至京师视长公主女疾，授翰林医学。皇子病瘈疭，乙进黄土汤而愈。神宗召问治症，对以"土胜水，水平则风止"。帝悦，擢太医丞，赐金紫。由是公卿宗戚家延致无虚日。广亲宗子病，诊之曰：可勿药而愈。其幼子在旁，指之曰：此且暴疾惊人，后三日过午，可无恙。其家患，不答。明日果发痫甚急，召乙治之，三日愈。问其故，曰：火色直视，心与肝俱受邪。过午者，所用时当更也。王子病呕泄，他医与刚剂，加喘焉。乙曰：此是中热，脾且伤，奈何复燥之？将不得前后溲。与之石膏汤，效。一士病咳，而面青光，气哽哽。乙曰：肝乘肺，此逆候也。若秋得之，可治；今春，不可治。其人祈哀，强之药。明日，曰：吾药再泻肝而不少却，三补肺而益虚，又加唇白，法当三日死。今尚能粥，当过期。居五日而绝。又乳妇因悸而病，既愈，目张不得瞑。乙煮郁李酒饮之使醉，即愈。所以然者，目系内连肝胆，恐则气结，胆衡不下，郁李能去结，随酒入胆，结去胆下，则目能瞑矣。乙本有羸疾，每自以意治之，而复甚，叹曰：此所谓周痹也。入脏者死，吾其已夫！既而曰：吾能移之，使在末。因自制药，日夜饮之。左手足忽挛不能用，喜曰：可矣！使人登东山，得茯苓大如斗，以法啖之尽，由是虽偏废，而风骨悍坚如全人。以病免归，不复出。乙为方不名一师，于书无不窥，不靳靳守古法，时度越纵舍，卒与法会。尤邃本草诸书，辨正缺误。或得异药，问之，必为言生出本末，物色名号，差别之详，退而考皆合。末年，挛痹浸剧，知不可为，召亲戚诀别，易衣待尽，卒年八十二。

[康熙《钱塘县志》卷二十六《方伎》]

钱乙，字仲阳。吴越王俶支属。父颖，善医，然嗜酒喜游。一旦，东之海上，不反。乙方三岁，母前死，吕氏哀而收养之。长诲之医，乃告以家世。即泣，请往迹寻，凡八九反。积数岁，遂迎父以归，时已三十年矣。乙始以《颅囟方》著，召至京师，视长公主女疾，授翰林医学。皇子病瘛疭，乙进黄土汤而愈。神宗召问黄土所以治疾状，对曰：以土胜水，水得其平，则风自止。帝悦，擢太医丞，赐金紫。广亲宗子病，诊之曰：此可勿药而愈。其幼在旁，指之曰：此且暴疾惊人，后二日过午，可无恙。其家恚，不答。明日，幼果发痫甚急，召乙治之，三日愈。问其故，曰：火色直视，心与肝俱受伤。过午者，所用时当更也。王子病呕泄，他医与刚剂，加喘焉。乙曰：是本中热，脾且伤，奈何复燥之？将不得前后溲。与之石膏汤。王不信，谢去。信宿浸剧，竟如言而效。又乳妇因悸而病，既愈，目张不得瞑。乙曰：煮郁李酒饮之使醉，即愈。所以然者，目系内连肝胆，恐则气结，胆衡不下，郁李能去结，随酒入胆，结去胆下，则目能瞑矣。饮之，果验。以病免归，不复出。卒年八十二。

[康熙《仁和县志》卷二十一《方伎》]

钱乙（1032—1113），字仲阳，郓州（今东平）人。宋代著名儿科医学家，因第一次系统地总结出对小儿病的辨证施治法，被后世称为"儿科之圣"。

乙父钱颖，善医，嗜酒好游，游行于山东东部沿海地区，未再返回。3岁时，母去世，靠姑母收养。姑夫也是医生，教乙读书，传授医术。

钱乙，早期先以一部《颅囟方》的儿科书在山东各地巡回行医，广泛收集民间医治小儿病的验方，结合临床实践加以检验，在汉代名医张仲景的辨证施治的基础上，摸索出一套适合小儿用的"五脏辨证"法，研究出数十种小儿专用药方。1078年（宋元丰元年），召至汴京为神宗姐姐长公主之女治病。诊毕，钱乙说：当发疹而愈。次日，疹果透出，病遂愈。以医功授翰林医学。次年，皇子仪国公患抽搐病，经长公主推荐，钱乙用"黄土汤"治愈，封为太医丞。钱乙誉满京城，在汴京和河南各地行医一段时间后，辞去太医丞。1087—1094年（元祐年间），又被哲宗召去"宿直禁中",任皇室御医。他又以"周痹病"求退,重回故乡行医。求治者近自邻井,远或数十里,"扶携襁负累累满前",他都精心诊治,且对贫穷病人免费送药。

钱乙提出小儿"五脏六腑成而未全,全而未壮,脏腑柔弱,易虚易实,易寒易热"的理论,并在临床应用四诊(望、闻、问、切)时,十分重视望诊。他对患者全身状况均作详细论述和描绘。对儿科常见的惊搐、疮疹、水痘、天花、猩红热等病的鉴别诊断作了描述,提出多种有效疗法。且能区分出几种不同类型的黄疸,其中包括现代医学所说的传染性肝炎、肠寄生虫病的发黄和新生儿溶血性黄疸等疾病。根据"小儿为稚阳之体,阴气未盛,阳气柔弱"的特点,善用"柔润方药"。他拟订的补泻五脏的药方,至今仍为医家喜用。特别将《金匮要略》中的"肾气丸"化裁制成"六味地黄丸",更见其斟酌通变,动契精微的功力,给后世养阴学派以启发。刘跂说他医学上不落前人窠臼,超越常法,舍弃陈规,最终还能和大法相结合,尤其是对药学造诣精深。

钱乙博览群书,深通古代五运六气。青年时常夜宿东平王墓,观察气象,至"逾月不寐"。老年后更是手不释卷。钱乙是有多方面知识的笃学之士。

学生阎孝忠将钱乙的临床经验加以收集整理,于1119年(宣和元年)汇编成《小儿药证直诀》,其中有二十三个病例和创制的一百一十四个药方。此书对小儿生理、病理、辨证施治和制方用药等颇有创见,比欧洲最早出版的儿科著作早三百年。清纪昀《四库全书总目提要》说:小儿经方,于古罕见,自乙始别为专门,而其书亦为幼科之鼻祖,后人得其绪论,往往有回生之功。著有《伤寒指论微》五卷,《婴孺论》百篇,惜已散佚。

[《东平县志》第二十七编《人物》]
[《山东中医药志》第六篇《传记》]

《钱氏小儿方》八卷,钱乙撰。乙,字仲阳。本吴越王俶支属,祖从北迁,遂为郓州人。父颢,善医。乙官翰林医学,擢太医丞。是书见《读书志》,称有《阎季忠方》附其后。《四库提要》"颅囟经"条略云:《宋史·方技传》载:乙始以《颅囟经》著名,幼科冠绝一代,其源实出于此书。

《钱氏小儿药证真诀》三卷,《书录解题》云:钱仲阳撰,阎季忠集。上卷言证,中卷叙尝所治病,下卷为方。季忠亦颇附以己说,且以刘斯立所作《仲阳传》附于末,宣和元年也。《平津馆鉴藏记》载《钱氏小儿真诀》四卷,云:此本分作四卷,又无《仲阳传》,已非阎氏旧本。案:今所见《类证注释钱氏小儿方诀》十卷，题"阎孝忠编集，熊宗立注释"。首标《小儿脉诀》，次叙尝所治病，自五卷至八卷为方，末二卷为孝忠方说。疑合《方》《诀》二书为一编，故卷数不同。"季忠"作"孝忠"，亦未知孰是。独"真诀"，或"直诀"之讹耳。

《伤寒指微》《婴孩论》，钱乙撰。见《古今医统》。

[宣统《山东通志》卷一百三十六《艺文志第十·子部·医家》]

《钱氏小儿方》八卷、《钱氏小儿药证真诀》三卷，宋太医丞钱塘钱乙仲阳撰。

[乾隆《杭州府志》卷五十八《艺文二》]

◎ 董 汲 ◎

《方伎传》载钱乙矣，而钱乙同时之董汲，《提要》所称"三折肱为良医者"，又遗之，当补五。道光《志》"艺文考"详矣，而医家只载一明人，如董汲之《脚气治法》《旅舍备要方》，著书在元丰、元祐间，今《四库》著录者，反漏不载，其已佚之《小儿斑疹论》无论已，即乙所著《药证直诀》，传本虽不多见，而《薛氏医案》尚采入钱乙《小儿真诀》四卷盖即《药证直诀》，"真""直"字，以形近而讹，《志》亦失编，当补六。

[民国《东平县志》卷十七《志余》]

董汲，字及之。北宋东平（今东平县）人。弃儒从医，善治小儿病，尤精于痘疹，与钱乙齐名。

汲之医事，史册未详，其著述有《董汲医学论著三种》（现有商务印书馆版本），即《小儿痘疹备急方论》，又名《董氏斑疹方论》，《小儿斑疹方论》一卷，元祐八年（1093）撰成，刊行于十一世纪末。本书对小儿斑疹的症候作了简要说明，并附方十七首，为一部较早的痘疹专著。儿科名家钱仲阳对书中方论，颇为称许。

另有《旅舍备要方》一卷，原本已佚，清定《四库全书》时，从《永乐大典》中摘收编纂而成，仅得其半，《宋书·艺文志》载，本书用方简验，是旅行者必备之书。

[《山东中医药志》第六篇《传记》]

元

◎ 艾元英 ◎

《如宜方》二卷，艾元英撰。元英，东平人。始末无考。是书《四库存目提要》曰：首列药石炮制总论，不过数十味，未免简略。第一卷述证，自中风至杂病凡三十类。第二卷载方，三百有余。其曰"如宜"者，如某证宜用某汤，某证宜用某丸散是也。其说一定不移，未免执而不化。焦氏《经籍志》、高氏《百川书志》，俱不著录。然相其版式，犹元代闽中所刊，非依托也。

[宣统《山东通志》卷一百三十六《艺文志第十·子部·医家》]

明

◎ 高洞阳 ◎

滑寿，学针法于东平高洞阳。见《明史·方伎·滑寿传》。

[光绪《东平州志》卷十五《方技》]

[民国《东平县志》卷十一下《方伎》]

高洞阳，东平人。善针法，余姚名医滑寿尝从之学。言：人身六脉虽皆有系属，惟督、任二经则包乎腹背，有专穴，诸经满而溢者，此则受之，宜与十二经并论。寿乃取《内经》"骨空"诸论及《灵枢篇》所述经脉，著《十四经发挥》三卷，通考隧穴六百四十有七《明史·滑寿传》。

[宣统《山东通志》卷一百六十八《人物志第十一·历代艺术》]

◎ 梁绍儒 ◎

《上古医经注》，明梁绍儒撰。绍儒，见《人物传》。

[光绪《东平州志》卷十七《艺文志第十·子部》]

[民国《东平县志》卷十三《艺文志第十·子部》]

梁绍儒，字存业。东平人。嘉靖辛丑（1541）进士。翰林院检讨。绍儒美姿容，善持论，早耽泉石，以著书自娱。

[光绪《东平州志》卷十五《文苑》]
[民国《东平县志》卷十一上《文苑》]

梁绍儒（1509—1573），字存业，一字玉庵。东平州（今改县）人。嘉靖十六年（1537）举人，三甲第一百二十二名进士，选庶吉士，授检讨。阿附严嵩，为言官所劾，被斥外补，不就辞归。绍儒美姿容，善持论。早耽泉石，以著书自娱。著有《梁检讨集》《上古医经注》《风角注》《东平郡志》。

[《山东明清进士通览》]

《上古医经注》，梁绍儒撰。绍儒，字存业。东平人。嘉靖辛丑进士。官翰林院检讨。是书见《州志》。

[宣统《山东通志》卷一百三十六《艺文志第十·子部·医家》]

《风角注》，梁绍儒撰。绍儒有《上古医经注》，见医家类。是书见《州志》。

[宣统《山东通志》卷一百三十七《艺文志第十·子部·术数》]

《梁绍儒集》，绍儒有《上古医经注》，见子部医家类。是集见《府志》。《州志》云：《集》中《九日登宪台》二律格调高浑，如"天外秋声随雁至，林间霁色榜人开"，雅近《缶鸣集》笔意；至结句"莫谓登临容易事，十年才得一重来"，则感慨系之矣。

[宣统《山东通志》卷一百四十二《艺文志第十·集部·别集》]

（嘉靖）二十年辛丑科

梁绍儒。

[万历《兖州府志》卷三十六《科甲表·进士》]

梁绍儒，东平人。仕至翰林院检讨。

[康熙《山东通志》卷二十六《荐辟》]

清

◎ 焦毓鹤 ◎

焦毓鹤，字云翔。乾隆乙酉（1765）武举。历官浙江丽水营守备，台协都司护副将印，迁山西平垣营游击，以疾乞归。毓鹤善驭军，所至著威惠，在台捕治海盗，民间为立"遗爱碑"。母老善病，遂习医。晚年，术益精。嘉庆壬申（1812），州境旱，捐资煮赈。平生自奉俭约，尝曰：惟惜福乃能造福。工水墨，其云龙，尤入妙品。

[光绪《东平州志》卷十五《武略》]

[民国《东平县志》卷十一中《武略》]

焦毓鹤，东平武举，（乾隆）五十七（1792）年任。

[光绪《平陆县续志》卷上《游击》]

◎ 陆厚湛 ◎

陆厚湛，字卓亭，号静波。九岁失怙，赖嫡母牛、生母李教育之。与弟厚端，均以孝友称，附近郡县闻名者，争欲识面焉。道光二十五年（1845），补州学弟子员。二十九年（1849），优等食饩。生平慷慨，有大志。遇亲族贫困者，倾囊饮之，无吝色。乡邻偶有争执，得其一言，咸折服之。又善岐黄，无富贵贫贱，有疾辄为诊视。其不能给者，并给与药饵资。道光季年（1850），瘟疫盛行，各处审症，不遑家食，服其方者，立愈，远近赖以存活者甚众。咸丰四年（1854），粤匪破临清运河，南北人心动摇，厚湛集乡邻，晓以大义，负贩者给与资本，务农者给与籽种，令各安本业，勿萌异念，众赖以安。五年（1855），黄水溢。六年（1856），飞蝗遍野，饥馑荐臻，盗贼蜂起，时刺州者为吴君丙臣，谕以举办团练，厚湛以母老为辞，再三强之，乃归，白其母。其母曰：剿贼卫民，义举也。何固辞为？家有尔弟侍养，其无以内顾为忧。厚湛谨受命，遂募壮丁二千余，给以口粮，督率训练，名笃信团，旋遵筹饷，例由廪贡报捐训导。十月二十七日，运南土匪倡乱，逆首胡四纠合众匪，抢渡。厚湛督练迎击，自卯至戌，冲突十数次，贼势稍却，乘胜率勇过河，追剿二十余里，毙贼多名，生擒贼目十一人，夺获器械、马匹无算。十一月朔，随同前署州刘前赴运南，直捣贼巢，斩馘数百人，生擒贼首张培义等七名。当以剿匪出力，蒙抚宪崇奖，给六品顶戴。十年（1860）九月十八日，胡四勾通粤匪，窜扰河北。厚湛带团，迎剿追击，斩贼夺械，暮夜旋营，蓐食未已，贼又蜂至，厚湛虞寡不敌众，难获全胜，即派干练，潜赴戴庙镇西二十里，掘开赵王河东岸，水势汹涌，陡深数尺，淹毙贼众数千人。自是群贼丧胆，向西南窜去，运北获安。蒙署抚宪清奏赏五品顶戴，又蒙团练大臣杜汇奖奏，保免选，以教谕即选，并赏戴蓝翎。十月间，筑河墙六十里，月余工竣。十二月，捻匪窜至郓城，金、嘉、鱼、郓、巨、单、汶、寿等邑震动，难民万余，避徙河南，人多舟少，运转不及，厚湛出重资，派人赴赵王河、黄河等处，雇觅大小船数百只，分头载渡来归者，由是获全。时大雪不止，厚湛将家储仓谷碾，发本镇，令各户熬粥，分馈难民，并赁房舍，俾得栖止。迨十一年（1861）正月，贼退，乃分别遣送归里，各属感其高谊，制扁颂之，额曰"共承阴庇"。其有孚惠心如此。二月，捻犯州境，僧邸帅委以东汶总团之任。甫受事，南匪又至，厚湛督团，昼夜雕剿，贼势不支，遂自沈家口渡河潜遁。初十日，僧邸帅派郓城赵康侯、魏笃、周祐南赴戴庙镇，同厚湛协守河墙。十七日，又奉札赴汶上行营，面加奖励，并先给四品顶戴，赏换花翎。二十日，南匪赵浩然拥众复至，厚湛率团五百人，相持两日，讵贼侦知沈家口水浅，半夜偷渡。厚湛得信，即绕道迎剿，力遏凶锋。其时，迁徙难民，填满山谷，贼遂乘势冲突，愈集愈众，有为厚湛谋者，谓且撤队，图后举。厚湛不可，毅然曰：老稚数万，恃吾屏蔽，敢言退者，斩。一面激励团勇，誓必死敌，众皆曰：诺！愿效命。自辰至未，奋勇血战，冲杀十余次，卒以孤入无援，麾下死伤过半，退至戴庙镇北棘梁山下，环顾团勇，仅余四五人。厚湛亦身负重伤遂遇害，时年三十九岁。事闻奉旨，以四品官阵亡例赐恤，议给云骑尉，世职袭次，完时给予恩骑尉，世袭罔替。

[光绪《东平州志》卷十五《忠烈》]

陆厚湛，字卓亭，号静波。道光二十五年，补州学弟子员。旋取优等，食饩。生平慷慨，有大志。亲族贫困者，倾囊饮之，无吝色。又善岐黄，服其方者立愈，远近赖以存活者甚众。咸丰四年，粤匪破临清，运河南北，人心动摇。厚湛集乡邻，晓以大义，负贩者给与资本，务农者给与籽种，令各安本业，众赖以安。知州吴炜委以举办团练，厚籽募壮丁二千余，给以口粮，督率训练，名笃信团。六年十月二十七日，运南土匪倡乱，逆首胡四纠合众匪，抢渡运河。厚湛督练迎击，自卯至戌，冲突十数次，铳中悍贼二，沉贼筏一，贼势稍却，乘胜率勇过河，追剿二十余里，毙贼多名，生擒贼目十一人，夺获器械、马匹无算。十一月朔，随同知州刘怿赴运南，直捣贼巢，斩馘数百人，生擒贼首张培义等七名。十年九月，胡四勾通粤匪，窜扰河北，厚湛带团，迎剿追击，斩贼夺械，暮夜旋营，蓐食未已，贼又蜂至，厚湛虞寡不敌众，难获全胜，即派干练，潜赴戴庙镇西二十里，掘开赵王河东岸，水势汹涌，陡深数尺，淹毙贼众数千人。自是群贼丧胆，向西南窜去，运北获安。蒙团练大臣杜汇奖奏，保以教谕即选，并赏戴蓝翎。十月间，筑河墙六十里，月余工竣。十二月，捻匪窜至郓城，金、嘉、鱼、郓、巨、单、汶、寿等邑震动，难民万余，避徙河南，人多舟少，运转不及，厚湛出重资，派人赴赵王河、黄河等处，雇觅大小船数百只，分头载渡来归者，由是获全。时大雪不止，厚湛将家储仓谷碾，发本镇，令各户熬粥，分馈难民，并赁房舍，俾得栖止。迨十一年正月，贼退，乃分别遣送归里，各属感其高谊，制匾颂之，额曰"共承阴庇"。其有孚惠心如此。二月，捻犯州境，僧邸帅委以东汶团总之任。甫受事，南匪又至，厚湛督团，昼夜鏖战，贼势不支，遂自沈家口渡河潜遁。初十日，僧邸帅派郓城赵康侯、魏笃、周祐南赴戴庙镇，同厚湛协守河墙。十七日，又奉札赴汶上行营，面加奖励，并先给四品顶戴，赏换花翎。二十日，南匪赵浩然拥众复至，厚湛率团五百人，相持两日，讵贼侦知沈家口水浅，半夜偷渡，厚湛得信，即绕道迎剿，力遏凶锋。其时，迁徙难民，填满山谷，贼遂乘势冲突，愈集愈众，有为厚湛谋者，谓且撤队，图后举。厚湛不可，毅然曰：老稚数万，恃吾屏蔽，敢言退者，斩。一面激励团勇，誓死报国，众皆曰：诺！愿效命。自辰至未，奋勇血战，冲杀十余次，卒以孤入无援，麾下死伤过半，退至戴庙镇北棘梁山下，环顾团勇，仅余四五人。厚湛亦身负重伤，遂遇害，时年三十九岁。事闻奉旨，以四品官阵亡例赐恤，议给云骑尉，世职袭次，完时给予恩骑尉，世袭罔替。

[民国《东平县志》卷十一中《忠烈》]

陆厚湛，字卓亭。东平人。九岁而孤，事母以孝闻。弱冠补诸生。慷慨有志节。咸丰五年，河决。六年，旱蝗，盗贼蜂起，知州吴炜以团练事属厚湛，练丁壮二千余人，开陈大义，指授兵法，居然成为劲旅。未几，土匪胡四来扰，厚湛率众奋击，追剿二十余里，又同署知州刘怿渡运河，捣贼巢，斩馘数百。十年九月，胡四纠捻寇来，厚湛率众逆击，战未决，潜令人决赵王河灌之，贼溺无算。逾月，筑河墙六十里为守。又逾月，捻至河南，难民千万，彷徨河干，急不得渡。厚湛集舟黄河及赵王河，分载以济，碾家穀哺之，贼退始各给资遣归。科尔沁亲王僧格林沁督师南剿，委厚湛总办东汶团练，因剿贼屡胜，给以四品顶戴花翎。十一年二月，捻复大至，厚堪率五百人御贼，贼由沈家口夜半偷渡，厚堪迂道迎击，难民拥塞，阵不得列，或劝厚堪撤队再举，厚堪曰：兵以卫民也。苟不为民，何用兵为？遂登棘梁山，战殁。赐恤如例，给云骑尉民职。

[宣统《山东通志》卷一百七十一《人物志第十一·国朝泰安府》]

◎ 张商霖 ◎

张商霖，字相泽。朴诚迂直，嗜读书，研究经史，废寝食二年余，几呕血数斗。尤精医术，晓兵法，务为有用之学，与同辈相切劘，分金给膏火，无稍吝。岁癸丑，冯文宗以经术湛深，擢入庠，且食饩焉。自是，益下帷攻苦，不预外事。粤逆乱，本州委办团练，霖慨任之。辛酉秋，洋商梗和议，显庙出狩热河，霖以君父之难，不能效死，愧无地，痛哭流涕，举动若狂，见者率非笑之。霖不顾，惟日事团操，与乡里陈说大义，激劝多方，直欲尽歼丑类而后快。明年春，捻匪扰境，霖持刀大呼，亲督团丁，争先陷阵，奋然曰：今而后得死所矣！旋以众寡不敌，负重伤，项被斫，未殊，犹怒目视，骂贼之声不息，是夕殂。

[光绪《东平州志》卷十五《忠烈》]

◎ 陈永康 ◎

从九陈永康，赋性孝友，幼年失怙，母屡病，医治无间，永康以是学岐黄，兼济世，以延母寿。越数年，母患瘫痪，目双瞽，永康侍汤药罔懈，虽牏厕之役，亦躬亲之，心力交瘁，目不交睫者数月。母殁，哀毁备至，丧葬尽礼，遗产尽让于弟，以砚田自给。嗣仲弟夫妇相继殁，遗孤二，俱在襁褓中，育之过于所生，稍长，为之延师训读，俾底于成。永康寿七十余，同治四年（1865）殁，乡人私谥曰"端毅先生"。

[光绪《东平州志》卷十五《孝友》]
[民国《东平县志》卷十一中《孝友》]

◎ 张方孆 ◎

庠生张方孆，其父早丧，母多病，弃儒习医，左右就养，数十年如一日。母殁，哀泣过甚，目因之双瞽，一方金称其孝焉。

[光绪《东平州志》卷十五《孝友》]
[民国《东平县志》卷十一中《孝友》]

◎ 赵恒仁 ◎

赵灿章，字晴湖。其先世多厚德。父恒仁，精于医，尝施药活人，性忠诚，屡为乡里息争讼，居邻大小清河，捐资筑堰，里人赖之。灿章生而颖异，敏于为文，工书法。道光壬辰（1832）举于乡。年甫弱冠，三上春官不售，大挑得教职，以两亲年迈，乞终养。旋侍父疾，不解衣者三载，以孝闻于时。本州修龙山书院，并创建考棚，灿章董其役，自始事迄竣工，咸服其干练。家苇子河，夏秋盛涨，来往辄阻，章独修石桥，以利行人，远近称便。咸丰癸丑（1853），粤逆北窜，东原震动，章输财团练，激以忠义，效死固守，虽发捻土匪横行焚掠而有备无患，一乡恃之以安。当道上其功，得五品衔，非其本愿也。章性和厚，爱交游，一时文士多归之。尝有伺窃其重物，不忍治之罪，以丧其身名，但令改过而已。岁丙寅（1866），章年甫四旬余，忽云：吾人不能立功天地，康济生民，何汶汶然久生于世哉？未几卒，遂成谶语。子梦卜、梦祥，援例得千总，承父志办团，锐意杀贼，勤训练，固封守，拓地千余亩，创修土寨，来归者至九十余村。尝率众守运河，与贼相持，遏其北窜，屡次冲突，祥坚不为动，贼退，乃敛众归。僧忠亲王驻军济宁，祥倾其积储，转运馈送，蒙奖五品功牌，嗣军务。大定，以劳疾卒。梦卜以县尉分发直隶，署房山县丞。劳绩，保同知衔，候补知县，需次原省，有政声。

[光绪《东平州志》卷十五《义行》]

◎ 杜桂林 ◎

杜桂林，字枝山，号月樵。咸丰辛酉（1861）拔贡，授教谕。光绪中，张勤果公抚山东，桂林上书数千言，陈治河策，勤果颇采用之，辟掌书记，寻以佐治河功保知县。生平善清谈，博雅，工诗文。著有《陋室心声》《诗文集》各二卷，刊行。又《诗谈鸿迹录》一卷、《验方录小言》三卷、《镜中花传奇》若干卷，藏于家。子莲生，字华岩。宣统庚戌（1910）岁贡生，候选州判。承家学，亦有文名。著有《又青吟草》若干卷。

[民国《东平县志》卷第十一上《人物》]

◎ 栗　宣 ◎

栗宣，字照九。宏猷之裔孙也。初，宏猷以拔贡官河南阌乡县，有政声，士民颂之者，以衣伞献。宣承家学，弱冠饩于庠，兼以医术，活多人。故里居时，尤少，家设义塾二，聘名师，远近争就学，一切供给，皆宣任之。虽盛暑祈寒中，夜自外归，必诣塾，就师倾谈，察诸生程课，然后旋私室，乡里以是多之。子保兴，字诗斋。亦能继其志。宣殁，家中落，塾规犹未尝稍改。其竭力好义，类如此。人以为世济其美云。

[光绪《东平州志》卷十五《义行》]

栗宣，字照九。宏猷之裔孙也。初，宏猷以拔贡官河南阌乡县，有政声。宣承家学，弱冠食饩于庠。家设义塾二，聘名师，远近争就学，一切供给皆独任之。子保兴，字诗斋。亦能继其志。宣殁，家中落，塾规仍旧。其竭力好义，类如此。人以为世济其美云。

[民国《东平县志》卷十一下《义行》]

◎ 吕元举 ◎

贡生吕元举，轻财好施，忽有授以治黄疸良方者，合药施济，无不立效。历四十余年，所费不下千余金。尤乐于乡党中排难解纷，虽捐重资，不惜也。

[光绪《东平州志》卷十五《义行》]
[民国《东平县志》卷十一下《义行》]

◎ 柴世利 ◎

柴世利，字名远。幼孤，笃敦睦姻，任恤之谊。邻有王玉者，因积逋，卖宅以偿，已立券矣。玉母不忍他徙，哭甚哀，世利代偿之。家传治痢方，每岁合药，活人无算。

[光绪《东平州志》卷十五《义行》]
[民国《东平县志》卷十一下《义行》]

◎ 侯怡庭 ◎

侯怡庭，字季泰。性敦朴，务耕读，自奉俭约，不私财，尝修唐家营庄后桥，并建刘家桃园庄前济清桥。又于须城西马庄前筑大清河堤，屡筑屡圮，乃筑龙神庙于上，堤工乃固，计费数千贯。最后独力修造小清河堤一段，在南桥东，牛家圈西，里人恃为屏蔽，公制匾额曰"清润德邻"。生平周急便人，不可胜举。尤喜施药，求之者门尝如市。怡庭殁，其子堃封、伯仲，犹继其志焉。

[光绪《东平州志》卷十五《义行》]

侯怡庭，字季泰。性敦朴，自奉俭约。尝修唐家营庄后桥，并建刘家桃园庄前济清桥。又于须城西马庄前筑大清河堤，屡筑屡圮，因立龙神庙于上，堤工乃固，计费数千贯。最后独力修造小清河堤一段，在南桥东，牛家圈西里人恃为屏蔽，公制匾额曰"清润德邻"。生平周急便人，不可胜举。尤喜施药，求之者，门尝如市。怡庭殁，其子堃封、伯仲，犹继其志焉。

[民国《东平县志》卷十一下《义行》]

济清桥，在城东南六里许。道光九年（1829），布政司理问侯怡庭创修。

[光绪《东平州志》卷六《津梁》]

◎ 李奎聚 ◎

李奎聚，字星五。家贫，临河设酒肆为生。父患发背，医辞弗治。奎聚踵门诚恳，医感其谊，始为疗治，兼诲之医，于是工刀圭术。求诊者门常如市，奎聚不论贫富，屏却赘谢，或针砭，或汤药，悉应手效。由是，轻骑出门，分路往医，不遑暇食，每至夜分始归，次日复然。一日，病家以车马送之中途，遇寇攘夺，御者云：将马去，何以送李先生？盗闻，惊谢。又尝过乡村，驴惊致堕，适无男子，数妇人惊曰：李先生耶！扶掖超乘。其仁惠之孚于人心如此。生平狷介自持，如州刺史汪公竹千数延诊视，酬以药资，弗受。滨州牧王公之宜人患疮，转浼州尊敦请，往医，投药立效，馈以巨金，不顾而还。以膏丹之施舍，致生计之萧条，甚至揭资货药，割亩偿息。有为之计者，劝令薄受谢仪，抵药饵费。奎聚曰：余若为此，早作富家翁矣！其廉洁之根于天性，又如此。至其事继母，则委曲将顺，务得其欢心。交朋友，则真诚贯注，不流于市气。种种行谊，不可殚述。故既殁，而乡里为建"善行碑"焉。

[光绪《东平州志》卷十五《义行》]

李奎聚，字星五。家贫，父患发背，医辞弗治。奎聚踵门诚恳，医感其义，始为疗治，兼诲之医，于是工刀圭术，求诊者门常如市。一日，病家以车马送之中途，遇寇攘夺，御者云：将马去，何以送李先生？盗闻，惊谢。又尝过乡村，驴惊致堕，适无男子，数妇人惊曰：李先生耶！扶掖超乘。其仁惠之孚于人心如此。生平狷介自持，如州刺史汪公竹千数延诊视，酬以药资，弗受。滨州牧王公之宜人患疮症，转浼州尊敦请，往医，投药立效，馈以巨金，不顾而还。其廉洁之根于天性，又如此。至其事继母，则委曲将顺。交朋友，则真诚贯注。种种行谊，不可殚述。故殁后，而乡里为建"善行碑"焉。

[民国《东平县志》卷十一下《义行》]

◎ 李 璋 ◎
◎ 李祖亮 ◎

李璋，明御史文芝裔孙。性慷慨好施。入国学，涉书史，精岐黄术，活人无数，不受酬。子祖亮，贡生。居家孝友，善蓄书，经史无不博览，亦精医，嗣父业，于门内专置一室，以待求药者，日凡数十辈，不厌。年逾四十，无子，四十六，妾王生一子。及祖亮年五十，王乃孪生二子。人谓积德之报。布政使尹嘉铨嘉其为人，颜其庐曰"世德堂"。

[光绪《东平州志》卷十五《方技》]
[民国《东平县志》卷十一下《方伎》]

◎ 孟贞育 ◎

孟贞育，候选县丞。精于医学，常以济人为志。康熙四十二年（1703），郡中疫，贞育广施药饵，活者甚众。善用古方，多蓄良药，贫者不责其酬。有西商胡义路失利且卧病，贞育亲调药与服而愈，并助其归资，其人因得还故里。尤长于痘疹，贫不能药者辄济助之。贞育殁三十余年，郡人请表其闾，本州予之匾曰"杏林遗惠"。

[光绪《东平州志》卷十五《方技》]
[民国《东平县志》卷十一下《方伎》]

◎ 张方常 ◎

医生张方常，字佩五。赋性孝友，通内、外科，尤精痘疹。乡邻赴诊者，有求辄应。其极贫者，并不取药资，四方赖以全活者甚众。卒年七十有四。

[光绪《东平州志》卷十五《方技》]
[民国《东平县志》卷十一下《方伎》]

◎ 武 魁 ◎

郭烈妇者，医士武魁妻。魁，北京人，挈妻寓东平。魁以疾死，妇葬之城外漏泽园。归寓室，密纫衣裳，卧土炕上，勺饮不入口，七日死。大学士文震孟表其墓。

[光绪《东平州志》卷十六《节烈》]

烈妇郭氏者，医生武魁妻也。魁，北京人，流寓东平，提一药囊，作小儿医，无子无女无亲识，往来一夫一妇，影相弔也。魁虽孱人乎，妇未尝操井臼事，居室闲静，不闻笑语，即邻居密迩，若不知魁有妻者。无何，魁以疾死。

[光绪《东平州志》卷十七《引》]

民国

◎ 韩云奇 ◎

◎ 韩多玉 ◎

韩云奇，字象山。清贡生。七神堂人。性至孝，甫勺龄，即知承色笑。十五，丁父忧，哀毁几灭性。事母弥谨，能委曲承顺。嗣母患背疽，云奇昼夜侍侧，汤药尝而后进，百方医治，卒无效。云奇痛母疽发失调，因潜心学医，立愿济世活人。求医者户限为穿，无力而路远者，不第助药资，且留家诊治。妻刘氏则调膳煎药，看护维周。家坐是中落，意豁如也。与兄云龙、弟云路，垂老怡怡，无间言。生平慷慨好义，又善排难解纷，亲邻有鼠牙雀角之争，得片言辄息。子五人，长多玉，承先志，施医桑梓；三多嶂，能持家；次多峰，四多峻，五多岩，皆显宦。

[民国《东平县志》卷十一《义行》]

贡生韩云奇之妻刘氏，为文山中女。年十九于归，勤伦相夫，有鸡鸣戒旦之风。事姑承颜顺志，能博堂上欢。姑患背疽，朝夕侍奉，数阅月无倦容。夫精越人术，求医者踵相接，路途遥远，贫乏无力者，辄留家诊治。氏为之调膳煎药，历久不厌。其居心仁慈，有如此者。子五人，多显宦，氏则俭约如平素，布衣蔬食，晏如也。

[民国《东平县志》卷十二《列女》]

◎ 蒋毓岫 ◎

◎ 蒋盛甫 ◎

蒋毓岫，字对山。大渔营人。世有隐德，父盛甫，谊行卓著。毓岫，生而敦敏，至性过人，友爱异母弟毓岖，延师教读，俾早成名。遇戚里婚嫁丧葬，无力举办者，辄不惜重资侁助之。先是父以绩学精医，毓岨夙承指授，益精越人术，而于此道三折肱。踵求者，门常如市。毓岨谦冲和蔼，一一应之。有越数百里就医者，毓岨舍之食之，病已乃听之去。有贫不能归者，量给川资。施药饵，犹寻常事也。

[民国《东平县志》卷十一《义行》]

◎ 陆传韶 ◎

陆传韶，字友石。戴庙镇人。崇祀乡贤、乡谥"毅惠"厚堪之子也。五龄遘毅惠棘梁山死绥之变，闻讣哀泣，如成人。中年以后，精岐黄术，延者踵相接。每谓望医如望岁，即星夜风雪，必急往。其遇贫者，尤厚，辄徒步趋诊，馈之药，且惠养疴资，所全活甚夥。与叔父析爨有年，叔父食指繁，割腴田二百亩以润之。善排难解纷，里党有牙角争，得其片言，辄息。晚，嗜金石学，收藏碑帖，甚富。

[民国《东平县志》卷十一《义行》]

◎ 满长怡 ◎

满长怡（1852—1947），字怡春。县城大隅首街人，回族。祖居德州，其母是民间医生，擅长妇科、儿科，后迁居东平县城行医。怡春曾中武秀才，后继承母亲医术，并有所发展。

清光绪年间，自筹疫苗给幼儿种牛痘，博得群众赞誉。官府发给茶资费一百五十吊钱，后拨给河滩地（官地）五十亩，自收自食，作为幼儿种牛痘的报酬。他诊病不分贫富贵贱，对贫苦患病者，无偿赠药。民国时期，继续在县城行医。1947年病故。

[《东平县志》第二十七编《名人传略》]

◎ 张汝励 ◎

张汝励，杨庄村人。医名遍全县。

[《东平县志》第二十四编《医疗》]

◎ 马益良 ◎

马益良（1862—1941），字亦循。东平县马代村人。清末廪生，候选训导。出身于书香门第，其祖、父均系庠生。自幼聪颖好学，手不释卷，博览群书，发愤攻读，废寝忘食。因此博通经史，工诗词，擅书法，精医术，通晓《内经》《神农本草经》《伤寒论》《金匮要略》等医著，以儒治医，务求精细，用药精到，尤其推崇仲景方，属当时的经方派，又颇有独到见解，不同凡响。

为人淳厚善良，性格和蔼可亲，不求名利，与人治病，有求必应。尤其怜贫惜苦，乐于施舍，资助他人。病家贫苦，则慨然舍药赠资，以济利贫苦为己任。曾变卖家中沃田百余亩，资助贫苦的病家，因此深受乡人爱戴。

一生治学严谨，一丝不苟，严于律己而待人宽厚，致使文与医俱有盛名。声誉远播东平、平阴、肥城、汶上数县。他的门人、弟子现为主治医师、副主任医师、副教授数人。临床经验甚丰，积累验方颇多，并撰有《伤寒启蒙》上下两卷，可惜后来散失。

[《泰安卫生志》第十章《医界人物传略》]

[《山东中医药志》第六篇《传记》]

[《彭集镇志·人物传略》]

◎ 羊晞 ◎

羊晞，精专医道，以药济人。见《辍耕录》。

[顺治《新泰县志》卷五《名医》]

[乾隆《新泰县志》卷十六《方技》]

羊晰,新泰人。精专医道,以药济人。见《辍耕录》。

[乾隆《泰安府志》卷十八《方技》]

元

◎ 赵 成 ◎

◎ 金 珍 ◎

  医学教授

  赵成

  金珍

[顺治《新泰县志》卷四《医学教授》]

◎ 陈思义 ◎

◎ 周 郁 ◎

◎ 杨 彧 ◎

◎ 冯继善 ◎

◎ 刘思清 ◎

  医学教谕

  陈思义

  周郁

  杨彧

  冯继善

  刘思清

[顺治《新泰县志》卷四《医学教谕》]

明

◎ 张　缙 ◎

◎ 徐　璈 ◎

◎ 郭　汉 ◎

◎ 孙奉先 ◎

◎ 公明福 ◎

医学训科

张缙

徐璈

郭汉

孙奉先

公明福

[顺治《新泰县志》卷四《医学训科》]

◎ 郑　顺 ◎

郑顺，宅心仁恕，莅政简易，吏畏民怀。尤妙岐黄之术，赖以存活者甚众。以本县差繁赋重，奏减三分之一。

[顺治《新泰县志》卷四《名宦》]

郑顺，宛平人。成化中，以举人知新泰，莅政简。医术甚精，躬为民疗病。以本县差繁赋重，奏减三分之一。

[乾隆《泰安府志》卷十五《官绩》]

郑顺，直隶宛平人。知新泰县时，差役重多，百姓苦之，乃奏减三分之一。民为立石。

[嘉靖《山东通志》卷二十五《名宦上》]

郑顺，直隶宛平人。知新泰县时，差役重多，百姓苦之，乃奏减三分之一。

[康熙《山东通志》卷三十二《名宦》]

郑顺，宛平人。举人。成化中，知新泰县，以差繁赋重，请减三分之一，得如所请行。

[宣统《山东通志》卷七十一《职官志第四·历代宦绩》]

郑顺，明代直隶宛平人，以举人知新泰。兼精岐黄之术，政余为民诊疗，赖以全活者甚众。

[《山东中医药志》第六篇《人物表》]

◎ 李春荨 ◎

李春荨，号鞿林。存心恺悌，敷政和平，息讼劝农，与民休息。冬煮粥以济饥寒，夏施药以疗病疾，全活不可胜计。搜括库贮无碍银八百两，为民代抵正供，毫无染指。升四川忠州知州，祀名宦。

[顺治《新泰县志》卷四《名宦》]

李春荨，号鞿林。直隶永年人。天启间，由举人为县令。存心恺悌，息讼劝农务，与民休息。冬煮粥以济饥寒，夏施药以疗病疾，全活不可胜计。搜括库贮无碍银八百两，为民代抵正供，毫无染指。升四川忠州知州，祀名宦。

[乾隆《新泰县志》卷十一《名宦》]

李春荨，字鞿林。永年人。天启中，以举人知新泰县。息讼劝农，务与民休息。冬煮粥以济饥寒，夏施药以疗病疾，全活不可胜计。搜库贮无碍银八百两，为民代抵正供，毫无染指。升四川忠州知州，祀名宦。

[乾隆《泰安府志》卷十五《宦绩》]

李春荨，字鞿林。北直永年人。举人。天启中，知新泰县。息讼劝农，与民休息。冬煮粥以济饥寒，夏施药以疗病疾。搜库储闲款八百金，为民代抵正供。擢知四川忠州。

[宣统《山东通志》卷七十一《职官志第四·历代宦绩》]

李春荨，字鞿林。杜之子。万历四十年（1612）举人，任新泰县知县。新泰当残乱后，民流地荒。春荨殚心招徕，增户二千，垦田三百余顷，加派议兴，括库贮无碍银以抵，民得无扰。迁忠州知州，抚石砫土司有方，卒于官。祀乡贤。子瀋，举人。任知县；澄，进士。两任饶州、松江推官，明断平恕，壮年引疾归。

[光绪《永年县志》卷二十八《循吏》]

李春萼，新泰县人。岁贡。

[万历《保定府志》卷八《县丞·涞水》]

◎ 赵 瀛 ◎

◎ 刘如愚 ◎

◎ 安 悦 ◎

遥授冠带
赵瀛
刘如愚
安悦
以上太医院。

[顺治《新泰县志》卷五《遥授冠带》]

◎ 安 凤 ◎

安凤，精内、外科。永乐中，掌惠民局，赖以全活者甚众。

[顺治《新泰县志》卷五《名医》]

安凤，精内、外科。掌惠民局，赖以全活者甚众。

[乾隆《新泰县志》卷十六《方技》]

安凤，明代新泰县人。业岐黄术，精内、外科。掌惠民局，赖以全活者甚众。

[《山东中医药志》第六篇《人物表》]

◎ 李明远 ◎

李明远，其先扬州人，寄籍于此。精岐黄之术，求济者，不计财利，贫富感之。

[顺治《新泰县志》卷五《名医》]
[乾隆《新泰县志》卷十六《方技》]

按《济南府志》：李明远，其先扬州人，寄籍新泰。精岐黄之术，求济者，不计财利，贫富感之。

[《古今图书集成医部全录》卷五百十五《医术名流列传》]

李明远，其先本扬州人，寄居新泰。精医术，求济者，不计财利，贫富感之。

[《山东中医药志》第六篇《人物表》]

◎ 马一阳 ◎

马一阳，原系庠生，尤精明内、外诸科，以王道济世，一邑之人，咸沾其惠。

[顺治《新泰县志》卷五《名医》]

[乾隆《新泰县志》卷十六《方技》]

按《新泰县志》：马一阳，原系庠生，尤精明内、外诸科，以王道济世，一邑之人，咸沾其惠。

[《古今图书集成医部全录》卷五百十六《医术名流列传》]

马一阳，明代新泰县人。庠生。精内、外两科，以医道济世。

[《山东中医药志》第六篇《人物表》]

◎ 郐显士 ◎

郐显士，其先濮州人，自幼居于此。熟谙方脉，所施多效。

[顺治《新泰县志》卷五《名医》]

按《新泰县志》：郐显士，其先濮州人，自幼居于此。熟谙方脉，所施多效。

[《古今图书集成医部全录》卷五百十六《医术名流列传》]

◎ 柴时宁 ◎

柴时宁，其先江山人。幼而聪慧，酷嗜上池秘术，方脉精明，门庭若市。

[顺治《新泰县志》卷五《名医》]

按《新泰县志》：柴时宁，其先江山人。幼而聪慧，酷嗜上池秘术，方脉精明，门庭若市。

[《古今图书集成医部全录》卷五百十六《医术名流列传》]

清

◎ 杜 浩 ◎

◎ 周先举 ◎

国朝医学训科

杜浩

周先举

[乾隆《新泰县志》卷十《医学训科》]

◎ 杜 铨 ◎

杜铨，字易文。浙江绍兴人。任新泰县典史，多惠政，有"杜母"之称。兼通岐黄，民皆德之。卒于官，因籍于此。

[乾隆《新泰县志》卷十六《流寓》]

杜铨，字易文。绍兴人。康熙中任，多惠政，时有"杜母"之称。

[乾隆《新泰县志》卷十一《县丞》]

杜铨，字易文。绍兴人。康熙中，任新泰典史，多惠政，时有"杜母"之称。

[乾隆《泰安府志》卷十五《宦绩下》]

民国

◎ 王擢英 ◎

王擢英（1844—1912），新泰县城关菜园村人。庠生。承四世家传之术业医，精东垣之学，治重脾胃，名闻乡里。

[《山东中医药志》第六篇《人物表》]

肥 城

清

◎ 李远玺 ◎

李远玺,字甸西。举雍正间武科,而顾好读书,书法在苏米之间。筑别业于红山之阳,莳花种树,泊如也。课子廷枢、廷桂、廷彦,俱为名诸生。

甸西李公墓志铭

尹文麒

余于公为世戚,公之敦厚朴直,先大夫尤爱重之,与缔姻焉。盖卜其德之必有以善厥后也。公卒于乾隆三十二年(1767)十二月初四日,年六十四岁。越十一年,其长公廷枢将卜葬于县西红山之阳,函状来索铭,谨据所目睹及闻于先大夫者,为公志之。公姓李,讳远玺,字甸西,又字怀玉,号临波。先世自闽来肥,四传至邦珍公,起家进士,官河南巡抚,崇祀乡贤。曾祖光允,廪生。祖明礼,庠生。父永嵩,贡生。考授州同知。嫡配尹氏,无所出。继王氏,生子二。公生母杨氏,为仲子。幼而凝重,寡言笑。及长,状貌魁杰。诵读之暇,兼精射艺,入武庠,领雍正己酉(1729)科乡荐,顾无仕进意。公父兄好交游,喜宾客,弟读书,不窥家园,惟公拮据,督童仆,理家事。兄壮岁而殂,父病瘫,母亦遘疾。公奉侍汤药及附身、附棺之事,竭诚无悔矣。抚侄如子,为孤甥营田庐,群从之。不能读书者,令与儿辈同塾,使有成立。与人交,然诺不欺,虽樵牧亦油然与偕。衣冠古朴,跬步谨严,人皆敬而亲之。性善饮,宾至,治具简洁,必尽欢以去。祖宅故宏丽,尽让弟侄,别筑于南山之阳,茅屋数椽,莳花种树其中。好读《左氏传》,书法似沈绎堂。辑方书数卷,济人甚多。足迹不入城市,日日严课子孙以为业。盖公之贻泽远矣。子廷枢,庠生;廷桂,乙酉(1765)科拔贡生;廷彦,廪生。孙其成、其文、其卓，俱庠生，余俱幼。女子四，孙女五，曾孙七，曾孙女五。系以铭曰：呜呼！公雅好文而名成以武，欲偕今而趋教乎古。蔼蔼其孝弟兮，际难而夷。介介于物我兮，信心以予。完其璞而不事雕琢，韬其材而约诸规矩。庭训诗书，寄情农圃，谋已贻而贤可象兮。其将发久郁之光，而笃数世之祜。

[光绪《肥城县志》卷九《文学》]

李远玺，字甸西。举雍正己酉科而顾好读书，其祖宅故宏丽，尽让弟侄，别筑南山之阴，茅屋数椽，莳花种树其中。好读《左氏传》，书法似沈绎堂。辑《方书》数卷，济人甚多。足迹不入城市，课子廷枢、廷桂、廷彦，俱为名诸生。及卒，御史尹文麒铭其墓，有云：公好文而名成于武，欲偕今而趋偕乎古。盖纪实也。

[《肥城乡土志》卷五《耆旧录》]

李远玺，字甸西。肥城人。明河南巡抚邦珍四世孙。雍正七年（1729）武举。事父母孝，课子弟严。祖宅故宏丽，尽让弟侄，别筑室于南山之阳，茅屋数椽，莳花种竹。好读《左氏传》，工书法。尝辑《方书》数卷，济人甚多。

[宣统《山东通志》卷一百七十一《人物志第十一·国朝泰安府》]

◎ 张积中 ◎

黄崖山，城西北六十里。同治五年丙寅（1866），江苏仪征人张积中据此作乱，凡十日平之。详下《纪事略》。

黄崖纪事略

黄崖居群山之中，上平坦，而四围险峻，其麓有村落三，曰北黄崖庄、中黄崖庄、南黄崖庄，北隶长清，中与南则隶肥城。张积中者，江苏仪征人也。少时颇读书，为诸生，有声庠序，既而以贡就教职。道光中，扬州风物繁盛，有术者周星垣，号太谷。能炼气辟谷，符箓役鬼，遨游士商间，门徒寖盛，颇招摇。两江总督百龄恶而收之，毙于狱。积中为太谷高足弟子，神其师，诡称尸解不死，现居庐山，益修师术，晓风角、鸟占，候雨旸颇验，人多惑焉。积中寝馈于《道藏》、释典诸书，乃取以附会六经及诸子语录，以文其术，闻者惊为创论。粤西军兴，督兵大臣周天爵以奇才荐，而两江各军戎幕，积中亦往来其间。咸丰四年（1854），兄积功知临清州，阖门死粤匪之难。积中以子绍陵为之嗣，遂徙家而北，会中表吴载勋亦官山东，因依焉。既而以会城为不可居，有戚某居长清之马山西，积中亦卜居牛山后之书堂峪。肥城生员刘耀东者，世居中黄崖，见积中而大悦，执弟子礼焉。

割宅以居积中，积中遂迁中黄崖。既而博山有邀之者，又迁博山。十一年二月，捻匪至博山，积中复回黄崖故宅。先是，山岭有石寨，土人筑以避难者，积中踵而修之，益市弓弩兵仗，习战事，闻者以为可恃，互相汲引，来归者数十百家。是年八月，匪又至长境，凡入山避难者，山上设粥，山下设汤，来者皆得饮食。又设立医药局，施药治病，远近感其惠，归附益众。于是于山巅筑堂，为祭祀堂。旁列两庑，重檐回廊，崇阶复户。阶下为池，有桥间之，如泮池。池南筑台，曰咏归台。左右二门，一曰天根，一曰月窟。门外石径纡折，为采药径。山半置亭，为对松亭。礼神恒以深夜参拜，升降礼节繁缛。旁列女弟子二，曰素馨，曰蓉裳。素馨者，太谷孙妇，早寡。蓉裳者，积中女甥，适吴姓，皆依积中以居者也。每祭祀，素馨、蓉裳盛装挟剑而待，旃檀燎烛，熏赫霄汉，十余里外望其光，乡愚辄称"张圣人夜祭"，顾非其徒，不能入窥也。黄崖地颇荒僻，自积中居之，大兴土木，屋宇鳞次。积中以神自畜，不轻觌人，其自远方来者，舍之文学房，令高弟赵建、刘耀东等，转相授受，读所刊《指南箴》，五日一听讲，进谒者泥首九拜，积中高座不答。凡入山者，不得私其财，纳其半立籍，由积中左右之。故自肥城之孝里铺、济南会城内外、东阿之滑口、利津之铁门关、海丰之埕子口、安邱、潍县诸处，皆列肆贸易，千里间指挥使令，奉若神明，远近称"张七先生"而不名。同治四年（1865）九月，潍县民王小花者，忽治装尽室徙黄崖，知县靳昱怪之，掩捕小花，穷究其事，上言台司。巡抚阎敬铭及臬司先后委员孙禧、赵国华会同肥城令邓馨密查，复称：积中年高德劭，远近之人，咸愿亲承教诲，并无不法之事。事遂寝。泊五年，益都令何毓福，诇民冀宗华、冀兆栋等，纠众谋乱，以告青州守阎廷珮，相与率役掩获宗华等，讯言：同师黄崖张七为师，命集人马，九十月间举事。毓福索城内藏兵仗处，得刀矛若干，事及四言逆示。临朐令何惟堃又捕获宗华同党郭似圁、刘洪鳌等八人，讯言同宗华，复称：尚有同党刘名教等十二人，均结盟师张七，期以十月十九陷济南，再陷青州。维堃复掩获数人，廷珮讯之，皆实报闻。布政使丁宝桢檄巡捕官唐文箴，单骑诣长清、肥城，会同知县陈恩寿、邓馨，谕积中入省自白。二十日，文箴等三人同至孝里铺，邓馨以他事留，是夜文箴与恩寿先入山，吴载勋方治装将发，文箴等以见积中告，载勋言积中游五峰未回，留少待。俄一人入，持细字书，授载勋，载勋色变，促文箴、恩寿行，文箴等上马绝尘而驰，尾追者杀恩寿之从者黄升。邓馨甫入山，闻炮声驰回。时巡抚驻军东平，得报疑之。其子绍陵，固山东待次之知县而兼袭云骑尉者也。驰檄谕以各县所禀情词，责令随藩司员弁赴肥，奉父出山自白。时绍陵已先期乞假赴扬州，实已入寨矣。

二十五日，山巅矗大方旗一，红白色，寨墙遍插红黑尖旗，分党守各隘口。二十六日，白昼掠人运粮及薪烛各物，入山者不绝于道，复有外来匪党数百人，又有泛舟载兵仗，自大清河下游而来者，皆由孝里铺入山。是夜，遂劫掠长清之归德、下巴等庄。二十七日，在孝里铺堵截文报，杀平阴二马夫，遂劫掠石冈等庄，纵火焚东张。次日，又掠孝里铺。先是巡抚虑各县上言过当，檄道员潘骏文诣黄崖招积中，又檄藩司亲至长清，令吴载勋与知县林溥入山告谕，至则不得入，骏文驻平阴以闻。于是巡抚率参将姚绍修、游击王正起、知府王成谦、副将王心安诸军，以十月朔至，分布黄崖附近各村庄，环山节节进逼，绍修督军先入，匪党列队抗拒，扼桥负险，绍修以巨炮轰之，刘耀东歼焉。绍修遂营于寨北一山顶，正起、心安诸军，营于山麓，断其汲道。巡抚再饬载勋作书招之，越日，积中弟子韩美堂至，出积中复书，词意狂悖。巡抚再示招抚，复令载勋作书，许以不死，积中覆书言：事须从缓。而各路获贼谍，佥称：寨中已密召武定盐枭、河西捻匪，待外援出窜。时捻匪犯曹南各州县，各军获谍，亦并言：渡河赴救黄崖。巡抚察其无悔罪意，乃于初六日传令进攻，兵入，积中、绍陵戚属男女均自焚，阖寨死者无算。乱平，尸骸枕藉。巡抚檄地方官掩埋，乃于祭祀堂前之二池，分男左女右攒葬焉。

[光绪《肥城县志》卷一《方域》]

张积中（？—1866），字子中，号石琴。因排行第七，人称张七先生。清代江苏仪征人。贡生出身，后屡试不第，遂绝意仕途。道光年间拜周太谷为师，传习太谷学派，合儒释道三家为一，被官方斥为"妖教"，周太谷被捕死于狱中。咸丰六年（1856），张积中以扬州战乱，携家眷北上济南，不久迁居于长清县黄崖山，以避乱相号召，讲学授徒。所授以儒家学说为主，旁及道藏、释典、医药、武术等，听者甚众。咸丰十一年（1861），黄崖山中迁入逃难、避乱的官绅眷属和百姓已达八千余众。为免受溃兵骚扰，张积中命弟子修筑山寨，购置武器以自卫；凡入山者以其半数财物归公，又派人在肥城、济南等城市设立商号，以所赚归山寨。这些措施引起当局怀疑，认为张积中聚众图谋不轨，上书告变。同治五年（1866），山东巡抚阎敬铭命张积中出山投案对质，遭拒绝，遂派大军万余人围攻山寨。11月，山寨被攻破，张积中及其亲眷举火自焚，所众几近全部被杀，无一人投降。张积中一生著述颇丰，现存《张氏遗书》《白石山房文集》等十九种。

[《济南市志》第十八卷《人物传》]

◎ 张岫 ◎

张岫，字云峰。少颖悟，受知于仁和赵鹿泉学使。父多病，愀然曰：为人子者，不可不知医。遂究心岐黄之学，凡医家言，靡不研究。由是，医名远播，叩请者无虚日，无厌心，无德色也。或贫而无力，并给以药饵。嘉庆癸酉（1814），岁大饥，出储粟以济饿者。道光丙戌（1826），复饥，赈济一如曩时。道光丁亥（1827），上宪檄州县劝捐，更新济南贡院，泰郡增修文场，皆捐金，为一邑倡。生平博稽群书，喜吟咏。著有《带经舫诗钞》《带经舫同人集钞》《阅史随笔》各一卷。

[光绪《肥城县志》卷九《义行》]

张岫，字云峰，自号岚居山人。肥城人。生员。生平博极群书，尤耽吟咏。因母病习岐黄，遂通医理。建宗祠，修族谱，岁时烝尝，必述祖考彝训，以启迪后人。岁饥，出粟以食饿者。捐金，修郡城试院。嘉庆初，举孝廉方正，力辞不就。著有《带经舫诗钞》《阅史随笔》。

[宣统《山东通志》卷一百七十一《人物志第十一·国朝武定府》]

张岫，字云峰。清代肥城县人。修岐黄之道，医名远扬。遇岁饥，每出谷济贫。博览群书，喜吟咏。著有《带经舫诗钞》《阅史随笔》，未刊。

[《山东中医药志》第六篇《人物表》]

◎ 尹汇瀛 ◎

尹汇瀛，字福山。幼读书，端重若成人。道光丁酉（1837）拔贡，旋举顺天乡试，成进士，官工部主事，请假归里，遂不复出。博览群书，肆力于诗、古文词、经史而外，于天文、占卜、堪舆、星相之书，无所不究。晚年，尤通医理。居恒兀坐斗室，如对大宾，及与人接，盎然太和，溢于眉宇，乡党奉为矜式。年六十二卒。

[光绪《肥城县志》卷九《文学》]

咸丰二年壬子（1852）

尹汇瀛，授工部主事，屯田司行走兼总理各国事务衙门行走，加四品衔。

[光绪《肥城县志》卷八《国朝选举表·进士》]

咸丰二年壬子恩科章鋆榜

尹汇瀛，肥城人。二甲九十五名。

[宣统《山东通志》卷九十六《进士表》]

◎ 赵在酉 ◎

赵在酉，字噩邨。弱冠入邑庠，见医家书悦之，遂闭户研究，自《素问》《灵枢》以及唐宋诸名医著述，无不遍读而穷其奥，十年遂精其术，始出而济人。凡剧症、恶疾，无不应手立效，诊脉决生死无爽，名大噪，有数百里求医者。不受聘礼，不索谢仪，孜孜不倦。年八十七而终，至今人犹称之。

[光绪《肥城县志》卷九《艺术》]

赵在酉，字噩邨。清代肥城县人。精医术，凡剧症、恶疾，无不应手成春，周邻数百里知名。

[《山东中医药志》第六篇《人物表》]

民国

◎ 王召爽 ◎

王召爽（1865—1945），肥城县桃园镇鲁里村人。业医，乐善好施，治贫者病尝舍药赠资。

[《山东中医药志》第六篇《人物表》]

◎ 王志义 ◎

王志义（1865—1949），肥城县城关孝子村人。终生业医，乐善好施。撰有《验方集录》，已佚。

[《山东中医药志》第六篇《人物表》]

◎ 梁桂荣 ◎

◎ 梁胜泉 ◎

梁桂荣（1873—1925），肥城县安驾庄村人。梁氏接骨第四代传人。梁桂荣秉承世医家训，少怀济世活人之志，研读《本草纲目》《伤寒论》《仙授理伤续断秘方》等医学名著，经其父梁胜泉指教，二十多岁，精通整骨之术。经多年临床验证，他先创制梁氏接骨膏药，后又创托举、折顶、屈曲、牵抖等接骨十四法，以杉木皮和膏药固定伤位。治疗中兼内服中药，外加当归活血汤烫洗。愈后无弯曲畸形，能负重如初。慕名求医者，近有山东各县，远至东北三省。1925年，北京临时政府执政段祺瑞夫人骨折，遣专人请梁桂荣赴京诊治。病愈后以厚礼相赠。梁桂荣诊病，扶困济危，厚德薄利，对无力付资者，施术舍药，深孚众望。乡里誉其药铺为"德兴堂"，并赠"济人好义""乐善好施"之匾牌。著有《梁氏骨伤科辑要》《内科辨览》等。

[《泰安地区志》第十三编《人物传》]

威海卫

清

◎ **王慎可** ◎

◎ **王言恂** ◎

◎ **阮钦堂** ◎

　　王慎可，在威海城里东街开业行医，专治咽喉疾病，凡饮食点滴不下者，手到回生，群称绝艺。

　　王言恂，王慎可之子。壮年行医，诸病奏效，尤长于炮制，医家多推称第一，著有《释名炮制》，继承家传秘方。

　　阮钦堂，在城里北街开业行医，善治内科病，亦系家传。

　　　　　　　　　　　　　　　　[《威海市志1398—1982》第十七编《医疗》]
　　　　　　　　　　　　　　　　[《烟台市卫生志》第六篇《中医》]

◎ **王祯禄** ◎

　　王祯禄，字庐峰，号秀岩。擅长医治咽喉疾病，清道光年间，在城里开设"宁文堂"药房。某年，到北京访友，时逢纪某大人咽喉患疾，饮食不下，一经其手，很快治愈。遂被保举为太医院口齿科医生，后考授太医院八品吏目，"宁文堂"亦被赐为"甘露堂"。

　　　　　　　　　　　　　　　　　　　　[《威海文史资料》第二辑]

◎ 姜　瑜 ◎

◎ 王熙祖 ◎

◎ 董君俨 ◎

医学教谕

至治

姜瑜，《周进忠墓碑》。

至正

王熙祖，《重修香岩寺碑》。

董君俨，《重修香岩寺碑》。

［光绪《文登县志》卷五《医学教谕》］

董君俨，本县医学教谕。

［光绪《文登县志》卷六《选举表》］

◎ 孙　彬 ◎

灵神子，姓孙氏，名彬。东牟沟头人。齐阜昌中，迁居邑中，先世称善。门彬少时决志出家，金泰和间，谒王玉阳于圣水，受名"道古"，道号"灵神子"。后往滨都谒长春子，北游燕蓟，乞食炼心，还浮山，侍含光子，修玉清宫于白石山阳，阙梁柱者六，忽三楞木自海浮出，议者以为神助。奉朝旨，加"洞明大师"，赐金襕紫服。道古以道修身，以学扶教，善卜筮，精医方，明壬遁，通相术，多才多艺，道冠东方。著有《玉阳内传》《范无生本行》《女真戒律》《阴符》《道德》《南华》诸经。尝举以授徒，阐明道之大旨。一日，沐浴，具衣冠，作颂遗世，辞众而逝，年七十五至元十六年（1279）《灵神洞明贞晦真人道行记》。今入荣成，并见《荣成志》。

[光绪《文登县志》卷十二《释道》]

◎ 武道彬 ◎

武道彬，邑居无考。赐号"云真渊静明道真人"。中宪大夫、太子左赞善张起岩为作"道行碑"。元天历三年（1330），弟子王道安、刘道永立石，今在东华宫，字多剥蚀，略云：武尊师卒于昆嵛山东华宫之东堂，寿年八十。官僚士庶，咸集于庭，表号致奠者不绝。师素工医术、卜筮，乐施者甚众。问道德，求法名者，又多。虽日夜问答，无少倦怠。大德元祀（1297）五月，郡久旱，请师求雨，天降甘霖，泽流四方。三年（1299）庚午，多蝗虫，复请于师。蝗退，武宗皇帝降玺书，护其宫，宗藩亭罗暨显。宗居晋邸时，皆发教为真人维持。宁海王又锡以"云真渊静明道真人"之号，赐金冠云鹤氅师。一日，谓徒曰：吾年不过八十，逢三三而终。阅三年，果以上巳无疾而逝。三三之期，八帙之年，至是皆验云云。

[光绪《文登县志》卷十二《释道》]

明

◎ 孙 登 ◎

孙登，太医院吏目。

[光绪《文登县志》卷六《选举表》]

◎ 王显宠 ◎

王寿，字永平。任密云县典史。以劝农为务，有军占民田数千亩，发其弊而归之民，田野大辟。巨盗袁徒深为民害，捕获之，诸邑悉赖以安。改授东光典史。值岁饥，活饥民以千计。升丰城判簿。未几，告归。子三，长显著，省祭官；次显宠，岁贡生。任永平卫知事，升通州左卫知事、太谷县主簿。赋性直介，以道自娱，甘贫守正，与人无忤，医药济人，乡人无贤愚，皆雅重之；三子，名显聘《墓表》。

[光绪《文登县志》卷八《人物一》]

隆庆

王显宠，太谷主簿。

[光绪《增修登州府志》卷四十一《贡生》]

效霞按：民国《太谷县志》卷一《官师表》载：万历四年（1576），王显宠任太谷主簿。

◎ 丛 兰 ◎

丛兰，字廷秀。幼嗜读书，自天官、三式、兵钤、医术、算数，靡不讨索。登弘治进士，官户科给事中。论中官梁芳、陈喜、汪直、韦兴罪，芳等以废。正德初，进左通政，出理延绥屯田。奏陈十事，刘瑾大恶之，矫旨严责。瑾诛，擢户部右侍郎，巡视庐、凤、滁、和，击斩赵景隆。召还，论功增俸一级，历迁南京工部尚书。卒，赠太子少保《一统志》。

旧《登州志》：丛兰，登弘治庚戌（1490）进士，授户科给事中。指斥权奸无所忌，进通政参议。经略紫荆、倒马等关，清察延绥屯田，疏事务十事，擢户部右侍郎兼佥都御史，总督宁夏粮储。诏回京，赐宴加俸荫子。癸酉（1513），北房入寇，复总督粮储，进右都御史，总制四镇，相度夷险，更定号令。中贵张永数短于上，不为动。未几，江汉盗起，改敕职专巡抚。主事王銮忤近侍下狱，兰奏论数百言，遂贯銮罪，人以为有回天之力。丁丑（1517），乌斯藏取佛，兰上疏毁佛氏。乞诏还，以端人心，疏留中不行。两淮大饥，奏留运粮数万石，立法赈贷，活万余人。赐蟒衣三袭，升南京工部尚书。乞归，赐敕褒谕。年六十八卒，祭葬如制。赠太子少保，祀乡贤祠。

《广舆记》：丛兰在谏垣十余年，遇事必言，言必尽中。虽忤旨下狱，志不少挫。既而经略紫荆，规画延绥，督理宁夏，巡抚庐、凤，总督宣、大，屡膺任使，未尝以艰避，而所至辄有绩，以南京工部尚书卒。

《明史》本传：丛兰，字廷秀。文登人。弘治三年进士，为户科给事中。中官梁芳、陈喜、汪直、韦兴，先以罪摈斥，复夤缘还京。兰因清宁宫灾，疏陈六事，极论芳等罪，诸人遂废。寻言：吏部遵诏书，请擢用建言诖误诸臣，而明旨不尽从，非所以示信。失仪被纠，请免送诏狱。畿内征徭繁重，富民规免，他户代之，宜厘正。章下所司。进兵科右给事中。都督佥事吴安以传奉得官，兰请罢之。时命拨团营军八千人修九门城濠，兰言：臣顷简营军，诏许专事训练，无复差拨，命下未几，旋复役之，如前诏何。遂罢遣。迁通政参议。小王子犯大同，命经略紫荆、倒马诸关塞，蹊隧可通敌骑者百十所。正德三年（1508），进左通政。明年冬，出理延绥屯田。安化王寘鐇反，兰奏陈十事，中言：文武官罚米者，鬻产不能偿。朝臣谪戍，刑官妄引新例锻炼成狱，没其家资。校尉遍行边塞，势焰薰灼，人不自保。刘瑾大恶之，矫旨严责。给事中张赞、御史汪赐等遂希旨劾兰。瑾方忧边事，置不问。数月，瑾诛，进通政使。俄擢户部右侍郎，督理三边军饷。六年，陕西巡抚都御史蓝章以四月寇乱移驻汉中。会河套有警，乃命兰兼管固、靖等处军务。兰上言：陕西起运粮草，数为大户侵牟，请委官押送。每镇请发内帑银数万，预卖粮草。御史张彧清出田亩，请蠲免子粒，如弘治十八年以前科则。灵州盐课，请照例开中，召商籴粮。军士折色，主者多克减，乞选委邻近有司散给。从之。是年冬，南畿及河南岁侵，命兰往赈。未赴而河北贼自宿迁渡河，将逼凤阳。乃命兰以本官巡视庐、凤、滁、和，兼理赈济。河南白莲贼赵景隆自称宋王，掠归德，兰遣指挥石坚、知州张思齐等击斩之。九月，贼平。论功赉金币，增俸一级，召还理部事。部无侍郎，缺，乃命添注。明年，大同有警，命巡视居庸、龙泉诸关。寻兼督宣、大军饷，进右都御史，总制宣、大、山东军务。令内地皆筑堡，寇至收保如塞下。寇五万骑自万全右卫趋蔚州大掠，又三万骑入平房南城，以失事停半岁俸。十年夏，改督漕运，寻兼巡抚江北。中官刘允取佛乌思藏，道兰境，入谒，辞不见。允需舟五百余艘、役夫万余人，兰驰疏极陈其害。不报。居四年，以事忤兵部尚书王琼，解漕务，专任巡抚。宁王宸濠反，兰移镇瓜州。十五年，迁南京工部尚书。世宗即位，御史陈克宅劾兰附江彬。帝以兰素清谨，释勿问。兰遂乞休去。卒，赠太子少保。

南京工部尚书赠太子少保丛公墓志铭

赐进士及第光禄大夫柱国少保兼太子太保吏部尚书谨身殿大学士知制诰经筵官国史总裁铅山费宏撰

南京工部尚书既捐馆舍，上闻讣震悼，赠公太子少保，赐二祭，命有司为营葬事。先是公配邢夫人之葬，已筑圹于青石冈之原，其子县学生磐将以嘉靖甲申年

（1524）九月二十一日，遵礼制启而合焉。持御史蓝君玉甫状，以公治命来征予铭。公之成进士也，予实滥竽文衡后，以宦寓邻，数往来，讲评道学，契谊益厚。公今已矣，思公不可见矣。铭岂忍辞！公讳兰，字廷秀，别号丰山。世为登州文登县人。祖讳实荣，父讳春，俱以公贵，累赠资政大夫、都察院右都御史。祖妣马氏、孙氏，妣刘氏，俱累赠夫人。公生而颖异，弱不好弄，惟耽玩经籍，甚于嗜炙，海滨无市本，往往手自抄录，夜诵达旦。以成化癸卯（1483）领乡荐，再试礼部不利，由都下鬻书，归，益加探讨。自天官、三式、兵钤、医术、算数之类，靡不究心。弘治庚戌登进士第，明年除户科给事中。巡光禄寺，见有司饬皇坛，供器疏，崇尚异教，为先朝遗弊，当亟罢。寻以外艰归。八年（1495），终丧，复职。巡房山诸草场，莅内军出纳，多所厘正。时灾异叠见，公言：消变当崇实行，今日之务，在惜人才，慎举措，恤畿民，抚边戎，警怠玩，杜贪残。元恶如中官汪直辈之阴图复用，奸贪如侍郎林凤辈之未见罢黜，左道如太常卿崔志端之紊乱旧章，皆宜惩处，以顺上天遏恶之命。寻升兵科右给事中。内降，以署都指挥吴安为都督，及边将姚信以失机获宥，皆极论之。大阅京营，与司马马公同心协议，务祛宿蠹。盖在科十余年，遇事必言，言则必尽。中官何文鼎以直言得罪，又尝合台谏救之。至于忤旨下狱，其志未尝少挫焉。十四年，升通政使司右参议。会以灾异求言，公又偕同官疏事列上。又明年，转左参议。适北边有警，经略紫荆等关塞，蹊隧可通敌骑者数百处。复以浮图峡峪岸创起敌楼，增戍兵，易将领，诸所筹虑，皆百年固守计，边人赖之。十八年，以内艰归。三年终丧，还朝，盖正德戊辰（1508）岁也。其秋，升右通政。庚午（1510）之春，逆瑾请遣官，规画边务，兼督粮储，清屯地，抽选军丁。而公得延绥，至则宁夏之变作矣。延绥人窃议汹汹，公入境，镇之以静，众乃少安。时方羲边功，命不时下，文武官以罚米赔粮系狱，久不克完，其谪戍除名没产者，多出锻炼考察之令，一岁至再三举行，边民以催征逋负逼迫逃窜，将家由武举进者，分隶各镇类，愁寂不能聊生，侦事之卒，纷纷四出，所过莫不危惧。公以为此数事，人心所甚不便，宜速改而不容缓者。疏至，诏悉行之。瑾衔其□已，欲中以祸，公处之如平时。数月，瑾诛。升通政使。未浃旬，以三边告乏，升户部右侍郎兼都察院左佥都御史，奉敕总督宁夏等处粮储。值岁旱，祷于群望，鞠冤系释之，三边皆雨。先是，开中盐引利，皆归于权右。及公来，无敢私谒商通，而事乃济。诸有补于边储者，皆一一条上行之。是年夏，又奉敕兼管固、靖等处军务。闻山东、河南群盗猖獗，念内地齐民猝遇兵变必不胜供亿之苦，亟疏于朝，请别处军饷，以纾民急。会朝议亦念中都地重，兵荒相仍，亟召公巡抚庐、凤、滁、和，并以赈济安之。七年春，至凤阳，贼已压境。公督吏士防遏沿河诸渡口，警报至，则躬擐甲胄，身先士卒，奔走邀击，俘斩三千余人，溺而死者数万，赈济所全活者又二万六千八百余口，抚释胁从男妇六百人。事闻，赐敕奖励，赍以金帛。秋九月，师还，老稚攀留满车下，为立生祠。还朝，论功，又升一级，荫一子为太学诸生，加赐金帛羊酒，宴于礼部。八年，又以边警，奉敕巡视西路诸关，兼督宣、大军饷。九年春，升右都御史，总制宣、大并山西偏头、宁武、雁门等关军务。再辞不允，乃行至边，相地设险，令内地居民各筑堡入保，亦如塞下。贼尝一再深入，公自驻阳和以当其冲，分部诸将十七人，伏兵要害，遣谍者往来传报，或觭或角，贼乃遁。我兵又据险邀之，斩获百有余级，虏酋伤右□而驰。捷闻，复赐敕奖励，然坐与监军不合，其功竟为所攘。十年闰四月，自军中还，命总督漕运兼巡抚凤阳诸郡，搜剔宿弊，改立条约。著《漕运录》行于时。权右以私贷诉赏，皆置不问，则相与毁之，遂罢都漕，专理巡抚。值岁饥，民多流亡，公奏截漕粟数万石，益以仓储赈之，所全活者视昔加两倍有奇。水曹王主事銮，以亢直忤中贵，系诏狱，公疏銮，当亟释。中官刘允以迎佛使乌思藏，诛求百计，势张甚。公豫檄有司，毋徇所欲。至淮谒入，公辞焉。遂疏，斥佛老无益。乞还，允勿遣。高墙庶人有逸而出者，公乞并释其无罪者，以笃亲亲。守备邱德以贪虐扰人，公禁之，德少戢。十四年，逆濠变起，公率兵御之江都，擒伪谍数百。武宗之南狩也，至境上见公。前任总制时逼桑乾堕水事，屡形顾问，递顿例有宴设，多侈费求媚者，公惟金酒卮一事，余皆瓷漆，进献物视他郡仅十一二。逆彬数有逸言，竟亦无他。十五年，以六年考满，进阶资德大夫，勋正治上卿。其冬，升南京工部尚书。闻报即乞归展垄，已决退休之计。明年，上继大统，方任耆旧。公三疏请老，不允。冬，以濠平复，升俸一级。嘉靖元年（1522），屡疏，上察其诚，乃允休，赐敕褒谕，且有月廪岁夫之给，士论高之。逾年而公不起，盖嘉靖癸未（1523）二月二十六日也，距所生景泰丙子（1456）十二月二十五日，享寿六十有八。配邢氏，封夫人。三子：长磬，次砻，次礜，俱用荫入太学生。继王氏，封夫人，一子曰罄；女三，其婿为太学生孙崇、于璋、宁海卫指挥王瀛。孙男四，长伯栋，府学生；次仲楫，次叔模，次季格。孙女四，长许聘浦御史之子之珠，余尚幼。公器度闳伟，才识英敏，所学期于经世，而言论足以发之。自筮仕以来，屡将使指经营四方，未尝以艰险避，威名在边塞，利泽在生民，功业在国家，可谓一代之名卿才大夫矣。而孝弟笃于家庭，信谊厚于交友，俭约廉慎，终始不易，又人所难及者。于铭允宜。铭曰：士类能言，用则或违，或优于易，剧乃弗宜。充位苟禄，何裨于时？于丰山翁，挟负实奇，才任应变，事察其几。昆吾之剑，切玉如泥，大宛之骥，尔云而驰。近之省闼，远之边陲，惟所任使，不计险夷。民苦盗警，我脱其危，民苦岁祲，我恤其饥。聚望攸属，天子依毗，烈烈勋名，弗愧常彝，勒之幽宫，爰永其垂。

[光绪《文登县志》卷八中《人物一》]

　　癸卯丛兰，庚戌进士，字廷秀，号丰山。文登人。刚介谨愨，天性孝友。稍长，即知务学，志节不群。尝曰：苟足以济人利物，虽一命之士亦可。初授户科给事中。首疏以斥异端，自是争论事宜，指斥权奸，如梁方、汪直、李广辈，抗论剀切，无少避忌。居父丧，哀毁逾制。服阕，转兵科右给事。痛革占隐宿弊，升通政参议。北虏犯塞，命经略紫荆、倒马等关。正德丙寅（1506），丁内艰，值岁大饥，尽输其余粟，以济贫旅，全活甚众。服阕，以右通政清查延绥屯田。时有窃弄政柄者，多事扰人，毅然不少曲从。《疏时务十事》曰：急赏赉以励人心，曰免刑陪，以宽职官；曰周顾虑，以作锐气；曰缓催征，以安逃窜；曰优武士，以召谋勇；曰升有功，以期后效；曰公考察，以黜贪酷；曰通坐派，以济供用；曰遵律条，以安士庶；曰禁校尉，以靖边方。逆瑾败，擢户部右侍郎兼佥都御史，总督宁夏粮储。未几，敕提督固、靖等处军务，益修戎政，边徼以宁。辛未，诏回京。适流贼猖獗，廷议以中都根本重地，命巡视之。乃奋忠义以倡士卒，贼至，俘斩及溺死者甚众。捷闻，赐敕奖谕。师旋，赐宴礼部，加俸荫子及金币之赐。霍丘为立生祠。癸酉，北虏入寇，巡视西路。宣、大有警，复总都粮饷。进右都御史，总制四镇。故事权要，多奏带参随，以图侥幸，公扬言于朝曰：吾将斥逐妄冒。由是，权要多怨谤。既至边，相度夷险，更定号令，后人咸遵守之。同事中贵张永辈恶其异己，阴令都督王瓛数毁于上，上亦廉其为诬，寻督漕政，兼巡抚。中贵不能干以私，益多毁之者。未几，以江洋盗起，易敕职专巡抚。丙子，主事王鎏忤近侍史，宣下狱，奏论数百言，遂贳鎏罪，复其官，人以为有回天之力。丁丑，中贵刘允往乌思藏取佛，入属境，札令守令促其行，且疏毁佛氏。乞召还，出使外夷内臣，以端人心。因留中不下。淮安，连岁不熟，奏留运粮数万余石，大发帑藏，及以义劝，亦几万金。立法赈贷，活者数万人。有《漕运录》行于世。平生不喜私谒，不置侧室。累疏求退，温诏勉慰闻。升南京工部尚书，遂东归。今上即位，升俸一级，具疏乞休，凡三上，乃赐敕褒谕。年六十八，以疾卒于家。祭葬如制，赠太子太保。嘉靖三年（1524），巡抚、都御史王公以司府县，议请以本主入乡贤祠。移文以"原议"载于《志》，今从之。

[嘉靖《宁海州志》卷下《选举第六》]

丛兰，成化癸卯（1483）举人，庚戌。历户科给事中。中官梁芳、陈喜、汪直、韦兴，先以罪摈斥，复夤缘还京。兰极论之，诸人遂废。迁通政司参议。小王子犯大同，命经略紫荆、倒马诸关塞。正德三年，安化王寘鐇反，兰奏陈十事。刘瑾大恶之。数月，瑾诛。进通政使，擢户部右侍郎，督理三边军饷。六年，河套有警，命兰兼管固、靖等处军务。冬，河北贼将逼凤阳，乃命兰以本官巡视庐、凤、滁、和。白莲贼赵景隆掠归德，遣兵，击斩之。贼平，召还。明年，大同有警，命巡视居庸、龙泉诸关，兼督宣、大军饷。进右都御史，总制宣、大、山东军务。十年，改督漕运，寻兼巡抚江北。中官刘允取佛乌思藏，驰疏极陈其害。不报。居四年，以事忤兵部尚书王琼，解漕务，专任巡抚。宁王宸濠反，移镇瓜州。十五年，迁南京工部尚书。乞归。卒，赐祭葬，赠太子太保，祀乡贤祠。墓在县东北一里。

[光绪《增修登州府志》卷三十九《进士》]

丛兰，字廷秀。文登人。弘治三年（1490）进士。为户科给事中。极论中官梁芳等罪，芳等遂废。又言畿内征徭繁重，富民规免，他户代之，宜厘正。章下所司。进兵科右给事中，都督佥事吴安以传奉得官，兰请罢之。时命拨团营军八千人修九门城壕，兰言：臣顷简阅军营，诏许专事训练，无复差拨，命下未几，旋复役之，如前诏何。遂罢遣。正德三年（1508），进右通政。明年，出理延绥屯田。安化王寘鐇反，兰奏陈十事，言忤刘瑾，瑾矫旨严责。数月，瑾诛。累进户部右侍郎，督理三边军饷。六年，河套有警，命兰兼管固、靖等处军务。兰上言：陕西起运粮草，数为大户侵牟，请委官押送军粮。折色，主者多尅减，乞选委邻近有司散给。从之。贼自宿迁渡河，将逼凤阳。命兰以本官巡视庐、凤、滁、和，兼理赈济。河南白莲贼赵景隆掠归德，兰遣指挥石坚、知州张思齐击斩之。召还理部事。明年，大同有警，命巡视居庸、龙泉诸关。进右都御史，总制宣、大、山东军务。令内地皆筑堡，寇至收保如塞下。十年，改督漕运，兼巡抚江北。忤兵部尚书王琼，解漕务，专任巡抚。十五年，迁南京工部尚书。世宗即位，御史劾兰附江彬。帝以兰素清谨，释勿问。兰遂乞休去。卒，赠太子太保。

[宣统《山东通志》卷一百五十九《人物志第十一·历代名臣》]

丛兰，山东宁海州文登县人。弘治庚戌进士。户部右侍郎。正德六年，以处置边饷至宁夏，治剧理繁周悉，公溥施举措，不动声色，而上下帖然。时饷道不通，边储不给，公尽心区画，事皆立办。由是，馈饷通融，而仓廪充实，用不告乏，人多赖之。

[弘治《宁夏新志》卷一《官吏》]

丛兰，字廷秀。山东文登县。弘治庚戌进士。户部右都御史，总制宣、大二镇，偏头等关军务。

[正德《大同府志》卷七《宦绩》]

丛兰，文登人。进士。以户部右侍郎督储粮饷，阅边至宁夏，治剧理烦，周悉不遗，仓廪充实，边人多赖之。

[康熙《陕西通志》卷十八上《名宦》]

丛兰，字廷秀。文登人。进士。正德十年（1515），总督漕运，寻兼巡抚江北。中官刘允取佛乌思藏，道淮安，入谒，辞不见。允需舟五百余艘、役夫万余人，兰驰疏极陈其害。不报。居四年，解漕务，专任巡抚。兰公明仁信，崇尚大体，搜宿弊，改条约。著《漕运录》若干卷《明史》本传。

[乾隆《淮安府志》卷十九《镇抚大吏》]

丛兰，字廷秀。文登人。正德间，以户部侍郎督理三边军饷，后兼管固、靖等处军务。兰上言：灵州盐课，请照例开中招商耀粮。军士折色，主者多尅减，乞选委邻近有司散给。并从之。

[嘉庆《灵州志迹》卷二《兵额营汛驿递志》]

丛兰，字廷秀。文登人。进士。正德十年任。中官刘允取佛乌思藏，道淮安，入谒，辞不见。允需舟五百余艘、役夫万余人，兰驰疏极陈其害。居数年，解漕运，专任巡抚。公明仁信，崇尚大体，披剔宿弊。著有《漕运录》。

[同治《重修山阳县志》卷五《职官·总漕部院》]

尚书丛兰墓，在县东北一里。

[嘉靖《宁海州志》卷上《冢墓》]

丛兰墓，在文登县东二里文山下。尚书。

[康熙《山东通志》卷二十一《陵墓·登州府》]

太子少保、南京工部尚书丛兰墓，在城东北一里青石冈。嘉靖间敕葬，翁仲、石兽俱存。墓门有石坊，镌"敕赐寿藏"四字。有谕祭文碑。

谕祭丛兰文曰：嘉靖四年（1525）五月十有二日，遣山东布政使司右参政王潮谕祭于南京工部尚书致仕丛兰曰：尔内外历历为国正卿，于兹考终，倏临奄奄，往劳在念，实轸朕怀，爰命有司载颁谕祭，尔灵不昧，庶克承之。又本年月日，遣山东布政使司右参政王潮谕祭于南京工部尚书致仕丛兰曰：尔惟才猷敏达，行履刚方。早发迹于贤科，首蜚英于司谏。银台晋秩，屡摅经画之谋，户侍升华，兼领巡抚之寄。边陲总制，夷虏畏威。漕运专权，军民感惠。迨勋庸之茂著，属资望之弥深。爰因廷荐之公，遂正冬卿之位。实司留务，益励操持，官历两京，禄增一品。雅俗方资其镇定，高情每切于归休，恳陈解于组之章，获遂明农之志，玺书示宠，昼锦增辉。宜逸老之□遗，胡讣音之奄至，载颁恤典，用表殊恩，特赐太子少保，锡之诰命。于戏！位联八座，志无负于平生，秩亚三孤，名永昭于奕世。英灵不昧，涣渥其承。

[光绪《文登县志》卷四下《冢墓》]

丛兰墓，在县东北二里。兰，明南京工部尚书。

优老堂，在县城内，明丛兰故居，今建为祠。

[宣统《山东通志》卷三十七《古迹四·文登县》]

《经略录》三册，丛兰撰。兰，字廷秀。文登人。弘治庚戌进士，历官南京工部尚书。是编见《传是楼书目》。考《明史》本传：小王子犯大同，命经略紫荆、倒马诸关塞，蹊隧可通敌骑者百十所。是编以"经略"命名，盖即其时所上奏疏也。

[宣统《山东通志》卷一百三十一《艺文志第十·史部·奏疏》]

◎ 田 播 ◎

田播，太医院吏目。

[光绪《增修登州府志》卷四十三《文职》]

◎ 刘大成 ◎

天启中，文登生员刘大成，以儒医耆德为乡党所推重，修学宫，凿泮池，得一石函，启之，有女骼、钗钏，为徙瘗北城隍下。次日，复得一瓶，中贮竹浆，外勒八语，曰：滨人花母，刘支竹浆，一匕济人，广嗣功长，南文焕发，北屋城隍，妥予之灵，他姓非然。自是，刘以竹浆施病者辄愈。后生六子，衣冠继世。

[光绪《增修登州府志》卷六十九《补遗》]

天启中，文登诸生刘大成，知医以笃行，为乡党所推，使董修学宫，因凿泮池，得一石函，启之，有女骼、钗钏，刘徙瘗北城隍上。次日，得一瓶，中贮竹浆，外勒八语云：滨人花母，刘支竹浆，一瘗济人，广嗣功长，南文焕发，北屋城隍，安予之灵，食报难量。刘以竹浆施病者辄愈。年八十。生六子，诸孙科第甚众。

[雍正《山东通志》卷三十六《杂记志》]

天启中，文登生员刘大成，以儒医耆德为乡党所推重，修学宫，凿泮池，得一石函，启之，有女骼、钗钏，为徙瘗北城隍下。次日，复得一瓶，中贮竹浆，外勒八语云：滨人花母，刘支竹浆，一匕济人，广嗣功长，南文焕发，北屋城隍，妥予之灵云云。自后，刘以浆施病者辄愈。享年八十余。生六子，诸孙科第甚众。

[宣统《山东通志》卷一百九十九《杂志上·异闻琐事》]

◎ 姜 葵 ◎

姜葵，通医理。人有疾病，葵辄以药治之，不求报，乡评重焉 天启《志》。

[光绪《文登县志》卷十《人物三》]

姜葵，清代文登县人。以医为业。

[《山东中医药志》第六篇《人物表》]

◎ 董清鸾 ◎

董清鸾，文山庙道人。晓方书，尤精灸法。其亲殁，结庐墓侧，哀慕三年，府道赐以粟帛，旌之曰"墨流知本"。

[光绪《文登县志》卷十二《释道》]

董清鸾，文山庙道人。性笃孝，亲殁，庐墓三年。

[光绪《增修登州府志》卷四十三《文职》]

清

◎ 刘一良 ◎

刘欣，字兴尧。樾茜子。顺治乙未（1655）进士，授兵部主事，晋本部郎中，历云南开化府知府，府所属无州县，无城郭，荒茅丛棘之间，杂集流户十余种，鸟言鴃面，言语不通，告以出租赋，奉期约，则若罔闻。欣化导十余年，若父母之保赤子，磨砻浸灌，久而豁然。时吴三桂王云南，擅作威福，朝廷号令不行于西南，欣弃官归。及吴逆蠢动，云南为贼窟，仕其地者，多被胁从。吴逆平，陷贼者多获戾，欣独获免，人以是服其先几之哲云。嗣子一良，字复菴。太学生。潜心经义，复精岐黄。问疾者接踵，深夜严寒，有求必应。有持谢者，虽微物，必力辞。宗党中有贫不能娶者，竭力相助，以延其嗣。晚年，好卜筮诸书，苦思冥搜，见一切占卜统贯于《易》，因宗邵子之说，会同群言，著有《周易研悦阙疑》二卷《家传》。

[光绪《文登县志》卷九《人物二》]

刘一良，以子孔昭封文林郎。

[光绪《登州府志》卷四十七《封赠》]

◎ 于丕绪 ◎

于昌绪，字庆源。惟诚子。年十六，入邑庠。为文古宕有奇气，学使赵佑器之，连擢优等。于书无所不窥，自天文、舆地、音乐、词曲外，书法古奥奇肆，妙绝一时。后以廪贡肄业。太学尚书铁保欲招置门下，诲其子弟，却之再三。曰：人贵适志，吾不能俯首贵人之门，与俗士共奔走伺候也。家近南城，学者称"南门先生"，因以自号焉。署淄川学教谕、即墨县训导。卒年八十四。弟丕绪，字仲恢。精医理，能于三年前诊脉而决人之生死。任医学训术《家传》。

[光绪《文登县志》卷九《人物二》]

文山书院，在南门内考院西，旧为崇文书院，康熙二十三年（1684）知县朱应文捐俸建。雍正间知县王维乾重修，乾隆四十六年（1781）知县何燧重修。五十三年，邑绅增修房屋数间，规模略具。嘉庆末，学舍倾圮，邑人于丕绪重为修葺，延师主讲，至今不废。计大门一间、东门房二间、西门房三间、二门一间、讲堂三间。堂之左，有古槐一株，诸生孙日敦手植，因名曰"孙公槐"。东西斋房各三间，讲堂后为山长住宅，正房三间、东西厢房各二间。正房后隙地三弓，北为界墙，西邻民舍，以墙为界，东则前后界连考院。同治五年（1866）知县陈汝楫重修大门，改为文山书院。原学田六百四十余亩，所收租粮为延师束脩。光绪十六年（1890）署县事许源清劝捐制钱一千六百千，发当生息，诸生始有膏火。

[光绪《文登县志》卷二《学校》]

◎ 林元礼 ◎

林元礼，字合美。赋性孤高，少习医术，兼精《易》数。不乐进取，惟以医术济人。与宁海州牧成永健，交最笃，成亦善《易》，相与参订《易解》，俱为成携去。晚年，著医书甚夥，已佚。

[光绪《文登县志》卷十上《人物三》]

林元礼，清代文登县人。以医知名一时。

[《山东中医药志》第六篇《人物表》]

◎ 刘凤朝 ◎

刘凤朝，业儒，精医理。凡诊视调理，不择贫富，耄年不衰，生活者难以数计。

[光绪《文登县志》卷十《人物三》]

刘凤朝，清代文登县人。好方脉，精医术。

[《山东中医药志》第六篇《人物表》]

◎ 张廷相 ◎

张廷相，字宁瞻。诸生。性敦厚乐善，以祖父世业医，专心探索，精于伤寒、虚痨二门，活人甚众，概不望报。尤好施药济人，行之多年，家产渐落。著有《医要心镜》二卷。

[光绪《文登县志》卷十上《人物三》]

张廷相，清代文登县人。工岐黄术。著有《医要心镜》，未刊。

[《山东中医药志》第六篇《人物表》]

◎ 杜成林 ◎

杜成林，字竹菴。诸生。精医术，全活无算，并不求报。年七十余，踵门求方者，络绎不绝。

[光绪《文登县志》卷十上《人物三》]

杜成林，字竹菴。清代文登县人。好方书，精医术。

[《山东中医药志》第六篇《人物表》]

◎ 吕体复 ◎

吕体复，字克亭。又新子。性孝友，乐善不倦。兄体震，候补吏目，卒于粤东。体复年方壮，即废书就道，兄榇得归。时西洋种痘法，甫入粤东，习其术，设局种痘。人不之信，委曲行之。登郡之种牛痘，自是始。居乡，力除赌博、烟馆，见人饥寒，不惮推解，朋友之无归者周之衣食，至老死不厌。劝人为善，反复开导之，以其言而父子亲兄弟睦者比比也。咸丰辛酉（1861），捻匪东窜，居民纷纷逃匿山谷间。体复独倡论御寇，募乡兵四百余人，先赴西山口。不二日，文、荣各村乡兵，齐集严防。九月初九日，贼兵到山口者蜂拥而上，乡兵御之，卒不得过，两邑安堵无恙，体复之力也。

[光绪《文登县志》卷十上《人物三》]

◎ 于诞登 ◎

于诞登，字云峰。业儒，考授天文生。天性仁孝，从父随堂祖克襄湖北道任，值发逆之乱，困于贼营。父危病濒死，诞登乘夜负父，冒险从贼围奔出，父亦渐愈，贼平方归。居乡尚品行，重廉让，事之不合礼者，永不言。与人交，辄以善行劝勉。家清贫，偶有小蓄，则周济饥寒。明医术，有病者乐往救之，不受谢。殁后，一乡皆惜之。

[光绪《文登县志》卷十上《人物三》]

◎ 毕安南 ◎

毕安南，字研农。岁贡生。聪慧过人，精医术，济人无算。又熟于堪舆之学，著《遣怀集》一卷。屏理气卦例诸说，专以形势为凭。开卷第一条，以郭璞"葬乘生气"一言，纲领全书，尤得要领。其论《龙穴》《砂水》诸篇，以生气之有无，明地理之吉凶。尝谓：理气总由后起，生气本于先天，理气终觉玄虚，生气确有征验。故其书平实近理，无术数家幻妄诸弊，能成一家言也。

[光绪《文登县志》卷十上《人物三》]

毕安南，清代文登县人。喜方书，以医为业。

[《山东中医药志》第六篇《人物表》]

◎ 王庐峰 ◎

太医院吏目王庐峰妾董氏。

[光绪《文登县志》卷十一《列女》]

◎ 宋清善 ◎

靖海卫庠生张鈖仙化道人宋清善墓碑

道人潍邑宋家窑旧家，以黄冠游东海，飘然杖履，识者知其不凡，栖迹刘家庵，以岐黄业济人，历寒暑弗辍。后复结庐于黄山集之南庵，数十年不易其辙，虽暮夜风雨中来求，辄应，未尝见有德色、有倦容。乡人数馈以粟，自啖糠秕，精凿者以购芝术。其存心□且□，其操行□且坚，非□□有之者邪！斯于康熙三十三年（1694）十月初九日，□契友□□□□示以将谢尘寰，谈笑□□□□仙逝。其形如生，不溃，不□，更不□，乡人德而不忘□□□坐棺安厝于斯山。□其生平，述其梗概，以志不朽云。康熙三十五年（1696）夏五月立。

[光绪《文登县志》卷十二《释道》]

◎ 丛柏栋 ◎

丛柏栋，字汝吉，号天东居士。从兰之长孙，府学生。生于富豪之门，无纨绔之姿态。性孝友，施仁惠于闾里，济急难于乡人。年五十一卒。著有《四时卫生一览》。

[《文登文史资料》第七辑]

[《文登学子著述录》]

◎ 董崇增 ◎

董崇增，文登县高村镇岭上董家村人。精通医术，著有《中药十八反演义》（现山东大学存手稿）。

[《文登学子著述录》]

民国

◎ 姜守仁 ◎

姜守仁（1857—1942），文登县人。以医知名于邑。

[《山东中医药志》第六篇《人物表》]

◎ 高登之 ◎

高登之（1913—1940），文登县泽头镇大洼村人。中学毕业后，即去江苏无锡针灸学校就学，毕业后回文登。1934年，加入中国共产党。先后在铺集村、郭格庄以开设药铺为名，做党的地下工作。通融中西医，针灸技术尤高，名闻四乡。1936

年8月参军，先后担任八路军牙山留守处秘书、八路军山东纵队五支队侦察科长等职。1940年古历三月初九日，在文登林村战斗中不幸被国民党军队所俘。敌军百般威胁引诱、严刑拷打，不为所动。敌人恼羞成怒，用铡刀将其杀害于葛家集村。

[《烟台市卫生志》第十二篇《传记》]

◎ 肖汉光 ◎

◎ 邵澍南 ◎

◎ 郭华南 ◎

◎ 曲立斋 ◎

◎ 荣德轩 ◎

◎ 林卫洲 ◎

◎ 姜振基 ◎

◎ 时可茂 ◎

民国时期，有名望的内科中医有文城"育生堂"的肖汉光、"卫生药室"的邵澍南、"半积堂"的郭华南、"万春和"的曲立斋、口子德轩药房的荣德轩、宋村"仁义堂"的林卫洲、济生药房的姜振基、侯家"修德堂"的时可茂等。

[《文登市卫生志》第五编《医疗技术》]

荣 成

清

◎ 董　樵 ◎

董烈妇孙氏传

刑部尚书王士禛

　　东海高士曰董樵，其为人磊砢负奇节。隐居盛山，久之，稍稍出游吴越、江淮间，卖药自给。予识樵在十五年之前，相遇广陵，别去又八九年。已（而）见诸京师，慨然谓予曰：樵不德，去年中子道广死，妇孙同日以身殉，死甚烈！徒以贫贱见格于有司，不得上闻于朝以表，暴于天下后世，吾负烈妇矣！言已泣下。予尝备官礼部，阐幽表贞，予职也；且念樵之意，有足悲，并作《董烈妇传》。

　　烈妇孙氏，栖霞人。诸生士彦子，归莱阳董樵子道广。樵客即墨而道广病。烈妇方归省父母，心动趋归。道广病且殆，烈妇瞑目绝饮食，矢必死。三日，道广死，烈妇从容告庙，与姑刘氏诀。刘晓大义，知事不可已。以头触壁，血流涕泗被面。烈妇弟仲桂长跪恸哭，请缓须臾死，弗听。或曰：前年叔死，娣不死，何居？烈妇曰：娣有遗腹，义不得死；吾无子，义当死，尚何言？顾仲桂曰：归语父母，勿过哀，女无以答劬劳，是所以报耳。遂自经死。康熙九年（1670）七月六日也。讣闻，其母哭之恸。士彦曰：有女如是，于吾足矣，何悲为？于是海岱间人莫不奇烈妇之节，而多士彦之贤者。

　　论曰：国家重伦常，崇教化，凡穷谷僻壤义烈之事，令有司条其状，岁以上闻。何其视匹夫、匹妇之行若是重与？勿亦以其有关人心世道而然与！唐李习之碑高愍女曰：赏一女子而天下劝，亦王化之大端也。奇节如烈妇，而使之湮没草莽，事不上于礼部，名不登于太常，谁之责与？谁之责与！

[道光《荣成县志》卷九《艺文》]

董樵，莱阳诸生。甲申后，弃家，居东海之西山，率四子道久、道广、道融、道东，躬耕著述，不求闻达。姜黄门埰赠联云：此地有伏龙，凤雏其人，如浑金璞玉。王相国言题其轩云：幸不碍云山。有"传"，见《艺文》。

[道光《荣成县志》卷八《流寓》]

董樵传

明姜埰

　　董樵，字亦樵。莱阳人。初名震起，自天下大乱，雅志林泉，慕古人牧豕采薪之风，因而易之。余弟垓见而言曰：昔靖难兵起，台州有东湖樵者，闻其事，沉沙而死。吾尝过其地，唏嘘累日，子何不字东湖？于是，别号东湖云。君之父，讳应雷。以明经三仕学博，即世所称词赋之宗，东皋子也。东皋先生，少年不得志，晚寄一毡，坎坷侘傺。家贫，尝不得饱藜藿。君日夜揽泣，及见先生，则又喜。或问之，君曰：吾忧父母之郁，郁自苦耳。父爱我，使父知之，将不忧子哉！先生闻之，相与抚背，大痛。母孙太孺人，从任婺源，病危笃，君侍粳糜、药饵，和衣卧床下累月，至虮虱生裈中，不自觉，卒感其妻左氏，割股活姑。直指使以其事上闻，表闾有加，语存《孝媳录》中。盖东皋先生，五岁而孤，事母异孝。母殁，哀毁呕血，里中长者皆谓先生他日当有孝子。既闻君事，莫不谓东皋先生之果有孝子也。甲申二月，余谪戍宣州，奔先卿丧次，旋有帝京之变，跟跄南渡，君别余于城南山墅，握手号恸，曰：吾得为明处士足矣。既余间道徒跣播离瓯。越后五年，奉母归故园，君已弃章披荷籽耜，屏居海陬之东矣。时方核南北缙绅流寓所在，邑令闻余名，迫余仕，固辞乃解。君兄弟二人，长青逵以门户单零为虑，迫君出试，移书责之，曰：姜黄门且出仕矣，奈何有一樵君？骇愕心疑，绝余不见，后乃知余固辞以免也。徒步访余，大哭，已而为余言曰：黄鹄千刃，其在南山之南、北山之北乎？君自遭乱后，变姓名，混迹弋钓，常织席为冠，象日月于上。一日，客文登，偕友渡河，值文邑令异之，脱其帽，见樵发不薙，欲置诸狱，得援救乃解。后乃移居东海之西山，与掖县赵伯濬先生结茅而隐，率诸子躬耕食力，足迹不入城市。生平博览群籍，工诗赋，其于星辰、象纬及太公、兵法诸书，无不洞悉精微。语有之"桂树冬荣"，此言大器之晚成也。又曰"行百里者半九十"，此言末路之难也。后乎此者，抑将何以测君哉！

[道光《荣成县志》卷九《艺文·传》]

董樵，初名震起，字樵谷。莱阳著姓。明季沧桑，弃诸生，日率其子采樵，非力不食，故以樵名焉。卓尔堪《遗民诗话》云：樵，磊落负奇气，人称东海夷吾。

[同治《重修宁海州志》卷二十一《流寓》]

董樵，应雷子。原名震起，明生员。入国朝，与掖人赵士喆，隐居成山之西山，更名樵，字樵谷。终身不出，诗有隽才，后多散佚，其传者为《西山诗存》。子四：道久、道广、道融、道东，皆躬耕读书，不求闻达。

[光绪《增修登州府志》卷四十三《文职》]

董樵，字亦樵。莱阳人。生员。初名震起，见天下乱，慕古人牧豕采薪之风，因而易之。同县姜垓谓曰：昔靖难兵起，台州有东湖樵者，沉沙而死，子何不字东湖？于是号东湖。甲申后，弃姓名，居成山之松椒，织席为冠，象日月于上。一日，客文登，值邑令异之，脱其帽，见髻未薙，欲置诸狱，得救乃解。与赵士喆结茅而居，率子弟躬耕而食，时或荷薪入市易米。樵博览群籍，星辰、象纬、兵法诸书，无不洞悉。其诗则得法于宋继澄，朱彝尊谓其合骚掩雅，惜不多传，福山鹿氏为刊行百四十五篇云。

[宣统《山东通志》卷一百六十七《人物志第十一·历代隐逸》]

董樵，原名震起。诸生。甲申后，移居文登。一日，荷薪入市易米，有绅士某邀于路，欲与语，樵弃薪道左，诡云：吾科头，当归取冠。竟去不返。绅士某取弃薪以归，曰：此高士所遗也。康熙间，游婺郡，闺秀倪仁吉高其人，制方竹为杖，遗之。子四：道久、道广、道融、道东，皆躬耕读书，不求闻达。樵，有"传"。

[民国《莱阳县志》卷三之一《隐逸》]

董茂才樵传

姜埰

董樵，字亦樵。山东莱阳人也。初名震起。自天下大乱，雅志林泉，慕古人牧豕采薪之风也，因而易之。余弟垓见而言曰：昔靖难兵起，台州有东湖樵者，闻其事，沉沙而死。吾尝过其地，唏嘘累日，子何不字东湖？于是别号东湖云。其先，广川子之裔。宣和中，有占籍于海上者，至三公而姓始著。又五传，生恭，恭生麟，任平凉府司理。麟弟珍，生大儒，大儒生景明，景明生永贞，邑庠生。永贞生应雷，崇祯中，以明经三仕学博，即世所称词赋之宗，东皋子董先生者也，是为君父。东皋先生，少年不得志，晚寄一毡，坎坷侘傺。家贫，尝不得饱藜藿。君日夜揽泣，不自抑，然及见先生，则又喜。或问之，君曰：吾忧父之郁，郁自苦耳。父爱我，使父知之，将不忧子哉！先生闻之，相与抚臂，大泣。母孙太孺人，从任婺源。一日，病危笃，君侍粳糜、药饵，和衣卧床下累月，至虮虱生裤中，不自觉，卒感其妻左氏，割骨活姑。当是时，直指使以其事上于天子，表闾有加，语在《孝媳录》中。盖东皋先生，生五岁而孤，事母异孝。母死，哀毁呕血，里中长者皆谓先生他日当有孝子。既闻君事，又莫不谓东皋先生之果有孝子也。甲申二月，余谪戍宣州，奔先卿丧次，旋有帝京之变，跟跄南渡，君别余于城南山墅，握手号恸，曰：吾得为明处士足矣。既余间道徒跣播离瓯。越后五年，奉母归故园，君已弃章被荷籽粗，屏居于海陬之东矣。时方核南北缙绅流寓所在，邑令闻予名于上，迫余仕，固辞乃解。君兄弟二人，长青逵以门户单零为虑，迫君出试，移书责之，曰：姜黄门且仕矣，奈何有一樵君？骇愕心疑余，绝余不见，后乃知余固辞以免也。徒步访余，大哭，已而言曰：君以母故来弋者之慕，黄鹄千仞，其在南山之南、北山之北乎？君自遭乱后，变姓名，混迹弋钓，尝织草为冠，象日月于上。一日，客文登，偕友渡河，文登令三韩人其子骑而过，见君冠，异之发，使下冠，君以发故，不肯下冠，令子卒手下冠，冠下发见，又异之左右，曰：此狂生，舍之。既行，君笑之，又谇诟之。左右告令子，令子怒曰：而当杀，我不杀，而反谇诟我？趣左右，榜之城，以告令，令呼入，君长立堂下，不拜。令曰：何处来此戆骏？使使尽去君发，曳之出。将出，公以手摩顶，仰天而叹曰：噫！五年苦心，顿丧若手。左右又告令，令怒曰：若自爱死耶？收下狱，白大吏。当是时，文登缙绅先生无不知君，皆来奔告令，或载酒为君治具，咸谓之狂生，以故事得已。君既免，忽忽不乐，再迁于东海之西山，与北海赵先生结茅而隐。赵先生者，名士喆，字伯濬。博物强志，著书万言行世。殁之后，门人私谥曰"文潜先生"云。君在东海十年，不入故县城市。余以母故，居故县。自沧桑既改，县之人索人金帛以为常。余官时，未尝有环堵之宫、一亩之田，而县之人索人金帛者，揣余不肯屈长吏，曰：是其先世某丘垅，出吾高祖，或祖负予值。又曰：是其伯叔季数十年，或数年负予值。初闻其言，惊甚，置之索金帛者，大怒，肉袒，呼于门，曰：而其饱吾拳。再曰：何与而言，而不闻县之人之京师告变者某某，其人长系累岁破家，陷大僇耶？县之人群索人金帛者曰：是当责券。其不索人金帛者，又慑于索金帛者，终不出一言为折白。君尝见余陷豪贵家，日食饘粥二盂，十夜不贴席，心怜余且死，奔县解祸。时君黄冠方袍，出入街巷，县中人指之曰：此固董生，宁讵作道士？久之，遂向君索金帛，而时有姗笑君者，曰：君岂能为姜黄门尚有董道士为之解难息争乎？君博览群籍，工诗赋，其于星辰、象纬之书及太公、兵法，无不洞悉精微。尝曰：即吾死，岂能死儿女子乎？语曰"桂树冬荣"，此言大器之晚成也。又曰"行百里者半九十"，此言末路之难也。后乎此者，亦将何以测君哉！

论曰：丁酉春，君访余于真州武林，戴苍为君写小像，因语余曰：先生固董氏乘龙客，何可不为董生作传？二月四日，君别余，走句曲。越二日初六，为先卿忌辰，余哀恸之余，染翰立就。盖君既知先卿之节烈，心慕先卿故情同，而文生且作君传，又能不哀恸耶！

[民国《莱阳县志》卷三之三上《艺文·传》]

西山，城西南二十五里。国初，董樵隐处。有柳港、绿堆、梅花岭、鸣琴涧诸胜。

[道光《荣成县志》卷一《山川》]

松椒山，俗讹为嵩焦，在城阴乡嵩焦社，中有松椒院、海云院，明末义士赵士喆、董樵初隐于此。

[同治《重修宁海州志》卷二《山水》]

赵、董两义士避地处，按：掖县赵伯濬士喆、莱阳董樵谷樵，先后避地松椒，在州南松椒社，山水奇秀如画图，俗讹称为嵩焦，州牧某恶"焦"字，复改为嵩阳社，而松椒之名亦失，故渔洋山人漫以文登之西山当之_{张钟峰崧云：松椒在宁海之西南乡，与莱阳接界，故樵以为不深而去之成山之西山。今文登人多误以西山为松椒山，非是。}

[同治《重修宁海州志》卷二《古迹》]

松椒山，在州西南八十里。俗讹为嵩焦。国初，掖县赵士喆、莱阳董樵偕隐于此，后东去成山。《池北偶谈》云：松椒即成山之西山。误矣。

[光绪《增修登州府志》卷三《山川·宁海州》]

松椒山，在县西南八十余里。明季，掖县赵伯濬士喆、莱阳董樵谷樵，先后避地松椒，山水奇秀如画图，俗讹为嵩焦，州牧某恶"焦"字，复改为嵩阳社，而松椒之名亦失，故渔洋山人漫以文登之西山当之。张钟峰云：松椒在宁海之西南乡，与莱阳接界，故樵以为不深，而去之成山之西山。今文登人多误以西山为松椒山，非是。

[民国《牟平县志》卷一《山水》]

发云寺，在铎山。《州志》作松椒院，谓即董樵隐处。殊误。

[光绪《增修登州府志》卷十五《寺观·宁海州》]

松椒院，在松椒山之麓。明季，赵文潜先生尝居焉。一时，董樵挟眷属偕隐，土人至今能道之，而渔洋《池北偶谈》谓松椒即成山之西山，殆未及详考耳。

[同治《重修宁海州志》卷九《寺观》]

《董氏遗稿》，董樵著。樵，原名震起，字樵谷。明诸生。所著有《南游草》《岱游草》《贾游草》《入山偶存》《燕山稿》《还山稿》《耦耕堂稿》，今皆不存。朱彝尊谓其合雅掩骚，惜不多传。

[民国《莱阳县志》卷三之三中《艺文·著述》]

《西山诗存》，董樵撰。樵，字亦樵，一名鼍，字樵谷，号东湖。应雷子。明诸生。《府志》樵传云：原名震起。入国朝，与掖人赵士喆隐居成山之西山，更名樵。诗有隽才，后多散佚，其传者为《西山诗存》。《渔洋诗话》曰：董樵《江东怀古诗》云：春风呜咽鸣珂地，寒雨凄凉散蜡辰。又，春风公瑾墓，细雨吕蒙城。樵有《诗》三四十卷，属余论定，未及报而樵卒。《静志居诗话》"董樵"一条云：其诗合骚掩雅，惜不多传。按：《山左诗钞》云：樵有《南游》《岱游》《贾游》诸草，《入山偶存》《燕台还山》《耦耕堂》诸诗，殆即渔洋所称三四十卷，而《府志》谓其后多散佚者也又据《渠亭文稿·跋董樵西山诗》称"乙卯冬日，过我茅斋，偶胠其箧，得《游山十律》，快读数过，亟付梓人"云云，度《十律》即在《西山诗存》中。

[宣统《山东通志》卷一百四十三《艺文志第十·集部·别集》]

效霞按：王士禛在为董樵儿媳所作《董烈妇孙氏传》中云："出游吴越、江淮间，卖药自给。"于是遂将其作为"儒而知医"者。余乃遍查各地方志，竟无一有董樵与医药有关者。王士禛与董樵相识，其言当不为虚，故附列于此，识者鉴之。

◎ 李理礼 ◎

李半仙，名理礼，字友三。邑人。少居京师，长归东海，卖药自给，遂为道士。生平与人无竞，虽横逆之来，旁观多不平，处之坦然，惟见人污秽字纸，则怒形于色，折字奇中。晚年，居仙姑顶。一夜，山下诸村，闻山上笙箫之声，早起登山视之，道人瞑矣。

[道光《荣成县志》卷十《仙释》]

仙姑顶庙，在县西南七十五里。邑人李理义，字友三。卖药自给，遂为道士，人呼为"李半仙",晚年居此。一夜,村人闻山上笙箫声,早起登山视之,已瞑矣。

[光绪《增修登州府志》卷十五《寺观》]

效霞按:道光《荣成县志》与光绪《增修登州府志》关于李半仙之记载,其字相同,均为"友三",而名则不同,一为"理礼",一为"理义",当作"理礼"为是。字"友三"之"三",取义于"三礼"也。

◎ 刘培埙 ◎

刘培埙,清代荣城县人。以医术知名。

[《山东中医药志》第六篇《人物表》]

◎ 孙曰福 ◎

孙曰福,清代荣城县人。工医术。活人无算。

[《山东中医药志》第六篇《人物表》]

◎ 王茂隆 ◎

王茂隆,清代荣城县人。以医名于时。

[《山东中医药志》第六篇《人物表》]

◎ 杨培仁 ◎

杨培仁,清代荣城县人。好方书,工医术。

[《山东中医药志》第六篇《人物表》]

◎ 孔昭明 ◎

孔昭明,清代荣城县人。以医闻名于时。

[《山东中医药志》第六篇《人物表》]

◎ 王嘉标 ◎

王嘉标,清代荣城县人。以工岐黄术知名。

[《山东中医药志》第六篇《人物表》]

◎ 陈象瀛 ◎

陈象瀛，清代荣城县人。工于医。

[《山东中医药志》第六篇《人物表》]

◎ 唐鼎元 ◎

唐鼎元，清代荣城县人。业医。

[《山东中医药志》第六篇《人物表》]

乳 山

元

◎ 王玉阳 ◎

王玉阳（1142—1217），名处一，号玉阳。据考，乡居在冯家镇一带。金大定八年（1168），遇道教全真派创始人王重阳，请为弟子，从师至烟霞洞，"授以正法三十有六"。后独去文登铁槎山（今属荣成市）云光洞结庵修炼，常赤脚往来于砺石荆棘，人称"铁脚仙人"。金大定二十七年，奉诏进京为世宗皇帝讲道，凡所应对，无不时中。世宗"延问修真之道，就御果园建道院，给三品俸，敕充生辰醮高功主，赐冠简紫衣"，悉表而辞之。未几，恳求还山，世宗"不讳其志"，仍赐钱二十万为回山盘费。家乡道徒、百姓闻其归乡，"千百相率，前十余舍遮道欢迎，不令他适"。遂在圣水岩结茅为庵，行道修炼，收弟子三百余，创立全真教嵛山派。承安二年（1197），章宗皇帝召玉阳进京，问养身之道，"以无为清静少私寡欲为对"。复问教法规仪治国之道，"以雅对，妙沃帝心"。帝特赐号"体玄大师"，并再旨留京主持修真观，再辞，求还山。帝许之，乃赐道经一藏，"绫罗绢各两千匹，月给斋厨钱二百锱"，并牒敕圣水庵为"玉虚观"。还山后，约集"善众门人""献木""献谷""施财"，"剪荆芟草，夷峻堙谷"，修建玉虚观，时为北方三大道观之一。居玉虚观二十余年，三次受帝王诏见。卒时，"乃沐浴冠带，焚香朝礼而逝"。生前著作有《云光集》《清真集》行世，其中《云光集》辑诗、词、歌、赋六百余篇，被收入《道藏》，为传播和发展其教派，确立全真教在全国道教中的主导地位起到了重要作用。

[《乳山市志》第三十编《名人传记》]

王玉阳，名处一。东牟人。《显异录》云：王重阳授以道法三十有六。今其墓，在圣水岩。

[嘉靖《宁海州志》卷下《异端》]

王玉阳，字处一。东牟人。金大定间，侍重阳子，居烟霞洞修真，重阳授以道法三十六卷，载《显异录》。后以烟霞人迹杂居，徙居槎山，构屋居焉。一日，游山之西，爱其巉岩，自成一洞，名曰"千真"，至今宛然。

[康熙《靖海卫志》卷十《流寓》]

王玉阳，传曰：王处一，号玉阳。宁海州人。母周氏孕时，夜梦红霞绕身，惊寤而生。儿时，游戏山中，遇一老人，坐大石上，谓之曰：子异日扬名帝阙，为道教宗主。大定八年，遇重阳师，请为弟子，从师至烟霞洞，授以正法三十有六。据《郡志》谓俱载《显异录》中，然今不可考。惟邱长春为真人赞曰：时时谈祸福，征验默通神。可谓崇信之至矣。真人独在文登铁槎山结庵修炼。重阳与丹阳辈，行龙泉道中，是日方炽，重阳执伞，忽腾空去，自辰至晡，其伞坠于真人庵前，伞上有重阳手字，龙泉距铁槎二百里，人咸异之。真人隐于云光洞，常临危岸，翘足驻之，不移者数日，人号为铁脚仙人云。二十七年，金世宗征，赴阙，凡所应对，无不时中。章宗二年（1191），复征，见于便殿，问曰：凡有所问而辄知之，何也？对曰：镜明犹能鉴物，况天地之鉴，无幽不烛，何物可逃？所谓天地之鉴，即自己灵明之妙也。章宗叹曰：清明在躬，志气如神，先生之谓也。明年，施道经一藏，驿送还玉虚观。观之水洞前有大石，斜出数丈，俯其下，过者惧怯，众欲凿去，攻之数日，仅去百分之一。真人笑曰：汝等安能办此？遂躬诣其旁，运锤三击，声若雷霆，响振岩谷，其石即坠，见者悚然。明年四月，每语门人曰：群仙已我约矣！乃沐浴冠带，焚香朝礼而逝。有《云光集》行世。

论曰：真人，盖重阳传法弟子也。然玩其对金主之言，谓天地之鉴，即自己灵明，岂第以法术显者？其中之空洞可知也。按：登郡志载：郡有画桥，高峻难登，重阳语人曰：此桥逢河必败。人妄意他日必遭水浸没者。已而何邦彦为郡守易之，是遵何法而能先知哉？毋亦空中声响，不期而应者与。

[同治《重修宁海州志》卷二十六《仙释》]

王玉阳，名处一。东牟人。爱浮山林泉之胜，创圣水庵居之，金大定间付弟子孙道古为住持，而自往昆嵛之烟霞洞，侍重阳子，重阳授以道法三十六卷。后以烟霞人迹杂沓，徙居槎山，自成一洞，名曰"全真士人"讹呼为千真洞，俗僧妄镌佛像于石壁，改为千佛洞。

[道光《荣成县志》卷十《仙释》]

王玉阳，名处一。东牟人。金大定间，侍重阳子，居昆嵛山烟霞洞修仙，重阳授以道法三十有六。俱载《显异录》。

[嘉靖《山东通志》卷三十四《仙释》]
[康熙《山东通志》卷四十七《仙释》]

王玉阳，东牟人。名处一。遇重阳子，授道法三十六卷，修真于昆嵛山之烟霞洞。尝临危崖，翘足驻立，人目为铁脚仙人。承安中，召见，问先生事能前知，何也？对曰：镜明自能鉴物，此在自己之灵明耳。兴定末，蜕逝。至元中，赠玉阳体玄广度真人。

[雍正《山东通志》卷三十《仙释志》]

王玉阳，名处一。东牟人。大定间，侍重阳子，居昆嵛山烟霞洞修仙，重阳子授以道法三十有六。其事俱载《显异录》中。

[宣统《山东通志》卷二百《杂志下·仙释》]

圣水岩，在州东南一百二十里。贞元三年（1155），牟平令获白鹿于此，以献。朝散大夫国称记曰：水不见发源，但嵌嵚之下，裂石而出，激激如线，味甘冷且清，春秋不变，水旱不知，不产蛙龟。上有元敕赐"王玉阳玉虚观"。

[嘉靖《宁海州志》卷上《山川》]

圣水岩，在州东南一百二十里。山麓有玉虚观，金大定间，王玉阳于此修真得道术。观旁石罅有灵泉，澄澈见底，曰圣水。贞祐中，朝散大夫国称撰碑文纪其胜，文登进士王良臣书丹，楷法精严，不咸柳少师。记见《艺文》。元初，敕赐额。贞元三年，县尹尝获白鹿于此。

[同治《重修宁海州志》卷二《山水》]

圣水岩，在州东南一百二十里。山麓有圣水泉，自石罅出，澄澈见底，东西有二源，一停一注，十二年一周，叠相更代。天将雨，则滴滴溅人衣裾，卜阴晴屡验，故曰"圣水"。上镌王玉阳题"圣水岩"三字，旁有圣水洞，为玉阳修道处，上镌"玉阳洞天"四字。洞平旷幽邃，可坐百人，中有石像。

[光绪《增修登州府志》卷三《山川·宁海州》]

圣水岩，在县东南一百一十里。《元史·五行志》：元贞三年正月，宁海州牟平县获白鹿于圣水山以献。"圣水"亦作"胜水"，谓之"圣水"者，金朝散大夫国称记曰：水不见发源，但嵌崁之下，裂石而出，激激如线，味甘冷，春秋不变，水旱不知，不产蛙龟也。山为王玉阳修炼处，金元时道院最盛，元好问《怀州清真观记》云：天下道院，武官为之冠，滨都次之，圣水又次之。今土人呼此地为圣水宫。山水幽深，林木茂美，中有紫气谷、石燕坡、鸣钟岩、佛头峰、二姑顶诸名胜。

[民国《牟平县志》卷一《山水》]

铁槎山，在县南一百二十里，靖海司东南十六里。山连九峰，南瞰大海，其巅有龙巢，石上龙迹宛然。又有龙池，大旱不涸。有千真洞，壁上镌石佛千余，皆嵌于坎内，一名千佛洞。东有云光洞，为王玉阳修道处。南麓有水帘洞，半浸海中，洞内有石珠二，将大风雨，辄激荡有声如雷，土人闻之，以卜阴晴。每岁元旦，水必退，可步至洞门外，窥之窅然无际，过日则水势汪洋，舟人第遥望而已。洞门镌"水帘洞"三字。《齐乘》云：文登正南铁查山，东连斥山，甚奇秀，《图经》弗载，岂古与斥山为一欤？

[光绪《增修登州府志》卷三《山川·文登县》]

牛仙山，在城东南五十里，即《魏书·地形志》之牛耳山，后改名平山。旧志无名，真人结庵于此，乘牛得仙，乡人称为牛仙，因改为牛仙山。唐顺之《左编》：王玉阳初居牛仙山。即此。

[光绪《文登县志》卷一上《山川》]

玉虚观，在圣水岩。金朝散大夫国称记略：昆嵛之南，秀色可餐，林壑尤美者，圣水岩也。大定丁未，世宗召王玉阳于此，给三品俸，敕克生辰，醮高功主，赐冠简紫衣，悉表辞。未几，恳求还山，里人欢迎，不令他适，遂结茅于兹。世宗不豫，复遣使迎，玉阳曰：来之晚矣。至涿鄗，哀诏果下。自是，东归承安。丁巳，章宗遣近侍征以安车，问养身之道，以"无为清净、少私寡欲"为对，赐赍甚厚，以亲老辞归，帝许之。门人于道润等入谢礼部，因赐"玉虚观"额。

[嘉靖《宁海州志》卷上《寺观》]

玉虚观，在州东南圣水岩下。金大定间，王玉阳修炼于此。承安二年（1197），敕赐额曰"玉虚"。崇庆二年（1212），又赐额曰"玉真"。贞祐二年（1214），真人弟子解道枢、朱景逸重修。

[光绪《增修登州府志》卷十五《寺观·宁海州》]

玉虚观，在县东南百里圣水岩。金大定间，王玉阳修炼于此。承安二年，敕牒赐额曰"玉虚观"。崇庆二年，又敕赐牒曰"玉真观"（即万寿宫）。金贞祐二年重修，有碑。地多名胜，最奇者为圣水泉，在观侧，甘洌澄澈，玉阳真人所浚也。上有石刻"圣水岩""玉阳洞天"数字，均系玉阳亲笔。泉侧有洞，中坐石像一尊。

[民国《牟平县志》卷二《古迹》]

灵源观，在贵岭之麓。元初，道士王志全建。志全，邑人。为冲虚大师弟，号虚元大师。又尝事邱长春、王玉阳、郝太古。后建此观，以居其弟子。崇和大师战道清及宋道静、赵志云、程志静等碑，尚可考。

[光绪《增修登州府志》卷十五《寺观·黄县》]

唐四仙姑，州人金正隆间修真于昆嵛山中，结庵独居，王玉阳欲师之，曰：我非汝师，数日后，汝师当来，号重阳子。既而重阳果至，姑后仙蜕于烟霞之清风岭，葬焉。元泰定初，敕赠"寓真资化顺道真人"。五年（1160），凿石龛于坟上。

[光绪《增修登州府志》卷十五《寺观·宁海州》]

天宝宫，在学宫后，王玉阳曾居之。久废。

[光绪《增修登州府志》卷十五《寺观·文登县》]

天宝宫，在城内常平仓后。金时，王玉阳居之，久废。今北城犹以天宝宫名街，亦曰北宫。按：修真观，泰定二年重修碑，题名有"天宝宫，提点孙道坚"。元时犹存宫，盖废于明。

[光绪《文登县志》卷四上《寺观》]

修真观，在城东南三十里鸺鹠山下，有元泰定二年重修碑。撰文为敕授，从事郎某，姓氏已剥。文云：通妙大师王道深，本邑城南车河庄人。七岁，师道士王志谨于铁槎山云光洞延寿宫，其宫乃玉阳真君得道之所。圣水、玉虚、万寿宫之派道深，后为栖霞县道官威仪。文登东南三十里有山曰鸺鹠，旧有修真观，耆宿王世贤请道深住持斯观。观之创始，辛亥年以前。有云：水道人姜志空以鸺鹠山三面环掩，草木森秀，泉甘土肥，居民于氏故地，值兵革散亡，志空货为道观，名曰修真，从此始也。道深重修殿庑，绘饰圣像，刻石以传不朽修真观，复有万历三十二年（1604）重修碑。云：是观为王玉阳练性古刹地。汉时敕建，再修于元泰定二年，万历间道士王太元重修。考泰定二年碑云：道士王道深出家于云光洞之延寿宫，宫乃王玉阳得道之所，非谓修真观也。误读元碑，以致文词荒谬。至谓观为汉时敕建，尤属无稽。元碑明云：辛亥年以前，道人姜志空买于氏地为观，则观之创始，盖在金末元初，何云汉时敕建耶。

萃真庵，在䴔䴖山后。旧志作"摧阵"，其钟铭作"萃真"，旧志误也。创始无考，有道光五年（1825）重修碑，云：山前之修真观，或以为王玉阳所名萃真，正与之仿此。正为万历碑文所误，玉阳未尝至修真观也。萃真碑，不知有䴔䴖山名，名曰金岭山。

延寿宫，在城东南一百二十里。旧为王玉阳得道处。玉阳，东牟人。金大定间，师重阳子于崑崙山之烟霞洞，后徙居槎山，构屋居焉。宫自元历明，屡经修葺。万历间重修之后，二百余年渐就倾圮，道人王义善慨然独任其事，经营四五年，自三清、真武、关帝、药王诸殿以及山门、道舍，轮奂如故，人伟其功，见光绪八年（1882）重修碑。

[光绪《文登县志》卷四中《寺观》]

圣水庵，在县西南浮山，王玉阳创建。金大定间，付弟子孙道古，而自往崑崙烟，霞洞侍重阳子。

浮山，城西南五十里。水出山腹，清洁澄泓，名圣水。王玉阳构庵其中，东抵苍龙山，南际赤凤岭，西及虎头崖，北接玉龟顶，丹嶂翠壑，具林泉之胜，庵前有元人诸碑记。

[道光《荣成县志》卷一《山川》]

玉清宫，在县西南七十里，元至元间建，大德十二年（1292）重修。邑人孙彬，金泰和间师王玉阳，受名道古。及建此宫，乏大木，一夜梦人报云：北海有大木可为梁。即起，走至海滨，忽风，拥三椤木至，人以为神，号为贞晦真人。

[光绪《增修登州府志》卷十五《寺观·荣成县》]

《云光集》，金王玉阳撰。章宗时，邀御览，敕入《道藏》部。

[同治《重修宁海州志》卷二十五《著述》]

日 照

明

◎ 胡承烈 ◎

胡承烈，字知菴。安东卫人。少孤力学。任临安通判，以循良称，擢知蕲州，致政归。年七十余，日以诗书训子弟，言动则古称先，阴阳、医药，无所不通。所著有《与鸟亭集》《多畏集》《识畜编》。

［康熙《青州府志》卷十五《儒林》］

胡承烈，杭州府通判，升蕲州知州，有治声。

［光绪《日照县志》卷六《五贡》］

胡承烈，官至蕲州知州。

［乾隆《沂州府志》卷二十三《贡士》］

胡承烈，山东岁贡。（天启）六年（1626）任。

［咸丰《蕲州志》卷七《文秩》］

［光绪《蕲州志》卷七《职官》］

东山望海

胡承烈

万峰高处任凭栏，大海东流纵目宽。碧石如屏山有壁，远帆入画水无澜。呼童早至白云起，别客归来落日看。一醉不知行乐处，梦中应忆此时欢。

［光绪《日照县志》卷十一《诗》］

清

◎ 刘　钟 ◎

刘钟，字元音。日照武庠。幼病虚怯、吐血。孝友好施。父母相距月余双亡，庐墓三年。田产以美者让兄，又除己地二顷与长侄，仍为盖瓦宅一区。常作药饵施人。雍正九年（1731），大饥，穄每石价钱三千，钟施百石。又买男女三十余名，衣食之丰年，各给原主。次年，施棺百口，捐穄四十石。官募修普济堂，钟捐十之七八。又施义学于两城，延师设教，约费钱二百千。乾隆二年（1737），赈本族大麦二十石。乾隆四年，沂州饥，亲至被灾最甚之处，施银六十两。又捐赈本县普济堂杂粮二十石，又建关帝庙二三座、漏泽园二三处。乾隆七年，应试阙里，至白马关，见其路崎岖，觅修之。凡亲友贫乏者，年间各有赠。乾隆九年，修大寺，捐银百两，又捐银修文庙。年老，血病顿愈。知县李孕昌标其名于旌善亭，知县彭宗古举乡饮介宾。

[乾隆《沂州府志》卷二十六《耆德》]

刘钟，字元音。武生。孝友性成，乐善好施。父母相继殁，庐墓三年。析产以腴田让兄。雍正九年，饥且疫，散粮石，施棺椁，收养奴仆，丰年各还其家。又增修学宫，设义塾，建祠宇，施义冢地数区，修治道路以济行人，卓卓善行，不可胜纪。邑令李孕昌表其名于旌善亭，举乡饮介宾事详《沂州府志》。

[光绪《日照县志》卷八《人物志》]

◎ 李建中 ◎

李建中，字绍唐。岁贡生。笃于内行，以孝友称。工书翰，精绘事，尤娴吟咏，书写性情，老而弥笃。非公事，不履城市。晚精医术，著有《初学指南》《医法心参》《丛桂山房诗集》。

[光绪《日照县志》卷八《人物志》]

李建中，字绍唐。明代日照人。贡生。精医术，工书画，善诗词。著有《初学指南》《医法心参》《丛桂山房诗集》，未刊。

[《山东中医药志》第六篇《人物表》]

李建中，（乾隆）庚戌（1790）。有"传"。

[光绪《日照县志》卷六《选举》]

《丛桂山房诗集》，李建中撰。建中有《初学指南》，见子部医家类。《县志》本传载是集云：抒写性情，老而弥笃。

[宣统《山东通志》卷一百四十五下《艺文志第十·集部·别集》]

同登奎山望海

李建中

雅有凌云意，登临喜见招；沧溟浮碧落，孤岫出重霄；岚气沾衣薄，潮声撼浦遥；夕阳风物好，几处见渔樵。

[光绪《日照县志》卷十一《艺文》]

◎ 丁 然 ◎

丁然，字亦山，号静轩。恩贡生。赋性纯厚，事亲色养承欢，兄弟同居六十年，怡怡如也。督课子弟，事事求躬行。宗党有义举，必详焉经画以底于成。岁大饥，施粥捐粮，全活甚众。晚精医术，药饵兼施。每岁除，必省一年过失，常惕曰：年来所失，视往昔较少，正恐即此是过，得毋不能知非乎。人以天地之心为心，无不爱之人物；以祖宗之心为心，无不爱之宗族；以父母之心为心，无不爱之兄弟。先正格言，未尝一日敢忘也。数世守其遗训。子垲玉，字西泉。举人。笃学善诱，一时硕宿多出其门；增玉，字淑高。举人。亦训导不倦云。

[光绪《日照县志》卷八《人物》]

效霞按：据光绪《日照县志》卷六《选举》，丁然为嘉庆庚申（1800）恩贡。

◎ 路茂荪 ◎

路茂荪，字青园。宫赞斯道孙也。由诸城迁居县之皋陆村。家学克绍，不求闻达，笃行自励，与人以古谊相敦勉。工诗，有韦柳风。晚精医术，施药饵，全活多人。

[光绪《日照县志》卷八《人物》]

路茂荪，字青园。明代日照皋陆村人。精医术，设施药饵，全活多人。工诗。

[《山东中医药志》第六篇《人物表》]

◎ 郑勖士 ◎

郑勖士，字彦兮。少颖悟，为文有奇气。及长，留心经济学。诗以杜为宗。游历下，与周二南、王秋桥、余秋门唱和，督学黄左田器重之。时滑匪未平，抚镇问攻战之策，所陈多中机宜，督学荐拔之。丁外艰归，以诸生老。晚年，遂于《易》，著《观玩约编》二卷、《草闲吟集》十五卷，经义、古文辞、医卜、杂著各若干卷。悉以授犹子游。游，字叔文。亦诸生。工大小篆，八分书。游子作极，字闲斋。亦诸生。泛滥百家，不求闻达，日寝馈于古著，有《有觉堂集》。

[光绪《日照县志》卷八《人物》]

《观玩约编》二卷，郑勖士撰。勖士，字彦兮。日照人。诸生。《县志》载是书，称其晚年遂于《易》。

[宣统《山东通志》卷一百二十七《艺文志第十·经部·易》]

《草闲吟集》十五卷，郑勖士撰。勖士有《观玩约编》，见经部易类。《县志》载是编又云：有经义、古文辞、医卜、杂著各若干卷。

[宣统《山东通志》卷一百四十五下《艺文志第十·集部·别集》]

海曲游徼吕育_{吕母之子也}

郑勖士

于乎义哉吕氏子，捐躯真为刘氏死。有金不结酷吏欢，侠骨欲磨贪狼齿。义愤阿母称将军，破家结客随风云。不徒剚刃仇人腹，先声直扫昆阳氛。春陵大义从此建，方知民心共思汉。愚民何曾解美新，投阁词人空文翰。壮士大呼叩函关，变新为汉转瞬间。莫谓人生同一死，轻则鸿毛重则山。推心布惠称光武，恩遗首事逊高祖。砀山永祀陈王坟，义冢未封三尺土。

[光绪《日照县志》卷十一《艺文》]

◎ 安燧曾 ◎

安燧曾，字星霞。诸生。性情纯笃，工书画，精医理，著《运甓弃遗》《星霞诗存》。

[光绪《日照县志》卷八《人物》]

《星霞诗存》，安燧曾撰。燧曾，字星霞。日照人。诸生。是编见《县志》。

[宣统《山东通志》卷一百四十五下《艺文志第十·集部·别集》]

◎ 安守绪 ◎

安守绪，字锡之。诸生。兄弟六人，学行竞爽，营桥利涉，施药疗病。晚年，遂于医理，著有《疡医会要》。第延绪，爱人以德，乡里子弟之秀良者，假馆其门，助之膏火，多成立而无德色。

[光绪《日照县志》卷八《人物》]

安守绪，字锡之。清代日照人。庠生。通岐黄术，施医疗病。著有《疡医会要》，未刊。

[《山东中医药志》第六篇《人物表》]

◎ 牟 耜 ◎

牟之琬，字在西。甫成童，以父病废学，内奉晨昏，外勤家政，恤邻睦族，急公助赈，克成父志。次子耜，字子良。诸生。以守城功，议叙训导。岁饥，贫邻鬻产者，听其取赎。晚年，习疡科。著有《疡医亦云录》《氏族辑要韵编》。

[光绪《日照县志》卷八《人物》]

《氏族辑要韵编》，牟耜撰。耜有《疡医亦云录》，见医家类。是书见《县志》。

[宣统《山东通志》卷一百四十《艺文志第十·子部·类书》]

◎ 苏守贞 ◎

苏守贞，字子翰。卫贡生。孝友性成，忠厚存心，教授弟子，殷勤不倦。晚精医术，敬慎自持，全活多人。孙春泉，字廉卿。拔贡生。品学纯粹。侍父疾二载，无惰容。早卒，时人惜之。

[光绪《日照县志》卷八《人物》]

苏守贞，（嘉庆）庚辰（1820）恩贡。

[光绪《日照县志》卷六《选举》]

◎ 许 珹 ◎

许珹，字方川。增生。父母衰弱，色养无间。读书不预外事，里中后进多出其门。尤精岐黄术，医不索值。有酬以重资者，坚辞之。晚岁失目，求医者皆令后辈代书。卒年八十七。

[光绪《日照县志》卷八《人物》]

◎ 尹文德 ◎

尹文德，字懋修。天性笃厚，因病废学，习岐黄术，施药济人犹子。积债无措，鬻产代偿，家遂窘。游江南，医术活人，不受酬资。适红巾贼乱，相戒勿入其寓。后归家，淡泊以终。

[光绪《日照县志》卷八《人物》]

尹文德，字懋修。清代日照人。因病废学，习岐黄术，施药济人，后游医江南，为人诊治，不受酬谢。

[《山东中医药志》第六篇《人物表》]

◎ 赵续海 ◎

赵续海，世业医，年九十八犹青囊系臂，徒步以行，所至多愈。

[光绪《日照县志》卷八《弥年》]

赵续海，日照人。世业医，年九十八犹青囊系臂，徒步以行，凡病家呼之必应，所至多愈。

[乾隆《沂州府志》卷二十七《方技》]

◎ 崔大年 ◎

崔大年，医理精微，全活多人。年八十九。

[光绪《日照县志》卷八《弥年》]

◎ 佘元翰 ◎

佘元翰，字若海。精岐黄、堪舆术，有求必应，乡人善之。年九十五。

[光绪《日照县志》卷八《弥年》]

◎ 成季梧 ◎

成季梧，字凤邻。精外科。寿官。年九十九。

[光绪《日照县志》卷八《弥年》]

◎ 王海澄 ◎

王海澄，字静远。诸城生员。父金题，故宦裔、邑进士、蔡振中婿也。蔡任湖南，女若婿，俱卒于任所。海澄甫弱冠，间关数千里，抚榇返，遂以外家侨居，为照人。善医术，精堪舆，排难解纷，延致者常踵接。咸丰辛酉（1861），其乡旧族人邀归，办团，屡却贼，以劳瘁卒。事闻赐恤，子恩椂，岁贡生；子政椂，荫主簿。

[光绪《日照县志》卷八《流寓》]

王海澄，字静源。前《志》嗣繁孙。嗣繁与子殁湖北，不能归丧，海澄年十六，只身返谋于从叔钦瑜。钦瑜予金及仆，往返六千里始得归葬。既而尽推先业，与异母弟而自往日照从外家学，因家焉。三年入邑庠。尝与同学生共试济南，同学生病疫。海澄不入场，亲为服役，卒以其丧归，日照人义之。辛酉春（1861）归，为相州镇团长。从知县崔澜御贼渠河上，时诸团多凭险守。海澄曰：贼不大创，不能退。乃策济河与贼战，斩百余级，贼遁去。海澄被数创，所部死者十六人。海澄舆十六人之尸还，遍历其家，厚恤之，视其殓而哭之，痛极创裂卒，年六十有四，乡人立祠祀之。

[光绪《增修诸城县续志》卷二十二《忠烈传》]

◎ 安大观 ◎

安大观，日照人。祖节备，以柱死。父重，随母万氏，击登闻鼓，冤获伸后，成进士，任大名知县。大观，贡生。任鸿胪寺寺丞。居乡，恤贫医病。日照地，民灶错壤，一地两税，大观为呈请豁免。卒祀乡贤。

[宣统《山东通志》卷一百七十三《人物志第十一·国朝沂州府》]

安大观，字宾王。拔贡生。年十二，随父任大名。父母相继殁，千里扶柩，备历艰辛。兄弟相友恭，与人尚义气。明季，山东盗起，练乡团防御，巨寇薄胶城，危急求援，率千余人，急赴之，围得解。国朝定鼎，入国子监，任鸿胪寺寺丞，朝士，以明礼仪相，推荐同僚，皆义气相期。贫无资者，赖以谋朝夕。年逾古稀，束装归里，读书，课子弟，后学矜式焉。祀乡贤，见《府志》。犹子仪，字君度。诸生。工诗，善书画。

[光绪《日照县志》卷八《人物志》]

安大观，日照贡生。历任鸿胪寺寺丞。十二，随父任大名。父母相继殁，千里扶柩，归葬。兄弟友恭尤笃，凡乡党贫不能完丁徭者，资助之；病不能延医药者，捐金施药；死不能具棺者，捐给助葬。初，照地民灶错壤，一地两税，为呈请豁免。康熙五十年（1711），入祠，奉祀乡贤。

[乾隆《沂州府志》卷二十六《人物中》]

国朝安大观，顺治初，取诸生。德行素著，仪度端方者，入鸿胪寺，大观膺其选。四年（1647），授鸿胪寺序班，升寺丞见旧志。

[光绪《日照县志》卷六《恩荫》]

◎ 贺修举 ◎

贺修举，日照城西万家岭村人。道光十年（1830）创办"全生堂"，后迁到汉家皋陆。药价合理，病家好求，医术高，治好不少的疾病，四乡百姓于道光三十三年赠送"望众乡平"金字匾额。1938年传至贺修举曾孙时，已发展到有资金一千块银元，经营近五百种中药，除自制膏、丹、丸、散外，还从北京"同仁堂"、上海"郑福兰堂"等药房购进名牌中成药。外路药材主要从青岛"长春堂"、涛雒的"济生堂"、城关的"广仁堂"批发一部分，也收购一些当地药材。日寇入侵后，又搬到贺家沟。日照解放后，卖给了城关"利民药社"。"全生堂"药铺历经祖辈五代，共经营一百一十八年，是日照开业历史长、经营零售业务、看病卖药、有声誉的药铺。

[《日照医药志》第四章《私人药铺药店》]

◎ 王金堂 ◎

王金堂，日照市大韩家村人。道光十四年（1834），江西药商姚某在日照城东门外开办"广仁堂"，姚只有一妻一女，人手少，聘王金堂做帮手，待闺女出嫁后，姚某老两口的晚年由王伺候供养，去世后，由王殡葬安埋。此后，王金堂继承了"广仁堂"，又有两家亲戚入股，集资五千多块银元，业务逐渐扩大，零售兼营批发。有经理、坐堂先生、司药等共七人。每年用大风船从上海"协成源"药庄运进药物，从青岛"长春堂"、潍县"颐寿昌"购买少量零星药品，与涛雒"济生堂"串换部分药品，调剂余缺，在当地收购黄芩、柴胡、茵陈等地产药材，经营五百多个品种，零售业务繁忙，逢集市三秆戥子称兑药五百多副，平日兑药一百多副，还出售膏药、拨云散眼药。批发业务延伸到诸城、五莲及日照的三庄、黄墩、两城、张家楼一带。后因日寇入侵，药铺被飞机轰炸，于1942年倒闭。

[《日照医药志》第四章《私人药铺药店》]

◎ 丁纫秋 ◎

◎ 丁希梅 ◎

◎ 秦恩普 ◎

◎ 徐焕德 ◎

◎ 秦阶成 ◎

  丁纫秋，日照市涛雒镇人。道光十九年（1839），"济生堂"在涛雒镇立号开业，后丁纫秋继承祖业，并联合"三怀堂"药铺的丁希梅，秦家结庄的秦恩普、徐焕德，下元村的秦阶成等五家集资九千多块银元，重整门面，扩大经营。药铺位于涛雒镇中心街南北路西，门面屋是二层楼房共九间，前后两个大院，共有房屋五十多间，有经理、账房先生、坐堂医生、司药及勤杂人员共十三人。药材来源主要从上海"协成源"药庄进货，每年用"金元来""大见年"大风船运两三次，每次进货额达千余银元，平时遇到缺货，到胶州"鉴古堂"临时进货，还收购部分当地药材，共经营药品六百多种。江苏的青口、柘旺，莒县的十字路、坪上、中楼及本县碑廓、巨峰、安东卫等地的药铺都来批发药品。清朝举人秦树卿为其题写对联："济世济人占既济，生财生道庆长生"，内门联是"一阵乳香知母至，半窗故纸防风来"。日寇入侵后，遭飞机轰炸，损失惨重，被迫迁到东南营营业，仅有少量批发、零售业务。抗日战争胜利后，东家潜逃，药工们保护了药品，搬回涛雒镇继续营业。1950年4月，划归医药合作社，药品调运日照，留下部分人员、药品，成立县医药合作社涛雒门诊部。1957年春，医务人员归属卫生科，与盐工卫生所合并，组建涛雒医院，药业人员调回县药材公司。

[《日照医药志》第四章《私人药铺药店》]

民国

◎ 宋铁梅 ◎

宋铁梅（1855—1940），号恩甫。涛雒镇竹子河崖人。清末秀才，字画双绝，堪称艺术珍品。尤长于画鹰，也画鹤、竹及牡丹，名重乡里，誉满一方。画鹰时常题"鹰雄独立"四字，足见其志趣不凡。其家开药铺，他兼涉中医，祛疾去病，亦为行家。时人尊称"五先生"，多有感其德者。

[《日照市志·人物》]

◎ 宏荫南 ◎

宏荫南（1863—1948），日照市奎山乡高家村人。是日照四十年代著名外科中医。

生于医生世家，少时习医于祖父长膝下，昼夜发愤攻读，三十岁即独司药房行医。擅长疡医外科，行医遵古训，善变通。处方与他人相比，药量只有几分之别，种类仅有一二之差，然屡收奇效。同事问他，他说：治疗之法，时有古今运行之不同，地有东西南北中之别，人有少老强弱贫富贵贱之异，病有五脏六腑皮毛肌肉血脉筋膜骨髓之差，故古人用种种方法治疗，或因时而宜，或因地而宜，或因人而宜，或因病而宜，一切皆依乎神明而通之。引经据典，立意新颖，充满辩证观点，令人无不折服。

到晚年，集《外科大成》《外科精要》《外科疡医经验汇要》等诀窍，将疮疡肿毒分为阴阳两类，应用于临床诊治。他说：疮疡最要分阴阳，若不能分，动手即错。然无知者，或以气血分，或以寒热分，或以痛疽分，甚危其妄也。他着力促使疮疡转化，发于阴者引之出阳，发于上者引之于下，发于五脏六腑者引其外出，从着衣不便之处引于显而易见之处，大病变小，恶性变良，然后以妙方治愈。观其处方，虽治疮病，而不用虫类毒品，乃取荆芥、防风、牛子、皂刺、薄荷、蝉蜕之类。慎用活血破血类药，力倡行气益气之品；善用砂仁、青皮等，还以此告诫于后人：凡疮疡，皆由五脏不和，致气血壅滞，经脉不通而生，而气行则血行；气者有虚滞之别，故治虚者宜补之，治滞者当理之。诸疮疡者，有诸内必形诸外，查外知内，知常达变，辨明症候，乃医者之首务。

使用的移毒方法是：霜打丝瓜一个，蚯蚓数十条，放入丝瓜内，塞口，火煅为末，乳香、没药各五分，麝香三分，雄黄一钱，蟾酥一钱，黄蜡化开入药末为丸，每服三分；毒在上、中、下移于各处，加引经药。移毒治病，灵验得很。民国二十四年（1935），国民党展书堂师运其昌旅康占魁团长之妻，在会阴处生一疽，医治半年多未愈，后求治于宏先生。先生用移毒法，用药二十余帖，将毒移于小腿上，又更方续用三十余帖则肿消症除。康团长十分感激，差乐队三十多人，抬一巨匾相赠，上书"移山倒海，妙手回春"。

鄙视富人，同情穷人，行医时区别对待。他对富翁较苛刻，有架子，用富法治，因此富人称他为"老五囚"（排行第五）；对穷苦人，用穷法治，少花钱或不花钱一样治好病。穷人一求就应，远道而来的，还腾出房间给他们住，并亲自给病人煎药，问寒问暖，半夜起来给他们盖被子，像对待自己亲人一样。病人非常感激，病好后离开时，都依依不舍。

曾经遇过一奇特的病例。一次，从南方来了一个求医者，双膝有一种怪病，肿形类人，眉目口鼻俱备，疮口能饮食，确实是奇病。此人治了一年多未愈，于是慕名远道求宏先生，来到即叩头。宏先生翻阅了各家医书，然后对自己第一次碰到的奇病，精心施治。其以贝母和水敷灌，又以方剂精心用药五十剂，数日疮消，结痂而愈。病人无限感激，群众也以敬佩之情传颂着其神话般的故事。

对革命事业有一定贡献。1945年，宏先生的家乡驻着八路军滨海二团。先生救治过很多从前线下来的伤病员。1946年，县革救会长高秉田患有流注，浑身淌脓淌血水。其精心治疗护理一个月，给其用药三十剂，其症终于痊愈，并重返工作岗位。另有海防警务团驻丁家楼时，团里梁科长手上生蛇头疔疮。其用刀子刮去，将症治愈。这样的病例，不胜枚举。

[《日照文史》第三辑]

◎ 郑南津 ◎

郑南津，日照市东山字河村人。医德高尚，热心为穷人治病，是一位深受当地人们爱戴和称颂的好中医。

郑南津是个秀才，父亲郑祥臣是举人，名副其实的书香门第。后来，有一件事刺激了郑南津，促使他立志学医。那时，西山字河有个叫郑培经的，儿子生病，想求当时比较有名的外科医生安××给儿子治病。安××架子大，没钱就不给看病，一般人是请不到的。郑培经只好找到郑南津的父亲郑祥臣，求他写了个名片拿着，才把安医生请来。可是，因为没伺候好，安医生竟气愤愤地扬长而去。第二天，郑培经的儿子就死了。郑南津知道后，无比愤慨；下决心学医，为穷人治病。他终于半路出家，成了一名外科中医。

郑南津是立志为穷人治病。他开处方用药总是些草根树皮之类，少花甚至不花钱，却能药到病除。中山字河郑世欣的舅父，腿肿又疼，登门求郑南津老先生。老先生诊断后说：容易治。你弄些公牛粪糊在腿上，等把腿里那些屎壳郎模样的虫子糊出来就好了。郑世欣的舅父认为这是糊弄人，就没听他的，又到别处治去了。治了一阵子仍未好，他只好返回来再求老先生。老先生批评了他一顿，还是让他用那个方治。病人半信半疑地依照治疗。不久，病竟神奇般地好了。偏方治百病，花钱又少。穷苦人都乐意找郑老先生治病。

他平生十分憎恶那种怀技而不仁的所谓医生，自己行医了，总是牢牢恪守一切为了解除病人痛苦这样的信条。他没有架子，有求必应；不收礼，不索钱，一切为病人着想。给本庄病人治病，开好药方后，还要频繁察看病人；早晨一趟，下午一趟，直到病好为止。无论给谁治好病，他不但不收其谢礼，而且还要批评一顿；实在辞不过去，押回的东西总得超过谢礼。竹园有个由他治好病的人，送了一竹篮鲜桃，那个人执意要老先生收下。他不得已收下后，立即叫家里人给那人押上一竹篮小麦回去。他就这样，两袖清风，什么也不图，只图为病人解除痛苦。他家的大门口，每天早饭前后，总有若干人陆续来到这里，登门求医。他总是恭敬地把来人让进屋，仔细看病，慎重开处方。人们都夸奖他是穷人的好医生。

抗战时期，郑南津挨了汉奸的毒打，一病不起。本庄及附近村庄的人们，尤其那些被他治好病的人们，都去看望他。东山字河郑培均的伯父去看他，说：你给别人治病有办法，自己怎么就不想办法了？老先生说：没有办法，就是吃七个刚生下来的一窝小老鼠，还可以多活几天。过了一天，郑培均的伯父挑穄子时找到了这样一窝小老鼠，马上送给老先生。他见到拿来的小老鼠高兴极了，说：这该当多活七天。过了七天，郑南津果然与世长辞，终年六十八岁。

[《日照文史》第三辑]

◎ 王保亮 ◎

王保亮，日照城关镇五村人，享年七十余岁。出身贫寒，幼受私塾教育，稍长随他人学医。对前人所留之医学、医药经典颇有研究，尤兴趣于针灸书籍。又为人正直，不阿权贵，好医病济贫，深得人们尊敬。针理颇精，待病人从无贫富之别。凡有求诊者，不管天晴下雨，白天黑夜，即徒步施诊；不计诊费，且每有奇效，一时名声远扬。他乡前往求者，不绝于途。民国十二年（1933），国民党展书堂师运其昌旅康占魁团长突病，脘胀满且痛。众医束手无策。问明病因，施行针术。康占魁全身受针若干，扣瓢微汗。康愈后，问王老，王老曰：经络所过，取穴所在；脏腑所属，主治所为；凡刺之理，经络为始，营其所行，制其度量，内次五脏，外表六腑。此脘胀满而疼痛，则属胃中虚寒，故重取足三里、中脘等穴，配以他穴，疼痛岂有不止之理乎！次日，一连士兵，敲锣打鼓，吹号鸣炮，环城三圈，送"针到病除"巨匾于王老，并要给盖房三间。镇中一老先生曾给康治病，未愈，闻知王老给康治好，受惊吓病倒，几日命去。于是，王老声名远扬，至今还为世人所传颂。

[《日照文史》第三辑]

莒 县

南北朝

◎ **徐　熙** ◎

◎ **徐秋夫** ◎

◎ **徐道度** ◎

◎ **徐叔响** ◎

◎ **徐　謇** ◎

◎ 徐文伯 ◎

◎ 徐嗣伯 ◎

◎ 徐　雄 ◎

◎ 徐之才 ◎

◎ 徐之范 ◎

◎ 徐敏齐 ◎

徐謇，字成伯。丹阳人也，家本东莞。与兄文伯等皆善医药。謇因至青州，慕容白曜平东阳，获之，送京师。献文欲验其能，置病人于幕中，使謇隔而脉之，深得病形，兼知色候，遂被宠遇。为中散，稍迁内行长。文明太后时问经方，而不及李修之见任用。謇合和药剂攻疗之验，精妙于修。而性秘忌。承奉不得其意，虽贵为王公，不为措疗也。孝文迁洛，稍加眷待，体小不平，及所宠冯昭仪有病，皆令处疗。又除中散大夫，转侍御师。謇欲为孝文合金丹，致延年法，乃入居嵩高，采营其物，历岁无所成，遂罢。二十二年，上幸县瓠，有疾大渐，乃驰驿召謇，令水路赴行所，一日一夜行数百里。至，诊省有大验。九月，车驾次于汝滨，乃大为謇设太官珍膳。因集百官，特坐謇于上席，遍陈肴馂于前，命左右宣謇救摄危笃振济之功，宜加酬赉。乃下诏褒美，以謇为大鸿胪卿、金卿县伯，又赐钱绢、杂物、奴婢、牛马，事出丰厚，皆经内呈。诸亲王咸阳王禧等各有别赉，并至千匹。从行至邺，上犹自发动，謇日夕左右。明年，从诣马圈，上疾势遂甚，惉惉不怡，每加切诮，又欲加之鞭捶，幸而获免。帝崩后，謇随梓宫还洛。謇常有将饵及吞服道，年垂八十，而鬓发不白，力未多衰。正始元年（504），以老为光禄大夫。卒，赠安东将军、齐州刺史，谥曰"靖"。子践，字景升，袭爵，位建兴太守。文伯仕南齐，位东莞、太山、兰陵三郡太守。子雄，员外散骑侍郎，医术为江左所称，事并见《南史》。雄子之才，幼而俊发，五岁诵《孝经》，八岁略通义旨。曾与从兄康造梁太子詹事汝南周舍宅，听《老子》。舍为设食，乃戏之曰：徐郎不用心思义，而但事食乎？之才答曰：盖闻圣人虚其心而实其腹。舍嗟赏之。年十三，召为太学生，粗通《礼》《易》。彭城刘孝绰、河东裴子野、吴郡张嵊等每共论《周易》及《丧服》仪，酬应如响。咸共叹曰：此神童也。孝绰又云：徐郎燕颔，有班定远之相。陈郡袁昂领丹阳尹，辟为主簿，人务事宜，皆被顾访。郡廨遭火，之才起望，夜中不着衣，披红眠帕出房，映光为昂所见。功曹白请免职，昂重其才术，仍特原之。豫章王综出镇江都，复除豫章王国左常侍，又转综镇北主簿。及综入魏，三军散走，之才退至吕梁，桥断路绝，遂为魏统军石茂孙所止。综入魏旬月，位至司空。魏听综收敛僚属，乃访知之才在彭泗。启魏帝，云之才大善医术，兼有机辩。诏征之才。孝昌二年，至洛，敕居南馆，礼遇甚优。謇子践启求之才还宅。之才药石多效，又窥涉经史，发言辨捷，朝贤竞相要引，为之延誉。武帝时，封昌安县侯。天平中，齐神武征赴晋阳，常在内馆，礼遇稍厚。武定四年，自散骑常侍转秘书监。文宣作相，普加黜陟，杨愔以其南士，不堪典掌功程，且多陪从，全废曹务，转授金紫光禄大夫，以魏收代。之才甚怏怏不平。之才少解天文，兼图谶之学，共馆客宋景业参校吉凶，知午年必有革易。因高德正启之，文宣闻而大悦。时自娄太后及勋贵臣咸云：关西既是勍敌，恐其有挟天子令诸侯之辞，不可先行禅代事。之才独云：千人逐兔，一人得之，诸人咸息。须定大业，何容翻欲学人？又援引证据，备有条目，帝从之。登阼后，弥见亲密。之才非惟医术自进，亦为首唱禅代，又戏谑滑稽，言无不至，于是大被狎昵。寻除侍中，封池阳县伯。见文宣政令转严，求出，除赵州刺史。竟不获述职，犹为弄臣。皇建二年，除西兖州刺史，未之官。武明皇太后不豫，之才疗之，应手便愈，孝昭赐彩帛千段、锦四百匹。之才既善医术，虽有外授，顷即征还。既博识多闻，由是于方术尤妙。大宁二年春，武明太后又病，之才弟之范为尚药典御，敕令诊候。内史皆令呼太后为石婆，盖有欲忌，故改名以厌制之。之范出告之才曰：童谣云：周里跂求伽，豹祠嫁石婆，斩冢作媒人，唯得一量紫綎靴。今太后忽改名，私所致怪。之才曰：跂求伽，胡言去已，豹祠嫁石婆，岂有好事？斩冢作媒人，但令合葬，自斩冢。唯得紫綎靴者，得至四月。何者？紫之为字，此下系，綎者熟，当在四月之中。之范问靴是何义。之才曰：靴者革旁化，宁是久物？至四月一日，后果崩。有人患脚跟肿痛，诸医莫能识。之才曰：蛤精疾也，由乘船入海，垂脚水中。疾者曰：实曾如此。之才为剖，得蛤子二，大如榆荚。又有以骨为刀子把者，五色斑斓。之才曰：此人瘤也。问得处，云：于古冢见髑髅，额骨长数寸，试削视，有文理，故用之。其明悟多通如此。天统四年，累迁尚书左仆射，俄除兖州刺史，特给铙吹一部。之才医术最高，偏被命召。武成酒色过度，怳忽不恒。曾病发，自云，初见空中有五色物，稍近，变成一美妇人，去地数丈，亭亭而立。食顷，变为观世音。之才云：此色欲多，大虚所致。即处汤方，服一剂，便觉稍远；又服，还变成五色物；数剂汤，疾竟愈。帝每发动，暂遣骑追之，针药所加，应时必效，故频有端执之举。入秋，武成小定，更不发动。和士开欲依次转进，以之才附籍兖州，即是本属，遂奏附除刺史，以胡长仁为左仆射，士开为右仆射。及十月，帝又病动，语士开云：浪用之才外任，使我辛苦。其月八日，敕驿追之才。帝以十日崩，之才十一日方到。既无所及，复还赴州。在职无所侵暴，但不甚闲法理，颇亦疏慢，用舍自由。五年冬，后主征之才。寻左仆射阙，之才曰：自可复禹之绩。武平元年，重除尚书左仆射。之才于和士开、陆令萱母子曲尽卑狎，二家若疾，救护百端。由是迁尚书令，封西阳郡王。祖珽执政，除之才侍中、太子太师。之才恨曰：子野沙汰我。珽目疾，故以师旷比之。之才聪辩强识，有兼人之敏。尤好剧谈体语，公私言聚，多相嘲戏。郑道育常戏之才为师公，之才曰：既为汝师，又为汝公，在三之义，顿居其两。又嘲王昕姓云：有言则讦，近犬便狂，加颈足而为马，施角尾而成羊。卢元明因戏之才云：卿姓是未入人，名是子之误，之当为乏也。即答云：卿姓，在上为虐，在丘为虚，生男则为虏，配马则为驴。又常与朝士出游，遥望群犬竞走，诸人试令目之。之才即应声云：为是宋鹊？为是韩卢？为逐李斯东走？为负帝女南徂？李谐于广坐因称其父名曰：卿嗜熊白生不？之才曰：平平耳。又曰：卿此言于理平不？谐遽出避之，道逢其甥高德正。德正曰：舅颜色何不悦？谐告之故。德正径造坐席，连索熊白。之才谓坐者曰：个人讳底？众莫之应。之才曰：生不为人所知，死不为人所讳，此何足问。唐邕、白建方贵，时人言云：并州赫赫唐与白。之才蔑之。元日，对邕为诸令史祝曰：卿等位当作唐、白。又以小史好嚼笔，故常执管就元文遥口曰：借君齿。其不逊如此。历事诸帝，以戏狎得宠。武成生齼牙，问诸医，尚药典御邓宣文以实对，武成怒而挞之。后以问之才，拜贺曰：此是智牙，生智牙者，聪明长寿。武成悦而赏之。为仆射时，语人曰：我在江东，见徐勉作仆射，朝士莫不佞之。今我亦是徐仆射，无一人佞我，何由可活！之才妻，魏广阳王妹，之才从文襄求得为妻。和士开知之，乃淫其妻。之才遇见而避之，退曰：妨少年戏笑。其纵之如此。年八十，卒，赠司徒公、录尚书事，谥曰"文明"。长子林，字少卿，太尉司马。次子同卿，太子庶子。之才以其无学术，每叹曰：终恐同《广陵散》矣。弟之范亦医术见知。位太常卿，特听袭之才爵西阳王。入周，授仪同大将军。开皇中，卒。

[《北史》卷九十《艺术下》]

融与东海徐文伯兄弟厚。文伯，字德秀。濮阳太守熙曾孙也。熙好黄老，隐于秦望山，有道士过，求饮，留一瓠瓠与之，曰：君子孙宜以道术救世，当得二千石。熙开之，乃《扁鹊镜经》一卷。因精心学之，遂名震海内。生子秋夫，弥工其术，仕至射阳令。尝夜有鬼呻，声甚凄怆，秋夫问：何须？答言：姓某，家在东阳，患腰痛死。虽为鬼，痛犹难忍，请疗之。秋夫曰：云何厝法？鬼请为刍人，按孔穴针之。秋夫如言，为灸四处，又针肩井三处，设祭埋之。明日，见一人谢恩，忽然不见。当世伏其通灵。秋夫生道度、叔响，皆能精其业。道度有脚疾不能行，宋文帝令乘小舆入殿，为诸皇子疗疾，无不绝验。位兰陵太守。宋文帝云：天下有五绝，而皆出钱唐。谓杜道鞠弹棋、范悦诗、褚欣远模书、褚胤围棋、徐道度疗疾也。道度生文伯，叔响生嗣伯。文伯亦精其业，兼有学行，倜傥不屈意于公卿。不以医自业。融谓文伯、嗣伯曰：昔王微、嵇叔夜并学而不能，殷仲堪之徒故所不论。得之者由神明洞彻，然后可至，故非吾徒所及。且褚侍中澄当贵，亦能救人疾，卿此更成不达。答曰：唯达者知此可崇，不达者多以为深累，既鄙之，何能不耻之。文伯为效与嗣伯相埒。宋孝武路太后病，众医不识。文伯诊之，曰：此石搏小肠耳。乃为水剂消石汤，病即愈。除鄱阳王常侍，遗以千金，旬日恩意隆重。宋明帝宫人患腰痛牵心，每至辄气欲绝，众医以为肉癥。文伯曰：此发癥。以油投之，即吐得物如发。稍引之长三尺，头已成蛇能动，挂门上适尽一发而已。病都差。宋后废帝出乐游苑门，逢一妇人有娠，帝亦善诊之，曰：此腹是女也。问文伯，曰：腹有两子，一男一女，男左边，青黑，形小于女。帝性急，便欲使剖。文伯恻然曰：若刀斧恐其变异，请针之立落。便写足太阴，补手阳明，胎便应针而落。两儿相续出，如其言。子雄，亦传家业，尤工诊察，位奉朝请。能清言，多为贵游所善。事母孝谨，母终，毁瘠几至自灭。俄而兄亡，扶杖临丧，抚膺一恸，遂以哀卒。嗣伯，字叔绍。亦有孝行，善清言，位正员郎，诸府佐，弥为临川王映所重。时直阁将军房伯玉服五石散十许剂，无益，更患冷，夏日常複衣。嗣伯为诊之，曰：卿伏热，应须以水发之，非冬月不可。至十一月，冰雪大盛，令二人夹捉伯玉，解衣坐石，取冷水从头浇之，尽二十斛。伯玉口噤气绝，家人啼哭请止。嗣伯遣人执杖防阁，敢有谏者挝之。又尽水百斛，伯玉始能动，而见背上彭彭有气。俄而起坐，曰：热不可忍，乞冷饮。嗣伯以水与之，一饮一升，病都差。自尔恒发热，冬月犹单裈衫，体更肥壮。常有妪人患滞冷，积年不差。嗣伯为诊之曰：此尸注也，当取死人枕煮服之乃愈。于是往古冢中取枕，枕已一边腐缺，服之即差。后秣陵人张景，年十五，腹胀而黄，众医不能疗，以问嗣伯。嗣伯曰：此石蚘耳，极难疗。当死人枕煮之。依语煮枕，以汤投之，得大利并蚘虫，头坚如石，五升，病即差。后沈僧翼患眼痛，又多见鬼物，以问嗣伯。嗣伯曰：邪气入肝，可觅死人枕煮服之。竟,可埋枕于故处。如其言又愈。王晏问之曰:三病不同,而皆用死人枕而俱差,何也?答曰:尸注者,鬼气伏而未起,故令人沉滞。得死人枕投之,魂气飞越,不得复附体,故尸注可差。石蛔者,久蛔也。医疗既僻,蛔中转坚,世间药不能遣,所以须鬼物驱之,然后可散,故令煮死人枕也。夫邪气入肝,故使眼痛而见魍魉,应须邪物以钩之,故用死人枕也。气因枕去,故令埋于冢间也。又春月出南篱门戏,闻笪屋中有呻声。嗣伯曰:此病甚重,更二日不疗必死。乃往视,见一老姥称体痛,而处处有黯黑无数。嗣伯还煮斗余汤,送令服之。服讫,痛势愈甚,跳投床者无数。须臾,所黯处皆拔出钉,长寸许。以膏涂诸疮口,三日而复。云:此名钉疽也。时又有薛伯宗善徙痈疽,公孙泰患背,伯宗为气封之,徙置斋前柳树上。明旦痈消,树边便起一瘤如拳大。稍稍长二十余日,瘤大脓烂,出黄赤汁斗余,树为之瘘损。

[《南史》卷三十二《列传第二十二》]

　　徐之才,丹阳人也。父雄,事南齐,位兰陵太守,以医术为江左所称。之才幼而隽发,五岁诵《孝经》,八岁略通义旨。曾与从兄康造梁太子詹事汝南周舍宅听《老子》。舍为设食,乃戏之曰:徐郎不用心思义,而但事食乎?之才答曰:盖闻圣人虚其心而实其腹。舍嗟赏之。年十三,召为太学生,粗通《礼》《易》。彭城刘孝绰、河东裴子野、吴郡张嵊等每共论《周易》及《丧服》仪,酬应如响。咸共叹曰:此神童也。孝绰又云:徐郎燕颔,有班定远之相。陈郡袁昂领丹阳尹,辟为主簿,人务事宜,皆被顾访。郡廨遭火,之才起望,夜中不着衣,披红服帕出房,映光为昂所见。功曹白请免职,昂重其才术,仍特原之。豫章王综出镇江都,复除豫章王国左常侍,又转综镇北主簿。及综入魏,三军散走,之才退至吕梁,桥断路绝,遂为魏统军石茂孙所止。综入魏旬月,位至司空。魏听综收敛僚属,乃访之才在彭泗,启魏帝云:之才大善医术,兼有机辩。诏征之才。孝昌二年,至洛,敕居南馆,礼遇甚优。从祖謇子践启求之才还宅。之才药石多效,又窥涉经史,发言辩捷,朝贤竞相要引,为之延誉。武帝时,封昌安县侯。天平中,齐神武征赴晋阳,常在内馆,礼遇稍厚。武定四年,自散骑常侍转秘书监。文宣作相,普加黜陟。杨愔以其南土之人,不堪典秘书,转授金紫光禄大夫,以魏收代领之。之才甚怏怏不平。之才少解天文,兼图谶之学,共馆客宋景业参校吉凶,知午年必有革易,因高德政启之。文宣闻而大悦。时自娄太后及勋贵臣咸云关西既是劲敌,恐其有挟天子令诸侯之辞,不可先行禅代事。之才独云:千人逐兔,一人得之,诸人咸息。须定大业,何容翻欲学人。又援引证据,备有条目,帝从之。登祚后,弥见亲密。之才非唯医术自进，亦为首唱禅代，又戏谑滑稽，言无不至，于是大被狎昵。寻除侍中，封池阳县伯。见文宣政令转严，求出，除赵州刺史，竟不获述职，犹为弄臣。皇建二年，除西兖州刺史。未之官，武明皇太后不豫，之才疗之，应手便愈，孝昭赐彩帛千段、锦四百匹。之才既善医术，虽有外授，顷即征还。既博识多闻，由是于方术尤妙。大宁二年春，武明太后又病。之才弟之范为尚药典御，敕令诊候。内史皆令呼太后为石婆，盖有俗忌，故改名以厌制之。之范出告之才曰：童谣云：周里跂求伽，豹祠嫁石婆，斩冢作媒人，唯得一量紫綖靴。今太后忽改名，私所致怪。之才曰：跂求伽，胡言去已。豹祠嫁石婆，岂有好事？斩冢作媒人，但令合葬自斩冢。唯得紫綖靴者，得至四月，何者？紫之为字"此"下"系"，"綖"者熟，当在四月之中。之范问靴是何义。之才曰：靴者革旁化，宁是久物？至四月一日，后果崩。有人患脚跟肿痛，诸医莫能识。之才曰：蛤精疾也，由乘船入海，垂脚水中。疾者曰：实曾如此。之才为剖得蛤子二，大如榆荚。又有以骨为刀子靶者，五色斑斓。之才曰：此人瘤也。问得处，云于冢家见髑髅额骨长数寸，试削视，有文理，故用之。其明悟多通如此。天统四年，累迁尚书左仆射，俄除兖州刺史，特给铙吹一部。之才医术最高，偏被命召。武成酒色过度，恍惚不恒，曾病发，自云初见空中有五色物，稍近，变成一美妇人，去地数丈，亭亭而立。食顷，变为观世音。之才云：此色欲多，大虚所致。即处汤方，服一剂，便觉稍远，又服，还变成五色物，数剂汤，疾竟愈。帝每发动，辄遣骑追之，针药所加，应时必效，故频有端执之举。入秋，武成小定，更不发动。和士开欲依次转进，以之才附籍兖州，即是本属，遂奏附除刺史，以胡长仁为右仆射。及十月，帝又病动，语士开云：恨用之才外任，使我辛苦。其月八日，敕驿追之才。帝以十日崩，之才十一日方到。既无所及，复还赴州。在职无所侵暴，但不甚闲法理，颇亦疏慢，用舍自由。五年冬，后主征之才。寻左仆射阙，之才曰：自可复禹之绩。武平元年，重除尚书左仆射。之才于和士开、陆令萱母子曲尽卑狎，二家苦疾，救护百端。由是迁尚书令，封西阳郡王。祖珽执政，除之才侍中、太子太师。之才恨曰：子野沙汰我。珽目疾，故以师旷比之。之才聪辩强识，有兼人之敏，尤好剧谈谑语，公私言聚，多相嘲戏。郑道育常戏之才为师公。之才曰：既为汝师，又为汝公，在三之义，顿居其两。又嘲王昕姓云：有言则讦，近犬便狂，加颈足而为马，施角尾而为羊。卢元明因戏之才云：卿姓是未入人，名是字之误。即答云：卿姓在亡为虐，在丘为虚，生男则为虏，养马则为驴。又尝与朝士出游，遥望群犬竞走，诸人试令目之。之才即应声云：为是宋鹊，为是韩卢，为逐李斯东走，为负帝女南徂。李谐於广坐，因称其父名曰：卿嗜熊白生否？之才曰：平平耳。又曰：卿此言于理平否？谐遽出避之，道逢其甥高德正。德正曰：舅颜色何不悦？谐告之故。德正径造坐席，连索熊白。之才谓坐者曰：个人讳底？众莫知。之才曰：生不为人所知，死不为人所讳，此何足问？唐邕、白建方贵，时人言云：并州赫赫唐与白。之才蔑之。元日，对邕为诸令史祝曰：见卿等位当作唐、白。又以小史好嚼笔，故尝执管就元文遥口曰：借君齿。其不逊如此。历事诸帝，以戏狎得宠。武成生齫牙，问诸医。尚药典御邓宣文以实对，武成怒而挞之。后以问之才，拜贺曰：此是智牙，生智牙者聪明长寿。武成悦而赏之。为仆射时，语人曰：我在江东，见徐勉作仆射，朝士莫不佞之。今我亦是徐仆射，无一人佞我，何由可活！之才妻魏广阳王妹，之才从文襄求得为妻。和士开知之，乃淫其妻。之才遇见而避之，退曰：妨少年戏笑。其宽纵如此。年八十，卒。赠司徒公、录尚书事，谥曰"文明"。长子林，字少卿，太尉司马。次子同卿，太子庶子，之才以其无学术，每叹云：终恐同《广陵散》矣。弟之范，亦医术见知，位太常卿，特听袭之才爵西阳王。入周，授仪同大将军。开皇中卒。

[《北齐书》卷三十三《列传第二十五》]

徐謇，字成伯。东莞人，徙丹阳。与兄文伯，皆善医药。謇因至青州，慕容白曜平东阳，获之，送京师。献文欲验其能，置病人于幕中，使謇隔而脉之，深得病形，兼知色候，遂被宠遇。为中散，迁内侍长。文明太后时问经方，而不及李修之见任用。謇和合药剂，攻疗之验，精妙于修。而性秘忌。承奉不得其意，虽贵为王公，不为措疗也。孝文迁洛，转侍御史。二年，上幸悬瓠，驰驿召謇，赴行在所。至，诊省有大验，乃集百官，设太官珍膳，特坐謇于上席，命左右宣謇救摄危笃之功。复下诏褒美，以为大鸿胪卿、金乡县伯。謇常有将饵，年垂八十，而鬓发不白，以老为光禄大夫。卒，赠安东将军、齐州刺史。谥曰"靖"。子践，字景升。袭爵；文伯，仕南齐，位东莞、泰山、兰陵三郡太守。子雄，员外散骑侍郎，医术为江左所称。雄子之才，幼通"五经"，刘校绰、裴子野咸叹为"神童"。豫章王综出镇江都，以之才为主簿。及综入魏，之才为魏所止。综启魏帝，云之才大善医术兼有机变。诏征之才。至洛，礼遇甚优。武常时封昌安县侯。武定四年，自散骑常侍转秘书监。文宣作相，转授金紫光禄大夫。之才少解天文，兼图谶之学。知午年必有革易，因高德正启之，文宣大悦。登祚后，弥见亲密。寻除侍中，皇建二年除西兖州刺史，未之官。武明太后不豫，之才疗之，应手而愈。孝昭赐彩帛千段、锦百匹。天统四年，除兖州刺史，特给铙吹一部。武成病笃，敕驿追之才，未到帝已崩。武定元年，除尚书左仆射，迁尚书令、侍中、太子太师。年八十卒，赠司徒公，谥曰"文明"。弟之范，亦以医术见知。位太常卿，特听袭之才爵。入周，授仪同大将军。开皇中，卒《北史》。

[民国《重修莒志》卷六十八《艺术》]

[道光《沂水县志》卷八《方伎》]

徐謇，字伯成。东莞人。与兄伯文，俱善医。謇因至青州，慕容白曜平东阳，获之，送京师。魏献文欲验其术，置病者于幕中，使謇隔而诊视，深得病理，兼知色候，遂得宠，为中散大夫。上幸县瓠，有疾，召謇，昼夜行数百里。至，诊视大验，乃设大官珍膳，集百官，特坐謇于上席，宣謇救危振济之功，下诏褒美，进鸿胪。

[嘉靖《青州府志》卷十五《方技》]

徐文伯，丹阳人。正始初，东莞太守。

[乾隆《沂州府志》卷十七《职官上》]

徐謇，字成伯。东莞人。与兄文伯，俱善医。謇因至青州，慕容白曜平东阳，获之，送京师。魏献文欲验其术，置病者于幕中，使謇隔而诊视，深得病理，遂得宠，为中散大夫。上幸县瓠，有疾，召謇诊视，大验，乃设大官珍膳，集百官，特坐謇于上席，宣謇救危振济之功，进鸿胪卿。

[康熙《青州府志》卷二十《方技》]

徐謇，字成伯。东莞人。与兄文伯，俱善医。謇因至青州，慕容白曜平东阳，获之，送京师。魏献文欲验其术，置病者于幕中，使謇隔而诊视，深得病理，兼知色候，遂得宠，为中散大夫。上幸县瓠，有疾，召謇，昼夜行数百里。至，诊视大验，乃设大官珍膳，集百官，特坐謇于上席，宣謇救危振济之功，下诏褒美，进鸿胪卿。

[康熙《山东通志》卷四十九《方技》]

徐謇，东莞人。字成伯。与兄文伯，皆善医药。慕容白曜平东阳，获之，表送京师。显祖欲验其所能，乃置诸病人于幕中，使謇隔而脉之，深得病形，兼知色候，遂被宠遇，官中散。后以治高祖疾，有救摄免驾之功，进鸿胪卿、金乡县开国伯。謇常有药饵及吞服道符，年垂八十，鬓发不白。延昌初卒。

[雍正《山东通志》卷三十一《方伎志》]

徐謇，字成伯。东莞人，徙丹阳。与兄文伯，皆善医药。謇因至青州，慕容白曜平东阳，获之，送京师。献文欲验其能，置病人于幕中，使謇隔而脉之，深得病形，兼知色候，遂被宠遇。为中散，迁内侍长。文明太后时问经方，而不及李修之见任用。謇合和药剂，攻疗之验，精妙于修。而性秘忌。承奉不得其意，虽贵为王公，不为措疗也。孝文迁洛，转侍御史。二年，上幸悬瓠，驰驿召謇，赴行在所。至，诊省有大验，乃集百官，大设太官珍膳，特坐謇于上席，命左右宣謇救摄危笃之功。复下诏褒美，以为大鸿胪卿、金乡县伯。謇常有将饵，年垂八十，而鬓发不白，以老为光禄大夫。卒，赠安东将军、齐州刺史。谥曰"靖"。子践，字景升。袭爵；文伯，仕南齐，位东莞、泰山、兰陵三郡太守。子雄，员外散骑侍郎，医术为江左所称。雄子之才，幼通"五经"。刘孝绰、裴子野咸叹为"神童"。豫章王综出镇江都，以之才为主簿。及综入魏，之才为魏所止。综启魏帝，云之才大善医术兼有机变。诏征之才至洛，礼遇甚优。武帝时封昌安县侯。武定四年，自散骑常侍转秘书监。文宣作相，转授金紫光禄大夫。之才少解天文兼图谶之学。知午年必有革易，因高德正启之，文宣大悦。登祚后，弥见亲密。寻除侍中，皇建二年除西兖州刺史，未之官。武明太后不豫，之才疗之，应手而愈，孝昭赐彩帛千段、锦百匹。天统四年，除兖州刺史，特给铙吹一部。武成病笃，敕驿追之才，未到帝已崩。武定元年，除尚书左仆射，迁尚书令、侍中、太子太师。年八十卒，赠司徒公，谥曰"文明"。弟之范，亦以医术见知。位太常卿，特听袭之才爵。入周授仪同大将军。开皇中，卒《北史》本传。

[宣统《山东通志》卷一百六十八《人物志第十一·历代艺术》]

徐謇，字伯成。东莞人。与兄文伯俱善医。因至青州，慕容白曜平东，获之，送京师。魏献文欲验其术，置病者于幕中，使謇自外诊之，深得病理，兼知色候，遂得宠。为中散大夫。上幸悬瓠，有疾召謇，昼夜行数百里，至，诊视大验，乃设太官珍膳，集百官，特坐謇于上席，宣謇救厄振济之功，下诏褒美，进鸿胪卿。

[宣统《山东通志》卷一百九十九《杂志上·异闻琐事》]

徐之才，謇兄文伯之孙也。善医术，药石多效。又窥涉经史，发言便捷。天统四年，官尚书左仆射。方术明悟奇验，不能殚述。年八十卒。赠司徒公录尚书事，谥曰"文明"。

[道光《沂水县志》卷八《方伎》]

徐之才，謇兄，文伯之孙也。善医术，药石多效。又闻涉经史，发言辩捷。天统四年，官尚书左仆射时，武城酒色过度，恍惚不恒，曾病发，自云初见空中有五色物，稍近，变成一美妇人，去地数丈，亭亭而立。食顷，变为观世音。之才云：此色欲多，大虚所致。即处汤方，服一剂，便觉稍远，又复，还变五色物，数剂疾竟愈。方术明悟，奇验不能殚述。年八十卒，赠司徒公、录尚书事，谥曰"文明"。

[雍正《山东通志》卷三十一《方伎志》]

徐熙，钱唐人。仕至濮阳太守。熙好黄老，隐于秦望山，有道士过，求饮，留一葫芦与之，曰：君子孙宜以道术救世，当得二千石。熙开之，乃《扁鹊镜经》一卷。因精心学之，遂名震海内。

徐秋夫，熙之子。善治疾。宅在吴沟桥东。夜闻空中呻吟声，甚苦。秋夫问：何须？答言：我为东阳人，姓斯名僧平，昔为乐游吏，患腰痛死。今在湖北，虽为鬼，苦亦如生。为君善医，故来相告。秋夫曰：治女无形，何由治？鬼谓：为刍人，按孔穴针之。秋夫如言，为灸四处，又针肩井三处，设祭埋之。明日，见一人谢恩，忽然不见。当世服其通灵。

徐道度，秋夫子。能精父业。有脚疾，不能行，宋文帝令乘小舆入殿，为诸皇子疗疾，无不奇验。仕至兰陵太守。同时有杜道鞠善弹棋，范悦诗，褚欣远皆善模书，褚胤善奕棋，宋文帝尝曰：天下有五绝而皆出于钱塘。

徐叔向，秋夫次子。亦能精其世业，声名与兄道度相颉颃。

徐文伯，道度子。既精父业，兼有学行，高迈倜傥，耻屈意于公卿。不以医自业。宋孝武路太后病，众医不识，文伯诊之，曰：此石搏小肠耳。乃为水剂消石汤，病即愈。除鄱阳王常侍，遗以千金，旬日恩意隆重。宋明帝宫人患腰痛牵心，每至辄气欲绝，众医以为肉癥。文伯曰：此发癥，以油投之，即吐得物如发。稍引之长三尺，头已成蛇能动，挂门上适尽一发而已。病都差。宋后废帝出乐游苑门，逢一妇人有娠，帝亦善医，诊之曰：此腹是女也。问文伯，曰：腹有二子，一男一女，男左边，青黑形，小于女。帝性急，便欲使剖。文伯恻然曰：若刀斧恐其变异，请针之，立落。便泻足太阴补手阳明，胎便应针而落，两儿相续出。如其言。

徐嗣伯，字叔绍。叔向子也。有孝行，善清言。位正员郎，诸府佐，弥为临川王映所重。时直阁将军房伯玉服五石散十许剂，无益，更患冷，夏日常衣。嗣伯为诊之，曰：卿伏热，应须以水发之，非冬月不可。至十一月，冰雪大盛，令二人夹捉伯玉，解衣坐石，取冷水从头浇之尽二十斛。伯玉口噤气绝，家人啼哭请止。嗣伯遣人执杖防阁，敢有谏者挝之。又尽水百斛，伯玉始能动，而见背上彭彭有气。俄而起坐，曰：热不可忍，乞冷饮。嗣伯以水与之，一饮一升，病都差。自尔恒发热，冬月犹单裈衫，体更肥壮。尝有妪人患滞冷，积年不瘥。嗣伯为诊之，曰：此尸注也，当取死人枕煮服之乃愈。于是往古冢中取枕，枕已一边腐缺，服之即差。又秣陵人张景，年十五，腹胀面黄。众医不能疗，以问嗣伯。嗣伯曰：此石蛔尔，极难疗。取死人枕煮之。依语煮枕，以汤授之，得大利并蛔虫，头坚如石者五升，即差。又沈僧翼患眼痛，多见鬼物，以问嗣伯。嗣伯曰：邪气入肝，可觅死人枕煮服之。竟，可埋枕于故处。如其言又愈。王晏问之曰：三病不同，而皆用死人枕而俱差，何也？答曰：尸注者，鬼气伏而未起，故令人沉滞。得死人枕投之，魂气飞越，不得复附体，故尸注可差。石蛔者，久蛔也。医疗既僻，蛔中转坚，世间药不能遣，所以须鬼物驱之，然后可散，故令煮死人枕也。夫邪气入肝，故使眼痛而见魍魉，应须邪物以钩之，故用死人枕也。气因枕去，故令埋于冢间也。又春月出南篱间戏，闻草屋中有呻声。嗣伯曰：此病甚重，更二日不疗必死。乃往视，见一老姥称体痛而处处有黯黑无数，嗣伯还煮斗余汤，送令服之。服讫，痛势愈甚，跳投床者无数。须臾，所黯处皆拔出钉，长寸许，以膏涂诸疮口，三日而复。云：此名钉疽也。

徐雄，文伯子。亦传家业，尤工诊察。位奉朝请，能清言，多为贵游所善。事母孝谨，母终，毁脊几至自灭。俄而兄亡，扶杖临丧，抚膺一恸而卒。

徐之才，雄之子。幼而隽发。善医术，兼有机辩。少解天文，兼图谶之学。有人患脚跟肿痛，诸医不能识。之才曰：蛤精疾也，由乘船入海，垂脚水中。病者曰：实曾如此。之才为剖，得蛤子二，大如榆荚。又有以骨为刀把者，五色斑斓。之才曰：此人瘤也。问得处，云于古冢见髑髅额骨长数寸，试削视，有文理，故用之。其明悟多通如此。之才医术最高，时被命召。齐武成酒色过度，恍忽不恒，曾病发，自云初见空中有五色物，稍近，变成一美妇人，去地数丈，亭亭而立。食顷，变成观世音。之才曰：此色欲多，太虚所致。即处汤方，服一剂，便觉稍远，又服，还变成五色物，数剂汤，疾竟愈。帝每发动，辄遣骑追之，针药所加，应时取效，故频有端执之举。入秋，武成小定，更不发动。和士开欲依次转进，以之才为兖州刺史。及十月，帝又病作，语士开曰：恨用之才外任，使我辛苦。其月八日，敕驿追之才，帝以十日崩，之才十一日方到，已无及矣。

[万历《杭州府志》卷九十一《方技》]
[康熙《杭州府志》卷三十二《方技》]
[乾隆《杭州府志》卷九十六《方技》]

徐熙，仕至濮阳太守。好黄老，隐秦望山，有道士过，饮，留一葫芦与之，曰：君子孙宜以道术救世，当至二千石。熙倾葫芦，得《扁鹊镜经》一卷。因精心学之，遂名振海内。

徐秋夫，熙子。善治疾。宅在吴沟桥东。夜闻室中呻吟，声甚苦。询之，曰：我东阳人，姓斛，斯为乐游吏，患腰痛死。今在湖北，虽为鬼，苦亦如生。君善医，故来相告。秋夫曰：女无形，奈何？鬼告以束刍为人，按孔穴针之。秋夫治如法，针灸数处，设祭埋之。明日，见一人来拜谢，忽不见，世服其通灵。

徐道度，秋夫子。精父业。有脚疾，不能行，宋文帝令小舆入殿，为诸皇子疗疾，有奇验。仕至兰陵太守。时杜道鞠善弹棋，范悦诗，褚欣远善模书，褚胤善奕。文帝尝曰：天下有五绝皆出于钱塘。弟叔向，与度齐名。

徐文伯，道度子。有学行，高迈倜傥，耻屈意于公卿，不以医自业。宋孝武路太后病，众医不识。文伯诊之，曰：此石搏小肠耳。为水剂消石汤，病即愈。除鄱阳王常侍，遗以千金，旬日恩意隆重。明帝宫人患腰痛牵心，每发辄欲绝，医以为肉癥。文伯曰：此发瘕，以油投之，即吐物如发。引之长三尺，头成蛇能动，悬之门尽一发而已，病即瘥。后废帝出乐游苑，逢一妇人有娠，帝亦善诊，曰：此腹当是女。文伯曰：孪生，一男一女，男左边，青黑，形小于女。帝性急，欲剖视。文伯恻然曰：请针之。胎应针而落，两儿相续出。如其言。

徐嗣伯，叔向子。有孝行，善清谈。位正员郎，为临川王映所重。时直阁将军房伯玉服五石散十许剂，无益，更患冷，夏日常复衣。嗣伯诊之，曰：卿伏热，须以水发之，非冬月不可。至十一月，冰雪大盛，令两人夹持伯玉，解衣坐石上，取水从头浇之，尽二十斛。伯玉口噤气绝，家人啼哭请止。嗣伯遣人执杖防阁，敢有谏者挝之。又尽水百斛，伯玉始能动，背上彭彭有气。俄而起坐，曰：热不可忍，乞水。予以水饮，尽一升，病瘥。自尔恒发热，冬月犹单裈衫，体更肥壮。尝有妪患滞冷，积年不瘥。嗣伯曰：此尸注也，取死人枕煮服之。即愈。秣陵人张景，年十五，腹胀面黄，医不能疗。嗣伯曰：此石蛔尔，极难疗，取死人枕煮汤，服五升即瘥。沈僧翼患眼痛，多见鬼物。嗣伯曰：邪气入肝，觅死人枕煮服之。病痊，埋枕于故处。又愈。王晏诘之曰：三病不同，皆用死人枕而俱瘥，何也？答曰：尸注者，鬼气伏而未起，故令人沉滞。得死人枕投之，魂气飞越，不得复附体，故瘥。石蛔者，久蛔也。医疗既僻，蛔虫转坚，药不能遣，须鬼物驱之，故亦瘥。邪气入肝，故眼痛而见魍魉，须邪物钩之。气因枕去，故令埋于冢间也。春出南篱间戏，闻草屋中有呻吟声。嗣伯曰：此病甚重，更二日不疗必死。乃往视，见一老姥称体痛，而处处有黯黑无数。嗣伯还煮汤斗余，令服之。痛愈，甚跳投床者无数。须臾，所黯处皆拔出钉，长寸许，以膏涂诸疮口，三日而复。云：此名钉疽也。

徐雄，文伯子。亦传家业，尤工诊察。其他，详见《孝友》。

徐之才，雄子，文伯孙。幼而隽发。善医术，兼有机辩。少解天文、图谶之学。有患脚跟肿痛，诸医不能识。才曰：蛤精疾也，由乘船入海，垂脚水中所致。

之才为剖得蛤子二，大如榆荚。之才术最高，时被诏命。齐武成沉湎酒色，恍惚不恒，曾发，自云初见空中有五色物，稍近，变成一美妇人，去地数丈，亭亭而立。食顷，变成观世音。之才曰：此色欲过度，大虚所致。即处汤方，服数剂，疾遂愈。帝每发，辄骑追之，针药辄效。后小定，更不发。和士开欲依次转进，以之才为兖州刺史。及帝病复发，语士开曰：恨用之才外任，使我辛苦。敕驿追，到已无及矣。又有以骨为刀把者，五色斑斓。之才曰：此人瘤也。问其得处，云于古冢见髑髅额骨长数寸，试削视，有文理，故用之。其明悟多通如此。

[康熙《钱塘县志》卷二十六《方伎》]

徐熙，《南史·张融传》：熙，濮阳太守。好黄老，隐秦望山，有道士过，求饮，留一瓠瓳与之，曰：君子孙宜以道术救世，当得二千石。熙开之，乃《扁鹊镜经》一卷。因精心学之，遂名振海内。生子秋夫，弥工其术，仕至射阳令。常夜有鬼呻，声甚凄怆。秋夫问：何须？答言：姓某，家在东阳，患腰痛死。虽为鬼，痛犹难忍，请疗之。秋夫曰：云何厝法？鬼请为刍人，按孔穴针之。秋夫如言，为灸四处，又针肩井三处，设祭埋之。明日，见一人谢恩，忽然不见，当世服其通灵。秋夫生道度、叔向，皆能精其业。道度生文伯，叔向生嗣伯，亦精其业。

徐道度，《南史·张融传》：道度有脚疾，不能行，宋文帝令乘小舆入殿，为诸皇子疗疾，无不验。位兰陵太守。宋文帝云：天下有五绝而皆出钱塘。谓杜道鞠弹棋，范悦诗，褚欣远摸书，褚引围棋，徐道度疗疾也。

徐文伯，《南史·张融传》：字德秀。有学行，倜傥不屈意于公卿。不以医自业，为效与嗣伯相埒。宋孝武路太后病，众医不识。文伯诊之，曰：此石搏小肠耳。乃为水剂消石汤，病即愈。除鄱阳王常侍，遗以千金，旬日恩意隆重。宋明帝宫人患腰痛牵心，每至辄气欲绝，众医以为肉癥。文伯曰：此发癥，以油投之，即吐得物如发。稍引之长三尺，头已成蛇能动，挂门上适尽一发而已。病都差。子雄，亦传家业，尤工诊察。位奉朝请。

徐嗣伯，《南史·张融传》：字叔绍。位正员郎，诸府佐，为临川王映所重。时直阁将军房伯玉服五石散十余剂，无益，更患冷，夏日常复衣。嗣伯为诊之，曰：卿伏热，应须以水发之，非冬月不可。至十一月，冰雪大盛，令二人夹捉伯玉，解衣坐石，取冷水从头浇之，尽二十斛。伯玉口噤气绝，家人啼哭请止。嗣伯遣人执杖防阁，敢有谏者挝之。又尽水百斛，伯玉始能动，而见背上彭彭有气。俄而起坐，曰：热不可忍，乞冷饮。嗣伯以水与之，一饮一升，病都差。自尔恒发热，冬月犹单裈衫，体更肥壮。

徐之才，旧《浙江通志》：雄之子。幼隽发，有机辨，解天文、图谶之学，善医。有人患脚跟肿痛，诸医不识。之才曰：蛤精疾也，由乘船入海，垂脚水中所致。为剖得蛤子二，大如榆荚。和士开以为兖州刺史。

[雍正《浙江通志》卷一百九十六《方技上》]

徐秋夫，东海人。工医。濮阳太守熙之子也。时为射阳令，尝夜闻鬼呻吟，声甚凄苦。秋夫曰：汝是鬼，何所须？答曰：我姓斛名斯，家在东阳，患腰痛死。虽为鬼而疼痛不可忍，闻君善术，愿相救济。秋夫曰：汝是鬼而无形，云何厝治？鬼曰：君但缚刍为人，索孔穴，针腰俞二处，又针肩井二处，设祭而埋之。明日，一人来谢，曰：蒙君医疗，复为设祭，病除肌解，感惠实深。忽然不见，当代称其通灵。长子道度、次子叔向，皆精其术。宋文帝时，道度位兰陵太守。

[隆庆《宝应县志》卷十《纪遗》]

[万历《宝应县志》卷十二《纪遗》]

[万历《盐城县志》卷七《杂传》]

徐秋夫，晋濮阳太守熙子。工道术，仕至射阳令。尝夜有鬼呻，声甚凄怆。秋夫问：何须？答言：某，患腰痛死。虽为鬼，痛尤难忍，请疗之。秋夫曰：云何厝法？鬼请为刍人，按孔穴针之。秋夫如言，为灸四处，又针肩井三处，设祭埋之。明日，见一人谢恩，忽然不见，当世伏其通灵此事见《南史·张邵传》，言邵与东海徐文伯善。文伯，濮阳太守熙曾孙。熙生秋夫，秋夫乃文伯之祖。文伯称东海人，则秋夫亦宜为东海人。盐城旧志及《江南通志》俱以秋夫为盐城人。秋夫曾为射阳令，非盐城人也。然《通志》所载，与《南史》少异。《通志》云：鬼曰：身是斛律斯。虽死，患腰痛，闻君善医，求拯拔。秋夫云：汝鬼，术何从施？曰：以草束形，呼我名治之。如其言，设祭埋之。夜闻鬼来谢，云疾已愈。《通志》所引，不知又出何书。东海、盐城相去不远，或别有据，亦未可知。此事本属荒唐，留以增异闻可也，不必深辨。

[乾隆《淮安府志》卷二十二《方技》]

徐秋夫，盐城人。仕至射阳令。工医，善针灸。尝夜闻鬼声，呻吟甚苦。叱问之，曰：身是斛律斯，虽死，患腰痛，闻君善医，求拯拔。秋夫曰：汝鬼，术何从施？曰：以草束形，呼我名治之。如其言，下二针，设祭埋之。夜闻鬼来谢，云：疾已愈。时谓其术能通神。

[乾隆《江南通志》卷一百七十《艺术》]

徐秋夫，东海人。工医。濮阳太守熙之子也。时为射阳令，尝夜闻鬼呻吟，声甚凄苦。秋夫曰：汝是鬼，何所须？答曰：我姓斛名斯，家在东阳，患腰痛死。虽为鬼而疼痛不可忍，闻君善术，愿相救济。秋夫曰：汝是鬼而无形，云何厝治？鬼曰：君但缚刍为人，索孔穴，针腰俞二处，又针肩井二处，设祭而埋之。明日，一人来谢，曰：蒙君医疗，复为设祭，病除肌解，感惠实深。忽然不见，当代称其通灵万历《宝应县志》。

[嘉庆《扬州府志》卷七十二《杂志》]
[道光《重修宝应县志》卷二十八《异闻》]

万历《宝应志·纪遗类》：宋徐秋夫，东海人。工医。濮阳太守熙之子也。时为射阳令，尝夜闻鬼呻吟，声甚凄苦。秋夫曰：汝是鬼，何所须？答曰：我姓斛名斯，家在东阳，患腰痛死。虽为鬼而疼痛不可忍，闻君善术，愿相救济。秋夫曰：汝是鬼而无形，云何厝治？鬼曰：君但缚刍为人，索孔穴，针腰俞二处，又针肩井二处，设祭而埋之。明日，一人来谢，曰：蒙君医疗，复为设祭，病除肌解，感恩实深。忽然不见，当代称其通灵。长子道度、次子叔向，皆精其术。宋文帝时，道度位兰陵太守。案：《志》未载所引。《梁书》吴均齐谐记之，钱塘徐秋夫善治病。宅在湖沟桥东。夜闻空中呻吟，声甚苦云云。以下与此文略同，不言为射阳令也，且语涉神奇，不录。

[道光《宝应图经》卷四《封建》]

徐秋夫，钱塘徐秋夫善治病。宅在湖沟桥东。夜闻空中呻吟，声甚苦。秋夫起，至呻吟处问曰：汝是鬼耶？何为如此饥寒？须衣食耶？鬼曰：我是东阳人，姓斛斯平，昔为乐游吏，患腰痛死。今在湖北，虽为鬼，苦亦如生。为君善医，故来相告。秋夫曰：奈汝无形，何由治？鬼曰：但缚茅作人，按穴针之。秋夫如其言，为针四处，又针肩井三处，设祭而礼之。明日，见一人来谢，曰：蒙君疗疾，复为设祭，除饥解疾，感惠实多。忽然不见，当代服其通灵。秋夫，宋元嘉六年位奉朝请《谈薮》。

[嘉庆《钱塘县志·艺术》]

沈《志》载刘宋徐秋夫针鬼事，乾隆《府志》有南齐王敬则传，考秋夫，虽为射阳令，敬则虽为射阳人，然其时县已侨置江南，与今盐城无涉。凡此之类，概予削除，以昭限断。

[光绪《盐城县志·凡例》]

徐謇，字成伯。丹阳人。博通经史，高宗甚眷之，遂入嵩阳守道，以终身。

[隆庆《登封县志》卷五《先哲》]

徐謇，《北史》本传：字成伯。丹阳人。善医药，入居嵩高。高祖车驾次汝坟，疾大渐,召謇治验,下诏有"军将军徐成伯驰轮太室进疗,汝蕃重加陟赏"之语,授鸿胪卿、金乡县开国伯,食邑五百户。正始元年,加平北将军、光禄大夫。卒,谥曰"靖"。

[乾隆《河南府志》卷五十《流寓》]

徐謇,字成伯。丹阳人。以医术为中散大夫,历齐州刺史、建兴太守。初,魏献文欲验其能,置病人于帷中,使謇隔而脉之,深得病形,兼知色候,遂被宠遇。由是,孝文、宣武亦并加眷待。謇常有药饵及吞服道,年垂八十而鬓发不白,力未多衰。正始初,以老为光禄大夫。卒,谥曰"靖"。子践,袭爵,位建兴太守。

[雍正《泽州府志》卷三十三《宦绩》]

徐文伯,字德秀。濮阳太守熙曾孙也。熙好黄老,隐于秦望山,有道士授以《扁鹊镜经》,曰:君子孙当以道术救世,当得二千石。因精心学之,遂名震海内。子秋夫,弥工其术,仕至射阳令。世传尝为鬼针腰痛。秋夫生道度、叔向,皆精其业。道度仕宋文帝朝,位兰陵太守。道度生文伯,叔向生嗣伯。文伯兼有学行,倜傥不屈于公卿。不以医自业,为效与嗣伯相埒。孝武路太后病,众医不识,文伯诊之,曰:此石搏小肠耳。乃为水剂消石汤,病即愈。除鄱阳王常侍。明帝宫人患腰痛牵心,每至辄气欲绝,众医以为肉癥。文伯曰:此发癥。以油投之,即吐得物如发。稍引之长三尺,头已成蛇能动,挂门上适尽一发而已。病都差。子雄传家业,位奉朝请。能清言,多为贵游所善。事母孝,母终,毁瘠几至自灭。俄而兄亡,扶杖临丧,抚膺一恸,遂绝。嗣伯,字叔绍。亦有孝行,善清言。位至员郎,诸府佐。直阁将军房伯玉服五石散十许剂,无益,更患冷,夏日常复衣。嗣伯诊之,曰:卿伏热,应须以水发之,非冬月不可。至十一月,冰雪大盛,令二人夹捉伯玉,解衣坐石,取冷水从头浇之,尽二十斛。伯玉口噤气绝,家人啼哭请止,嗣伯遣人执杖防阁,敢有谏者楇之。又尽水百斛,伯玉始能动,而见背上彭彭有气。俄而起坐,曰:热不可忍,乞冷饮。嗣伯以水与之,一饮一升,病都差。自尔,恒发热,冬月犹单裈衫,体更肥壮。常有妪人患滞冷,积年不差。嗣伯为诊之,曰:此尸注也,当取死人枕煮服之。于是往古冢中取枕,枕已一半腐缺,服之即差。后秣陵人张景,年十五,腹胀面黄,众医不能疗,以问嗣伯。嗣伯曰:此石蚘耳,极难疗,当得死人枕服。依语煮枕,以汤投之,得大利并蚘虫,头坚如石,五升,病即差。后沈僧翼患眼痛,又多见鬼物,以问嗣伯。嗣伯曰:邪气入肝,可觅死人枕煮服之。竟,可埋枕于故处。如其言又愈。王晏问之曰:三病不同,皆用死人枕而俱差,何也?答曰:尸注者,鬼气伏而未起,故令人沉滞。得死人枕投之,魂气飞越，不得复附体，故尸注可差。石蛔者，久蛔也。医疗既僻，蛔虫转坚，世间药不能遣，所以须鬼物驱之，然后可散，故令煮死人枕也。夫邪气入肝，故使眼痛而见魍魎，应须邪物以钩之，故用死人枕。气因枕去，故令理于冢间也。尝春月出南篱间戏，闻笪屋中有呻吟声。嗣伯曰：此病甚重，更二日不疗，必死。乃往视，见一老姥称体痛，而处处有黯黑无数。嗣伯还煮斗余汤，送令服之。服讫，痛势愈甚，跳投床者无数。须臾，所黯处皆拔出钉，长寸许。以膏涂诸疮口，三日而复云：此名钉疽也。时有薛伯宗善徙痈疽，公孙泰患背，伯宗为气封之，徙置斋前柳树上，明旦痈消，树边便起一瘤如拳大。稍稍长二十余日，瘤大脓烂，出黄赤汁斗余，树为之瘘损。文伯之孙之才，后显于北齐。

[至大《金陵新志》卷十三下之下《方伎》]

徐文伯，字德秀。东海人。濮阳太守熙之曾孙也。熙好黄老，隐于秦望山，有道士过，求饮，留一瓠瓡与之，曰：君子孙宜以道术救世，当得二千石。熙开之，乃《扁鹊镜经》一卷。因精心学之，遂名震海内。生子秋夫，弥工其术，仕至射阳令。尝夜有鬼呻吟，声甚凄怆，秋问：何须？答言：姓某，家在东阳，患腰痛死。虽为鬼，痛犹难忍，请疗之。秋夫曰：云何厝法？鬼请为刍人，按孔穴针之。秋夫如其言，为灸四处，针肩井三处，设祭埋之。明日，见人谢恩，忽然不见。当世服其神。子道度、叔向，皆精其业。道度有足疾，不能行，文帝令乘小舆入殿，为诸皇子疗疾，无不绝验。仕至兰陵太守。文帝常云：天下有五绝，而皆寓钱塘。谓杜道鞠弹棋、范悦诗、褚欣远模书、褚胤围棋、徐道度疗疾也。道度生文伯，叔向生嗣伯。文伯亦精其业，兼有学行，性倜傥不屈意于公卿。不以医自业。吴郡张融谓文伯、嗣伯曰：昔王微，嵇叔夜并学而不能，殷仲堪之徒固所不论。得之者由神明洞彻，然后可至，故非吾徒所及。且褚侍中澄虽富贵亦能救疗人疾，卿此更成不达。答曰：惟达者知此可崇，不达者多以为深累，既鄙之，何能不耻之。文伯为效与嗣伯相垺。孝武路太后疾，众医不识，文伯诊之，曰：此石搏小肠耳。乃为水剂消石汤，病即愈。除鄱阳王常侍，遗以千金，旬日恩遇隆重。明帝宫人患腰痛牵心，每至发气欲绝，众医为肉癥。文伯曰：此发癥。以油投之，即吐得一物如发。稍引之长三尺，头已成蛇能动，遂挂门上适尽乃一发而已。病即瘥。后废帝出乐游苑门，逢一妇人有娠，帝亦善医，诊之，曰：此腹是女也。问文伯，伯曰：腹有一男一女，男居左，青黑，形小。帝欲使剖，文伯恻然曰：以刀斧恐其变易，请针之，胎自落。便泻足太阴，补手阳明，胎应针而落，两儿相续出。果如其言。子雄传业，工诊察，位奉朝请。能清谈，多为贵游所善。事母至孝，临兄丧，遂以哀卒。嗣伯，字叔绍。亦有孝行，位正员郎，为临川王映所重。时直阁将军房伯玉服五石散，无益，更患冷，夏日常复衣。嗣伯为诊之，曰：卿伏热，应须以水发之，非冬月不可。至十一月，冰雪大盛，令二人挟伯玉，解衣坐石上，取冷水从头浇之，尽二十斛。伯玉气绝，家人啼哭请止。嗣伯令人执杖，敢有谏者挝之。又浇水百斛，伯玉始能动，见背上彭彭有气。俄而起坐，曰：热不可忍，乞冷饭。以水与之，一饮一升，病即瘥。自尔，恒发热，冬月着单裤衫，体更肥壮。一妪患滞冷，年久不瘥。嗣伯诊曰：此尸注也，当以死人枕煮服之，乃愈。于是取古冢中枕煮服，即瘥。秣陵张景，年十五，患腹胀面黄，众医不能治，往问嗣伯。伯曰：此石蛔耳，极难疗。当取死人枕煮服之。以汤投下，有蛔虫，头坚如石者数升，遂愈。沈僧翼患眼，多见鬼物，问嗣伯。伯曰：邪气入肝，可觅死人枕煮服之，仍埋枕故处。如言，又愈。王晏知而问之曰：三病皆用死人枕，俱瘥，何也？伯曰：尸注者，鬼气也。伏而未起，故令人沉滞。得死人枕投之，魂气飞扬，不复附体，故尸注可瘥。石蛔者，药不能遣，须鬼物驱之，然后可散。邪气入肝，故眼痛见魍魉，须邪物以勾之，故用枕。气因枕去，故令埋于冢间也。又春月出南篱，闻茅屋有呻吟声，往视之，见一老姥称身痛，处处有黯黑无数。嗣伯煮斗余汤，送令服之，痛势愈重，跳跃投床，须臾，黯处皆拔出钉，长寸许，以膏涂诸疮口，三日平复，云：名钉疽。

[隆庆《海州志》卷八《神医》]

徐文伯，字德秀。东海人。濮阳太守熙之曾孙也。熙好黄老，隐于秦望山，有道士过谈，以一葫芦与之曰：君子孙宜以道术救世，当得二千石。熙开之，乃《扁鹊镜经》一卷。因精心学之，遂名震海内。生子秋夫，弥工其术，仕至射阳令。尝夜有鬼呻吟，声甚凄惨。秋问：何须？答言：姓某，家在东阳，患腰痛死。虽为鬼，痛犹难忍，请疗之。秋夫为刍人，灸四处，针肩井三处，设祭埋之。明日，见人谢恩，忽然不见，当世服其神。子道度、叔响，皆精其业。道度有足疾，不能行，文帝令乘小舆入殿，为诸皇子疗疾，无不验。仕至兰陵太守。道度生文伯，叔响生嗣伯。

文伯，有学行。孝武路太后疾，众医不识。文伯诊之，曰：此石搏水肠耳。乃为水剂消石汤，病即愈。除鄱阳王常侍，遗以千金。明帝宫人患腰痛牵心，每发辄气欲绝，众医为肉癥。文伯曰：此发癥，以油投之，即吐得一物如发。头已成蛇能动，遂挂门上适尽乃一发而已。病都瘥。后废帝出乐游苑门，逢一妇人有娠，帝亦善医，诊之曰：此腹是女也。问文伯，文伯曰：腹有一男一女，男居左，青黑形小。帝欲使剖，文伯恻然曰：以刀斧恐其变易，请针之，胎自落。便泻足太阴补手阳明，胎应针而落，两儿相续出。果如其言。子雄，传业，工诊察。位奉朝请。

嗣伯，字叔绍。亦有孝行。位正员郎，为临川王映所重。时值阁将军房伯玉服五石散，无益，更患令，夏日常复衣。嗣伯为诊之，曰：卿伏热，应须以水发之，非冬月不可。至十一月，冰雪大盛，令二人挟伯玉，解衣坐石上，取冷水从头浇之，尽二十斛。伯玉气绝，家人啼哭请止。嗣伯令人执杖，敢有谏者挝之。又浇水百斛，伯玉始能动，见背上彭彭有气。俄而起坐，曰：热不可忍，乞冷饭。以水与之，一饮一升，病即瘥。自此恒发热，冬月着单裤衫，体更肥壮。一妪患滞冷，年久不瘥。嗣伯诊曰：此尸注也，当以死人枕煮服之乃愈。于是取古冢中枕煮服，即瘥。秣陵张景，年十五，患腹胀面黄，众医不能治，往问嗣伯。伯曰：此石蚘耳，极难疗，当取死人枕煮服之。以汤投下，有蚘虫，头坚如石者数升，遂愈。沈僧翼患眼痛，多见鬼物，问嗣伯。伯曰：邪气入肝，可觅死人枕煮服之。仍埋枕故处。如言又愈。王晏知而问之曰：三病皆用死人枕俱瘥，何也？伯曰：尸注者，鬼气也。伏而未起，故令人沉滞。得死人枕投之，魂气飞扬，不复附体，故尸注可瘥。石蚘者，药不能遣，须鬼物驱之，然后可散。邪气入肝，故眼痛见魍魉。须邪物以勾之，故用枕。气因枕去，故令埋于冢间也。又春月出南篱，闻茅屋有呻吟声。往视之，见一老姥称身痛，处处有黯黑无数。嗣伯煮斗余汤，送令服之，痛势愈重，跳跃投床。须臾，黯处皆拔出钉，长寸许，以膏涂诸疮口，三日平复。

[顺治《海州志》卷八《神医》]

徐文伯，字德秀。丹阳人，太守熙曾孙。熙好黄老，隐秦望山，有道士授以《扁鹊镜经》，曰：君子孙当以道术救世，当得二千石。因精心学之，遂名震海内。子秋夫，弥工其术，仕至射阳令。世传尝为鬼针腰痛。秋夫生道度、叔向，皆精其业。道度仕宋文帝朝，位兰陵太守。道度生文伯，叔向生嗣伯。文伯兼有学术，倜傥不屈于公卿。孝武路太后病，众医不识，文伯诊之，曰：此石搏小肠耳。乃为水剂消石汤，病即愈。除鄱阳王常侍。明帝宫人患腰痛牵心，每至辄气欲绝，众医以为肉癥。文伯曰：此发癥也。以油投之，即吐得物如发。稍引之长三尺，头已成蛇能动，挂门上适尽一发而已。病都差。子雄传家业，位奉朝请。能清言，多为贵游所善。事母孝，母终，毁瘠几至自灭。俄而兄亡，扶杖临丧，抚膺一恸，遂绝。嗣伯，字叔绍。亦有孝行，位至员郎，诸府佐，医效与文伯埒焉。

[万历《上元县志》卷十一《人物杂志》]

徐文伯，字德秀。丹阳人。太守熙曾孙。熙好黄老，隐秦望山，有道士授以

《扁鹊镜经》，曰：君子孙当以道术救世，当得二千石。因精心学之，遂名震海内。子秋夫，弥工其术，仕至射阳令。世传尝为鬼针腰痛。秋夫生道度、叔向，皆精其业。道度仕宋文帝朝，位兰陵太守。道度生文伯，叔向生嗣伯。文伯兼有学术，倜傥不屈于公卿。不以医自业，为效与嗣伯相埒。孝武路太后病，众医不识，文伯诊之，曰：此石搏小肠耳。乃为水剂消石汤。病即愈。除鄱阳王常侍。明帝宫人患腰痛牵心，每至辄气欲绝，众医以为肉癥。文伯曰：此发癥也。以油投之，即吐得物如发。稍引之长三尺，头已成蛇能动，挂门上适尽一发而已。病都差。子雄传家业，位奉朝请。能清言，多为贵游所善。事母孝，母终，毁瘠几至自灭。俄而兄亡，扶杖临丧，抚膺一恸，遂绝。嗣伯，字叔绍。亦有孝行，位至员郎，诸府佐。直阁将军房伯玉服五石散十许剂，无益，更患冷，夏日常复衣。嗣伯诊之，曰：卿伏热，应须以水发之，非冬月不可。至十一月，冰雪大盛，令二人夹捉伯玉，解衣坐石，取冷水从头浇之，尽二十斛。伯玉口噤气绝，家人啼哭请止。嗣伯遣人执杖防阁，敢有谏者挝之。又尽水百斛，伯玉始能动，而见背上彭彭有气。俄而起坐，曰：热不可忍，乞冷饮。嗣伯以水与之，一饮一升，病都差。自尔，恒发热，冬月犹单裤衫，体更肥壮。常有妇人患滞冷，积年不差。嗣伯为诊之，曰：此尸注也，当取死人枕煮服之。即差。后秣陵人张景，年十五，腹胀面黄，众医不能疗，以问嗣伯。嗣伯曰：此石蛔耳，极难疗，当得死人枕服。依语煮枕，以汤投之，得大利，有蛔虫，头坚如石五升，病即差。后沈僧翼患眼痛，又多见鬼物，以问嗣伯。嗣伯曰：邪气入肝，可觅死人枕煮服之。竟，可埋枕于故处。如其言又愈。王晏问之曰：三病不同，皆用死人枕而俱差，何也？答曰：尸注，鬼气伏而未起，故令人沉滞。得死人枕投之，魂气飞越，不得复附体，故尸注可差。石蛔者，久蛔也。医疗既僻，蛔虫转坚，世间药不能遣，所以须鬼物驱之，然后可散，故令煮死人枕也。夫邪气入肝，故使眼痛而见魍魉，应须邪物以钩之，故用死人枕。气因枕去，故令埋于冢间也。尝春月出南篱间戏，闻屋中有呻吟声，嗣伯曰：此病甚重，更二日不疗必死。乃往视，见一老姥称体痛而处处有黑黯无数，嗣伯还煮斗余汤，送令服之。服讫，痛势愈甚，跳投床者无数。须臾，所黯处皆突出钉长寸许，以膏涂诸疮口，三日而复。云：此名钉疽也。其神异若此。

[万历《应天府志》卷三十二《杂传》]

徐文伯，字德秀。丹阳人。太守熙曾孙。熙好黄老，隐秦望山，有道士授以《扁鹊镜经》，曰：君子孙当以道术救世，得二千石。因精心学之，名震海内。子秋夫，工其术，仕至射阳令。世传尝为鬼针腰痛。秋夫生道度、叔向，皆精其业。

道度生文伯，叔向生嗣伯。文伯兼有学术，倜傥不群。孝武路太后病，众医不识。文伯诊之，曰：此石搏小肠耳。乃为水剂消石汤，病即愈。除鄱阳王常侍。明帝宫人患腰痛牵心，每发辄气绝，众医以为肉癥。文伯曰：此发癥也，以油投之，吐得物如发。引长三尺，头已成蛇能动，挂门上适尽一发也。遂瘥。

徐嗣伯，字叔绍。有孝行，官至员郎，诸府佐。直阁将军房伯玉体患冷，夏日常复衣。嗣伯诊之，曰：卿伏热，须冬月以水发之。至十一月，冰雪大盛，令二人夹捉伯玉，解衣坐石，取冷水从头浇之，尽二十斛。伯玉噤欲绝，家人泣请止。伯遣人执杖防阁，挝谏者。尽水百斛，伯玉始能动，遂见背上气彭彭起。俄而，热不可忍，乞冷饮。嗣伯哒以水，一饮一升，病都差。自后，冬月犹单裈衫，体更肥壮。有妇人患滞冷，嗣伯诊之，曰：此尸注也，取死人枕煮服之即瘥。后秣陵人张景，年十五，腹胀面黄，众医不能疗。嗣伯曰：此石蚘耳，极难疗，当得死人枕服。依语煮枕，以汤投之，得大利并蚘虫，头坚如石者五升，病即差。后沈僧翼患眼痛，又多见鬼物。嗣伯曰：邪气入肝，可觅死人枕煮服之。竟，可埋枕故处。如其言又愈。王晏问曰：三病不同，皆用死人枕而差，何也？答曰：尸注者，鬼气伏而未起，故令人沉滞。得死人枕投之，魂气飞越，不得复附体，故瘥。石蚘者，久蚘也。医疗既僻，蚘中转坚，世间药不能遣，所以须鬼物驱之，然后可散，故令煮死人枕也。夫邪气入肝，故眼痛而见魍魉，应须邪物以钩之，用死人枕。气因枕去，故令埋于冢间也。尝春月出南篱间，闻屋中呻吟声。嗣伯曰：此病重甚，二日不疗必死。往视，见一老姥称体痛，处处有黯黑无数。嗣伯煮斗余汤，令服之。服讫，痛势愈甚，跳投床者无算。须臾，所黯处皆拔出钉，长寸许，以膏涂诸疮口，三日而复。云：此名钉疽也。其神异若此。

[康熙《当涂县志》卷二十五《方技》]
[乾隆《当涂县志》卷二十二《方技》]

徐文伯，字德秀。丹阳人。太守熙曾孙。熙好黄老，隐秦望山，遇道士，授以《扁鹊镜经》，曰：君子孙当以道术救世，得二千石。因精心学之，名震海内。子秋夫，工其术，官至射阳令。世传尝为鬼针腰痛。秋夫生道度、叔向，皆精其业。道度生文伯，叔向生嗣伯。文伯兼有学术，倜傥不群。孝武路太后病，众医不识。文伯诊之，曰：此石搏小肠耳。乃为水剂消石汤，病即愈。除鄱阳王常侍。明帝宫人患腰痛牵心，每发辄气绝，众医以为肉癥。文伯曰：此发癥也。以油投之，吐得物如发。引长三尺，头已成蛇能动，挂门上适尽一发也，遂瘥。

徐嗣伯，字叔绍。有孝行，官至员郎，诸府佐。直阁将军房伯玉体患冷，夏日常复衣。嗣伯诊之，曰：卿伏热，须冬月以水发之。至十一月，冰雪大盛，令二人夹捉伯玉，解衣坐石，取冷水从头浇之，尽二十斛。伯玉噤欲绝，家人泣请止。嗣伯遣人执杖防阁，挝谏者。尽水百斛，伯玉始能动，遂见背上气彭彭起。俄而，热不可忍，乞冷饮。嗣伯咦以水，一饮一升，病都差。自后，冬月犹单袴衫，体更肥壮。有妇人患滞冷。嗣伯诊之，曰：此尸注也，取死人枕煮服之即瘥。后秣陵人张景，年十五，腹胀面黄，众医不能疗。嗣伯曰：此石蛔耳，极难疗，当得死人枕服。依语煮枕，以汤投之，得大利并蛔虫，头坚如石者五升，病即差。后沈僧翼患眼痛，又多见鬼物。嗣伯曰：邪气入肝，可觅死人枕煮服之。竟，可埋枕故处。如其言又愈。王晏问曰：三病不同，皆用死人枕而差，何也？答曰：尸注者，鬼气伏而未起，故令人沉滞。得死人枕投之，魂气飞越，不得复附体，故瘥。石蛔者，久蛔也。医疗既癖，蛔中转坚，世间药不能遣，所以须鬼物驱之，然后可散，故令煮死人枕也。夫邪气入肝，故眼痛而见魍魉，应须邪物以钩之，用死人枕。气因枕去，故令埋于冢间也。尝春月出南篱间，闻屋中呻吟声。嗣伯曰：此病重甚，二日不疗必死。往视，见一老姥称体痛，处处有黯黑无数。嗣伯煮斗余汤，令服之。服讫，痛势愈甚，跳投床者无算。须臾，所黯处皆突出钉，长寸许，以膏涂诸疮口，三日而复。云：此名钉疽也。其神异若此。

[康熙《太平府志》卷三十三《方伎》]

[乾隆《太平府志》卷二十九《方伎》]

徐文伯，字德秀。丹阳人。太守熙曾孙。熙好黄老，隐秦望山，有道士授以《扁鹊镜经》，曰：君子孙当以道术救世，得二千石。因精心学之，名震海内。子秋夫，工其术，仕至射阳令。世传尝为鬼针腰痛。秋夫生道度、叔向，皆精其业。道度生文伯，叔向生嗣伯。文伯兼有学术，倜傥不群。孝武路太后病，众医不识。文伯诊之，曰：此石搏小肠耳。乃为水剂消石汤，病即愈。除鄱阳王常侍。明帝宫人患腰痛牵心，每至辄气欲绝，众医以为肉癥。文伯曰：此发癥也，以油投之，吐得物如发。引长二尺，头已成蛇能动，挂门上适尽一发而已，病都差。

徐嗣伯，字叔绍。有孝行，位至员郎，诸府佐。直阁将军房伯玉服五石散十许剂，无益，更患冷，夏日常复衣。嗣伯诊之，曰：卿伏热，应须以水发之，非冬月不可。至十一月，冰雪大盛，令二人夹捉伯玉，解衣坐石，取冷水从头浇之，尽二十斛。伯玉口噤气绝，家人啼哭请止。嗣伯遣人执杖防阁，敢有谏者挝之。又尽水百斛，伯玉始能动，而见背上彭彭有气。俄而起坐，曰：热不可忍，乞冷饮。嗣伯以水与之，一饮一升，病都差。自尔恒发热，冬月犹单裤衫，体更肥壮。尝有妇人患滞冷，积年不差。嗣伯为之诊，曰：此尸注也，当取死人枕煮服之。即差。后秣陵人张景，年十五，腹胀面黄，众医不能疗，以问嗣伯。嗣伯曰：此石蛔耳，极难疗，当得死人枕服。依语煮枕，以汤投之，得大利并蛔虫，头坚如石五升，病即差。后沈僧翼患眼痛，又多见鬼物，以问嗣伯。嗣伯曰：邪气入肝，可觅死人枕煮服之。竟，可埋枕于故处。如其言又愈。王晏问之曰：三病不同，皆用死人枕而俱差，何也？答曰：尸注者，鬼气伏而未起，故令人沉滞。得死人枕投之，魂气飞越，不得复附体，故尸注可差。石蛔者，久蛔也。医疗既僻，蛔中转坚，世间药不能遣，所以须鬼物驱之，然后可散，故令煮死人枕也。夫邪气入肝，故使眼痛而见魍魉，应须邪物以钩之，故用死人枕。气因枕去，故令埋于冢间也。尝春月出南篱间戏，闻屋中有呻吟声。嗣伯曰：此病甚重，更二日不疗必死。乃往视，见一老姥称体痛，而处处有黯黑无数。嗣伯还煮斗余汤，送令服之。服讫，痛势愈甚，跳投床者无数。须臾，所黯处皆突出钉，长寸许，以膏涂诸疮口，三日而复。云：此名钉疽也。其神异若此。

[康熙《上元县志》卷二十二《方技》]

徐文伯，字德秀。丹阳人。太守熙曾孙。熙好黄老，隐秦望山，有道士授以《扁鹊镜经》，曰：君子孙当以道术救世，得二千石。因精心学之，名震海内。子秋夫，工其术，仕至射阳令。世传尝为鬼针腰痛。秋夫生道度、叔向，皆精其业。道度生文伯，叔向生嗣伯。文伯兼有学术，倜傥不群。孝武路太后病，众医不识。文伯诊之，曰：此石搏小肠耳。乃为水剂消石汤，病即愈。除鄱阳王常侍。明帝宫人患腰痛牵心，每至辄气欲绝，众医以为肉癥。文伯曰：此发癥也，以油投之，吐得物如发。引长三尺，头已成蛇能动，挂门上适尽一发而已，病都差。

嗣伯，字叔绍。有孝行，位至员郎，诸府佐。直阁将军房伯玉服五石散十许剂，无益，更患冷，夏日常复衣。嗣伯诊之，曰：卿伏热，应须以水发之，非冬月不可。至十一月，冰雪大盛，令二人夹捉伯玉，解衣坐石，取冷水从头浇之，尽二十斛。伯玉口噤气绝，家人啼哭请止。嗣伯遣人执杖防阁，敢有谏者挝之。又尽水百斛，伯玉始能动，而见背上彭彭有气。俄而起坐，曰：热不可忍，乞冷饮。嗣伯以水与之，一饮一升，病都差。自尔恒发热，冬月犹单裤衫，体更肥壮。尝有妇人患滞冷，积年不差。嗣伯为诊之，曰：此尸注也，当取死人枕煮服之。即差。后秣陵人张景，年十五，腹胀面黄，众医不能疗，以问嗣伯。嗣伯曰：此石蛔耳，极难疗，当得死人枕服。依语煮枕，以汤投之，得大利并蛔虫，头坚如石五升，病即差。后沈僧翼患眼痛，又多见鬼物，以问嗣伯。嗣伯曰：邪气入肝，可觅死人枕煮服之。竟，可埋枕于故处。如其言又愈。王晏问之曰：三病不同，皆用死人枕而俱差，何也？答曰：尸注者，鬼气伏而未起，故令人沉滞。得死人枕投之，魂气飞越，不得复附体，故尸注可差。石蛔者，久蛔也。医疗既僻，蛔中转坚，世间药不能遣，所以须鬼物驱之，然后可散，故令煮死人枕也。夫邪气入肝，故使眼痛而见魍魉，应须邪物以钩之，故用死人枕。气因枕去，故令埋于冢间也。尝春月出南篱间戏，闻屋中有呻吟声。嗣伯曰：此病甚重，更二日不疗必死。乃往视之，见一老姥称体痛，而处处有黯黑无数。嗣伯还煮斗余汤，送令服之。服讫，痛势愈甚，跳投床者无数。须臾，所黯处皆突出钉，长寸许，以膏涂诸疮口，三日而复。云：此名钉疽也。其神异若此。

[康熙《江宁县志》卷十一《方技》]

按：旧志及《府志》俱载六朝徐文伯及嗣伯，且云丹阳人。考《南史》，乃东海人。宋文帝云：天下有五绝而皆出钱唐，谓杜道鞠弹棋，范悦诗，褚欣远书，褚胤围棋，徐道度疗疾也。道度生文伯，弟叔向生嗣伯，皆精其业。然则与江宁毫无所涉，《南史》不过因张融与之善，牵连著之耳。

[乾隆《江宁新志》卷二十三《艺术·医》]

又载六朝徐文伯、嗣伯，且云丹阳人。考《南史》，乃东海人，与江宁无涉。《南史》不过因张融与之善，牵连著之耳。兹概不录。

[嘉庆《重刊江宁府志》卷四十三《技艺》]

[同治《上江两县志》卷二十五《方技》]

徐文伯，字德秀。丹阳人。太守熙曾孙。熙好黄老，隐秦望山，有道士授以《扁鹊镜经》，曰：君子孙当以道术救世。因精其学。子秋夫，工其术。世传为鬼针腰痛。秋夫生道度，道度生文伯。孝武时，太后病，众医不识。文伯曰：此石搏小肠耳。乃为水剂消石汤，即愈。有宫人患腰，文伯曰：此发瘕，以油投之，吐得物如发。头已成蛇，挂门上适尽一发也。遂瘥《南史·张邵传》。

徐嗣伯，字叔绍。文伯从弟。直阁将军房伯玉患冷，嗣伯曰：君伏热，须冬月以水发之。至十一月，冰雪大盛，令伯玉解衣坐石，二人夹之，以冷水浇之，尽二十斛。伯玉噤欲绝。尽水百斛，始能动，背上气彭彭。起，不可忍，咳以冷水，遂差。又尝以死人枕煮之疗人，病不同而皆差。尝春月出南篱间，闻呻吟声。曰：此病重甚。即入视之，一老妪体痛，处处有黯黑无数，煮斗余汤，服之。痛愈甚，跳投床者无算。所黯处皆突出钉，长寸许。嗣伯曰：此钉疽也。其神异如此《南史张邵传》。

[光绪《重修安徽通志》卷二百六十三《方技》]

徐雄,钱塘徐文伯子。雄亦传家业,尤工诊察。位奉朝请,能清言。事母孝谨,母终,毁瘠几至自灭。俄而兄亡,扶杖临丧,抚膺一恸,遂以哀卒《南史·张融传》。

[乾隆《杭州府志》卷九十一《孝友》]

徐雄,《南史·张融传》:钱塘徐文伯,子雄,亦传家业,尤工诊察。位奉朝请。事母孝谨,母终,毁瘠几至自灭。俄而兄亡,扶杖临丧,抚膺一恸,遂以哀卒。

[雍正《浙江通志》卷一百八十三《孝友》]

徐熙,晋东海人。家居东莞(今山东省沂水县),官至濮阳太守。熙好黄老,隐于秦望山,有道士过,求饮,留一瓠芦与之,曰:君子孙宜以道术救世,当得二千石。熙开之,乃《扁鹊镜经》一卷,故精学之,医术之名,遂闻遐迩。熙后子孙业医延八代,历二百余年,声震海内,名垂青史。

[《山东中医药志》第六篇《传记》]

徐秋夫,南朝宋人。家本东莞(今沂水县),晋濮阳太守徐熙之子,官至射阳令。秋夫袭父业,尤工其术,且善针灸,每遇腰痛之疾,施以针药,应手便愈。秋夫生二子,长子道度,次子叔响,皆能精其业。

[《山东中医药志》第六篇《传记》]

徐道度,南朝宋人。家本东莞(今沂水县),宋射阳令秋夫之子,官至兰陵太守。以医术精妙,为宋文帝宠幸。道度有脚疾行难,文帝常以小舆接入宫中为诸皇子疗疾,无不绝验。文帝赞曰:"天下有五绝。"五绝谓"杜道鞠弹棋,范悦诗,褚欣远模书,褚胤围棋,徐道度疗疾也。子文伯亦精医术。

[《山东中医药志》第六篇《传记》]

徐叔响,南朝宋人。家本东莞(今沂水县),宋射阳令秋夫之次子,官至宋大将军参军。与兄道度皆善医药,经验丰富,影响很大。对针灸、杂病、儿科、妇科皆精。《隋书·经籍志》载其著述有:《针灸要钞》一卷,《玉贵针经》一卷,《赤乌神针经》一卷,《岐伯经》十卷,《本草病源合药要钞》五卷,《四家体疗杂病要钞》十卷,《解寒食散》六卷,《解散消息节度》八卷,《体疗杂病疾源》三卷,徐叔响、谈道述、徐悦合著《杂疗方》二十二卷,《杂病方》六卷,《疗少小百病杂方》三十七卷,《疗少小杂方》二十九卷。《旧唐书·经籍志》载其著述尚有:《脚弱方》八卷,《妇人方》二十卷。《新唐书·艺文志》载其著述尚有:《徐氏脉经诀》

三卷。计十六种，一百七十卷之多。观《隋书》《唐书》可见，叔响之著述有经典、脉法、药物、方剂、针灸、杂病、妇科、儿科等，其内容之宏，著述之富，世所罕见。叔响之长子嗣伯，次子成伯皆精医术。

[《山东中医药志》第六篇《传记》]

徐文伯，南朝宋人。家本莞（今沂水县），兰陵太守道度之子。绍承父业，医术尤精。仕南齐，位至东莞、太山、兰陵三郡太守。宋孝武帝路太后病，众医不识，文伯诊之曰："此石搏小肠耳。"乃为水剂"消石汤"服之，病愈。赠以千金。宋明帝宫人病腰痛牵心，每发辄气欲绝，众医以为肉瘕，文伯曰："此为发瘕。"以油投之，果吐得物如发，遂愈。宋后废帝出乐游苑门，逢一妇人有孕，帝亦善医，乃诊之曰："此腹是女也。"问文伯，曰："腹有两子，一男一女，男左，青黑，形小于女。"帝性急，便欲使剖。文伯曰：行刀斧伤人，我不忍，请针之立落。便泻足太阴，补手阳明，胎便应针而落，两儿续出，果如其言。《隋书·经籍志》载其著述有：《辨伤寒》一卷，《伤寒总要》二卷，《药方》二卷，《辨脚弱方》一卷，《堕年方》二卷，《本草》二卷，《徐氏杂方》一卷，《少小方》一卷，《本草经类用》三卷，《疗小儿丹法》一卷，《徐太山试验方》二卷，《徐文伯疗妇人瘕》一卷，《徐太山巾箱中方》三卷，《徐太山房内秘要》一卷等，计十六种，三十卷。文伯子雄，亦精医术。

[《山东中医药志》第六篇《传记》]

徐雄，南朝齐人，宋泰山太守文伯之子。官至兰陵太守、员外散骑侍郎、奉朝请。精于医，善诊疗，医术为江左所称。雄善清言，多为贵游所善，且事母孝谨，因躬亲侍奉其母，久劳成疾。后母病，又值兄亡，悲痛过甚而卒。事见《南史·张邵传》。长子之才，亦精医术。

[《山东中医药志》第六篇《传记》]

徐嗣伯，字叔绍。南朝齐人，家本东莞（今沂水县），宋大将军参军叔响之长子，官至正员郎、诸府左。嗣伯医术精妙，辨证施治，明悟果断，且重孝行。南齐建元间，为临川王映属下。是时，有一伧夫冷病积年，重茵累褥，床下设炉火犹不瘥。嗣伯为之诊，曰："此伏热症，须以冷水发之，非冬月不可。"至冬月，冰雪大盛，令病人裸体坐石上，浴以冰水尽百瓶，初冷益甚，寒战欲死，后见背上澎澎热气出病愈。又春月出游，闻路旁茅屋中有呻吟，其声甚苦。嗣伯亲往其所，见一老姥患体痛，诊之，周身青黑斑无数，曰："此病甚重，更三日不疗必死。"嗣伯为其煎药服之，且敷之以膏，黑斑消散，三日而复。事见《南史·张邵传》。《隋书·经籍志》载其著述有：《落年方》三卷，《药方》五卷。《旧唐书·经籍志》载其著述有：《杂病论》一卷。《新唐书·艺文志》载有：《彭祖养性经》一卷。计四种，十卷。惜已佚失。弟謇，字成伯，事北魏，以医显。

[《山东中医药志》第六篇《传记》]

徐謇（425—504），字成伯。北魏名医。祖籍东莞（治所在今沂水城东北），先世迁居丹阳（今安徽当涂东北）。南朝宋时，徐謇居青州。北魏天安二年（467）二月，魏献文帝拓拔弘派征南大将军慕容白曜督五万人南伐，于魏皇兴三年（469）攻破东阳（南朝宋青州治所，旧址在今山东青州市益都镇北），俘获徐謇，送往京师平城。献文帝欲验看他的医术，置一病人入幕中，使徐謇隔幕试脉。他说的跟病人情状相符，遂受到恩宠，授中散大夫，又迁内侍长。当时献文帝之母冯太后临朝听政。冯太后虽向徐謇"时问经方"，但始终不如对李修信用，而徐謇所炮制的药剂，其疗治疾病之效验超过李修。

太和十九年（495），北魏孝文帝元宏迁都洛阳后，对徐謇"稍加眷待"。不论他自己身体不适或是他最宠爱的冯昭仪有病，皆令徐謇治疗。同时，授徐謇为中散大夫，转侍御师。太和二十二年（498）三月，孝文帝赴悬弧（旧址在今河南汝南县），准备大举伐南朝齐，忽患病且日益加剧，急召徐謇。徐謇取水路，一日一夜行数百里到达悬弧，为孝文帝施治，很快好转。孝文帝北还至汝水水滨，特为徐謇设宴，使徐謇坐上席，百官陪同，命左右宣布徐謇诊救之功。同时，以徐謇为大鸿胪卿、金乡县伯。翌年，孝文帝再次南征，大败南朝齐大将陈显达。三月，病重，蹙蹙不怡。徐謇日夕侍奉左右，经常遭受叱责，有时孝文帝还欲令人对他鞭捶，幸而获免。四月，孝文帝死于谷塘原，徐謇随灵柩还洛阳。

徐謇精于医术但秘其方，如不奉其意，虽王公大臣，亦不为治疗。他善于养生，年近八十而发不白，体力也不甚衰。北魏宣武帝正始元年（504），因年老改为光禄大夫，接着死去。谥号"靖"。

[《临沂地区志》卷三十《古代人物传》]

[《莒县志》卷三十《人物》]

[《山东中医药志》第六篇《传记》]

[《沂蒙历史名人通鉴》]

徐之才（493—572），字士茂。南北朝时名医。祖籍东莞（今山东沂水县东北）。家庭世代业医。

父徐雄，仕南朝齐为奉朝请，精医术、尤工诊察。徐之才幼年慧敏，十三岁为太学生，有"神童"之誉。

梁普通五年（524）豫章王萧综以他为镇北将军主簿。六年，徐之才随萧综驻彭城，总督各军。六月，萧综投降北魏，被拜为司空。萧综访知徐之才在彭城一带，乃向魏主举荐，应召赴洛阳。他医术高明，药石多效，又熟悉经史，语言辩捷，甚得北魏朝贵的欢心，竞相邀请接引，溢美延誉。

徐之才通天文、图谶之学。他看到丞相高洋独专朝政，有篡位野心，便假借图谶参校吉凶，制造迷信，预言所谓"午年必有革易"。高洋乃于东魏武定八年（550），废东魏孝静帝自立为皇帝，改国号为齐，是为文宣帝。徐之才既善医术，又首倡禅代，备受文宣帝亲信。

徐之才医术高明，朝野称誉。北齐皇建二年（561），武明皇太后患病，徐之才赴诊，应手便愈。次年春，太后复病，徐之才判断说：生命可延续到四月。太后果于四月一日死。当时有一人患脚后跟肿痛，诸医莫能诊治。徐之才诊断是长期乘船入海、垂脚水中所致，用刀割治，很快痊愈。天统四年（568），北齐太上皇武成帝高湛因酒色过度患重病，徐之才使其服用数剂汤药便痊愈。此后，高湛每次发病，都派人征召徐之才，针药所加，应时而愈。这年秋天，高湛身体状况稳定，再未发作。佞臣侍中和士开欲依次递升自己的官职，便奏请武成帝高湛出徐之才为兖州刺史，以尚书右仆射胡长仁代徐之才为尚书左仆射，而和士开则进补尚书右仆射。十二月，高湛病再度发作，急命召徐之才。结果，高湛于十日死，徐之才十一日赶到。朝廷复令回州。

北齐武平元年（570），齐后主高纬复以徐之才为尚书左仆射。他对当时最受后主嬖宠的两个权幸人物和士开及宫内女侍中陆令萱曲尽卑狎，阿谀逢迎。两家如有病人，百般救护。武平三年，他进为尚书令，封西阳郡王。

徐之才的医学著作有《徐氏家传秘方》二卷、《徐氏家传效验方》十卷以及《雷公药对》二卷，后者在方药分类上有独到的见解，今皆失传。

[《临沂地区志》卷三十《古代人物传》]

[《山东中医药志》第六篇《传记》]

[《沂蒙历史名人通鉴》]

[《临沂古今名人事略》]

徐之范（506—584），北朝齐人。家本东莞（今沂水县），南齐兰陵太守徐雄之次子，之才之弟。初仕梁，武帝时任嗣王府参军，后随入蜀。侯景之乱，从兄之才于天保九年仕北齐，医术颇著，以技显。位太长卿，为尚药典御，听袭之才西阳郡王。北齐灭，入北周，授仪同大将军。北周灭入隋，仕恒山太守。卒，葬今嘉祥县满洞乡英山之阳。子敏齐，承其家学，医术甚工，博学多艺，周灭入隋，开皇中赠朝散大夫。

[《山东中医药志》第六篇《传记》]

效霞按：东海徐氏家族，至明代犹有以医名世者。

正德《松江府志》卷三十《艺术》：徐枢，字叔拱。华亭南桥人。其先宋濮阳太守熙遇异人，授以《扁鹊神镜经》，顿有所悟，遂以医名世。父号神翁，元海盐州医学教授，枢少传其术，兼学诗于会稽杨廉夫，会天下乱，晦迹田里。洪武乙亥（1395），年四十余，始以荐为秦府良医正，出丞枣强，召为太医医院御医，累奏奇绩，升院使，告归，展墓，宣宗亲赋诗送之。年八十致仕，又七年卒。有《足菴集行世》。子彪，字文蔚，亦以医名。治代王及昌平侯杨洪病，皆起于危殆，遂擢御医，升院判。每入侍疾，必进敬身之谏。景皇尝问药性迟速，对曰：药性犹人性也，善者千日而不足，恶者一日而有余。问摄生，对以固元气。其随事纳忠类此。

万历《嘉兴府志》卷二十二《医术》：徐枢，海盐人。其先宋濮阳太守熙，遇异人，授以《扁鹊神镜经》，顿有所悟，遂以医名世。父号神翁，元海盐州医学教授，枢少传其术，兼学诗于会稽杨廉夫，会天下乱，晦迹田里。洪武乙亥，年四十余，始以荐为秦府良医正，出丞枣强，召为太医院御医，累奏奇绩，升院使，告归，展墓，宣宗亲赋诗送之。年八十致仕。有《足菴集》行世。子彪，字文蔚，亦以医名。治代王及昌平侯杨洪病，皆起于危殆，遂擢御医，升院判。每入侍疾，景皇尝问药性迟速，对曰：药性，犹人性也，善者千日而不足，恶者一日而有余。问摄生，对以固元气。随事纳忠类此。

天启《云间志略》卷七《徐太医父子传》：徐枢，字叔拱，号足菴。世居华亭之南桥里。先世得《扁鹊神镜经》于异人，医名遂振，闻于缙绅间。洪武乙亥，授秦府良医正。永乐丁酉（1417），召为太医院御医。戊戌（1418）春正月，召置左右，备顾问。甲辰（1424）冬，加承直郎，升院判，多调护功。洪熙改元，拜奉议大夫、太医院使，以称职得封，两亲锡诰命。宣德元年（1426），以焚黄请归省墓，诏许之。天子赐诗赠归，又赐金带、锦衣、狐裘、祭器诸物，及《孙真君图赞》，且特命驰驿，陛辞天子，怜公老，诏出官人陈氏及内侍袁亨、陈福侍其行。又明年，公以八十乞致仕，上又赋诗送之。还乡，赏赉甚厚。其锡予眷注之隆，有公卿大臣所不敢望者。而公之归里，出入必以二内侍扶掖而前，殁即以二侍及官人从葬，诚异数也。先是，公从长安归，渡江，出袖中《丹经》，授其子彪，取茶铛和药，置之火，出视之，其色烂然银也。既以书与药投之江流而曰：世岂有神仙黄白之事乎？五百年后，仍化为铜，悉幻妄耳。里居七年，忽一日，呼子彪而命之曰：而翁视息人世间八十有七，夫既荣我以名位，扶我以康宁，假我以长龄，而绵我以孙子，于愿足矣。旦日日中，我去时也。至期，果夷。然而逝如公者，非所称仙游者耶！公虽明医，而于书无所不读，于古今无所不通，且以诗受业铁崖杨公，为高足弟子，故其发之诗歌多冲淡潇洒之趣。有一诗《赠王景瞻采药》云：采药乘秋不待闲，芒鞋荷插竟追攀。劚苓岊尺逾前岭，寻术崎岖涉远山。晓出烟霞浓淡裹，晚归风月有无间。制成一片延生药，活我元神驻我颜。此非徒寄兴吟咏而已也。公尝著《脉诀辨明》若干卷、《足菴诗集》若干卷，而又有《长安十咏》，缙绅称为绝唱者，兹不具述云。子彪，字文蔚。初侍院使于金陵，加冠，解学士字之文蔚，因以字行。后侍院使于秦，其客舍乃许鲁斋遗址，秦王题其斋曰：鲁菴。故秦中人，遂以"鲁菴"为公号。晚又更号希古人，遂称为希古先生。正统间，用荐者言，征入太医院，奉诏视代王病。代王病肿已，久卧床褥间，公治之辄愈。又往边视昌平侯杨洪病，侯背发疽，滨死，公治之又复愈。于是称旨留掌御药，升御医。景泰初，升院判，阶承德郎，日侍禁掖。天子尝问药性迟速，公对曰：药性，犹人性也，善者十日不足，恶者一日有余。又问摄生，公对以《内经》固元气之说。识者谓公以医谏云。又尝预修中秘书，著《本草证治辨明书》十卷、《论咳嗽痢疾》《伤寒纂例书》各二卷，奏御，行于世。书成，荫子塇国子生。天顺四年（1460）五月卒于官，享年七十有七。天子命驰驿归其丧，公以庶僚而得此，亦可谓生荣死哀矣。公性以直道自持，襟度爽朗，其言缜缜然，辨曲直是非无少假。至论病，则洞见标本，悉中隐微，虽病者亦喜听而忘倦，故投剂奏效辄奇，非近世医家比。而其为人，有古节侠气，每于怨者反报之德。先是，父院使，为乡人罗嵩所搆，逮系狱中，公年十五时，上书文皇帝。文皇帝嘉其孝，特诏出狱。后嵩自以罪系论死，公营救之甚力，嵩感愧，至无以自容。此其意气慨慷，又岂□眦心报者所能仿佛万一哉！其子塇，任锦衣右所正十户，公谕之曰：我世以医起家，至汝一变而从武，毋乃殒先业乎！汝其勖诸。其教子义方又如此。

崇祯《松江府志》卷四十八《冢墓》：太医院使徐枢墓，在干山之西。宣德间赐葬，子院判彪、玄孙益孙并祔。御笔诗，画刻碑墓前。御赐官人陈氏、内臣袁亨、陈福并葬墓侧。

崇祯《松江府志》卷五十四《著述》：《订定王叔和脉诀》，太医院使足菴徐枢著。《本草明辨》十卷、《分条治嗽痢纂例》二卷，太医院判徐彪著，奏御行世。

乾隆《上海县志》卷十《艺术》：徐枢，字叔拱。初家华亭，后移居龙华里。其先遇异人，授以《扁鹊神镜经》，遂有所悟。父号神翁，枢少传其术，明洪武末召为太医院御医，累有奇验，宣宗亲赋诗送之。子彪，字文蔚，亦以医名。景帝尝问药性迟速，借人性善恶对。又问摄生，对以《素问》固元气之说。盖以医谏云。所著有《脉诀辨明》《本草辨明》，行于世。裔孙若济，克继祖业。

御制诗云：太医老卿八十余，胸蟠千古岐黄书。鬓含白发面红玉，长纡锦绶鸣璃琚。光华近侍今三朝，致恭保和功业高。五花鸾诰宠先世，南望飞云心孔劳。归荣遂尔追远情，吴淞江水清泠泠。春风花开景明丽，待尔重来朝阙廷。

乾隆《江南通志》卷一百七十《艺术》：徐枢，字叔拱。华亭人。复子。洪武末召为太医院御医，屡奏奇绩，历迁院使。宣德初，告归，展墓，宣宗亲赋诗送之。子彪，亦以医名。

嘉庆《松江府志》卷六十一《艺术》：徐枢，字叔拱。初家华亭，后迁上海龙华里。父复，元医学教授，即所谓神翁者也。枢传父术，兼学诗于杨维祯。洪武二十八年，以荐为秦府良医正，出丞枣强，召为太医院御医，累奏奇效，历迁院使，告归，展墓，宣宗亲赋诗送之，遣中官护还。年八十致仕。有《足庵集》行世。子彪，自有"传"。

嘉庆《松江府志》卷七十二《艺文志·子部》：《订定王叔和脉诀》，明徐枢足庵著。前《志》作《脉诀辨明》。《本草明辨》十卷，前《志》作《本草证治明辨》。《分条治嗽痢纂例》二卷、《伤寒纂例》二卷，明徐彪文蔚著。

嘉庆《上海县志》卷十五《艺术》：徐枢，字叔拱。自华亭移龙华里。其先宋濮阳守熙，遇异人，授《扁鹊神镜经》，遂有所悟。父复，号神翁。元医学教授，枢传其术，兼学诗于杨维桢。洪武二十七年，召授秦府良医。永乐十二年，改枣强丞。明年，用荐者言入太医院，掌御药，寻掌院事，屡著奇绩，愈谨慎。宣德元年，告归，展墓，宣宗赐以诗。年八十致仕，赐金带，遣中官宫人护行。又七年卒。子彪，字文蔚。正统十年，以能医荐入太医院。时代王允病肿，又昌平侯杨洪在边疾笃，受诏往视，皆不旬日而瘳，遂留御药房。十三年，擢御医。景泰二年，迁院判。尝侍禁中，景帝问药性迟速，对曰：药性，犹人性也，善者千日而不足，恶者一日而有余。问摄生，以固元气对。其讽谏类此。六年预修中秘书，录子墱为监生。彪质直洞达，善义论。少从父入秦，其邸舍鲁庵，元许衡遗址也，因以为号。及归，以诗画适情。又彪子埙，亦有名。其裔有伟者，嘉靖中太医令，每召诊，赏赉甚厚枢顾《府志》作南桥人。

同治《上海县志》卷二十二《艺术》：徐枢，字叔拱。自华亭移居龙华里。其先宋濮阳守熙，遇异人，授《扁鹊神镜经》，遂有所悟。父复，号神翁。元医学教授，枢传其术，兼学诗于杨维桢。洪武二十七年，召授秦府良医。永乐十二年，改枣强丞。明年，因荐入太医院，掌御药，寻掌院事。宣德元年，告归，省墓，宣宗赐以诗。年八十致仕，赐金带，遣中官护行。又七年卒。子彪，字文蔚。少从父入秦。正统十年，荐入太医院。时代王允病肿，又昌平侯杨洪在边疾笃，受诏往视，皆不旬日而瘳，遂留御药房。十三年，擢御医。景泰二年，迁院判。尝侍禁中，景帝问药性迟速，对曰：药性，犹人性也，善者千日而不足，恶者一日而有余。问摄生，以固元气对。其讽谏类如此《府志云》：先是枢为罗嵩所搆，逮系诏狱，彪年十五，上书请代。文皇帝嘉其孝，诏出枢。后嵩以罪系论死，彪救之甚力。六年，预修中秘书，录彪子瞪为监生，次子垠亦有名。后其裔有名伟者，嘉靖中太医令枢顾《府志》作南桥人。

光绪《重修奉贤县志》卷十三《术艺》：徐枢，字叔拱。复子也。少传父术，洪武末荐为秦府良医正，出丞枣强，召为太医院御医，迁院使，告归，展墓，宣宗亲赋诗送之，遣中官护还。年八十致仕，家居七年，忽一日呼其子，告之曰：旦日日中，我去时也。至期果逝。枢诗师杨维桢，著有《足菴诗集》。子彪，字文蔚。质直洞达，善谈论。少从父入秦，其邸舍即元许鲁斋遗址也。秦王以"鲁菴"题之，秦中遂以此称彪云。正统十年（1445），以能医荐入太医院。会代王久病肿，又昌平侯杨洪疾笃，彪受诏往视，胥应手脱然，遂留御药房。十三年，擢御医。景泰二年（1451），迁院判，常侍禁中。景帝问药性迟速，对曰：药性，犹人性，善者千日而不足，恶者一日而有余。问摄身，以固元气对。盖以医谏也。先是枢为罗嵩所搆，系诏狱，彪时年十五，上书请代。成祖嘉其孝，出之。著有《本草证治辨明》十卷、《咳嗽条》《伤寒纂例》各一卷。

光绪《重修奉贤县志》卷十七《艺文志·子部》：《脉诀辨明》，明徐枢著。《本草明辨》十卷、《分条治嗽痢纂例》二卷、《伤寒纂例》二卷，明徐彪著。

光绪《重修奉贤县志》卷二十《杂志》：嘉靖中，上在西城，召太医令徐伟入诊脉，进殿，蒲伏膝行，见上坐小龙床，龙衣曳地，不敢以膝压衣，奏曰：皇上龙衣在地上，臣不敢前。上遽以手抠衣，出腕而诊，伟但一时语耳出，至直庐，手札赐内臣曰：伟言龙衣在地上，足见忠爱。地上人也，地下鬼也。赏赉甚厚。伟见札，惶惧失色，自谓：若有神祐使误称地下，罪万死矣。世庙严而多忌讳，误有所犯，罪至不宥，偶中上旨，非虑所及，故且喜且惧。伟即吾松太医徐枢之后。此与唐李泌语合，泌对德宗曰：臣若苟合取容，何以见肃宗、代宗于天上。此称谓法也，不可不知。

元

◎ **范用中** ◎

莒州医学正

范用中见至正六年（1346）马□山碑。

［民国《重修莒志》卷六《职官表》］

◎ **董佐明** ◎

董义显亲示后碑
至元二十七年（1367）

昔飏叔安□裔□，董父好龙，有虞舜□嘉焉，赐姓曰董，出陇西济阴，因以为氏。《左传》宣公二年□□□□董狐，书法不隐。孔子曰：古之良史也，其后子孙诜诜，未有不□□者耶。祖茔在井邱之东南□，莫识其年矣。先大夫讳旺，甲寅充管军百户，屡获战功。息戈还张解村，地属莒县，善终于家。大母季氏，法名曰安善，东莞季县尉之姊也。有二子焉。母氏为副室，长讳佐明，以医道行事，常存乎拯济之心，非有恒德者，然之乎！母姓张氏，旧提辖之女也。有三子，孟曰义，仲曰和，季曰兴，叔父讳佐亮，潜德弗仕，以耕桑为业。姊张氏，二子，长曰顺，次曰荣。至元丙戌（1286）仰赖我祖庇荫，蒙通政院官给降札付，令充密州站赤提领，掌管印信勾当，为见大父母，未入茔葬，叩首告于父、告于叔：今岁之丰年之，便愿从大父之议而为安厝。叔暨父曰：我有此志久矣！汝岂知我也耶！遂于己丑季冬二十一日，住宅之西得兑之势而为宅兆。《易》曰：兑者，说也。刚中而柔外，利贞吉，顺乎天而应乎人。说之义，大矣哉！大事既毕，义又曰：若不竖立碑记，以显其亲，以示其后，何以全孝子之心哉！一日，董君提领踵门，告余为记。予观其诚孝之至，有以合董阳故事，安取他辞，姑采其实，辄成斐文，以纪将来云。

时至元二十七年庚寅七月二十六日前漕贡进士密州儒学正宋革记并书篆。

通政院札付充密州站赤提领嗣孙男董义立石。

密州石匠作头卢坚刊。

上碑，在县治北乡长解村据《采访册》。

[民国《重修莒志》卷五十二《金石》]

明

◎ 成医官 ◎

成医官，失其名。状元坊人。善医。往淮安市药，见城门大书某家病剧，能愈者厚赠之。至其家，群医环视，付之无可奈何。成诊之，曰：诸公识此病乎？皆曰：未也。曰：白糖和水，灌之立愈。尝与一友携手行，诊之，惊曰：子不可活，幸遇我，速市百梨，尽啖之，贮其核，煮水饮之，无恙。又一人，背出一肿，曰：此内痈也，不可活，得百梨表之，易治矣。其徒尝医少妇，获愈。成视曰：暂愈耳。吾观其色，来春必死。及期果然。其术甚精若此，不能尽述。

[民国《重修莒志》卷六十八《艺术》]

成医官，莒州人。善医。青州知府倪公疾，诊之曰：思。太府曰：何思？曰：虽朋友亦思也。太府曰：是也，有一窗友甚思之，不意成疾。命往淮安市药，见城门大书某家病剧，能愈者厚赠。至其家，见群医环视。诊之曰：诸公识此病乎？此为中满，白糖和水，灌之立愈。尝与一友携手，诊之，惊曰：子幸遇我，速市百梨，尽啖之，贮其核，煮水饮之。其人背出一肿毒，曰：此肉痈也，不可活，得百梨表之，易治。其神奇，类如此。

[康熙《青州府志》卷二十《方技》]

成医官，失名。莒州人。善医。淮安某家病剧，群医束手。成用白糖和水，灌之立愈。尝与一友携手行，诊之，惊曰：子不可活，幸遇我，速市百梨，尽啖之，贮其核，煮水饮之，无恙。又一人背出一肿，曰：此肉痈也，不可活，得百梨表之，易治矣。其徒尝医少妇，获愈。成视曰：暂愈耳。观其色，来春必死。后皆应。

[乾隆《沂州府志》卷二十七《方技》]

成医官，莒州人。善医。青州知府倪某疾，诊之曰：思。太府曰：何思？曰：虽朋友亦思也。太府曰：是也，有一窗友甚思之，不意成疾。命往淮安市药，见城门大书某家病剧，能愈者厚赠。至家，见群医环视，诊之曰：诸公识此病乎？此中满，白糖和水，灌之立愈。

[康熙《山东通志》卷四十九《方技》]

成医官，莒州人。善医。知府倪某疾，请诊之，曰：思。府曰：何思？曰：虽朋友亦思也。府曰：是也，有一窗友甚思之，不意成疾。命往淮安市药，见城门大书某家病，能愈者厚赠。至其家，见群医环视，诊之曰：诸公识此病乎？此中满也，白糖合水，灌之立愈。

[宣统《山东通志》卷一百九十九《杂志上·异闻琐事》]

按《青州府志》：成医官，失名。莒州人。善医。青州知府倪某疾，诊之曰：思。太府曰：何思？曰：虽朋友亦思也。太府曰：是也，有一窗友甚思之，不意成疾。命往淮安市药，见城门大书某家病剧，能愈者厚赠。至其家，见群医环视。诊之曰：诸公识此病乎？此为中满症，白糖和水，灌之立愈。尝与一友携手行，诊之，惊曰：子幸遇我，速市百梨，尽啖之，贮其核，煮水饮之。其人背出一肿，曰：此肉痈也，不可活，得百梨表之，易治。其术神奇，类如此。

[《古今图书集成医部全录》卷五百十五《医术名流列传》]

◎ 潘鹤龄 ◎

潘鹤龄，潘家屯人。候选守御千总。以义行闻，凡有善举，皆为首倡。尤精医理，值岁饥疫，制药施贫，不取值，活人无算。尝赴沂郡，暮止逆旅，主人女病蛊，几殆矣。闻鹤龄善医，求诊。投以方剂，下小鱼数尾，病若失。主人礼谢，辞不受。

[民国《重修莒志》卷六十八《艺术》]

潘鹤龄，明代莒县潘家屯人。精于医，每荒年疫疠流行之时，善施医舍药活人。

[《山东中医药志》第六篇《人物表》]

清

◎ 周克让 ◎

周克让,字允恭。居家以孝友称,教授生徒严而有序,从游者多所成就。颇精医理,为人治疾,不受谢。其古道如此。

[嘉庆《莒州志》卷十《人物下》]

周克让,字允恭。居家以孝友称,教授生徒严而有序,从游者多所成就。颇精医理,为人治疾,不受谢嘉庆《志》。

[民国《重修莒志》卷六十五《耆德上》]

◎ 卢 洵 ◎

卢洵,字绍苏。增广生。性耽古籍,常手抄经史,无间寒暑。母蒋氏素抱沉疴,屡药不验。洵博考《素问》诸书,深入奥窔,遂能以药愈母病。后乃施其术于乡里,亦多所全活云。

[嘉庆《莒州志》卷十《人物下》]

◎ 王者文 ◎

王孝先,原名秉彝。邑东南横山村人。父者文,精医术。母高氏,逾中年无子。副室杨氏生秉彝,方成年而生母杨氏亡,父相继殁。家贫,秉彝日负薪,鬻于市,宁自忍饥,必市甘旨归,以奉嫡母。母老,患瘫疾,秉彝左右奉侍,温席涤器,历久无惰容,邻里长老嘉其孝行,为易名曰"孝先"。年届古稀,州举寿官。道光十九年(1839)卒,七十七岁。

[民国《重修莒志》卷六十二《孝友》]

◎ 张占鳌 ◎

张占鳌,字步瀛。武庠生,候选卫守备。壮岁,精岐伯术,贫未能就医者,必躬造焉。嘉庆二十年(1815),滑邑教匪为乱,州刺史王湘奉檄练勇,邀占鳌协力团务，大获安谧。王牧亏库款无补，占鳌以身任之，鬻田数百亩代偿，始免吏议。后以子廷玺贵，封通奉大夫。

[民国《重修莒志》卷六十五《耆德》]

张占鳌，以子廷玺赠通奉大夫、河南归德府知府。

[民国《重修莒志》卷十三《选举表·封典》]

◎ 庄 瑶 ◎

庄瑶擅长书法，对文学、小学、医学均有研究，著有《小琅玕馆古近体诗》《式古编》《课子随笔》《声韵易知》《便方备用》等书。

[《明清山东仕宦家族与家族文化》]

庄瑶，字琪园。莒州人。嘉庆二十二年（1817）进士，由工部郎中授湖北荆宜施道，调河南彰卫怀道，抢护大堤，堵筑引河，历著绩效，谕民沿河种柳固堤，工料皆取于，民呼为"庄公柳"，以疾乞归。咸丰十一年（1861），捻匪东窜，总理沂郡乡团，倡众修圩，坚壁清野，事未竣，卒奉旨照军营，病故，例赐恤赠太仆寺卿，荫一子，祀乡贤。

[宣统《山东通志》卷一百七十三《人物志第十一·国朝沂州府》]

庄瑶，字琪园。嘉庆丙子（1816）科顺天举人，丁丑（1817）联捷成进士，任工部都水司主事，剔厘积弊，吏不敢欺，升补郎中。道光二十年（1840），简授湖北荆宜施道，旋调河南彰怀卫道，宣宗召见，详询部务，有"办事朴实"之褒。抵任后，值大雨，河堤走漏，瑶督率兵役，露立风雨中，争先抢护，不数刻而工完，河北人民赖以安堵。河决祥符，瑶管理引河，短衣草履，与夫役同甘苦，所莅之处，化险为夷。谕民沿河种柳，数岁蔚然成林，堤岸既固，材料有储，人咸呼为"庄公柳"。瑶任河务久，信孚吏民，政声上达，当时陛见赴汴者，宣宗每谕之曰：尔等到官日，作事用心如庄瑶，则朕信汝。以监司远官结主，知于千里之外，明良一德，河朔称盛事焉。瑶严明廉干，而接人以和，不为赫赫名，而于国计民生所系，必慷慨力争，常触怒大宪，而持论确不可夺。尤喜奖士类，捐增河朔书院，膏火衡校，课艺如严师，诗律声病偶差，必为正之，一时文风为之大振。卒以抗直，屡忤当道，称病解组，归家居，急公勷义，以诱掖后进为乐，手辑《式古编》，复校《张勤悫公课子随笔》，次第刊行，为莒人矜式。咸丰十一年，奉旨在籍办团练。同治四年（1865）卒，赠太仆寺卿，荫一子，入监读书，崇祀乡贤。

[民国《重修莒志》卷六十四《名绩》]

◎ 岳星五 ◎

岳星五，字云樵。少失怙，事母至孝，出继胞伯，母命带产，让于兄，不受。居近河岸，古冢经水漱，白骨暴露，即为具棺迁徙。手集良方，施药饵。晚年以《感应篇》《阴骘文》为人解说。家百口，一门雍睦，乡党群颂以匾曰"仁里德星"。

[民国《重修莒志》卷六十五《耆德》]

◎ 管象颐 ◎

管象晋，字康锡。父廷俊，邑廪生，早逝。象晋幼而颖异，敏慧夙成，有"神童"之誉。为文奇，警语必己出。光绪戊戌（1898）成进士，馆选授编修，依例保送知府，分发安徽。象晋少有远志，跅弛负奇气，事关地方利害，言人所不敢言，闻者咋舌，不顾也。东抚某欲设沿海十八滩盐官，事在必行，各县居民闻之，大恐。象晋慷慨自任，为文数千言，上诸大府，痛陈利害，卒罢其议。戊戌河决，山东流民遍野。象晋筹议倡办义赈，规画井井，集款数十万，廷献赈鲁灾二次，赈秦灾一次，皆自象晋发之。需次皖省，历充要差。与同官龃龉，告归。以时事日非，不得行其志，愤郁发狂疾。象颐素知医，诊之曰：吾弟有隐德，天所佑也，必不至于不救。而竟卒，年四十。

管象颐，字养山。廷献子。光绪庚寅（1890）科进士，翰林院庶吉士，改户部主事，历员外郎、郎中户部，改度支裁吏，更制一切规画，独任其难，委任人才，悉当其选。长官依畀部事无荟，荐升本部左参议。宣统三年（1911），廷议清理各省财政，派充江南财政监理，官江南财政区。出入名目，凌杂繁复，又承吏治疲玩之后，积弊丛生，象颐平情稽核，裁制允当，无苛刻，无瞻徇，群情大洽。未几，革命军兴江苏，将建政府，议以象颐长财政，峻辞去之。民国既建，被选为众议院议员。袁世凯任总统，以财政次长见招，复不应。先是山东水患，陕西旱灾，廷献皆躬历灾区，散放义赈。象颐继其志，前后倡办义赈数百万，自捐款亦万金。尝自言：为善最乐，活人便佳。卒年六十岁。

[民国《重修莒志》卷六十四《名绩》]

管象颐，诰授资政大夫。

[民国《重修莒志》卷十三《选举表·封典》]

管象颐，三品卿衔、江苏财政监理官。

[民国《重修莒志》卷十三《选举表·仕进》]

管象颐,（民国）二年,第一届国会众议院议员。

[民国《重修莒志》卷十四《选举表·国会议员》]

光绪十一年己酉（1885）科

管象颐,莒州人。

[宣统《山东通志》卷一百四《举人表》]

光绪十六年庚寅（1890）恩科吴鲁榜

管象颐,莒州人。二甲五十五名。

[宣统《山东通志》卷九十六《进士表》]

◎ 于松畇 ◎

于松畇,字梅村。六岁丧父,哀毁如成人。少好学,厌弃举子业,博鉴群籍,以为养生送死,人生大事,因丧母卜兆而究堪舆之学,因年少体羸而习医术,皆穷其奥。辛酉（1861）之乱,佐族伯正修倡办团练,率乡兵破贼,厥功甚伟。光绪己丑（1889）,春旱,夏雨雹,邻村闭粜,输谷百余石,分贷于贫无告者。秋收,悉焚其券。劝募义仓,积谷二千石,为备荒计。己亥（1899）、庚子（1900）间,岁又歉,办平粜,设粥场,惠及异乡侨寓。族邻孤嫠,无间亲疏,岁时必周其急,或助以婚丧之费。平人之争,切于己事,虽百里外,必自备资斧,往任调人。尝曰:予非好劳,亦激于义之不容已耳。事关地方公益,辄先出资为倡,创立淳沟两级小学,自捐洋五百元；复劝谕侄孙辈,集资千元,以为基金,乡村子弟,至今赖之。民国五年（1916）,知事周仁寿上其义行,大总统褒以匾额曰"修德于乡"。卒年七十六岁。

[民国《重修莒志》卷六十五《耆德》]

◎ 季玉玺 ◎

季好问,字则裕。邑南花园村人。孝友性成,睦族恤邻,孜孜不倦。自备耕牛、农具,专供阖村公用。施舍茶饭,岁以为常。季文元,诚实勤朴,处乡间,息事宁人,四世同居,寿八十九岁而终。子玉玺,精医术,有闻于时。

[民国《重修莒志》卷六十五《耆德》]

◎ 张允中 ◎

张允中,字一斋。增广生。赋性刚直,敦内行,笃交谊。事亲以孝,治家以严，人不敢干以私。好读书、击剑，兼精岐黄术，活人无算。宅后小园，构八尺方亭，日与诸城樵岚中、黄左黄诸名士，赋诗鼓琴其中。兄左肃以命案牵连，几殆，奔走省府，为白其冤，卒得昭雪。遇人有急，倾身济之，以此竭其资而不悔。晚年，家中落，环堵萧然，疏食布衣，安之若素。厥后，孙曾绕膝，习诗书，敦礼义，门庭整肃，犹见遗泽孔长焉采辑《家传》。

[民国《重修莒志》卷六十五《耆德》]

张允中（生卒年不详），增广生。赋性刚直，敦内行，笃交谊。事亲以孝，治家以严，人不敢干以私。好读书、击剑，兼精岐黄术，活人无算。

[《莒县卫生志》第十五编《传略》]

◎ 张益庵 ◎

张益庵，佚其名。邑庠生。乡谥"贞介"，清乾隆间人。嘉庆元年（1796），潍县进士韩梦周为之行状，勒石井邱镇，兹节录其文曰：张益庵先生，莒之硕儒，乡人亲炙其型法，述行陈哀，志诔之不已，而思显揭之，公拟以"贞介"两言为易名。余乃从渊涵之，不可指测，推求副斯两言者。先生修行，一归于正，念之所兴无退阻，诗书世业也。翔步胶庠间，不以得失为作辍，尤喜汲引来学。亲邻之不能延师者，招入家塾，时资以膏火，艺成而去者，不乏人。先世茔兆近水，寝不宁，夜力营迁。祭田未拓，独割膏腴以加益，勒石垂训，祀事以永。赋质清癯，望之如不胜衣，而激于义愤不少屈。州守利其有，突来无名之索，势茂张，先生抗颜曰：金钱何足爱？但为此，是先为朝廷坏吏治，里党之受蠹，即继其后，弊窦之开，实自我始。如一邑何！严绝不与。先生土苴财贿，日推解而羞德色，岂析及秒忽，徒为后嗣，长噩益愚者，而力拒乃尔。盖即展禽三公不易之说，和之实而道之守也。好岐黄书，得其秘，疾病者猬集，皆切诊视，虽厮养不拒也。丙午（1786），俭岁，出所储以济饿者，菜荐之泽及野莩益庵。殁后，其弟子庠生刘金鉴，增生李鸣岐、王瑀，廪生司俊德及董世光、窦钟岳、谭左廷等更为碑记以志师恩云。又井邱镇东有太学生张钦文碑，亦李鸣岐、刘金鉴等为其师所立者，时在乾隆五十年（1785）。

[民国《重修莒志》卷六十五《耆德》]

张益庵（生卒年不详），邑庠生。精岐黄术，就诊者若市，无问贫富，一视同仁，均精心予以医疗。

[《莒县卫生志》第十五编《传略》]

◎ 尉书升 ◎

尉书升，字琴堂。莒城后营街人。性慈善，好周急，亲朋赖以举火，及小贩藉资而起家者多人。里中遇有忿斗者，经其排斥，无不立解。人皆重其言，如有过失，惟恐其知。好读书，不求仕进。乐观先贤格言、因果等书，暇辄精研岐黄术，于痘疹科尤所擅长。当清季道光间，未闻种牛痘之说，每至天花盛行之际，殇于此者，曷可胜计。书升悯之，乃叹曰：痘虽险症，特治之不善耳。善治者，虽危弗害；不善治，虽顺亦危。初，城关附近染痘者，经其诊治，无不化险为夷。既而，远近乡邻求者接踵，贫富一视，遇有赤贫求诊者，反济以钱粟，非止不受酬谢已也。晚年喜谈阴骘等故事，劝人为善，不惮烦劳。子五人，珍、珠、琳、莹、璋，孙十一人，皆教以耕读。五世同堂，寿享八十余岁。琳，字玉林。书升之三子也。赋性慷慨，见义勇为，继承父志，遇有公益事，无不首先倡举。清咸同之际，捻匪窜扰山东，莒城屡濒危险。琳随同官弁防守城池，昼夜不懈，知州陈兆庆倚为左右手。时城内商业萧条，公私交困，大兵至莒，迫于应付，举手无措。琳家号素封，托以饷需重任，慨然无难色。一时，沿户征粮，遽难支给，乃自开仓垫办，连夜起押，躬送至营，饷需无误。时驻兵横暴逼索，供应偶有不及，挞楚立至，公差职役，畏避不前。琳信义素孚，不避艰险，置家事于不问，惟以公义为急，奉委分监北城。季冬雪夜，寒风扑面，刁斗不鸣，琳每夜自备白酒数十斤，佐以面汤，慰犒将士，士气欢腾，城守益固。后捻匪北窜，经大兵追击，化整为零，突有悍匪数十名，回窜至莒，蹂躏乡村，至城北八里，琳纠集百余人，迎头痛击，毙匪十余名，余皆溃窜。州录其守御功，上诸部院，奖给六品职衔。及匪乱敉平，同治十二年（1873），知州彭委监修文昌阁。十三年，知州陈委监修定林寺，继修考院，劝捐积谷，始终出力，山东巡抚任晋给五品顶戴，以旌其功《家传》。

[民国《重修莒志》卷六十五《耆德》]

◎ 王玉美 ◎

王玉美，字松岩。邑增生。莒东南横山村人。和厚诚笃，潜研诗书，兼工吟咏，以授读为业。性好施济，光绪二十五年（1899），岁饥，以己所植山松万株，令村人削伐易粟，一村赖以生活。精选择。著有《诹吉要旨》《经验良方丛集》。卒年七十九岁。

[民国《重修莒志》卷六十五《耆德》]

◎ 战希孟 ◎

◎ 战　礼 ◎

战希孟，字承斋。涝坡庄人。邑庠生。入学时，试经古制义，皆第一。初应乡试，未遇，即弃儒而医。以父礼，本名医也。希孟既承家学，复多读岐黄书，益深造，治病多奇中，然不以医自名。中年后，家小阜，医药皆不取值，救济尤众。光绪庚子（1900）春，岁饥，希孟发囷积，散给贫乏，无复取偿，远近百余里，咸歌颂之。叉头河口，沭流最阔处也，向无桥梁，希孟独力捐资，购料创作，冬不病涉，至今赖之。比殁，犹嘱子孙：无忘岁修也。

[民国《重修莒志》卷六十五《耆德》]

◎ 周安魁 ◎

周安魁，字梅村。天性孝友，父母殁，哀毁骨立，丧葬尽礼。析居以膏腴让诸兄，而自择其瘠者。堂兄安邦以长子兴和寄养姊家，临终涕泣重托，安魁亲往归之，置产授室，延其嗣续。咸同之际，发捻窜扰，僧军驻莒城，迭助军衣，蒙赐旌奖。家居大湖，为黄华、吕清两河之总汇，中有接济桥，屡修屡圮，捐所植杨柳数百株，监修桥桩，得坚固不摇。光绪元年（1875），岁大祲，出粟，公贷邻里，秋收，悉焚其券。晚年喜谈阴骘，辄历举忠孝节义故事，委婉劝人。尝训子弟曰：为人办事，要对得天地，鬼神上帝临汝，无二尔心也。生平好读书，精于韵学，尝著《四书音义》，并手自点注七经、四史。余暇，及于方书，求诊者踵日相接，乡党称之。

[民国《重修莒志》卷六十五《耆德》]

◎ 刘福锡 ◎

刘福锡（1833—1915），城阳街道北关街人。监生，敕增文林郎，貤增修职郎，授七品寿官。在办私塾期间，为治病救人，自学医书，成为当地著名郎中。擅长妇科。一年，河东城子一产妇得了产后风，已奄奄一息。请其去诊治，三剂药即转危为安。城北丰家村一幼童，吃粽子将枣核卡于喉中，生命垂危，经其治疗，顺利排下。其高尚医德、高明医术被县长周仁寿获悉，大加赞赏并赠"情深立雪"匾额，以示表彰。

[《莒县卫生志》第十五编《传略》]

◎ 张福隆 ◎

张福隆，字日升。莒之隐君子也。生有令德，学务实行，尤邃于医。探《灵》《素》，绍长沙之家学，出所心得，应手奏效，求医者踵相接。每遇外诊，必先贫且急者。自备小车，诊已辄辞去，不受馈遗。如是者数十年，全活无算。虽筋力衰颓，无倦容，无德色。家居峤山之侧，左屋楼，右流水，暇则逍遥泉石间，布衣疏食，怡然自乐。民国八年（1919）卒，年六十四。乡人陈延庆等相与刻石勒铭曰"忘怀名利，造福桑梓"。咸谓当之无愧焉。

[民国《重修莒志》卷六十八《艺术》]

张福隆（1856—1919），字日升。峤山公社小桥村人。品德高尚，学务实行，精于医术，对《灵》《素》《伤寒》之学深得其奥义，求医者盈门。其《家谱》中载云：为人性赋慷慨，于不平之事力为排解，乡人好之……颇精岐黄，施方恒济多人，乡人因其身体不壮，赠之一小车，故远处看病方乘小车。每遇出诊，必先于急者，诊已，辄辞去。因医德高尚，当地群众皆颂之，逝后乡众立碑为之纪念。其碑文云：

张福隆医德碑铭

先生姓张氏，讳福隆，字日升，莒之隐君子也。耕读世其家，生有令德。初学务实行，以孝悌闻于乡里，由从九品捐升吏目。中年不乐仕进，殷殷于济世活人。探源《灵枢》《素问》及《汤液》《难经》，远绍长沙之家学，出所心得，恒手应奏效。求诊者踵日相接，每遇外诊，必先于急者。不惮步履，无舆马服，至则施诊，辄辞去。如是者数十年，全活无算，而益以普济为怀，虽至筋力衰颓，无倦容，无德色。家居峤山之侧，左屋楼，右流水，相与寄泉石间，意感世界沧桑，布衣疏食晏如也。溯于民国八年（1919），寿六十四岁殁于乡，无远近疏皆感泣相向，受其惠，恩其德者，历久弥笃，公议刻石勒铭以永其传。爰为铭曰：

猗欤先生，志洁行芳。蓬户茅宇，黄卷青囊。忘怀名利，造福梓桑。橘井杏林，引领相望。妙手回春，俾寿而昌。执贽必却，设筵不张。古稀岁华，庄敬康强。居处清幽，杖覆徜徉。身殁德邑，奕世孔彰。景仰遗徽，山高水长。巍然高厉，耀此声香。

乡后学周兴南敬撰
李维翰敬书

石工张玉诚敬勒
民国十四岁次乙丑月上浣谷旦

[《临沂地区中医药志·医林人物表》]
[《莒县卫生志》第十五编《传略》]
[《山东中医药志》第六篇《人物表》]

◎ 李廷祺 ◎

◎ 李树锦 ◎

李廷祺，字百实。泉子头村人。良医也，南至海赣，皆闻其名，延聘接踵。著有《岐黄易知录》。子树锦，字晓帆。能世其学，精于脉理，预决生死，无或爽。

[民国《重修莒志》卷六十八《艺术》]

李廷祺，字百实。泉子头村人。生于医学世家，自青衿之岁，得父严教，继承家学而专岐黄术，尤精内科。悬壶乡里即崭露头角，求诊者门庭若市。性聪敏，善钻研，以施医济人为己任，深感"医之病，病道少"。尝以粗识外科为内疚，苦心访明师，志求其精，于是至百里之外，执经问难于诸城县外科名医张德隆门下，口传心授，亲炙其学，遂又以外科见长，故晚年又有《外科心传》之作。

李树锦，字云溪，又字晓帆。继父志而精医术，发愤读书，寸阴是惜，以毕生精力，研究医学，每遇诊余之暇则吟咏经文，或披阅医家名著，撮其要而记其事，纂其言必钩其源，可谓"焚膏油以继晷，恒兀兀以穷年。"一生辑著颇多，惜大都佚失，现仅存残缺手稿《汤头方歌解》一卷、《本草方药记略》九卷。

李氏父子医术精湛，疗效高超，不仅能在本地享有盛名，远至苏北数县亦誉称良医。

[《临沂地区中医药志·医林人物表》]
[《莒县卫生志》第十五编《传略》]
[《莒南县卫生志》第十二编《医林人物》]
[《山东中医药志》第六篇《人物表》]

◎ 李膺远 ◎

◎ 李深禹 ◎

◎ 李深璧 ◎

李膺远，字砚南。桑园村人。幼读书，得呕血疾，因弃而学医。疾愈，术亦精。制药施人，多所全活。有酬以资者，坚不受。尝曰：范文正公云：不为良相，即为良医。虽不敢望古人，然愿操此术以济人，不忍藉此道以牟利也。

[民国《重修莒志》卷六十八《艺术》]

李膺远，又名李膺辰，字中午，号思明，笔名砚南。团林镇李家桑园村人。幼年精通"四书""五经"，因患呕血症，而弃儒习医，医术亦精，制药施人，多收良效。尝曰：范文正公云：不为良相，即为良医。虽不敢望古人，然愿操此术以济人，不忍藉此道以牟利也。长于内科、外科，为清末莒地一带之名医，晚年授医术于其子深禹、侄深璧，医术传至其孙，后失传。

[《莒南县卫生志》第十二编《医林人物》]

◎ 陈学修 ◎

陈学修（1803—?），字会玉。碁山镇珠山村人。自幼即苦学医术，于道光初年创办"前学"药堂。道光末年，痘疹流行，治愈患儿无数。一天，去安丘城购买草药，住店时，闻隔壁有哭声，问其故，店主说：邻居老兄弟俩，只有一子，生痘多日，命在垂危。不待人请，即前往诊视，先针灸，后用药，转危为安，不日康复，病家为答谢救命之恩，送来笸箩两马车，全村每户都分得一至两个。从此，安丘求医者不断。并送木匾三块，其一曰"医德善俗"。有验方十余本流传于世。

[《莒县卫生志》第十五编《传略》]

◎ 贾振瀛 ◎

◎ 贾会元 ◎

◎ 贾月庚 ◎

贾振瀛，字仙舫。邑西齐家庄人。幼业儒，长而肆力医学，于《内》《难》、仲景之秘奥，刘、李、蒋、朱之精粹，罔不博览深究，立志济人，贫富一视，有延诊病者，无不立应，活人无算。著有《时疫指南》《验方集》《杂症医案》《痧疹精义》等书。后之研究医术者，恒奉为准绳焉。光绪二十五年（1899），岁歉，施豆粥以济乡邻。至于平时，排难解纷，劳怨兼任，尤为人所感颂云。

[民国《重修莒志》卷六十八《艺术》]

贾振瀛（1831—1906），刘官庄镇齐家庄村人。二十三岁中秀才，屡试不第，遂弃儒习医，攻读《内经》《难经》《伤寒论》《金匮要略》《瘟疫论》等书，精研岐黄术达七年之久，名扬莒县、沂水两县。著有《时疫指南》《验方集》《杂症医案》《痧疹精义》等书，均佚无存。子会元、孙月庚，均承家学，世其业。

贾会元（1860—1925），传家学，承父志，医术不亚于父，莒、沂两县颇有医名。

贾月庚（1900—1947），亲承家教，医术不逊于父祖辈，当地群众誉称其家为"三世岐黄"。

[《临沂地区中医药志·医林人物表》]

[《莒县卫生志》第十五编《传略》]

[《山东中医药志》第六篇《人物表》]

◎ 任归一 ◎

任归一道人，为崂山巨峰顶旱河庵姚师弟子，住持城内三皇庙，施医舍药。康熙十五年（1677）四月二十一日白日翀举。三十年，知州张文范为立墓碑。乡人肖其像，岁时祀之雍正《志》。

[民国《重修莒志》卷六十九《方外》]

◎ 李三绸 ◎

◎ 李殿甲 ◎

李三绸，字瑞廷。莒北招贤镇人。幼颖悟，读书通大义，能文章，以家贫，故弃举业，习吏事。为人居间排难，有任侠风。乡里婚丧以贫废礼者，周之而不受报，一时有"厚德"之目。中年得武术秘传，深自韬晦，惟时时以导引口诀，起人废疾。虽鸡骨支离，刀圭罔效者，习其术，无不转弱为强，以故人多师之。至今犹传其口诀及身法歌，转相受授。同治间，捻匪犯天津，回道经莒北，纠集乡人，筑圩于莲花山，储戎器，备刍粟，避乱者赖以安全。晚年，好学不倦，尤嗜书法，尝手钞秘籍多种，藏于家。寿登大耋，犹见其。次孙殿甲，入武庠，能传其家学。年八十有三，无疾而终《家传》。

[民国《重修莒志》卷六十五《耆德》]

◎ 李 震 ◎

李震（1830—1906），刘家官庄公社大河北村人。精医术，擅外科，对方药颇有研究，善用土单验方、价廉药物疗疾，每收捷效。尝言：有病即是灾难，不能枉用贵药，用之不当，贵药也能害人；价廉之品，用之对症就是灵丹。行医四十余年，医德高尚，名闻莒、沂二县。

[《临沂地区中医药志·医林人物表》]
[《莒县卫生志》第十五编《传略》]
[《山东中医药志》第六篇《人物表》]

◎ 马 荣 ◎
◎ 马仕祯 ◎

马荣（1831—1825），城阳公社韩家菜园村人。精研《伤寒论》《金匮要略》及痘疹等书，以善治时疫痘疹见称。医德高尚，名闻百里，乡邻送德行匾一块，文曰"德行可风"。子仕祯（1862—1944），字信卿。武考中秀才，文场不第，随父学医，四十岁后医术、医名不亚于父。

[《临沂地区中医药志·医林人物表》]
[《莒县卫生志》第十五编《传略》]
[《山东中医药志》第六篇《医林寿星小传》]

◎ 万 格 ◎

万格（1837—1921），浮来山公社邢家庄村人。十年寒窗，屡考不售，遂专致医学，擅长痘疹、时疫等，疗效显著，名闻数县。

[《临沂地区中医药志·医林人物表》]
[《莒县卫生志》第十五编《传略》]
[《山东中医药志》第六篇《人物表》]

◎ 张士德 ◎

张士德（1840—1925），爱国公社（今城阳街道）渚汀村人。考中秀才，再考不第，遂弃举子业，习研医学，通晓经典，博览医学群书，深明医理，医术高明，名闻数县。子张境继承医业。

[《临沂地区中医药志·医林人物表》]

◎ 罗汇丰 ◎

罗汇丰（生卒年不详），浮来山镇罗家庄子村人，咸丰、同治年间在莒城行医。咸丰元年（1851）春，莒城发生瘟疫，逾日不治则难生。为救莒人，分别在文庙前、箓街顶用大锅熬药施舍，凡喝此汤药者皆获预防治疗之功。每年初秋，痢疾流行，屡舍"止痢丸"为百姓治病。卒后，城民深感其恩，醵资立碑于墓前并在药王庙前刻石铭之。

[《莒县卫生志》第十五编《传略》]

◎ 接 祯 ◎

接祯（生卒年不详），阎庄镇河圈村人。清末民初境内名医。医术高超，一生从医而不卖药，给穷人诊病不收钱，给富有人家看病则多收钱。

[《莒县卫生志》第十五编《传略》]

◎ 张永升 ◎

张永升（生卒年不详），浮来山镇石灰窑村人。中武秀才，考文不第。精医术，擅长妇科，其医事活动在清末。乐善好施，舍药济贫，对远道求医者款待食宿，故有"善人"之称。有病家赠送"年高德勋"匾额以颂其德行。自制"乌金丸"，舍施济人。著《妇科金丹》一书，印行散发，以为善事。

[《莒县卫生志》第十五编《传略》]
[《山东中医药志》第六篇《人物表》]

◎ 刘 龙 ◎
◎ 刘佃奎 ◎

刘龙（生卒年不详），清末阎庄镇小河村人。自幼习武，屡试而不得功名，临沂之友劝其习医并赠送眼科医书，遂弃武习医，于1897年在本村创办"同春堂"药店，主治眼科疾病，名闻周边数县。子佃奎（1870—1941），承父之教，擅长眼科，亦精于儿科，乡邻赠送德行匾两块，有《验方集录》一册存世。

[《莒县卫生志》第十五编《传略》]

◎ 王岳迎 ◎

王岳迎（生卒年不详），陵阳镇接家庄村人。医事活动时间在清末，擅长内、妇科，医术精湛，名闻数县。现有德行匾两块，一为正堂所赠曰"懿行足式"，一为大店村赠送曰"温润呈芳"。均是其为之治愈难症后所赠，迄今子孙犹保存之。

[《莒县卫生志》第十五编《传略》]

[《山东中医药志》第六篇《人物表》]

民国

◎ 刘菊荫 ◎

刘氏名菊荫，朱陈店庄钰继室，沂水县刘恩驻女。幼娴，母训读经史，通大义，尤精书、算。及归于庄，抚前室子，爱逾己出，先后与己子留学东洋，从事实业。钰创办济南电灯公司及银行、煤矿，屡被选举为国会、省会议员。氏支操家政，绝不以琐屑累之。民国十一年（1921），父恩驻避地青岛，忽遇盗，挟之去。氏止一弟，孤弱，乃相与营救，商诸戚友，百方筹划，始得于崂山岛中，奉之归。中年以后，研究医学产科。有求必往，往辄脱人于厄难。后丁母忧，哀毁成疾，卒年五十一岁。可谓"贤妇而孝女"矣。桐城姚永朴为作《墓志》《墓志》附后卷。

[民国《重修莒志》卷七十二《节孝》]

庄母刘夫人墓志铭

桐城姚永朴

夫人刘氏，讳菊荫，世居沂水县。曾祖讳恒泰，拔贡生，江西万载县知县。祖讳策先，历官至湖北布政使。考讳恩驻，光绪乙亥（1875）科举人，分省补用道。妣氏张，以与莒县庄氏世姻，年十八归庄。君钰为继室，两家皆名门。夫人来嫔，舅姑已前殁，痛不逮事，岁时祭奠，必躬洁粢盛，奉承以进。事夫兄嫂，久而弥虔。前室亦刘氏，遗二子一女，皆幼，夫人爱之如己出。及己生子女日众，诸儿相与依依膝前，亦不知其孰为前母所出，孰为夫人出也。用是，内外宗来者见之，既退，恒啧啧称其贤。光绪中，夫人考观察公，膺大吏，荐朝，命总办山东机器局。

庄君以浙江候补同知襄理局务,与夫人偕居济南。当是时,我国风气初开,习艺学者少,人才既乏,复困于经费之绌。夫人首劝庄君与观察公并力创办电灯公司,其间艰难缔造,庄君一身当之,盖得力于夫人之擘画者为多。民国肇建,庄君为众所举,充省议会议员,犹兼理公司事。旋倡办银行,夙夜劬瘁,夫人支持家政,不以累其夫。督诸子就学,遣其齿稍长者,游日本,先后毕业归,从事实业,各有名于时。民国十一年(1922),山东军事起,观察公避地青岛,忽遇盗,挟之去。夫人止一弟,势孤,乃相与营救,商诸戚友,百方筹划,始得于崂山岛中,奉之归。逾年,观察公卒。又逾年,复以山东军事起,携妇孺避于天津,而母张夫人卒。夫人事亲孝,既迭遭丧,遂以毁成疾,卒于旅次,时为民国十六年八月十七日也。享年五十有一。初,夫人在父母家,已有令誉,读经史能通大义,又精书算,娴于女事。中年以后,研医学,尤长于产科。有求者,无论贫富,必往,往辄脱人于难。庄君嗜金石,夫人助之,搜罗甚富。尝有藏汉麃孝禹碑者,其子孙困乏,将出售,顾待善价,不易得。庄君欲有之而未决,夫人遽出奁金购焉。其好古如此。故迄今人有收藏汉碑,见旁钤菊荫手拓小印者,犹乐道其韵事也。庄君子五,维屏,日本东北帝国大学毕业;维藩,日本东京商科大学毕业,皆前夫人出;维垣,日本大学商科毕业;维基、维森,皆夫人出。女五,惟长者出于前夫人,余皆夫人出,各适士族。孙七,孙女四。民国二十三年十月初四日,葬夫人于莒县大店镇南将军山前祖茔之次。庄君命子维屏以事略寄桐城姚永朴乞铭,永朴固辞不获,乃为之铭曰:夫人之德孝且慈,夫人之行勤以祗。学医仁恩逮茅屋,嗜古佳话传中闺。兹邱葱郁称吉壤,利厥后嗣可预知。我书其事诏万世,此中藏者为女师。

[民国《重修莒志》卷七十五《碑传》]

刘菊荫(生卒年不详),女。幼娴,母训读经史,通大义。研究医学产科,有求必应,辄脱人于危难。后丁母忧,哀毁成疾,卒年五十一岁。

[《莒县卫生志》第十五编《传略》]

◎ 唐占云 ◎

唐占云(1845—1918),夏庄公社唐家湖村人。医术高超,擅长内、妇科,尤其对妇科诸疾疗效显著,医名远扬数县。子唐锡承家学。

[《临沂地区中医药志·医林人物表》]
[《莒县卫生志》第十五编《传略》]
[《山东中医药志》第六篇《人物表》]

◎ 张士德 ◎

张士德（1848—1925），阎庄镇渚汀村人。考中秀才，再试不第，遂放弃科举，习研医学，医术高明，是公认的地方名医。子镜，绍其业。

[《莒县卫生志》第十五编《传略》]

[《山东中医药志》第六篇《人物表》]

◎ 王尊三 ◎

◎ 王恩庠 ◎

王尊三（1845—1924），字远卿。莒县碁山乡东河圈村人。少年勤奋好学，熟读经、史、子、集。是时，乡间缺医少药，疾病多有流行，尊三深感济世活人，莫如行医，遂于二十岁时拜师习医。从此，专心攻读医药经典名著，博采众方，学有成就，尤精于内、妇科及杂症。晚年与其子恩庠合著《效之闲情广积方》《妇经产良方》《奇症便方》《验方集锦》等书各一册。《效之闲情广积方》记载烦躁、惊悸、怔忡、健忘、诸汗、血症等内科杂病三十二症，每一症先述其病因、病机，再列举症状表现及处方用药，条理清晰，临床实用价值较高。

王恩庠（1866—1916），字汝臣。自幼业儒，因试不第，弃举子业，随父尊三习医，医术颇高，对有疾厄来求治者，无论贫富，普同一等。在一次出诊途中，因患猝病，逝于病家。其子桂馨业医。

[《莒县志》卷三十《人物》]

[《莒县卫生志》第十五编《传略》]

[《山东中医药志》第六篇《人物表》]

◎ 邢 标 ◎

邢标（1847—1931），浮来山公社邢家官庄村人。塾学十年，拜师学医又十年，熟读经典，精通医理，疗效显著，求诊者接踵。行医五十余年，在莒县、沂水、沂南、莒南、日照等县均享有盛名。遗有《初学步步近》《初学步步深》《济阴返约》等手抄本十一册。

[《临沂地区中医药志·医林人物表》]

[《莒县卫生志》第十五编《传略》]

[《山东中医药志》第六篇《人物表》]

◎ 潘岳龄 ◎

潘岳龄（1850—1923），字卓五。爱国公社（今城阳街道）潘家屯村人。贡生，再考不第，设馆授徒，兼攻医书，学医有成，遂弃馆业医。擅长内、妇、儿科，医术高超，活人无算。医德高尚，名闻莒、沂两县。晚年，乡人赠送"年高德勋"匾额，以示敬颂。

[《临沂地区中医药志·医林人物表》]
[《莒县卫生志》第十五编《传略》]
[《山东中医药志》第六篇《人物表》]

◎ 丁维祯 ◎

丁维祯（1850—1929），字干臣。夏庄公社丁家孟晏村人。初务举子业，考试不第，遂弃儒业医。擅长内、妇、痘疹等科，辨证细心，一丝不苟，态度温和，四方群众无不颂扬其德。集有《经验良方》一本，现已失存。

[《临沂地区中医药志·医林人物表》]
[《莒县卫生志》第十五编《传略》]
[《山东中医药志》第六篇《人物表》]

◎ 李金萱 ◎

李金萱（1853—1937），刘家官庄公社李家埝头村人。精通《伤寒论》《金匮要略》《医宗金鉴》等书，擅长妇、外科，善用土、单验方疗疾，效验颇宏，医德高尚，名闻百里。其侄步义承其业，精医术。

[《临沂地区中医药志·医林人物表》]
[《莒县卫生志》第十五编《传略》]

◎ 王 谈 ◎

王谈（1855—1909），字雪亭。寨里河公社东王标村人。通经典，明医理，长于内科，业医三十余年，医术、医德俱优，在莒县、莒南二县颇有医名。

[《临沂地区中医药志·医林人物表》]
[《莒县卫生志》第十五编《传略》]
[《山东中医药志》第六篇《人物表》]

◎ 于 隆 ◎

于隆（1856—？），字子兴。店子集镇于家石河村人。自幼聪颖好学，博闻强记，躬耕之余，熟读"四书""五经"，家境贫寒，其弟有疾，不能就医，早逝。遂于壮年发愤习医，遍求名师，勤于实践，业有大成。对人宽厚热情，视病人如亲人，深得乡邻赞誉。创办"益寿堂"，有"沭东第一药铺"之称。时大店村庄陔兰之女患痫症，就诊名医，皆束手无策，访得先生，对症治疗，妙手回春。庄翰林惊喜之余，欣然书写对联一幅："山水天真仁智乐，鸢鱼道妙圣贤心"，以示褒奖。

[《莒县卫生志》第十五编《传略》]

◎ 张凤洲 ◎

张凤洲（1857—1932），小店公社官路村人。擅长妇科，名闻莒县、莒南二县。次子德欣亦业医，医名不亚于父，惜未及半百而卒。

[《临沂地区中医药志·医林人物表》]

[《莒县卫生志》第十五编《传略》]

[《山东中医药志》第六篇《人物表》]

◎ 单玉衡 ◎

单子平（1864—1946），名玉衡，又名锐；字子平，亦作子坪。莒州单家庄村（今洛河崖村）人。自幼聪慧，勤奋好学，过目成诵，家虽贫而未辍，十八岁即考取生员，二十一岁试为廪生。复于光绪十四年（1888）举为孝廉，成为莒州北乡闻名遐迩的一位名士。对高适《封丘作》中的"拜迎长官心欲碎，鞭挞黎庶令人悲"的诗句极为赞赏，曾有"我无官才，只可教书"等语。故一生不谋名利，不取媚于旧官府，而致力于教育事业达四十年之久，为创办新教育奠定了基础，其授业学生有"逾十千"之称，可谓桃李满天下。早期曾在北杏等地任教，继于1902—1931年先后在吉林、黑龙江和莒县城任教，曾任吉林女子师范学校校长、莒县中学校长和哈尔滨南岗大学古文教师等职。"九一八"事变后，怀着忧国忧民的心情，忿然回到家乡，以自己的住宅充做学校，并自任校长，为桑梓培育造就人才。除此，晚年兼行医（尤擅长妇科），实行救死扶伤，不分贫富贵贱，概以同仁之。喜爱书法与奕棋。善交游，尤喜结交革命志士仁人。在东北期间，曾与林伯渠相识，倾谈革命真理终日。继又与东北抗日义勇军著名将领，被我党誉为"民族老英雄"

的王德林（原名王林，字惠民）结为兄弟，情同手足。1938年冬，王病危。闻讯后，不顾路途遥远，崎岖难行，星夜赶往沂水探望。王逝世后，亲为之撰写碑文，以寄托哀思。早年在莒城期间，曾参加《重修莒志》的采访与编修工作。还被莒沂边县政府邀请为参议会参议员，为议政、建政而出谋献策。在认清大势之后，毅然将子（兆玉）女（兆立）送往革命队伍，并教育他们积极为革命工作。

[《莒县文史资料》第五辑]

◎ 马慎言 ◎

马慎言（1866—1940），字减三。寨里河公社大王标村人。初为塾师，兼读医书，医学有成，遂弃教业医，在寨里河村"春和堂"为坐堂医生，擅长内科，对外感热症颇有治疗经验。

[《临沂地区中医药志·医林人物表》]
[《莒县卫生志》第十五编《传略》]
[《山东中医药志》第六篇《人物表》]

◎ 于 文 ◎

于文（1867—1944），刘家官庄公社五花营村人。医术精湛，擅长妇、儿科，医德高尚，名闻莒县、莒南二县。

[《临沂地区中医药志·医林人物表》]
[《莒县卫生志》第十五编《传略》]
[《山东中医药志》第六篇《人物表》]

◎ 张世佩 ◎

张世佩（1868—1936），字直堂。安庄公社大张官庄村人。塾学十年，自修医学，熟读经典，深通医理，擅长妇、内科，行医三十余年，在莒、沂两县颇有名望。晚年摘录《验方新编》等书之部分救急土、单验方，自行编次，取名《救急验方》，由莒县复兴泰印刷局印刷五百余本，分散赠送，借以推广救急之法，如此善举，乡邻多颂其德。

[《临沂地区中医药志·医林人物表》]
[《莒县卫生志》第十五编《传略》]
[《山东中医药志》第六篇《人物表》]

◎ 潘楢 ◎

潘楢（1868—1944），字阴菊。爱国公社（今城阳街道）潘家屯村人。清末优增生，再考不第，遂弃举子业。认为"功名无益于人，唯医能救人"，精岐黄术，擅长妇科，名驰数县。医德高尚，为人正直，平易近人，尤其对待贫寒患者格外热情，举凡经诊之病，勿须再请，常亲往叩门复诊。善于引据典故，教诲后人，尝云：不为良相，但为良医。老吾老以及人之老，幼吾幼以及人之幼，是为良医之家旨。

[《临沂地区中医药志·医林人物表》]

[《莒县卫生志》第十五编《传略》]

[《山东中医药志》第六篇《医林寿星小传》]

◎ 王梅昌 ◎

王梅昌（1869—1947），字福五。陵阳公社接家庄村人。家传医学，擅长外科，尤对奇疮异病疗效高超，名闻百余里。集有《便方汇集》一册、《经验良方》二册，手稿尚存。

[《临沂地区中医药志·医林人物表》]

[《莒县卫生志》第十五编《传略》]

[《山东中医药志》第六篇《人物表》]

◎ 姜玉洲 ◎

姜玉洲（1869—1948），字仙瀛。库山乡姜家洼村人。自幼天资聪慧，笃志好学，博读诗书，早年在今五莲县于里镇管帅一中药铺学习诊疗技术。而立之年，赴临沂（今东方红广场一带）开办"人和"药房和药栈四十余年，凡来就医者，诊脉开方，三服药即愈，治好了当地不少的顽疾、怪病。日军入侵后，"人和"药房和药栈无法正常经营，被迫携家眷回本乡大福照村继续为乡邻诊疾除病。在长达六十年的行医生涯中，上门拜师学医者颇多，并大都学业有成。自己五个女儿、堂孙姜道远、宋家路西村宋品苓等都是他的弟子，临沂一带从师者不下几十人。

[《莒县卫生志》第十五编《传略》]

◎ 罗惠风 ◎

罗惠风（1870—1940），浮来山公社罗家庄子村人。立志学医，深研经典，广阅医籍，擅长内科及小儿痘疹。颇有孝行，谨遵母训，礼义待人，医德高尚。以母慈子孝见称乡里。

[《临沂地区中医药志·医林人物表》]
[《莒县卫生志》第十五编《传略》]
[《山东中医药志》第六篇《人物表》]

◎ 孙世恒 ◎

孙世恒（1870—1948），碁山镇长宁村人。为富有之家，见贫穷农民无钱就医，于是自学医理、自采中药，自制膏、丹、丸、散施舍穷人。为人诚朴，不贪钱财，治病有钱交钱、无钱白送药品。因其医德高尚，深受百姓尊敬，故无人称其姓名，只称雅号"老善人"。

[《莒县卫生志》第十五编《传略》]

◎ 刘殿奎 ◎

刘殿奎（1870—1941），爱国公社（今城阳街道）小庄子村人。深通经典，精医术，擅长眼、儿科，名闻数县，医德高尚，旧有德行匾两块，现已失存。遗有《验方集录》一册。子春溪继事医业。

[《临沂地区中医药志·医林人物表》]
[《山东中医药志》第六篇《人物表》]

◎ 刘顺堂 ◎
◎ 刘文汉 ◎

刘顺堂（1875—1938），字礼庭，号芸轩。长岭公社刘家村人。十年私塾后随曾祖父刘文汉学医，熟读经典，博览医籍，二十四岁业医应诊，擅长妇科、温病。诊务繁忙，医德高尚，有求必应，贫富一视，名闻莒县、莒南两县。有手抄《摘录汤头歌诀》《伤寒诀》和《眼科问答》各一本。现有子孙继承医业。

[《临沂地区中医药志·医林人物表》]
[《莒县卫生志》第十五编《传略》]
[《山东中医药志》第六篇《人物表》]

◎ 刘书声 ◎

刘书声（1878—1948），字琴堂。莒县陵阳公社楼花村人。塾学十年，弱冠之岁则拜师学医，勤奋好学，精通医理，擅长内科，名闻百里。晚年曾在临沂县独树头"太和堂"为坐堂医生。集有《卫生医案》三册，未刊。

[《临沂地区中医药志·医林人物表》]

[《莒县卫生志》第十五编《传略》]

[《山东中医药志》第六篇《人物表》]

◎ 于吉祥 ◎

于吉祥（1885—1939），字云卿。浮来山公社孙家村人。塾学十年，弱冠之岁，自修医学。及壮年，精医术，擅长内、妇科，疗效颇著，就诊者门庭若市。谨遵家严训嘱："只准治病救人，不能卖药求利。"四方群众多颂其德。

[《临沂地区中医药志·医林人物表》]

[《莒县卫生志》第十五编《传略》]

[《山东中医药志》第六篇《人物表》]

◎ 董 政 ◎

董政（1885—1943），阎庄镇杜家当门村人。二十五岁从医，针灸技术高超，以主治杂症见长，兼治儿、妇、外科。

[《莒县卫生志》第十五编《传略》]

◎ 刘儒庭 ◎

刘儒庭（1889—1947），峤山公社房家朱里村人。私塾六年，因家贫辍学。天资聪敏，勤奋好学，性爽志远，发奋攻读医书，忘食废寝；见人有所长，则师之以礼，虚心请教。数年后医学有成，就诊者日众，疗效颇著，擅长内、外、儿科。更兼医德高尚，有求必应，尤对贫寒患者，一经初诊，勿须再请，常登门为之复诊，当地群众皆敬而德之。于莒县、日照两县皆享盛名；又因其曾在黑龙江省某地行医数年，故在东北亦留医名。著有《临症验方集》，已佚。其子庆恩承其志，专业中医。

[《临沂地区中医药志·医林人物表》]

[《莒县卫生志》第十五编《传略》]

[《山东中医药志》第六篇《人物表》]

◎ 马连禄 ◎

马连禄（1901—1947），阎庄镇韩家官庄村人。自幼习医，出徒后在韩家官庄设立"普及药房"（兼西药）。以儿科名闻乡里，后又兼习西医。其三子佛钧，秉承父业。

[《莒县卫生志》第十五编《传略》]

◎ 辛慎吾 ◎

辛慎吾（1914—1944），又名孝修、精方、公良。莒县夏庄镇大略疃村人。1933年开始习医，1936年创办诊所。翌年加入中国共产党。抗日战争爆发后，慎吾以医术为武器进行抗日。1940年参加八路军，任山东纵队二旅六团卫生队长。秋，调任滨海军区后方医院院长兼党支部书记。1944年秋，在反扫荡中，为保护散住各村的伤员转移，慎吾诱敌上山，多方周旋，伤员终得脱险。他最后击毙八名日军而牺牲。

[《莒县志》卷三十《人物》]

◎ 李竹逸 ◎

李竹逸（生卒年不详），中楼镇姚家埠村人。民国初期于山东省立医科专门学校毕业，中医学专家。

[《莒县卫生志》第十五编《传略》]

民国

◎ 崔 英 ◎

崔英（1853—1939），字仲九。五莲县许孟镇瓦窑沟村人。八岁上学，二十二岁执教于私塾，并自习医书，二十五岁弃教行医，在本村开设中药店，坐堂治病，医术主要源于《内经》《伤寒论》等经典著作。擅长内、儿、妇诸科，在当地享有较高声誉。

[《五莲文史资料》第八辑]

[《潍坊市卫生志》第八篇《名医录》]

[《山东中医药志》第六篇《人物表》]

◎ 刘立臣 ◎

刘立臣（1871—1934），槎河乡大刘家槎河村人。青年时考中秀才，受其先祖刘奎的影响，苦习医书，二十五岁时开始行医诊病，擅长中医内科，在当地有一定声望。

[《五莲文史资料》第八辑]

◎ 刘培杰 ◎

刘培杰（1873—？），字汉三。管帅镇北店村人。自幼随祖父习医，后继祖业在本村"四诊堂"药店坐堂诊病，擅长中医妇科。

[《五莲文史资料》第八辑]

明

◎ 朱包蒙 ◎

朱包蒙，庠生。以兄中丞荫授肥城所镇抚，迁守备。儿时嬉戏，取泥丸为药，以饲禽兽。稍长，读《内经素问》，一过不忘，视病立决生死。臬司毕公，无疾，包蒙诊其脉，曰：患怔忡，五日后两臂当不能屈伸。果然。刘某，久病痢，便口生毛如豕鬣，触之痛彻骨髓。包蒙曰：赤痢多服涩滞之药，瘀血所成也。投以行血败毒之剂，立愈。冯某，迂腐善疑，患风痛，自谓"广毒"，积忧成疾。包蒙曰：然！投药发泡十余，其疾顿痊。人或询之，曰：是本非疮，既疑是疮，不令实见疮形，疑不释也。周某举子，周岁，病淋闭。包蒙令去襁褓，立风中，以雪沃其足，立下。诸如此类，不可更仆。年八十余时，跳掷为戏，忽语家人曰：余将逝矣！岂若他人必待病死耶！诘朝，饮啖如初，入夕卒。

[民国《莱芜县志》卷二十《技术》]

[民国《续修莱芜县志》卷二十八《艺术》]

朱包蒙，莱芜诸生。以兄中丞功授肥城所镇抚，迁守备。儿时嬉戏，取泥丸为药，以饲禽兽。稍长，读《内经素问》，一过不忘，视病立决生死。冯某，迂腐善疑，患风痛，自谓"广毒"，积忧成疾。包蒙曰：然！投药发泡十余，其疾顿痊。人或询之，曰：是本非疮，既疑是疮，不令实见疮形，疑不释也。如此类，不可胜数。年八十余时，跳掷为戏，忽语家人曰：余将逝矣！诘朝，饮啖如初，入夕卒。

[乾隆《泰安府志》卷十八《方技》]

朱包蒙，莱芜人。肥城所守备。尝留心《内经素问》，欣然有所得，专治疑难群医所束手者，然实无古方成案，惟以意求。尝有一老儒，迂腐善疑，患风块，疑为"广毒"，积忧成疾。包蒙投药发泡，其病遂痊。或询其故，曰：本非疮，然彼不见疮形，疑未释也。有婴儿病淋，包蒙令去襁褓，立风中，以雪沃其足，其淋立通。诸奇验，类此。年八十余，一日忽语家人曰：吾将逝矣！遂饮啖终日，夕果卒。

[雍正《山东通志》卷三十一《方伎志》]

按《莱芜县志》：朱包蒙，庠生。以兄中丞功授肥城所镇抚，迁守备。儿时嬉戏，取泥丸为药，以饲禽兽。稍长，读《内经素问》，一过不忘，视病立决生死。臬司毕某，无疾，公诊其脉，曰：患怔忡，五日后两臂当不能屈伸。果然。刘某，久痢，便口生毛如豕鬣，触之痛彻骨髓，赤痢多服涩滞之药，瘀血所成也。投以行血败毒之剂愈。冯某，迂腐善疑，患风痛，自谓"广毒"，积忧成疾。公曰：然！投药发泡十余，其疾顿瘥。人或询之，曰：是本非疮，既疑是疮，不令实见疮形，疑不释也。周某举子，周岁，病淋闭。公令去襁褓，立风中，以雪沃其足，立下。诸如此类，不可更仆。年八十余时，跳掷为戏，忽语家人曰：余将逝矣！岂若他人必待病死耶！皆不信。诘朝，饮啖如初，入夕卒。

[《古今图书集成医部全录》卷五百十三《医术名流列传》]

朱包蒙（1576—1658），号涵吾。明万历四年（1576）四月十三日生，羊里镇城子县村人。据《朱氏族谱》记载，朱包蒙生于书香之家，其父朱绅、其兄朱启蒙都是贡生，其兄朱童蒙、其侄朱延位皆为进士。朱绅任镇安县知县多年，朱童蒙任明朝都察院右都御史、延绥巡抚，朱启蒙任沂水县训导、邹县教谕，朱延位任河南唐县知县、江西广昌县知县。

自幼喜好岐黄，以泥土制作丸散来做游戏，取悦父母。年稍长，便不乐仕进，无意科举，自明代天启年间考中庠生后，便弃儒从医，对《素问》等经典名著颇有研究，深谙其旨。其性格"宽和与人，敬慎持己""纯俭笃厚，仁恕谦退"。成年后，专心于医学，淡泊名利，潜心行医，重视临床辨证施治，"医疾奇中之法，多出人意表之外"，治愈众多疑难杂症，成为一代名医；视钱财为身外之物，除茶、灶、笔、床外，再"无求田问舍之意"。但对药饵的炮制、服法，却是一丝不苟。他说：一丸一剂虽微，关人性命甚重。天启年间，莱芜发生大疫，走村串户为百姓精心治疗，"赖以全活者，以数千计"。崇祯元年（1628），以其三兄朱童蒙的"榆林大捷"功，荫授肥城所镇抚，后升任守备，为官清廉，声望颇高，但却厌烦官场生活，发出"庭前昨夜西风起，羞见旛花旧战袍"的感慨，遂"闭关却扫"，修筑小墅一处，栽植青松、竹子，垒砌鱼池、奇石，每天以炮制药饵、研习医术为务。后辞官归里，寓居于城子县村，专事医药，家门口"舆马交错"，四乡来看病者络绎不绝，溢路盈门，他不分贵贱亲疏，热心诊治。一生治理奇疴、挽救大危、周济大歉无数。清顺治十五年（1658）七月三十日卒。

附：清故功授加俸守备肥城所镇抚朱公孺人董氏合葬墓志铭

赐进士出身钦差整饬榆林兵备道陕西按察司副史眷弟张四教顿首拜撰

按状，公讳包蒙，号涵吾。其先枣强人，世掇危科，《家乘》载其兄大中丞五吉先生墓表，不赘。先是公诞之始，太夫人张氏梦神人入门，抱书言曰：此葛稚川《金匮方》百卷也。寤生公。公生十有六月，太夫人见背，受乳于姑。三年后，得事继母孟太夫人,能悦母颜,暇则以泥土为丸散作嬉。七岁,从太封公任,克豫其父。年二十,补弟子员,时莱人颂其昆仲有"韶朗玄川"之誉。适会孟母病,公祷天身代,不愈;访医,又不愈;遂从儒就医,深于《素问》之旨。追母瘁,因殚医,不复理举子业。嗣遂身为介弟而□□稀羹,仍怡以淡,一切茶、灶、笔、床外,无复为求田问舍之意,至其坦易。与物则曰寿无害于理,违众不祥,从不开臧否之口,则曰适以贾祸居恒,赈贫周急,每不自居,记人之功,忘人之过,盖天性然也。丙辰(1616),好事者认弓为蛇,巡方过,公索之,族里甚惊,公从容曰:世途颍洞不测,吾心可自问也。既知其诬,释之。后医大成,岁大疫,赖以全活者,以数千计。戊辰(1628),以其兄功高紫塞,授肥城所镇抚,旋升守备,颇有官声。忽一日,忾然长叹,述曹武毅诗曰:庭前昨夜西风起,羞见旛花旧战袍。寻闭关却扫,筑一小墅,怪石、青松、池鱼、竹坪内,日自为药饵服法炮制之务。每自矢曰:一丸一剂虽微,关人性命甚重。唯研于医而敬慎,类如此。余昔负笈博阳时,每过其门,见舆马交错,四方以病谒者□□停赏,如登龙门焉。入其墅,一步一改观;聆其言,一字一金石。尝谓余曰:君子以虚受人,子知之乎!古韩退之《送孟东郊序》云:物不平则鸣。人之于言亦然。君子能以虚受人,而不平者亦平。余拜佩之,至今不忘。乃若其理奇疴、救大危、周大歉,不过功德一端,未能概述者。独是毕□□,余好古博稽,当世指不多,屈而与世少有,所可一遇公,辄握手倾心,谓为越人再见,非深当于贤荐绅之玄契而能若是乎!方余去年见公,公犹曰:前病笃时梦神人云:回有千人未济,功德犹未满也。无何,岁七月晦夜竟以黑甜焉,而蘧蘧然如逝华胥之天乎!呜呼,夫以公之寿善如此,而医艮复如彼,夫无不愧所生矣,况乎其桂兰之振振者,复岿然于瑜珥瑶环间耶!公生于万历四年(1576)四月十三日,卒于顺治十五年(1658)七月三十日,得年八十有三。原配孺人董夫人,董氏即余母舅讳和董公之女也。逮事姑舅以孝闻,妯娌雍顺,克相夫子。晚年劳于家务,疴疾日重,赖公药延之,先公卒,葬于旧阡。兹择于十一月廿一日,往合葬焉,遵治命也。如夫人卞氏。生□夫子二人:材官廷俌,董孺人出,先卒。邑庠生廷佑,卞夫人出。生女三人:一适郡庠生苏翼;一适泰安庠生赵之球;一字庠生之骥秦公男熙,俱卞夫人出。孙六人:庠生霖、电、霈、霍,俱俌出,电、霈先卒。捷、技俱佑出。孙女六人:一适韩光生;一适张发梦;一适陶生莲;一适丙戌进士、江西进贤县知县绵禧韩公;一适苏檀,俱俌出。一未字,佑出。曾孙七人:大本、大振、大章、大智,俱霖出;大德,电出;大志、大惠,俱霍出。曾孙女四人:一适刘玉,电出;一适吕琇,霈出;一字庠生刘公蔚男克绪;

一字庠生文郁郭公男衍洙，俱霍出。玄孙：兰，本出。玄孙女二人：一本出，一德出，俱未字。因为之铭：贫富一辙，儒医一理；宽和与人，敬慎持己；玄善日新兮，君子识其后之丕基。

[《莱芜文史》第十二辑《朱包蒙墓志铭》]

朱包蒙（1576—1658），号函吾。今羊里镇城子县村人。明代名医。庠生出身。性格"宽和与人、敬慎持己""纯俭笃厚、仁恕谦退"。因其兄朱童蒙为都察院右副都御史，崇祯元年（1628），被朝廷荫授为肥城所镇抚，继升守备。但酷爱医学，无心为官，潜心行医。少年常读《内经素问》等，深得其旨。重视临床辨证施治，"医疾奇中之法，多出人意表之外"，治愈众多疑难杂症，成为一代名医。当时找其看病者车马不绝，溢路盈门，不分贵贱亲疏，热心诊治。一生治疗奇病、挽救大危、周济大歉无数。清顺治十五年（1658）突然发病而卒。

[《莱芜市莱城区志》人物《人物传略》]

[《齐鲁文化大辞典》]

[《山东中医药志》第六篇《人物表》]

[《中国医学大辞典》]

[《中医人物词典》]

[《中国历代名医集录》]

[《中医人名大辞典》]

◎ 苏 洲 ◎

苏洲（生卒不详），自号雪蓑子、雪蓑道人、五湖散人兼三十六洞天牧鹤使者等，世人称为"雪蓑"。原籍河南杞县，约生于明成化末、弘治初年，后徙居唐县。十二岁时随其伯父苏伯当以卖酒为业，后酒店倒闭，从此浪迹天涯，广交文友。嘉靖年间流落到山东泰安，巧遇去泰安办事的莱芜籍济南德王府胰膳官董空壶，遂成为八拜之交，朝夕往来，不期而至。

雪蓑在莱芜经常与朋友游历山川、歌咏题词，留下许多墨宝。如碁山观现存碑刻大字"玄之又玄"，笔势如蛟龙腾空，观者以为非仙不能。还为口镇玄武帝庙、矿山魁星楼及西邹村邹家林等题写匾额、对联与碑文。在城南仙人山及城北塔山题刻摩崖大字。在莱芜，还与港里刘元翰为莫逆之交，在其村东题写龙王庙碑，并署刘元翰之名。嘉靖三十七年（1558），董空壶去世，雪蓑撰写的《祭茶文》与《哭董贤弟俚言二章》，诗文悲怆苍凉，书法起伏跌宕。

雪蓑能诗善书，知音律，常弹一弦琴，绘画、踢球、制作古董和制药材等诸技博通，精绝过人。其书法如老干怪虬，苍古逼人。特别喜欢书写大字，往往信手飞步，倏忽而成，矫健有势。还与明代著名文学家、戏剧家章丘李开先以及青州衡王为至交，品茗畅谈，题诗互答，常遨游于章、莱、青三邑，后入山采药，往来于海岱间。约在嘉靖末年去世。

[《莱芜市志》2014年版《人物》]

雪蓑子，姓苏名洲，河南杞县人也。工书法及诗赋，嘉靖间流寓山左，遨游章、莱二邑，善章邱太常李中麓与邑处士董空壶。性嗜饮，酒酣，披发歌啸，旁若无人，已而挥毫，淋漓奇宕，如老干怪虬，苍古逼人，今邑中多有珍其墨迹者。

[民国《莱芜县志》卷二十《流寓》]

雪蓑子，姓苏名洲，河南杞县人也。工书法及诗赋，嘉靖间流寓山左，遨游章、莱二邑，善章邱太常李中麓与邑处士董空壶。性嗜饮，酒酣，披发歌啸，旁若无人，已而挥毫，淋漓奇宕，如老干怪虬，苍古逼人，今邑中多有珍其墨迹者。李太常评云：笔阵雄健，理趣深长，初若放狂涉怪，细目之则敛锷藏锋，微妙难名，变化莫测，乃神之所为，非力之可与也。故曰：神而明之，存乎其人。岂古今所能拘哉！

[民国《续修莱芜县志》卷二十八《流寓》]

雪簔，姓苏名洲，河南杞人也。工书法及诗赋，嘉靖间流寓莱芜。性嗜饮，酒酣以往，披发歌啸，旁若无人，已而挥毫，淋漓奇宕，如老干怪虬，苍古逼人，今邑中多珍其墨迹。

[乾隆《泰安府志》卷十八《流寓》]

苏洲，即雪簔道人。杞县人。幼落魄江湖。嘉靖丙午（1546），寓居章丘，与李太常开先游。洲工琴，善草书。李太常为作"传"。

[康熙《山东通志》卷四十八《流寓》]

雪簔，不知何许人。浪游东土，自号雪簔，人目为吴人，佯应之。好谈玄理，嗜酒，饮无算。赠以钱物衣履，遇贫者即与之。醉辄箕踞，嘲骂王公，落落不可一世。诗尚豪放，善作大字，磨浓渖数升，信手挥成，矫健有势。今云门山有大"寿"字，在峭壁上，遒古绝伦。一弦琴，世无传者，惟簔能谱之。后去，不知所终。

[雍正《山东通志》卷三十《仙释志》]

雪蓑道人，杞县人。幼落魄江湖。姓苏名洲，嘉靖丙午，寓居章邱，与李太常开先相友善。工琴，善草书。李太常为作"传"。

[宣统《山东通志》卷二百《杂志下·流寓》]

雪簑，姓苏名洲，河南杞人也。工书法及诗赋，嘉靖间流寓莱芜。性嗜饮，酒酣以往，披发歌啸，旁若无人，已而挥毫，淋漓奇宕，如老干怪虬，苍古逼人，今邑中多珍其墨迹。

[乾隆《泰安府志》卷十八《流寓》]

苏洲，不知何许人。遍游海内，讳其姓氏里居，自号雪簑。尝至濮，止长春观董道士家数月。能诗，对客挥洒，尤善书，多出佛老、神仙之说，一瓢之外，无所谋为。随所在寒暑更衣，即掷去不顾也。郡人桑廉访重之，赠一驴以便往来，道士畜之。居无何，不辞而亡去。后寄董数字曰：桑公长者之赐，不敢辞，藉以佐君之需，胡不可也！竟不知所终。

[乾隆《曹州府志》卷十六《流寓》]

雪簑，《通志》云：不知何许人。浪游东土，自号雪簑。人目为吴人，佯应之。好谈玄理，嗜酒，饮无算。赠以钱物衣履，遇贫者辄与之。对人箕踞，嘲骂王公，落落不可一世。诗尚豪放，善作大字，磨墨沸数升，信手挥成，矫健有势，今云门山有大"寿"字，在峭壁之上，遒古绝伦。一弦琴，世无传者，自言能谱之。后去，不知所终。

《历城志》云：雪簑，嘉隆间游山东，人以为神仙。李中麓尝为之"传"，云：雪簑，杞县人。徙居曹县，随其伯父卖酒为业，因讼逃散，年方十一。性特聪颖，所学必精，如作字、弹琴、蹴鞠、歌唱皆居第一。

按：雪簑子，自称五湖散人兼三十六洞天牧鹤使者雪簑子。苏州、历城、章邱俱有碑刻。

[道光《济南府志》卷六十《仙释》]

苏洲，号雪簑道人。杞县人。幼落魄江湖。嘉靖丙午，寓居章邱，与李太常开先游。工琴，善草书，大至盈丈，笔势飞动，见者惊为颠。素复出，尝作《风入松》八十一阕。李太常为作"传"。

[道光《济南府志》卷六十二《侨寓》]

苏洲，号雪簑。道人。杞县人。幼落魄江湖。嘉靖丙午，寄居章邱，与李太常开先游。洲工琴，工琵琶，能歌吴曲。又善草书，大至盈丈，笔势飞动，见者惊谓颠。素复出，尝作《风入松》八十一阕，谲怪离奇，皆非人世间语。好剧饮，醉后袒臂大叫，旁若无人。李太常为之"传"。

[道光《章邱县志》卷十一《流寓》]

雪簑，姓苏名洲，别号雪簑道人。每大书及诗词后，"冒雪披簑"手押，奇古骇观。原河南杞县人，徙居唐县。伯父名百当，以卖酒为业。雪簑年方十一二，随之度日肆中，偶有一人醉卧而毙，告于所司，上下使用，遂困穷逃散，雪簑无所依恃。其性颖，而字书、弹琴、蹴鞠、歌唱皆可居海内第一流。作半笔片纸小书，亦差可人意。所作多生硬奇怪，或杂里中常谈、方外异语，高洁不染尘埃，疏放难拘礼法。善搭配古董和制药材，戏谑调笑有足动人者，但玩世不恭，人难亲近耳。详《李中麓集》中。

[道光《章邱县志》卷十五《轶事志》]

雪簑，不知何许人，无姓名。浪游东土，居青州者数年。人以其言貌似吴人，问之：汝吴人耶？曰：是。苏州人耶？曰：是。举动谲怪，好谈玄理。嗜酒，饮无算。人为娶妇，纳之而不与交。与之钱物衣履，遇贫者即与之。醉辄箕踞，嘲骂王公，或取困辱，亦不为意。诗尚豪放，善作方丈大书，今云门山有大"寿"字，在峭壁上，其手笔也。后去，不知所终 以旧志及《山东通志》修。

[咸丰《青州府志》卷五十二《仙释传》]

雪簑，不知何许人。流寓济南最久，亦时往来于惠民、海、乐间。书、画、诗，可称三绝。书法尤奇劲，不类凡笔。题款不留姓名，惟署"雪簑"二字。近邑世家旧族多藏其墨迹。意非才人亡命，即高士逃名，或以为仙人游戏，亦或有之。后竟不知所往。济南人有传其善锻者，则又一绝矣。

[光绪《惠民县志》卷末《杂记》]

明嘉靖间，有道人徜徉沂山冶水间，不知何许人，亦无姓名，常雪中被簑而行，人以"雪簑"呼之，遂亦自名"雪簑"。举止怪谲，好谈玄理。嗜酒，饮无算。或赠以钱物衣服，遇贫者即予之。醉辄箕踞，嘲骂贵人，或取困辱，亦不为意。诗尚豪放，善作草书，沂山仙客亭、冶泉铸剑池皆存手迹，体势飞动，见者诧为仙笔。

[光绪《临朐县志》卷十六《杂记》]

雪簑，不知何许人，无姓名。浪游东土，居青州者数年。善作大字，诗亦豪放。人以其言貌似吴人，问之曰：汝吴人耶？曰：是。苏州人耶？曰：是。举动谲怪，好谈玄理。嗜酒，饮无算。人为娶妇，纳之而不与交。与之钱物衣履，遇贫者即与之。醉辄箕踞，嘲骂王公，或取困辱，亦不为意。作方丈大书，浓渖数斛，信手飞洒，倏忽而成，矫健有势，今云门山石壁上多其遗迹。能弹一弦琴。后去，不知所终。

[光绪《益都县图志》卷四十六《艺术传》]

苏州，不知何许人。遍游海内，讳其姓氏里居，自号雪簑。尝至郡，止长春观董道士家数月。能诗，对客挥洒，尤善书。多出佛老、神仙之说，一瓢之外，无所谋为。随所在寒暑更衣，即掷去，不顾也。郡人桑廉访重之，赠一驴，以便来往，令道士畜之。居无何，不辞而亡去。后寄董数字曰：桑公长者之赐，不敢辞，藉以佐君之需，胡不可也！竟不知所终。

[宣统《濮州志》卷五《流寓》]

祭茶文

雪簑子

空壶空壶，八拜为交，忝以长之。几载交怀，乃贵心知，听我宝瑟。太古遗资，汝乏后裔，我有解词。未重信顺，荣秀二芝，始见肝膈。九渊怡怡，其形惕惕，安无别离。闻君痿疲，我授天医，非弟不显。妥痊阿谁，心驰足阻，乃隔天涯。闻君弃世，坠泪斯颐，恨无缩地。过雁哀思，远奔吊章，芳草萋萋。洁箪祭浆，表兄率意，傍午招魂。罗列兄弟，死生之交，五伦一义。中天节届，神符带被，愿保汝翁，百龄庞眉，愿保汝嗣，攀乃桂支，愿保伊门，再恳再诚。哭斯歌斯，永如斯。嘉靖三十七年（1558）蕤宾望日五湖散人兼三十六洞天牧鹤使者愚兄雪簑子苏洲顿拜悼。

[民国《续修莱芜县志》卷三十四《传序表志》]

题董空壶碑

雪簑子

济药怜贫夙世音，高情相类野人心。还思八拜天医显，一别十年岁月深。血泪流成江上草，茶茗化作古交吟。尘埋太古无人见，惟有空壶听我琴。

其二

独抱瑶琴傍古嬴，恸思贤弟两交情。采芝献水为浇奠，见月招魂代石铭。谁料好怀归去早，独遗衰朽望长陵。写诗无限伤心泪，空兢心神动太清。

[民国《续修莱芜县志》卷三十六《诗》]

魁 字

《魁星碑》书法奇古，上有赞语，系龙鸟草木虫谷古篆，下有释文，为雪簑子书。在城北矿山魁星楼上。

龙字碑

在港里东南门外龙王庙内,雪蓑子书,刘元翰跋。

玄之又玄碑

在碁山观内,雪蓑子草书。笔法奇古,如神龙掉尾。一点为龙头状,一捺延衺下行长十一公尺,"玄又玄"三字在捺左。

玄帝碑

雪蓑子书。在口镇北门里玄帝阁西壁。

［民国《续修莱芜县志》卷三十七《金石志》］

龙泉寺,在明水镇,中有百脉泉,雪蓑子苏洲题字。见《金石志余》。

［道光《章丘县志》卷二《寺观》］

四暨山,在县治东南七十里夭仓岭之东。山大顶平,可以眺远,故名。有龙堂洞,高广如厦,深不可测,中有卧龙迹,旁有石卓立如柱,俗呼为"系龙柱"。石壁镌佛像四十余,巧若天成。有雪蓑子题"通天透地"四大字,刻壁上。俗又谓之"东龙洞"。

［道光《章丘县志》卷三《山水考》］

雪簑千文序

李开先

国朝千文帖,敝箧所藏不过八九家,萧山海有笔意,李崆峒有笔势,王雅宜有笔力,张东海之熟,文衡山之楷,马孟河之奇,云间二沈二钱,各擅一长,然视宋徽宗不逮矣,视怀素、智永则又不逮远矣。人言文章有古今,而字亦随之欤!雪簑苏子旧尝为予书一通,寿之木矣,但木刻稍减其芒。莱芜董廷金氏更索书勒石,比之前书又过之。盖其衿度出尘,如瑶天笙鹤。居不爱一物,行不持一钱,故其笔阵雄健,理趣深长,初若放狂涉怪,细目之则敛锷藏锋,微妙难名,变化莫测,乃神之所为,非力之可与也。故曰:神而明之,存乎人。岂古今所能拘哉!董以拓本见寄,值予款客,客皆读书识字者,其健羡犹之。予也特详著简端,同得托名不朽。

［道光《章丘县志》卷十三《序》］

仙客亭,在沂山百丈崖之腰。明嘉靖中,知县傅希孟建。有联云:山静凝神气,泉高识道源。字势飞动,为雪簑道人笔。今圮。

［光绪《临朐县志》卷四《古迹》］

雪蓑《陈抟洞诗》：野宿石床类洞天，衰衣脱放海东边。夜深睡熟白云起，不管龙来榻下眠。

[光绪《益都县图志》卷九《山川志上》]

◎ 赵永禄 ◎

赵永禄，任太医院吏目。性朴实，有古人风。尝捐地百亩为学田，以赡寒儒。岁饥，辄输粟百余石赈济，全活甚众。又为里甲置城宅一区，充传舍，市马数匹，佐走递之不逮者。生平好施惠于人，家以此破，至殁无悔心焉。

[民国《莱芜县志》卷二十《孝义》]

[民国《续修莱芜县志》卷二十七《孝义》]

赵永禄，莱芜人。任太医院吏目。赋性朴实，有古人风。尝捐地百亩为学田，以赡寒士。岁饥，辄输粟百余石赈济，全活甚众。又为里甲置城宅一所，充传舍，市马数匹，佐走递之不逮者。生平为德于乡，家以此破之，殁无悔心焉。

[乾隆《泰安府志》卷十八《孝义》]

赵永禄，莱芜人。太医院吏目。赋性朴实，乐施予。尝捐地百亩作学田，以赡士。值岁饥，出藏粟百余石赈之，全活甚众。又为里甲置城宅一所，充传舍，买差马数匹，以佐走递之不逮者。

[康熙《山东通志》卷四十五《孝义》]

赵永禄，莱芜人。太医院吏目。性质朴而乐施予，专重儒行。尝捐腴产百亩作学田，以赡士。岁饥，又出粟百余石，以助诸生之贫者。捐城宅为义学，脯脩膏火独力任之。

[雍正《山东通志》卷二十八《人物三》]

赵永禄，莱芜人。太医院吏目。性质朴，乐施予，专重儒行。尝捐腴产百亩作学田，以赡士。岁饥，又出粟百余石，以助诸生贫者。捐宅为义学，脯脩膏火独力任之。

[宣统《山东通志》卷一百六十六《人物志第十一·历代独行》]

《赋役全书》载：莱芜学田，一顷三十二亩八分，开除新收，无项于道行。《学田记》云：五顷。兹查旧志：学田，共六区，一在东郭外，名学庄，明训导张世扬捐俸，置有《碑记》；一在义封庄，计地一顷四十七亩五分三厘七毫，邑人医官赵永禄捐置；一在垂杨庄，计地三十六亩一分五厘；一在中荣庄，计地一十七亩六分六厘四毫；一在羊里庄，计地五十二亩九分五毫；一在场南庄，计地六十六亩六分。

[民国《莱芜县志》卷十一《田制》]

[民国《续修莱芜县志》卷八《田制》]

学田，共六区，一在东郭外，名学庄，训导张世杨置，有《碑记》；一在义封庄，地一顷四十七亩，邑人医官赵永禄捐资置；一在垂杨庄，地三十六亩；一在中荣庄，地一十七亩，一在杨里庄，地五十二亩；一在场南庄，地六十六亩。每年学租共四十八石有奇。

[乾隆《泰安府志》卷九《学校》]

义仓，在山口保，邑人赵永禄置。

[民国《续修莱芜县志》卷六《仓廪》]

义仓，在山口堡。邑人赵永禄建厫三间，今废。

[乾隆《泰安府志》卷六《仓廪》]

清

◎ 张文元 ◎

张文元，通判爽之孙。父素修殁，遗两弟，尚幼，文元自任教养。侄愃失怙，延师课之，并列黉宫。族人有不能婚嫁者，辄以资助之。晚年精医术，活人无算。殁之日，远近叹息，有泣下者。

[民国《莱芜县志》卷二十《孝义》]

[民国《续修莱芜县志》卷二十七《孝义》]

张文元，莱芜人。通判爽之孙。父素修殁，遗两弟，尚幼，文元自任教养。侄愃失怙，延师课之，并列黉宫。族人不能婚嫁者，辄捐资为助。晚年精岐黄术，贫者不取其资。殁之日，远近叹息，有泣下者。

[乾隆《泰安府志》卷十八《孝义》]

张文元，明代莱芜县人。晚年精医术，活人甚众。

[《山东中医药志》第六篇《人物表》]

◎ 张奉文 ◎

张奉文，字翰村。邑增生。长于经说，尝手抄诸经，会通儒先之说而折中之，自成一家言。以遭罹变故，载所读书，买田于泰山深处之大津口，白云红树，吟啸其间。居数年归，益自韬晦，人罕得见其面。精医术，能以诊脉决人修短，毫厘不爽。或请其术，曰：但熟读《扁鹊传》，自能得之。术竟不传。卒年六十五。葬日，有双鹤集其墓树。

[民国《莱芜县志》卷二十《隐逸》]

[民国《续修莱芜县志》卷二十八《隐逸》]

张奉文，字翰村。清代莱芜县人。邑增生。初业儒，后工医术，尤善脉诊。

[《山东中医药志》第六篇《人物表》]

《晤松子日抄》，张奉文著。
《晤松子读史提要》，张奉文著。

[民国《续修莱芜县志》卷三十一《著述》]

◎ 张德配 ◎

◎ 张起元 ◎

张德配，字凝道。善治痘疹，贮书青囊，不轻示人。子起元，习其术。有肥城尹姓，患痘甚剧，延起元至，仍众医方加减，服之立效。众惊问，起元曰：酿酒在善用引子耳！自此益知名。临终前一日，命焚青囊。盖其父尝云：医易学难精。恐贻此误人也。

[民国《莱芜县志》卷二十《技术》]

[民国《续修莱芜县志》卷二十八《艺术》]

张德配，字凝道。莱芜人。善治痘疹，贮书青囊，不轻示人。子起元，习其术。有肥城尹姓，患痘甚剧，延起元至，仍众医方加减，服之立效。众惊问，起元曰：酿酒在善用引子耳！自此益知名。临终前一日，命焚青囊。盖其父尝云：医易学难精。恐贻此误人也。

[乾隆《泰安府志》卷十八《方技》]

张德配，字凝道。清代莱芜县人。业医，以善治痘疹知名。

[《山东中医药志》第六篇《人物表》]

◎ 亓占峰 ◎

亓占峰（1784—1864），字依山。今高庄街道办事处黑峪村人。少年习医，凡见外科名著均反复研读。历时数载，终成名医，尤以医治疮疡见长。为人治病不骑马、不坐轿、不吃请、不收礼。晚年医术益精。

生于莱芜叶家庄一个名医世家，祖父、父亲均为当地名医。青年时代迁居前黑峪村定居。此地现仍保存着纪念亓占峰的庙宇，人称"亓公庙"。

少时务农，倜傥有大志，及长自适习医，凡外科名著，捧读殆尽。学习刻苦，勇于实践，历时数年，积厚成器，功深有素，终成当地外科名医。

医术高超，医德高尚，急人危难；常自备药物为贫者治病，每遇富人求其配制膏丹，总是设法分留一部分以救济穷人。对待病人态度和蔼，诊治竭力，凡有所请，无所不至。热心医学，乐于助人，数十年如一日，求医者络绎不绝，门几如市。为解人病痛，边游山采药边为人治病，足迹遍布周边百里十乡，治愈者成千上万，均深服其艺，深感其德。

晚年，医道益精，声誉日甚，名驰数县。时泰安有一大家闺秀，患腹内脓肿，名医求遍，花费无数，终不见效。绝望之际，占峰闻讯前往诊治，问明病因，探清证候，力排众议，独创医案，竟至妙手回春，被世人尊为"神医"。

后其寿终，葬于莲花山雁岭关之侧，时人感其恩德，奉以为神，墓前牲馔时陈，蝶灰日飞。外县有一病愈者，为感其再生之德，竟铸一铜像，送其故里，以表崇奉。三年之后，人们又在其故居附近，塑立神像，修建庙宇。并以其忌辰（农历二月二十六日）为庙会日，每年是日，前往赶会者成千上万，焚香二三里许，道祭者千有余，甚为兴盛。此会一直延续到二十世纪五十年代初期，方被废止。

1996年2月26日，前黑峪村亓姓大户捐资，重修了纪念堂，原来石碑又立了起来，庙会又起。有所不同的是，少了迷信活动，多了物资交流，并成了丰富群众文化生活的场所。

[《莱芜市志》1991年版第三十二编《人物传》]
[《莱芜市莱城区志》人物《人物传略》]
[《莱芜卫生志》第十二章《医苑人物》]
[《莱芜文史》第十一辑《亓占峰行医传奇》]

◎ 王廷璧 ◎

王廷璧，大王庄镇小王庄村，清道光年间人。据小王庄《王氏族谱》记载：廷璧公，材艺人也……素业医术未精，后得执教公（廷璧之族叔）其传，遂大进。能名驰百里外，来就诊者，日数十家，已渐号素封矣。撰有《秘传眼科》一书，为先生终生之经验积累。抄本尚存，全书共分三部分：其一为"五轮受病捷法"和"眼科虚实歌诀"；其二为以问答形式详述眼科证治，首述症状，次论方药，计七十二条；书后附牙痛、臁疮、产后风、瘤子方等验方，最后附有"化积膏"秘方一首，经用之临床，疗效颇验。

[《莱芜卫生志》第十二章《医苑人物》]

◎ 蒋其奎 ◎

蒋其奎（1827—1908），又名其安。苗山镇田家楼村人。自幼苦读经书，光绪三十二年（1906），考取贡生，后弱冠习医。博览经典医籍及各家医著，一生学而不倦，广取百家之长。精内科，擅痘疹，临症屡起沉疴，名扬博山、泰安、莱芜、沂源等地。医德高尚，悯苦济贫，凡贫寒之家有病求诊，有请即到，药价赊济减收，亦尝分文不受。行医五十余载，学验俱丰，著有《斑疹杂病论》数卷，惜未梓已佚。终年八十有三，葬殡之日众皆悲痛泣下。

[《莱芜卫生志》第十二章《医苑人物》]

蒋其奎，光绪三十二年（1906）贡。

[民国《续修莱芜县志》卷十八《贡》]

◎ 杨乐春 ◎

杨乐春（1829—1894），羊里镇东留村人。邑庠生，因先天指残，弃儒业医。精于妇科兼擅痘疹，同治时邑令刘长林之母病崩漏，诸医罔效。疾亟，人荐杨乐春治之而愈。邑令感其德，赠匾云"回春堂"。

[《莱芜卫生志》第十二章《医苑人物》]

[《泰安地区中医志》]

◎ 韩林甫 ◎

韩林甫（1830—1907），寨里镇韩王许村人。廪生，广读医书，三十五岁自立

"雪松堂"，坐堂行医。精妇科，常与当时名医切磋医学，不耻下问，医德高尚，广为同行称道。

[《莱芜卫生志》第十二章《医苑人物》]

◎ 毕先明 ◎

毕先明（1842—1907），寨里镇宜山村人。秀才。自幼跟其父学医，先后攻读了《内经》《伤寒论》《景岳全书》等名家之著。同父亲共在"慎术堂"以眼科为主给百姓医病。平易近人，救人之危，医德高尚，为世所敬重。

[《莱芜卫生志》第十二章《医苑人物》]

◎ 张卿云 ◎

张卿云，字星符。幼聪慧岐嶷，若成人。清咸同间，粤逆浸炽，畿辅为震。斯时，卿云甫成童，结乡间年相若者，编为一军，枪炮旗帜步伐峻整。识者谓其龙韬万里，异日正未可量也。及长，工书画，能诗。性慷爽，谈吐风生。周历淄、博、蒙、沂，与当时知名士相征逐。既又挟扁华之术，入都华胄，沉疴应诊奏效，朝贵倒屣相迎，名动京师。时直隶大饥，捐资助赈，事闻饬奖。乐善好施，匾额以旌门间。光绪丙戌（1886），由布衣经历起家，赴粤督张制军委办全琼各军营务处，随剿琼州黎匪，献策开道五指山，覆其巢穴。伊时，军士染瘴，赖卿云全活者无算。嗣因前敌出力，制抚出奏汇保，免补本班，以知州用，赏戴花翎。壬辰（1892），又以钦连边防出力，督堂军门冯出奏汇保，以直隶州知州补用，钦加三品衔，并以国庆诰赠二代。卿云在粤二十余年，除供差平柜、江门、鳌金矿务各局外，历署防城、灵山、合浦三县知县，实授钦州、直隶连平州二州知州，所至皆有政声。光绪三十年（1904）卒于署，年五十有五。著有《岭南集》，待梓。

[民国《续修莱芜县志》卷二十二《循吏》]

张卿云（1849—1904），字星符。清道光二十九年（1849）生，常庄乡北文字村人。清末地方官吏，著名中医。自幼聪慧，岐嶷若成人。及长，工书画，善诗文，性慷爽，谈吐风生，曾游历淄、博、蒙、沂，与当时知名人士相交友。因其精通医学，入京应诊，治好了皇室成员的疑难病证，被封为御医，一时名震京师。当时直隶大饥，张卿云捐资助赈，受到表彰。光绪十二年（1886），由布衣经历起家，赴粤随剿琼州黎匪，总督委其办理海南各军营务。军士染上瘟疫，全赖张卿云救治，事后总督奏保，补以知州，赏戴花翎。光绪十八年（1892）又以随军行医立功，总督奏保，以直隶州知州补用，钦加三品衔，诰赠两代。在广东二十年，除供差平桂、江门、釐金矿务各局外，历任防城、灵山、合浦三县知县，实授钦州、连平二州知州。为官期间，清正廉洁，广东百姓曾献"万民衣""清正扇"。后来，朝廷重臣李鸿章把自己的侄女、其二弟都台李鸿昌之女李美华许配给张卿云之子张子臣为妻。光绪三十年（1904）病卒于广东公署，年五十有五，遗体运回家乡安葬。著有《岭南集》。

[《莱芜市志》2014年版《人物》]
[《莱芜卫生志》第十二章《医苑人物》]

张卿云，广东连平州知州。

[民国《续修莱芜县志》卷二十《选举》]

◎ 曹 乾 ◎

曹乾（1851—1905），又名连三。寨里镇曹大下村人。自幼家境贫寒，跟人念过几天《三字经》《百家姓》。后因父母早亡，只能以讨饭为生。十五岁时，自卖自身，到寨里街上的药铺当学徒。从基本功学起，勤奋刻苦，自学了《内经》《伤寒论》等经典医籍。几年后，回家乡尝试着为乡邻治病。在行医过程中，深感自己学术的浅薄，于二十岁时奔走他乡拜师学医，曾先后在淄博、章丘行医，因博采众长，吃苦耐劳，收费低廉，一时名声大振。1885年三十四岁时回乡设"万春堂"，自为坐堂先生，雇用五人从泰安购运药品，名噪乡里，精儿科，配方精当，不失古人之法，常以"邪之所凑，其气必虚"为怀。临症处方用药善以扶正为主，以温补见长。家境甚富，先后购置了二十亩土地、三十亩山地，修建了两所宅院、一栋楼房。在其晚年，书画成了他的主要爱好，以画鸟和山水见长，并汇集数十年行医之经验，著有《经验良方汇集》一书。其后代也多从医，家中藏书甚多，因历经战乱，现已所剩无几。

[《莱芜卫生志》第十二章《医苑人物》]
[《莱芜文史》第十一辑]

◎ 吕绍曾 ◎

吕绍曾先生传
吕阶升

公讳绍曾，字述斋。生而醇粹，通识懿文，每听讲解，辄发新意，不为苟同。

弱冠，补博学士弟子员，食廪饩。侍先大夫梅岩学博于滋阳学舍，学博公以振兴文教为己任，远近过从者极一时选。公与之朝夕切劘，以证所学，故德业进修，秩秩见于面目。登光绪乙酉（1885）拔萃科。是年，学博公卒，哀毁骨立，几灭性。直刺芝岩公，从父也。素器公，曰：视子文学掇巍科，取青紫不难。既而两试京兆，不第。因家贫亲老援例就职直隶州州判。分发山西，历署代州、解州等州州判。以办永宁、临县、宁乡三州县赈务。蒙抚宪西林岑公奏保，加同知衔，以知县在任候补。清正有守，遇事详审。有造伪契讼于庭者，公质之曰：若藏何处？曰：匣中。曰：匣中得无他物，何无折叠痕耶？其人慑服。时教民横甚，一有交涉，官吏曲加袒护。公因事囚执之，道宪惧滋事，命释之。公不应，道宪乃阳提审而阴纵之。公面质曰：公法在，大人何故放之？非卑职所敢出也。其明识守正，类如此。历城孙观察纪云：笃厚君子也。同乡官之在省会者，岁晚必有分润，器公长者，邮寄数百金，俾司其事。公汇集同人，称孙君之惠而周给之，而己无私焉。佐贰某，诡奇士也，挥金如土，凡借贷从无璧还日，人感恶而拒之，公独倾囊慨助。众尤公曰：子金大不易，何故填无底壑！公笑曰：非诸君所知也，必不负我。后果如数以偿。其为人所信服也，又如此。是时，朝廷力行新法，削方就圆者捷足先得。公独毅然不屑，濡滞十余载，以考课最，补绛州、直隶州州判。甫一年，盱衡时事，进退维谷，竟悒悒以成疾。俄，太恭人病，问至益增剧，几不能起。迁延数月，赖从弟滑县令辅臣赒以巨金，始力疾旋里，太恭人已停柩在堂矣。遂以毁卒，时宣统三年（1911）八月二十七日也。公身长鹄立，望之凛然。工篆刻，晓医术，外科尤精。笼中药物，随手济人，贫困者尤蒙其惠。笃信因果，与同志结社皈依道法，又自号"慕缘子"。享年五十九岁。论曰：为贫而仕，乃仕而益贫，岂公真不能救贫哉！巨野刘君彤光称公云：述斋正如岭上孤松，挺然特秀，不因四时为转移。又云：与诸子游，譬如味列八珍，浓厚者非不适口，至于清芬淡远，耐人寻味者，莫如青笋。吾与述斋得其似焉。谅哉斯言。观公生平，蔬食菜羹，淡泊自如，不逢嘉宾良辰，几于终年茹素。且夜不解衣者二十余年，枯寂如僧，太常斋应不过此。然则公之品节，当于古人中求之。贫亦何损于公耶！

[民国《续修莱芜县志》卷三十四《传序表志》]

吕绍曾（1852—1911），字述斋，号慕缘子。清咸丰二年（1852）生，莱芜大芹村人。光绪十一年（1885）考中拔贡，后两次赴考进士不中，因家贫需奉养，不得已援例就职直隶州判，分发山西，历署代州、解州州判，因办理永宁、临县、宁乡三州县赈务有功，得抚宪保举加同知衔，以知县在任候补。在任"清整有守，遇事详审"。十余年后，以考课优异补绛州、直隶州州判。宣统三年（1911），染病不能供职，此时其母亦病重，得到其弟、时任滑县令吕辅臣的资助后返回家乡，回乡后其母已卒，不久因哀伤过度病情加重而去世。擅长篆刻，通晓医术，尤精外科，从政之余，特别热心为民众施医舍药，为当时著名中医。

[《莱芜市志》2014年版《人物》]

吕绍曾，（光绪）十一年乙酉拔贡。

[民国《续修莱芜县志》卷十八《贡》]

吕绍曾，由拔贡任山西州判。

[民国《续修莱芜县志》卷二十《选举》]

◎ 张 考 ◎

张考，字武山。牛泉镇东泉河村人。弃儒习医，熟读《银海精微》《眼科大全》等医籍，尤对眼科独具匠心，颇负盛誉，立号"泉升堂"。平生忙于诊务，辨证精当，用药灵活，通权达变，不泥古方。其手稿和验方已佚。曾治章丘县牛牌庄一名妇女双目失明眼疾，内外兼治，几日即愈，敬赠"妙手回春"匾额。

[《莱芜卫生志》第十二章《医苑人物》]

民国

◎ 吕宪珂 ◎

吕宪珂先生传

张梅亭

公讳宪珂，字玉堂，号蕙岩。封翁蕉雨公之次子，芝岩公之弟也。幼承庭训，弱冠入邑庠。芝岩公以进士起家，筮仕湖北。封公始以名孝廉，司铎济宁。公侍养承欢膝下，愉愉如也。归田后，芝岩公自江陵迎养，公又侍左右。甫至署，封公病殁，继丁母艰。服阕，场屋不利，援例就县丞职，非所好也。性宽大，胸无城府，体貌丰蔚，声音洪畅。识者钦为长厚君子也。善谈论，气概高亮，游历越数千里。浮江汉，登大别，逾汴洛，探嵩少诸奇，流连名胜，凭吊古人遗迹，慨然与之为徒，其胸次固已恢乎有余矣。每于广众中商榷古今，品题人士，激浊扬清，滔滔然如河流东注，有一曲千里之势。至义愤所激，往往大声疾呼，手足为之舞蹈。乡里每有争讼，他人所难了者，必相告曰：非蕙岩不能解此钜纷。公以片言，扼要绳引，而根批之，则又势如破竹，迎刃而解数节，后无复着手处矣！好施与，族近贫乏者，以时分润之，曰：承先志也。每逢义举，必捐巨资以为众倡。族议重修村圩，公捐金四百，或谓芝岩公为此捐金两千，功卒不就，君勿蹈此覆辙。公慨然曰：万一有成，合族蒙其福，诸君好自为之，吾非爱此区区者。有伟男子踵门求见，公赠以巨金、衣履遣之，人皆疑公滥施。公曰：巨盗也，急而投人，拂其意，后且不测，岂有他哉！公之行事，类如此。晓医术，尤精外科。凡阴疽、疔毒等症，群医束手者，服公剂立痊，故求医者麇集于庭。施药饵于贫者为尤挚，远近颂其德惠。同堂百余口，至于福履康强，夫妇齐眉，始终无一憾者，公一人而已。以侄相曾贵，貤封朝议大夫。卒于民国五年（1916）七月，享年七十六岁。

[民国《续修莱芜县志》卷三十四《传序表志》]

◎ 赵辑五 ◎

陈氏，清处士毓瑶之女。十七岁归章邑赵辑五，入门未及事，舅姑家贫，无以度日谋。夫卜居于杓山保之杓山庄，辑五善制药材，因以为生。氏纺绩自给，农事兴则作苦田间，数年家渐裕，生子二，漳涟、洺涟。以舅姑坟墓，尚在章邑，二子俱幼，春秋祭扫，恐或失时。又与夫议继长兄之子沧涟为嗣，授之产业，一如己出，使居故里，专主祀事。氏善处邻里，周急怜贫，老而弥笃。女一，婿家甚窘，收养二十余年，又出资使子与婿经营商业，卒底于成。辑五殁，归葬章邑。氏殁，亦移柩合葬焉。亲邻蒋敬行、乔法端等不忍没氏之善，为之立石道左，以彰之。不期而会者，百余人。

[民国《续修莱芜县志》卷二十九《列女》]

◎ 郝九化 ◎

郝九化（1851—？），字沽臣。羊里镇陶家庄人。早年读私塾，后受聘于口镇南街郑家为教员，同时攻读各种中医经典名著，1881年舍教回归本村自设"生化堂"为坐堂先生，擅长眼、妇、儿科，在当时莱芜北部较有名气。1916年口镇一带"热症"流行，整日奔波于病患之家施医舍药，救治危疾甚多。曾著有《眼科选录》，惜未梓，散佚。

[《莱芜卫生志》第十二章《医苑人物》]

◎ 卞修教 ◎

卞修教（1873—1939），莱芜市卞官庄村人。少时勤奋好学，二十岁考中秀才，后自学中医名著，渐能应诊。1926年，回乡悬壶行医，精内科，一生诊病谨慎，从不敷衍了事。1929年，霍乱流行，昼夜忙碌，经其治愈者甚多，当地民誉较高。

[《莱芜卫生志》第十二章《医苑人物》]

◎ 王秉才 ◎

王秉才（1880—1945），字福佑，号英岑。高庄镇南王庄村人。清光绪末年开始行医，各科通晓，精于斑疹治疗。治学融百家之长为一炉，临症屡起沉疴，方圆百里，慕名求医者络绎不绝。视病轻危为据，不为药物贵重之分，远近同邻，富庶百姓，一律对待，颇有盛誉。待人和睦，以善为本，主动为病人登门治疗，并为生活拮据之家施以无偿求助，深得百姓赞誉。

[《莱芜卫生志》第十二章《医苑人物》]

临 沂

南北朝

◎ 王 微 ◎

王微,字景玄。琅邪临沂人,太保弘弟子也。父孺,光禄大夫。微少好学,无不通览,善属文,能书画,兼解音律、医方、阴阳术数。年十六,州举秀才,衡阳王义季右军参军,并不就。起家司徒祭酒,转主簿,始兴王浚后军功曹记室参军,太子中舍人,始兴王友。父忧去官,服阕,除南平王铄右军咨议参军。微素无宦情,称疾不就。仍除中书侍郎,又拟南琅邪、义兴太守,并固辞。吏部尚书江湛举微为吏部郎,微与湛书曰:弟心病乱度,非但蹇躄而已,此处朝野所共知。骍会忽扣荜门,闾里咸以为祥怪,君多识前世之载,天植何其易倾。弟受海内骇笑,不过如燕石秃鹜邪,未知君何以自解于良史邪?今虽王道鸿邕,或有激朗于天表,必欲探援潜宝,倾海求珠,自可卜肆巫祠之间,马栈牛口之下,赏剧孟于博徒,拔卜式于刍牧。亦有西戎孤臣,东都戒士,上穷范驰之御,下尽诡遇之能,兼鳞杂袭者,必不乏于世矣。且庐于承明,署乎金马,皆明察之官,又贤于管库之末。何为劫勒通家疾病人,尘秽难堪之选,将以靖国,不亦益器乎。《书》云"任官维贤才"。而君擢士先疹废,芘耳椷朴,似不如此。且弟旷违兄姊,迄将十载,姊时归来,终不任舆曳入阁,兄守金城,永不堪扶抱就路,若不愈疾,非性僻而何。比君曰表里,无假长目飞耳也。常谓生遭太公,将即华士之戮;幸遇管叔,必蒙僻儒之养。光武以冯衍才浮其实,故弃而不齿。诸葛孔明云:"来敏乱郡,过于孔文举。"况无古人之才概,敢干周、汉之常刑。彼二三英贤,足为晓治与否?恐君逢此时,或亦不免高阁,乃复假名不知己者,岂欲自比卫赐邪?君欲高敦山公,而以仲容见处,徒以捶提礼学,本不参选,鄙夫瞻彼,固不任下走,未知新沓何如州陵耳。而作不师古,坐乱官政,诬饰蚯蚓,冀招神龙,如复托以真素者,又不宜居华留名,有害风俗。君亦不至期人如此，若交以为人赐，举未以己劳，则商贩之事，又连所不忍闻也。岂谓不肖易擢，贪者可诱，凡此数者，君必居一焉。虽假天口于齐骈，藉鬼说于周季，公孙碎毛发之文，庄生纵溁濩之极，终不能举其契，为之辞矣。子将明魂，必灵咍于万里，汝、颍余彦，将拂衣而不朝。浮华一开，风俗或从此而爽。鬼谷以揣情为最难，何君忖度之轻谬。今有此书，非敢叨拟中散，诚不能顾影负心，纯盗虚声，所以绵络累纸，本不营尚书虎爪板也。成童便往来居舍，晨省复经周旋，加有诸甥，亦何得顿绝庆吊。然生平之意，自于此都尽。君平公云："生我名者杀我身。"天爵且犹灭名，安用吏部郎哉！其举可陋，其事不经，非独搢绅者不道，仆妾皆将笑之。忽忽不乐，自知寿不得长，且使千载知弟不诈谖耳。微既为始兴王浚府吏，浚数相存慰，微奉答笺书，辄饰以辞采。微为文古甚，颇抑扬，袁淑见之，谓为诉屈。微因此又与从弟僧绰书曰：吾虽无人鉴，要是早知弟，每共宴语，前言何尝不以止足为贵。且持盈畏满，自是家门旧风，何为一旦落漠至此，当局苦迷，将不然邪！讵容都不先闻，或可不知耳。衣冠冑胤，如吾者甚多，才能固不足道，唯不倾侧溢诈，士颇以此容之。至于规矩细行，难可详料。疹疾日滋，纵恣益甚，人道所贵，废不复修。幸值圣明兼容，置之教外，且旧恩所及，每蒙宽假。吾亦自揆疾疹重侵，难复支振，民生安乐之事，心死久矣。所以解日偷存，尽于大布粝粟，半夕安寝，便以自度，血气盈虚，不复稍道，长以大散为和羹，弟为不见之邪？疾废居然，且事一已，上不足败俗伤化，下不至毁辱家门，泊尔尸居，无方待化。凡此二三，皆是事实。吾与弟书，不得家中相欺也。州陵此举，为无所因，反覆思之，了不能解。岂见吾近者诸笺邪，良可怪笑。吾少学作文，又晚节如小进，使君公欲民不偷，每加存饰，酬对尊贵，不厌敬恭。且文词不怨思抑扬，则流澹无味。文好古，贵能连类可悲，一往视之，如似多意。当见居非求志，清论所排，便是通辞诉屈邪。尔者真可谓真素寡矣！其数旦见客小防，自来盈门，亦不烦独举吉也。此辈乃云语势所至，非其要也。弟无怀居今地，万物初不以相非，然鲁器齐虚，实宜书绅。今三署六府之人，谁表里此内，傥疑弟豫有力，于素论何如哉。则吾长厄不死，终误盛壮也。江不过强吹拂吾，云是岩穴人。岩穴人情所高，吾得当此，则鸡鹜变作凤皇，何为干饰廉隅，秩秩见于面目，所惜者大耳。诸舍阖门皆蒙时私，此既未易陈道，故常因含声不言。至兄弟尤为叨窃，临海频烦二郡，谦亦越进清阶，吾高枕家巷，遂至中书郎，此足以阖棺矣。又前年优旨，自弟所宣，虽夏后抚辜人，周宣及鳏寡，不足过也。语皆循检校迹，不为虚饰也。作人不阿谀，无缘头发见白，稍学谄诈。且吾何以为，足不能行，自不得出户；头不耐风，故不可扶曳。家本贫馁，至于恶衣蔬食，设使盗跖居此，亦不能两展其足，妄意珍藏也。正令选官设作此举，于吾亦无剑戟之伤，所以勤勤畏人之多言也。管子晋贤，乃关人主之轻重，此何容易哉。州陵亦自言视明听聪，而返区区饰吾，何辩致而下英俊。夫奇士必龙居深藏，与蛙虾为伍，放勋其犹难之，林宗辈不足识也。似不肯眷眷奉笺记，雕琢献文章，居家近市廛，亲戚满城府，吾犹自知袁阳源辈当平此不？饰诈之与直独，两不关吾心，又何所耿介。弟自宜以解塞群贤矣，兼悉怒此言自尔家任兄故能也。日日望弟来，属病终不起，何意向与江书，粗布胸心，无人可写，比面乃具与弟。书便觉成，本以当半日相见，吾既恶劳，不得多语，枢机幸非所长，相见亦不胜读此书也。亲属欲见自可示，无急付手。时论者或云微之见举，庐江何偃亦豫其议，虑为微所咎，与书自陈。微报之曰：卿昔称吾于义兴，吾常谓之见知，然复自怪鄙野，不参风流，未有一介熟悉于事，何用独识之也。近日何见绰送卿书，虽知如戏，知卿固不能相哀。苟相哀之未知，何相期之可论。卿少陶玄风，淹雅修畅，自是正始中人。吾真庸性人耳，自然志操不倍王、乐。小儿时尤粗笨无好，常从博士读小小章句，竟无可得，口吃不能剧读，遂绝意于寻求。至二十左右，方复就观小说，往来者见床头有数帙书，便言学问，试就检，当何有哉。乃复持此拟议人邪。尚独愧笑扬子之褒赠，犹耻辞赋为君子，若吾篆刻，菲亦甚矣。卿诸人亦当尤以此见议。或谓言深博，作一段意气，鄙薄人世，初不敢然。是以每见世人文赋书论，无所是非，不解处即日借问，此其本心也。至于生平好服上药，起年十二时病虚耳，所撰《服食方》中粗言之矣。自此始信摄养有征，故门冬、昌术随时参进，寒温相补，欲以扶护危羸，见冀白首。家贫乏役，至于春秋令节，辄自将两三门生，入草采之。吾实倦游医部，颇晓和药，尤信《本草》，欲其必行，是以躬亲，意在取精。世人便言希仙好异，矫慕不羁，不同家颇有骂之者。又性知画缋，盖亦鸣鹄识夜之机，盘纡纠纷，或记心目，故兼山水之爱，一往迹求，皆仿像也。不好诣人，能忘荣以避权右，宜自密应对举止，因卷惭自保，不能勉其所短耳。由来有此数条，二三诸贤，因复架累，致之高尘，咏之清壑。瓦砾有资，不敢轻厕金银也。而顷年婴疾，沉沦无已，区区之情，悽于生存，自恐难复，而先命猥加，魂气塞簫，常人不得作常自处疾苦，正亦卧思已熟，谓有记自论。既仰天光，不夭庶类，兼望诸贤，共相哀体，而卿首唱诞言，布之翰墨，万石之慎，或未然邪。好尽之累，岂其如此。绰大骇叹，便是阖朝见病者。吾本亻人，加疹意惽，一旦闻此，便惶怖矣。五六日来，复苦心痛，引喉状如胸中悉肿，甚自忧。力作此答，无复条贯，贵布所怀，落漠不举。卿既不可解，立欲便别，且当笑。微常住门屋一间，寻书玩古，如此者十余年。太祖以其善筮，赐以名蓍。弟僧谦，亦有才誉，为太子舍人，遇疾，微躬自处治，而僧谦服药失度，遂卒。微深自咎恨，发病不复自治，哀痛僧谦不能已，以书告灵曰：弟年十五，始居宿于外，不为察慧之誉，独沉浮好书，聆琴闻操，辄有过目之能。讨测文典，斟酌传记，寒暑未交，便卓然可述。吾长病，或有小间，辄称引前载，不异旧学。自尔日就月将，著名邦党，方隆夙志，嗣美前贤，何图一旦冥然长往，酷痛烦冤，心如焚裂。寻念平生，裁十年中耳。然非公事，无不相对，一字之书，必共咏读；一句之文，无不研赏，浊酒忘愁，图籍相慰，吾所以穷而不忧，实赖此耳。奈何罪酷，茕然独坐。忆往年散发，极目流涕，吾不舍日夜，又恒虑吾羸病，岂图奄忽，先归冥冥。反覆万虑，无复一期，音颜仿佛，触事历然，弟今何在，令吾悲穷。昔仕京师，分张六旬耳，其中三过，误云今日何意不来，钟念悬心，无物能譬。方欲共营林泽，以送余年，念兹有何罪戾，见此夭酷，没于吾手，触事痛恨。吾素好医术，不使弟子得全，又寻思不精，致有枉过，念此一条，特复痛酷。痛酷奈何！吾罪奈何！弟为志，奉亲孝，事兄顺，虽僮仆无所叱咄，可谓君子不失色于人，不失口于人。冲和淹通，内有皂白，举动尺寸，吾每咨之。常云："兄文骨气，可推英丽以自许。又兄为人矫介欲过，宜每中和。"道此犹在耳，万世不复一见，奈何！唯十纸手迹，封拆俨然，至于思恋不可怀。及闻吾病，肝心寸绝，谓当以幅巾薄葬之事累汝，奈何反相殡送！弟由来意，谓"妇人虽无子，不宜践二庭。此风若行，便可家有孝妇"。仲长《昌言》，亦其大要。刘新妇以刑伤自誓，必留供养；殷太妃感柏舟之节，不夺其志。仆射笃顺，范夫人知礼，求得左率第五儿，庐位有主。此亦何益冥然之痛，为是存者意耳。吾穷疾之人，平生意志，弟实知之。端坐向窗，有何慰适，正赖弟耳。过中未来，已自悽望，今云何得立，自省悟毒，无复人理。比烦冤困惫，不能作刻石文，若灵响有识，不得吾文，岂不为恨。傥意虑不遂谢能思之如狂，不知所告诉，明书此数纸，无复词理，略道阡陌，万不写一。阿谦！何图至此！谁复视我，谁复忧我！他日宝惜三光，割嗜好以祈年，今也唯速化耳。吾岂复支，冥冥中竟复云何。弟怀随、和之宝，未及光诸文章，欲收所一集，不知忽忽当办此不？今已成服，吾临灵，取常共饮杯，酌自酿酒，宁有仿像不？冤痛！冤痛！元嘉三十年（453），卒，时年三十九。僧谦卒后四旬而微终。遗令薄葬，不设辒旐鼓挽之属，施五尺床，为灵二宿便毁。以尝所弹琴置床上，何长史来，以琴与之。何长史者，偃也。无子。家人遵之。所著文集，传于世。世祖即位，诏曰："微栖志贞深，文行惇洽，生自华宗，身安隐素，足以贲兹丘园，惇是薄俗。不幸夙世，朕甚悼之。可追赠秘书监。

[《宋书》卷六十二《列传第二十二》]

王微,字景玄。兰陵人。少好学,善属文,能书画,兼解音律及医卜、阴阳、术数。年十六,州举秀才,衡阳王右军参军,并不就。起家司徒祭酒,始兴王濬记室参军、太子中书舍人,以父忧去官。服阕,除南平王右军咨议参军。微素无宦情,称疾不就,著作十六年而卒,追赠秘书监。

[乾隆《沂州府志》卷二十七《隐逸》]
[民国《临沂县志》卷九《烈传上》]

王微,字累立。弘弟子。父孺,光禄大夫。微少好学,善属文,兼解音律、医方、阴阳、术数。初为兴王友,后除南平王右军议参军,称疾不就,除中书侍郎、南琅邪义兴太守,并固辞。终日端坐十余年,所著《文集》传于世。卒,赠秘书监。

[万历《兖州府志》卷四十《文苑》]

王微,字景元。临沂人。授为中书侍郎。与史道硕并师荀勖、卫协、自谓性知画,山水之爱,一往迹求,皆仿像也。少好学,无不通览,善属文,能书,解音律、医方、阴阳、术数。敝屋一间,寻书玩古,作《叙画》一卷《南史》本传。

[宣统《山东通志》卷一百六十三《人物志第十一·历代文苑》]

王微(415—453),字景玄。南朝宋文学家、书法家。祖籍琅琊临沂(今临沂市白沙埠镇诸葛城)。少年时好学,博涉群书,善属文,能书画,兼解音律、医方、阴阳、术数。十六岁时,州举秀才。起家司徒祭酒,转主簿,相继任文帝次子始兴王刘濬后军功曹、记室、参军,太子中舍人,始兴王友。后除中书侍郎。

王微生性恬淡,素无宦情。朝廷先后以他为南琅琊、义兴太守,皆不就职。吏部尚书江湛荐举他为吏部郎,他复书婉拒。

他安于清贫,后期住门屋一间,寻书玩古。常于春秋令节,带门生两三人赴山采药,亲自炮制,而不求医。他不好诣人,能忘荣以避权贵。这样生活了十余年。宋文帝知他善箸,赐与名蓍。

王微著有《文集》十卷,已佚。《宋书》本传存录他的文札除《与江湛书》和《告弟灵书》外,尚有《报何偃书》。现存诗及断句五首。钟嵘诗品认为"其源出于张华,才力苦弱,故务其清浅,殊得风流媚趣"。他的《杂诗二首》(其二)写"闺怨",低徊宛转,极富情致。《文选》《玉台新咏》以及沈德潜的《古诗源》皆予收录。

王微能书画，尤工山水画。他在《报何偃书》中称："性知画缋（通绘）"，"故兼山水之爱，一往迹求，皆仿像也"。其书画作品今无存。谢赫《古画品录》称其师法荀勖、卫协。今存其绘画理论著作《叙画》，在中国美术史上有一定价值。

[《临沂地区志》卷三十《古代人物传》]

[《临沂古今名人事略》]

《服食方》，王微撰。微，字景元。琅邪临沂人。官中书侍郎。《宋书》本传载微与何偃书云：至于生平好服上药，起年十二时，病虚耳。所撰《服食方》中粗言之矣。自此始信摄养有征，故门冬、昌术随时参进，寒温相补，欲以扶护危羸，见冀白首。

[宣统《山东通志》卷一百三十六《艺文志第十·子部·医家》]

《竺道生传》，王微撰。微有《服食方》，见医家类。《高僧传·竺道生传》云：王微以生比郭林宗，乃为之立传，旌其遗德。

[宣统《山东通志》卷一百四十《艺文志第十·子部·释家》]

《宋秘书监王微集》十卷，微有《服食方》，见子部医家类。《隋志》载其《集》，注云：梁有《录》一卷。《唐志》亦十卷，无《录》。《宋书》本传云：微既为始兴王濬府吏，濬数相存慰，微奉答笺书，辄饰以辞采。微为文古甚，颇抑扬，袁淑见之，谓为诉屈。微因此与从弟僧绰书曰：吾少学作文，又晚节如小进，使君公欲民不偷，每加存饰，训对尊贵，不厌敬恭。且文词不怨思抑扬，则流澹无味。文好古，贵能连类可悲，一往视之，如似多意。当见居非求志，清论所排，便是通辞诉屈邪。

[宣统《山东通志》卷一百四十一《艺文志第十·集部·别集》]

◎ 王悦之 ◎

王悦之，字少明。献之孙。少厉清操，泰始中为御史中丞，上以其廉介，赐良田五顷，迁侍中，掌检校御府、太官、太医诸署。时奸窃者众，悦之按覆，无所避。

[民国《临沂县志》卷九《烈传上》]

[乾隆《沂州府志》卷二十五《功业》]

王悦之，字少明。羲之曾孙。父靖之，司徒左长史。悦之少励清操，有风检。明帝泰始中为御史中丞，上以其廉介，赐田五顷，以为侍中，在门下尽其心力，掌检校御府、太官、太医诸署。时承奢忕之后，奸窃者众，悦之安抚，无所避，得奸巧甚多，于是众署共咒诅之，病卒。

[宣统《山东通志》卷一百五十五《人物志第十一·历代名臣》]

◎ 由吾道荣 ◎

由吾道荣，沭阳人。少为道士，晋阳有隐于佣力者，明法术，往寻，访之，尽得符水、禁咒、阴阳、历数、天文、药性。归本郡，隐于琅邪山中，善洞视。萧轨等败于江南其日，道荣言之，如目见。其后，乡人从役得归者，勘问败时形势，与道荣所说符同。北齐文宣召往晋阳，至辽州山中，遇猛兽。道荣以杖画地，成火坑，兽遁走。后还乡里，卒年八十五。

[民国《临沂县志》卷十《方外》]

由吾道荣，少为道士，常游燕赵间。闻晋阳有异人，精于法术，乃往访之，得其传。凡符水、禁咒、阴阳、律数与夫天文、药材，无不通解。后隐于琅琊山，辟谷饵松术，求长生之秘。隋开皇初，拜谏议大夫，苦辞归。年八十五卒。

[乾隆《郯城县志》卷十二《杂记》]

唐

◎ 王仲邱 ◎

《摄生录》一卷，沂州王仲邱撰。

[万历《兖州府志》卷五十《艺文》]

《摄生纂录》一卷，王仲邱撰。仲邱有《大唐开元礼》，见史部政书类。是书见《新唐志》。《道藏》载是书一卷，不著撰人。

[宣统《山东通志》卷一百四十《艺文志第十·子部·道家》]

王仲邱，《摄生纂录》一卷。

[民国《临沂县志》卷十二《著述》]

王仲邱，沂州琅邪人。祖师顺，仕高宗，议漕输事有名当时，终司门郎中。仲邱，开元中，历左补阙内供奉、集贤修撰、起居舍人。时典章差驳，仲邱欲合《贞观》《显庆》二礼，据"有其举之，莫可废之"之谊，即上言：《贞观礼》，正月上辛，祀感帝于南郊。《显庆礼》，祀昊天上帝于圆丘以祈谷。臣谓《诗》"春夏祈谷于上帝"，《礼》"上辛祈谷于上帝"，则上帝当昊天矣。郑玄曰：天之五帝递王，王者必感一以兴。批夏正月祭所生于郊，以其祖配之，因以祈谷。感帝之祀，《贞观》用之矣。请因祈谷之坛，遍祭五方帝。五帝者，五行之精，九谷之宗也。请二礼皆用。《贞观礼》，雩祀五方上帝、五人帝、五官于南郊。《显庆礼》，祀昊天上帝于圆丘。臣谓雩上帝，为百谷祈甘雨，故《月令》：大雩帝，用盛乐。郑玄说：帝，上帝也，乃天别号。祀于圆丘，尊天位也。《显庆》祀昊天与《月令》合，而《贞观》尝祀五帝矣。请二礼皆用。《贞观礼》，季秋祀五方帝、五官于明堂。《显庆礼》，祀昊天上帝于明堂。臣谓周郊祀后稷以配天，宗祀文王于明堂以配上帝。先儒以天为感帝，引太微五帝著之，上帝则属之昊天。郑玄称《周官》旅上帝，祀五帝，各文而异礼，不容并而为一。故于《孝经》天、上帝，申之曰：上帝亦天也。神无二主，但异其处，以避后稷。今《显庆》享上帝，合于《经》，然《贞观》尝祀五方帝矣。请二礼皆用。诏可。迁礼部员外郎。卒，赠秘书少监。

[《新唐书》卷二百《列传第一百二十五》]

王仲邱，沂州琅邪人。祖师顺，仕高宗时，议漕输事有名，终司门郎中。仲邱于开元历左补阙内供奉、集贤修撰、起居舍人。时典章差驳，仲邱欲合《贞观》《显庆》二礼并用，上疏言之。诏可。迁礼员外郎。卒，赠秘书少监。《唐书》有"传"。

[民国《临沂县志》卷九《人物一·列传上》]

王仲邱，沂州琅邪人。开元中，历左补阙内供奉、集贤修撰、起居舍人。时典章差驳，仲邱欲合《贞观》《显庆》二礼，请皆用。诏可。迁礼部员外郎。

[万历《兖州府志》卷四十《乡贤列传》]

[嘉靖《山东通志》卷三十《人物三》]

[康熙《山东通志》卷四十《人物三》]

王仲邱，琅邪人。开元中，历左补阙内供奉、集贤修撰、起居舍人。

[乾隆《沂州府志》卷二十五《人物上》]

王仲邱，琅琊人。明礼经。

[康熙《青州府志》卷十五《儒林》]

王仲邱，琅邪人。明礼。

[至元《齐乘》卷六《人物》]

[康熙《诸城县志》卷七《人物》]

王仲邱，沂州琅邪人。开元中，历左补阙、起居舍人。时典章差驳，仲邱欲合《贞观》《显庆》二礼，据"有其举之，莫可废之"之义，请二礼皆用。诏可。迁礼部员外郎。

[雍正《山东通志》卷二十八之二《人物二》]

　　王仲邱，沂州琅邪人。开元中，历左补阙、起居舍人。时典章差驳，仲邱欲合《贞观》《显庆》二礼，据"有其举之，莫敢废之"之谊，上疏言之。诏可。迁礼部员外郎。卒，赠秘书少监《唐书·儒学传》。

[宣统《山东通志》卷一百六十二《人物志第十一·历代儒林》]

　　《大唐开元礼》一百五十卷，王仲邱撰定。仲邱，沂州琅邪人。官礼部员外郎。《新唐书》本传云：开元中历左补阙、起居舍人。时典章差驳，仲邱欲合《贞观》《显庆》二礼，据"有其举之，莫敢废之"之谊，上疏言之。诏可。按《礼乐志》：萧嵩代锐为学士，奏起居舍人王仲邱撰定为一百五十卷，是为《大唐开元礼》《旧唐书》同。由是，唐之五礼之文始备，而后世用之，虽时小有损益，不能过也《旧唐书》云：二十年九月颁所司行用焉。是书，《文渊阁》著录本题萧嵩等奉敕撰。《提要》云：其书卷一至卷三为序例，卷四至七十八为吉礼，卷七十九至八十为宾礼，卷八十一至九十为军礼，卷九十一至一百三十为嘉礼，卷一百三十一至一百五十为凶礼。凶礼，古居第二，而退居第五者，用贞观、显庆旧制也。贞元中，诏以其书设科取士，习者先授太常官，以备讲讨，则唐时已列之学官矣。新、旧《唐书·礼志》皆取材是书，而所存仅十之三四。杜佑撰《通典》，别载《开元礼纂类》三十五卷，比《唐志》差详，而节目亦多未备。其讨论古今，斟酌损益，首末完具，粲然勒一代典制者，终不及原书之赅洽。故周必大"序"称：朝廷有大疑，稽是书而可定；国家有盛举，即是书而可行。诚考礼者之圭臬也。

[宣统《山东通志》卷一百三十四《艺文志第十·史部·政书》]

元

◎ 颜 赟 ◎

颜赟,医正。

[民国《临沂县志》卷七《职官》]

明

◎ 张 瑶 ◎

先医庙,在县署西,即今之药王庙。明万历三十三年(1605),良医张瑶募建。清制,每岁春二月、冬十一月上甲日祭。

[乾隆《沂州府志》卷十四《秩祀》]

[民国《临沂县志》卷四《秩祀》]

◎ 程宪良 ◎

◎ 姚 思 ◎

医正,程宪良。

医副,姚思。

[民国《临沂县志》卷七《藩封》]

◎ 徐邦用 ◎

徐邦用,字仁源。祖籍京口,居沂州。四世为太医院御医。母病,邦用闻信趋归,母已气绝,视心头微热,遂焚吁割股,强口进羹,母复苏。奉谕旨建坊。

[民国《临沂县志》卷十《人物》]

[乾隆《沂州府志》卷二十六《人物》]

徐邦用,字仁源。祖籍京口(今镇江市),居沂州。四世为明代太医院御医。母病,邦用闻信趋归,母已气绝,视心头微温,遂焚吁割股,启口进羹,母复苏。奉诏旨建坊。

[《山东中医药志》第六篇《寓医》]

◎ 常遇先 ◎

常遇先,慷慨好义,城东沂河浸甚巨,遇先夏具舟楫,冬设桥梁,人不病涉。诸如施药、施棺、解衣、推食,善行甚多。

[民国《临沂县志》卷十《人物》]

常遇先,沂州人。慷慨好义,城东有沂河浸甚巨,遇先夏具舟楫,冬设桥梁,人不病涉。诸如施药、施棺、解衣、推食,善行甚多。

[乾隆《沂州府志》卷二十六《耆德》]

清

◎ 宋和承 ◎

◎ 宋 杲 ◎

宋献章,字蕴亭。世居车庄,夔学玄孙也。父瀛,积学未仕,以德著于乡里。献章与弟徽章,同受知于督学使者刘凤诰。献章由诸生援例为光禄寺署正。曾遇琦善之仆,无礼于人,当街杖之。以京察一等,补江宁同知,判决泰州、江滩十余年积案,人颂"明允"。七年(1827),署扬州知府,以事忤当事者。既卸任,委办乡试供给,欲以烦难赔累危之。献章计划周密,大吏无以见谴。十五年(1835),江南荐饥,往来滕、峄、济宁间,买米充赈。时炎热积潦,以暑湿致病,卒于江宁官舍。仲子晨,扶柩旋里。晨天性孝友,分炊时以弟无宅让所,析祖宅与之,而自葺茅舍以居,人以为难。晨子和承,少依外家费县王氏。咸同间,土匪起,王氏筑圩御寇,和承助之,颇著劳勚。晚年徙居朱保,性亢直,每面刺人过,而人不怨之。精岐黄,多所救济。徽章,绝意进取,性好友。父殁,抚庶弟应章,教养兼至,设主于室，出入告谒，如生双生。子阳易，以孝友闻。从子杲，精岐黄，善隶书。

[民国《临沂县志》卷十《人物》]

◎ 胡寿椿 ◎

胡寿椿，字大年。处士捧书子。性质直，工诗，善书画，精岐黄术，博极群书，而能言其义。家训綦严，族子弟至前，无敢肆者。一入秋闱，不售，遂不复试。

[民国《临沂县志》卷十《人物》]

◎ 吴 鸾 ◎

吴鸾，字镜生，号虚堂。性温和，喜规人过，而无所忤。少孤，事母以孝闻。咸同间，盗贼蜂起，扰及县城。鸾与伏书勋、李香山等，日夜筹划守御，城赖以全。精岐黄，光绪初，喉疫大作，施医药，全活甚众，至今人犹称为"虚堂先生"。

[民国《临沂县志》卷十《人物》]

◎ 王一峰 ◎

王一峰，字雨岚。本城人。年十一，能文章，取法唐宋，下笔疏宕多奇气。光绪中，以恩贡历署阳信、文登教谕。晚年，邃于医。所著有《医林择萃》《诗集》《文集》《续聊集》等书，待梓。性慷慨，朋友有过，恒直言无隐。又善画竹、兰、芦、雁，有咏竹雁诗百余首，以为竹能虚心，雁能知节。盖以自况也。

[民国《临沂县志》卷十《人物》]

王一峰，字雨岚。清代临沂县人。贡生。工医术，晚年著有《医林择萃》，未刊。

[《山东中医药志》第六篇《人物表》]

◎ 白之隽 ◎

白之隽，兰山人。庠生。年二十二，以母疾，故业医。母数病危，治辄愈。又以医药济人，以己地与邻人吴作林，不取其直。

[民国《临沂县志》卷十《人物》]

[乾隆《沂州府志》卷二十六《耆德》]

◎ 狄学勤 ◎

狄学勤，字闻泉，别号道溪。世居本城。同治癸酉（1873）科拔贡。性孝友，慷慨有大节。屡应试不售，淡于仕进。于本城善举，无不竭力，历任郡县多倚重之。光绪甲午（1894），日本兵舰来安东，郡人汹惧，知府定成拟闭城。学勤力持不可，请派员侦其动静，别作良图。定成用其言。适山东巡抚李秉衡闻警，自威海分一旅来，日舰去，郡城安堵如故。时因防务，造炮百余，藏城隍庙，夜被盗窃去私售，各圩长守令欲严缉治罪。学勤又持不可，曰：乡民惟思守圩，遑计利害？一旦严缉，必掩埋灭迹。若胥役挟诈株连，为害更烈。不如出示限期缴还，免其罪。及期，果缴还，无一失。光绪庚子（1900），岁大寝。学勤倡议捐粟设粥场，全活无算。病者施医药，亲巡视，竟以染疫卒。论者惜之。

[民国《临沂县志》卷十《人物》]

◎ 杨德懿 ◎

杨德懿，沂州人。任鸿胪鸣赞。性醇谨，其父久有足疾，晚岁复艰出语。懿先意顺承，以孝著。尝冬月制棉衣给穷民，并购京邸同仁堂丸散，广为施济。纂辑《经验良方》，付梓行世，以济药饵所不及。每言：人生及时行乐，不如及时行善。人皆诵之。封明威将军。

[乾隆《沂州府志》卷二十六《耆德》]

杨德懿，字天美。邑庠生，授鸿胪寺鸣赞。年十五丧母，悲哀过甚，几至不起。父殁，哭踊苫次，勺水不入口者累日。与弟作求相依为命，虽年届垂暮，犹晨夕聚首，越日不见，即怅然若失。其长子苞，登贤书，出任广宗县知县；三子弘捷，武闱成进士，出任四川守备都司游击。德懿每寄家书，必训以洁己奉公，勤慎厥职。以故二子均能秉承庭训，有政声于时。每逢冬月，德懿制棉衣，以施无告之穷民；其有生不能养、死不能葬者，不待请求，即施与焉。京都同仁堂丸散颇著奇效，德懿不惜重价购买，广为施济，全活甚众。

[民国《续修临沂县志》卷十六《耆德》]

◎ 欧阳淳 ◎

欧阳淳，优廪生。父嵩病目数年，浸失明，淳惧，自习眼科诸书，尽其术。家贫，典质市药，越年余竟愈。兼课诸弟读书，身任家务，其弟入庠者三人，督学蒋举优行。

[民国《临沂县志》卷十《人物》]

欧阳淳,沂州人。优廪生。父嵩病目数年,浸失明,淳惧,自习眼科诸书,尽其术。家贫,典质市药,越年余竟愈。兼课诸弟读书,身任家务,其弟入庠者三人,督学蒋举优行。

[乾隆《沂州府志》卷二十六《耆德》]

◎ 杨富春 ◎

杨富春,沂州人。性孝谨,里中婚葬贫病,无不周恤,兼修舟桥道路。精岐黄,所定方剂,施济无穷。观察李以匾旌之。

[乾隆《沂州府志》卷二十六《耆德》]

康熙

杨富春,岁贡。

[乾隆《沂州府志》卷二十三《仕进》]

◎ 孙华亭 ◎

孙华亭,红山村人。由副贡,官馆陶县教谕。乐善好施,兼精医术,求无不应。

[民国《临沂县志》卷十《人物》]

◎ 李日登 ◎

李日登,兰山庠生。世以医著,日登尤精其业。切脉察声,洞知病源。稍得馈谢,即为药,施于市,州道皆旌其门。

[民国《临沂县志》卷十《人物》]
[乾隆《沂州府志》卷二十七《方技》]

◎ 王 绎 ◎

王绎,兰山庠生。中年弃举子业,以医自给,取廉甘约。年九十余,犹杖履视病,所至辄愈,延者盈门。

[民国《临沂县志》卷十《人物》]
[乾隆《沂州府志》卷二十七《方技》]

王绎，清代临沂县人。庠生。幼习诗文，壮年专攻岐黄之术，以廉洁自操，精于医道。年至九十有余，犹杖履视病，所诊治者，每药到病除。

[《山东中医药志》第六篇《医林寿星小传》]

◎ 时连茹 ◎

时连茹，县庠武生。善属文，素精医术。据其"自序"，本潍人也。嘉庆初，川陕教匪起，连茹充沂州营马兵，随大军征剿。会失利，窜入山中，杳无人迹，忽遇异人，洞居，不饮食，貌若五十余者，指示草木之实，俾啖之，得不死，渐以医术见授。一日，谓连茹曰：子非此中人也，今川省已平，善后事宜非督师某莫办而病亟，外间无能治，子出愈之，即可作归计矣。乃授方遣出。至省，督师果病。连茹自荐，应手愈。即自投伏罪。督师感之，入其名荐剡，得守备。归即弃官，设药肆而隐于医。病者得其治疗，辄愈。然其医术，非人所知。曾有患痘已危，连茹命埋雪中，须臾，热气蒸腾而愈。有九十老人病垂毙，连茹命于床前烹各种食物，病者嗅其气，渐苏，略进饮食，数日竟愈。其奇异，多类此。然性殊怪僻，不轻施治。后以事与人构讼，乃弃药肆，往城南陷泥河，筑台放鸭。忽得异病，不治。或问之，曰：我命尽于此，曷治为？遂不节饮食，以求速死。果以病殁。生平著书数十种，临殁悉焚之。曰：后人不善用，贻害无穷也。为友人抄存者，有《痘疹治略》二卷。

[民国《临沂县志》卷十《人物》]

时连茹，兰山县庠武生。善属文，精医术。据其"自序"，本潍人也。嘉庆初，川陕教匪起，连茹充沂州营马兵，随大军征剿。会失利，窜入山中，杳无人迹，忽遇异人，洞居，不饮食，貌若五十余者，指示草木之实，俾啖之，得不死，渐以医术见授。一日，谓连茹曰：子非此中人也。今川省已平，善后事宜非督师某莫办而病亟，外间无能治，子出愈之，即可作归计矣。乃授方遣出。至省，督师果病。连茹自荐，应手愈。即自投伏罪。督师感之，入其名荐剡，得守备。归即弃官，设药肆而隐于医。病者得其治疗，辄愈。然其医术，非人所知。曾有患痘已危，连茹命埋雪中，须臾，热气蒸腾而愈。有九十老人病垂毙，连茹命于床前烹各种食物，病者嗅其气，渐苏，略进饮食，数日竟愈。其奇异，多类此。然性殊怪僻，不轻施治。后以事与人构讼，乃弃药肆，往城南陷泥河，筑台放鸭。忽得异病，不治。或问之，曰：我命尽于此，曷治为？遂不节饮食，以求速死。果以病殁。生平著书数十种，临殁悉焚之。曰：后人不善用，贻害无穷也。为友人抄存者，有《痘疹治略》二卷《临沂县志》。

[民国《潍县志稿》卷三十二《外徙》]

时连茹,清代临沂县人。武庠生。曾为郯城守备,后弃官从医。著有《痘疹治略》二卷,未刊。

[《山东中医药志》第六篇《人物表》]

◎ 邵 梓 ◎

邵梓,团林村人。精医术,有远客毙于逆旅,梓施以针艾,复活。

[民国《临沂县志》卷十《人物》]

◎ 张 梅 ◎

张梅,字雪堂,号鹤斋。宋家庄人。精于医学,著《经验汇集》《瘟症条辨》《汤头歌》。所制眼药,远近驰名。光绪年间,于郯城境内花家庄南,倡建十三孔大桥;于宋家庄,捐资倡建圩墙。他如赈济贫困、剿办土匪、创办学校、兴办联庄会,一方民众,悉受其惠。

[民国《续修临沂县志》卷十六《耆德》]

◎ 崔祖培 ◎

崔祖培,字兰坪。邑东北独树头人。前刑部主事芝田子也。性至孝,立身廉洁,父之所恶,终身不为。人之所有,一介不取。堂叔联祥无子,夫妇相继逝。祖培承叔祖母命,为之领棺殡葬,而不受其遗产,以故乡里咸推重之。祖培奉养其父,甘旨常备,孝养无缺。父殁,葬如仪。壮年后,究心医学,活人无算。人有馈谢,悉却之。

[民国《续修临沂县志》卷十六《耆德》]

◎ 杜广居 ◎

杜广居,性好施,于岁饥,出粟赈贫,不责偿。曾觅得妇科良方,制药施送,全活甚众。

[民国《续修临沂县志》卷十六《厚义》]

◎ 李镯年 ◎

李镯年，字鸣节。北屠苏人。精医学，尤长于疹痘科。存心济世，不收药资。清道光年间，时疫大作，活人无算。

[民国《续修临沂县志》卷十六《方技》]

◎ 王庆来 ◎

王庆来，字笃卿。王家圪塔墩人。幼业儒，精医术。光绪十四年（1888），时疫流行，日有死亡。凡就庆来诊治者，服药立愈，全活甚众。所著有《痧症要方》《痘疹指南》，藏于家。

[民国《续修临沂县志》卷十六《方技》]

王庆来，字笃卿。清代临沂县王家圪塔墩人。幼习儒，精医术，善治时疫，全活甚众。著有《痧症要方》《痘疹指南》，未刊。

[《山东中医药志》第六篇《人物表》]

◎ 王善昌 ◎

王善昌，字炳臣。光绪己丑（1889）恩贡生。工诗，善书。中年，究心岐黄。贫寠者就诊施药，人皆德之。

[民国《续修临沂县志》卷十六《方技》]

王善昌，字炳臣。清代临沂县人。光绪己丑贡生。工医术，好善乐施，人皆德之。

[《山东中医药志》第六篇《人物表》]

◎ 宋开仲 ◎

宋开仲，字季埙。业岐黄，精堪舆。著有《医学问答》《中西效方集妙》《地理辨真》等书，待刊。

[民国《续修临沂县志》卷十六《方技》]

宋开仲，第七区。著《医学问答》《地理辨真》，未梓。

[民国《续修临沂县志》卷十五《著述》]

◎ 李诚心 ◎

◎ 李思桐 ◎

李诚心，字一斋。世居沂东之涝墩村。精医术，求诊者踵相接，谢仪概不收受。业医四十年，寒素如故。每酒余耳热，好纵谈古今方书，拟取方书之不合理者，引经更正之，书未成，卒。

[民国《续修临沂县志》卷十六《方技》]

李诚心（1857—1923），字一斋。去世之后，其挚友孙仁山为其生平。节录如下。

李诚心事略

先生李氏，名诚心，字一斋。世居沂之东乡涝墩村……先生生而奇异，幼入童子塾，治六经，学为文，超然自异。既卒业，以八股之华而不实弃去之。其从父思桐良医也，遂就医。三秦两汉之书，既汛滥而得其涯涘，慨然叹曰：医家之规矩分明，至精而极当者，莫如仲景。但汉文古奥，注家一经误解，遂滋后人无限疑窦。既得修园陈氏书，谓知门径矣。又见元御黄氏书，乃大叹服，手不释卷者数年。揣摩成，触类旁通，临症用药其应如响。窃尝见先生之治效，问治本何家？答以法出长沙。鄙以此证长沙所不载，先生指某条某条，剥茧抽丝，妙义层出。乃知先生之读书熟，而颖悟过人远矣。先生既邃于医，博览群书，易卜星象，山经地理，皆有心得；尤熟于史鉴，帝王升降，政事衍革，随口应答，无讹误者。间为诗古文，亦卓卓可诵，然不轻拈笔。此先生之文学大略也。至其品格，更当于古人中求之。先生雅量深沉，少言寡笑，人多望而生畏之。然与之评情论理，豁如也……医名显著，求诊者踵接于门，甚至院为之满。盥漱毕，鱼贯从事，切脉处方必殚精研思，动至日昃不食。得其治愈，奚止什百千万，谢之一字，生平所不道也……先生老年，有难请名，揆厥由来：凡坚拒不往者，皆以意气凌耳；至穷交旧姻，但遣一介，无不至者。先生尝言：苟于人丝毫无取，进退听其在我；若受寸金，则内问有不能自主者矣。先生之学博矣，先生之境遇抑又奇矣……民国十二年（1923）八月……流贼突至。至夜，先生宿于村外之芦汪，不数日而疾作矣。上吐下泄，手足抽缩，投以理中渐安，稍进粥糜。越二日夜，忽暴脱十余行。黎明，余往视疾，先生面色枯败，见余犹咻咻诵：肝肾气绝，则自利不禁。至夜而逝，时年六十有六。先生有言，药非真能起死，其可治者，脏气之未绝者耳。至哉言乎！综观先生一生，其德行学问，可云无憾……先生与余兄弟交最厚，每酒酣耳热，纵谈古今方书，谓近世医学之不昌，率由经方之不明，而其不明之故，总因著述家之谬妄。异日果暇，将尽取方书之与经旨不合者，引经更正之。倘使积有成帙，虽无力梓行，而抄存以贻后学，亦一快事。惜乎先生之书未成也，其书若成，焉能以无传哉！然书虽未传，而先生之名，则后世必传。知后世之必传，而吾复为不文之文以传之，得无使后人齿冷乎！然吾观历代史乘之作，大手笔出。将为某人立传，必先求其人事实以副之；求之不得，则旁采稗官小说、故老传闻。夫稗官小说、荒乘野史，似不如耳闻而目睹者较为真切。吾之此作，将以备后贤之采择也，岂敢曰吾文可以传先生哉……呜呼！其谓是欤。民国十二年腊月十一日世愚弟孙仁山既哭以诗拜首而为之纪。

[《临沂地区中医药志·医林人物表》]

李诚心，字一斋。临沂县涝墩村人。精于医，邑内有盛名。

[《山东中医药志》第六篇《人物表》]

◎ 张麟图 ◎

◎ 张得云 ◎

◎ 张鸿林 ◎

◎ 张鸿宾 ◎

张麟图，安靖村人。幼时流落西蜀，与本邑时连茹同事一师学医。麟图习针灸，应手奏效，名驰远近。其子得云，孙鸿林，皆能绍先业。次孙鸿宾，针法尤妙，著有《针灸摘要》，藏于家。

[民国《续修临沂县志》卷十六《方技》]

◎ 李高氏 ◎

李高氏，李大文妻。第二区富义庄，母族三义庄。咸丰十一年（1861），大乱，避居东埠，夫与匪力战以殉。氏伶仃孤苦，抚子女成立，孝慈兼尽。晚年，善治痘疹疾，全活甚众。守节四十余年，光绪三十三年（1907）卒。寿七十八。子殿成，事母至孝，里党交称。

[民国《续修临沂县志》卷十七《列女》]

民国

◎ 黄敦汉 ◎

黄敦汉，世居沂西古城。荐任职馆陶县检察官。著《救瘟辑要》一卷、《各级法院司法行政实务类编》一卷，已刊行。

[民国《续修临沂县志》卷十五《著述》]

黄敦汉，清代临沂县人。曾任馆陶县检查官。善医术，著有《救瘟辑要》一卷，刊行于世。

[《山东中医药志》第六篇《人物表》]

◎ 郝鸣皋 ◎

郝鸣皋，居四区南曲坊。清庠生。著《异香斋诗稿》一卷、《女科经验良方》二卷，未梓。

[民国《续修临沂县志》卷十五《著述》]

◎ 庞树敏 ◎

庞树敏，第五区腾马庄人。邃于医学者，有《医学辨证》四卷、《伤寒论浅说》二卷，未梓。

[民国《续修临沂县志》卷十五《著述》]

庞树敏，清代临沂县腾马庄人。工医术，著有《医学辨证》四卷、《伤寒论浅说》二卷，未刊。

[《山东中医药志》第六篇《人物表》]

◎ 翁鼎臣 ◎

翁鼎臣，城内人。文品诗格，清新俊逸。以明经，任诸城训导。擅岐黄之术，有求必应。致仕后，年近八旬，精神矍铄犹昔。民国七年（1918），称觞祝嘏，兼庆五世同堂。

[民国《续修临沂县志》卷十六《乡宦》]

◎ 王子敷 ◎

王子敷，字敬五。文名噪一时，曾被选为县议会议长。力争铜元折色，得留一半，归地方支用。复精岐黄，全活甚众。著有《孤松斋吟草》《惺惺斋吟草》《铁错生未是草》，藏于家。

［民国《续修临沂县志》卷十六《文学》］

◎ 房永举 ◎

房永举，圪塔镇芝麻滩人。精小儿科，每届天花流行，抱儿求诊者，门庭若市。冬备火，夏备茶，接待诚挚，以故远近各村，无不感戴。民国七年（1918）春，发现猩红热，求诊者填街溢巷。永举年已老，精神不支，卧治之，凡数月卒，年七十七岁。

［民国《续修临沂县志》卷十六《方技》］

◎ 杜成基 ◎

杜成基，字建业。南屠苏人。精医学，有求必应，不辞劳瘁。家设药肆，专以济人，贫者不取药资，人多称之。

［民国《续修临沂县志》卷十六《方技》］

◎ 张叔伦 ◎

张叔伦，字偕让。业医，精生理学。凡男女各科杂症，悉皆洞见症结，药到病除。著有《卫生集》行世。

［民国《续修临沂县志》卷十六《方技》］

◎ 李逢泰 ◎

李逢泰，字保斋。邑西黄泥港人。家贫无力求学，牧豕读书。弱冠，有声庠序，设帐授徒，多成就焉。晚精岐黄，志在济人，不惮烦劳。凡酬报者，悉却不受。年七十余，无疾而终。

［民国《续修临沂县志》卷十六《方技》］

◎ 卢其慎 ◎

卢其慎，字敬之。临沂城内人。由庠生考入山东优级师范，毕业。与洪仲宾等创办尚志小学，旋以经费告竭，停办。遂弃儒习医，对于《内》《难》两经、仲景《伤寒论》，探其精奥，凡后人伪托误注之处，一一为之标明更正。十年（1921）春，应沪友人蔡某之招，赴沪诊石某失血症，数剂病除，名大噪，遂悬壶沪上，求医者，络绎不绝。民国十二年（1923），客死沪上。著有《脉学指南》四卷、《敬之医话》一卷，行世。

[民国《续修临沂县志》卷十六《方技》]

卢其慎，字敬之。清代临沂县城内人。幼习儒，后弃儒从医，曾悬壶沪上，有盛名。著有《脉学指南》四卷、《敬之医话》一卷，行世。

[《山东中医药志》第六篇《人物表》]

卢其慎，居本城。清庠生。著《脉学指南》，已刊。

[民国《续修临沂县志》卷十五《著述》]

◎ 姚武灿 ◎

姚武灿（1865—1936），字锦堂。临沂城人。生于世医之家，袭其家学，遍读《内经》《难经》《神农本草经》与长沙之学，且博纳众长，补己之短，十年功大，名噪城乡。对内、外、妇、儿各科无不精研。立方遣药，尊古而不泥古。其性廉洁，不企富贵，喜于济贫，常徒步登门于贫家诊病，多舍药施人。积其临症心得，撰成《锦堂医案》与《戈琴堂医话》两书，皆因日寇侵华而佚。

[《临沂地区中医药志·医林人物表》]
[《山东中医药志》第六篇《人物表》]

◎ 陈凤全 ◎

陈凤全，民国临沂朱镇人。以农为业，兼施针术活人。民国三十五年（1946），家乡霍乱流行，死亡甚多，陈氏舍己为人，以身殉职，举家三口，尽殁。

[《山东中医药志》第六篇《人物表》]

◎ 朱心法 ◎

1887年，傅庄镇朱姓中医在临沂城郊中店子村开设"益生堂"药店，以针灸和自采草药治病。1907年，第二代堂主朱心法行医，以擅治疮疖闻名。1940年，发展到药工二十四人，自制化积丸、脑灵丹、点舌丹等多种成药，日门诊量百余人。1949年，药店加入苍山县神山区联合诊所。

[《临沂地区志》卷二十四《中医医疗》]

郯 城

明

◎ 蒋 劝 ◎

漏泽园，五。一在城东二里，成化间知县李楷置；一在旧城北，计地十六亩，万历初，邑人医士官蒋劝施；一在马头集东，计地五亩，耆民魏戬施；一在马头集西，计地八亩，监生刘绘施；一在小埠村，计地九亩六分，庠生田登施。

［乾隆《郯城县志》卷四《公所》］
［乾隆《沂州府志》卷五《恤政》］

书院，一。旧在县西北七十里磨山下，世传曾子游学处。元至正二年（1342），江西提举管文通建，名曰"宗圣堂"。成化间，移建县北门内，邑人张景华增修，改题曰"一贯书院"。万历四年（1576），医士官蒋劝重修，今废。

义学，二。一在北城大街西，正房三间，教授童子；内房三间，教读寝居；门面房六间，出赁以赡师。一在北门内大街西，正房三间，内房三间，门面房三间，内草堂三间，皆万历初，医士官蒋劝建，今俱废。

学田，共二顷，坐落城东孝妇冢左右。隆庆初年知，县张应登、医学蒋劝置。

［乾隆《郯城县志》卷六《学校》］
［乾隆《沂州府志》卷十三《学校》］

真武庙，一在旧城北门内，医士官蒋劝建；一在马头集。

三祐祠，在县北门外。医士蒋劝建。

［乾隆《郯城县志》卷十二《附余志》］
［乾隆《沂州府志》卷十四《秩祀》］

玉清观，在旧城北门内路西。成化四年（1468），知县李楷创建。万历三年（1575），医士官蒋劝移路东。

仁威观，在旧城北门内路西。医士官蒋劝因玉清观移路东，立此以祀玄天上帝。

［乾隆《郯城县志》卷十二《附余志》］

◎ 朱方燿 ◎

朱方燿，医官。

［嘉庆《续修郯城县志》卷七《人物》］

清

◎ 李淑钦 ◎

李淑钦，浙之兰溪人。父以医传，国初徙郯之马头镇，淑钦绳其业，疗治之法，出人意表。峄县张某者，一旦，目珠欲出，头欲倒置，足欲上竖，众不克治。淑钦曰：此倒胆症也。缘胆有积火，横发暴张，胆倒悬而身欲逆。因令掖之行，数四旋，剂以清凉，即愈。山西客吴某，严冬患伤寒，狂卧户外，赤身犹厌其热。均授凉药，其热转剧。淑钦曰：此极寒症也，所谓水极似火者。用参、附、桂、芪一剂而瘥。海州吴某之妻，病久，忽阴中有物突出，蛇形尺许，医者见而却走。淑钦知为阴挺，妇人皆有，但非虚羸劳极不下耳。药以黄芪五钱，二服即收。司马蒋公子，二十四月而生，患痘，顶陷，皆为莫治。淑钦视之，谓胎毒大盛，煎涧气血。用参、芪等物，提气补血，即瘳。种种神术，大多类此。历任郯侯无不器重之。前宰王公曰：兰、郯二邑，良医惟淑钦一人而已。

［乾隆《郯城县志》卷九《医术》］

李淑钦，浙江兰溪县人。清初徙山东郯城县马头镇，随父学医，尽得其传。巧运家技，慧眼超人，常能于众医束手之际，起沉疴奇疾于危笃之中。

峄县张某，一日突感目珠欲出，头如倒悬，足上竖。众医束手，乃邀淑钦诊视，断曰："此系倒胆症也。"因于胆有积火，横发暴张所致。随嘱病家扶持患者来回行走，并投以清凉剂，治之而愈。

吴某，系山西客商，时值严冬，染疾逆旅。症见狂卧户外，赤身犹厌其热，诸医皆予以寒凉剂，其热反而转剧。淑钦诊之曰：此为真寒假热之症，所谓水极似火者也。随用参、附、桂、芪一剂而愈。

吴某妻，海州人。病久，忽阴中有物突出如蛇形，淑钦诊为阴挺病。曰：妇人多有此疾，因于中气下陷所致。遂以黄芪五钱，二服即收。

司马某之子，二岁病天花，痘顶陷下，众医谓之莫治。淑钦诊之，谓胎毒火盛，煎涸气血，用参、芪等提气补血即瘳。

淑钦医术精纯，名重城乡，故历任郯城县令，无不器重之。前宰王公曰："兰、郯二邑良医，惟淑钦一人而已。"

［《山东中医药志》第六篇《寓医》］

民国

◎ 宋景胜 ◎

宋景胜（约1870—1943），清代廪生。医文并茂，行医于鲁南江淮间，擅长妇科杂病，辨证用药严谨。诊病不论贫富，一视同仁。著有《医案集》，失于战乱。

［《临沂地区中医药志·医林人物表》］

［《山东中医药志》第六篇《人物表》］

◎ 刘锡康 ◎

刘锡康（1911—1937），字仲蕃。郯城县十里乡刘港口村人。生于清贫之家，其父刘子塾为乡村私塾先生。幼聪敏，七岁时随父在私塾读书，后到马头镇县立第三小学插班。1929年考入曲阜山东省立第二师范。积极从事爱国的学生运动，不久即参加中国共产党。1932年毕业后回郯城任县立第一小学教师，并以职业为掩护，开展党的地下工作，积极向社会各界宣传党的抗日民族统一战线政策。

1935年，刘锡康借用同乡刘中武的高中毕业证赴上海考入中国医学院，翌年转至上海新中国医学院。1937年8月13日，日本侵略军大举进攻上海，上海军民奋起抗战。刘锡康遂毅然参加中国红十字总会第一救护队，连夜奔赴宝山县罗店镇抗日前线。8月23日，日军对罗店大肆进行空袭，居民房舍转眼成为焦土。红十字会罗店医院和总会第一救护队正准备西撤时，忽传中国空军战斗员苑君在空战中不幸机毁人伤，于近郊降落。该救护队副队长苏克己闻讯后，随即带领刘锡康等三名队员前往救护。他们找到伤员后立刻进行医疗手术。这时忽有一群日本兵走来。他们又迅速将空军伤员藏在附近农户的猪圈内，然后才准备转移。但他们刚走出大门，就被敌人包围。嗜杀成性的日本兵竟肆意践踏国际公法，将苏克己、刘锡康等四名红十字会战士杀害。四烈士临危不惧，英勇顽强，用手中药囊和医疗器械同敌搏斗。他们的英雄事迹，宋美龄曾在中央广播电台用英语向世界播放，中国红十字会亦分别报请国史馆和国际红十字会永载史册。1946年8月，中国红十字会于刘锡康等四烈士殉难处（现上海宝山县罗店中学校内）建立了"抗战殉难烈士纪念碑"。1985年，宝山县人民政府又予重新修建，该墓碑并被上海市政府列为市级文物保护单位。

[《郯城县志》卷三十《人物传略》]

明

◎ 徐孟曾 ◎

徐孟曾，号爱梦。世业医。幼而颖悟，书史涉猎，医家诸书皆诵。治人之疾，一诊视间决死生，士大夫多称誉之。然气岸高俊，时人以为矜傲，呼为"憨斋"。日与同好更唱迭和，浅斟低吟，以适其所乐而终。

[《苍山文史资料》第五辑]

民国

◎ **高凤仪** ◎

◎ **高贵德** ◎

  高凤仪（1836—1926），苍山县尚岩公社青山套村人。1688年，苍山县新兴乡双山屯村（原属峄县）一位高姓中医在尚岩乡青山套村开设"天宝堂"药铺。1922年，第十代传人高凤仪自二十岁开始行医。并自办"中医书院"，学制三年，教授中医四部经典著作和《医宗金鉴·外科心法要诀》等书，招收学员二十余人。是鲁南地区中医教育事业的先驱。"天宝堂"传接十三代，始终以自家传人坐诊，以第十二代传人高贵德技术为最佳。以祖传外科治疮疡、痈肿为主，兼医妇科杂症。一家四十余人从事药工，自行加工炮制膏、丹、丸、散二百余种，著名的有保安万灵丹、九种心痛丸和消毒、拔毒、妙调散等十余种，一概为门诊自用。至1919年，又分出一店、二店，形成"天宝堂"一条街，日门诊量多时达五百多人次，就诊者遍及临沂、费县、邳县、峄县等地，年收入万元（银元）。1942年，"天宝堂"曾为四县边联办事处的人员疗养伤病，形势恶化时即成为共产党地下人员的落脚点。1948年，十三代传人高殿选加入赵镈县大众药社甘霖分社，历经二百六十余年的"天宝堂"至此结束。

            [《临沂地区志》卷二十四《中医医疗》]
            [《临沂地区中医药志·医林人物表》]
               [《临沂文史集粹》第三册]
            [《山东中医药志》第六篇《医林寿星小传》]

◎ **马兴邦** ◎

  马兴邦（1864—1947），苍山县下村公社埠杨村人。医术颇精，在当地享有一定名望。

            [《临沂地区中医药志·医林人物表》]

◎ 杨湘南 ◎

杨湘南，杨官庄村（今属苍山县）人。1925年，在家乡开设"华春堂"药店，有房屋二间，资金一百块银元，夫妻二人坐堂行医，支撑门面。早年乡试不中，二十岁后当塾师，后因三个幼子先后患病，请医不到延误病情夭亡，三十岁后发愤学医，自修中医经典著作，四十岁开始行医。诊病不分贫富，深得人民敬重。1953年，杨湘南的后人携药械加入层山区联合诊所。

[《临沂地区志》卷二十四《中医医疗》]

莒 南

清

◎ 吴宗孔 ◎

吴宗孔，字圣裔。莒南十字路镇人。幼聪慧过人，甫就傅，日诵万言，过目不忘。弱冠，通经史、诸子，凡星学、堪舆、岐黄之术，靡不淹贯。以诸生久困场屋，乃援例就教职，补授历城县训导，循循善诱，不索赘脩，而学中积弊悉与捐除。署泗水教谕，改补昆山县主簿，署知县，所至有声。历袁州府经历，袁多水田，其稻秧妇女多赤下体，腼不为耻。宗孔集诸生，先将人擒之，别剀切晓喻，复请于上宪，遍行示禁，浇风为之一变。其署泗水也，邑人仲允坦，方困诸生，落拓不羁，宗孔器其才，致至学署，丰其馆膳，朝夕指教，是科遂联捷成进士。不十年，由翰林官至总宪。宗孔久不与相闻，其自袁州解铜入都也，允坦闻之，躬迎道左，执弟子礼，甚恭。抵寓，则蒲伏泥首，自称：昔年劣生，非遇恩师，何有今日？糜坦之身，未足酬德。馈赆千金，力辞不受。回任后，即告归。素善颐养，年逾九十，犹能于灯下作蝇头细楷，健步不杖。卒年九十六。弟宗程，字希川。邑廪生。尝挈资赴北京，亦欲援例就职。道出河间，值岁大祲，卖子鬻女者，道哭相属。宗程遇之，即解囊与赎。未三日，腰橐空矣，一笑而返，不留名字。被其施者，数十年后，犹告行道宾旅，诵山东吴官人弗置云嘉庆《志》增辑、《吴氏家传》。

[民国《重修莒志》卷六十四《名绩》]

吴宗孔，字圣裔。溱之长子也。初任历城训导，倡修学宫，改补袁州府经历。甫之任，见袁人田间插秧，妇女竟赤下体，腼不为耻。宗孔先将人□□□□□□□之意，恺切晓谕，又请于上宪，遍行示禁，袁郡风气，由此遂变。后以终养告归，寿九十六而终。

[嘉庆《莒州志》卷十《人物下》]

吴宗孔，历城县训导，改袁州府经历。

[乾隆《沂州府志》卷二十四《仕进下·以捐纳仕者》]

吴宗孔，字圣裔。莒州人。贡生。乾隆时，任历城训导，倡修学宫，改补袁州府经历，有才名，告终养归。

[民国《续修历城县志》卷三十八《宦绩录》]

吴宗孔，字圣裔。莒州人。贡生。乾隆时，任历城训导，倡修学宫，改补袁州府经历，有才名，告终养归，卒。

[道光《济南府志》卷三十八《宦绩》]

吴宗孔，莒州岁贡。乾隆三年（1725）任。

[同治《袁州府志》卷六《文职》]

吴宗孔，莒州人。岁贡。训导改任。

[道光《昆新两县志》卷十四《职官·昆山县·主簿》]
[光绪《昆新两县续修合志》卷十六《职官·昆山县·主簿》]

◎ 刘玉鸣 ◎

刘玉鸣，莒南砖疃村人。父峰云，业农，子三人，玉鸣其长子也。读书应试不售，训蒙乡塾。年三十七，丧母，哀毁尽礼，庐于墓，墓近沭河，尝值大雨，水溢，庐圮，绝粒数日，犹在泥水中诵经不辍，附近居人饷以浆粥，得不死。三年中，妻子相继病亡，竟未回家一视。负土筑坟，手植松柏百余株。服阕，始归省父。仍居塾，不再娶。束脩所入，悉以奉父，孺慕纯笃，一如事母。课读之暇，兼施医方济人，有以急病告者，不避风雨寒暑，必亲省视。年五十有三，遘疾，自知不起。泣对父曰：儿不能尽子职矣！呜咽而殁。

[民国《重修莒志》卷六十二《孝友》]

◎ 庄 曜 ◎

庄曜，原名修协，字德星。莒南中泉村人。早失怙恃，事兄教弟，乡党无间言。为人公恕，未尝言人过失，正直方严，一介不苟。长兄以老儒学作贾，性慈良，好周人急。咸丰初年，岁饥，里中贫乏者往往称贷不能偿，资本屡亏，家骤贫。曜约仲兄、季弟各出腴田若干亩，分润之。又倾囊代兄偿积欠，其友恭之情，盖出于天性也。晚年学医，精痘科，活孩童无算，未尝一受谢。年八十二岁得疾，不服药，语人曰：吾于某日当死。时精神尚健，人未之信也。及期，唤集家人，嘱以后事，沐浴易衣而逝。

[民国《重修莒志》卷六十五《耆德》]

庄曜，原名修协，字德星。清代莒南中泉村人。术精痘科。

[《山东中医药志》第六篇《人物表》]

◎ 吴景闵 ◎

吴景闵，字松斋。莒南朱流村人。少读书，应试累不得于有司。晚年，家中落，北徙程子村，乃研精医理。清咸同间，避乱入城，应医学典科之举，训蒙僻巷，疗人通市，以此自终。光绪十六（1890）冬卒，年七十有四。莒县教谕李厚恺、训导王敬衔及邑人孙臻、张子青等捐资勒石以表其墓。

[民国《重修莒志》卷六十八《艺术》]

◎ 刘应选 ◎

◎ 刘树本 ◎

◎ 刘焕新 ◎

刘应选（1802—1888），莒县石井乡刘家村人。清代恩贡，任齐东县训导，回乡后到营子村（近莒南县道口乡）塾教。其弟子孟志京、孟传道中举人，孟家将郝家庄的四顷地赠与刘应选，因而移居郝家庄。他业教之余，习研医术，以济世活人，治病多奇中，以内科著称，为当地之名医，著有《医学金镜录》两集。

其子树本，后改名树臻（1839—1919），继承父志，耽嗜医籍，涉猎百家，善用经方，擅长内、妇科。临危证而不畏，立方遣药，胆大心细，胸有成竹，故在当地有"朱大黄（指朱兰田）、刘干姜（指刘树本）治疗危重病时使用攻下、温热药克疾"的佳话。

1894年，刘树本携其子焕新在沂州府（今临沂市）鼓楼台巷开设"长春堂"药店，老年回故里，集一生之经验写成《医案》和《临症心得》各一部，后因兵火，医籍被焚，晚年授医术于其孙九堂。

[《莒南县卫生志》第十二编《医林人物》]
[《临沂地区中医药志·医林人物表》]
[《山东中医药志》第六篇《人物表》]

◎ 朱兰田 ◎

朱兰田（1810—1900），道口乡泱沟人。清代郡庠生。熟通"五经"，谙于诗文，博学多识，文才超众，为莒之名士。时因疫病流行，不乐仕进，遂博览历代医学典籍，以医术救人，对内科、外科、妇科、儿科均有较深的造诣。立方遣药，不拘泥于古人，有独到处。急症险候，或久病痼疾众医难调者，有克坚精神，常化险为夷。治疗妇科杂症，时人称其有绝技。直隶村谭某之妇，经事不调，临期腹痛，数年不孕，脉沉弦数，用熟地黄、当归、茺蔚子各四钱，俱酒煎，酒芍药、川芎各二钱，香附、白术、生地黄各四钱，牡丹皮三钱，乌药五钱，益母草作引，服月余，脉数少减仍痛经，改汤作丸，益母草、水、酒各半熬膏，炼蜜为丸，每早服四钱，三月后病愈，年余受孕。他认为"医之道也，认之不真，投之不当，轻变重，重变亡，祸不旋踵"。特别善治吐、衄血症，认为吐、衄血症"一是阴虚于下，阳格于上，其阳失守，血遂而逆；二是脾虚不能统血，肾虚不能闭藏"，所以在治疗上主张以益气、健脾、滋肾为主，往往能速止急性出血。当时，山东南部和江苏北部等地，上至州官县令，下至黎民百姓，求其医病者甚众。尤能体恤百姓，为世人所称赞。晚年撰成《朱氏医案》一部，医文并茂，内载险症奇案二百八十二例，理、法、方、药井然有序，为医界珍视。

[《莒南县志》第二十七编《人物传略》]
[《临沂地区志》卷三十《近现代知名人物名录》]
[《莒南县卫生志》第十二编《医林人物》]
[《山东中医药志》第六篇《医林寿星小传》]

◎ 侯兆丰 ◎

◎ 侯继荣 ◎

◎ 侯传珍 ◎

侯兆丰，清代咸丰年间相邸乡北高庄村人。自幼随父习医，长于外科，行医数十载，八十岁卒。

其子继荣，幼读塾学，后继承家技，胆大心细，临险证而不畏，以化险为夷之术，克疾制胜，慕名求诊者甚众。

继荣之子文仪（1875—1959），自幼随父习医，青衿之年，行医于苏北海赣地区，享有盛名。

继荣之孙传珍，字聘之（1883—1946），承袭医业，长于外科，在十字路开设医肆，求诊者甚众。晚年传医术于其子，其子承其医业。著有《验方集》，战乱焚于兵火，仅存《医案》一册。

[《莒南县卫生志》第十二编《医林人物》]

◎ 魏秀升 ◎

◎ 魏熙瑞 ◎

◎ 魏熙春 ◎

◎ 魏同升 ◎

魏秀升，清代郡庠生。文疃镇草岭前村人。耽嗜《内经》《难经》《伤寒论》及历代医著，擅长外科，在当地享有盛名。其子熙瑞，业医，擅长外科；其侄熙春，庠生。弃儒习医。其弟，同升，字新岩。清代郡庠生。精于岐黄术，亦为良医，长于内、外、妇科，积一生经验写成《临床验案》一部，惜已失于兵火。

[《莒南县卫生志》第十二编《医林人物》]

民国

◎ 赵希珍 ◎

赵希珍（1862—1943），莒南县板泉公社赵家庄村人。幼读经书，学习勤奋。后为济世活人，遂研习岐黄之术，熟读《内经》《难经》《伤寒论》《疡医大全》《证治准绳》《黄元御医书八种》等书。以外科见长，求诊者甚众，每日应接不暇。医德高尚，系莒南有名的外科良医。著有《闻见录》一部，已亡佚。

[《临沂地区中医药志·医林人物表》]
[《山东中医药志》第六篇《人物表》]
[《莒南县卫生志》第十二编《医林人物》]

◎ 陈美圈 ◎

◎ 陈丹九 ◎

陈美圈（1864—1932），字怀仁。坪上镇东诸睦村人。幼读塾学，1901年业医。1914年携其子在坪上镇开设中药铺，名"广坪药局"，求诊者盈门。行医数十载，传医术于其子，晚年其医业交与次子丹九经营。

丹九（1904—1947），性聪敏，好学不辍。青衿之后，继承家技，矢志习医以济世人，精研《内经》《难经》《伤寒论》，且荟萃医说，披吟无倦，医术大进。至悬壶于世，尤以内、妇科见长，治病多效，求诊者甚众，名扬苏北、鲁南。1920年在沙河子（属地不详）参加中医考试，名列第二。1942年回籍，继承父志，全操陈氏药店。1943年被选为莒南县医药界抗日救国联合会执委。1946年弃医回村。

[《莒南县卫生志》第十二编《医林人物》]

◎ 纪尚奎 ◎

纪尚奎（1875—1944），莒南县岭泉公社庞潼村人。从师于刘树本，精研岐黄之术，擅长针灸，在当地享有盛名。

[《临沂地区中医药志·医林人物表》]
[《莒南县卫生志》第十二编《医林人物》]

◎ 刘九堂 ◎

刘九堂（1879—1946），字如斋。树本之孙。莒南县许口公社郝家庄村人。自幼经其祖父口传心授，颇得医理之奥旨。1911年，在本县庞疃村开设"万春堂"药铺。擅长内科、妇科，治疗温热病经验丰富。善用经方，组方遣药颇精纯，处险症常化险为夷，并常施诊施药于贫苦乡邻。集临症经验写成《临症治愈》一书。邢某，暑湿病，误汗后而厥，属病邪入营，以清营泄热，兼以化湿，以清营汤加减。方药：犀角两钱，磨汁冲服，鲜生地、银花各一两，玄参、麦冬、连翘、黄连、人中黄、丹参、滑石各五钱，淡竹茹四钱、鲜菖蒲、甘草各二钱，服三剂热退，神清。继以王氏清暑益气汤加减：西洋参、麦冬、淡竹叶、甘草各三钱，辽五味、白蔻仁各二钱、鲜荷梗、西瓜翠衣、鲜生地、怀山药各一两，莲子肉、薏苡仁各五钱，服五剂，诸症悉去。

[《临沂地区志》卷二十四《中医医疗》]
[《莒南县志》第二十三编《医疗》]
[《临沂地区中医药志·医林人物表》]
[《莒南县卫生志》第十二编《医林人物》]

◎ 文 玉 ◎

文玉（1894—1947），筵宾镇齐家庄子村人。少年聪颖好学，力求上进，十载塾学，熟读经史，善书法，考中秀才，后攻读医籍，以医为业，在村中设"中和堂"药店。精研《内经》《难经》《伤寒论》，尽得其奥义。用于临床，力宏效捷，常获著手成春之妙，并常以张仲景"勤求古训，博采众方"来诲人勉己，所以他学验俱丰，全来自于治学严谨。曾参加莒县中医考试，以优异成绩夺魁，至今仍传颂于医林之中。

[《莒南县卫生志》第十二编《医林人物》]

◎ 庄旦林 ◎

庄旦林（1909—1947），大店村人。幼读塾学，才高资敏，青衿之年赴上海五洲医学院中医系学习，结业回籍，悬壶乡里，除疾济人，临床各科均有较深的造诣，尤殚于妇科。临症时理病甚详，组方严谨，用药精当，名噪于莒县、日照一带，求诊者甚众。

[《莒南县卫生志》第十二编《医林人物》]

◎ 徐文一 ◎

徐文一（？—1945），号玉轩。莒南县文疃公社大薛庄村人。幼读经史，后转习岐黄，对《内经》《难经》《伤寒论》颇为精熟，对温病四大家学说有较深研究。善长温病治疗，每遇疫病流行，经其诊治者多有良效。医德高尚，诊病细心，态度和蔼，凡有求诊者，常不分昼夜，不怕寒暑，不怕疲劳，一心赴救，当地民众无不称赞，赠药店名曰"同德堂"。民国时曾任县参议员。

[《临沂地区中医药志·医林人物表》]
[《山东中医药志》第六篇《人物表》]
[《莒南县卫生志》第十二编《医林人物》]

◎ 来玉全 ◎

◎ 庄希堂 ◎

来玉全，莒县大店镇（今属莒南县）人。庄希堂于1919年，在本镇开设中孚东药店。有房三十间，人员七名，资金五百块银元。此店专营中药，并聘西王疃中医来玉全任掌柜兼坐堂医生。历时二十余年。

[《临沂地区志》卷二十四《中医医疗》]

沂 水

民国

◎ 赵履堂 ◎

赵履堂（1857—1947），字儒。沂水县城关南庄村人。擅长外科，自制蟾苏丸、中九丸，临床运用每取良效；运用阳和汤加减临症，颇得心法。因无嗣，术不得传。

[《临沂地区中医药志·医林人物表》]

[《山东中医药志》第六篇《医林寿星小传》]

◎ 刘荫林 ◎

刘荫林（1867—1936），院东头公社刘家店子村人。刘翰林中策之三子，号称"三先生"。行医于"谦瑞昌"药肆。学通"五经"，精岐黄术，善治伤寒、时疫，医名颇著。

[《临沂地区中医药志·医林人物表》]

[《山东中医药志》第六篇《人物表》]

◎ 刘本谦 ◎

刘本谦（1869—1941），字益亭。沂水县城关人。祖籍江西，随父迁居沂水。自幼从父习医，勤奋好学，医宗《内经》《难经》《伤寒论》，多有心得，兼善书画，为沂水一代名士。性刚不阿，傲视权贵，但对贫病交困之人则慷慨效力，一心赴急，怜贫之举，常感人泪下。一生重义轻财，乐善好施。家有诗社，喜交文士。其子孙辈，袭其家学，现为临沂地区名医。

[《临沂地区中医药志·医林人物表》]

[《山东中医药志》第六篇《人物表》]

◎ 徐玉甫 ◎

◎ 徐 迟 ◎

徐玉甫（1872—1648），字贯卿。沂水县城关人。祖籍临淄，早年父亲徐迟迁沂水，开设"有恒堂"业医为生，随父学医。父殁，继承家业，悬壶济世四十余年。医道精熟，学识渊博，名著四方，且医德高尚，以施善救贫为乐。民国十七年（1928），惠民水灾，数千名灾民流徙沂水，贫病交困，生计危难，亲赴难民所，日夜为之救治，免费施药，深受灾民欢迎。

[《临沂地区中医药志·医林人物表》]
[《山东中医药志》第六篇《人物表》]

◎ 杨致一 ◎

◎ 杨致标 ◎

杨致一（1882—1945），字成斋。马站公社杨家城子村人。与其兄致标皆善医，医名著称，远近闻名。开药肆"瑞竹堂"，所制"万灵水""痢疾散"甚效，远销天津。致标之子焕文，袭其家学，医理颇精，为山东省中医研究所研究人员。病逝于济南。

[《临沂地区中医药志·医林人物表》]
[《山东中医药志》第六篇《人物表》]

◎ 胡佃选 ◎

胡佃选（1888—1947），沂水县上小朱葛村人。医术较优，善内科，在群众中享有一定声誉。

[《临沂地区中医药志·医林人物表》]

◎ 孔宪功 ◎

孔宪功（1893—1948），字雨田。武家洼乡孔家庄村人。幼入私塾，后辍学学医，成为乡村中小有名气的医生。1935年5月，经孔宪雨介绍加入中国共产党。1938年3月入伍，先后担任山东纵队二支队六大队卫生队长、山东医院（院址在莒南县十字路）副院长等职。在抗日战争和解放战争中，积极抢救伤病员支援前线，为解放区的人民医治疾病，忠心耿耿，积劳成疾。1948年11月8日，在莒南县十字路病逝。

[《沂水县志·人物传略》]

明

◎ 于希夏 ◎

于秦洪,字鳌南。饶于资,岁大祲,出粟万石。贷贫者,焚卷不责。偿施粥赈饥,活万余人。偶拾粮,役遗金,恐其自缢,急还之。子希夏,以御医授登仕郎。孙士文、士桢,举进士。士文,仕至兵部尚书。

[宣统《蒙阴县志》卷四《隐德》]

清

◎ 邵振亭 ◎

邵振亭,茂才。道光间,连岁大饥,给药施衣,每岁出粟数十石,赈济贫民,全活甚众。

[宣统《蒙阴县志》卷四《名献》]

◎ 张 浩 ◎

张浩,精于医学,施药饵。顺治间,邑令崔對死于贼,妻孥寄居民舍。浩集资送崔眷,扶衬还里。后令曹启明委修城隍祠、文庙,捐囊助之。

[宣统《蒙阴县志》卷四《孝义》]

张浩，蒙阴医学训科。丁贼之变，邑令崔尌死焉，崔妻孥寄食民舍，浩募助，送还里。

[乾隆《沂州府志》卷二十六《耆德》]

◎ 王赓泰 ◎

陶振宗书明经王君赓泰碑阴

寮表宅里，树风声，守土责也。余莅蒙视事，率察佐绅董举乡约事，召邑诸生公方茵助讲。公生告予曰：铁城村有王君赓泰，字续亭者，明经士也，有功于乡，乡人为立桑梓保障碑，出墓疏并行状，薪余櫐括书碑阴，为邑人矜式。余曰：此墓表例也。按墓疏暨行状，王君可谓不负所学矣。当时与学者言明新，率谓迂腐，抑知必如是为学，方谓真学问，而忠孝为学问之要。王君六世祖振东先生，保障乡里，藉藉人口。咸同间，豫匪窜扰，土寇继之。王君率里人立寨于黄鳌山，防守八年，全活甚众，几如杜武库，无所不有，王君可谓不负所学矣。至于孝养，嫡母丧，尽哀礼。博通经史，诲人不倦。表扬孝子，请旌节烈，邻里争讼，尤善排解，骎骎与陈太邱争烈，王君皆学问所自具者。王君少有奇才，精帖括业，而要所谓奇才者，在此不在彼也。他若堪舆、医术、星命之学，不试故艺。孔子尝言之，何疑于王君！王君可谓不负所学矣。故特表之，为邑人风。

[宣统《蒙阴县志》卷六《碑记》]

民国

◎ 秦淑涧 ◎

秦淑涧（1864—1946），字乐岫。蒙阴县常路公社大常路大队人。行医六十余年，有丰富的临床经验，尤善于外科，在县内外享有较高的威望。

[《临沂地区中医药志·医林人物表》]

[《山东中医药志》第六篇《人物表》]

◎ 王均幕 ◎

王均幕（1777—1849），字钦相。祖籍临沂，明万历年间迁魏庄乡南武城定居。少聪敏，善词章，应童子试不售，乃弃儒业，理家计于山岭，编艺槲树，手自养蚕，用度充裕，市恒产千余亩。后学《内经》，尤精痘科，凡贫者来延，虽风雨昏夜，无不立刻前往。

[《平邑县卫生志》第十五编《医林人物》]

◎ 庞安来 ◎

庞安来（1827—1895），字逢源，号星楂。铜石镇庞家村人。光绪甲午科（1894）副贡生，候选教谕。自学中医典籍，创"中和堂"药铺济世，擅长妇、内科。乐善好施，凡寒门邀诊，远近不辞，乡里有"大善人"之称誉。

[《平邑县卫生志》第十五编《医林人物》]

◎ 杨桂萼 ◎

杨桂萼（1832—1917），平邑镇河湾村人。自学中医，1862年始，开方不卖药而医名渐播。1872年应聘到平邑镇"天合堂"行医，擅长内科杂病，穷人患病无力付款者常解囊相助。

[《平邑县卫生志》第十五编《医林人物》]

◎ 庞绥来 ◎

庞绥来（1834—1914），字福卿。铜石镇庞家村人。幼入乡塾读书，经史子集娴熟，诗文俱佳。清光绪十六年（1890）恩科贡生，曾任候选教谕、直隶州州判。

后无意仕途，挂冠归里。时值族人患病请医三次不到，馈送烟土二两方予诊视，对此深感于怀。于是一面教书，一面兼读医籍。后遇患者即与施治，医名鹊起，遂弃教在地方镇开设"永安堂"药铺，悬壶问诊。崇拜仲景，善用经方，或发汗，或攻下，或清，或补，药专力宏。常于诸医束手无策之际，经其治疗而竟爽然若失。对"药不暝眩，厥疾不瘳"之说颇为折服，不提倡用药和平稳当，认为"设兵者以克敌，兵者凶器也；设药者以攻病，药者毒饵也。若四平八稳，曷可有济！徒延误病机耳"。故后人有"论医之精当，用药之活变，鲜有匹者"之评价。晚年辑有《庞福卿医案》一卷、《方药证治》一卷。并将己学传授其侄庞汝翼、庞汝为。其孙辈庞树勋、庞树廷等亦从事医学，以治小儿痘诊及伤科见长。

[《平邑县志·人物传》]

[《平邑县卫生志》第十五编《医林人物》]

◎ 郭振义 ◎

◎ 郭庆祥 ◎

郭振义（1838—1916），临涧乡临涧村人。医术自学而成，创"同仁堂"药铺，以妇、内科杂病见长。其子庆祥（1859—1930），承其学，时称"痘科名手"。

[《平邑县卫生志》第十五编《医林人物》]

民国

◎ 陈昭焯 ◎

陈昭焯（1842—1928），平邑镇南白马庄村人。早年习举子业，擅言辞，有文采，后转习医，对《医宗金鉴》《外科正宗》等书研究尤深，善治疮疡，成为名震一方的外科医生。曾被"秦元堂"重金聘为坐堂医，后归故里，为乡民治病。贫厄者不取值，一生经验丰富，惜后人无业医者，术皆失传。

[《平邑县卫生志》第十五编《医林人物》]

◎ 宋立廷 ◎

宋立廷（1843—1918），保太乡小夫宁村人。自幼读书，因其母患眼疾长期不愈，痛不欲生，乃立志学医，攻读眼科，求诊者甚多，名噪远近。

[《平邑县卫生志》第十五编《医林人物》]

◎ 彭光义 ◎

彭光义（1845—1925），临涧乡艾曲村人。目睹黎民贫病交加，乃弃文习医，医术自成。创"光生堂"药铺济世，对妇、内科疾病的论治深得要领。晚年著《妇科捷要》，已佚。

[《平邑县卫生志》第十五编《医林人物》]

◎ 刘慎典 ◎

◎ 刘绍典 ◎

刘慎典（1848—1933），柏林乡南林村人。医术自学而成，设"杏林堂"行医，与共弟刘绍典以善治温热时疫名闻乡里。对脉诊理论有所阐述，著有《脉理论》，已佚。

[《平邑县卫生志》第十五编《医林人物》]

◎ 季连城 ◎

季连城（1850—1903），平邑镇河湾村人。自幼习文，后因体弱多病遂发奋学医。1881年，在平邑镇后楼开设"元吉堂"药店。当时痧痘惊痫等小儿疾病甚多，辨证施治多能获效，以儿科驰名乡里。

[《平邑县卫生志》第十五编《医林人物》]

◎ 陈德扬 ◎

陈德扬（1850—1931），平邑镇南白马庄村人。幼聪明好学，自青年始改习岐黄之术，发奋攻读，医理渐通。是时乡间沙眼之疾，相互传染，又加之营养不良，眼病患者甚多。本地又缺少眼科医生，眼病患者多相信巫医神婆、民间吹法等，贻误治疗，造成失明。许多盲人以说唱、叫街、卜卦为生。深恨时弊之深，百姓之愚昧，光明之莫救，于是搜求《银海精微》《审视瑶函》等书，苦心钻研。年近三十，声名大震，求诊者络绎不绝，遂开设"贞元堂"药铺，并设有房舍床铺，住宿治疗，备有砂锅数十把，供病人煎药，还有洗眼设备。内治以汤剂为主，辨证论治，随证加减。对外治点药亦十分注重，自治"拨云散""推云散""开云散"等外用眼药数十种，并非常注意点用的方法和禁忌。晚年悉心著述，采摘前人眼科名著，结合自己的临床实践经验，著成《眼科要诀》一编，约二万余字。

[《临沂地区中医药志·医林人物表》]

[《平邑县卫生志》第十五编《医林人物》]

[《山东中医药志》第六篇《人物表》]

◎ 王　信 ◎

王信（1853—1937），仲村镇北仲村人。课读六年，熟读经史，善诗好文。青年时期即文名大振，应聘在北仲村和北昌乐庄塾馆教书。于空暇时间，阅读医书，并能得其要领。亦教亦医，求诊者渐多，医名播于泗水、蒙阴等地。行医五十余年，对妇科、内科疾病的治疗积有一定的临床经验，对疑难重症常能审证求因，对症下药，起沉疴于危笃之中。本村刘氏患崩漏亡阳，投以参、附数剂病愈。又刘某患病外出漫步，恰遇先生，望其色，闻其言，诊其脉，谓其病情深重。此人不信，先生暗告家人，死期将近，须速备后事，果三日而卒。医德高尚，贫者请其诊治随请随到，对富者从不阿谀奉承，对鱼肉乡民的权贵则深恶痛绝。故有"穷人去请，走着就来；富者去请，八抬轿抬"之说。乡人曾送"济世活人""妙手回春"匾额以褒其德。不但医技娴熟，琴棋书画无不通晓，多为乡人撰写碑文、桥记。一生集录医案较多，惜因兵燹战乱，荡失无存。

[《平邑县卫生志》第十五编《医林人物》]

◎ 孔昭礼 ◎

孔昭礼（1854—1912），保太乡孔家白壤村人。光绪时秀才，其子患眼疾，诸医治之不效而失明，痛奋习医，深悟眼科要旨，创"慎修堂"业医，疗效卓著，乡人送"学参范陆"匾额以褒之。

[《平邑县卫生志》第十五编《医林人物》]

◎ 李安荣 ◎

李安荣（1854—1937），地方镇西瑶草湾村人。因其祖父母均患伤寒病相继去世，乃发奋习医。擅长温病时疫的治疗，对银翘散、白虎汤运用灵活，取效显著。晚年著《验方自叙》，已佚。

[《平邑县卫生志》第十五编《医林人物》]

◎ 郭允海 ◎

郭允海（1859—1931），平邑镇民居庄村人。幼读经史，后攻医学，被平邑镇"泰元堂"聘为坐堂先生三十余年，后返乡自创"中和堂"，擅长外科，对疮疡内服、外敷、手术并用，以善用阳和汤著称。

[《平邑县卫生志》第十五编《医林人物》]

◎ 甄茂阳 ◎

甄茂阳（1860—1936），字抚臣。仲村区东流庄村人。光绪年间庠生。幼读诗书，聪敏好学，年长施教乡里，课暇研读医书，学有所成，应诊看病，多有效验，尤擅长妇科病的诊治，且医德高尚，乐善好施，深受村人赞誉。

[《平邑县卫生志》第十五编《医林人物》]

◎ 赫连贯三 ◎

赫连贯三（1860—1940），东阳乡蔡庄村人。经方娴熟，擅长外科，取效甚速。世传其用"哭来笑去止痛散"治疗牙痛，无不显效，惜方已失传。

[《平邑县卫生志》第十五编《医林人物》]

◎ 杨玉春 ◎

杨玉春（1861—1946），字向荣。平邑镇白马庄村人。早年设馆课生徒时，有感于"不为良相，便为良医"之训，遂生济世活人之心，弃儒习医。上穷医经，下及历代名著，无不苦心钻研，学成应诊，名声大振。从事医业以后，无一日不临症，无一日不读书。临症时每有所得，辄随手录载于册。每遇沉疴重疾，常取《金匮要略》原方，应手而效。常自慨叹曰：经方实效力宏大，应用无穷也。商人吴某，因日夜经营，心血暗耗，又加之色欲过度，遂患项背强直并伴头晕、盗汗、腰膝酸软、倦怠乏力等症。某医给服六味地黄汤等数十剂，病虽轻而不能痊愈。先生诊之，用瓜蒌桂枝汤加山药、山萸肉，一剂而项强愈，服药半月，诸证皆除。其曰：本方即桂枝加瓜蒌根。瓜蒌根甘苦多液，最能滋阴养液。某医但知痉病为阴虚，用生地之属，而不知瓜蒌根最能滋液养筋，确有卓效。临症以治疗温病见长，每逢疫病流行，就诊者车骑相连，应接不暇，活人不计其数。对《温病条辨》《温疫论》《温热论》《温热经纬》《临症指南医案》《时病论》均有研究，尤其推崇吴鞠通《温病条辨》，认为该书条分缕析，纲举目张，用药精切，治法详明，倡三焦之辨证，集温热之大成，实为医家必读之书。晚年为启迪后学，著《温病条辨歌诀》，七言成韵，读之朗朗上口，易于记诵。

[《平邑县卫生志》第十五编《医林人物》]

[《山东中医药志》第六篇《人物表》]

◎ 庞汝翼 ◎

庞汝翼（1862—1935），字若云。铜石镇庞家村人。太学生，为人质朴守正，工书法，谙诗文，无意仕进，乃袭家学而矢志习医，尽得家传。自立"位育堂"应诊，擅长妇、内科杂病及温病时疫的治疗，并自制"雪口散""耳旋药""救暑丹"等施舍乡里。一生写有不少著述，均佚。现仅存叶天士《临症指南医案》眉批百余处，批谬析疑颇富新见，均有临床参考价值。

[《平邑县卫生志》第十五编《医林人物》]

◎ 卜昭成 ◎

卜昭成（1862—1946），卞桥镇北安靖村人。光绪时秀才，通经史，工诗画，教书兼习医，后弃教继先人"博济堂"行医。晚年编方剂歌诀，如"小柴芩半人参草，大柴芩半芍实黄，四君四物名八珍，加入芪桂十全方"等，言简意赅，便于记诵。

[《平邑县卫生志》第十五编《医林人物》]

◎ 姜兴文 ◎

姜兴文（1864—1937），铜石镇姜家庄村人。早年习医，对古典医籍研读颇深，创"致中堂"，行医四十余年，对外科疾病的治疗体验尤深。

[《平邑县卫生志》第十五编《医林人物》]

◎ 班玉玲 ◎

◎ 郭友臣 ◎

◎ 彭嘉善 ◎

班玉玲（1864—1937），保太乡阳村人。幼读诗书，长则习医，数年医术成，与民居庄郭友臣、温水彭嘉善合资在平邑南门里路东设"永生堂"药铺，擅长外科。永庆、兴隆两村民众赠"妙手回春"匾额以誉之。

[《平邑县卫生志》第十五编《医林人物》]

◎ 庞汝为 ◎

庞汝为（1865—1943），字宣方。铜石镇庞家村人。幼聪颖好学，赴沂州府考举子业，科场未罢竟奔父丧，后绝再举之念，亲聆绥来公教诲而研讨医学。由于其刻苦好学而邃于医理，并经过长期临床实践，对虚劳内伤、妇科杂病的治疗积累了丰富的经验。晚年著《庞宣方医案》，已佚。

[《平邑县卫生志》第十五编《医林人物》]

◎ 孙关荣 ◎

孙关荣（1865—1947），东阳乡阳丁庄村人。清末秀才，曾有"字冠七府"的美誉。因其爱子十二岁患麻疹夭殇而抱痛习医，自创"同一堂"，擅长小儿痘疹及妇科病的治疗。

[《平邑县卫生志》第十五编《医林人物》]

◎ 梁会文 ◎

梁会文（1866—1936），丰阳乡响水庄村人。三十二岁学医，1918年参加平邑"六合堂"药店，尊奉叶天士之学，临床以治温病见长。

[《平邑县卫生志》第十五编《医林人物》]

◎ 陈运昌 ◎

陈运昌（1866—1941），平邑镇南白马庄村人。对《伤寒论》《金匮要略》皆悉心研习，并抄录大量验方。早年在保太开设"金凤祥"，后归故里开设"瑞生栈"

商号，经营杂货并看病卖药。后专行医，开设"益寿堂"，济世活人。

[《平邑县卫生志》第十五编《医林人物》]

◎ 李其华 ◎

李其华（1867—1938），字光泉。东阳乡阳丁庄村人。自幼读书，文学有素。因其父患病延医三次不至，乃发奋习医。自设"务德堂"，擅长内科杂病，且不分寒暑昼夜，随请随到，得到群众的称赞。

[《平邑县卫生志》第十五编《医林人物》]

◎ 张兆奎 ◎

张兆奎（1868—1943），字星五，号梅溪居士，居室名"冷斋"。地方镇小瑶草湾村人。九岁随母姜氏在大瑶草湾要饭，被李从矩收为书童，侍李公于塾馆，常伏窗下偷听李公讲课，并记诵不忘，后为李公察觉，准其随学就读。1891年考中秀才，后补增生，因父母病故守孝在家，未能参加乡试，后应聘为塾师，曾先后在薛庄及贾庄李伯谨家教书。在执教期间，购买了大量医学书籍，刻苦研读，深得其中要领。时值本村谢公患癫病久治不愈，经其配以丸药调理而痊，医名遂传。1902年弃教回乡设"光裕堂"专事医疗，解人疾厄。当时，黑热病流行，死亡惨重，其研制成一种有效方剂"鸡头散"，挽救了不少黑热病患者的生命。1912年，应曹州府骑兵管带李开凤之邀，赴曹州任军医，后升任第三旅军医官。数年后，辞却医官职，联合民间友好在曹州府南门设"光裕堂"行医。1924年返回故里，经友人陈鸿文介绍到大由吾行医。1927年复返曹州"光裕堂"行医，直至1940年，再次返乡。一边行医，一边整理自己的医案文稿。晚年著《验方集要》八卷，《瑶圃杂志》二卷，并仿照《聊斋》故事撰写《冷斋笔谈》。

[《平邑县卫生志》第十五编《医林人物》]

◎ 胡润章 ◎

胡润章（1869—1941），字雨亭。地方镇大井头村人。幼年先后在大瑶草湾及东固私塾读书，擅书法、工诗词，并广泛搜集名家碑帖，苦心临摹。与庞家村庞绥来先生来往甚密，受其影响，遂开始研讨医学经典著作。数年之功，医理通达。为人诊病，有求必应，求诊者日益增多，医名渐起。地方镇孙桂元知先生医术，聘为坐堂医。1937年参加费县县政府组织的中医考试，一试无误，由县长颁发开业执照，聘期满后回大井头自设"广居堂"药铺行医，以妇、内科杂病见长。不但善悟医理，巧用经方，而且文化修养有素，其书法艺术尤精，遒劲有力，四方匾额多其所书。

[《平邑县卫生志》第十五编《医林人物》]

◎ 徐学深 ◎

徐学深（1872—1939），字道源。白彦镇老林后村人。自幼入塾读书，遍读"四书""五经"及《资治通鉴》等书，为文操笔立就。后屡应乡试不第，纳资为太学生。中日甲午战争后，无意仕途，将志向转为研究医学。曾曰：我等无力救国，尚能济世活人。于是设立药肆，开业应诊，并自书"岐黄事业，清白家风"，置于门前。对《黄帝内经》《伤寒论》及历代医家名著，沉潜玩味，扬长舍短，吸其精华，施于临床，屡起沉疴。熟读经史，喜欢写诗作赋。1929年，贵州赤水廖肃任费县县长，闻其名邀请到县政府参加会议，询问地方名胜与施政方针。其口述山川形势、历史古迹、金石遗物、风俗习惯，洋洋达千百言，听者无不叹服。

[《平邑县卫生志》第十五编《医林人物》]

◎ 宋元吉 ◎

宋元吉（1874—1906），保太乡小夫宁村人。自幼习文，学识过人，二十二岁中秀才，受家庭影响攻读医书，擅长眼科，赍志早卒。

[《平邑县卫生志》第十五编《医林人物》]

◎ 董建文 ◎

董建文（1875—1920），东阳乡保定庄村人。在本村教书，授课之暇苦读医书，擅长内科，因治病谨慎小心而人称"小先生"。其子广运随其学，颇有胆识，人称"大先生"，1947年去香港行医，直至病逝。

[《平邑县卫生志》第十五编《医林人物》]

◎ 库守业 ◎

◎ 李大珍 ◎

库守业（1875—1942），丰阳乡库家村人。青年时随李大珍在朱家村开药铺，并常请教于岳明勋先生。擅长外科，并亲自配制"白降丹""红升丹"治疗外科病。

[《平邑县卫生志》第十五编《医林人物》]

◎ 陈宝宾 ◎

陈宝宾（1876—1943），平邑镇南白马庄村人。为眼科名医陈德扬长子。幼承家技，对内、外、妇、眼诸科皆研习。为人忠厚，乡人有难，乐于帮助，开设"普元堂"行医于乡里。

[《平邑县卫生志》第十五编《医林人物》]

◎ 王竹铭 ◎

王竹铭（1880—1937），字凤书。地方镇大井头村人。二十七岁考中秀才，再试不第乃习医，自设"杏林堂"药铺应诊。擅长外感时疫的治疗。

[《平邑县卫生志》第十五编《医林人物》]

◎ 胡清俊 ◎

胡清俊（1880—1946），平邑镇胡家庄村人。幼读经书兼学中医，后将平邑街"恒德站"油坊改为"恒德堂"药铺，1924年将药店迁返乡里。以治疗伤寒、杂病见长。

[《平邑县卫生志》第十五编《医林人物》]

◎ 公懋吉 ◎

公懋吉（1883—1942），字德林。地方镇三合村人。其父祖均业医，幼秉庭训，承其家学，于"保和堂"行医，擅长妇、内科杂病。

[《平邑县卫生志》第十五编《医林人物》]

◎ 李襄龄 ◎

◎ 李兴彬 ◎

李襄龄（1884—1931），原籍铜石镇彭家泉村人，后迁大平乡安主定居。读书九年，科试不中，乃随伯父李兴彬习医，学成自设"惠丰堂"应诊，宗《大生要旨》之论而擅长妇科。晚年著《李氏医案》，已佚。

[《平邑县卫生志》第十五编《医林人物》]

◎ 李乃馨 ◎

李乃馨（1885—1946），保太乡李家白壤村人。幼嗜学不厌，二十岁时随新泰外科名医范明清习医。学成返故里与李启哲合资办中药铺，不久被保太街刘子善、崔怀珍聘用，两年后辞聘回家，自立"志成堂"行医。擅长外科，对"立马回疔丹""三品一条枪"等外科名方运用自如。

[《平邑县卫生志》第十五编《医林人物》]

◎ 贺洪文 ◎

贺洪文（1886—1938），字焕章。平邑镇三村人。出身世医家庭。初在"泰元堂"跟师学习，后得友人资助创"吉安堂"。对外科疮疡等疾病的治疗有独到之处，内服外治，消托补三法用之得当，脓成后又能切开引流，对危在旦夕的白喉患儿以吹药启闭，内服中药而转危为安。新阳镇一捏泥人艺人流落到平邑，其子患丹毒，生命垂危，无钱医治而求于先生，经其治疗而愈，不但分文不收，反供养生活，临走赠大洋两块为路资，病家感恩不尽，传为美谈。

[《平邑县卫生志》第十五编《医林人物》]

◎ 林希儒 ◎

◎ 薛安文 ◎

◎ 能咸乐 ◎

林希儒（1888—1936），平邑镇老邱峪村人。幼从师薛安文先生，1915年被唐村邵家聘为坐堂医，并先后在"三益堂""天德堂"为坐堂医。1930年，在本村与能咸乐合创"同德堂"，擅长外感热病及气功疗法。

[《平邑县卫生志》第十五编《医林人物》]

◎ 林传训 ◎

林传训（1888—1949），东阳乡大井村人。自学成医，创"益寿堂"药铺，擅长伤寒及妇科病的治疗。

[《平邑县卫生志》第十五编《医林人物》]

◎ 唐保祥 ◎

唐保祥（1890—1934），字次和。仲村镇北昌乐庄村人。早年毕业于山东政法专门学校，因军阀混战，无心时事，遂返里居家。为解除母病痛楚，潜心学医，亲疗母疾，乃获康复，医名渐为人知。于是设"宏仁堂"药店行医，因诊病认真细致，疗效显著，求诊者日众。临症二十余年，治愈了很多危症和疑难重症，1919年春，麻疹流行，患儿死亡颇多，凡经其治疗者多能转危为安。对于湿温治疗颇有体会，认为湿温之邪如油入面，极难骤消，切不可急于求成。对于妇人经期"超前属热，错后属寒"之论颇具新见，认为经水浓稠秽浊，虽经期错后不能概作寒论。若经水稀淡虽经期超前亦不可概作热论。临床中运用四诊合参，判断疾病预后，多能应验。家嫂形体丰腴，素无他疾，猝然得病，神识不清，其认为病势危笃，速备后事，果数日而卒。族兄唐某患病来诊，断其死期不过一个月，果然二十六天而卒，知者无不折服，人叩问其故，答曰：面色无华，尾音低弱，脉现败象，人虽尚存而精气已夺，脏气已损，《内经》早有明训，前贤历验不爽，只要细心体察，无不应验，并不神秘。热心地方公益事业，兴办学校，发展文化；组织民众，抗击土匪；与官府抗争，减免税捐；排难解纷，息事宁人。1931年，突遭韩复渠部下某旅长的拘留，捏造罪名，威胁恫吓，其正义凛然，据理驳斥，更加乡人同为申辩，方得澄清是非而获释。此后，除浏览医籍、治病教人外，不再过问世事。

[《平邑县卫生志》第十五编《医林人物》]

◎ 陈宝坤 ◎

陈宝坤（1891—1949），平邑镇南白马庄村人。早年搜求《陈修园医书四十八种》等医书，苦心研读，颇有心得，开设"广生堂"药店，擅长内、妇科，以济世活人为宗旨，有鳏寡孤独疾废者，免费医疗，就诊者甚众，乡民受益匪浅。

[《平邑县卫生志》第十五编《医林人物》]

◎ 陈宝泉 ◎

陈宝泉（1898—1942），平邑镇南白马庄村人。为德扬先生四子。聪敏好学，加之家庭熏陶，对眼科、内科皆擅长，开设"贞元堂"行医于乡里，后值抗日战争爆发，遂致力于抗日，历任游击队长、八路军连长等职，1942年牺牲，系革命烈士。

[《平邑县卫生志》第十五编《医林人物》]

◎ 刘在川 ◎

刘在川（1903—1943），东阳乡大井村人。幼读于私塾学堂，因家庭富裕且喜爱医学，乃设"同仁堂"药铺，先后聘请八位坐堂医生，其常伴随左右，耳闻目睹，又兼好学而不耻下问，学成独自业医，擅长针灸及胃肠病的治疗。

[《平邑县卫生志》第十五编《医林人物》]

费 县

元

◎ 王志淳 ◎

王志淳，南京人。生于宋淳祐二年（1242）。幼聪慧，慕佛老，后居颜家城。有道术，医疾无不效。重建废庙，居之。始为县威仪司，升沂州道。正元延祐七年（1320），端坐羽化。弟子塑其像祀之，号为真人。

[光绪《费县志》卷十一《仙释》]

县署，在城中极北。相传为灵显观故址。灵显观者，元至元间道人琅琊潘姓与道侣王志淳辈所建，经营二十年，规模宏阔，后观废，改为署。

[民国《寿光县志》卷四《城池》]

元孟栋灵显观碑记 在旧城隍庙内

青社之邑有六，寿光县乃古斟鄩氏之国，汉之平寿县，唐武德中而废。贞观八年（634），复兴为县，今古城是也。隶属北海郡，五代至于金朝而属青州，俗传曾为光州，非也。其民好勇而有义，崇道而敬佛。东有洱水，西眺臧台，南望剧城，北枕大海，户口繁盛，地土良沃，至今以为巨邑。城内东南隅，旧有道观一所，经金朝大安之乱皆为煨烬。贞祐之季，有洞真大师琅琊潘公云游到县，见城之北隅空地数亩，内有湫水，不堪其居。大师对人言曰：此地可为福地。土人笑之。大师遂凿土窨而居，日食一粥，苦身劳思，与门弟王志淳辈，高者平之，下者填之，曲者直之，经营二十余年，好义者复同心协力，遂创转角大殿五间，绘以天尊之像，西堂、东厨、前园、后圃为之一新，实为一县之伟观也。观名曰灵显。灵显之异，大师目睹，秘而不言。至如往来道侣，云游佛子，或着儒服而来游者，日接待三五十人以至百人。大师略无悋容，与箪食豆羹，见于色者异矣。大师少有雅操，貌古而温，言讷而辩，自创立观宇，守志四十余年，未尝有纤毫过失。一日，忽有微疾，对门弟王志淳辈而言曰：大道深远，不可得而言也。自太上先师以《道德》五千言流传于世，今撮其易知者言之，曰无为。民自化好静，民自正无事，民自富无欲，民自朴无情，民自清。又曰：将欲翕之，必固张之；将欲夺之，必固与之。治国、治家、治身皆不外乎此，尔辈勉之。大师恬然而逝。高弟王志淳尝告余曰：知我师始末者惟君，幸为我记。余年已七十，虽自兵尘以来，黄冠野服游于山林之下，才学荒陋，然嘉王子能守其师之道，故撮其实以记，戊午孟秋十五日也。不幸遭壬戌变乱，未克立石。志淳高弟何志通，本县管村人。少年礼志淳为师，器量宽博，道风蔼然，有骞飞不群之目，遂与县中英豪耆老辈谋曰：此碑久不能立，是我辈之罪也。遂用祖师潘公之文，刻于石。呜呼！自五代之季，明德雅望之后，所存者百无一二，然且狼狈于道路，寒饥不能自存，可胜叹哉！志通乃道人而能了此事，洵美事也。观者幸无诮焉。

上碑，高五尺七寸，宽一尺九寸。元世祖至元二十年（1283）四月道人王志淳弟子何志通立石、孟栋撰。

[民国《寿光县志》卷十三《金石志》]

明

◎ 郭庆高 ◎

郭庆高，字孝元。费县生员。精医道，求药方者，远近填门，并不取其直。

[乾隆《沂州府志》卷二十七《方技》]

◎ 观 公 ◎

观公，费人。明季隐者，问其姓名，不答。一日，题诗有"观公"字，因以"观公"名之。其学浩博无涯，阴阳、医卜，靡不精妙。

[乾隆《沂州府志》卷二十七《方外》]

清

◎ 徐一朗 ◎

◎ 周来吉 ◎

重修古蒙祠贾成公墓祠及纯阳阁碑记

国朝王者聘邑人

东蒙山之阳，有颛臾王庙，《水经注》所谓古蒙祠也。自汉及唐宋元明，历代累封英烈昭，济惠民王，载在祀典。自明弘治间，改祀蒙阴，而祀典始不行于费。其坛庙，犹岿然存也。又相传有孔子祠，其以老莱子隐耕蒙阳，其徒曾遇先圣，而以志圣迹，与抑以止伐颛臾，大有造于王而以报圣德。与王庙左侧。有祠曰贾成公，盖守庙高士也。载在费邑《仙释志》，其见于墓祠碑记者尤详。历宋元明以及我朝，代有修葺。康熙年间，守庙道人徐一朗，自隐元门，术兼岐黄，因诸庙残破，祖祠圮毁，慨然欲兴废举坠。又因成公遇吕纯阳，焚修成道，谋修其祠，驾纯阳阁于其上，以志仙迹。未几，蜕世。有志未遂。其法孙周来吉传其医学，以应一方之求，诊剂多效，并不索谢。又老幼废疾，不能自食投养者，辄收之。复以庙地所出，补葺诸庙，乃修成公祠，架纯阳阁，以承其师祖之志。附近士庶，亦多解囊相助，遂竟厥功。事竣，来请余记。余按纯阳吕仙，据其乩笔自叙，乃李唐一隐君子，殆商皓、希夷之流亚，非泛泛道家者流也。成公，姓贾氏，讳文，宋之临沂人。与余同邑。据其墓祠古碑称，公纯质一性，淡于荣利，乐于苦己而利人，且能为颂言，预定祸福，为民迪吉。政和六年（1116）丙申，上召见，赐以紫衣、象笏，仍乞归故山，恬退自守，远近求颂者益众，几遍海内。卒之留精魂于福地，绵庙祠于名山，得赐谥清虚文逸成公先生。自政和丙申迄今乾隆甲戌（1754），凡六百九十有八年，而其祠不废，且田父野老犹啧啧称之，非其惠泽实有及于人，乌能历久弗忘如是哉！尝考东蒙之山，其高八千寻，绵亘百廿里，不特兴云致雨，福惠苍生，抑且钟灵吐秀，诞育贤豪。颛臾王世守蒙阳，德洽人心。贾成公神通山灵，福祐斯民。顾祀典废缺，不得崇功报德，亦费邑一憾事也。万历四十六年（1618），乡民王大忠、田国安、张崇恩等，因庙地钱粮遗累，住持倡义禀官分粮，代输一时，乐从者凡一百一十一家，共分粮地两顷二十五亩，永远代输。兹者来吉，守清规，广仁术，修祠一举，乐助者千有余家，皆足见神明与人心呼吸相通，殆明禋之将复者机乎！恭惟我皇上柔怀百神，锡福亿兆，南巡之预年，郡祖李公查古迹于蒙，命来吉备列诸庙，悉著簿记。莅任之初，首先给示护守祠宇，与白云岩蒙顶等处，非祀典兴复者机乎！吾年友郭子绍庭，讳翘楚，重修东山书院于颛臾故城之北，拟仿尼山书院祀毓圣侯为土神，东山书院宜祀颛臾王为土神。其议已为衍圣孝肃公所鉴定，复蒙敬穆公咨准，巡抚岳公兴复孔子祀典，移文该县，专官主祭，则孔子之祀已有专祠，不必建祠，以杂于老氏之宫矣。特颛臾王之祀典，尚未兴复耳。于戏，止伐颛臾，圣惠千秋如昨，主祀东蒙英灵，万古不磨。他日祀复，则成公祠墓，益相引于无替。而来吉之守清规，广仁术者，当更有加于前矣。因重其请，而乐为记，并以示劝云。乾隆十九年（1754）阳月之吉，立于玉虚观中。

[光绪《费县志》卷五《庙宇》]

◎ 唐肇基 ◎

地方圩，唐肇基督修。肇基，小卞桥人。精医，在村内设药肆。咸丰九年（1859），公举为练长。十一年（1861），筑圩。圩距贼近，防守为难，肇基处置得宜，一方赖之。以功得五品蓝翎，后随前县令王成谦襄办营务，得府经历职衔。

[光绪《费县志》卷八《兵事》]

◎ 高 畯 ◎

高畯，字贞明，号蕴公。梦说长子。晚年喜居南圃，学者称为南圃先生。畯，生而颖异，好射猎。稍长，尽弃其习，发愤读书，以拔贡授栖霞教谕。俗朴陋，诸生不能具礼服，畯助以资财，为明衣冠之制，诸生大悦。有李任者，学古文词于畯。畯尝与之书，略曰：夫文莫尚乎《史》《汉》，议者谓司马之文雄肆，孟坚之笔谨严，以二家较之，马似优。愚谓《史记》，私家之书也，故纵横由我。班则奉命为之，不得不尺步绳趋。所处之地位使然，非才不相逮也。子尝以诗家评之，马似李，班似杜。以水喻之，马则流而为四渎，班则渟而为五湖也。虽其气象不同，至于雄浑深厚，毓秀含灵，其实则一也。范不及班，陈则去之益远。魏晋而下，则皆顺食甘蔗矣。有明三百年来，作者林立，大约皆薄唐宋而法史汉。其甚者，则曰唐宋无文章。此大言欺人耳！诸家之文，俱在试取而读之。无非饾饤其字句，盗袭其规模，牵合补凑而已。求所谓雄浑深厚，毓秀含灵者，几人耶！自隆嘉而后，其最著者莫过崆峒、历下、太仓、成都诸子。然元美老死，方悔执《东坡集》。谓人曰：吾悔不读眉山之书，今无及矣！夫非学《史》《汉》之过欤！《史》《汉》非不可学，亦学之，未得其道耳。天地之运，由醇而漓，文章亦随之。譬之《诗三百篇》而后，不得不降而为《离骚》。《骚》之后，不得不降而为《三都》诸赋。《赋》之后，不得不降而为建安七子。由此而晋，而六朝，而唐诗，以及宋之词，元之曲，皆递降者也。气运实为之，非人力所可强。今人不及古人，今文亦不及古文也，明矣！如有豪杰之士，奋其精神，返风逆流而上，欲直造其源，非藉舟航，其道无由也。愚谓唐宋八家，即造《史》《汉》之舟航也。使鼓其全力为之，能至八家，即可渐至《史》《汉》矣。八家之文，柳峭而韩醇，荆公深刻，老泉浑厚，坡公雄杰，南丰□□，欧似韩子，由似南丰，虽博约奇正不同，至于开阖变化，转折起伏，无不法度森然，能自成一家言。此真能学《史》《汉》者也。论者以为知言。旋以内艰，归。服阕，补陵县教谕。又丁外艰。服阕，补江西东乡县知县。地多盗贼，晙以严治之，邑赖以安。乃兴文教，修玉茗堂，葺谢叠山祠，祭艾千子墓，并购千子遗稿，刻之江西。溺女之风，相沿已久，即不溺者，亦往往一女字数家。晙为严定其罚，风稍息。值大计，布政卢某索赂。晙曰：吾惟两袖清风耳！不堪持赠君也。以是忤卢意。果左迁，遂返里。有"官去一身轻似叶"之句。家居读书，著述甚富，凡天文、推步、地理、卜筮、医药、释老诸书，无不通晓，有《周易一得》，力斥宋人变卦之非；有《南圃集》，其文、诗皆瑰丽可喜。雍正十三年（1735），年九十五卒。

[光绪《费县志》卷十一《人物》]

  高晙，字蕴公。费人。初任栖霞县教谕，出私橐，为诸生制礼服，风俗互变。以艰归。补陵县教谕，与诸生论文不倦。后升任东乡县知县，邑多积盗，晙减去科条，囹圄空虚，修玉茗堂，葺谢叠山祠，出资祭艾千子，振拔其后人，禁溺女，正婚配。后归，闭户著书，尤精医，制赞化丹，施治斑疹，全活无算。有流民妇生子于人家檐外，肠出，为温铁水洗之，以磁石煎汤服，肠立上。惠以钱米，其人拜谢而去。他所治,率立效。有故人子饥贫,泣于路,为赠以谷豆及银钱等。年九十一终。

[乾隆《沂州府志》卷二十五《功业》]

高晙,山东费县拔贡。康熙三十六年(1697)任。至乡,访求艾千子先生遗文,知有未刻稿在楚中何氏所,遂资遣其孙伯玉往取之,并前刻同付剞劂,即今传本也。时千子尚殡浅土,乃厚赙以葬。其序《天佣子集》,述明代古文得失,俱切中肯綮,是可觇所养矣据《天佣子集序》补入。

[同治《东乡县志》卷十二《名宦》]

高晙(1640—1735),字贞明,号蕴公。高梦说长子。精通经史,康熙十八年(1679),以拔贡授栖霞县、陵县教谕。任职期间爱民兴教,资助贫苦学生。后升为江西东乡县知县,力改当地溺女恶习。时有布政使向高晙索贿,高晙说:吾惟两袖清风耳,不堪持赠君也。布政使衔恨,借故降其职,高晙索性挂冠回籍。晚年居南圃,人称南圃先生。致力著述,有《南圃文集》数卷刊行于世,《周易一得》载入《文献通考》,诗数十首收入《山左诗抄》。其他天文、地理、医药等著作,佚于战乱。

[《费县志·人物传》]

高晙,(康熙)十八年(1679)拔贡。官栖霞教谕,升东乡知县。有"传"。

[光绪《费县志》卷七《选举》]

高晙,费县贡生。(康熙)二十三年任,升东乡知县。

[光绪《增修登州府志》卷二十九《文秩五·栖霞·教谕》]

《周易一得》,高晙撰。晙,字贞明,号蕴公。费县人。康熙己未(1679)拔贡,历官东乡知县,学者称"南圃"先生。《县志》载是书,称其力斥宋人变卦之非。

[宣统《山东通志》卷一百二十七《艺文志第十·经部·易》]

《天文镜》,高晙撰。晙有《周易一得》,见经部易类。是编见《府志》。

《地理镜》一册,高晙撰。见《府志》。

[宣统《山东通志》卷一百三十七《艺文志第十·子部·术数》]

《南圃集》,高晙撰。晙有《周易一得》,见经部易类。《县志》载是集,云其文、诗皆瑰丽可喜。

[宣统《山东通志》卷一百四十四《艺文志第十·集部·别集》]

《二难集》,高晙及其弟晭同撰。晙,见经部易类。晭,字端明,庠名履胜,字昌图。晙第六弟。《费邑艺文存》"晒"一条云：与兄相唱酬，好事者录其诗，为《二难集》。

[宣统《山东通志》卷一百四十六下《艺文志第十·集部·总集》]

◎ 王淑龙 ◎

王淑龙，字云川。乾隆丁酉（1777）拔贡，候选教谕。性淡雅，超然尘外，读书过目成诵。弱冠，登拔萃科，绝意仕进，精医理。工诗，著《涑村诗稿》，尤长于七古，有苏、黄之风。后以兄淑曾殁，哭之恸，遂卧病不起，以至于卒。

[光绪《费县志》卷十一《人物》]

《涑村拾遗集》，王淑龙撰。淑龙，字云川。费县人。乾隆丁酉拔贡。是编见《县志·著述》。又本传云：工诗，著《涑村诗稿》，尤长于七古，有苏、黄之风。

[宣统《山东通志》卷一百四十五下《艺文志第十·集部·别集》]

◎ 卜善端 ◎

卜梦弼，字象升。乾隆丁酉（1777）岁贡。性至孝，侍亲疾，衣不解带者数月。尝置林庙、祭田、义学、义仓等事。乾隆五十一年（1786），岁大饥，赈济，活人无算。任禹城县训导，进士子，勖以德行，每月课试，细加评阅，人文蔚起。自奉甚俭，服食率由家中自致。事载《禹城县志》。子善端、善长。善端，字统万。邑廪生。侍曾祖母疾，以孝闻。免丧后，每遇忌辰，犹痛哭不止。精医学，晚年著有《数验录》二卷。善长，嘉庆三年（1798）诣辟雍听讲，肄业期满，恩赐监生。又族人青云，咸丰三年（1853）临雍陪祀，礼成，钦赐御《论语讲章》一卷、贡墨两匣、貂皮两张、粧缎两匹，送国子监，肄业期满，恩赐贡生。

[光绪《费县志》卷十一《人物》]

卜善端，字统万。清代费县人。邑廪生。精医学，晚年著有《数验录》二卷，未刊。

[《山东中医药志》第六篇《人物表》]

◎ 胡克九 ◎

胡克九，幼失怙，事母以孝闻，处兄弟，无间言。嘉庆初，连年荒歉，兄若弟咸出谋食，克九以母病不忍远离，绝意仕进，假馆奉母，邑中士子多就之。馆谷稍丰，招兄弟同居。建家祠，置义田，以及修桥、补路，无不争先乐施。晚年深于医，著有《一囊春》三十卷。前令舒化民给以"善洽乡评"匾额。

[光绪《费县志》卷十一《人物》]

胡克九，清代嘉庆时费县人。精于医，著《一囊春》三十卷，未刊。

[《山东中医药志》第六篇《人物表》]

◎ 王凤至 ◎

王凤梧，字秋亭，号东厢。自乾隆初年，居马山社北马庄。世业读耕，为邑望族。祖如羲，父殿甲，俱以凤梧赠朝议大夫。凤梧，生而颖异，性情豪爽，屡试不售，由监生援例报捐同知，分发山西，署石楼县事，补张兰镇分防同知护理汾州府知府。道光壬辰（1832）科，分校山西乡试武闱，居官以勤干称。丁忧回籍，遂不出，家居。喜温恤贫乏，尤爱文学，捐修明伦堂，监修崇文书院，皆独任其劳。弟凤至，善医，乐施与，捐授河南卫辉守备。未及赴，适土匪起，因筑圩练勇以御其乱，乡里赖之。凤文别有"传"。子荫远，庠生。内操家政，外襄义举，饶有父风。咸丰末年，奉檄办团，土匪三次围城，荫远捐资募勇，督率巡逻，日夜无间。时乡民纷纷避难城中，几无隙地，乃开拓基址，为谋栖止，出历年积储，以济其贫困，俾乡民专力守御，无内顾忧，立尖固距城十余里，贼据之，俯瞰城中，屡次攻扑，荫远督率乡团，亲冒矢石，力挫狂氛。匪平，以功保五品衔，候选州同。

[光绪《费县志》卷十一《人物》]

王凤至，武生，官河南卫（辉）守备。附"传"。

[光绪《费县志》卷七《仕进》]

广济桥，在十里铺。康熙五十九年（1720），陈瓒等重修。道光二十八年（1848），守备王凤至重修。

[光绪《费县志》卷九《桥梁》]

◎ 王偿麟 ◎

王偿麟，字子诺。监生。嘉麟之弟。咸丰辛酉（1861），土匪猖獗，偿麟恐惊其母，夜间每亲往省视，目不交睫，衣不解带者，三年如一日。壬戌（1862）冬，匪夜入圩，偿麟闻变，急请母起，令奴婢守之，自立门前，挥众巷战，火焰及檐端不稍动。事平，母问故，伪以遗火对。凡团丁以拒匪被创者，皆施以医药，资以衣食，多获生全。后迁居新安别墅，每岁除必返舍，与兄嘉麟谈宴竟夕，风雪莫能阻,以是感寒病殁。

[光绪《费县志》卷十一《人物》]

王偿麟,以侄肇赐贶封奉政大夫。

[光绪《费县志》卷七《封赠》]

◎ 任毓秀 ◎

任毓秀,字伯起。善歌词,工书,精篆刻。遗迹流传,人多宝之。兼通医药,活人甚众。著有《医学易知录》十二卷。

[光绪《费县志》卷十一《人物》]

任毓秀,岁贡。有"传"。

[光绪《费县志》卷七《选举》]

濬玉泉并重建枕流亭歌

国朝任毓秀邑人

玉泉之水如碧玉,山灵韫在山之麓。有时碾碎作珠玑,迸落寒潭百千斛。尚忆我生十岁时,混混汩汩清满池。三十年来尽堙阏,沮洳浊檄无沦漪。海岱诸泉皆济运,岁檄官吏来疏浚。畚锸未具告工葳,虚费帑银谁复问。临泉翼然旧有亭,最宜煮茗听泉声。废圮惟闻父老说,残甋破瓦埋榛荆。泉西泉北尽荒草,断碣模糊久倾倒。两岸石甃欹复斜,苍苔满径无人扫。别有石刻纪往事,剥落尚余野王字。野王当年早登科,偃蹇仕途不得意。幡然拂衣辞帝乡,归卧林泉作酒狂。北来特访素相识,遂谋作亭玉泉侧。万历庚戌亭始成,日卧亭中醉不醒。白眼箕踞看明月,归寓往往夜三更。我生好事兼好古,泉淤亭坏那忍睹。河滨觅得勇泗人,深入泉底淘砂土。爬剔汰漉一旬后,喷云漱雪还依旧。并筑新亭泉之阴,遗址可仍非创构。缭以短垣周四围,植树植竹粗皆就。溪回净绿绕门阑,山送遥青扑襟袖。落成之日辛卯秋,颜以旧名题枕流。泉声瀄瀄满清听,泉光湛湛凝寒眸。顿教此地开生面,提壶挈榼供游宴。兴废反复皆偶然,独恨古人不我见。客为泉亭晨夕来,清风入座吟怀开。亭上高歌答泉响,各须痛饮三百杯。野王当年也在此,其乐何必不如是。我欲召君呼不闻,聊酹清樽荐芳芷。告以泉亭今又新,莫感陈迹苦伤神。从兹以往百年后,重为君修还有人。使亭常新泉不息,庶与天地无终极。

[光绪《费县志》卷二《山川附艺文》]

◎ 陈朝泰 ◎

◎ 陈铭图 ◎

陈朝泰，字岱东。幼丧父，事母孝。十六岁，以讼事牵连，陷缧绁年余，始得昭雪。归家后，废学力农。因母有宿疾，求医难，因体母之性情，候起居，审饮食，以求致疾之由，施以药物，立效，遂为良医。求疗者日众，聘礼谢仪概辞不受。性洒落，喜山水。尝北登泰岱，南浮江淮，过徐州，览云龙山、放鹤亭、戏马台、范增墓、黄楼、黄茅冈诸胜，流连久之。适太守之母，疽发于背，甚危笃，闻其名，急延之，留寓署中，不愿。曰：疏野之人，署中所不便也。后病愈，不辞而去。追之不返，馈金数百，不受。值郡试，长子铭图名列前茅，立召之归。曰：汝学尚浅，府尊恩施已厚，谤言若兴，辱莫甚焉。遂为纳粟，入太学，不复应试。卒后，吊者万计，或见其舆马葆盖，云赴城隍任云。铭图世其父业。咸丰季年（1853）为土匪困于山寨，义不受辱，投崖死。贼知之，大惊曰：此善人也。家属以是得全。

[光绪《费县志》卷十一《人物》]

◎ 王 烜 ◎

王烜，字耀瞻。贡生。世居石井村，后迁大桥村。幼即倜傥，气象异常人，读书过目不忘。成童，入邑庠，旋食廪饩，为名诸生。乡闱四荐不售，退而授徒，从游日众。工诗赋古文，善医术，书法遒劲，遗稿皆毁于兵火。

[光绪《费县志》卷十一《人物》]

◎ 王 适 ◎

王适，由庠生入监。好善乐施，贷无不应，悉焚其券。施药治疾，不受谢，众为立"善士碑"于北门外。

[光绪《费县志》卷十一《人物》]

王适，费人。由庠生入监。好善乐施，贷无不应，悉焚其券。施药治疾，不受谢，众为立"善士碑"于北门外。

[乾隆《沂州府志》卷二十六《耆德》]

◎ 姜国俊 ◎

姜国俊，字位思。性端方，笃孝友，乐施与。自言渴慕范文正公之为人，而力不能逮。博览群书，凡天文、舆地、阴阳、卜筮、岐黄、青乌家言，无不通晓。教人以根本为重，而痛戒浮华。留心时事，多所记载，尝著《无斋说》，又有《乡团善后议》《保富论》等篇。其《保富论》曰：自土匪肆起，掳人勒赎，邑之被其害者数百家，丧其财者以万计。由是，富者惴惴，朝不保夕，亟亟焉求免祸之策。当此之时，或曰团练可以御侮，或曰修围可以固守。夫团练、修围，皆古人已试之成法，彰彰著有明效，则为今切要之图，诚无出于此二者。而以予为富者筹之，特一时虑患之急智，非久远免祸之良图也。欲知祸之所以免，当思祸之所由致；知其所以致祸之由，而反之，则福且无量，而祸之免也，不必论矣。夫世之论者，皆曰：富者怨之丛，福兮祸所伏。此亦一说，而其实不然。夫富亦何祸之有哉？财者，人之命；食者，民之天。一人而有财与粟，是一人而能司人之命者也。一人而拥多财多粟，是一人而司多人之命者也。一人而司多人之命，则一人可以救千万人。惟富者一人，可以积无量功德。惟富者士君子，怀济世之心而无财，则徒伤。夫袖手有财，乃为所欲为焉。财愈多，则济者愈广。故一村有富者，一村赖之；一乡有富者，一乡赖之；一邑有富者，一邑赖之。是富者乃修德行仁之资也。岂招怨贾祸之具哉？呜呼！富之有祸，非富之必能致祸，乃富者之自取其祸也。盖今之富者，其结怨于天人也，非一日矣。富何以结怨？其刻薄者即其结怨者耳。富何以刻薄？其积而不散者即其刻薄耳。夫富者之得为富也，亦自其锱铢蓄积以致之，辛苦忧劳以成之，岂必劫掠于人以得之哉？顾不必劫掠而得，而究其处心积虑视劫掠者，殆有甚焉。姑无论其平日之渔利为心，放利而行也。即如凶荒之岁，十室九空，闾里之间，饿殍相望。此时，有数十石之粟者，出而贷之，可以救数十人之命；有数百石之粟者，出而贷之，可以救数百人之命；有巨万之资者，出而贷之，则可以救数万人之命。夫能救数万人之命，则阴德大矣。嘉名且标于史册，余庆且流于后世，尚何祸之不能免哉！而今之富者不然，乐天灾之流行，方且乘急为利；幸饥馑之洊臻，必待昂价而沽；即骨肉亲族，忍饥待毙，欲出其升斗之余以活命而不得也。夫一人能救万人之死，而坐视不救，此其心之残忍刻毒，岂止土匪等哉？呜呼！平昔既以刻薄而致富，今日更以富济其刻薄，天人交怒，积孽已深，即无土匪之横行，天灾人祸谁能免乎？欲其长保此富也得乎！且夫掳人勒赎之事，前此未闻，始于道光之季年（1823），至今日而甚。其为事甚奇，其为计甚巧，而其为理甚平，何者？以予所经见，自道光二年（1822）岁饥谷贵，贫者饿，而富者一富矣。越十三年，岁饥谷贵，贫者死，而富者又一富。至咸丰二三年（1852—1853），岁大祲，贫者死无数，而富者愈益富。率是以往，更遇凶岁，将使贫者尽死，富者独存；富者贻子孙，而贫者靡子遗乎？有是理乎？故昔日饥馑之祸，贫者独受之，而富者自若。则今日掳人之祸，富者独当之，而贫者无恙也，理也，亦势也。昔之日，贫人之命在富者；今之日，富者之命在土匪矣。昔之日，一二富者居奇之会，乃千百贫人并命之秋；今之日，千百富者乞命之秋，乃数十土匪居奇之会矣。虽非推刃以相加，实为情理之允当，已实为之，其又谁尤。试观今之被掳者，赎命之资，多则巨万，少亦数千，皆拮据凑办而不遑，拱手奉献而恐后。财殚矣，土匪固不必蒙情；家破矣，即旁观亦不闻怜惜。若早以其数千之资，散之凶岁，其能有此祸乎？若早以其数万之资，施之饥民，其能有此祸乎？黄巾贼过通德里而不入，况敢升其堂，胠其箧哉！即令有意外之变，而此数万穷民者，皆吾同袍同仇也，何忧土匪哉？不此之图，祸已临矣，势已迫矣，乃急于商团练，修围墙，无论团之不能成也，即使勉强以成，而征丁敛财，妨农废业，闾里之滋扰已多；亦无论围之不易就也，即使仓猝立就，而鸠工聚财，固垒深沟，匪人之窥伺益甚，救火者延焦头烂额为上客，曾何如曲突徙薪之为早计也。防盗者，慎管钥，严封守，以为固；不若开箧，而示以空虚之无忧也。夫惟散财则无积，无积则觊觎绝；散财则得众，得众则羽翼多。如是而团可用也，围可守也。即不必团，不必围，亦无伤也。此所谓开箧而示以空虚之术，亦即曲突徙薪之豫谋也。而彼昏不知，反目为迂阔之谈，甚且以予言为幸灾而乐祸。悲夫，此大劫之所以终不可免也夫。

[光绪《费县志》卷十一《人物》]

《救劫编》，姜国俊撰。国俊，字位思。费县人。是编见《县志·著述》，又《人物传》载其《乡团善后议》《保富论》等文，疑皆采之此编。

[宣统《山东通志》卷一百三十九《艺文志第十·子部·杂家》]

《纪所记》，姜国俊撰。国俊有《救劫编》，见杂家类。是编见《县志》。

[宣统《山东通志》卷一百四十《艺文志第十·子部·小说》]

《无斋杂文》一卷，姜国俊撰。国俊有《救劫编》，见子部杂家类。是编见《县志》。

[宣统《山东通志》卷一百四十六上《艺文志第十·集部·别集》]

◎ 全克载 ◎

全克载，太学生。幼失怙，与母相依，有至性。少长，即废读，佐母操作。家渐裕，甥隽融勋，少失恃，抚之无异己子，迄于成名。村东南，涞水环抱，每当盛夏，山水湍激，人不得渡。乃集众修桥，自捐资千余缗，为之倡。孟某赤贫，欲鬻，克载知之，厚恤其家，使为夫妇如初。有偷儿，夜入家，家人执之。曰：彼为饥寒所迫，勿苦，纵之。尝村外遇病者，移闲室内，为之调理，病愈，赠以资斧，不问其姓氏里居。十余年后，有某都阃，专人候起居，皆不知其由自，陈颠末，始知即病者也。年老以家政委长子，应时自理花竹，怡情山水，案头置《左氏》及秦汉诸大家文，兴至辄吟哦不辍。

[光绪《费县志》卷十一《人物》]

民国

◎ 陈立梅 ◎

陈立梅（1854—1937），原籍费县梁邱公社营子村，后徙城关马兴庄村。先祖陈朝泰，精岐黄术，善长外科，乐善好施，当地传为佳话。立梅承袭家学，以外科著称，亦善内科。治学极崇《景岳全书》和《医宗金鉴》，集有《治验方案》一部，已亡佚。其弟立棠，字阴南。亦承家业，精研《外科大成》《济阴纲目》等书，擅长内、外科，曾悬壶于济南，后返原籍行医。著有《临症经验》四卷，已佚。

[《费县志》第二十三编《医疗》]
[《临沂地区中医药志·医林人物表》]

◎ 陈鸿文 ◎

陈鸿文（1877—1948），字月溪，号秋江、老迂斋。费县朱田街村人。自幼颖悟，读书过目不忘。然时运乖舛，屡试不中，乃愤然弃举业，设馆授徒，辗转于关阳司、板桥一带。执教之余，以研习医理、吟诗学书自娱。数载之间，不仅医道大进，而且工书善画，妙解音律，棋艺高超。二十五岁转而以医为业，先后悬壶于埠下、费城、朱田等地。上至《内经》《难经》、仲景之说，下及金元诸家，莫不细读而精研之。对明清以来典籍，亦多所参阅。常语人曰：方今国弱民贫，哀鸿遍野，外则列强欺凌，内则军阀混战，有志之士莫不痛心疾首。余赋性愚拙，无计救国，愿藉方药，以济世人。俾穷乡僻壤无以为告者，不致为巫祝所误。以医名世，求治者日踵于门，然辨证用药，每每如履冰临渊。对妇女婴儿，更为审慎。遇有疑难，辄寝食俱废，如是者数十年，拯救垂危，全活无算。从不自以为功，每遇同仁，辄虚心求教，不耻下问，遂成一代名医。费县有"瑶草湾李家的膏药，陈鸿文的汤药，无人能比"之说。通晓妇、内各科，尤擅妇科产，师法《傅青主女科》。凡胎前之病，多以保胎无忧散为先；产后之病，多以生化汤济之。行医之余，常以为文赋诗和琴棋书画为乐。著《老迂斋诗草》和《临症集录》，惜已亡佚。其书法熔欧体、柳体于一炉，刚劲端方，明艳挺秀，意致活泼。擅于工笔，间以写意，虫鸟花石，各具奇态，山水人物，惟妙惟肖。

[《临沂文史集粹》第三册]
[《费县文史选辑》第三辑]

沂 南

民国

◎ 吴进溪 ◎

吴进溪（1824—1925），沂南县界湖公社西明生村人。业岐黄术，长于伤寒，善治癫狂。治病贫富一视，不收谢礼。其三子、四子皆善医，六子华亭精于中药炮制，皆有一定名望。

[《临沂地区中医药志·医林人物表》]
[《山东中医药志》第六篇《医林寿星小传》]

◎ 肖伦元 ◎

◎ 肖汝桓 ◎

肖伦元（1839—1935），沂南县依汶公社肖家坪村人。幼聪敏好学，善诗文，二十五岁始读医书，悬壶后即愈数难症，遂名扬数十里，求诊者终日不绝，以治内科、妇科见长。晚年造诣尤深，著有《肖氏医案》数卷，惜因战乱而亡佚。其后人肖汝桓（1864—1946），承其业，精痘疹科，名著乡里。

[《临沂地区中医药志·医林人物表》]
[《山东中医药志》第六篇《医林寿星小传》]

◎ 于学书 ◎

于学书（1845—1935），沂南县蒲汪公社于家官庄村人。行医于偏僻农村五六十年，医术精良，长于内科、妇科。以品德高尚见称，虽近期颐之年，仍应诊不暇。终生忙于诊务，无著述。

[《临沂地区中医药志·医林人物表》]
[《山东中医药志》第六篇《医林寿星小传》]

◎ 赵宜梁 ◎

赵宜梁（1849—1918），江西南丰人。光绪十五年（1889），寓居沂南县界湖镇，以开设"济生堂"中药肆为生。精于中药炮制，善医术，长于温病。光绪十五年疫病流行，贫者求药不取药值，活人甚众。晚年著有《医案》三卷，惜因战乱佚失。

[《临沂地区中医药志·医林人物表》]

◎ 宋宝山 ◎

宋宝山（1850—1930），沂南县孙祖公社南闸石村人。通经典理论，长于温热病的治疗。

[《临沂地区中医药志·医林人物表》]

◎ 高太原 ◎

高太原（1852—1922），字善福。沂南县杨坡公社高家店子村人。幼聪敏好学，性格倔强。因其亲属患痈疡，求医用药罔效，遂立志学医。以《内经》《难经》、仲景之学为本，博采众家之长，擅长外科，远近闻名，凡痈疡疔毒，无不应手立愈，险症恶候多能起死回生，求诊者门庭若市。其孙通钰、弟子培均宗其术，亦为外科名医。

[《临沂地区中医药志·医林人物表》]

◎ 樊纪隆 ◎

樊纪隆（1860—1940），沂南县界湖公社徐家独墅村人。熟读妇科方书，于妇科杂病的治疗，颇有经验，闻名乡里。

[《临沂地区中医药志·医林人物表》]
[《山东中医药志》第六篇《人物表》]

◎ 李元杰 ◎

李元杰（1869—1947），沂南县杨坡公社李家坡村人。熟读《伤寒论》《金匮要略》，对伤寒杂病的治疗有一定经验。

[《临沂地区中医药志·医林人物表》]

◎ 高泽俊 ◎

高泽俊（1869—1949），字愚轩。沂南县大庄村人。晚清秀才，中年专志医学，精读经典，深究仲景之学，步尘于温病诸家，故长于伤寒、温病之法，善用攻下，活人甚众，名噪远近。

[《临沂地区中医药志·医林人物表》]
[《山东中医药志》第六篇《人物表》]

◎ 邱树汉 ◎

邱树汉（1870—1940），沂南县大庄公社苗家庄村人。晚清秀才，熟读《内经》《难经》，深究《伤寒论》《金匮要略》，治病善用经方，活人甚众。

[《临沂地区中医药志·医林人物表》]
[《山东中医药志》第六篇《人物表》]

◎ 高 杭 ◎

高杭（1876—1936），字祥甫。沂南县大庄村人。晚清秀才，二十八岁弃儒学医，博采众方，善治内科杂病。

[《临沂地区中医药志·医林人物表》]

◎ 高友三 ◎

高友三（1835—1916），字益圃。临沭镇小河涯村人。少时读书，学识渊博，未得仕进。壮年弃儒经商，因亏本，后又学医。由于刻苦钻研，不久便成了一位出名的医生。为谋生，经朋友介绍，到北京行医。因医治好了某尚书女儿的重病，名震京华，六大部的一些重要人物也常请其看病。光绪皇帝的姑表弟川努桑内尔有病，亦请其医治，为之治好，并收为徒弟。不久，被选入太医院，任吏目。在北京期间，共回家四次。当时交通不便，每次往返均骑着毛驴，身边带着膏、丹、丸、散，途中随时为穷苦病人治病，往往分文不取。

晚年回到故乡，行医于郯城、临沂、赣榆、海州等地，名气颇大，请医求治的经常车马盈门。心地善良，对一些贫苦病人常常免费治疗，或者予以周济，人们称他家为"积善之家"。一生著书颇多，因战乱和"文化大革命"，毁坏无存。

[《临沂地区志》卷三十《近现代人物传》]

[《临沭县志》卷三十一《传略》]

[《临沂地区中医药志·医林人物表》]

[《山东中医药志》第六篇《人物表》]

[《临沂文史集粹》第三册]

[《临沭文史资料》第七辑]

◎ 高滕松 ◎

高滕松（1856—1931），临沭县泉埠公社小河涯村人。幼读私塾，随父学医，中年后医名颇著，自开药铺，名曰"上池堂"。

[《临沂地区中医药志·医林人物表》]

◎ 张宝信 ◎

张宝信（1860—1915），字实庵。郑山乡张南埠后村人。幼年习儒，以"超等第一"考取廪生。虽其八股文很好，但终生没能中举，长时间以教书为业。

吴步韩擅长古文，名噪一时。张宝信青年时期就酷爱吴氏之文。吴步韩死后，所著之文散失，张宝信花大量时间与精力，四方寻觅，"访之故老，询其里尚宗族戚畹与其年家故旧之后裔，又或搜罗于古刹颓垣野桥荒冢之间"，并将所收文章辑录成册，时常揣摩研读，对其提高古文水平，大有裨益。后为孙花楼幕僚，便与阳湖流派的众多贤士名流时常谈论古文，加之著作实践，使其古文功力更为深厚。他所做古文"骈散各体，无不超妙"，"与小岩先生直可抗席"。当时郯东北一带的碑文、祭、呈，多出于其手。他一生留下了大量作品，可惜在他死后散失殆尽，现存的《两铭精室文稿》系由柳庄靖镒抄录保存。其余的诗、赞等只有少量零星地散存民间。

一生读书甚多，知识丰富。他的诗文中时常出现一些天文、地理、数学、历法、医药术语。在阳湖时曾为清嘉庆时养拙居士的《七巧图》写了一篇"序"，句用"七"字，共用二百八十八个"七"字的典故与名词，近《辞海》中"七"字条目的3倍。他有较深厚的医学造诣，常为贫苦乡邻治病。1901年，他在送别好友吴子铭医师时，写了一篇序言和两首诗，近两千言，句中用近一百二十味中草药名，将吴医师高明的医术、坎坷的道路及自己的仰慕与惜别之情表达得淋漓尽致。

[《临沭县志》卷三十一《传略》]

◎ 高广渠 ◎

高广渠（1863—1937），字清园。临沭县泉埠公社小河涯村人。幼年读经书兼学医术，中年后医道娴熟，在当地颇有盛名。

[《临沂地区中医药志·医林人物表》]

◎ 高松岩 ◎

高松岩（1865—1938），字其节。临沭镇利民街人。清末庠生。少年时期刻苦读书，入庠后跟其舅父学医。初学疹痘科，后着重研究三阴经病的治疗。经过长期的钻研与实践，对治疗三阴经疾病和时疫都有很高的成就。

青壮年时期主要在郯城城关和大兴镇等地行医，晚年回本地。医术高明，医德高尚，经常奔波于病患之家。每遇时疫流行，更是夜不安席，深受群众爱戴。回本乡后，又在自家低矮的草房内开了个小药铺，远近求他治病的也越来越多。贫苦农民求他治病，有时分文没有，也照样为其治疗，分文不收。而给富人治病，则该收多少就收多少。他把这叫做"贫汉吃药，富家拿钱"。有一年时疫流行，本村农民高富铭一家好几口人得病，无钱请医买药，松岩主动登门为其治疗，分文不取。陈沟子李树玺之妻病重，松岩为其治愈，李树玺用小车推着礼物登门酬谢，拒不收受。对有钱有势的财主之家，则不媚不卑。有一次，韩村大地主王林翰家派人来请，先以府票二百五十吊相赠，他勃然大怒，将票子掷于地下，并喝令来人退出。等王林翰亲自登门赔礼道歉后恭敬相请，才去为其家人看病。

殡葬日适逢临沭镇大集，围观者人山人海，许多人伤心落泪以至失声痛哭。

[《临沭县志》卷三十一《传略》]
[《临沂地区志》卷三十《近现代知名人物名录》]

◎ 郝兰溪 ◎

郝兰溪（1866—1940），临沭县泉埠公社西海子村人。清代贡生。行医于临沂等地，擅长内、外科与针灸。有《外科验方》一册存世。

[《临沂地区中医药志·医林人物表》]
[《山东中医药志》第六篇《人物表》]

◎ 庞作湘 ◎

庞作湘（1868—1924），临沭县白旄公社同马庄村人。通诗文，因家境贫寒，曾离乡在东北教学五年，回家后投身医学，尤善妇科。对《寿世保元》一书，研习甚精，在临床实践中颇有心得，为发挥其说，著有《寿世编纂》一书，现仍存于世，有一定临床参考价值。

[《临沂地区中医药志·医林人物表》]
[《山东中医药志》第六篇《人物表》]

◎ 杨西贤 ◎

杨西贤（1879—1947），字仕一。临沭县南古公社沟北村人。初以教书为业，后弃儒学医。善治杂症，经验丰富。晚年采前人所长，著有《妇科金鉴》《良便效方》《集验良方》《金针万法》共八册存于世，至今仍有参考价值。

[《临沂地区中医药志·医林人物表》]

[《山东中医药志》第六篇《人物表》]

◎ 赵兰玉 ◎

赵兰玉（1901—1938），字香斋。临沭县蛟龙公社前蛟龙村人。自学成医，擅长妇科。

[《临沂地区中医药志·医林人物表》]

德 州

明

◎ 郁继武 ◎

医学典科

郁继武，本州人。

[嘉靖《德州志》卷二《职官》]

◎ 郭义甫 ◎

郭义甫，读书业儒，邃于外科。我太宗行在兹德，遍访外科，镇守武臣穆肃以义甫对宣，入行宫。治一内人，时巳刻，以药敷患处，至酉未患，遂平。上赐羊酒嘉劳，复赐罗衣一袭，遣中官王彦送至馆。

[嘉靖《德州志》卷三《艺术》]

◎ 程 绍 ◎

《尊生镜》，程绍撰。绍有《掖垣奏议》，见史部诏令奏议类。是书见《州志》。

[宣统《山东通志》卷一百四十《艺文志第十·子部·道家》]

程绍，字公业。德州人。祖瑶，江西右布政使。绍举万历十七年（1589）进士。除汝宁推官，征授户科给事中。巡视京营。副将佟养正等五人行贿求迁，皆劾置于理。帝遣使采矿河南，绍两疏言宜罢，皆不报。再迁吏科左给事中。会大计京官，御史许闻造讦户部侍郎张养蒙等，语侵吏部侍郎裴应章。绍言闻造挟吏部以避计典，且附会阁臣张位，闻造乃贬边方。主事赵世德考察贬官，廷议征杨应龙，兵部举世德知兵，绍驳止之。又劾文选郎杨守峻，守峻自引去。饶州通判沈榜贬官，贪缘税监潘相得留，绍极言非法。山西税使张忠以夏县知县韩薰忤己，奏调之僻地，绍又争之，帝怒，斥为民。以沈一贯救，诏镌一秩，出之外。给事中李应策、御史李炳等争之，帝益怒，并薰斥为民，而夺应策等俸。绍家居二十年。光宗即位，起太常少卿。天启四年（1624），历右副都御史，巡抚河南。宗室居仪封者为盗窟，绍列上其状，废徙高墙。临漳民耕地漳滨，得玉玺，龙纽龟形，方四寸，厚三寸，文曰：受命于天，既寿永昌。以献绍。绍闻之于朝，略言：秦玺不足征久矣。今玺出，适在臣疆，既不当复埋地下，又不合私秘人间。欲遣官恭进阙廷，迹涉贡媚。且至尊所宝，在德不在玺，故先驰奏闻，候命进止。昔王孙圉不宝玉珩，齐威王不宝照乘，前史美之。陛下尊贤爱士，野无留良。尚有一代名贤，如邹元标、冯从吾、王纪、周嘉谟、盛以弘、孙慎行、钟羽正、余懋衡、曹于汴等皆忧国奉公，白首魁艾。其他词林台谏一锢不起者，并皇国祯祥，盛朝珍宝。臣不能汲致明廷，徒献符贡瑞，臣窃羞之。愿陛下惟贤是宝。在朝之忠直，勿事虚拘；在野之老成，亟图登进。彼区区秦玺之真伪，又安足计哉！魏忠贤方斥逐耆硕，见之不悦。后忠贤势益张，绍遂引疾归。崇祯六年（1633），荐起工部右侍郎。越二年，以年老，四疏乞休去。卒，赠本部尚书。

[《明史》卷二百四十二《列传第一百三十》]

　　程绍，字公业。德州卫人。父讷，字季敏。为诸生。刚方直谅。以子贵，累封工部右侍郎、通议大夫。林泉自娱，风味翛然。年八十六，自制墓铭而殁。绍中万历己丑（1589）进士，除汝宁府推官。廉明仁恕，多所平反。擢户科给事中。白简屡上，弹劾执政。执政心衔之。矿税之使，奏逮有司，旁连道路。绍再三抗论，上优容之。山西矿使劾知县韩薰，绍特疏申理，遂除名为民。家居奉亲二十余年。光宗御极，起太仆寺卿，推都察院右副都御史，巡抚河南，精心吏治。时承平日久，兵马刍粮，司吏窟穴其中，绍一切按核讨，军实而申儆之。仪封宗人淫虐彰闻，道路以目，绍列上罪状，诏发，高墙，诸宗惕息，相戒莫犯。归德、汝宁、彰德间，群盗煽动，相继扑灭。会玉玺出临漳，上言：国之所宝，在贤臣。因荐邹元标、冯从吾等时诸公，方以门户得罪。疏上触权阉，怒遣诇事人至汴，久之无所得，乃嗾御史论绍借题援引门户诸臣，绍遂移疾归德州。议建魏忠贤祠，绍率诸绅士力止之。崇祯中，起工部右侍郎，以年老乞休得请。卒于家。子震，江西驿传道佥事；泰，建昌府通判。

[乾隆《德州志》卷九《人物》]

　　程绍，字公业。左卫人。父讷，字季敏。为诸生。刚方直谅，以子贵，累封工部右侍郎、通议大夫。林泉自娱，风味翛然。年八十六，自制墓铭而殁。绍中万历己丑进士，除汝宁府推官。廉明仁恕，多所平反。擢户科给事中。白简屡上，弹劾执政。执政心衔之。矿税之使，奏逮有司，旁午道路。绍再三抗论，上优容之。山西矿使劾知县韩薰，绍特疏申理，遂除名为民。家居奉亲二十余年。光宗御极，起太仆寺卿，推都察院右副都御史，巡抚河南，精心吏治。时承平日久，兵马刍粮，司吏窟穴其中，绍一切按核讨，军实而申儆之。仪封宗人淫虐彰闻，道路以目，绍列上罪状，诏发，高墙，诸宗惕息，相戒莫犯。归德、汝宁、彰德间，群盗煽动，相继扑灭。会玉玺出临漳，上言：国之所宝，在贤臣。因荐邹元标、冯从吾等时诸公，方以门户得罪。疏上触权阉，怒遣诇事人至汴，久之无所得，乃嗾御史论绍借题援引门户诸臣，绍遂移疾归德州。议建魏忠贤祠，绍率诸绅士力止之。崇祯中，起工部右侍郎，以年老乞休得请。卒于家。子震，江西驿传道佥事；泰，建昌府通判。

[民国《德县志》卷十《耆英》]

程绍，字公业。讷之子。万历己丑进士，除汝宁推官。廉明仁恕，多所平反。征授户科给事中。巡视京营。副将佟养正等五人行贿求迁，皆劾置于理。帝遣使采矿河南，绍两疏言宜罢，皆不报。再迁吏科左给事中。会大计京官，御史许闻造讦户部侍郎张养蒙等，语侵吏部侍郎裴应章。绍言闻造挟吏部以避计典，且附会阁臣张位，闻造乃贬边方。主事赵世德考察贬官，廷议征杨应龙，兵部举世德知兵，绍驳止之。又劾文选郎杨守峻，守峻自引去。饶州通判沈榜贬官，夤缘税监潘相得留，绍极言非法。山西税使张忠以夏县知县韩薰忤己，奏调之僻地，绍又争之，帝怒，斥为民。以沈一贯救，诏镌一秩，出之外。给事中李应策、御史李炳等争之，帝益怒，并薰斥为民，而夺应策等俸。绍家居二十年。光宗即位，起太常少卿。天启四年，历右副都御史，巡抚河南。宗室居仪封者为盗窟，绍列上其状，废徙高墙。临漳民耕地漳滨，得玉玺，龙纽龟形，方四寸，厚三寸，文曰：受命于天，既寿永昌。以献绍。绍闻之于朝，略言：秦玺不足征久矣。今玺出，适在臣疆，既不当复埋地下，又不合私秘人间。欲遣官恭进阙廷，迹涉贡媚。且至尊所宝，在德不在玺，故先驰奏闻，候命进止。昔王孙圉不宝玉珩，齐威王不宝照乘，前史美之。陛下尊贤爱士，野无留良。尚有一代名贤，如邹元标、冯从吾、王纪、周嘉谟、盛以宏、孙慎行、钟羽正、余懋衡、曹于汴等皆忧国奉公，白首魁艾。其他词林台谏一锢不起者，并皇国祯祥，盛朝珍宝。臣不能汲致明廷，徒献符贡瑞，臣窃羞之。愿陛下惟贤是宝。在朝之忠直，勿事虚拘；在野之老成，亟图登进。彼区区秦玺之真真，又安足计哉！魏忠贤方斥逐耆硕，见之不悦。后忠贤势益张，绍遂移疾归德州。议建魏忠贤祠，绍率诸绅士力止之。崇祯六年，荐起工部右侍郎。越二年，以年老四疏乞休去。卒，赠工部尚书。

[道光《济南府志》卷五十二《人物八》]

程绍，德州人。万历己丑进士，汝宁推官，户科给事中。会矿税使，四出山西。知县韩薰忤珰被逮，绍抗疏论救，除名为民。家居二十年，泰昌时起太常少卿。历太仆寺卿，巡抚河南。天启中，玉玺出临漳，上疏有"宜瓦砾置之"等语。又荐邹元标、冯从吾等疏入，上大怒，遂移疾归。卒，赠侍郎。

[康熙《山东通志》卷三十九《人物》]

程绍，字公业。德州人。祖瑶，江西右布政使。绍举万历十七年进士。除汝宁推官，征授户科给事中。巡视京营。副将佟养正等五人行贿求迁，皆劾置于理。迁吏科左给事中。屡劾贪缘右善类，忤江西税监潘相、山西税使张忠，帝怒，斥为民。家居二十年。光宗即位，起太常少卿。天启四年，历右副都御史，巡抚河南。宗室居仪封者为盗窟，绍列上其状，废徙高墙。临漳民耕地，得玉玺，龙纽龟形，方四寸，厚三寸，文曰：受命于天，既寿永昌。以献绍。绍闻之于朝，候命进止。且言昔王孙圉不宝白珩，齐威王不宝照乘，前史美之。陛下尊贤爱士，野无留良。尚有一代名贤，如邹元标、冯从吾、王纪、周嘉谟、盛以宏、孙慎行、钟羽正等皆忧国奉公，白首魁艾。其他词林台谏一锢不起者，并皇国祯祥，圣朝珍宝。臣不能汲致明廷，徒献符贡瑞，臣窃羞之云云。魏忠贤方斥逐耆硕，见之不悦。后忠贤势益张，遂引疾归。崇祯六年，荐起工部右侍郎。越二年，以老乞休去。卒，赠工部尚书。

[宣统《山东通志》卷一百五十九《人物志第十一·历代名臣》]

程绍，德州左卫人。尚书。

程绍，德州人。己丑进士。

[雍正《山东通志》卷十五之一《选举志》]

《掖垣奏议》《两河奏议》《出山三事疏草》，程绍撰。绍，字公业，号肖葵。德州人。万历己丑进士。历官工部侍郎。三编见《州志》。《掖垣奏议》，万历中官给事中时所上。绍屡劾执政私人，攻其踏驳，为执政所忌。以疏争税使张忠奏调知县韩薰触帝怒，斥为民。《两河奏议》，天启中巡抚河南时所上。临漳民耕地得玉玺，文与秦玺同，以献绍。绍奏闻，略言：秦玺不足征，至尊所宝在德，因荐邹元标、冯从吾等。触权阉怒，引疾归。事详《明史》本传。

[宣统《山东通志》卷一百三十一《艺文志第十·史部·诏令奏议》]

《澹息居遗稿》，德州人程绍撰。绍，号肖莪。瑶孙。详《人物》。

[道光《济南府志》卷六十四《经籍》]

《澹息居遗稿》，程绍撰。绍有《掖垣奏议》，见史部诏令奏议类。是编见《州志》。《安德明诗选遗》云：生平爱诗，而自运殊少。

[宣统《山东通志》卷一百四十二《艺文志第十·集部·别集》]

明工部右侍郎程绍墓，在城东二十里韩家庄。卒后，晋赠本部尚书。崇祯十二年（1639）遣监察御史严云京谕祭一坛。

[乾隆《德州志》卷十一《冢墓》]

明工部侍郎程绍墓，《通志》云：在州东韩家庄。《州志》云：在城东二十里韩家庄。

[道光《济南府志》卷六十三《陵墓》]

◎ 马九德 ◎

右佥都御史巡抚顺天马公九德

雍容务德化，所至芘洪慈，刑祥兵亦嘉，一一存口碑。良药起沉疴，寒暑未尝辞，奕叶有余芳，人称马佛儿。

公，字吉甫，号小东。以洛阳令历迁副使大臣，稽边储，时举共事。寻迁晋臬，廷推顺天巡抚，以艰归，不复起。晚岁，以良药济人，人称之曰"马佛儿"。同时，马公珮亦巡抚顺天，号"南北马"。

[乾隆《德州志》卷十二《诗》]

兵备副使

马九德，德州进士。嘉靖中任。

[乾隆《茂州志》卷三《职官》]

马九德，山东德州人。嘉靖乙未进士（1535）。由郎中升左政，三十三年（1554）驻札。累官顺天巡抚。

[康熙《汾阳县志》卷五《宪司》]

《小东集》，马九德撰。九德，字吉甫，号小东。亨衢子。嘉靖乙未进士。历官巡抚顺天副都御史。是集见《征选山左明诗》。启安德《明诗选遗》云：其诗丰而有骨，亦不愧家学者。

[宣统《山东通志》卷一百四十二《艺文志第十·集部·别集》]

效霞按：马九德，天启《新修成都府志》、万历《山西通志》、万历《四川通志》、乾隆《保县志》、乾隆《石泉县志》、乾隆《直隶遵化州志》、康熙《畿辅通志》、道光《济南府志》、民国《盐山新志》等均有记载。

◎ 吕献策 ◎

吕献策，《幼幼心书》。

[民国《德县志》卷十五《邑人著作》]

恩贡
明
吕献策

[乾隆《德州志》卷九《贡举》]

崇祯
吕献策，德州人。恩贡。

[道光《济南府志》卷四十一《选举三》]

吕献策，明末医家。字匡时。广川平原（治今山东长山）人。少事举子业，后其父抱足疾，日随诸医侍药，乃究心岐黄书。撰《妇人调经》，专论续嗣。又鉴于医家以儿科为最难事，乃聚麻痘书数种，参考研寻，历十余年纂成《痘疹幼幼心书》十七卷（1635年），叙痘疹病证逐日变状、始终本末等，尤详于形色动静、寒热虚实之辨。治法多以升发解毒为主，虽温补之中亦兼升解。

[《中医人物词典》]

◎ 韩育英 ◎

韩育英，字仰淮。其先淮安人。少孤家贫，事母孝。以医名家，治症得古法，所在称神。弟侄婚娶，视其子。五十余载，孝友无间，康熙九年（1670）旌表。

[乾隆《德州志》卷九《孝行》]
[道光《济南府志》卷五十六《人物十二》]

韩育英，字仰淮。其先淮安人。少孤家贫，事母孝。以医名家，治症得古法，所在称神。弟侄婚娶，视其子。五十余载，孝友无间。康熙九年州侯旌其门。

[民国《德县志》卷十一《孝行》]

韩育英，字仰淮。其先淮安人，以医家德州。少孤家贫，弃儒业以医名家，治症得古法，所在称神。弟侄婚娶，视其子，食指累千。五十余载，孝友如一日。

[道光《济南府志》卷六十二《侨寓》]

◎ 卢荫长 ◎

《验方录》四卷、《续录》四卷，（清）卢荫长辑。

[《山东文献书目》]

卢荫长，字西有，号怡亭。雅雨季孙。乾隆己酉（1789）拔贡，候选盐场大使。澹泊自甘，无意仕进。勤俭治家，日渐丰饶而任恤乡族，从无吝惜之心。

[民国《德县志》卷十《耆英》]

卢荫长：字西有，号怡亭。乾隆年拔贡。官候选盐场大使。澹泊自甘，无意仕进。

[《山东省科考名录汇编·清代》]

◎ 邵元章 ◎

邵元章，字米叔。安徽休宁人。由河南淮宁令改官山东，道光元年（1821），署德州知州，控案随到随结，民咸服之。运河水涨，培堤筑埝，捐资济事，以免垫溢。又值时疫流行，散给丸散，全活无算。官至知府。

[民国《德县志》卷九《政绩》]
[宣统《山东通志》卷七十五《职官志第四·国朝官绩》]

邵元章，字米叔。安徽休宁人。江苏常熟籍。援例（道光）元年署任，补滨州，调高唐，升东昌府同知，署青州、济南知府。有"传"。

[道光《济南府志》卷三十二《职官十》]

邵元章，字米叔，号粟园。安徽休宁人，后迁居江苏常熟县。幼而颖悟，读书通大义。尝游幕于豫，习学申韩。初馆汝南，嘉庆丁巳（1797）捐从九品，分发河南，槐江吴公抚豫，延入幕府。颜惺甫中丞愈信任焉。署光州吏目。甲子春（1804），衡工兴举。温景侨方伯札调随坝办事，不辞劳瘁。改捐府经历，补南阳府经历，仍留省垣，佐理宪署公牍。壬申（1812），大计卓异。癸酉（1813），补太康知县，部驳题，升淮宁县，调祥符县。丁内艰，己卯（1819）起复，改捐知州，分发山东，抚军以下，无不刮目相待。道光元年，委署德州，益矢慎勤，凡有控案，随到随结，民间有"邵一堂"之称。运河水涨，周历堤岸，加高培厚，镶筑子埝，捐资济事，民免垫隘。又值时疫流行，于各庙建醮祈禳，散给药剂，全活无算。旋署胶州。丁外艰，归服阕，署莒州，补滨州。丙戌（1826）署济宁直隶州，调高唐。辛卯（1931），擢东昌府同知。署青州府，又署济南府。身膺重寄，益思展布，以期称职，夙以听断为大府所信任，虽居闲曹，常留于省垣讯鞫。癸巳（1833）冬，复署济南府事，驾轻就熟，公慎益加。甲午（1834）秋，清平水手滋事，以缉捕妥速，加知府衔，署泰安府。丙申（1836）三月，患吐噎之症，卒于东昌馆舍。子一：亨豫。

[道光《济南府志》卷三十八《宦绩六》]

◎ 卢荫惠 ◎

卢荫惠，字东桥，号荷亭。雅雨先生之孙。性钝而学勤，人一己百不厌也。幼从胶州张云峨先生读，方之宜兴储氏昆季谓：六雅由钝而入，荫惠似之。乾隆丁酉（1777）举于乡，庚子（1780）成进士，以知县归班，铨选四川巫山县，嗣调河南渑池县。居崤函之间，路当川陕冲瘠而苦甲于豫，政崇宽简，与民休息。壬子（1792），征廓尔喀之役大军过境，山路夐长，再宿始出，筹划供饩，宁称贷，无扰闾阎。去渑时，绅民咸顶香送之。迨任偃师，邑为其先人旧治，多惠政。鄢溪筑亭，为当年劝农休息之所，邑人所建生祠在焉。诣祠谒拜，旧德新猷，舆人大悦，众牒上官，请以荫惠祔祠，而格于例。嗣调孟县。孟固岩邑也，刚劲好斗，畏之以威，怀之以德，治之五年，孟人向化，所谓久道化成者此也。后以内艰旋里，屋仅五楹，风雨晦明，读书啸傲于其中，澹泊自甘，不复作出山之想矣。尝以侍亲疾，精研岐黄，和药施济，全活无算，转成国医之手，乡人称盛德焉。

[民国《德县志》卷十《耆英》]

卢荫惠，德州进士。五十六年（1791）任。调孟县。

[嘉庆《渑池县志》卷三《县令》]

◎ 吕缵祖 ◎

吕朋锡，字珍哉。占建孙。优贡生，候选训导。端谨仁厚，经术湛深，启发后学，循循不倦，从之游者，俱能明经致用，一时英才俊士，尽列门墙。论者媲之晦菴鹿洞，子静鹅湖，不为过也。轻财重义，敦宗睦族，亲友之困厄者，慨助无吝色，虽屡屡不厌也。其气度之渊涵，类如此。洵可为后世之楷模矣。嗣子松龄，字梦鹤。增贡生。钦承家教，与人无忤，有先人忠厚之风。孙缵祖，字禹臣。增生。精岐黄。

[民国《德县志》卷十《耆英》]

◎ 李道一 ◎

李道一，字贯之。附贡生。真诚不欺，乐善不倦。家富饶而衣冠朴素，日赴村镇，讲演《鼎甲征信录》《宣讲拾遗》等书，劝人敬祖孝亲，敦宗睦邻，援古证今，化导愚駃，并施药品以疗人疾，埋枯骨使勿暴露，行之数十年，虽风雪寒暑无间也。好善之名，博于遐迩。年近期颐，五世同居，乡人至今称之。子观光，岁贡生；观瀛，恩项生。孙鸿林，岁贡生；泮林，庠生。皆克守家教。

[民国《德县志》卷十《耆英》]

◎ 李曰谦 ◎

李曰谦，字葆初。临安太守嵩屏子也。忠勇多智，捕盗有父风。以荫选授宜山县。宜山幅员辽阔，山深箐密，盗贼纷如。以差役团丁不足恃，乃捐廉募勇，亲率缉捕。莅任二年，在署不过八九月，赔累约逾三千金。嗣调署怀集县。怀集故多匪，号难治，募勇剿匪，一如治宜山。阅八月，匪息民安，怀人为建生祠以祀之。未几，又调苍梧县。历任捕获元恶巨匪七百余名，其余正法军前者无算。以廉明果毅，擢郁林州牧，寻升柳州府知府，并统领柳防三营。凡战，必身先士卒，所向克捷，功烈卓著，南服称最。尤精岐黄，谒选时，名达帝所，景帝屡召诊，尝以"良医"奖之。罢官后，侨寓襄阳，啸傲湖山，犹手不释卷，著有《药言随笔》四卷行世。

[民国《德县志》卷十《耆英》]

李曰谦，山东德州荫生。光绪二十八年（1902）八月署。

[民国《怀集县志》卷四《秩官表·知县》]

◎ 赵士和 ◎

赵士和，诸生。善岐黄术。年六十，其母尚无恙也。士和事之，能悦其心。日闻卖饧声，假作泣状，故曰：欲乞一钱，买饧耳！母因之笑。又或枕母膝卧，起而舞，舞罢，牵母裾，索饼噉。与母话，皆欢乐事，不肯言及盐米，恐以贫触母忧。其以色养者如此。邑魏丕承与之交，敬礼之，曰：此老莱子也。吾对之，有愧色焉。

[民国《德县志》卷十一《孝行》]

◎ 邹启裕 ◎

邹启裕，贡生。州同衔。

[民国《德县志》卷十一《文职》]

邹启裕，《单方汇编》。

[民国《德县志》卷十五《邑人著作》]

◎ 魏丕承 ◎

魏丕承，《训蒙本草》。

[民国《德县志》卷十五《邑人著作》]

魏丕承，字宪武，号藿村。康熙戊子（1708）举人，考授中书，以祖母老不仕，承欢课子。性狷介而醇厚，有以非意干之者不校，及赴义则毅然如不及，当事者咸式其庐。

[乾隆《德州志》卷九《人物》]

[民国《德县志》卷十《耆英》]

[道光《济南府志》卷五十六《人物十二》]

魏宪武丕承，生有夙慧，颖悟出群。六岁，受《孝经》，即能成诵。长，受业田纶霞、孙莪山两公，诗文皆有根柢，故能启迪后进，多所成就。仿东坡《禅本草》作《训蒙本草》一册。

[《德州乡土志·耆旧录》]

民国

◎ 杜潏川 ◎

杜潏川，字济臣。逢春后裔。附贡生。中书科中书，候选训导。资禀颖异，博览群书，性理、医数诸学，尤具心得。以父兄早世，居家奉母，绝意进取。事寡嫂如母，为之请旌建坊。兄女孿而贫，极悯恤之。及其卒也，复为置产立嗣。天性孝友，良如是也。族戚中贫不能自赡者，按时周恤，婚丧大故，尽情资助，履数十年而无德容。尝曰：宁损己以利人，终较仰给于人，之为愈也。民国九年（1920），岁凶荒，发藏粟，贷于贫困，全活甚众。有欲卖产求食者，辄与厚价，令作质，以备殊迁故乡。乡人至今称厚德焉。村居濒运河西浒，堤埝坍塌，溃决堪虞，乃相度地势，自出巨资，建砖坝三，以防汛患。县北及篆南一带，得免漂溺，尤为人所称仰。事闻于徐大总统，奖以"行冠州闾"匾额，并予褒辞褒章。胶县柯劭忞先生为撰《墓志》云：睦姻任恤之谊，足以当之，非虚誉也。长子惟勤，字励堂。试用县丞，早卒。次惟俭，字助廉。附生。直隶高等师范毕业，就长山东第三师范学校，旋被选为众议院议员，简任职存记。后复当选为山东省议会议员，历充交通部秘书、历城县知县等职。

[民国《德县志》卷十《耆英》]

◎ 金连科 ◎

金连科，字占一。清岁贡生。少负奇才，年未弱冠，即游泮水，为徐纯生进士高弟。应试秋闱，屡荐未售，遂肆力岐黄之术，得卢扁堂奥。游于京、济，踵门求医者，络绎于途。晚岁家居，遇有疑难大症，无不应手奏效，乡里至今称之。弟连墀，外交部佥事、山东高密县县长。子挺华，牟平县县长。

[民国《德县志》卷十《耆英》]

金连科（1875—1938），字占一。陵县张家庄村人。贡生。初攻儒业，后弃儒修医，以医术精良而闻名乡邑。孙立贤传其术。

[《山东中医药志》第六篇《人物表》]

乐 陵

元

◎ 张飞卿 ◎

张飞卿，监察御史，拜太医院使，累官至左丞护军，封清河郡。公秉身刚正，不畏强御。

[顺治《乐陵县志》卷六《乡贤》]

张飞卿，簠孙。监察御史，拜太医院使，累官至左丞护军，封清河郡。公秉身刚正，不畏强御。

[乾隆《乐陵县志》卷八《名贤》]

张飞卿，乐陵人。秉身刚正，不畏强御。由监察御史，累官至左丞护军，封清河郡公。

[咸丰《武定府志》卷二十四《清介》]

张飞卿墓，在县西四十里。元左丞，封清河郡公。

[乾隆《乐陵县志》卷二《冢墓》]

元左丞、封清河郡公张飞卿墓，在县西四十里。

[咸丰《武定府志》卷十《冢墓》]

明

◎ 张居礼 ◎

◎ 李 翱 ◎

◎ 韩 璋 ◎

◎ 王周南 ◎

◎ 史邦义 ◎

◎ 李如椿 ◎

医学训科，洪武十八年（1385）设。
张居礼，邑人。
李翱，邑人。
韩璋，邑人。
王周南，邑人。
史邦义，邑人。
李如椿，邑人。

［顺治《乐陵县志》卷四《训科》］

清

◎ 张震南 ◎

张震南，字伯器。泼嗣子。明季，袭父荫，例授七品秩，不仕。鼎革后，屡荐不出。耽诗酒，喜施药，济人危急。李学士呈祥以震南与章丘张光启，阳信刘新国、毛如瑜，霑化王元羔、周与之，称"济北六隐君子"。

［乾隆《乐陵县志》卷六《隐逸》］

张震南，官生。博学敦行，家贫好施。

［顺治《乐陵县志》卷五《明朝恩贡官监》］

张震南，字伯器。乐陵人。泼子。明季，袭父荫，例授七品秩。鼎革后，屡荐不出。惟诗酒自娱，喜施药，济人危急。李学士呈祥以震南与章邱张光启，阳信刘新国、毛如瑜；霑化王元羔、周与之，称"六隐君子"。

［咸丰《武定府志》卷二十六《隐逸》］

张震南，乐陵人。以父荫入国学。父卒，事母以孝称。抚幼弟鞠育教诲，心力俱殚。岁祲，倡设粥局，以待饿者，捐米五百石，全活甚众。著有《退步吟》《说好篇》。

[咸丰《武定府志》卷二十六《义行》]

张震南，字伯器。乐陵人。浂子。明季，袭父荫，例授七品秩。鼎革后，屡荐不出。惟诗酒自娱，喜施药，济人危急。李学士呈祥以震南与章邱张光启，阳信刘新国、毛如瑜，霑化王元羔、周与之，称"六隐君子"。

[咸丰《武定府志》卷二十六《隐逸》]

《退步吟》，张震南撰。震南，字伯器。乐陵人。明季袭父荫，例授七品秩，不仕。鼎革后，屡荐不出。耽诗酒。李学士呈祥以震南与章邱张光启，阳信刘新国、毛如瑜，霑化王元羔、周与之，称"济北六隐君子"。是编见《县志》。

[宣统《山东通志》卷一百四十三《艺文志第十·集部·别集》]

◎ 张士睿 ◎

张文介先生碑铭

薛 韫

先生卒，葬十有九年矣！其孙诸生渠今碣石于阡，章潜德，仿古郭有道、陈太邱故事也。按《志》传，先生讳士睿，字思公，号古狂。为乐陵张氏，乡谥"文介先生"云。先生为光禄署正，赠中顺大夫。活孙。奉直大夫、辽易知州道、南子通议大夫、巡抚河南浂之从孙。席华腆，早试为诸生，擅文翰，应举不售，径弃去。自髫年失怙，顺事母何宜人，洎马孺人。经史正业外，旁猎诸家言，啜其旨。于是，陟岱宗，观于孔子庙堂林墓，遨游京国，历沧海，周览于晋、楚、荆、河、吴、越之间。属母孺人病，不复出户，益研讨药理。勤养母，孺人康以寿。夫其纵横古今，胸无一物，立德惟孝，而遗落声利，斯足铭已。

[乾隆《乐陵县志》卷八《碑铭》]

张士睿，字思公。潜心经史，旁猎诸家，工诗文及正书。食饩于庠，志尚清远，不屑为进取计。遨游天下山川都会，阅历几半。乡有不善者，畏为所知，有郭林宗、王彦方之风。著《蜣丸集》。洛南薛韫表其墓。

[乾隆《乐陵县志》卷六《文苑》]

张士睿，字思公。乐陵人。恬静安和，潜心经史，旁猎诸家言。工诗文，食饩于庠，志尚清远，不为进取计。后生为不善者，每畏为所知。遨游天下山川都会几半。著有《蜣丸集》。

[咸丰《武定府志》卷二十五《文苑》]

《蜣丸集》二卷，张士睿撰。士睿，字思恭。乐陵人。诸生。是集见《县志》。

[宣统《山东通志》卷一百四十四《艺文志第十·集部·别集》]

◎ 史选隽 ◎

史选隽，字箴周。乐陵人。增广生。生平乐善好施，救困扶危，惟恐不及。兼精岐黄，有求必应。有求医者，虽严冬夜半，常不俟舆而行。遇贫之家，每裹药馈遗之。里党咸称盛德，识其后之必昌。次子评，任礼部侍郎，赠如其官。

[咸丰《武定府志》卷二十六《义行》]

史选隽，字箴周。清代乐陵县人。业儒兼习医术，善施药救人。

[《山东中医药志》第六篇《人物表》]

史选隽，增生。以子评赠光禄大夫。

[咸丰《武定府志》卷二十二《封赠》]

◎ 贾文宿 ◎

贾文宿，清代乐陵县人。乾隆己亥（1695）太学生。继父业，修岐黄术，精脉理。

[《山东中医药志》第六篇《人物表》]

◎ 郑馨廷 ◎

郑馨廷，字锡铭。清代乐陵县人，乾隆庚寅（1710）太学生。业医，一生活人甚众。

[《山东中医药志》第六篇《人物表》]

◎ 郑 熙 ◎

郑熙，号怡堂。清代乐陵县人。太学生。工岐黄术，尤精脉诊。沉疴痼疾，一治便起，踵门求诊者，日常如市。

[《山东中医药志》第六篇《人物表》]

◎ 杜芳生 ◎

◎ 杜友生 ◎

杜芳生，清代乐陵县人。以医济世活人，尤精针灸术。耆年练火，针戳患处，只觉热气一缕，透入骨髓，无不沉疴立愈。不受谢，即一茶一饭亦不苟取。弟友生，亦以其术济人。

[《山东中医药志》第六篇《人物表》]

◎ 苏雁题 ◎

苏雁题，字秋第。清代乐陵县人。贡生。工书法，精痘疹。

[《山东中医药志》第六篇《人物表》]

◎ 苏映辰 ◎

苏映辰，字星桥。清代乐陵县人。咸丰辛亥（1851）科举人，仕齐河县训导，莅任一年，辞任回籍，精研医术，悬壶三十余年。活人无算，惠及乡里。

[《山东中医药志》第六篇《人物表》]

◎ 潘子春 ◎

潘子春，字元复。清代乐陵县人。精于医，设药铺半舍半售，德及乡民，誉满全邑。

[《山东中医药志》第六篇《人物表》]

◎ 潘锡侯 ◎

潘锡侯，字子春。清代乐陵县人。精医术，品德高尚。

[《山东中医药志》第六篇《人物表》]

◎ 常华亭 ◎

◎ 常汝鹗 ◎

常华亭，字佩实。清代乐陵县人。太学生。以医术知名。子汝鹗，贡生。绍其业。

[《山东中医药志》第六篇《人物表》]

◎ 张廷辅 ◎

张廷辅,字翼山。清代乐陵县人。以医终生。

[《山东中医药志》第六篇《人物表》]

◎ 王　盘 ◎

王盘,字新亭。清代乐陵县人。贡生。以医术济世,与人医病,必以慎起居、节饮食相告,问病者接踵而来。尤精眼科。

[《山东中医药志》第六篇《人物表》]

◎ 牛吉符 ◎

牛吉符,字履祥。清代乐陵县人。乾隆、嘉庆间名医。精脉理,诊病舍药,不取报酬。

[《山东中医药志》第六篇《人物表》]

民国

◎ 郑安时 ◎

郑安时(1866—1945),字季贞。铁营乡郑庙村人。清末贡生。忠厚正直,不求功名,无意仕途,毕生耕读,知识渊博,生活节俭,好善乐施,有求必应。每年施种牛痘。有患痘毒者,必代为医治,不顾疲劳,使其满意而归。家养义牛为全村耕用,每到播种之时,对困难者给予种子;常年舍饭、舍衣,逢年过节周济困难户。村中有讼者,亲自调解,时以酒席代为和好。临县闹灾时,难民逃至村中,帮助解决衣食。1936年,曾受宋哲元之托,邀请文人编修《县志》。

[《乐陵县志》第二十九篇《社会闻人》]

◎ 席远计 ◎

席远计(1873—1942),三间堂乡席家村人。善医术,从医五十年,治病救人,风雨无阻，从不计报酬。1932年春，邻村大岔河暴病全村，三百余人危在旦夕。他一人夜以继日，奋力抢救，病人转危为安，深为群众爱戴。1942年病故，全村和附近乡里群众送祭食百余桌，纸钱无数，哀天恸地。其美德至今传颂。

[《乐陵县志》第二十九篇《社会闻人》]

◎ 高牧村 ◎

高牧村（1877—1946），字驱臣，号梦万。胡家乡高孟起村人。幼年读书，少年即补廪生。喜读医书，攻《伤寒论》和针灸，擅妇科。边学边义务行医，治愈病人甚多。后赴唐山稻地镇"长春堂"坐堂医病。当地名儒张某与牧村结交，边行医边教书，医名大振。人赠"名儒良医"匾额。后学西医，以中西医结合为人治病。医德高尚，被荐为滦县医学研究会副会长兼唐山区会长。存有《针灸配穴摘要》。

[《乐陵县志》第二十九篇《社会闻人》]

◎ 杨大成 ◎

杨大成，太医院吏目。

[嘉庆《禹城县志》卷八《职员》]

◎ 于跃渊 ◎

于跃渊，字从龙，号东野。其先由莱阳迁禹城。父昊，以胄监丞浮梁。从龙甫冠，学《易》于九州滕公序庵、李公居业，甚勤。嘉靖壬午，游太学，声誉重六馆。归，寿其母，数郡之客咸至，会者千余人。壬辰，谒选得平湖丞，人咸卑之。从龙曰：苟不负吾志，丞亦亲民官也。乃单车携季子以往。为政不尚威，刑民茹其德，不知有令而惟丞之颂。究经史大旨，训子曰：文贵简易，浑厚刻削者，衰世之文也。世之立异说者，舍朱子而以道为学，吾不信也。每闻人讥评古人，辄曰：古人处时势之难，摘其微疵，非忠厚之道也。尝与乡人约置义田，建精舍，以睦宗族，厚乡里。年五十五岁卒。

[道光《济南府志》卷五十二《人物八》]

于跃渊，字从龙，号东野。先为莱阳人，自其高祖迁禹城。父昊，以胄监丞浮梁。从龙生而警敏，有识度，不类凡家子。甫冠，学《易》于九州滕公序庵、李公居业，甚勤。嘉靖壬午（1522），游太学，所交皆知名士，声誉重六馆。归，寿其母，数郡之客咸至，会者千余人。邑人陈鹤辈重从龙行谊，请于有司，将转而闻诸朝。从龙以近名为嫌，坚避，弗处。壬辰（1532），谒选得平湖丞，人咸卑之。从龙曰：苟不负吾志，丞亦亲民官也。乃单车携季子以往。为政不尚威，刑民茹其德，不知有令而惟丞之颂。从龙究经史大旨，又旁通医卜、神仙诸书。训子曰：文贵简易，浑厚刻削者，衰世之文也。世之立异说者，喜诋朱子，舍朱子而以道为学者，吾不信也。每闻人讥评古人，辄正色斥之。曰：古人处时势之难，与平居议论不同。今摘其微疵，掩其大节，非忠厚之道也。其明爽平易如此。从龙好古慕义，尝与乡人约置义田，建精舍，以睦宗族，厚乡里。年五十五岁，猝得疾，卒。不克竟其志。翰林修撰慈谿姚涞为撰"传"。

[嘉庆《禹城县志》卷九《儒林》]

◎ **宋　芹** ◎

◎ **李应第** ◎

◎ **石　崑** ◎

◎ **崔应节** ◎

宋芹，李应第，乡耆。好善。万历辛丑（1601）春，瘟疫大作，二人约社，捐资施药。是年大饥，又于法云寺前施粥，活者千余人。行三年，乃已。己酉（1609）、庚戌（1610）大饥，医官石崑、崔应节亦即是庙中施粥，既而瘟疫大作，乞丐无死者。

[嘉庆《禹城县志》卷九《义行》]

宋芹、李应第，俱禹城人。万历辛丑春，瘟疫大作，二人约社，捐资施药。是年大饥，又于法云寺前施粥，活者千余人。行三年，乃已。己酉、庚戌大饥，医官石崑、崔应节亦即是庙中施粥，既而瘟疫大作，乞丐无死者。

[道光《济南府志》卷五十二《人物八》]

◎ 霍 恺 ◎

霍恺，字心田。读书过目辄记。补邑庠。因病治医，遂通其说。临邑管方伯监大辟刑，因悸而病，目张不得瞑，煮郁李仁酒，使醉，即愈。问之曰：目系内连肝胆，恐则气结，胆衡不下。郁李去结，胆下则瞑矣。有陈姓病霍乱，他医投热剂，加喘，恺曰：是本中热，脾且伤，复燥之，将不得前后溲。与之石膏汤获安。凡有奇病、怪病，他医所不能治者，无不取效去。

[嘉庆《禹城县志》卷九《方技》]

霍恺，字心田。禹城人。庠生。读书过目辄记。因病治医，遂通其说。临邑管方伯监大辟刑，因悸而病，目张不得瞑，煮郁李仁酒，使醉，即愈。问之曰：目系内连肝胆，恐则气结，胆衡不下。郁李去结，胆下则瞑矣。有陈姓病霍乱，他医投热剂，加喘，恺曰：是本中热，脾且伤，复燥之，将不得前后溲。与之石膏汤获安。凡有奇病，他医所不能治者，无不取效去。

[道光《济南府志》卷六十一《方伎》]

按《禹城县志》：霍恺，字心田。儿时能读书，过目辄记。既攻举子业，补邑庠弟子员。尝有病，恨时无明医，遂取黄帝扁鹊之《脉书》治之。未久，已能通其说，时出新意。初自治疗，每药辄愈。久之，亲识辈求治者，莫能止。乃又益读《灵枢》《太素》《甲乙》诸秘书，凡经传百家之涉其道者，靡不通贯。尝曰：世之论医者，俱称东垣、罗谦甫、朱丹溪三人，三人固皆圣于医，若丹溪者，尤集医之大成者也。予之论病投剂，俱取以为准，故能往往收厥效。临邑有管方伯，讳怀理。任湖广时，监大辟刑，因悸而病，既愈，目张不得瞑，恺煮郁李仁酒饮之，使醉，即愈。人问其故，恺曰：目系内连肝胆，恐则气结，胆衡不下。郁李仁去结，随酒入胆结下，胆下则目能瞑矣。又有季邑陈姓人病霍乱，他医以热剂，加喘，恺曰：是本中热，脾且伤，奈何复燥之？将不得前后溲。与之地浆饮、石膏汤。陈不信，谢去。病益剧，竟如其说而获安。各邻邑俱闻其名，凡有奇症、怪病，他医所不能治者，胥来求疗，无不取效去。后传其业于婿杨汝砚，今杨却砚其所自出云。

[《古今图书集成医部全录》卷五百十三《医术名流列传》]

清

◎ 邵百发 ◎

邵百发，字育万。岁贡生。生而颖异，沉静寡言，初务举子业。一日午睡，梦老人授《近思录》。醒而发箧，取其书读之，跃然曰：道在是矣！遂尽弃其夙业，专心性命之学。喜《易传》《本义》《通书》《纲目》诸书，而于天文、地理、医卜、星相之事，靡不究其底蕴。晚年，自号曰"痴人"。凡官室器用之物，皆以"痴"铭之。尤精于卜筮，多奇验。见蜘蛛结网，谓其弟曰：晚当防贼。果如其言。时值亢旱，作坛祈祷，立获甘霖。人问之，曰：适逢其会耳！故人以"仙"目之，而本其所自号曰"痴仙"云邑廪生柴端木传。

[嘉庆《禹城县志》卷九《隐逸》]

邵百发，字育万。禹城人。岁贡生。沉静寡言，初务举子业。一日午睡，梦老人授《近思录》。醒而发箧，取其书读之，跃然曰：道在是矣！遂专心性命之学，喜《易传》《本义》《通书》《纲目》诸书，而于天文、地理、医卜、星相之事，靡不究其底蕴。晚年，自号"痴人"。官室器用，皆以"痴"名之。精卜筮，多奇验。见蜘蛛结网，谓其弟曰：晚当防贼。果如其言。时亢旱，作坛祈祷，立获甘霖。人问之，曰：适逢其会耳。人目之曰"痴仙"。

[道光《济南府志》卷五十六《人物十二》]

邵百发，（乾隆）五十五年（1790）恩贡。

[嘉庆《禹城县志》卷八《贡监》]

◎ 杨却砚 ◎

杨却砚，字汝卿。知县斐之孙。得其传于妇翁霍恺，而尤善意解，立方投剂，多有奇验。

[嘉庆《禹城县志》卷九《方技》]

杨却砚，字汝卿。禹城人。知县斐之孙。得其传于妇翁霍恺，而尤善意解，立方投剂，多有奇验。

[道光《济南府志》卷六十一《方伎》]

◎ 刘仁里 ◎

刘仁里，清代禹城县人。精于医，乐善好施。殁后，乡众立碑曰"品高望重"。

[《山东中医药志》第六篇《人物表》]

◎ 梁汝钰 ◎

梁汝钰，字无瑕，清太学生。专事岐黄，博览数十家，而治疗折衷于仲景，于小儿痘疹，尤研究精微。编《痘疹辑要》三卷。道光二十八年，知县李廷樟旌其门曰"化宜安定"。

[民国《续禹城县志》卷六《人物志·方技》]

梁汝钰，字无瑕。清代禹城县人。太学生。精长沙之学，善治小儿痘疹。编有《痘疹辑要》，已佚。

[《山东中医药志》第六篇《人物表》]

◎ 刘振巽 ◎

刘振巽，字长春。清代禹城县人。工医术，治多验。

[《山东中医药志》第六篇《人物表》]

◎ 冯如升 ◎

冯如升，字耀东。柳连于庄人。精医学，著《四字脉诀歌》。邑儒学旌其门曰"艺采商山"。子中元，字恕亭。山西中西医学研究所赠一匾曰"济世为怀"。孙来鸣，字鹤泉；来庆，字云祥。世传其业，各界为立碑曰"三代医宗"。

[民国《续禹城县志》卷六《人物志·方技》]

冯如升，字跃东。清代禹城县人。业医，精脉学。著有《四字脉诊诀》，未刊。子孙袭其术，皆以医名。

[《山东中医药志》第六篇《人物表》]

◎ 程义廉 ◎

《产科常识》，程义廉撰。

[民国《续禹城县志》卷七《艺文志·书籍》]

程义廉，清末山东禹城县人。生平未详。著有《汉药大观》《产科常识》等书，未见刊行。

[《中医人名大辞典》]

民国

◎ 庞溪清 ◎

庞溪清（1843—1926），字竹堂。安仁乡安仁南街人。一生行医，好善乐施，刚正不阿。穷人治病，免费诊治；无儿无女鳏寡老人治病，不但药不收费，而且仗义疏财，常把药、挂面、柴禾送上门解人之危；有落难外乡人登门求医，也同样周济。对有钱有势的人，从不奉承。安仁乡贾庄有一乡绅请他诊病，因人吝啬，几次来请，被溪清拒诊；大程乡姜园子拔贡姜玉奇生病，溪清闻其对乡民苛薄，几次来求医都被拒之门外。清末，受新思潮影响，又见贫家弟子无力求学，捐款在庙地建成四间校舍，兴办学校，聘请教师，招收贫苦农民子弟上学读书。塾师赵潔生病，令儿子庞文翰义务任教十年。

[《禹城县志》第二十七篇《人物传》]
[《山东中医药志》第六篇《人物表》]

◎ 李明山 ◎

李明山（1852—1936），禹城县范庄村人。工外科，尤精整骨。

[《山东中医药志》第六篇《人物表》]

◎ 于宝田 ◎

于宝田（1859—1937），禹城县大郭庄村人。传家技业医，术工内科。

[《山东中医药志》第六篇《人物表》]

◎ 马文广 ◎

马文广（1870—1948），禹城县马桥村人。以采药、分类、炮制、加工为业。著有《常见本草》。

[《山东中医药志》第六篇《人物表》]

◎ 于世诚 ◎

于世诚（1873—1946），禹城县辛店街村人。三代世医，承家技，精内科。乡人赠"惠及一方"匾。

[《山东中医药志》第六篇《人物表》]

◎ 刘法明 ◎

刘法明（1878—1948），禹城县刘村人。擅长外科，治秃疮尤有卓效。

[《山东中医药志》第六篇《人物表》]

◎ 张丙午 ◎

张丙午（1880—1949），字晋臣。清朝秀才。十里望回族乡桥头冯庄村人。开始以教书为生，在军阀混战的年月里，目睹百姓受兵匪交相为害，民间又多灾多疾，民不聊生。时常自叹：闭门教书，于国人何益？为解百姓疾苦，弃教攻读中医。几年后，豁然自通，在乡间开始行医。

常用偏方除病。曾说：偏方易取，不用花钱，即除病痛。以杨、柳、桃、槐枝、桑皮、桑叶、杏仁、柿蒂、大枣、枣核、桔皮、荷叶、藕节、瓜皮、南瓜籽、车前子、苍耳子、菟丝子、黄豆、绿豆、白蒿、麦蒿、猪牙、兽骨、陈墙土、灶心土、锅底灰等为药，让病者就地采集煎服后，往往神验，深得贫苦乡民欢迎。

开方与众迥异。药味少、剂量轻。他有幅门联："饮酒莫过三杯数，用药谨到一两陈"，横批是"过犹不及"。他说：治病如开锁，只要对症，药到病除，量大反而伤正。

善治眼科疾病，尤其对眼外伤，治疗奇特。如县城东街李某，因被谷秸刺伤眼球，疼不可忍。取鲜猪肉片敷于伤处，随即止疼，数日后痊愈。

根据多年治眼疾的经验，著有《眼科金丹集》，在"文化大革命"中，当作

"黄色"书籍焚毁。

[《禹城县志》第二十七篇《人物传》]

[《山东中医药志》第六篇《人物表》]

◎ 程品三 ◎

程品三,禹城县人。擅长内科,又精儿科,悬壶天津劝业场,名噪津地。著有《药性戏剧大观》,已刊行。

[《山东中医药志》第六篇《人物表》]

陵 县

明

◎ 康丕扬 ◎

《集闻方》四卷,康丕扬撰。《广古传信方》五卷,康丕扬撰。《官传方》三卷,康丕扬撰。

[光绪《陵县志》卷十六《艺文志总目》]

《北台疏草》二卷、《按辽疏草》六卷,《按晋疏草》六卷、《按淮疏草》二卷、《癸卯两事志略》五卷、《省身录》一卷、《蓄德录》一卷、《千秋镜源》六十卷、《六朝兵鉴》二十七卷、《批点白氏长庆集》四卷、《集闻方》四卷、《广古传信方》五卷、《宦传方》三卷、《公移尺牍四六诗文》共八十四卷,陵县康丕扬撰。丕扬,字士遇,号骧汉。万历壬辰进士,官至侍御。详《人物》。

[道光《济南府志》卷六十四《经籍》]

《集闻方》四卷、《广古传信方》五卷、《官传方》三卷,康丕扬撰。丕扬,见史部诏令奏议类。诸书见《县志》。

[宣统《山东通志》卷一百三十六《艺文志第十·子部·医家》]

康丕扬,字士遇,号骧汉。福寿孙。生而颖敏,书过目弗忘。十六补邑诸生,登万历壬辰(1592)进士,授宝坻知县。不逾岁,调密云。密云为镇城,军民错居,号难治。丕扬随事立应,他邑盗犯九人谳成兵备王某牒,丕扬复审,一讯得其冤,立破械释之。会密镇题叙,修城工,授陕西道御史。巡视东城,有僧达观狡黠,通内典,缙绅被惑,麇集其门。丕扬疏言宜速置之法,一时惮之。会楚宗人华𧆛与楚王互讦,丕扬上疏数华𧆛七罪,谓楚王非假,卒从丕扬议。妖书事发,丕扬屡与讯鞫。寻出按山西,兼巡关,寻委兼营河东盐政。文案山积,皆手批之,吏无所上下其手。霍州守激变良民,至千余人,丕扬驰往,至则榜谕通衢,令事内者亲诣段首予轻法,事外者归闭户,即良民;其复行纷扰,往来窥探者,即乱民,无赉。须臾,聚者解散,霍州大定。又按辽,差兼学政,厘正文体,士风归正。事竣,理两淮盐课,详查奸商,斁法者严惩之而弊绝。前有濬河功,至是副都御史彭端吾巡视河工,叹其成劳,具疏题叙,为文纪绩,名新河为康济河。三十七年(1609)春,归里,杜门,不问户外,课子教艺而已。壬申(1632)秋,微恙,诸子治药以进,曰:吾年至此足矣。越数日,怡然而终,年八十一。著有《按淮》《癸卯二事纪略》诸书,凡十余种,详《艺文》。子六,瀜、灏、湛,有"传"《府志》。

[光绪《陵县志》卷十九《人物传》]

康丕扬(1552—1632),字士遇,号骧汉。陵县人。生而颖敏,读书过目不忘。万历四年(1576)举人,三甲第一百六十五名进士。授直隶宝坻县知县。未一年,改密云县。兵备道委其审理他邑九人盗犯案,丕扬经复审知为冤,立即予以释放。升陕西道监察御史,巡视东城。有僧达观狡黠,通佛教经典,缙绅被其迷惑,麇集其门。丕扬疏言:"祸福当杜,宜速惩治。"又巡视十库及中城。初楚宗人华𧆛等狡猾无赖,楚王屡重惩衔恨,华𧆛遂于半年前预撰讨逆檄播传都下。楚王具奏华𧆛非法事,而华𧆛上告谓楚王非先王子。神宗命抚按覆勘。丕扬连上《为楚王辩冤疏》《参驳楚抚宗人罪疏》,列举华𧆛七罪。遂得旨:雏口难凭,不必再勘。"华𧆛坐诬告,被锢凤阳,降庶人。传有顺天诸生皦生光,从发遣地潜寓京师。夜里散布"诬蔑宫闱,动摇国本"的诗书,东厂报告神宗,神宗震怒,命令严缉。被锦衣卫查获.丕扬屡次参与讯治,时有一言定国事之誉。万历三十四年(1606),巡按山西,兼巡边关,旋又委兼管河东盐政.文案山积,皆亲自手批。霍州官员激变良民，聚千余人，丕扬以为迟则乱成，即辍巡驰往，设法将聚者解散，事得平息。次年按辽，差兼提学，厘正文体，士风归正。事竣，督理两淮盐课．详查奸商，严惩不法。丕扬前有治河功，经巡河官员上疏，被命新河为"康济河"。万历三十七年（1609）春归，杜门不问户外事，课子教艺。生平独嗜书，购求万卷，悉评阅。工诗文，著有《北台》《按辽》《按晋》《按淮》疏草、《癸卯两事志略》《集闻方》《官传方》等。崇祯五年（1632）秋卒，年八十一。弟丕显，知县。

[《山东明清进士通览·明代卷》]

◎ 康　溶 ◎

康溶，字孔昭，号晴峰。丕扬三子。年十二，补博士弟子。明末不应举，于天文、地理、阴阳、术数诸书，无不通晓，医卜尤精。一日，决王生于七月七日应卒，至期无恙，生曰：先生得无遗算乎？及暮，生与弟果俱毙于贼。素善张季相，病辄求，治随痊，后病甚，遣迎，季相见有二竖语之曰：寄语康子，尔魂魄已散，彼至岂能治我乎？后遂不事医卜，无疾终。

[光绪《陵县志》卷十九《人物传》]

康溶，字孔昭，号晴峰。丕扬第二子。十二，补博士弟子。因明末大乱，日赋考盘，于天文、地理、阴阳、术数诸书，无不通晓，医卜尤精。一日，决王生于七月七日应卒，至期无恙，王生曰：先生得无遗算乎？及暮，生与弟果俱毙于贼。又素善张季相，病辄求，治随痊，后病甚，遣迎，季相见有二竖语之曰：寄语康子，尔魂魄已散，彼至岂能治我乎？后遂不事医卜。年七十二，无疾而终。

[道光《济南府志》卷五十二《人物八》]

康溶，字孔昭。陵县人。幼聪颖，年十二，补诸生，试辄前列。明末大乱，隐居不出，于天文、地理、阴阳、术数，无不通晓，医卜尤精。一日，决王生于七月七日应卒，至期无恙，王生曰：先生得无遗算乎？及暮，生与弟果俱毙于贼。又素善张季相，病辄求，治随痊，后病甚，遣迎，季相见有二竖语之曰：寄语康某，尔魂魄已散，彼至岂能治我乎？徒犯造物之忌耳！后遂不事医卜，杜门训子。年七十二，无疾而终。

[道光《济南府志》卷六十一《方伎》]

按《济南府志》：康溶，字孔昭。陵县人。自幼聪颖，十二补博士弟子员，试辄前列。因明末大乱，日赋考盘，于天文、地理、阴阳、术数诸书，无不通晓，医卜尤精。一日，决王生于七月七日应卒，至期无恙，王生曰：先生得无遗算乎？及暮，生与弟果俱毙于贼。又素善张季相，病辄求，治随痊，后病甚，遣迎，季相见有二竖语之曰：寄语康某，尔魂魄已散，彼至岂能治我乎？徒犯造物之忌耳！后遂不事医卜，杜门训子。而寿七十二，无疾而终。

[《古今图书集成医部全录》卷五百十七《医术名流列传》]

康灏，字孔昭。明代陵县人。善诊术，治多验，终年七十二岁。

[《山东中医药志》第六篇《人物表》]

◎ 王曰谨 ◎

王曰谨，庠生。忠厚谦恭，亲睦族党，尤以孝著。父卒，有庶母弟曰访，与子启疆同岁，曰谨反爱甚笃，教启疆敬叔父，执犹子礼。又明医理，只以活人，凡有邀请者必至，至则类应手痊焉。

[光绪《陵县志》卷十九《人物传》]

王曰谨，陵县庠生。忠厚谦恭，亲睦族党，尤以孝著。父卒，有庶母弟名曰访，与子启疆同庚，然必教其敬叔父，执犹子礼。至兄弟相接，则笃爱尤甚。深明医理，只以活人，凡有求者必至，至则应手痊。年六十四卒。

[道光《济南府志》卷五十二《人物八》]

王曰谨，陵县人。庠生。深明医理，凡有求者，无论贫富远近寒暑，必至，至则应手痊。又习堪舆，言多奇验。

[道光《济南府志》卷六十一《方伎》]

按《陵县志》：王曰谨，邑庠生。忠厚谦恭，亲睦族党，尤以孝著。父卒，有庶母弟名曰访，与子启疆同庚，然必教其敬叔父，犹子至礼。至兄弟相接，则笃爱尤甚。深明医理，只以活人，不计利，凡有求者必至，无论贫富远近寒暑，必至，至则应手痊。又习堪舆术，言多奇验。年六十四卒。

[《古今图书集成医部全录》卷五百十六《医术名流列传》]

王曰谨，明代陵县人。庠生。明医理，以术活人自得。

[《山东中医药志》第六篇《人物表》]

忠义孝弟祠，在乡贤祠前，祀明张山、李勉、王曰谨、张所蕴、康福寿、李日升、康灏、曹魁光。谷应举。

[光绪《陵县志》卷十二《祠庙》]

清

◎ 许 魁 ◎

许魁，考授太医院吏目，升授院判。

[光绪《陵县志》卷四《杂途》]

◎ 康 枚 ◎

康枚，字文木。懋采子。幼丧母，事继母赵如所生。弱冠，补诸生，有文誉。性不乐进取，中年弃举子业，究心诸子百家，尤精医术与形家言。

[光绪《陵县志》卷十九《人物传》]

康枚，字文木。清代陵县人。庠生。有文才，年弃举子业，习医，以术精德高知名。

[《山东中医药志》第六篇《人物表》]

◎ 刘悦曾 ◎

刘祚芳，字徽公。性孝友，父殁时患痰颇重，或劝以病痊发引，戚然曰：吾病已剧，存亡未可知，将使子孙葬吾亲乎！力疾营葬尽礼。从弟祚茂，贫无依，令与长子悦曾同学，偕登武举。穆氏姊亡，抚遗甥三人如己子。尝倡修大成殿并学署。祚成，字道久。性端慎，工书，邑中碑碣每书丹焉。祚芳子悦曾，字欣庭。领武乡荐，不仕。晚精医术，能活人。亦工书。

[光绪《陵县志》卷十九《人物传》]

刘悦曾，字欣庭。清代陵县人。晚晓医术，亦工书法。

[《山东中医药志》第六篇《人物表》]

刘悦曾，陵县人。（乾隆）乙卯（1795）科。

[道光《济南府志》卷四十四《选举六》]

吊坦生两副使

武举邑人刘悦曾欣庭

贼锋蚁附太原城，坚守分门计早成。不有奸徒输降款，忠谋定可却莱兵。端门抗节敌心惊，四十人中最著名。梓里流传风似昨，千秋俎豆仰先生。

［光绪《陵县志》卷十六《诗》］

◎ 李士仪 ◎

李徽，乾隆己未（1739）岁贡。家贫而喜周人急，尤好诗，虽日不举火，吟声如出金石，意泊如也。从子士仪，乾隆辛卯（1771）岁贡，精医术，尝舍药以活人。

［光绪《陵县志》卷十九《人物传》］

效霞按：道光《济南府志》卷四十三《选举五》："李士仪，陵县人。壬寅（1782）岁贡。"与光绪《陵县志》记载不符。

◎ 李鹏飞 ◎

李鹏飞，字万里。武生。性纯笃，早孤，事母能色养，为人轻财重义。精医，治痘疹若神。乾隆间，县令某奉檄浚马颊河，令鹏飞督理，无所徇阿，为时推服。年八十六卒。子，联原。

［光绪《陵县志》卷十九《人物传》］

李鹏飞，字万里。清代陵县人。武庠生。工岐黄术，善治痘疹。

［《山东中医药志》第六篇《人物表》］

◎ 于 呆 ◎

于呆，字若华。家贫，性友爱，尤精医术。道光元年（1821），大疫，施药济人无算。值国恩，赏赉衣顶。卒年八十六。

［光绪《陵县志》卷十九《人物传》］

于呆，字若华。清代陵县人。精医道，道光元年大疫，施药济人无算。

［《山东中医药志》第六篇《人物表》］

◎ 冯 通 ◎

◎ 冯有名 ◎

◎ 冯德常 ◎

◎ 冯庆常 ◎

冯通，字贯一。父有名，精医，有《经验奇方》。通传父术，施药济人。道光元年（1821）疫，讹言各村井中有妖人下毒，通乃于园内浚新井，令里人皆汲取，众疑始释，疫亦息。子二，德常、庆常，皆克继父志。

[光绪《陵县志》卷十九《人物传》]

冯通，字贯一。清代陵县人。传父术业医，施药济人，治多效，遂以医知名。子德常、庆常，克继其业。

[《山东中医药志》第六篇《人物表》]

◎ 王临川 ◎

王临川，武生。父严，由岁贡任清平训导时，临川尚幼，即有孝声。父卒，居丧尽哀。既葬，庐墓三年。会疫作，施药，全活甚众。

[光绪《陵县志》卷十九《人物传》]

王临川，陵县人。武生。父严，由岁贡任清平训导时，尚幼，即有孝名。父卒，居丧尽哀。既葬，筑室守墓三年，然后归。瘟疫大作，广施药材，痊活甚众。

[道光《济南府志》卷五十六《人物十二》]

◎ 汪 爽 ◎

孙氏，神头镇人，汪永安妻。年二十三，夫亡，守节五十五年。子爽，精医术。

[光绪《陵县志》卷二十一《列女传》]

◎ 于鹏起 ◎

于鹏起，字腾汉，号海门。康熙戊午（1678）举人。一生耽吟哦，习禅寂。晚年，又精于岐黄，摄生济人。

[民国《陵县续志》卷四第二十九编《补遗》]

训导

于鹏起，陵县。

[咸丰《青州府志》卷十一上《职官表七上》]

◎ 赵清翰 ◎

赵清翰，字芸阁，号墨卿。第二区赵家寨人。廪贡生。博极群书，旁通天文、地理、阴阳、卜筮等学，于医术尤精，临床能决其生死。为人多干略。同治间，捻匪扑城，佐训导莒州李赓南守南城，随方堵御，昼夜不懈，城赖以全。事定后，蒙保举，准以教谕候铨。邑侯江肇麟甚器之，尝书一联云：称善实惭蒲邑宰，得人深庆武城贤。以赠之，并跋云：芸阁贤友，髫年好学，乡党以孝友称。因守城功，得以广文。需次考其行，有澹台风。书此以赠并望勉旃。盖其实录云。堪后补授昌邑县教谕，旋迁阳谷县教谕，未赴任，卒。

[民国《陵县续志》卷四第二十四编《官师传》]

赵清翰，字芸阁。清代陵县赵家寨人。贡生。以医术知名。

[《山东中医药志》第六篇《人物表》]

◎ 于可宗 ◎

于可宗，字因甫。第二区于家集人。少习拳术，为人爽直，好解纷争，乡邻有斗者，竭力排解，虽口敝舌焦，赔垫酒席，亦所不惜，乡里赖以和睦者数十年。中年后，专习外科，制药膏。见市间售品，多掺杂劣药，诈人钱财，贻误病人也。遂以无偿施舍，远近求取者，络绎不绝，至则告以敷法，即酌给数贴而去。门无留宾，至老无间云。

[民国《陵县续志》卷四第二十四编《官师传》]

于可宗，字因甫。清代陵县于家集人。中年修医道，善治外科。自制膏药，无偿舍人。

[《山东中医药志》第六篇《人物表》]

民国

◎ 李 铣 ◎

李铣（1844—1946），陵县李全真村人。清咸丰间举人，曾出任知县。喜读方书，旁通医术，晚岁隐于医，以济世活人为务。

[《山东中医药志》第六篇《医林寿星小传》]

◎ 边世文 ◎

边世文（1853—1930），陵县中王奇庄村人。务农兼医，善治外科。

[《山东中医药志》第六篇《人物表》]

◎ 程国思 ◎

程国思（1863—1936），陵县东堂程庄村人。庠生。业医，善治伤寒、温疫症。

[《山东中医药志》第六篇《人物表》]

◎ 武殿选 ◎

武殿选（1865—1945），陵县官道武庄村人。工医术，精眼科，远至百里，求诊不绝，遇贫穷者济以茶饮，人多称颂。

[《山东中医药志》第六篇《人物表》]

◎ 王仙洲 ◎

王仙洲（1871—1938），陵县官道孙王梁庄村人。业医，善治伤寒、温病。曾悬壶于济南、德州，享有盛名。

[《山东中医药志》第六篇《人物表》]

◎ 荣相成 ◎

荣相成（1874—1944），陵县土桥西蔡村人。以术精外科知名。

[《山东中医药志》第六篇《人物表》]

◎ 孙德谦 ◎

孙德谦（1875—1940），陵县官道孙村人。术专内科，善治温病。

[《山东中医药志》第六篇《人物表》]

◎ 孙登瀛 ◎

孙登瀛（1876—1942），字蓬宾。陵县城关孙大汉村人。学宗陈修园氏，治精伤寒热病。

[《山东中医药志》第六篇《人物表》]

◎ 金忠旺 ◎

金忠旺（1884—1947），字蓬勃。陵县南金庄村人。术工外科，尤善整骨。

[《山东中医药志》第六篇《人物表》]

◎ 阎锡章 ◎

阎锡章（1892—1930），陵县土桥村人。学本仲景，善用经方，精外感热证。

[《山东中医药志》第六篇《人物表》]

◎ 王兆曾 ◎

王兆曾（1918—1943），祖籍章丘县。十七岁时随父到陵县开药店。1939年去乐陵八路军军政训练班学习。期间，加入中国共产党。1940年任陵县锄奸部长。1943年6月14日，在五区霍家村被敌人包围，突围时被俘，押至县城，敌人多方威逼利诱，王宁死不屈，慷慨就义。1984年列入《山东省著名革命烈士英名录》。

[《德州地区志》第二十六编《人物传略》]

平原

宋

◎ 赵自正 ◎

赵自正,翰林医学。见《自化传》,旧志阙。

[乾隆《平原县志》卷七《荐辟》]

赵自正,平原人。官翰林医学。

[道光《济南府志》卷三十九《选举一》]

◎ 赵自化 ◎

◎ 赵知喦 ◎

赵自化,本德州平原人。高祖常,为景州刺史,后举家陷契丹。父知喦脱身南归,寓居洛阳,习经方名药之术,又以授二子自正、自化。周显德中,偕来京师,悉以医术称。知喦卒,自正试方技,补翰林医学。会秦国长公主疾,有荐自化诊候者,疾愈,表为医学,再加尚药奉御。淳化五年(994),授医官副使。时召陈州隐士万适至,馆于自化家。会以适补慎县主簿,适素强力无疾,诏下日,自化怪其色变,为切脉曰:君将死矣。不数日,适果卒。至道中,有布衣郑元辅者,尝依自化之姻吏部令史张崇敏家。元辅时从自化丐索,无所得,心衔之。乃诣检上书,告自化漏泄禁中语及指斥、非所宜言等事。太宗初甚骇,命王继恩就御史府鞫之,皆无状,斩元辅于都市。自化坐交游非类,黜为郓州团练副使。未几,复旧职。咸平三年(1000),加正使。景德初,雍王元份洎晋国长公主并上言:自化药饵有功。请加使秩,领遥郡。上以自化居太医之长,不当复为请求,令枢密院召自化戒之。雍王薨,坐诊治无状,降为副使。二年(1005),复旧官。是冬卒,年五十七。遗表以所撰《四时养颐录》为献,真宗改名《调膳摄生图》,仍为制"序"。自化颇喜为篇什，其贬郢州也，有《汉沔诗集》五卷，宋白、李若拙为之"序"。又尝缵自古以方技至贵仕者，为《名医显秩传》三卷。

[《宋史》卷四百六十一《列传第二百二十·方技上》]

赵自化，高祖时为景州刺史。父知嵒，习经方名药之术，以授二子自正、自化。自正试方技，补翰林医学。会秦国长公主疾，或荐自化诊候，疾愈，表为医学，加尚药奉御。淳化五年，授医官副使。适召陈州隐士万适，馆于自化家，适素强无疾，诏下为主簿，自化怪其色变，为切脉，曰：君将死矣！不数日，适果卒。咸平三年，加正使。自化颇善为篇什，所撰有《四时养颐录》，献真宗，诏改名《调膳摄生图》，仍为制序。《汉沔诗集》，宋白、李若拙为之"序"。《名医显秩传》。

[乾隆《平原县志》卷七《隐逸》]

赵自化，高宗时以医鸣世，诊治有奇效，累迁至正使。所著有《四时养颐录》及《汉沔诗集》五卷。

[光绪《惠民县志》卷二十三《艺术》]

[咸丰《武定府志》卷二十六《艺术》]

赵自化，陵县人。高祖时尝为景州刺史，以医鸣世，诊治有奇效。著有《四时颐养录》及《汉沔诗集》五卷。

[道光《济南府志》卷四十七《人物三》]

赵自化，平原人。高祖时为景州刺史。父知嵒，习经方名药之术，以授二子自正、自化。自正试方技，补翰林医学。会秦国长公主疾，或荐自化诊候，疾愈，表为医学，加尚药奉御。淳化五年，授医官副使。适召陈州隐士万适，馆于其家，诏以为主簿，适素无疾，自化怪其色变，为切脉，曰：君将死矣！不数日，适果卒。咸平三年，加正使。自化善为篇什，撰有《四时养颐录》《汉沔诗集》《名医显秩传》。

按：赵自化，见《平原志》。旧志以为武定人。

[道光《济南府志》卷六十一《方伎》]

赵自化，平原人。高祖时尝为景州刺史。父知嵒，习经方名药之术，以授自化，自化遂以医鸣，诊治有奇效，累迁至正使。所著有《四时养颐录》及《汉沔诗集》五卷。

[嘉靖《山东通志》卷二十九《人物二·济南府》]

赵自化，德州平原人。其高祖为景州刺史，举家陷契丹。父知嵓，脱身南归，寓居洛阳，习艺术，以授二子自正、自化。周显德中，来京师，悉以医术称。知嵓卒，自正试方技，补翰林医学。自化以医秦国长公主疾有效，为尚药奉御。淳化五年，授医官副使。时召陈州隐士万适至，馆于自化家，适素强力，无疾，自化怪其色变，为切脉，曰：君将死矣！不数日，适果卒。咸平三年，加正使，卒。自化颇善篇什，有《汉沔诗集》五卷，宋白为之"序"《宋史·方技传》。

[宣统《山东通志》卷一百六十八《人物志第十一·历代艺术》]

按《古今医统》：赵自化，德州人。徙洛阳，业医。淳化中，从兄自正游京师，俱授医官，累迁翰林医副。

按《济南府志》：赵自化，武定人。高祖时，以医鸣世，诊治有奇效，累迁至正使。所著有《四时养颐录》及《汉沔诗集》五卷。

[《古今图书集成医部全录》卷五百七《医术名流列传》]

赵自化，本为德州平原人（今邹平县北），后全家陷契丹，南归后寓居洛阳。自幼从父习经方名药之术，父子皆以医术闻名。后补为翰林医学，升任医官副使。后因故降为郓州团练副使，不久复职。咸平三年，任医官正使。撰《四时养颐录》进献，真宗改名为《调膳摄生图》，并为其作序。另著有《汉沔诗集》五卷。并曾辑自古因方技而至贵仕者，为《名医显秩传》三卷。

[《滨州古今名人事略》]
[《山东中医药志》第六篇《传记》]

《汉沔诗集》五卷，赵自化撰。自化有《四时颐养录》，见子部医家类。《宋史》本传云：自化颇喜为篇什，其贬郓州也案本传：自化坐交游非类，黜为郓州团练副使，未几，复旧职。有《汉沔诗集》五卷，宋白、李若拙为之"序"。

[宣统《山东通志》卷一百四十一《艺文志第十·集部·别集》]

明

◎ 赵　熠 ◎

◎ 赵时升 ◎

赵时升，《医学意谱》。

[乾隆《平原县志》卷十《书目》]

赵熠，增生。授太医院吏目。

[乾隆《平原县志》卷七《例叙》]

赵熠，《活幼心法》。

[乾隆《平原县志》卷十《书目》]

赵氏五世科名记 刘玉池庄

邑人朱世则

余自昔即好谈说公侯卿士年表，及荐绅阀阅之，盛然貂绵蝉联者，无如晋之王谢、唐之崔卢，外此而为吾目中所睹记者，不过一再传而已衰，安能笏满床头，后先辉映哉！吾邑鲜世家大族，所表表堪记述者，惟天水赵氏称平原右姓也。按：赵氏，其先乐安人，不具论。明文皇时，有讳有德者，徙平原，家城北。四传而为文学公圮，补邑庠。国初，每庠不过二十人，公即与焉。赵氏之文章，如寸云蔚起矣。又一再传，而为封长垣公惠，质直，多气节，为乡饮大宾，举丈夫，子五人，长焞，中嘉靖戊午（1558）乡试，登乙丑（1565）进士。筮仕长垣，有异政，擢御史，巡九门。先是京都恶少，什百为伍，攫人财物如掇，闻公至，相率避匿，名其街为御史街，累官陕西按察司廉使，至今称廉宪公云；次散官辉；次临朐训导烨；次太医院吏目熠；次燃，拔贡。授赞皇令，升陕西西安府通判，以子民部公贵，增如其官。廉宪公叔子时和，博学，能文能诗，字学兰亭，几于乱真。中万历戊午（1618）顺天乡试，未仕而卒，另有"传"。散官五子叔，子时升，诸生。精轩岐家言，著有《意谱》行世，有"传"。季子时成，中万历乙卯（1615）乡试，能文而夭。别驾公六子长时，晋中万历己酉（1609）乡试，登癸丑（1613）进士。初仕任县，擒大猾李四天王；再仕滑县，擒妖人李景贤。政声腾三辅，入为户部清吏司主事。其诸伯、仲、昆、季二十人，皆游学宫。有衣冠，不龌龊田里，用是门阀阅阎，裘马翩跹，邑之人咸推毂赵氏矣。廉宪公伯子之子曰见图，中万历丁酉（1597）乡试，登崇祯戊辰（1628）进士。仕至冠县教谕，博极群籍，亦工书。民部公有子曰见庚，文名斐亹，每试辄前列，旁通天文、太乙、壬奇之术，固芥视一第矣。数奇，崇祯丙子（1636）始膺拔萃科，不仕。至是而赵氏之翱翔胶庠者四十人，上距廉宪盖三世矣。冠县公有子曰琛，中顺治丙戌（1646）乡试，登壬辰（1652）进士，仕至江西高安令。其从弟璐，拔贡。任至湖广天柱令。是为廉宪曾孙，上距廉宪四世矣。廉宪仲子之曾孙曰重熙，国朝定鼎，首膺拔萃，授浙江新昌令，已贰巩昌，已守浙江温州府。高安君有子曰镜幼，善帖括，不偶徙业而读孙吴书，中康熙丙午（1665）武科乡试。上距廉宪，则五世矣。目今饩于庠者若干人，籍于序者若干人。吁！盛矣。在昔之称大家者，往往远引前代，冒昧攀缘，适以绝其类，而乱其宗。今赵氏自封长垣公而下，皆历历可考也。长垣公又出于讳有德者，然则有德公，其赵氏之思文哉！爰缀铭言，用勒邑乘。铭曰：于赫赵氏，代有闻人，惟廉宪公显东西秦，为邑尊宿，三朝名臣。自此以往，科第嶙峋，或游郎署，或乘朱轮，文心剑气，宜尔振振。非德何基？非学何因？循此以进，百世可臻。后有作者，视余斯文。自作是《记》以后，廉宪公五世孙重杰，中康熙辛卯（1711）科顺天乡试；廉宪公六世孙汉文，中康熙壬午（1702）科乡试。别驾公五世孙重谕，中康熙乙卯科（1675）武乡试，登己未（1679）科武进士；别驾公六世孙斯倬，中乾隆丙辰（1736）恩科乡试，廉宪公七世孙之桀，乾隆丁卯（1747）副榜。

[民国《续修平原县志》卷十一《碑记》]

◎ 王　敬 ◎

王敬，世居北郭外里许。慈厚恺悌，轻财施药，反义所可为者，虽匍匐以救，而不辞。成化八年（1482），饥疫，饿莩载道，敬遇尸即葬，一岁计埋三百余。又连岁水旱，多流移，敬罄其所有，生给衣食，死仍掩埋，前后千余人。参议唐佚名行县闻之，亟加叹赏，劳以酒帛，有司举乡饮宾。

[乾隆《平原县志》卷八《孝义》]

清

◎ 董思懋 ◎

董思懋，字勉斋。贡生。父讷，奉命分修高堰，思懋随至工所，以身代劳，艰险不避。父病，寝食俱忘，吁天祈代。父殁，毁瘠殆绝。既扶榇归，而河工檄至，以久谙工役，复挺身独往，劳勚备尝，父工卒竟。素善医，造请无不立赴，贫者更买药予之。有王某，年三十不能婚；万某亲殁，不能葬，各捐金以赠焉。

[乾隆《平原县志》卷八《孝义》]

董思懋，字勉斋。讷子。贡生。父修高堰，随至工所，以身代劳，艰嫌不避。父病，寝食俱忘，吁天祈代。父殁，毁瘠殆绝。扶榇归，河工檄至，挺身独往，劳勚备尝，工卒竟。素善医，造请无不立赴，贫者以药予之。王某三十，不能婚；万某亲殁，不能葬，各捐金以赠焉。

[道光《济南府志》卷五十六《人物十二》]

董思懋，字勉斋。讷子。平原人。例贡，有"传"。

[道光《济南府志》卷四十三《选举五》]

◎ 任 直 ◎

任直，字行坦。邑庠生。绩学砥行，一介不苟。尝馆于恩邑，富室将以析产，阋墙构讼，直反复开晓，动其至性，遂感悟相让，且各出百金酬直，固却不受，安贫自如。研精医理，应手活人，不责其报。

[乾隆《平原县志》卷八《文学》]

任直，字行坦。平原人。庠生。绩学砥行，一介不苟。尝馆于恩邑，富室将以析产，阋墙构讼，反复开晓，动其至性，遂感悟相让，各出百金以酬，不受，安贫自如。研精医理，应手活人，不责其报。

[道光《济南府志》卷五十六《人物十二》]

◎ 赵 旸 ◎

赵暄，字霁生；旸，字向生。俱重煦子。并敦友爱，能色养。髫年相继入泮，岁科试，相次冠军。暄，沉酣经史，所为文以浑灏博大取气。旸，兼通诸子百家、岐黄、术数，文以奇崛峻拔取格。其为人也，暄能容人过，而不可以非礼干；旸伉直尝而折人，而人亦不怨。当时以为二难，惜旸早世，暄亦困场屋，仅以贡除冠县训，未及任而卒。

[乾隆《平原县志》卷八《文学》]

◎ 张 拭 ◎

张拭，字天目。完臣子。康熙乙卯（1675）举人。工古文辞，书法遒秀。孝友亦如其父，推祖茔旁田，与族之贫者，而课仍自输。复别置祭田二十亩，立石以垂久远。官中翰，以养母归。寿八十有三。弟撰，字绛园。负携才，年十八食饩于庠。工诗赋书画，尤精岐黄，惜早世。

[乾隆《平原县志》卷八《文学》]

《翠云山房诗草》，张撰撰。撰，字绛园。拭弟。诸生。《县志》称其工诗赋、书画。是集见《山左诗续钞》。

[宣统《山东通志》卷一百四十五上《艺文志第十·集·别集》]

◎ 邵肯堂 ◎

邵肯堂，字楹五。天资聪敏，少有高趣，博学，善属文，喜沈潜，闲静少言，不慕荣利，读书过目不忘。幼时，就读党庠，出入不斜顾，道旁或有新异事，过而问之，并未之睹。年未弱冠，即游泮宫。科岁试，以屡次冠军，食饩。由是，蜚声艺苑，遐迩知名。性纯孝，以高堂年迈，不求仕进，且因体弱，不胜棘闱之苦，无志甲科，亦不入场。丁艰后，思欲成就后学，一时英才，多出其门。又精岐黄，能于数月前决人生死，无毫发爽，一时有"扁鹊"之目。著有《医学钧元》《脉理辨证》二书，藏之家笥，未梓行。

[民国《续修平原县志》卷十《乡贤》]

邵肯堂，字楹五。廪贡。有"传"。

[民国《续修平原县志》卷六《贡生》]

邵肯堂，清代平原县人。精于医。著有《医学钧元》《脉理辨证》，未刊。

[《山东中医药志》第六篇《人物表》]

◎ 李华堂 ◎

　　李华堂，原名鸿林，字冠山，号书卿。天资聪敏，性孝友，读书务求详解，素精岐黄，善丹青，尤长于山水。生平不作诳语，与同学十三人结盟，德业相劝，过失相规，数十年如一日。家非素丰，而好拯困济贫，人有乞贷，推解，不少吝。值岁饥，人相食，谓子弟曰：今乡人，食且不能得，岂能还债乎！因将簿籍悉焚之，一乡感德。

[民国《续修平原县志》卷十《孝义》]

◎ 张大儒 ◎

　　张大儒，字硕彦，号圜桥。嘉庆庚午（1810）举人。性豁达，轻财好施，与人交，胸无城府。事嗣母，能得欢心。延师课子，教以义方。处家庭以和，待乡里以恕。精痘疹科，有求必应，所活小儿无算。卒年五十四。子长庚，贡成均；次子金庚，道光壬辰（1832）科副榜。

[民国《续修平原县志》卷十《孝义》]

　　张大儒，字硕彦，号圜桥。平原人。嘉庆庚午举人。性豁达，轻财好施，与人交，胸无城府。事嗣母，能得欢心。延师课子，教以义方。处家庭以和，待乡里以恕。精痘疹科，有求必应，所活小儿无算。卒年五十四。子长庚，贡成均；次子金庚，道光壬辰科副榜。

[道光《济南府志》卷五十六《人物十二》]

◎ 邵 核 ◎

◎ 邵得一 ◎

　　邵核，字青由。性敏好学，读书为文，精刻入里。游庠后，即业岐黄，著手成春，决人生死，百不失一，时人目为"扁鹊"。矩步方行，尤见先正典型。孙得一，字子开，亦精医学。

[民国《续修平原县志》卷十《方技》]

　　邵核，字青由。清代平原县人。业医，诊治多著手成春。孙得一，继其业，亦以医知名。

[《山东中医药志》第六篇《人物表》]

◎ 高 嶂 ◎

◎ 高心广 ◎

◎ 高积儒 ◎

高嶂，北仓上人。廪膳生。天姿清高，博通经史，尤精岐黄术，即疑难大症，无不著手成春。凡有造请，立赴。与邵核齐名，时有"南邵北高"之目。东抚丁宝桢之太夫人，患伤寒甚剧，群医束手，本县令以高荐，数剂而愈，酬以重金，不受而归。子心广，庠生。天姿优异，复禀家传，医术精深，延请者无虚日。孙积儒，秉祖父之遗传，精心医理，研究极深，皆能条理贯彻，妙解旁通，所诊无不立奏奇效。三世名医与城南邵氏三世之医，遥相辉映云。

[民国《续修平原县志》卷十《方技》]

高嶂，清代平原县北仓上人。博通经史，尤精医术，凡疑难大证，都有良好疗效。子孙传其术。

[《山东中医药志》第六篇《人物表》]

◎ 朱 杲 ◎

朱杲，字寅谷，号晴旭。道光乙酉（1825）拔贡，任曲阜教谕。工诗文，邃于医，诊病应手奏效。富贵人求诊必以资，贫穷者即勉强馈送，亦必力却。以故求诊者、门前乞丐踵相接，活人无算。每以"医理精深，人命攸关"，遗命后人，勿轻习医。

[民国《续修平原县志》卷十《方技》]

朱杲，字寅谷。清代平原县人。道光间拔贡，任曲阜教谕。旁通医术。诊治多应手奏效，贫者免费诊治，故门前常求诊者接踵。

[《山东中医药志》第六篇《人物表》]

◎ 邵 芪 ◎

邵芪，与弟薪，友于甚笃，出入必偕。精岐黄，名重一时。

[民国《续修平原县志》卷十《方技》]

◎ 卢莪 ◎

卢莪，字敬业。廪贡，为邑名儒，尤精岐黄。本之《难经》《素问》，别出新意，往往奏奇效。尝谓：医非有格致之功，不足以言医。物不格，无以审药之性；知不致，无以洞病之源；五行六气，其理甚微，生死存亡所关尤巨。虚者补之，何为授以参、术而不效？寒者温之，何为投以姜、桂而罔功？世医不揣其本，但泥古方，其不至贻害苍生者，鲜矣！想见其医学之深。

[民国《续修平原县志》卷十《方技》]

卢莪，字敬业。清代平原县人。贡生。为邑名儒，尤精岐黄之术。

[《山东中医药志》第六篇《人物表》]

◎ 唐凤楼 ◎

唐凤楼，字修五。增贡生。通经史，精医学，每诊病断生死，不毫发爽。高车驷马，日踵其门，声价重于一时。

[民国《续修平原县志》卷十《方技》]

唐凤楼，字修五。清末民初平原县人。增贡生。通经史，精医术。读《内》《难》别有新义，学长沙师而不泥，治多奇效。

[《山东中医药志》第六篇《人物表》]

◎ 李大方 ◎

李大方，字鉴塘。城东北李庄人。例授从九品。性孝友，经史淹贯，邃于医术，外科尤精。应诊不避寒暑，愈后亦不索谢，活人甚众，名闻遐迩。

[民国《续修平原县志》卷十《方技》]

李大方，字鉴塘。清代平原县城北李庄人。例授从九品。修医道，尤精外科术。应诊不避寒暑，病愈亦不索谢，活人甚众。

[《山东中医药志》第六篇《人物表》]

◎ 李云泽 ◎

李云泽，字梦瀛。邑庠生。天资敏捷，读书过目不忘，邃于医，尤长于书。高唐任鸣冈题其壁，有"术擅二张，书法二王"之誉。

[民国《续修平原县志》卷十《方技》]

李云泽，字梦瀛。清代平原县人。邑庠生。精医术，善书法。高唐任鸣岗题其壁："术擅二张，书法二王。"

[《山东中医药志》第六篇《人物表》]

◎ 刘良田 ◎

刘良田，字艺圃。弱冠游庠，于一切卜筮、堪舆、子评、奇门、医药诸书，无不通晓。中年，独研究医理。谓：虽小道，可以济世活人。凡遇奇症，群医不能治者，辄著手成春。年老，避土匪之乱，逾墙伤腿，不良于行，出门恒以少女自随，兼令习医。

[民国《续修平原县志》卷十《方技》]

刘良田，字艺圃。清代平原县人。中年业医，工操济世活人之术。晚年伤足，不利于行，有延请者，其小女相随，惠及乡里，有口皆碑。

[《山东中医药志》第六篇《人物表》]

◎ 唐书鉴 ◎

唐书鉴，字观五。邑诸生。精岐黄，学行见重于时。

[民国《续修平原县志》卷十《方技》]

唐书鉴，字观五。清末民初平原县人。邑诸生。精岐黄术，名重一时。

[《山东中医药志》第六篇《人物表》]

◎ 范凤岐 ◎

范凤岐，字瑞西。陈魏二庄人。幼从师受学，聪明异于恒人。年十八，入邑庠，以仁孝廉洁称。壮年，弃举子业，致力于医，博览群籍，垂二十年，遂精其术。有人病危笃，群医束手，凤岐视之，曰：病尚可为。为处方剂数药而愈。由是，声誉隆起。常将读书心得及生平施治医案汇录成册，惜身后毁于火。

[民国《续修平原县志》卷十《方技》]

范凤岐，字瑞西。清末民初平原县陈魏二庄村人。邑庠生。以医知名。

[《山东中医药志》第六篇《人物表》]

◎ 乔立泰 ◎

乔立泰，字宗五。城北仓上人。幼因病习医，遂深通其理，活人无算。诊病后，必审视药饵，以辨真伪。俟其人病愈，始去。邻县常以车马来迎，呼为"乔半仙"。举乡饮介宾。

[民国《续修平原县志》卷十《方技》]

乔立泰，字宗五。清代平原县城北仓上人。工医术，活人无算。病者取药，必亲自辨药饵之真伪。

[《山东中医药志》第六篇《人物表》]

◎ 王宗贵 ◎

◎ 王连升 ◎

王宗贵，城北姜家庙人。善医筋骨疾，人有病者，以手按摩之，应手愈。吴桥老人，忽有疾，数年不能动转，群医照痈瘘施治，百计罔效。宗贵视之，曰：此乃大胯脱节也。以手推拿之，立能起行，人以"半仙"呼之。据云：凡人手足骨折，纵至极碎，用接骨膏丹治之，不过半月，无不完固。子连升，能世其艺。

[民国《续修平原县志》卷十《方技》]

王宗贵，清代恩县人。业医，精按摩术，善治筋骨病。子连升，世其业。

[《山东中医药志》第六篇《人物表》]

◎ 祖兆祯 ◎

祖兆祯，字祥亭。治折伤筋骨，极有神效。

[民国《续修平原县志》卷十《方技》]

恩 县

唐

◎ 潘师旦 ◎

潘师旦，少丧母，庐墓。事王知远，为道士，得其术，居逍遥谷。高宗幸东都，召见，问所须，对曰：茂松泉石，臣所须也。诏即其庐作崇唐观。年九十八卒，赠大中大夫，谥"体元先生"。司马承祯尝传其辟谷导引术。

[宣统《重修恩县志》卷八《仙释》]

潘师旦，贝州人。少丧母，庐墓。事王知远，为道士，得其术，居逍遥谷。高宗幸东都，召见，问所须，对曰：茂松泉石，臣所须也。诏即其庐作崇唐观。年九十八卒，赠大中大夫，谥"体元先生"。司马承祯尝传其辟谷导引术旧志。

[嘉庆《东昌府志》卷三十四《仙释》]

明

◎ 纪 鹏 ◎

城隍庙，在拱辰门外右。洪武七年（1374），县丞申范建。成化二年（1466），知县周恪修。弘治四年（1491），知县李希哲增修。嘉靖十一年（1532），医官纪鹏等轮资新之，有《记》。

[宣统《重修恩县志》卷三《祠祀》]

◎ 刘 楷 ◎

刘楷，诸生。性孝友，兄栋死于京师，楷千里负骸归。姑母贫，无子，养之终身。嘉靖丙辰（1556）疫，舍药救人。著有《大学古本解》，失传。

[宣统《重修恩县志》卷八《孝友》]

[嘉庆《东昌府志》卷三十二《孝义》]

◎ 石迁岩 ◎

徐氏，石逮妻。嘉靖初，逮卒，徐年二十四，遗腹生子迁岩，补庠弟子。徐年六十卒。迁岩后弃儒攻医，授徒数辈，以广利济。

[宣统《重修恩县志》卷八《贞烈》]

◎ 杨子庭 ◎

◎ 孙一儒 ◎

烈妇杨氏碑文

知恩县事晋陵刘仁启撰

遐稽忠臣烈妇，并勒千秋。余谓：烈妇尤难数得也。盖其质柔而性阴，固鲜慷慨丈夫气节，矧古佳言懿行，几接于耳，几披于目，则激励触发何居，而特于裳衣桨酒间贞操表表，故烈妇尤难数得也。至以弱岁矢志树节，讵非难之又难者哉！以余恩杨氏志行，虽诗书所称，何以加焉！杨氏为医官杨子庭女，年十六，适医官孙一儒子渤。渤固颖敏士，早列博士弟子员，而氏不惜脱簪珥以佐资斧者，阅三载无倦。居恒勖渤曰：妇勤女红，夫邀君宠，庶两不负而两相成。讵直光大孙氏门第，妾籍荣施，亦应无量。使渤获绵其算，固当腾骧天路，而氏向所勖于渤者，不且券收之耶，夫何渤恙入膏肓，一旦溘然，朝露先时。氏生一女，甫匝五月，氏掷不顾，而投缳者凡几，惟愿速追地下。姑曰：吁而夫则逝，而姑尚存生之便。母曰：吁而婿当从，而女孰抚生之便。氏曰：吁姑可不以媳养妇，胡不以夫殉为之女者，虽以婿亡为之孙者，可以祖育死之便。仅距渤故二十日，而氏已绝粒从地下矣。嗟乎！氏何烈至此也。得之一十九龄，则余所谓难之又难者也。烈如氏而九原可起，余为执鞭复奚辞！按使者业奏，允立坊煌煌。天语氏已生色，余何足以重氏而碑之，第恩有氏，固足以重恩也。能无言以垂不朽云。

[宣统《重修恩县志》卷八《贞烈》]

清

◎ 吴士茂 ◎

吴士茂，字晋卿。义乌人。事继母杨氏以孝闻，待孀姊孤甥曲尽恩谊。康熙间，以千总征朔漠得军功，升副将。及致仕，迁居恩县。食常不给，处之泰然。有故旧赠百金，固辞不获受而置诸柜。已而为仆窃去，事觉逐之不甚究也。晚年精医术，多所全活。乾隆二年（1737）卒，年七十有一。

[嘉庆《东昌府志》卷三十四《侨寓》]

◎ 朱世哲 ◎

朱世哲，业医。有药贾，遗一囊于肆，去。中有银三十余两、人参一觔、朱砂数觔。数日，俟其至还之。

[宣统《重修恩县志》卷八《义行》]

[嘉庆《东昌府志》卷三十二《孝义》]

◎ 傅济川 ◎

傅济川，城西北傅家庄人。乡饮介宾。性孝友，轻财好施，家仅中人产，而见义必为，不遗余力。光绪元年（1875），岁饥，出资籴粮数百石，以赡宗族乡党之贫者。又煮粥赈饥，全活无算。次年（1876）大疫，施棺施药，尤多善举，远近德之。

[宣统《重修恩县志》卷八《义行》]

◎ 满来春 ◎

满来春，宋庄人。舍药三世，邑侯李维诚给以"善泽覃敷"匾额。

[宣统《重修恩县志》卷八《义行》]

◎ 李圣传 ◎

李圣传，字宗鲁。精岐黄术，著《医世要言》十卷，藏于家。

[宣统《重修恩县志》卷八《方技》]

李圣传，字宗鲁。清代武城人。精岐黄术，著有《医世要言》，未刊。

[《山东中医药志》第六篇《人物表》]

◎ 张锡祉 ◎

◎ 李香谷 ◎

张锡祉，字承麻。例贡生。精通医理，尝谓：医道之难，难在辨证；辨证明，则用药无不效。平生用药，不过十味，平淡无奇，虽笃疾濒危，投之立愈。同时工于医者，又有李香谷，与锡祉齐名。

[宣统《重修恩县志》卷八《方技》]

张锡祉，字承麻。清代武城县人。例贡生。精医理，用药少而精。

[《山东中医药志》第六篇《人物表》]

◎ 王翀一 ◎

王翀一，字魁选。附生。精通岐黄，远近争延之。

[宣统《重修恩县志》卷八《方技》]

王翀一，字魁选。清代武城人。附生。精医术，远近争延之。

[《山东中医药志》第六篇《人物表》]

◎ 王万邦 ◎

王万邦，字协和。工于医。

[宣统《重修恩县志》卷八《方技》]

王万邦，字协和。城西梁吴庄人。精岐黄术，远近争延致之。光绪十年（1884）冬薄暮，自邻村归，路遇青衣人迎谒，口称少主人患疮症，请先生诊治。王问：何村？答云：不远。行不数武，见一村落，树林荫翳，北向一巨宅门前，有白发叟肃客。入楼舍，宏整宛然世家，王思近村无此巨第，心知其异。少顷，茶罢，入内视症。见童子卧帐内，年可十四五，貌极秀曼。王曰：此非疮症，疑是犬噬。叟曰：然。此系少子适过新婚，郊外闲游，偶为犬噬，伤重难痊，望先生拯救。王乃给药授方。既而酒炙纷陈，杯盘皆金银。王审视再三，主人已会意，谓仓猝延请，未备贽仪，先生不嫌粗贱，聊以奉赠。王因求赠一器，以便使用。话毕，遂命仆整顿车马，送客启行。至里叩门，回视仆与车马，已杳，惟星月在天而已。所赠器则一颏骨，用治痔疮，脱管如神。

[宣统《重修恩县志》卷十《异闻》]

王万邦，字协和。清代武城县人。业岐黄术，善内、妇科，不分昼夜，有延必至，贫者不扰饭，病愈不索酬，名重一时。

[《山东中医药志》第六篇《人物表》]

◎ 庞履直 ◎

庞履直，字砥轩。廪贡生。初受业于杨对庭、李凤翀，嗣闻花南村讲学历下，负笈从焉。由是，所造益邃。以困于棘闱，遂弃举业，习岐黄之术。沉疴痼疾，投剂立瘳。又尝倡修村圩，远近之人，莫不德之。

[宣统《重修恩县志》卷八《方技》]

庞履直，字砥轩。清代武城县人。贡生。工医术，疗病多起沉疴。

[《山东中医药志》第六篇《人物表》]

◎ 杨过芝 ◎

杨过芝，清代恩县人。习岐黄术，以济世活人为怀。

[《山东中医药志》第六篇《人物表》]

◎ 荣 利 ◎

荣利，清代恩县人。晚年喜方书，工医术。著有《医学心法》《临证指南》，未刊。

[《山东中医药志》第六篇《人物表》]

◎ 董 莹 ◎

董莹，字会星。清代恩县吕庄人。初业儒，后习医，精眼科术。

[《山东中医药志》第六篇《人物表》]

◎ 王金榜 ◎

◎ 王育鑫 ◎

王金榜，字鼎臣。清代恩县付家庙人。武庠生。通医术，善治目疾。又善为人排难解纷，乡人多德之，公送"宫里伟望"匾，立"德寿齐芳"碑。次子育鑫，传其术，亦精眼科。

[《山东中医药志》第六篇《人物表》]

◎ 李著雍 ◎

◎ 李春曜 ◎

◎ 李春杲 ◎

◎ 李春瀛 ◎

李著雍，清代恩县宋庄人。贡生。精于医，活人甚多。子春曜、春杲、春瀛，皆以医术著称。

[《山东中医药志》第六篇《人物表》]

◎ 郭玉堃 ◎

郭玉堃，字秀峰。清代恩县人。业医，工按摩术。遇跌打损伤、筋骨伤残等症，无不应手立效。

[《山东中医药志》第六篇《人物表》]

◎ 张子实 ◎

张子实，字允光。清代恩县邱王庄人。庠生。以工医术知名。

[《山东中医药志》第六篇《人物表》]

◎ 王绶荣 ◎

王绶荣，字华簪。清增生。后夏寨人。学问渊博，识见高远，不慕荣利。晚年潜心医学，著有《医学心法》《临症指南》二书，藏于家。为人诊病，不索酬，邻近乡村感其德。

[民国《重修恩县志》卷十一《乡贤·德望》]

明

◎ **张　龄** ◎

◎ **刘　崇** ◎

◎ **潘　仁** ◎

医学训科

张龄

刘崇

潘仁

[嘉靖《夏津县志》卷三《医学训科》]

◎ **张福广** ◎

大云寺，城东三十五里，古刹。元末圮，明洪武中，僧福广创居于此。至天顺、成化中，僧福宽、真善大拓基宇，置地八十三顷。嘉靖、万历间，继修。明末燹毁，僧众皆散。国朝康熙初，僧理智募十方善信，又修复之。寺外有桥三孔，自山门至阁后，计址长六百五步，凡八进，四配殿宇层接，规制壮丽。千佛阁，址大一亩九分，高七丈二尺，特立云表，欂栱飞甍，流丹焕彩，周围禅堂寮舍，共积地四顷五十亩，实东省诸刹之冠。士大夫往来，多登临赋咏，旷揽遐观。每岁正月、十月望日，商民麇集，贸易百货，萃止不减都会，洵一方之名胜云。明初僧福广，本姓张，莱州掖县道士，人称张法师。夫妻二人随行，施药疗病有验。至此修静，后皈依释教，故俗至今犹称张法寺。其妻亦出家，距寺十二里，自建一室，即称张姑庵。

[乾隆《夏津县志》卷五《寺观》]

大云寺登千佛阁

方学成

　　城东大云寺……前明张道者，尝挈老夫妇，至此独结庐，施药并募助，代传及徒众，更以佛法付，成此大功德，齐鲁首称誉。后虽更兵燹，国初又复故东省以此寺为冠。明洪武初，掖县道人张福广创居于此，募缘施药，后皈释教，人犹称张法师。至其徒孙真善六兴工作营造，历代继修，明末燹毁，国朝康熙初，僧理智又募修，复之置常住地八十三顷……

〔乾隆《夏津县志》卷十《艺文》〕

清

◎ 张　恒 ◎

　　张恒，字久也，号东璧。居城西正保屯。性醇厚，自幼读书刻苦，不能成诵，一熟复遂终身不忘。生平立心为善，亦终身不变。康熙戊寅（1698），以选贡肄业成均，有名都下。丁内外艰，尽哀尽慎，葬祭悉依古礼，忌辰必斋，新物不荐，弗忍先尝也。同怀兄弟四人，从堂兄弟五人，及诸子姓辈，内外大小百余口，处之能让能忍，初无咤言厉色，人莫不孚从。晚好医，治药室以救人病，有求必应，不问其名。又好诱掖后进，乡之子弟多受业焉。年六十有三，疾革，犹顾其子庠生景圣、景武，呐呐讲君子小人之辨，至气绝乃已。

〔乾隆《夏津县志》卷八《隐行》〕

◎ 韩文彬 ◎

　　韩文彬，字均雅。为士能公后裔。生而颖异，博览经史，不屑规规作章句儒，精研张氏《类经》，擅岐黄及针砭诸技术。凡有疑难症，无不应手效，济世活人，众论归之。壮岁，值邑境灾荒，襄办赈务，查察疾苦，亲历百数十村庄，尽心抚恤，全活者不下万千户。咸同间，发捻变起，襄同邑宰修葺城垣，募集乡勇，被推任城厢团总。与总团总王有成戮力同心，奔走调度，寝食不遑者数阅月，地方治安，赖以保全，乡里德之，邑宰重其行谊，欲专案以知县保用，力辞不受。嗣以赈灾输巨金，授职为郎签，分工部，赴都供职。不喜攀援，浮沉郎署几四十年。资劳深久，蒙派恭办文宗显皇帝奉安典礼，继修菩陀峪万年吉地工程。穆宗毅皇帝奉安及德宗景皇帝大婚，皆奉派襄办典礼，迭邀奖叙，赏戴花翎，特授工部正郎。光绪十九年（1893），选授贵州铜仁府知府。铜仁处蛮烟瘴雨之地，夙称盗薮。下车后，首以振兴教化为务，安良善，靖萑苻，期年之间，风化大行，颂德之声，不绝于路。二十三年三月，积劳成疾，卒于官。后子若孙，犹能世其针砭技能，地方人受益匪浅，咸谓遗泽孔长云。

[民国《夏津县志续编》卷八《忠义》]

韩文彬，工部主事，历升员外郎中，因监修普陀峪工程赏戴花翎，旋外放贵州铜仁府知府，加道员衔。见《人物》。

[民国《夏津县志续编》卷七《仕进别途》]

韩文彬，字均雅。清代夏津县人。官授工部正郎、贵州铜仁知府。精研张氏《类经》，善针砭术，凡有疑难症，多应手奏效。

[《山东中医药志》第六篇《人物表》]

◎ 邹笃城 ◎

邹纯信，字成之。附贡生，候选训导。天性孝友，弟纯儒早殁，纯信每于睡眠之际，泪湿枕席，然恐伤亲心，在亲前必和颜劝慰，以宽其怀。父性严峻，稍有过失，即深怒呵责。纯信垂手立侧，屏气敬听。怒稍平，命之去，然后去。子二，长开城，邑庠生；次笃城，精外科，施药济众。一门祥和，孝友可风。

[民国《夏津县志续编》卷八《孝友》]

◎ 杜勉初 ◎

杜勉初，字彬雅。道光庚寅（1830）岁贡，与张烺、李天祥齐名，屡试冠军。与兄侗初同为刘学使凤诰所赏识。兄弟原名儒林、上林，侗初、勉初皆学使所改赠。屡蹶棘闱，六荐不售，乃灰心仕进，与叔增广生炳文研究医学，炳文精痘科见《艺术》。勉初经指点，即豁然通，行医数十年，不谋其利。晚年将经验所得，悉注于《痘科类编》一书。后人奉为圭臬，临险症皆奇验，五代相传，为著名世医。

[民国《夏津县志续编》卷八《义行》]

杜勉初，字彬雅。清代夏津县人。贡生。工医，善治痘疹。行医数十年，不谋利。著有《痘疹类编》一卷，后人奉为圭臬，临险症，皆其验，五代相传，著名世医。

[《山东中医药志》第六篇《人物表》]

◎ 刘之培 ◎

◎ 刘　颉 ◎

刘之培，字养源。颉子。廪贡，报捐训导。性谨和，品学亦见重士林，设帐恩、夏两境近二十年，远近从游者众。每岁科试，门下恒二三人或三五人获攫芹香。岁贡葛绳祖、王化昌及其侄其镕，均邑知名士，皆出其门。又继父颉，精岐黄业，有求必应，不索酬分毫。后任兖州府学训导，颇以医术见重，府宪屡邀保奖，在职十二年。年七十二，卒于任。

[民国《夏津县志续编》卷八《义行》]

◎ 孟继舆 ◎

孟继舆，字承三。性情豁达，财物无彼我之分。光绪初，为人贷款数百缗。越年，岁大饥，债主索之急，割地代偿。家道中衰，携幼子光尧漫游京师，悬壶设帐，以资糊口。后考取太医院良医之名，震动一时，旋卒于燕邸。二十一年（1894），灵柩回籍，族乡戚友咸迎接致祭，至今犹追念不置云。

[民国《夏津县志续编》卷八《义行》]

孟继舆，字承三。清代夏津县人。光绪初悬壶京师，曾考取太医院良医。

[《山东中医药志》第六篇《人物表》]

◎ 张春桥 ◎

◎ 张　纬 ◎

◎ 张朝珍 ◎

◎ 张朝瑞 ◎

张春桥，字荫堂。年十八由东昌迁居夏津。事母至孝，精医术，善治咽喉，尤长于外科。舍药活人，不惮烦，不望报。同治十二年（1873），城乡人士以"妙手慈心""著手成春"等语旌其门。子纬，孙朝珍、朝瑞，均能继志述事，人以积善之家称之。

[民国《夏津县志续编》卷八《义行》]

张春桥，字荫堂。清代夏津县人。工医术，善治外科及喉科。舍药活人，从不望报。城乡士绅以"妙手慈心"额其门。

[《山东中医药志》第六篇《人物表》]

◎ 王梦鹤 ◎

王梦鹤，字会仙。例贡生。精于医术，咸丰年间，时疫流行，置锅通衢，煎药舍施，提瓶携壶者，络绎不绝，全活甚众。邻村公送匾额曰"儒医世宝"。知县母多病，延之诊治，一药而愈，旌其门曰"功懋调元"。

[民国《夏津县志续编》卷八《义行》]

王梦鹤，字会仙。清代夏津县人。贡生。精岐黄术，咸丰间疫病流行，制药施贫。乡公赠匾曰"儒医世宝"。

[《山东中医药志》第六篇《人物表》]

◎ 宫泽远 ◎

宫泽远，太学生。舍膏丹丸散，以外科著名。有踵门求医者，汤洗敷药，不惮烦。一丐患疡，留数日医之，且饮食之，痊而后去。子五，立德、成德、裕德，均俊；监金，第附贡生；银台，庠生。

[民国《夏津县志续编》卷八《义行》]

宫泽远，清代夏津县人。太学生。舍膏丹丸散，以外科著名。

[《山东中医药志》第六篇《人物表》]

◎ 孟广训 ◎

孟广训，字圣谟。良医继舆之子也。幼读，家贫，弃儒改业岐黄，虽病极危险，辄著手成春。于是名驰遐迩，就医者车马满门。晚年息事宁人，为一乡矜式，四乡公送"德隆望重"匾额，以旌其门。

[民国《夏津县志续编》卷八《义行》]

孟广训，字圣谟。清代夏津县人。传父术业医，遇险症多著手成春，名闻遐迩，就诊者车马盈门。

[《山东中医药志》第六篇《人物表》]

◎ 郑兴恩 ◎

郑兴恩，字耆英。深明医术，善舍施，遇贫而无告者，助以药饵，活人无算。

[民国《夏津县志续编》卷八《义行》]

◎ 张　铭 ◎

张铭，字景汤。家贫好学，屡试未售，设帐于乡，不计脩金。又精外科，终身舍药，并以行善属其子焉。

[民国《夏津县志续编》卷八《义行》]

张铭，字景汤。清代夏津县人。以善治外科并乐善好施知名。

[《山东中医药志》第六篇《人物表》]

◎ 李士荣 ◎

李士荣，字晋卿。庠生。乡试未售，遂习岐黄术。时疫流行，巡视乡里，无停时，有许叔风，便溺臭秽，不虑传染。家虽殷实，绝无骄气。

[民国《夏津县志续编》卷八《义行》]

◎ 靳殿甲 ◎

◎ 靳得戌 ◎

◎ 靳绪昌 ◎

靳殿甲，字连第。武庠生。尝语人曰：功名易得，阴德难积。以济世活人为己任，精于按摩，尤善正骨，常备舒筋、接骨等膏，七厘、麦芒等散，随时舍施。年老，将手术药方，传次子得戌，戌复传子绪昌，三世舍药，望重一方。

[民国《夏津县志续编》卷八《义行》]

靳殿甲，字连第。清代夏津县人。武庠生。精按摩术，尤善整骨。以济世活人为怀。子孙相传，三世舍药，名重一方。

[《山东中医药志》第六篇《人物表》]

◎ 张恩崇 ◎

张恩崇，城南莫庄人。家小康，精外科，以舍药救苦为乐事。八十余岁，无疾而卒。

[民国《夏津县志续编》卷八《义行》]

张恩崇，清代夏津县城南莫庄人。业医，精外科，以舍药救苦难为乐。

[《山东中医药志》第六篇《人物表》]

◎ 岳复明 ◎

◎ 岳伯和 ◎

◎ 岳存哲 ◎

◎ 岳积庆 ◎

◎ 岳可宗 ◎

◎ 岳子诚 ◎

岳复明，字秀松。岳集人。同村霍孝廉，在部学习，得秘方，能接伤骨，效如神。方名麦芒散，亦名接骨丹。孝廉无子，与复明善，故传焉。子伯和，性慈善，得此方，舍药救人，求无不应，亦无不效。伯和传子存哲，存哲传子积庆，积庆传子可宗，可宗传子子诚，舍药五世，未尝受谢，传为家法，远近知名。

[民国《夏津县志续编》卷八《义行》]

岳复明，字秀松。清代夏津县人。得秘方"麦芒散"，接骨效如神。子伯和，性慈善，得此方舍药救治无不应，五世为医，以不受礼谢传为家法，远近知名。

[《山东中医药志》第六篇《人物表》]

◎ 朱天祥 ◎

朱恺，字泽远。富而好礼，乡中贫不能举火者，周以米粟；失业者，助资本，使贸易。知县高其行谊，呈明上宪，赏银牌，保为寿官。孙万春，好义乐施，不忘祖训。曾孙天祥，精外科，舍药救人。济南修石城，捐银百两，亦蒙奖。玄孙炳文，留学日本，回国考试，列超等四名，授农商部技正职。

[民国《夏津县志续编》卷八《义行》]

◎ 李保中 ◎

李保中，字育德。附贡生。庚子，岁饥，出粟数百石，以济贫乏。戊申，山左饥，捐数千金，以倡义举。己酉春，瘟疫流行，施方舍药，求者立应。

[民国《夏津县志续编》卷八《义行》]

李保中，字育德。清代夏津县人。贡生。业医，每于荒岁疫病流行之时，施方舍药。

[《山东中医药志》第六篇《人物表》]

◎ 殷廷吉 ◎

殷廷吉，字祥瑞。性慈善，好施舍，不理家政，日以采药为事，出必荷铲，为采药具，兼埋骨修路。虫、鱼、鸟、兽、矿、植等物可为药者，不惮跋涉，必往采之，《本草》所未载，药肆所缺乏，独家藏备具，当时索药者络绎不绝，有数百里，耳其名而来者，廷吉不论亲疏，有求必应，人以"善人"称。九十六岁卒。

[民国《夏津县志续编》卷八《义行》]

殷廷吉，字祥瑞。清代夏津县人。生卒年代不详。性慈善，好施舍，不理家政，以采药为事，出必荷铲，为采药具，虫、鱼、鸟、兽、矿、植等物可为药者，不惮跋涉，必往采之，《本草》所未载，药肆所缺，家藏以应病，索药者络绎不绝，有数百里闻名而来者。廷吉不论远近亲疏，有求必应，以善人称。九十六岁，无疾而终。

[《山东中医药志》第六篇《医林寿星小传》]

◎ 靳　氏 ◎

靳氏，靳庄靳爽之女，李文庄李绍薪之妻。夫早世，氏事翁姑至孝，每晨必供肴酒，以为常。娣姒五人，一以和睦相待。生五子，教以正业，皆成立。氏幼受书于父，知文墨，通医药，妇女、小儿、痘疹诸科，皆精其术。年虽迈，有求必应，全活甚众。年八十一岁卒，四乡扁其门曰"德寿兼优"。

[民国《夏津县志续编》卷八《节孝》]

靳氏，女。清代夏津县李文庄人。通文墨。知医理，精妇科及小儿痘疹。虽年迈，有求必应，全活甚众。

[《山东中医药志》第六篇《人物表》]

◎ 范我良 ◎

范我良，字从善。精外科，后入太学。邑宰额其门曰"壁雍卢扁"。

[民国《夏津县志续编》卷八《艺术》]

◎ 刘梦龄 ◎

刘梦龄，字锡九。贡生。以博学称，后弃举子业，研究岐黄术，邃于脉理。求医者，户外之屦常满。尽心诊视，无贫富分。年八十余，以寿终。

[民国《夏津县志续编》卷八《艺术》]

刘梦龄，字锡九。清代夏津县人。贡生。工岐黄术，尤精脉理。

[《山东中医药志》第六篇《人物表》]

◎ 杜炳文 ◎

杜炳文，增生。精痘疹术，与邢先止之数学、桂先生之伤寒，称"山东三绝"。今术传六代，犹能世其业。求者辄应手效云。

[民国《夏津县志续编》卷八《艺术》]

杜炳文，清代夏津县人。增生。业医，以治痘疹知名，其术家传六世。

[《山东中医药志》第六篇《人物表》]

◎ 纪连桂 ◎

纪连桂，字月攀。太学生。精岐黄术，延者接踵于门，辄应手效。一方德之，旌其门，复表其墓。

[民国《夏津县志续编》卷八《艺术》]

◎ 萧文灵 ◎

萧文灵，字麟书。廪生。精岐黄术，以寿世为心，有求必应，人咸德之。

[民国《夏津县志续编》卷八《艺术》]

萧文灵，字麟书。清代夏津县人。廪生。精于医，以寿世为心，有求必应。

[《山东中医药志》第六篇《人物表》]

◎ 王英琳 ◎

◎ 王龙文 ◎

王英琳，字聘卿。武生。卞官桥人。幼聪敏，以父老辍读，理家政。于农隙，习弓马术，一试获擢芹焉。自兹愈专心家务，著《守家十要》《创业难》诸词歌。又精岐黄业，于伤寒、眼科独有心得。著《伤寒会解》《眼科类集》，待刊。年七十五，无疾而卒。子曰龙文，生能读父书，亦以医知名。

[民国《夏津县志续编》卷八《艺术》]

王英琳，字聘卿。清代夏津县卞官桥人。武生。善治伤寒，精眼科。著有《伤寒会解》《眼科类集》，未刊。子龙文，承其业。

[《山东中医药志》第六篇《人物表》]

◎ 潘松岭 ◎

潘松岭，字冬秀。庠生。游泮后，习岐黄业，于脉学、妇女科，独树一帜。

[民国《夏津县志续编》卷八《艺术》]

潘松岭，字冬秀。清代夏津县人。庠生。业医，精脉学，善治妇科病。

[《山东中医药志》第六篇《人物表》]

◎ 张希周 ◎

张希周，字景镐。红庙人。因母病，潜心医学，确有心得。不问远迩，延之辄往，贫者舍药以济，全活甚众。八十五岁卒。

[民国《夏津县志续编》卷八《艺术》]

张希周，字景镐。清末民初夏津县红庙村人。以母病潜心习医，不计远近，有延必往，贫者舍药济之。

[《山东中医药志》第六篇《人物表》]

◎ 许振文 ◎

许振文，字光甲。世居城西许营子。幼应童子试，不售，遂治岐黄业，精脉理，遇危症，他医束手者，经光甲诊治，辄应手效，以善医称。著有《经验治疗方论》及《女科五带论》。

[民国《夏津县志续编》卷八《艺术》]

许振文，字光甲。清代夏津县城西许营子村人。工岐黄术，精脉理，治多验。

著有《经验治疗方论》《妇科五带论》。

[《山东中医药志》第六篇《人物表》]

◎ 栾丕建 ◎

◎ 栾待后 ◎

栾丕建，邑庠生。增贡生丕显弟也。性淡泊，不慕荣利，以济众爱人为念。游泮后，研究医学，良医之名，噪一时。殁后，孙待后以遗方治病，辄应手效。邻村额其门曰"祖术济众"。

[民国《夏津县志续编》卷八《艺术》]

栾丕建，清末民初夏津县人。庠生。业医，不慕荣利，以济世活人为怀。

[《山东中医药志》第六篇《人物表》]

民国

◎ 管淑涵 ◎

管淑涵，字序元。邑西北万厂人。天资聪颖，幼从伯兄淑泰学读，常兼人长。就外傅师，颇获塾师奖许。弱冠，补博士弟子。岁科试，屡列前茅。惜数奇，未获食饩。屡踬棘闱，以增生终。清宣统初，毕业省自治研究所，历充本县研究所教员，县立一高、二高教员，参事会参事，河工总办，选举事务所长，第三区区长，在职悉本热忱，勤慎将事，卓著成绩。民国二十二年（1933）八月，修志会成立，蒙县长谢聘，充编辑员。属稿未终，因劳致疾，遽归道山，时年七十岁。县长洎同人，均深悼惜，为勒石神道，表厥行谊。又精《内经》，善针砭，有求必应，活人无算。其总办河工也，请拨公款，修卫河险工数百丈，得庆安澜。一方士绅，额其门曰"砥柱中流"。

[民国《夏津县志续编》卷八《儒林》]

◎ 靳韶仪 ◎

靳韶仪（1861—1938），原名靳凤管。城西南靳庄现属宋楼乡人。自幼读书，屡试不第，目睹当时瘟疫流行，威胁人生，欲济世活人，遂弃学习医。苦研《内经》《伤寒论》和《本草纲目》等中医药名著，广泛搜集民间验方，手书成册，日积月累，医术日渐精湛，治疗瘟疫、伤寒及喉症，效果尤为显著。曾有一妇女患瘟疫病，危在旦夕，家人已为其准备后事，经其诊治，三剂药后，转危为安。医德高尚，不论贫富，一视同仁，有求必应。1928年，当地群众集资送匾，上书"品端行方""德洽邻里"。1934年为他勒石立碑，碑额题字"万古流芳"。

[《夏津县志》第二十四编《人物》]

[《山东中医药志》第六篇《人物表》]

◎ 方朋岭 ◎

方朋岭（1872—1933），字锡九。夏津县人。业医，乡公赠"德医兼优"匾。

[《山东中医药志》第六篇《人物表》]

◎ 靳麟光 ◎

靳麟光（1877—1936），字子绂，号鉴阁。夏津县人。工岐黄术，长于妇科。

[《山东中医药志》第六篇《人物表》]

武 城

北魏

◎ 崔　彧 ◎

◎ 崔景哲 ◎

◎ 崔　冏 ◎

崔彧，字文若。清河东武城人。父勋之，字宁国。位大司马外兵郎，赠通直郎。彧与兄相如俱自南入国，相如以才学知名，早卒。彧少尝诣青州，逢隐逸沙门，教以《素问》《九卷》及《甲乙》，遂善医术。中山王英子略曾病，王显等不能疗，彧针之，抽针即愈。后为冀州别驾，累迁宁远将军。性仁恕，见疾苦，好与治之。广教门生，令多救疗。其弟子清河赵约、勃海郝文法之徒，咸亦有名。彧子景哲，豪率，亦以医术知名。为太中大夫、司徒长史。

[《魏书》卷九十一《列传第七十九》]

彧，字文若。颐兄祎之孙也。父勋之，字宁国。位大司马外兵郎，赠通直郎。彧与兄相如俱自宋入魏，相如以才学知名，早卒。彧少逢隐沙门，教以《素问》《甲乙》，遂善医术。中山王英子略曾病，王显等不能疗，彧针之，抽针即愈。后位冀州别驾。性仁恕，见疹者，喜与疗之。广教门生，令多救疗。其弟子清河赵约、勃海郝文法之徒，咸亦有名。

彧子景哲，豪率，亦以医术知名。仕魏，太中大夫、司徒长史。

景哲子冏，字法峻。幼好学，泛览经传，多伎艺，尤工相术。仕魏为司空参军。齐天保初，为尚药典御。历高阳太守、太子家令。武平中，为散骑常侍、假仪同三司。从幸晋阳，尝谓中书侍郎李德林曰：比日看高相王以下文武官人相表，俱尽其事，口不忍言。唯弟一人更应富贵，当在他国，不在本朝，吾不及见也。其精如此。

囧性廉谨，恭俭自修，所得俸秩，必分亲故。终鸿胪卿。临终，诫其二子曰：夫恭俭福之舆，傲侈祸之机。乘福舆者浸以康休，蹈祸机者忽而倾覆，汝其诫欤！吾殁后，敛以时服，祭无牢饩，棺足周尸，瘗不泄露而已。及卒，长子修遵父命。

景哲弟景凤，字鸾叔。位尚药典御。

[《北史》卷二十四《列传第十二》]

崔彧，逞曾孙。与兄相如俱自宋入魏，相如有才学，早卒。彧，善医术，性仁恕，官至冀州别驾。子景哲，亦以医术知名，累官司徒长史。景哲子囧，仕齐，官至鸿胪卿。

[顺治《武城县志》卷二《人物》]

崔彧，字文若。少逢隐沙门，教以《素问》，遂善医术。中山王英子略曾病，彧按穴针之，抽针即愈。后仕冀州别驾。广教门生，令多救疗。子景哲，豪率，亦以医术知名。孙囧，好学，博览经传，尤工相术。仕魏为司空参军。齐天保初，为尚药典御，历高阳太守。武平中，为散骑常侍，从幸晋阳。尝谓中书侍郎李德林曰：比日看高相王以下文武官人相表，俱尽其事，口不忍言。唯弟一人更应富贵，当在他国，吾不及见也。其精如此。囧恭俭自修，所得俸秩，必分亲故。终鸿胪卿。

[顺治《武城县志》卷三《方技》]

崔彧，字文若。少遇沙门隐者，教以《素问》，遂善医术。中山王英子病，王显等不能疗，彧针之，抽针即愈。后位冀州别驾，迁宁远将军。性仁恕，见疾苦，好与治之。广授门生，令多救疗。其弟子清河赵约、渤海郝文法之徒，咸亦有名。子景哲，亦以医术知名。为大中大夫、司徒长史。见《魏书·术艺传》。

[乾隆《武城县志》卷十四《方伎》]

[民国《武城县志》卷十五《杂记》]

[宣统《重修恩县志》卷八《方技》]

崔彧，东武城人。逞曾孙。与兄相如，俱自宋入魏，相如学赡才充，早卒。彧精医术，存心仁恕，官至冀州别驾。子景哲，亦以医术知名，累官司徒长史。景哲子囧，仕北齐，官鸿胪。

[嘉靖《青州府志》卷十五《方技》]

崔彧，字文若。武城人。少逢隐沙门，教以《素问》，遂善医术。中山王英子略曾病，彧按穴针之，抽针即愈。后位冀州别驾。教门生，令多救疗。子景哲，豪爽，亦以医术知名。孙囧，终鸿胪卿。

[乾隆《东昌府志》卷四十四《方术》]

崔彧，清河人。为时名医。郝文法，渤海人。尝从清河崔彧学医，遂有名。

[嘉靖《河间府志》卷二十五《方技》]

崔彧，字文若。武城人。少逢隐沙门，教以《素问》，遂善医术。中山王英子略曾病，彧按穴针之，抽针即愈。后位冀州别驾，终鸿胪卿。

[康熙《山东通志》卷四十九《方技》]

崔彧，东武城人。字文若。少尝诣青州，逢隐逸沙门，教以《素问》《九卷》及《甲乙》，遂善医术。官至宁远将军。性仁恕，见疾苦，好与治之。广教门生，令多救疗。其弟子清河赵约、勃海郝文法之徒，咸亦有名。彧子景哲，亦以医术知名，为司徒长史，并称职。

[雍正《山东通志》卷三十一《方伎志》]

崔彧，字文若。河东武城人。自宋入魏，少逢沙门，教以《素问》《甲乙》，遂善医术。中山王英子略病，王显等不能疗。彧针之，抽针即愈。后为冀州别驾。性仁恕，见病者，喜与疗之。广教门徒，令多救疗，彧子景哲，亦以医术知名。仕魏为司徒长史。景哲子囧，字法峻。幼好学，泛览经传，多技艺，尤工相术。仕魏为司空参军。齐武平中，为散骑常侍、假仪同三司，从幸晋阳。谓中书侍郎李德林曰：比日看高相王以下文武官人相表，俱尽其事，口不忍言。惟弟一人更应富贵，当在他国，不在本朝，吾不及见也。囧，性廉谨恭俭，自修所得俸秩，必分亲故。终鸿胪卿。临终诫其二子曰：夫恭俭福之舆，傲侈祸之机。乘福舆者浸以康休，蹈祸机者忽而倾覆，汝其戒之《北史》本传！

[宣统《山东通志》卷一百六十八《人物志第十一·历代艺术》]

崔彧，字文若。武城人。少逢隐沙门，教以《素问》，遂善医术。中山王英子略曾病，彧按穴针之，抽针立愈。历官至鸿胪卿。

[宣统《山东通志》卷一百九十九《杂志上·异闻琐事》]

崔彧，字文若。北魏清河东武城人。父勖之，字宁国。位大司马外兵郎，赠通直郎。彧与兄相如俱自南北来，相如以才学出名，早卒。彧少尝诣青州，逢隐逸沙门，教以《素问》《九卷》及《甲乙》，遂善医术。中山王英子略曾病，王显等治疗不效，彧针之，抽针即愈。后官冀州别驾，累迁宁远将军。性仁恕，见疾苦，好与治之。广教门生，令多救疗。其弟子清河赵约、渤海郝文法，都亦医名。彧子景哲，豪率，亦以医术名闻遐迩，曾为大中大夫、司徒长史。

[《山东中医药志》第六篇《寓医》]

◎ 崔 浩 ◎

崔浩，字伯渊。清河人也，白马公玄伯之长子。少好文学，博览经史，玄象阴阳，百家之言，无不关综，研精义理，时人莫及。弱冠为直郎。天兴中，给事秘书，转著作郎。太祖以其工书，常置左右。太祖季年，威严颇峻，宫省左右多以微过得罪，莫不逃隐，避目下之变，浩独恭勤不怠，或终日不归。太祖知之，辄命赐以御粥。其砥直任时，不为穷通改节，皆此类也。太宗初，拜博士祭酒，赐爵武城子，常授太宗经书。每至郊祠，父子并乘轩轺，时人荣之。太宗好阴阳术数，闻浩说《易》及《洪范·五行》，善之，因命浩筮吉凶，参观天文，考定疑惑。浩综核天人之际，举其纲纪，诸所处决，多有应验。恒与军国大谋，甚为宠密。是时，有兔在后宫，验问门官，无从得入。太宗怪之，命浩推其咎征。浩以为当有邻国贡嫔嫱者，善应也。明年，姚兴果献女。神瑞二年（415），秋谷不登，太史令王亮、苏垣因华阴公主等言谶书国家当治邺，应大乐五十年，劝太宗迁都。浩与特进周澹言于太宗曰：今国家迁都于邺，可救今年之饥，非长久之策也。东州之人，常谓国家居广漠之地，民畜无算，号称牛毛之众。今留守旧部，分家南徙，恐不满诸州之地。参居郡县，处榛林之间，不便水土，疾疫死伤，情见事露，则百姓意沮。四方闻之，有轻侮之意，屈丐、蠕蠕必提挈而来，云中、平城则有危殆之虑。阻隔恒代千里之险，虽欲救援，赴之甚难，如此则声实俱损矣。今居北方，假令山东有变，轻骑南出，耀威桑梓之中，谁知多少？百姓见之，望尘震服。此是国家威制诸夏之长策也。至春草生，乳酪将出，兼有菜果，足接来秋，若得中熟，事则济矣。太宗深然之，曰：唯此二人，与朕意同。复使中贵人问浩、澹曰：今既糊口无以至来秋，来秋或复不熟，将如之何？浩等对曰：可简穷下之户，诸州就谷，若来秋无年，愿更图也，但不可迁都。太宗从之，于是分民诣山东三州食，出仓谷以禀之。来年遂大熟。赐浩、澹妾各一人，御衣一袭，绢五十匹，绵五十斤。初，姚兴死之前岁也，太史奏：荧惑在匏瓜星中，一夜忽然亡失，不知所在。或谓下入危亡之国，将为童谣妖言，而后行其灾祸。太宗闻之，大惊，乃召诸硕儒十数人，令与史官求其所诣。浩对曰：案《春秋左氏传》说神降于莘，其至之日，各以其物祭也。请以日辰推之，庚午之夕，辛未之朝，天有阴云，荧惑之亡，当在此二日之内。庚之与未，皆主于秦，辛为西夷。今姚兴据咸阳，是荧惑入秦矣。诸人皆作色曰：天上失星，人安能知其所诣，而妄说无征之言？浩笑而不应。后八十余日，荧惑果出于东井，留守盘旋，秦中大旱赤地，昆明池水竭，童谣讹言，国内喧扰。明年，姚兴死，二子交兵，三年国灭。于是诸人皆服曰：非所及也。泰常元年（416）司马德宗将刘裕伐姚泓，舟师自淮泗入清，欲溯河西上，假道于国。诏群臣议之。外朝公卿咸曰：函谷关号曰天险。一人荷戈，万夫不得进。裕舟船步兵，何能西入？脱我乘其后，还路甚难。若北上河岸，其行为易。扬言伐姚，意或难测。假其水道，寇不可纵。宜先发军断河上流，勿令西过。又议之内朝，咸同外计。太宗将从之。浩曰：此非上策，司马休之之徒扰其荆州，刘裕切齿来久。今兴死子劣，乘其危亡而伐之，臣观其意，必欲入关。劲躁之人，不顾后患。今若塞其西路，裕必上岸北侵，如此则姚无事而我受敌。今蠕蠕内寇，民食又乏，不可发军。发军赴南则北寇进击，若其救北则东州复危。未若假之水道，纵裕西入，然后兴兵塞其东归之路，所谓卞庄刺虎，两得之势也。使裕胜也，必德我假道之惠；令姚氏胜也，亦不失救邻之名。纵使裕得关中，县远难守，彼不能守，终为我物。今不劳兵马，坐观成败，斗两虎而收长久之利，上策也。夫为国之计，择利而为之，岂顾婚姻，酬一女子之惠哉？假令国家弃恒山以南，裕必不能发吴越之兵与官军争夺河北也，居然可知。议者犹曰：裕西入函谷，则进退路穷，腹背受敌；北上岸则姚军必不出关助我。扬声西行，意在北进，其势然也。太宗遂从群议，遣长孙嵩发兵拒之，战于畔城，为裕将朱超石所败，师人多伤。太宗闻之，恨不用浩计。二年，司马德宗齐郡太守王懿来降，上书陈计，称刘裕在洛，劝国家以军绝其后路，则裕军可不战而克。书奏，太宗善之。会浩在前进讲书传，太宗问浩曰：刘裕西伐，前军已至潼关。其事如何？以卿观之，事得济不？浩对曰：昔姚兴好养虚名，而无实用。子泓又病，众叛亲离。裕乘其危，兵精将勇，以臣观之，克之必矣。太宗曰：刘裕武能何如慕容垂？浩曰：裕胜。太宗曰：试言其状。浩曰：慕容垂承父祖世君之资，生便尊贵，同类归之，若夜蛾之赴火，少加倚仗，便足立功。刘裕挺出寒微，不阶尺土之资，不因一卒之用，奋臂大呼而夷灭桓玄，北擒慕容超，南摧卢循等，僭晋陵迟，遂执国命。裕若平姚而还，必篡其主，其势然也。秦地戎夷混并，虎狼之国，裕亦不能守之。风俗不同，人情难变，欲行荆扬之化于三秦之地，譬无翼而欲飞，无足而欲走，不可得也。若留众守之，必资于寇。孔子曰：善人为邦百年，可以胜残去杀。今以秦之难制，一二年间岂裕所能哉？且可治戎束甲，息民备境，以待其归，秦地亦当终为国有，可坐而守也。太宗曰：裕已入关，不能进退，我遣精骑南袭彭城、寿春，裕亦何能自立？浩曰：今西北二寇未殄，陛下不可亲御六师。兵众虽盛，而将无韩白。长孙嵩有治国之用，无进取之能，非刘裕敌也。臣谓待之不晚。太宗笑曰：卿量之已审矣。浩曰：臣尝私论近世人物，不敢不上闻。若王猛之治国，苻坚之管仲也；慕容玄恭之辅少主，慕容晔之霍光也；刘裕之平逆乱，司马德宗之曹操也。太宗曰：卿谓先帝如何？浩曰：小人管窥悬象，何能见玄穹之广大。虽然，太祖用漠北醇朴之人，南入中地，变风易俗，化洽四海，自与羲农齐列，臣岂能仰名？太宗曰：屈丐如何？浩曰：屈丐家国夷灭，一身孤寄，为姚氏封殖。不思树党强邻，报仇雪耻，乃结忿于蠕蠕，背德于姚兴，撅竖小人，无大经略，正可残暴，终为人所灭耳。太宗大悦，语至中夜，赐浩御缥醪酒十觚，水精戎盐一两。曰：朕味卿言，若此盐酒，故与卿同其旨也。三年，彗星出天津，入太微，经北斗，络紫微，犯天棓，八十余日，至汉而灭。太宗复召诸儒术士问之曰：今天下未一，四方岳峙，灾咎之应，将在何国？朕甚畏之，尽情以言，勿有所隐。咸共推浩令对。浩曰：古人有言，夫灾异之生，由人而起。人无衅焉，妖不自作。故人失于下，则变见于上，天事恒象，百代不易。《汉书》载王莽篡位之前，彗星出入，正与今同。国家主尊臣卑，上下有序，民无异望。唯僭晋卑削，主弱臣强，累世陵迟，故桓玄逼夺，刘裕秉权。彗孛者，恶气之所生，是为僭晋将灭，刘裕篡之之应也。诸人莫能易浩言，太宗深然之。五年，裕果废其主司马德文而自立。南镇上裕改元赦书。时太宗幸东南舄卤池射鸟，闻之，驿召浩，谓之曰：往年卿言彗星之占验矣，朕于今日始信天道。初，浩父疾笃，浩乃剪爪截发，夜在庭中仰祷斗极，为父请命，求以身代，叩头流血，岁余不息，家人罕有知者。及父终，居丧尽礼，时人称之。袭爵白马公。朝廷礼仪、优文策诏、军国书记，尽关于浩。浩能为杂说，不长属文，而留心于制度、科律及经术之言。作家祭法，次序五宗，蒸尝之礼，丰俭之节，义理可观。性不好《老》《庄》之书，每读不过数十行，辄弃之，曰：此矫诬之说，不近人情，必非老子所作。老聃习礼，仲尼所师，岂设败法之书，以乱先王之教。袁生所谓家人筐箧中物，不可扬于王庭也。太宗恒有微疾，怪异屡见，乃使中贵人密问于浩曰：《春秋》：星孛北斗，七国之君皆将有咎。今兹日蚀于胃昴，尽光赵代之分野。朕疾弥年，疗治无损，恐一旦奄忽，诸子并少，将如之何？其为我设图后之计。浩曰：陛下春秋富盛，圣业方融，德以除灾，幸就平愈。且天道悬远，或消或应。昔宋景见灾修德，荧惑退舍。愿陛下遣诸忧虞，恬神保和，纳御嘉福，无以暗昧之说，致损圣思。必不得已，请陈瞽言：自圣化龙兴，不崇储贰，是以永兴之始，社稷几危。今宜早建东宫，选公卿忠贤陛下素所委仗者使为师傅，左右信臣简在圣心者以充宾友，入总万机，出统戎政，监国抚军，六柄在手。若此，则陛下可以优游无为，颐神养寿，进御医药。万岁之后，国有成主，民有所归，则奸宄息望，旁无觊觎。此乃万世之令典，塞祸之大备也。今长皇子焘，年渐一周，明睿温和，众情所系，时登储副，则天下幸甚。立子以长，礼之大经。若须并待成人而择，倒错天伦，则生履霜坚冰之祸。自古以来，载籍所记，兴衰存亡，鲜不由此。太宗纳之。于是使浩奉策告宗庙，命世祖为国副主，居正殿临朝。司徒长孙嵩、山阳公奚斤、北新公安同为左辅，坐东厢西面；浩与太尉穆观、散骑常侍丘堆为右弼，坐西厢东面，百僚总已以听焉。太宗避居西宫，时隐而窥之，听其决断，大悦，谓左右侍臣曰：长孙嵩宿德旧臣，历事四世，功存社稷；奚斤辩捷智谋，名闻遐迩；安同晓解俗情，明练于事；穆观达于政要，识吾旨趣；崔浩博闻强识，精于天人之会；丘堆虽无大用，然在公专谨。以此六人辅相，吾与汝曹游行四境，伐叛柔服，可得志于天下矣。群臣时奏所疑，太宗曰：此非我所知，当决之汝曹国主也。会闻刘裕死，太宗欲取洛阳、虎牢、滑台。浩曰：陛下不以刘裕欻起，纳其使贡，裕亦敬事陛下。不幸今死，乘丧伐之，虽得之不令。《春秋》：晋士匄帅师侵齐，闻齐侯卒，乃还。君子大其不伐丧，以为恩足以感孝子，义足以动诸侯。今国家亦未能一举而定江南，宜遣人吊祭，存其孤弱，恤其凶灾，布义风于天下，令德之事也。若此，则化被荆扬，南金象齿羽毛之珍，可不求而自至。裕新死，党与未离，兵临其境，必相率拒战，功不可必，不如缓之，待其恶稔。如其强臣争权，变难必起，然后命将扬威，可不劳士卒，而收淮北之地。太宗锐意南伐，诘浩曰：刘裕因姚兴死而灭其国，裕死我伐之，何为不可？浩固执曰：兴死，二子交争，裕乃伐之。太宗大怒，不从浩言，遂遣奚斤南伐。议于监国之前曰：先攻城也？先略地也？斤曰：请先攻城。浩曰：南人长于守城，苻氏攻襄阳，经年不拔。今以大国之力攻其小城，若不时克，挫损军势，敌得徐严而来。我急彼锐，危道也。不如分军略地，至淮为限，列置守宰，收敛租谷。滑台、虎牢反在军北，绝望南救，必沿河东走。若或不然，即是囿中之物。公孙表请先图其城。斤等济河，先攻滑台，经时不拔，表请济师。太宗怒，乃亲南巡。拜浩相州刺史，加左光禄大夫，随军为谋主。及车驾之还也，浩从太宗幸西河、太原。登憩高陵之上，下临河流，傍览川域，慨然有感，遂与同僚论五等郡县之是非，考秦始皇、汉武帝之违失。好古识治，时伏其言。天师寇谦之每与浩言，闻其论古治乱之迹，常自夜达旦，竦意敛容，无有懈倦。既而叹美之曰：斯言也惠，皆可底行，亦当今之皋繇也。但世人贵远贱近，不能深察之耳。因谓浩曰：吾行道隐居，不营世务，忽受神中之诀，当兼修儒教，辅助泰平真君，继千载之绝统。而学不稽古，临事暗昧。卿为吾撰列王者治典，并论其大要。浩乃著书二十余篇，上推太初，下尽秦汉变弊之迹，大旨先以复五等为本。世祖即位，左右忌浩正直，共排毁之。世祖虽知其能，不免群议，故出浩，以公归第。及有疑议，召而问焉。浩纤妍洁白，如美妇人。而性敏达，长于谋计，常自比张良，谓己稽古过之。既得归第，因欲修服食养性之术，而寇谦之有《神中录图新经》，浩因师之。始光中，进爵东郡公，拜太常卿。时议讨赫连昌，群臣皆以为难，唯浩曰：往年以来，荧惑再守羽林，皆成钩巳，其占秦亡。又今年五星并出东方，利以西伐。天应人和，时会并集，不可失也。世祖乃使奚斤等击蒲坂，而亲率轻骑袭其都城，大获而还。及世祖复讨昌，次其城下，收众伪退。昌鼓噪而前，舒阵为两翼。会有风雨从东南来，扬沙昏冥。宦者赵倪进曰：今风雨从贼后来，我向彼背，天不助人。又将士饥渴，愿陛下摄骑避之，更待后日。浩叱之曰：是何言欤！千里制胜，一日之中岂得变易？贼前行不止，后已离绝，宜分军隐出，奄击不意。风道在人，岂有常也！世祖曰：善。分骑奋击，昌军大溃。初，太祖诏尚书郎邓渊著国记十余卷，编年次事，体例未成。逮于太宗，废而不述。神䴥二年，诏集诸文人撰录国书，浩及弟览、高谠、邓颖、晁继、范亨、黄辅等共参著作，叙成《国书》三十卷。是年，议击蠕蠕，朝臣内外不欲行，保太后固止世祖，世祖皆不听，唯浩赞成策略。尚书令刘洁、左仆射安原等乃使黄门侍郎仇齐推赫连昌太史张渊、徐辩说世祖曰：今年己巳，三阴之岁，岁星袭月，太白在西方，不可举兵。北伐必败，虽克，不利于上。又群臣共赞和渊等，云渊少时尝谏苻坚不可南征，坚不从而败。今天时人事都不和协，何可举动！世祖意不决，乃召浩，令与渊等辩之。浩难渊曰：阳者，德也；阴者，刑也。故日蚀修德，月蚀修刑。夫王者之用刑，大则陈诸原野，小则肆之市朝。战伐者，用刑之大者也。以此言之，三阴用兵，盖得其类，修刑之义。岁星袭月，年饥民流，应在他国，远期十二年。太白行苍龙宿，于天文为东，不妨北伐。渊等俗生，志意浅近，牵于小数，不达大体，难与远图。臣观天文，比年以来，月行掩昴，至今犹然。其占：三年，天子大破旄头之国。蠕蠕、高车，旄头之众也。夫圣明御时，能行非常之事。古人语曰：非常之原，黎民惧焉，及其成功，天下晏然。愿陛下勿疑也。渊等惭而言曰：蠕蠕，荒外无用之物，得其地不可耕而食，得其民不可臣而使，轻疾无常，难得而制，有何汲汲而苦劳士马也？浩曰：渊言天时，是其所职，若论形势，非彼所知。斯乃汉世旧说常谈，施之于今，不合事宜也。何以言之？夫蠕蠕者，旧是国家北边叛隶，今诛其元恶，收其善民，令复旧役，非无用也。漠北高凉，不生蚊蚋，水草美善，夏则北迁。田牧其地，非不可耕而食也。蠕蠕子弟来降，贵者尚公主，贱者将军、大夫，居满朝列，又高车号为名骑，非不可臣而畜也。夫以南人追之，则患其轻疾，于国兵则不然。何者？彼能远走，我亦能远逐，与之进退，非难制也。且蠕蠕往数入国，民吏震惊。今夏不乘虚掩进，破灭其国，至秋复来，不得安卧。自太宗之世，迄于今日，无岁不警，岂不汲汲乎哉！世人皆谓渊、辩通解数术，明决成败。臣请试之，问其西国未灭之前有何亡征。知而不言，是其不忠；若实不知，是其无术。时赫连昌在座，渊等自以无先言，惭赧而不能对。世祖大悦，谓公卿曰：吾意决矣。亡国之臣，不可与谋，信矣哉。而保太后犹难之，复令群君臣于保太后前评议。世祖谓浩曰：此等意犹不伏，卿善晓之令悟。既罢朝，或有尤浩者曰：今吴贼南寇而舍之北伐。行师千里，其谁不知？若蠕蠕远遁，前无所获，后有南贼之患，危之道也。浩曰：不然。今年不摧蠕蠕，则无以御南贼。自国家并西国以来，南人恐惧，扬声动众以卫淮北。彼北我南，彼劳我息，其势然矣。比破蠕蠕，往还之间，故不见其至也。何以言之？刘裕得关中，留其爱子，精兵数万，良将劲卒，犹不能固守，举军尽没。号哭之声，至今未已。如何正当国家休明之世，士马强盛之时，而欲以驹犊齿虎口也？设令国家与之河南，彼必不能守之。自量不能守，是以必不来。若或有众，备边之军耳。夫见瓶水之冻，知天下之寒；尝肉一脔，识镬中之味。物有其类，可推而得也。且蠕蠕恃其绝远，谓国家力不能至，自宽来久，故夏则散众放畜，秋肥乃聚，背寒向温，南来寇抄。今出其虑表，攻其不备。大军卒至，必惊骇星分，望尘奔走。牡马护群，牝马恋驹，驱驰难制，不得水草，未过数日则聚而困敝，可一举而灭。暂劳永逸，长久之利，时不可失也。唯患上无此意，今圣虑已决，发旷世之谋，如何止之？陋矣哉，公卿也！诸军遂行，天师谓浩曰：是行也，如之何，果可克乎？浩对曰：天时形势，必克无疑。但恐诸将琐琐，前后顾虑，不能乘胜深入，使不全举耳。及军入其境，蠕蠕先不设备，民畜布野，惊怖四奔，莫相收摄。于是分军搜讨，东西五千里，南北三千里，凡所俘虏及获畜产车庐，弥漫山泽，盖数百万。高车杀蠕蠕种类，归降者三十余万落。虏遂散乱矣。世祖沿弱水西行，至涿邪山，诸大将果疑深入有伏兵，劝世祖停止不追。天师以浩曩日之言，固劝世祖穷讨，不听。后有降人，言蠕蠕大檀先被疾，不知所为，乃焚烧穹庐，科车自载，将数百人入山南走。民畜窘聚，方六十里中，无人领统。相去百八十里，追军不至，乃徐徐西遁，唯此得免。后闻凉州贾胡言，若复前行二日，则尽灭之矣。世祖深恨之。大军既还，南贼竟不能动，如浩所量。浩明识天文，好观星变。常置金银铜铤于酢器中，令青，夜有所见即以铤画纸作字以记其异。世祖每幸浩第，多问以异事。或仓卒不及束带，奉进疏食，不暇精美。世祖为举匕箸，或立尝而旋。其见宠爱如此。于是引浩出入卧内，加侍中、特进、抚军大将军、左光禄大夫，赏谋谟之功。世祖从容谓浩曰：卿才智渊博，事朕祖考，忠著三世，朕故延卿自近。其思尽规谏，匡予弼予，勿有隐怀。朕虽当时迁怒，若或不用，久久可不深思卿言也。因令歌工历颂群臣，事在《长孙道生传》。又召新降高车渠帅数百人，赐酒食于前。世祖指浩以示之，曰：汝曹视此人，尪纤懦弱，手不能弯弓持矛，其胸中所怀，乃逾于甲兵。朕始时虽有征讨之意，而虑不自决，前后克捷，皆此人导吾至此也。乃敕诸尚书曰：凡军国大计，卿等所不能决，皆先谘浩，然后施行。俄而南藩诸将表刘义隆大严，欲犯河南。请兵三万，先其未发逆击之，因诛河北流民在界上者，绝其乡导，足以挫其锐气，使不敢深入。诏公卿议之，咸言宜许。浩曰：此不可从也。往年国家大破蠕蠕，马力有余，南贼震惧，常恐轻兵奄至，卧不安席，故先声动众，以备不虞，非敢先发。又南土下湿，夏月蒸暑，水潦方多，草木深邃，疾疫必起，非行师之时。且彼先严有备，必坚城固守。屯军攻之，则粮食不给；分兵肆讨，则无以应敌。未见其利。就使能来，待其劳倦，秋凉马肥，因敌取食，徐往击之，万全之计，胜必可克。在朝群臣及西北守将，从陛下征讨，西灭赫连，北破蠕蠕，多获美女珍宝，马畜成群。南镇诸将闻而生羡，亦欲南抄，以取资财。是以披毛求瑕，妄张贼势，冀得肆心。既不获听，故数称贼动，以恐朝廷。背公存私，为国生事，非忠臣也。世祖从浩议。南镇诸将复表贼至，而自陈兵少，简幽州以南戍兵佐守，就漳水造船，严以为备。公卿议者佥然，欲遣骑五千，并假署司马楚之、鲁轨、韩延之等，令诱引边民。浩曰：非上策也。彼闻幽州已南精兵悉发，大造舟船，轻骑在后，欲存立司马，诛除刘族，必举国骇扰，惧于灭亡，当悉发精锐，来备北境。后审知官军有声无实，恃其先聚，必喜而前行，径来至河，肆其侵暴，则我守将无以御之。若彼有见机之人，善设权谲，乘间深入，虞我国虚，生变不难，非制敌之良计。今公卿欲以威力攘贼，乃所以招令速至也。夫张虚声而召实害，此之谓矣。不可不思，后悔无及。我使在彼，期四月前还。可待使至，审而后发，犹未晚也。且楚之之徒，是彼所忌，将夺其国，彼安得端坐视之。故楚之往则彼来，止则彼息，其势然也。且楚之等琐才，能招合轻薄无赖，而不能成就大功。为国生事，使兵连祸结，必此之群矣。臣尝闻鲁轨说姚兴求入荆州，至则散败，乃不免蛮贼掠买办奴，使祸及姚泓，已然之效。浩复陈天时不利于彼，曰：今兹害气在扬州，不宜先举兵，一也；午岁自刑，先发者伤，二也；日蚀灭光，昼昏星见，飞鸟坠落，宿值斗牛，忧在危亡，三也；荧惑伏匿于翼轸，戒乱及丧，四也；太白未出，进兵者败，五也。夫兴国之君，先修人事，次尽地利，后观天时，故万举而万全，国安而身盛。今义隆新国，是人事未周也；灾变屡见，是天时不协也；舟行水涸，是地利不尽也。三事无一成，自守犹或不安，何得先发而攻人哉？彼必听我虚声而严，我亦承彼严而动，两推其咎，皆自以为应敌。兵法当分灾迎受害气，未可举动也。世祖不能违众，乃从公卿议。浩复固争，不从。遂遣阳平王杜超镇邺，琅邪王司马楚之等屯颍川。于是贼来遂疾，到彦之自清水入河，溯流西行，分兵列守南岸，西至潼关。世祖闻赫连定与刘义隆悬分河北，乃治兵，欲先讨赫连。群臣曰：义隆犹在河中，舍之西行，前寇未可必克，而义隆乘虚，则失东州矣。世祖疑焉，问计于浩。浩曰：义隆与赫连定同恶相招，连结冯跋，牵引蠕蠕，规肆逆心，虚相唱和。义隆望定进，定待义隆前，皆莫敢先入。以臣观之，有似连鸡，不俱得飞，无能为害也。臣始谓义隆军来当屯住河中，两道北上，东道向冀州，西道冲邺。如此，则陛下当自致讨，不得徐行。今则不然，东西列兵，径二千里，一处不过数千，形分势弱。以此观之，儜儿情见，止望固河自守，免死为幸，无北渡意也。赫连定残根易摧，拟之必仆。克定之后，东出潼关，席卷而前，则威震南极，江淮以北无立草矣。圣策独发，非愚近所及，愿陛下西行勿疑。平凉既平，其日宴会，世祖执浩手以示蒙逊使曰：所云崔公，此是也。才略之美，当今无比。朕行止必问，成败决焉，若合符契，初无失矣。后冠军将军安颉军还，献南俘，因说南贼之言云，义隆敕其诸将，若北国兵动，先其未至，径前入河，若其不动，住彭城勿进。如浩所量。世祖谓公卿曰：卿辈前谓我用浩计为谬，惊怖固谏。常胜之家，始皆自谓逾人远矣，至于归终，乃不能及。迁浩司徒。时方士祁纤织奏立四王，以曰东西南北为名，欲以致祯吉，除灾异。诏浩与学士议之。浩对曰：先王建国以作蕃屏，不应假名以为其福。夫日月运转，周历四方，京都所居，在于其内，四王之称，实奄邦畿，名之则逆，不可承用。先是，纤奏改代为万年，浩曰：昔太祖道武皇帝，应天受命，开拓洪业，诸所制置，无不循古。以始封代土，后称为魏，故代、魏兼用，犹彼殷商。国家积德，著在图史，当享万忆，不待假名以为益也。纤之所闻，皆非正义。世祖从之。是时，河西王沮渠牧犍，内有贰意，世祖将讨焉，先问于浩。浩对曰：牧犍恶心已露，不可不诛。官军往年北伐，虽不克获，实无所损。于时行者内外军马三十万匹，计在道死伤不满八千，岁常羸死，恒不灭万，乃不少于此。而远方承虚，便谓大损，不能复振。今出其不意，不图大军卒至，心惊骇骚扰，不知所出，擒之必矣。且牧犍劣弱，诸弟骄恣，争权纵横，民心离解。加比年以来，天灾地变，都在秦凉，成灭之国也。世祖曰：善，吾意亦以为然。命公卿议之。弘农王奚斤等三十余人皆曰：牧犍西垂下国，虽心不纯臣，然继父职贡，朝廷接以蕃礼。又王姬厘降，罪未甚彰，谓宜羁縻而已。今士马劳止，宜可小息。又其地卤斥，略无水草，大军既到，不得久停。彼闻军来，必完聚城守，攻则难拔，野无所掠。于是尚书古弼、李顺之徒皆曰：自温圉河以西，至于姑臧城南，天梯山上冬有积雪，深一丈余，至春夏消液，下流成川，引以溉灌。彼闻军至，决此渠口，水不通流，则致渴乏。去城百里之内，赤地无草，又不任久停军马，斤等议是也。世祖乃命浩以其前言与斤共相难抑。诸人不复余言，唯曰：彼无水草。浩曰：《汉书·地理志》称：凉州之畜，为天下饶。若无水草，何以畜牧？又汉人为居，终不于水草之地筑城郭，立郡县也。又雪之消液，绝不敛尘，何得通渠引曹，溉灌数百万顷乎？此言大抵诬于人矣。李顺等复曰：耳闻不如目见，吾曹目见，何可共辨！浩曰：汝曹受人金钱，欲为之辞，谓我目不见便可欺也！世祖隐听，闻之乃出，亲见斤等，辞旨严厉，形于神色。群臣乃不敢复言，唯唯而已。于是遂讨凉州而平之。多饶水草，如浩所言。乃诏浩曰：昔皇祚之兴，世隆北土，积德累仁，多历年载，泽流苍生，义闻四海。我太祖道武皇帝，协顺天人，以征不服，应期拨乱，奄有区夏。太宗承统，光隆前绪，厘正刑典，大业惟新。然荒域之外，犹未宾服。此祖宗之遗志，而贻功于后也。朕以眇身，犹奉宗庙，战战兢兢，如临渊海，惧不能负荷至重，继名丕烈。故即位之初，不遑宁处，扬威朔裔，扫定赫连。逮于神麚，始命史职注集前功，以成一代之典。自尔已来，戎旗仍举，秦陇克定，徐兖无尘，平通寇于龙川，讨蠕坚于凉域。岂朕一人获济于此？赖宗庙之灵，群公卿士宣力之效也。而史阙其职，篇籍不著，每惧斯事之坠焉。公德冠朝列，言为世范，小大之任，望君存之。命公留台，综理史务，述成此书，务从实录。浩于是监秘书事，以中书侍郎高允、散骑侍郎张伟参著作，续成前纪。至于损益褒贬，折中润色，浩所总焉。及恭宗始总百揆，浩复与宜都王穆寿辅政事。时又将讨蠕蠕，刘洁复致异议。世祖逾欲讨之，乃召问浩。浩对曰：往击蠕蠕，师不多日，洁等各欲回还。后获其生口，云军还之时，去贼三十里。是洁等之计过矣。夫北土多积雪，至冬时常避寒南徙。若因其时，潜军而出，必与之遇，则可擒获。世祖以为然。乃分军为四道，诏诸将俱会鹿浑海。期日有定，而洁恨计不用，沮误诸将，无功而还。事在《洁传》。世祖西巡，诏浩与尚书、顺阳公兰延都督行台中外诸军事。世祖至东雍，亲临汾曲，观叛贼薛永宗垒，进军围之。永宗出兵欲战，世祖问浩曰：今日可击不？浩曰：永宗未知陛下自来，人心安闲，北风迅疾，宜急击之，须臾必碎。若待明日，恐其见官军盛大，必夜遁走。世祖从之，永宗溃灭。车驾济河，前驱告贼在渭北。世祖至洛水桥，贼已夜遁。诏问浩曰：盖吴在长安北九十里，渭北地空，谷草不备，欲渡渭南西行，何如？浩对曰：盖吴营去此六十里，贼魁所在。击蛇之法，当须破头，头破则尾岂能复动？宜乘势先击吴。今军往，一日便到。平吴之后，回向长安，亦一日而至。一日之内，未便损伤。愚谓宜从北道，若从南道，则盖吴徐入北山，卒未可平。世祖不从，乃渡渭南。吴闻世祖至，尽散入北山，果如浩言，军无所克，世祖悔之。后以浩辅东宫之勤，赐缯絮布帛各千段。著作令史太原闵湛、赵郡郄标素谄事浩，乃请立石铭，刊载《国书》，并勒所注《五经》。浩赞成之。恭宗善焉，遂营于天郊东三里，方百三十步，用功三百万乃讫。世祖蒐于河西，诏浩诣行在所议军事。浩表曰：昔汉武帝患匈奴强盛，故开凉州五郡，通西域，劝农积谷，为灭贼之资。东西迭击。故汉未疲，而匈奴已弊，后遂入朝。昔平凉州，臣愚以为北贼未平，征役不息，可不徙其民。案前世故事，计之长者。若迁民人，则土地空虚，虽有镇戍，适可御边而已，至于大举，军资必乏。陛下以此事阔远，竟不施用。如臣愚意，犹如前议，募徙豪强大家，充实凉土，军举之日，东西齐势，此计之得者。浩又上《五寅元历》，表曰：太宗即位元年，敕臣解《急就章》《孝经》《论语》《诗》《尚书》《春秋》《礼记》《周易》。三年成讫。复诏臣学天文、星历、易式、九宫，无不尽看。至今三十九年，昼夜无废。臣禀性弱劣，力不及健妇人，更无余能，是以专心思书，忘寝与食，至乃梦共鬼争义。遂得周公、孔子之要术，始知古人有虚有实，妄语者多，真正者少。自秦始皇烧书之后，经典绝灭。汉高祖以来，世人妄造历术者有十余家，皆不得天道之正，大误四千，小误甚多，不可言尽。臣愍其如此。今遭陛下太平之世，除伪从真，宜改误历，以从天道。是以臣前奏造历，今始成讫。谨以奏呈，唯恩省察，以臣历术宣示中书博士，然后施用。非但时人，天地鬼神知臣得正，可以益国家万世之名，过于三皇、五帝矣。事在《律历志》。真君十一年（455）六月诛浩，清河崔氏无远近，范阳卢氏、太原郭氏、河东柳氏，皆浩之姻亲，尽夷其族。初，郄标等立石铭刊《国记》，浩尽述国事，备而不典。而石铭显在衢路，往来行者咸以为言，事遂闻发。有司按验浩，取秘书郎吏及长历生数百人意状。浩伏受赇，其秘书郎吏已下尽死。浩始弱冠，太原郭逸以女妻之。浩晚成，不曜华采，故时人未知。逸妻王氏，刘义隆镇北将军王种德姊也，每奇浩才能，自以为得婿。俄而女亡，王深以伤恨，复以少女继婚。逸及亲属以为不可，王固执与之，逸不能违，遂重结好。浩非毁佛法，而妻郭氏敬好释典，时时读诵。浩怒，取而焚之，捐灰于厕中。及浩幽执，置之槛内，送于城南，使卫士数十人溲其上，呼声嗷嗷，闻于行路。自宰司之被戮辱，未有如浩者，世皆以为报应之验也。初浩构害李顺，基萌已成，夜梦秉火，爇顺寝室，火作而顺死，浩与室家群立而观之。俄而顺弟息号哭而出，曰：此辈，吾贼也！以戈击之，悉投于河。寤而恶之，以告馆客冯景仁。景仁曰：此真不善也，非复虚事。夫以火爇人，暴之极也。阶乱兆祸，复已招也。《商书》曰：恶之易也，如火之燎于原，不可向迩，其犹可扑灭乎？且兆始恶者有终殃，积不善者无余庆。厉阶成矣，公其图之。浩曰：吾方思之。而不能悛，至是而族。浩既工书，人多托写《急就章》。从少至老，初不惮劳，所书盖以百数，必称"冯代强"，以示不敢犯国，其谨也如此。浩书体势及其先人，而妙巧不如也。世宝其迹，多裁割缀连以为模楷。浩母卢氏，谌孙女也。浩著《食经》，叙曰：余自少及长，耳目闻见，诸母诸姑所修妇功，无不蕴习酒食。朝夕养舅姑，四时祭祀，虽有功力，不任僮使，常手自亲焉。昔遭丧乱，饥馑仍臻，馈蔬糊口，不能具其物用，十余年间，不复备设。先妣虑久废忘，后生无知见，而少不习业书，乃占授为九篇，文辞约举，婉而成章，聪辩强记，皆此类也。亲没之后，值国龙兴之会，平暴除乱，拓定四方。余备位台铉，与参大谋，赏获丰厚，牛羊盖泽，赀累巨万。衣则重锦，食则粱肉。远惟平生，思季路负米之时，不可复得，故序遗文，垂示来世。始浩与冀州刺史颐、荥阳太守模等年皆相次，浩为长，次模，次颐。三人别祖，而模、颐为亲。浩恃其家世魏晋公卿，常侮模、颐。模谓人曰：桃简正可欺我，何合轻我家周儿也？浩小名桃简，颐小名周儿。世祖颇闻之，故诛浩时，二家获免。浩既不信佛、道，模深所归向，每虽粪土之中，礼拜形象。浩大笑之，云：持此头颅不净处跪是胡神也。史臣曰：崔浩才艺通博，究览天人，政事筹策，时莫之二，此其所以自比于子房也。属太宗为政之秋，值世祖经营之日，言听计从，宁廓区夏。遇既隆也，勤亦茂哉。谋虽盖世，威未震主，末途邂逅，遂不自全。岂鸟尽弓藏，民恶其上？将器盈必概，阴害贻祸？何斯人而遭斯酷，悲夫！

[《魏书》卷三十五《列传第二十三》]

崔浩，字伯深。宏之子。少好学，博览经史玄象，百家之言，俱极精妙。历官著作郎。道武常置左右，问以异事。时群臣畏上威严，莫不逃避。浩独恭勤，终日不归，上每赐以御粥。明元初，拜博士祭酒，赐爵武城子，尝授帝经。每郊祀，父子并轩轺，时人荣之。又请建储贰，评论人物，为朝廷所重。帝尝称浩精于天人之会，博闻强识，使佐太子，多所规正。后袭爵白马公，累官司徒。自朝仪、诏策、军国、书记多关于浩。浩留心于经术，不好庄老之书。作家祭法，蒸尝之礼。又参著作序《国书》三十卷。

[嘉靖《武城县志》卷七《人物志》]

  崔浩，崔宏之子。博极群书，明识天文。历官著作郎，魏道武以其所上书，常置左右，及幸其私第，多问以异事。累官至司徒。尝参著作序成《国书》三十卷。

[顺治《武城县志》卷二《乡贤》]

  崔浩，字伯渊。宏之子。少好学，博览经史。仕魏，累官光禄大夫。练习制度，掌朝廷礼仪、军国书诏，又精天文，总理史务，叙成《国书》三十卷。著作令史闵堪等谄事浩，请立石铭，载《国书》，以彰直笔。北人咸忿，构之诬，以暴扬国恶，帝怒诛浩，清河崔氏无远近，及范阳卢氏、太原郭氏、河东柳氏，皆浩姻亲，尽夷其族，秘书郎以下皆赐死。

[嘉靖《山东通志》卷三十一《人物四》]

  崔浩，字伯渊。宏长子。博通经史元象，又留心制度科律。状貌纤妍，如美妇人，而性敏达，长于谋计。历事太祖、太宗、世祖，累官光禄大夫，袭白马公，又进爵东郡公，迁司徒，掌朝廷礼仪、军国书诏。世祖敕诸尚书，军国大计皆谘浩后行，数幸其第，问以异事，或仓卒不及冠带，奉进疏食，必为举箸立尝而旋。后以刊示国书事，被诛。初，浩父疾笃，浩剪爪发，夜祷于天，愿以身代，叩头流血，岁余不息。及居丧，尽礼，时人称之作家祭法。著《食经》，垂示后世。又工书，世宝其迹，多裁割缀连为模楷焉。

[嘉庆《东昌府志》卷二十六《列传》]

  《周易注》十卷，崔浩撰。浩，字伯深。清河东武城人。官司徒。是书隋、唐《志》皆著录。浩"自序"略云：敦煌张湛、金城宗钦、武威段承根三人皆儒者，每与余论《易》，余以《左氏传》卦解之，遂相劝为注。故因退朝之余暇而为之解焉。

[宣统《山东通志》卷一百二十七《艺文志第十·经部·易》]

  《婚仪》《祭仪》二卷，崔浩撰。浩有《周易注》，见易类。两书见《新唐志》，"浩"作"皓"。

  《女仪》崔浩撰。《太平御览》"时序部""服章部"引浩是书曰：近古，妇以冬至日进履袜于舅姑。

[宣统《山东通志》卷一百二十八《艺文志第十·经部·礼》]

  《孝经解》，崔浩撰。浩见易类。是编见浩所上《五寅元历表》。

[宣统《山东通志》卷一百二十九《艺文志第十·经部·孝经》]

《论语解》，崔浩撰。浩见易类。是编见浩所上《五寅元历表》。

[宣统《山东通志》卷一百三十《艺文志第十·经部·四书》]

《急就章》二卷，崔浩撰。浩见易类。据《魏书》本传浩所上《五寅元历表》，是书为太宗元年奉敕解者。《隋志》二卷。《日知录》云：《魏书·崔浩传》：浩既工书，人多托写《急就章》，从少至老，初不惮劳。所书盖以百数，必称冯代强，以示不欲犯国。其谨也如此。史于"冯代强"下注曰：疑按《急就篇》有冯汉强，魏起漠北，以汉强为讳，故改云代强，魏初国号曰代故也。颜师古《急就篇》序曰：避讳改易，渐就芜舛。正指此。

[宣统《山东通志》卷一百三十《艺文志第十·经部·小学》]

《汉书音义》二卷，崔浩撰。浩有《周易注》，见经部易类。是书见《新唐志》。

[宣统《山东通志》卷一百三十一《艺文志第十·史部·正史》]

《汉纪音义》三卷，崔浩撰。浩见经部易类。是书见《唐志》。

《国书》三十卷，崔浩等撰。见《魏书》本传。《史通·正史篇》云：神麚二年，诏集诸文士崔浩、浩弟览、高谠、邓颖、晁继、范亨、黄辅等撰《国书》，为三十卷。又特命浩总监史任，务从实录。叙述国事，无隐所恶，而刊石写之，以示行路。浩坐此夷三族，同坐死者百二十八人。自是遂废史官。又云：国记自邓、崔以下皆相承作编年体。《杂说篇》云：崔浩陷事，狄君曲为邪说，称拓跋之祖本李陵之胄。当时众议抵斥，事遂不行。或有窃其书以渡江者。沈约撰《宋书·索虏传》仍传伯渊所述。按：魏史纪传异科，始于崔光，亦见《正史篇》。

[宣统《山东通志》卷一百三十一《艺文志第十·史部·编年》]

《律令》，崔浩定。浩有《周易注》，见经部易类。《魏书·刑罚志》曰：世祖即位，以刑禁重。神麚中，诏司徒崔浩定《律令》。

[宣统《山东通志》卷一百三十四《艺文志第十·史部·政书》]

《蜀汉书》二十篇，崔浩撰。浩见经部易类。《北史》本传云：天师寇谦之每与浩言，闻其论古兴亡之迹，常自夜达旦，竦意敛容，深美之，曰：斯人言也惠，皆可底行，亦当今之皋陶也。因谓浩曰：吾当兼修儒教，辅助太平真君，而学不稽古，为吾撰列王者政典，并论其大要。浩乃著书二十篇，上推太初，下尽秦、汉变弊之迹，大旨先以复五等为本。

[宣统《山东通志》卷一百三十四《艺文志第十·史部·史评》]

《历术》一卷《旧唐志》作《历疏》，《新唐志》作《律历术》，崔浩撰。浩有《周易注》，见经部易类。是书见《隋志》。《魏书·律历志》曰：真君中司徒崔浩为

《五寅元历》，未及施行。浩诛，遂寝。《北史》浩本传上《五寅元历表》云：太宗即位元年，敕臣解《急就章》《孝经》《论语》《诗》《尚书》《春秋》《礼记》《周易》，三年成讫。复诏臣学天文星历、《易式》、九宫，无不尽看。三十九年，昼夜无废。臣禀性弱劣，力不及健妇人，更无余能，是以专心思书，忘寝与食，至乃梦共鬼神争义，遂得周公、孔子之要术，始知古人有虚有实，妄语者多，真正者少。自秦始皇烧书之后，经典灭绝。汉高祖以来，世人妄造历术者十余家，皆不得天道之正。大误四千，小误甚多，不可言尽。臣愍其如此。今遭陛下太平之世，除伪从真，宜改误历，以从天道。是以臣前奏造历，今始成讫，谨以奏呈。惟恩省察，以臣《历术》宣示中书博士，然后施用。非但时人，天地鬼神知臣得正，可以益国家万世之名，过于三皇、五帝矣。

[宣统《山东通志》卷一百三十七《艺文志第十·子部·天文算法》]

《食经》九卷，崔浩撰。浩见经部易类。《魏书》本传云：浩著《食经》，叙曰：余自少及长，耳目闻见，诸母诸姑所修妇功，无不蕴习酒食。朝夕养舅姑，四时祭祀，虽有功力，不任僮使，常手自亲焉。昔遭丧乱，饥馑仍臻，馔蔬糊口，不能具其物用，十余年间，不复备设。先妣虑久废忘，后生无知见，而少不习业书，乃口授为九篇，文辞约举，婉而成章，聪办强记，皆此类也。

[宣统《山东通志》卷一百三十七《艺文志第十·子部·谱录》]

《赋集》八十六卷，崔浩撰。浩有《周易注》，见经部易类。是集见《隋志》。

[宣统《山东通志》卷一百四十六上《艺文志第十·集部·总集》]

北齐

◎ 崔景凤 ◎

崔景凤，字鸾叔。逞元孙。涉学以医术知名。魏尚药典御，齐天保中谯州刺史。

[乾隆《武城县志》卷十四《方伎》]
[民国《武城县志》卷十五《杂记》]

◎ 崔 愍 ◎

崔愍，字长谦。幼聪敏。济州刺史卢尚之欲以长女妻之，休子甗为长谦求尚之次女，曰：家道多由妇人，欲令姊妹为妯娌。尚之感其义，于是同日成婚。休诫诸子曰：汝等宜皆一体，勿作同堂意。若不用吾言，鬼神不享汝祭祀。休亡，枕中有书，如平生所诫，诸子奉焉。长谦与休第二子仲文同年而月长，其家谓之大二、小二。长谦少与太原王延业俱为著作佐郎，监典校书。后为青州司马，贼围城二百日，长谦书不废，凡咨手抄八千余纸，天文、律历、医方、卜相、风角、鸟言，靡不开解。晚颇以酒为损。迁司徒咨议，修起居注，加金紫光禄大夫。后兼散骑常侍，使梁。将行，谓人曰：我厄在吴国，忌在酉年，今恐不免。及还，未入境，卒。年二十八。赠南青州刺史。

[《北史》卷二十四《列传第十二》]

崔愍，字长谦。幼聪敏，与休第二子仲文同年而月长，其家谓之大二、小二。为青州司马，贼围城二百日，读书不废，手抄八千余纸，天文、律历、医方、卜相、风角、鸟言，靡不开解。累加金紫光禄大夫。后使梁，自知厄在吴，忌在酉行，将不免。及还，未入境而卒，赠刺史。见《北史》。

[乾隆《武城县志》卷十《人物》]

[嘉庆《东昌府志》卷二十六《列传一》]

[宣统《重修恩县志》卷八《宦业》]

崔愍，字长谦。清河东武城人。少与太原王延业俱为著作佐郎，监典校书。后为青州司马，贼围城二百日，长谦读书不废，凡手抄八千余纸，天文、律历、医方、卜相、风角、鸟言，靡下开解。晚颇以酒为损，迁司徒咨议，修起居注，加金紫光禄大夫，后兼散骑常侍。

[咸丰《青州府志》卷六十四《杂记》]

[光绪《益都图县志》卷五十三《杂志》]

明

◎ 王 道 ◎

明故吏部侍王公神道碑

分宜严嵩太学学士

吏部侍郎王公，讳道，字纯甫。山东武城人也。公之行义，孚于乡，而闻誉重于当世伟矣。昔在正德辛未（1511）之岁，举进士，选入中秘时，山东寇乱，欲奉祖母避地江南，上疏乞补学职，词恳切，得应天学教授。居二载，升南京仪部主事，调改吏部验封，历考功、文选，中更忧制。前后在吏部十年，雅操端洁。大学士西樵方公上言：王道，学行纯正，识度宏远，可备宫僚劝讲之职。乃擢春坊左谕德。公引疾固辞，曰：朝廷以名器为重，不轻假人以不次之官，而人臣惟义分自安，当致谨于非分之获，伏望收回成命，庶大臣所荐，虽不得经明行修之士，犹不失安分知耻之人。于是得旨，允以病归。公虽去而名益高，士大夫日跂其复用。居一载，起为南京国子祭酒。未几，又以疾乞归。自是，一意家居，屏迹城府，读书讲学，种树灌园，以自适。盖不通仕籍者，十有三年。而当时自公卿以至台谏，荐疏日至。嘉靖丙午（1546），起为南京太常卿，未至。迁南京户部侍郎。寻改礼部召，掌北雍。履任三月，改吏部右侍郎。然仅阅月，公已属疾，遂不起矣。公貌厚而气温，学笃而志远。始也，驰骋词翰，既而叹曰：此无益也。乃研精于义理之学，取宋儒程朱书读之，既又取《论语》一部，反复潜玩，有悦于心。曰：圣门平实简易之学，固如是也。公虽潜心理学，见世之立门户相标榜者，则深耻之。尝言：汉以前无名道学者，其人品如张文成、曹相国、黄叔度、管幼安，皆真道学之流。虽释老二氏，亦各有所见，不可厚非。凡其言议，不随时苟同，故能表见。流辈大自树立，不为利害所动，进退从容。累迁铨曹，两任国子，执法端教，表率人才，期于俗变风美。入官虽久，自奉如寒素。是以君子察其行，而考其言；推其用心，而需其柄用，以福生民，利国家。而天不慭遗，遽云以没。呜呼！夫岂斯人之不幸哉！公所著有《大学亿》《老子亿》《易》《书》

《诗》《春秋》等《億》,《诸史论断》《大学衍义论断》《批点六子书》及《韩柳欧苏文》若干卷。公于书,无所不读,精择强记,妙契疾书。其所论著,义理深到,剖决明当。自阴阳、律历、医卜、农桑、刑名、地志之类,靡不通贯晓悉焉。曾祖讳复礼,祖讳纶,父讳琮,赠吏部郎中,配李氏生公。公生成化丁未(1487),享年六十有一,卒嘉靖丁未(1547)七月二十一日。讣闻诏,赐葬祭如例。元配李氏封宜人,继张氏。子男三人,长幼康,举于乡;次幼广、幼庶;女适曹珮予。往承乏吏部以侍郎,掌部事。时公为验封郎中,特越序奏,改公为文选,予以此忤用事者。至是,幼康以神道之文,为请曰:知先人者莫如公,然则,非子谁宜铭。铭曰:世每迁诱袭利,憪见所可,赴若湍奔,往往竞取以争喧。有笃君子视浮云,避远声利耳不闻。退然雅志乐丘樊,玩心高明究典坟。卓然大雅实不群,成均铨署扬令芬。贪者可廉薄使敦,翩然谢世遗垢氛。有考,其不在斯文。

[嘉靖《武城县志》卷八《碑》]

王道,字纯甫。少颖悟不凡,十八领乡荐,登正德辛未进士。初选翰林庶吉士,以就。养祖母及继母,力辞前职,改应天教授,擢吏部主事,历员外郎中。选法公平,门无私谒,以辅臣荐升左春坊谕德。未几,以疾告归。家居十余年,杜门讲学,足迹不涉公府。性恬淡夷旷,慕邵雍、司马光为人,而笃志力行,实允蹈之。嘉靖癸巳(1533),迁南监祭酒,科条严肃,而经义、德行各有章程,士类翕然宗之。旋复以疾告,后因台臣论荐,起太常卿,历北京祭酒、礼部吏部侍郎,卒于官,诏赐葬祭。所著有《大学億》《老子億》诸书,行于世。

[嘉靖《武城县志》卷七《孝友》]

王道,字纯甫。武城人。未冠登乡举,正德辛未进士,选庶吉士。时山东盗起,将奉祖母避地江南,疏改应天教授,召为吏部主事,历考功、文选司郎中。大学士方献夫荐其学行,可任宫僚,擢春坊左谕德。引疾辞归。居一岁起,迁国子监祭酒,拜吏部右侍郎。究其学,已厌博及约,不欲标门户自表曙。所著有《易》《诗》《书》《春秋》《大学億》,持论多前儒所未及。两掌胄监,端执申约,六馆诸生,翕然向风,人比之宋仲敏。赠礼部尚书,谥"文定"。

[康熙《山东通志》卷四十一《人物·东昌府》]

王道,字纯甫。武城人。正德辛未进士,选庶吉士。方献夫荐其学行,擢左谕德、国子祭酒、吏部右侍郎。其学由博返约,不欲标列门户。著《易》《诗》《书》《大学億》,持论多前儒未及。在国子监,端轨申约,六馆诸生,翕然向风,人比之宋仲敏。赠礼部尚书，谥"文定"。

［雍正《山东通志》卷二十八之三《人物三》］

王道，字纯甫。武城人。正德六年（1511）进士，选庶吉士。方献夫荐其学行，擢左谕德、国子祭酒，进吏部右侍郎。其学由博返约，不欲标列门户。著《易》《诗》《书》《大学億》，持论多前人未发。在国子监，端轨申约，六馆诸生，翕然向风，人比之宋仲敏。卒，赠礼部尚书，谥"文定"旧志、《一统志》。

［宣统《山东通志》卷一百六十二《人物志第十一·历代儒林》］

《周易億》四卷，王道撰。道，字纯甫，号顺渠。武城人。正德辛未进士，历官吏部侍郎。是书见《明志》。《经义考》引陆元辅曰：王氏《易億》，大约举宋元诸儒传注之误者而驳之。如谓乾"元、亨、利、贞"应照《文言》，分为四德；朱子以为大亨而利于正，则谬。又谓伊川不主卦变之说，以六十四卦皆出于乾、坤二体；朱子破之，别创卦变之说，不若且依程子之说，犹为浑全。诸如此比，不可枚举。其言多出揣测，故曰"億"。聊城朱延禧校刻之。

［宣统《山东通志》卷一百二十七《艺文志第十·经部·易》］

《书億》四卷，王道撰。道有《周易億》，见易类。是书见《经义考》。

［宣统《山东通志》卷一百二十七《艺文志第十·经部·书》］

《诗億》三卷，王道撰。道见易类。是书见《经义考》。

［宣统《山东通志》卷一百二十八《艺文志第十·经部·诗》］

《春秋億》四卷，王道撰。道见易类。是书见《明志》。

［宣统《山东通志》卷一百二十九《艺文志第十·经部·春秋》］

《大学億》二卷，王道撰。道见易类。是书见《明志》《经义考》。

［宣统《山东通志》卷一百三十《艺文志第十·经部·四书》］

《大学衍义论断》，王道撰。道有《周易億》，见经部易类。是编见《经义考》。

［宣统《山东通志》卷一百三十五《艺文志第十·子部·儒家》］

《老子億》二卷，王道撰。道有《周易億》，见经部易类。是书见《明志》。

［宣统《山东通志》卷一百四十《艺文志第十·子部·道家》］

《顺渠文录》十二卷，王道撰。道有《周易億》，见经部易类。《明志》载其《文集》十二卷。《临清志》作《顺渠文录》，无卷数。兹依《临清志》标目，而题卷则依《明志》。《古夫于亭杂录》云：吾乡武城王文定公道，嘉靖中官吏部侍郎，名臣也。其《文录》议论纯正。

[宣统《山东通志》卷一百四十二《艺文志第十·集部·别集》]

清

◎ 张修业 ◎

◎ 张敬止 ◎

◎ 张　铺 ◎

张修业，字舜卿。善书画，精韵学，好读《文献通考》。有刘斗枢先生者，博物知名，授以医卜地理。崇祯十三年（1640），邑大疫，以药济人，全活甚众。著有《医方大成》八卷、《胎产类编》六卷、《名方集》二卷、《医案》百卷，藏于家。子敬止，克成家学，为一代宿儒。孙铺，字鲁生。庠生。亦邃于医，著有《痘义解》《张氏痘疹》《外科法程》。

[道光二十一年《武城县志续编》卷十四《杂记·方技》]

张敬止，字熙甫。岁贡生。家贫嗜学，以授徒为业，澡身励行，言动不苟。所著书有《四书说》《经说》《河图说》《洛书说》《易门周礼说略》《性书闲道录》《洪范录》《大礼士相见礼》《韵学》《删定张景岳全书》《脉诀》《医林洒翰》《鹤翁诗稿》，已未刻共十余种。

[乾隆《武城县志》卷十《人物》]

国朝岁贡

张敬止，乾隆己未（1739）。

[乾隆《武城县志》卷六《选举》]

张敬止墓，公精数术，作法辄效，不可殚述。卒之日，有同乡田某自外归，遇公乘健骡从一仆于十余里外，言他适，祈将钥匙捎回，代为致意。及田某至家，则见其妻孥聚泣，公已作为古人矣。墓在本邑瓦子庄北，距庄里余，天气清明之际，常见有烟云护绕，或遇河决，水深数尺，及水落，毫无痕迹。又常见有人祭其墓，问其后裔，皆不知。每年有此灵异云。其德行学问，悉见旧志《人物》。

[民国《武城县志》卷十二《邱墓》]

◎ 李麟图 ◎

李麟图，字元阁。河南巩县戊辰（1808）恩科举人，大挑一等，借补武城县丞。有孝行，邃于医术。在任捐俸，设义学，延师掌教，尤喜奖励士类，从学之士三十余人。沿河有土井，乡民赖以灌蔬，前任多禁之。公曰：吾不能兴水利，反为厉耶！卒不禁，以忧去。士人至今思之。

[道光《武城县志续编》卷九《宦绩》]

[民国《武城县志》卷九《宦绩》]

李麟图，字元阁。举嘉庆戊辰（1808）乡试。石关人。精研经典，丙夜不懈。与刘凌汉同师，交莫逆，岁己卯（1819），同赴礼闱，值刘病且濒危，同乡多避匿。麟图左右周旋，凡医药、饮食之资，躬自调理经纪，病赖以瘳。道光丙戌（1826）大挑二等，补山东武城县丞，通判东昌府卫河厅，所至有政绩。生平肝胆照人，文章传诵一时。

[民国《巩县志》卷十二《人物志二》]

张承恩，顺天宛平监生。（道光）九年（1829）三月十五日接任，十年十二月二十日李麟图代理，十一年三月初九日回任，九月初八日李麟图代理。龚庆荣，江苏长州监生。十一年十月初六日到任，十三年四月十八日李麟图代理，七月十六日回任，十六年四月二十八日文鸿接署，五月初十日张汉接署。

[道光《武城县志续编》卷八《职官》]

[民国《武城县志》卷八《职官》]

◎ 李 梅 ◎

◎ 李若兰 ◎

◎ 李若蕙 ◎

处士李梅妻王氏，幼聪慧，有志操。适李，生二子，而寡年二十余岁，誓抚孤守节。梅弟桐，凶人也。逼之改醮，已受人聘，迎娶者至门，氏大惊，急起，引刀剪其发，以头触石，血淋漓满衣，且泣且骂，娶者骇叹，不敢近，向桐索原聘而去。时邻里交口，尤桐奸谋。自是，稍沮。又赖梅三弟橙者，迎与同居，乃免于祸。梅故善医，二子亦世其业，长若兰，太医院判；次若蕙，太医院吏目。

[乾隆《武城县志》卷十一《列女》]

◎ 李　恒 ◎

李恒，字恒占。邑增生。性情恢偕，好读岐黄书。著有《脉诀要编》十章、《医林摘要》二卷，以济世人。

[乾隆《武城县志》卷十《人物》]

◎ 王瀛洲 ◎

王瀛洲，字登三。南北官人。早岁入邑庠，继供成均。绝意科举，专习针灸。承四代家传，潜心探讨，造诣极精深。遇病针到病除，救人无算。一生不索酬，不望报，远近德之。著有《五世针灸摘要》行于世。邑侯李维缄亲书"世济其美"壁碑一方赠之。

[民国《重修恩县志》卷十一《方技》]

王瀛洲，字登三。清代武城县人。承四世家传，善以针灸治病。著有《五世针灸摘要》行世。

[《山东中医药志》第六篇《人物表》]

◎ 张玉庆 ◎

张玉庆，清代武城县报效屯人。承祖传法术，善治喉症。症虽危，常手到病除，兄弟子侄，皆相传。

[《山东中医药志》第六篇《人物表》]

◎ 庞濯清 ◎

◎ 庞鸿塔 ◎

庞濯清，字浴德。清庠生。城西南庞庄人。习医，精内科。求治者无不著手成春。著有《医源备览全集》《医方摘要》，稿藏于家。子鸿塔，亦继父志。

[民国二十四年《重修恩县志》]

庞濯清，字浴德。清代武城县城西南庞庄人。庠生。医工内科。著有《医源备览全集》《医方摘要》，未刊。子鸿塔，传其术。

[《山东中医药志》第六篇《人物表》]

◎ 王英才 ◎

王英才，清代武城县草寺屯人。精医术，善治跌打损伤，于整骨尤妙，治无不验。

[《山东中医药志》第六篇《人物表》]

◎ 耿文起 ◎

耿文起，字焕齐。清代武城县耿庄人。精针灸术，善治小儿食积痞满。求无不应，治多著手成春。

[《山东中医药志》第六篇《人物表》]

◎ 李东瀛 ◎

李东瀛，字仙洲。清代武城县西南柳官屯人。家传法术，善治疮疡，不以刀割，以药为主。

[《山东中医药志》第六篇《人物表》]

◎ 姜存汉 ◎

姜存汉，清代武城县人。庠生。业医，精痘疹科。

[《山东中医药志》第六篇《人物表》]

民国

◎ 才春元 ◎

才春元，字捷南。清监生。高海人。性慈祥，抱济世志，研究中西医学颇精，著有《中西医通考》《内外全书》两种，各数十万言，储于家。又善养正气，遇有跌打损伤、骨折筋断者，一经春元吹画无不愈。殁后，受惠者感其德，送"道高品重"匾额以旌之。

[民国二十四年《重修恩县志》卷十一《乡贤·方技》]

才春元，字捷南。武城县人。清监生。通中西医学，著有《中西学通考》《内外全书》，未梓，今犹藏于家。

[《山东中医药志》第六篇《人物表》]

◎ 耿介堂 ◎

耿介堂，武城县人。治沉疴，多著手成春。民国二十三年（1934），县长张迈孟题赠"济世活人"额其门。

[《山东中医药志》第六篇《人物表》]

◎ 邹培基 ◎

邹培基（1880—1941），武城县老城南小十八户村人。以善整骨术知名，子孙传其业。

[《山东中医药志》第六篇《人物表》]

齐 河

元

◎ 杨二世 ◎

医士杨二世之墓，在城东圣人杨庄东，有元朝赐祭翁仲二，石羊、石豹各二，今尚存。

[民国《齐河县志》卷六《茔墓》]

◎ 李 允 ◎

徽政院医工提领李允碑，在邑北老萧庄迤南。元延祐三年（1316）徽政院左都威卫使司儒教授毛瑛撰文。

[民国《齐河县志》卷六《碑碣》]

清

◎ 马星蟾 ◎

星蟾马公家传

岁贡李福銮历城人

公讳星蟾，字步五，齐河县人。幼颖悟，读书过目不忘。弱冠应童子试，诗文冠其曹偶，补博士弟子员，旋食饩，屡困棘闱，由廪贡考取教职，选授沂州府学训导。抵任后，接待士子宽而督课綦严，谆谆以恪守卧碑为训，士风为之丕变。新进诸生，例有规礼，每值科岁试，署内书斗勒索，往往视为奇货可居，较量多寡如商贾然。公革除旧习，贫富听其自纳，丰啬不计，极贫者辄予捐免，有力不能赴省试者，且分俸助之。未几，以保荐，升莱州府学教授。其在莱州任内，一如在沂州时，但教职清苦，廉俸所入有限，不足供其使用，恒取给于家中。嗣因亲老多病，遂乞终养。归，方母疾未瘳，慨然曰：老亲在，堂子不知医，非孝也。公平日于医学，少有涉猎，至此更专心研求，上自《灵枢》《太素》《甲乙》诸秘书，以及经传百家之涉其道者，靡不贯通其源委。侍亲之暇，兼以其术活人，经手治者率十逾八九。有持金帛来谢者，拒弗受。其恺悌廉介如此。迨丁母忧，哀毁骨立，丧葬尽礼，庐墓三年，足不履城市。服阕后，屡征不出，有终焉之志。公兄弟五人，次序居长，最友爱。尝让产，弗取。天性和易，与人交，毕出情愫。赴人之急，解人之争，人无不感服者。遇困穷无告，则量所能济之。族中旧有宗祠，年久失修，则力新之，并整理祭田。春秋享祀虔奉俎豆，必诚必敬。厚待族众，丧葬婚嫁，凡贫不能举办者，必量力佽助之。平生鲜嗜好，惟爱古书画，收藏颇富，有宋徽宗御笔手卷《龙眠老人揭钵图》，其最著也。公生于乾隆三十三年（1768）正月初一日辰时，卒于道光二十六年（1846）十二月十六日子时，春秋七十有九。配李孺人。子春霖，太学生。长孙廷相，候选从九；次孙廷翰，蓝领五品衔，候选巡检，并能世其家。李福銮曰：祝阿马氏为济郡名族，代有闻人。步云公为予祖姑丈，行夙闻诸先人传述，嘉言懿行足为世法，惜出仕止于学官，未竟其施所至已。教泽涵濡，若是使跻显仕，康济斯民，讵有量耶！有子称孝悌为人之本，公一生行己接物无非根于孝悌，宜其至今称道弗衰，而流泽孔长也。

[民国《齐河县志》卷三十二《传》]

马星蟾，字步五。世居城内。幼时即颖悟异常儿。乾隆时，由廪贡捐教职，署莱州府训导、沂州府教授，所至以昌学励诸生，多所造就，寒士无力应试者，每捐给场资所有年。貌陋规悉蠲除之，当时曾建碑颂其事。因亲老告归，备色养者十数年。亲殁，哀毁骨立，三年不茹荤酒。处兄弟怡怡无间言。居常课子及孙，每以"勿道人恶"为家训，其素养可知矣。

[民国《齐河县志》卷二十七《儒行》]

◎ 马绍文 ◎

马绍文，字丹亭。孝子朝才玄孙也。年十六，为诸生。文章取法甚高，不求人知。比官凤阳通判，修学宫，设义塾，治声大著。委摄五河篆，有以不能输赋见击者，代为输而释之。邑民某，因婿贫，妄控其亡，廉知亡者乃其弟，予其婿三十金，俾归娶。其婿借余金为小贾，后竟成家。监正阳镇钞，禁胥吏侵蚀，课溢于额，悉以归公，不染锱铢。正阳俗好停榇，每遇火，迁移填途巷，绍文为捐，立义冢，谕令时葬，复设火具，以备不虞。一夕火起，望之稽首，火寻灭，人以为至诚所感。镇有恶少，恣为不规，逮治之，其人悔悟，卒为善。督漕运，革船丁陋规。署六安州，免编审例银五百余两。一士以文字谒见，数被款接后，与穷民争田，讯之理屈，廷辱之不少假。竟以前任所缺额，解米挂吏，议以归。绍文事父母夙以孝闻，父母卒，柴毁抉杖，泣不能成声。事伯兄如事父，同居子侄数十人，雍雍无间言。通医理，求者必为诊视，至老不倦。卒年六十。涂公锡禧为之"传"。长子渊，另有"传"，并见《艺文志》；次泓，嗣弟绍孔；季涵，早卒。

[民国《齐河县志》卷二十六《孝行》]

江南凤阳府通判歧生马公传

涂锡禧

公姓马氏，讳绍文，字丹亭。歧生，其号也。世为齐河人，祖逢泰，赠承德郎，江南凤阳府通判。父绵禄，赠中宪大夫，户部陕西司员外郎。公少好学，有志行。年十六，补诸生。为文有奇气，声噪甚。顾屡踬场屋，援例贡成均。雍正六年（1728），授凤阳通判。既视事以闲曹，无可措施。适见学宫倾圮，捐俸，葺之。复开义塾，置膏火，拔多士肄业其中。上官识公能治事，即檄摄五河县印。有以贫不能输赋者，怜其系累，代为输而释之。七年，监正阳钞，轸恤商贾，禁胥吏侵蚀之弊，故课额大溢，悉以归公。夏六月不雨，祷辄应，人谓"马公雨"。正阳，万户鳞次，尝患火灾，而俗好停柩，有数世不葬者，遇火迁移，填途巷，生死多被害。公捐立义冢，劝其以时葬，复设火具，以备不虞。一夕火起，公望之稽首，寻灭，如刘光禄返风故事，人以为至诚所感。八年，督漕运，革船丁陋规。九年，署六安州知州，免编审例银五百余两，民感颂甚。至州，故有凤月米，先时缺解，后遂以乙补甲。公得代而接任者，以本年所征解。公用是，罹吏议。巡抚泰安赵公素器重公，上疏申救，而公以母老乞归。公笃于内行事赠公以至孝闻，及居母太夫人丧，柴毁扶杖，泣不能成声，见者皆为动容。事伯兄如其父，凡事必白而后行。同居子姓数十人，雍雍无间言，皆公之教也。居官未甚久，而多著绩。署五河日，有因婿贫而妄控其亡者，公廉知亡者乃其弟，遂召婿，予三十金，俾速娶。婿感奋，借剩金为小贾，后竟成富室。一士以文字谒见，数款接之后，士与穷民争田而理屈，庭辱之不少假，观者叹服。正阳一恶少，观剧于稠人中，强呼小伶与狎，众莫敢问。公立逮治之，其人悔悟，卒为善。于公去官，独送百余里，涕泣谢公。又通医理，求者必为诊视，不避污秽，至老犹然。每冬，施衣粥，济饥寒，数十年无倦色，里党皆称公贤。乾隆十二年（1687）卒，年六十。闻者，识不识皆泣下。子渊、泓、涵；孙人龙、见龙、和龙、犹龙，皆贤而有文，多通籍于朝者。

论曰：马氏为齐河巨阀，官中外者相望，而公实开其始，观所设施，皆古循吏之事也。而其门内之行，尤有足称道者。予闻公之曾祖朝才，事亲至孝，数被诏旌门闾。其家法，世遵守弗越于乎！仁人之泽长矣！

[民国《齐河县志》卷三十二《传》]

马绍文，字丹亭。齐河人。由增贡生任凤阳府通判，下车悉革供应陋规，清操不染，赈饥煮粥，立义冢，利于民者，无弗为。署五河篆，岁歉，逋粮不能完者，辄为代补。后署六安州事，惠政尤多，比户书"官清民安"四字悬牌于门。凡在任费用，俱取诸家橐，邑人皆知其为真冰柏也。

[道光《济南府志》卷五十六《人物十二》]

通判赠文林郎马绍文墓，在城西北十八里。

[民国《齐河县志》卷六《茔墓》]

马绍文，城内人。增贡生。任江南凤阳府通判，敕授承德郎。以孙人龙贵，晋赠中宪大夫、福建道监察御史。

[民国《齐河县志》卷二十三《赠荫》]

◎ 郝源泉 ◎

郝源泉，字蒙占。乡贤宁愚元孙，例贡生，候选县丞。性成孝友，处世和平，怜寡恤孤，乐善不倦。光绪丙戌（1886）、丁亥（1887）间，洪水为灾，全活乡人流离失所者百余家。刊行《瓯香馆四书说》，行于世。又敬惜字纸，施送药饵，终身行之不稍衰。子二人，金章、凤章先后登贤书。寿八十三岁，无疾而终。民国十三年（1924），由邑绅孙同文等合词呈请，旋奉部复：故绅郝源泉，执义秉德，践孝依仁，惠普遍于里间，报宜崇以祠祀云云。十六年（1927），与其高祖宁愚，同时入祀乡贤。传详《艺文志》。

[民国《齐河县志》卷二十四《乡贤》]

乡贤郝蒙占先生传

阎廷献

清光绪癸卯（1903）春，余应礼部试于汴闱，与齐河郝品三大令号舍比邻，谈甚洽。场后互过访，因并识乃弟芸衫孝廉。然不数日，即与两君别矣。至庚申（1920）、辛酉（1921）、壬戌（1922）间，权知齐河事，时两君皆宦游于外，每向邑士绅询及谈次，则必乐道其先德蒙占公之善行，悉数若不能尽，且众口为一致者，余已心志之，不能忘。癸亥（1923）后，卸诸城事，省居，两君亦寓省，各有所事，于是忻然话旧，时相过从，且间为文酒之会。至是，出先生行述相示，读之觉尚略于曩之闻诸士绅者，隐德盖不少矣。乃本景贤乐善之诚，盥手而为传曰：

先生讳源泉，字蒙占。齐河郝氏，居城东北之孙耿镇，世业儒。先生则以家计中衰，故奉父命而为商。自少敏练忠诚，随事尽职，资本家争聘任之。初，掌典肆于直隶之金堤镇，值八卦教匪倡乱，其徒充斥市街，官军又迟久不来，危在眉睫，先生则阳与款接，秘嘱厨夫杨姓潜运肆内金银及其他贵重物于其家，埋之灶底，至己所有者，则一物不动，以免滋窥伺者之疑。此已足见患难中之道德也。比官军至之前一日，匪首忽至肆，大言曰：汝典富且巨，与毁于官兵，宁赠我辈？但柜长实长者，不忍害，遂麾十余人，执械劫之，行至镇外里许，乃以卫送出险之意告，惊定。念势不能复回镇，拟避附近居以候消息。暮，投一村店宿，忽有人仓皇来见，曰：此店实杀人越货者。某曾受公惠，不忍不以告。将他徙，店主人力阻。其狞恶见于辞色间，其人与耳语良久，始得放行去。事平，厨夫尽归所藏，还之肆主，无丝毫失。店中所遇者，终不知为何人，非先生知人之明，感人之深，曷克致此！向邑绅皆叹为盛德，岂过誉哉！先生与尹集郝印吉封翁为同宗，咸丰末年（1861）以重资相委托，敦请办典业于东昌。不数年，以筹划精详，骤盈余数十万。广平、泰安、汶上、长清诸典，皆以此余利而分支者也。洎某某年，南匪窜扰东昌，万众环攻，门不昼启者，历三四月。先生于时，除典肆捐输外，并尽出所自有，助饷糈，为商民倡身则，与守令丞尉筹防务，日夜巡视城上，恒旬余，不得卧眠。寇退，程筱泉太守握先生臂曰：君可以寄百里之命，隐于商，实屈才。将荐于大府而擢用之，固辞，乃仅受议叔县丞职，加五品衔蓝翎，太守特书"明干有为"额以旌之。东昌人，今犹念德也。清光绪初，河屡决，齐独当其冲，田庐强半漂没。有男妇百数十，逃之添口一带，就食振粮。东抚张勤果公曜议将此项难民递送至新疆垦荒。行至长清，皆露宿道旁，口粮不足，饥疲，已难于前进。适先生在长清典肆，闻之恻然，使人持制钱百余缗，按名散放。迄回报，始知为乡人。乡人亦素稔慈惠名，群入见，环泣求救。时长清苏巨川大尹，仁人也，与先生交最厚，乃代为请曰：难民未出省境，已不能支，新疆万里迢遥，恐尽于途中填沟壑，乞拯之。苏公谓宪令殊难反汗，当拚此官谓之，驰驿专禀。翼日，竟报可。于是，欢声雷动。又与苏公出资送之返。次年丙戌（1886）七月，长孙景麐生人，皆以为此事之福报也。噫！是皆善行之关于民众地方者。余若精外科，施药饵，刊医方，以至立惜字社等，虽利济亦多，不足为先生重也。先生经商六十余年，所获甚为丰矣。而核其用途，于家则犹子六人，或读，或商，皆供给之以成立。乡邻戚族赖以通缓急，谋生活者，不翅百许人，故终身不以富名自奉，尤崇俭约。八旬外，犹婉却贺寿者。谓：祝仪宾筵等费少，亦可救十数人之急。以一人享之，与暴殄何殊！特书以为遗训焉。性好学，通经史大义，尤喜读《通鉴》。遇言行，切已适用者，辄摘录之。晚年汇为一编。其高祖羲佾公著有《瓯香馆四书说》，士林多宝贵而传抄之，因手校以梓行于世。又刊《通鉴感应录》一书。先生生于嘉庆十四年（1809）己巳，卒于光绪十七年（1891）辛卯，寿八十有三。民国十四年（1925），由邑绅孙同文等以生平事迹上部复准，祀乡贤。先生初艰于子嗣，年六十始生品三君；又二年芸衫君生，而犹及见其同游于庠，长孙能识字也。品三，名金章。光绪丁酉（1897）科举人，以知县分江苏任泗阳、淮阴等县事。芸衫，名凤章。庚子（1900）辛丑（1901）恩正并科举人，保荐任职，历充大府秘书长。孙景麐，充任本镇学董；次孙亮，肄业中学。曾孙二人，履之，初中毕业；济之，毕业高小，皆能世其家云。

[民国《齐河县志》卷三十二《传》]

乡贤郝源泉墓，在孙耿镇东北二里，有碑，地名北塘子。

[民国《齐河县志》卷六《茔墓》]

◎ 马　渊 ◎

马渊，字清源。通判绍文子也，封文林郎、翰林院庶吉士。生数月，母弃世，鞠于祖母刘太安人。比长，事继母克尽孝道。绍文累摄州县，不名一钱，渊往来省视，综理家政，能得欢心。绍文卒，三年不饮酒、食肉。异母弟泓疾，与同寝食者数月。辛巳（1761），邑大水，族人居华店镇，多窘困。渊出粟周之，更置仓籴粟，得息，尽以济乏。岁疫施药，救活多人。捐资修建庙宇、桥梁，不可胜数。渊早补诸生，帖括之外，兼通子史，为督学徐公所奖赏，讽使谒见，竟不往，徐公益重之。晚年辟书院于城东南隅，延师训课子侄，使务为根柢，不徒事章句。盖其好学之心无所发，故寄之于此。长子人龙，辛巳（1761）进士，官刑部山西司主事；次子见龙，出为异母；弟涵，后官湖北安陆县知县。其少者，和龙、犹龙亦皆英俊。孙凤翥、凤翙、凤仪、凤章。陈公兆仑为之"传"，载《艺文志》。

[民国《齐河县志》卷二十六《孝行》]

封文林郎翰林院庶吉士马君传

陈兆仑　仁和

君讳渊，字清源，姓马氏。其先诸城人，自明中叶迁齐河之西。鄙世业农，崇祯间，有讳朝才者，事父母至孝，朝廷下诏，旌其间，君五世祖也。曾祖逢泰，祖绵禄，皆有隐德。父绍文，官凤阳府通判。君生数月，母张安人弃世，鞠于祖母刘太安人。少有至性，事继母王安人、张安人皆谨顺。未冠，补诸生。试必高等，兼涉子史，工词章，为学政盐城徐公所奖赏，讽使谒见。久之，竟不往，徐公益器重之。曰：不私谒，士之分也。吾于马生有愧矣。凤阳公累摄州县，不名一钱，凡物皆取给于家，每需财用人，君闻命即兼程往经理，大风雨不阻往来。遇佳山水，题咏殆遍。尝以乡试驰归，及期始至，急遽，未持笔砚入，假邻舍笔，以木板磨墨，七艺皆工，乃荐而不录，同考官惋惜之。凤阳公居刘太恭人丧，毁甚。君侍苫块，进水粥，不离侧。感刘抚育恩，服除犹不忘哀。凤阳公卒，不饮酒、食肉者三年。善处家，庭间四世共爨，长幼皆无私蓄。异母弟泓疾，与同寝食者数月。齐人言家法，必首推马氏。盖自孝子公以来，累世皆笃内行。至于君，而承先德，启后人，既大其家，复为德于其乡。岁辛巳（1761），县大水，族人居华店镇者多窘迫，君出积粟周之，更仿范氏义庄，置仓籴粟，择贤者任其事为营息，永济匮乏。又精甲乙家言，岁疫必施药，救活无算。所居为通衢，故旧过者辄主其家。一无赖子，投伪刺，称年家子，厚饫之。既而知其伪，无赖子复至，又给以衣物。平生捐资修庙宇、桥梁，不可胜数。晚年辟书院于城东南隅，出多金，供诸生膏火。盖所为，皆非一身一家之计也。君貌奇伟，胸次旷达，而遇物以诚信，又能文章，负重望，屡困于场屋而不肯降其格。教诸子为根柢之学，长君举进士，预馆；选君得封为文林郎、翰林院庶吉士，人以为好善之报。居恒杖藜，循行村墅间，与野老话桑麻，述孝悌，见者不知其为封翁也。乾隆三十一年（1766），六十五以疾卒。时继母张太安人尚在堂，君濒危，瞪视诸子曰：母在，母在。呜呼！可谓孝矣！子四人，人龙，以庶吉士改授刑部山西司主事；见龙，出为公之异母。弟涵后，湖北安陆县知县；和龙、犹龙，俱业儒。孙三人，皆幼。

论曰：君之子人龙，予门人观侍郎保所取士也。居官能于其职，而粹然有学行。予心重之，既而知君之贤，则人龙得于庭训者多矣。君家少游以优游乡里为得计，君居乡而能济物，盖非徒以不仕为名高者，其门阀之日盛宜哉！

[民国《齐河县志》卷三十二《传》]

马渊，字清源。绍文子。事亲能得欢心，父卒，三年不饮酒、食肉。辛巳大水，出粟以周族人，置仓籴粟，得息，尽以济乏。岁疫，施药，救活多人。晚年辟书院于城东南隅，延师训课子侄。子人龙，乾隆辛巳进士，刑部山西司主事；次子见龙，官湖北安陆县令。

[道光《济南府志》卷五十六《人物十二》]

忠孝祠，雍正元年（1723）奉文建立，乾隆十六年（1751）邑人马渊以祠宇狭小，捐资移建，以旧祠为书塾。

[民国《齐河县志》卷十八《教育》]

◎ 张介禧 ◎

张介禧，岁贡。冠之子，教授介正之弟。善体亲心，与兄介正，怡怡友爱。力学砥行，不务章句。晚年精医理，求者必为疗治，遇贫苦，更周恤之。设立义冢，捐资掩骼。训子耕读，更以积德为基，尝有"多方积德权充富，厚价收书不认贫"之句。所著有《松窗偶吟》。邑令薛公赠以联曰：礼乐诗书作佃渔，父兄子弟相师友。邑令上官公额其门曰"后学宗匠"。

[民国《齐河县志》卷二十六《孝行》]

张介禧，冠之子，介正弟。力学砥行，不务章句。晚年精医理，设立义冢，捐资掩骼。训子耕读，尝有"多方积德权充富，厚价收书不认贫"之句。著有《松窗偶吟》。邑令上官额其门曰"后学宗匠"。

[道光《济南府志》卷五十六《人物十二》]

◎ 马瀛洲 ◎

马瀛洲，字符圃。世居城内。幼失怙，事母以孝闻。弱冠，补博士弟子员。因母多病，淡于进取，遂弃制举业，专研医学，以侍母病。供盘匜，视汤药，廿余年如一日也。有邑人某，负债不能偿，欲以田亩抵，乃曰：我所以贷钱于汝者，济汝急也。今偿我以地，是涎汝之产也，我不为是。遂当面焚其券。其长厚，多类此。

[民国《齐河县志》卷二十六《孝行》]

马瀛洲，字符圃。附贡生。

[民国《齐河县志》卷二十三《贡监》]

马瀛洲，附贡生。城内人。以子步蟾贵，赠儒林郎；孙方萃贵，晋赠承德郎、广东高州府通判见《孝义志》。

[民国《齐河县志》卷二十三《赠荫》]

◎ 王熙光 ◎

王熙光，字正卿。好善不倦，痘疹尤精。子三，垾、埏、大武。

[民国《齐河县志》卷二十六《孝行》]

◎ 王仁洽 ◎

王仁洽，字辉公。副使宫臻六世孙。事继母，以孝闻。与兄仁溥，尤相友爱。

邑令万公举为乡饮耆宾，书"抱朴守真"表其门。兼精痘疹。殁之日，远近闻者，皆为叹息。子元士、伟士，俱列胶庠。

[民国《齐河县志》卷二十六《孝行》]

王仁洽，字辉公。宫臻六世孙。事继母，以孝闻。与兄仁溥，相友爱。举乡饮耆宾，邑令万表其门曰"抱朴守真"。

[道光《济南府志》卷五十六《人物十二》]

◎ 马绵祚 ◎

马绵祚，字介石。父病瘫，汤药、饮食皆亲奉侍，十年不倦。既游泮，读书于乡，乡有争者，善言以解，咸冰释，无讼于庭者。尝制豆笾八桌，置文庙中，供春秋祭祀。复建文昌阁于华店，以劝学者。有直隶人程敬海，贸易于齐，遗三十金，绵祚拾之，访得其人，悉举以畀。其捐金以助婚葬，施药以济疾病，如此类者尚多。盖积德好善人也。邑令薛公、吴公前后给匾旌之。

[民国《齐河县志》卷二十六《孝行》]

马绵祚，字介石。绵禄之兄也。庠生。父病瘫，饮食必亲奉，十年不倦。乡有争者，善言以解。尝制礼器豆笾之属，以供文庙祭祀。复建文昌阁于华店，以劝学者。直隶人程敬海，贸易于齐，遗三十金，拾之，访其人，以畀之。捐资以助婚丧，施药以济疾病。阖邑两举德行，邑令前后旌匾其门。

[道光《济南府志》卷五十六《人物十二》]

◎ 王立志 ◎

王立志，字竟成。邑庠生。城西朱官屯人。性好施与，精于医，对于眼科，独探其妙。道光二十三年（1843），曾在村东赵牛河首，捐资重修博济桥，迄今无病涉之虞，皆感德于弗艾云。

[民国《齐河县志》卷二十六《义行》]

◎ 李泗源 ◎

李泗源，字芹香。城西大夫营人。少嗜学，因治家无人，旋就农。嗣经黄流溃决，地被沙压，乃躬行节俭，家业未即废坠。日惟严督男象益、象晋、从子象震，勤苦攻读，兼躬习医学，一方患病者，求无弗应。迨科举停后，创设高等学校，虽久膺校长，实纯尽义务，任劳任怨，赔垫弗计。毕业诸生，借以进取者甚多。民国三年（1914），吴县长福森奖给"热心兴学"荣誉状，并题以"广厦群庇"匾，可想见其为人。

[民国《齐河县志》卷二十六《义行》]

◎ 李 滨 ◎

李滨，字清溪。貤赠承德郎。邑东北李家岸人。赋性宽厚，持身恭俭，平居解衣推食，施舍汤药，族里赖以生活者甚众。清光绪二十七年（1901）殁世，一方感其盛德，为匾一额曰"积善之家"，又额曰"为善最乐"。且为立"遗爱碑"二，一为恩贡生张灿之所撰，一为大学生李耕三所撰，巍然并峙，观者皆啧啧称叹云。

[民国《齐河县志》卷二十六《义行》]

◎ 甄延祚 ◎

甄延祚，邑西北后甄庄人。性淳厚，中年弃儒，业药商。凡行旅之困于途者，必济之使行；乞丐之有病者，必药之使愈；其贫民无力偿药债者，免其值。行之四十年，费钱约数千串，然犹以不能广施为憾。尝训其二子曰：倘儿辈异日果获进取，当继行吾志，以竟夙愿。民国戊午（1918），中国参加西欧大战，手谕长子绩成曰：尔膺参战，军教导要职，当善训士官，俾光祖国。岁甲子（1924），次子德成任唐山警察厅司法职，又面谕曰：听讼须鉴清衡平，公门中好修行也。次年乙丑（1925）冬，客居天津，每到慈善会，深以年力衰迈，不能在该会任职为憾。岁丙寅年（1926），七十一岁无疾而终。直隶军务督办李景林为撰墓表，甚详。载《艺文志》。

[民国《齐河县志》卷二十六《义行》]

处士福堂甄大公墓表

前直隶督办李景林枣强人

庚子春，余旧雨甄少将绩成谒余于济南，出其封翁事状，求余为文，以表其墓。余义不容辞。据状：封翁讳延祚，字福堂。为清登仕郎丕丞公之长子，出嗣为处士和亭公后。幼颖异，读书期大成，改经商，非其志也。性孝友，食不忘其亲，财不私其室，宗族乡党，贤声丕然。为人慈祥恻怛，志高行恕。生平扶危恤陷，救灾济贫，耗款以万计。求诸清寒士，殆已难能，然犹未慊于心。尝于艰难中时，以霖雨勉其二子。其长君绩成，智勇俱备，堪托疆圻，所至军民相亲，舆论翕然。次君德成，方正不阿，亦当代贤良，听讼如鉴清衡平，每懔枉，纵彼燕山义方，殆难独美于前矣。年七十一岁，无疾而终。配王恭人。子二，即绩成、德成。孙五人，家栋、家荣、家昌、家鼐、家声。谨为之颂曰：其居也仁，其由也义，抚疾恤阨，心存救济，其及身所不及偿者，然犹责之于后嗣。是为人瑞瑞，邦国之基。其生也荣，可范可模。其殁也哀，垂千万古。

[民国《齐河县志》卷三十三《墓志》]

◎ 王东江 ◎

王东江，字岷源。城西郑庄人。性豁达，好施与，尤精于医，贫者给以药，从不索资。遇有无力婚葬者，必资助以成之。处兄弟，自少至老，友爱无间。卒年七十余岁，不期而吊者数百人，平素慈惠之感孚，可见一斑。

[民国《齐河县志》卷二十六《义行》]

◎ 卢文焕 ◎

卢文焕，字倬菴。父母早逝，友爱幼弟。迨弟从军塞上，寄怀之什最多。尝著《忠孝堂射谱》，戴明府亨为之"序"。尤精岐黄之术，国人多以"卢医"目之。

[民国《齐河县志》卷二十七《儒行》]

祝阿新城
卢文焕 邑人

万缕金丝带宿烟，鹅黄淡淡画桥连。长堤一望销魂影，斜照春风二十年。

[民国《齐河县志》卷三十《诗》]

◎ 赵方醇 ◎

赵方醇，字素菴。庠生。少勤读，屡困秋闱，因母疾，遂改业岐黄，尤善理疮疡，活人最多，远近咸沐其惠焉。

[民国《齐河县志》卷二十七《儒行》]

◎ 美维模 ◎

美维模，字毓周。监生。博通史书，兼精岐黄之术。与人乐易恺悌，顽恶胥化。有病者至其家，未尝以寒贱龌龊，倦于诊视。每遇贫人，医药不取其值，或有留其饮食，调理延至数月始愈而归者。子星煜，孙镇圭，俱成名浚。

[民国《齐河县志》卷二十七《儒行》]

◎ 李 琇 ◎

李琇，字美公。家世业儒，至琇兼通岐黄。大清桥东，置药室，病者至，虽无钱，必给以药，他日亦不责其偿。子六人，孙三十余人，多成名者。举乡饮宾，邑令万公颜其门曰"孝友可风"。

[民国《齐河县志》卷二十七《儒行》]

◎ 顾克基 ◎

顾克基，字培田。邑西南铁匠庄人。乾隆庚辰（1760）恩贡生。幼业读，即岐嶷异群儿。长，愈和厚，善为文，骎骎而几于古，邑侯柳公决为"后来大器"。里居设帐授徒，因材施教，弟子入泮食饩者，不可胜数。会城内文庙倾圮，倡议捐修，合邑皆乐从之。邑故无书院，又邀致四路士绅，捐资创建，俾一邑莘莘学子，借以为攻错地。暮年，精于医，兼习堪舆术，求之无弗应。殁后，弟子不忘其德，为之立"实行碑"，至今巍然犹存。

[民国《齐河县志》卷二十七《儒行》]

顾克基，齐河人。庚辰恩贡。

[道光《济南府志》卷四十三《选举五》]

◎ 刘仰灏 ◎

刘仰灏，字亦梁。邑东北朱谢庄人。性孝友，嗜读书。游泮后，以贫，故弃儒行医，有延之者，无不立应，瘗病施药，无算也。年逾七旬，值嘉庆年恩科乡试，梦人赠以白帽三顶，讶为不祥。适旧友某，再三劝，与应试。解此梦为连中三元之兆，遂偕往。是科恩赐举人，次岁赐翰林院检讨衔。卒年八十有三。著有《修身集》，皆谨言慎行、躬自砥砺之事，惜未锓板。

[民国《齐河县志》卷二十七《儒行》]

刘仰灏，字亦梁。东北乡朱谢庄人。（嘉庆）辛酉（1801）科钦赐举人，壬戌（1802）钦赐翰林院检讨见《儒行志》。

[民国《齐河县志》卷二十三《文科》]

◎ 熊养性 ◎

熊养性,字恒绥。郡庠生。笃行嗜学,尤精岐黄。友爱其弟,始终无间。

[民国《齐河县志》卷二十七《儒行》]

◎ 房辅唐 ◎

房象宏,字文山。廪生。品谊端方,文章高古,惜年寿不永。子辅唐,岐黄最精。

[民国《齐河县志》卷二十七《儒行》]

◎ 王大武 ◎

王大武,字纯暇。庠生。赋性端直,以义理自闲,不为邪恶所污。晚年,精于痘疹,活人无算。

[民国《齐河县志》卷二十七《儒行》]

◎ 崔泮林 ◎

崔泮林,字芹堂。马寨崔王庄人。幼劬于学,补博士弟子员。性谨饬,寡言笑,古道照人,尤精韵学,课读最严。工书法,附近碑碣所书甚多。昆仲四人笃友,于食必同桌,每晚谈至夜深,命之眠,始散去,或外出晚归,弟必相继迎接,数十年如一日。清宣统三年(1911),保充县议会议员,转参事会议员。本县利弊,多所建白。晚岁家居,以外科广行方便,施丹舍药,无分贫富,概不索资,一方有善人之颂。逝世后,不期而临吊者数百人,咸谓德行友爱一门而已。

[民国《齐河县志》卷二十七《文苑》]

崔泮林,字芹堂。六区马寨镇崔庄人。清宣统三年充参事员。

[民国《齐河县志》卷二十三《议员》]

◎ 和公上人 ◎

和公上人,孙耿镇人。幼即出家,读儒书,聪慧过人。性尤慷爽,喜施与。事俗家寡母极孝,每探母,即牵裙不忍释。未几,以母殁,弃去。越十年,乃归。胸次浩落,言词洸洋,类有得者。居表白寺古刹,时庙寺久圮,力不能举,乃施药饵,结善缘,铢积寸累,逾二十年,遂竟其工。卒之日,四乡长老哭奠甚多。邑进士贾琅为作"传",甚详。

[民国《齐河县志》卷二十八《方外》]

志和公上人

贾琅邑人

和公上人者,吾里王氏母,老而寡,纳子空门,资养焉。余总角,即识之。读儒书,聪慧过人,出塾辄遇,两人交相慕悦。以与母不常聚,见即牵裾,依恋不忍释,泪涔涔下,孺慕之色,可掬也。谓稍能自立,必有以报。故攻苦胜同侪百倍,渐学帖括有声。未几,以母殁,弃去。终丧,逸而南,几十年乃归。询其行踪交游,含糊不甚答,而胸次浩落,言词洸洋无涯涘,类有得者。所居表白寺,古刹也。倾圮莫支而力不能举,乃施药饵,结善缘,铢积寸累,逾二十年。会吾族有天叙者,竭力欤助之,而功竟底于成。殿宇闳敞,缨络庄严而和。公面鲝齿豁,心血尽矣。方其游而返也,有寡嫂,时时赒给之。甚至或曰:僧矣,眷眷何为?和公曰:吾乌知,僧与非僧亦行吾心之所安而已。于虖此与。暮鼓晨钟,持一卷《楞严》,喃喃不休。视其所生与所同生如,路人以为守如来戒者,其所见为何如耶。吾于是益重和公。和公性慷爽,任事喜施与,岁晚务闲,辄具蔬蒲,与四乡老成晓事之人,相聚为欢笑,四乡长老亦往往乐就焉,莫不知有和公其人者。今于某年月日化去,余哭奠尽礼归,而志其行略。虽未足以不朽和公,而和公固自有其所以不朽者焉。

[民国《齐河县志》卷三十四《杂著》]

◎ 王永福 ◎

马氏,姜堂马鹏良之女,王小桥庄王大山之妻。生二子一女,大山病故,马年三十岁。提携子女,哀毁尽礼,孝舅姑,和妯娌,教二子,荻灰熊丸,有古贤母风。冢嗣永福,善针灸。孙文章,精堪舆。遗训之远,未有艾云。

[民国《齐河县志》卷二十九《列女》]

◎ 马见龙 ◎

直隶广平府知府马公在田传

曹厚菴

先生名见龙,字在田,普亭其号也。其先人有明讳德者,由诸城迁居齐河县。

及先生祖通判公始昌、大父中宪公妣吴太君，同母昆弟四人，先生属仲氏。为叔父奉政公嗣子。性倜傥，有大节，好施与，意廓如也。初习举子业，旋弃去，学弓马。既而叹曰：今天下乌用，是得无为，长者笑乎！乃援例筮仕，宰湖北安陆县。是时，先生年二十余。家贵盛，负崖岸，尝鄙夷一切。彼时，附郭县率以供应勤慎报殿，最大吏以纪纲役之，不暇理民事，论者咸为先生惧。先生折上官以理，处僚属以和，察冤枉，抑豪猾，荆楚间藉藉有循良声。屡护郡篆，虽老吏叹弗及。久之，以事免，居客舍，不能谋朝夕。先生夷然或异之。先生笑曰：吾不贫者，以吾未尝知富故也。盖淡泊其素志云。先是郧水大溢城，不没者三版，百姓攀木号呼，先生捐俸拯救。夫人刘氏典钗饰佐之，活人以千数。比罢官归携，满道咸涕泣相送。未几，本生父中宪公卒，哀毁过礼。服阕，以恩例复原官，补湖南华容县。华容，古蛮地，信堪舆家言，讼以盗葬碍风水者十案之九。大姓蔡氏，族众互控，积卷如山，历数官不能决。先生知其不可以理折也。细核所呈家谱，并前卷供词，于无意中得其要领，一讯俱伏，一时号为神君。无何以廉察，调巴陵。巴陵乃岳州之附郭县也。地当孔道，较安陆益凋敝。先生敏而能勤，数月焕然改观。邑无赖子某，窘于博，诱妻偕亡而鬻之，取半值焉。约五日，毕偿。三日而往家，无人，独妻在，以未期告。无赖怒妻之背己也，手刃之事发。先生拟抵，太守闻之，弗善也。提案亲讯，诲囚改供，囚甘戮，不肯听。太守怒，召先生。厉声诘责，先生曰：诈而卖之，夫妇之谊已绝，杀人者死，南山可移，此案不可动。拂袖而出，太守竟不能夺。时湖南抚军为诸城石菴刘公，性方严，素恶贪残吏，每行部，黠民不得志于官府者，纷纷陈诉。抵巴陵，农耕贾贩士弦歌，若不知中丞遇者，公叹赏久之，然后去。再署石门县事，以卓异报升山西蒲州司马。途次接本生母吴太恭人讣，一恸几绝。跣行二千里，奔丧时，伯兄两弟俱在灵次。既葬遵太恭人，遗命析产。先生为叔父后应得家之半，兄弟皆主此议。先生固不肯，四分之而取其一。亲族以为丁鸿、许武之徒不能过也。服竟再起，为畿南广平同知，司职河捕等事。下车前，严奸之例，境内盗悉闻风遁去。无何滏水上漂，没庐舍百余，先生躬自督防三阅月，而水涨如故。先生泣曰：天不欲活吾民乎！祷于废庙河神。明日，有大木自上流来，横堵水口，始合龙。堤工告竣，遂修庙。今广平河神庙梁，即其木也。又以余资筑城西官道，于是百姓脱险阻，便往来，又无一切胥役费，德先生如父母。岁时，争以果蔬献先生，不受，置之署门不留姓名而去。初，先生之丁太恭人艰也，年已五十余，雅不愿仕，而以所继父母早逝，未膺五品赠，故弗忍。至是，逢覃恩父奉政公赠如其官，母为太宜人，遂致政，归居长清县之别墅，息交绝游，花鸟自娱，尤好畜鸡鸭，积生数百，不许烹宰，既而笑曰：吾岂留意琐琐者乎！一朝散之亲族都尽，家有桃李千余株，负贩者或老稚，辄赊与之，不计值。精岐黄，病者虽脓溃臭恶，必躬自抚视。其贫者，施以药，或更饮食之。尝有一丐，负疽至门，先生留养侧舍，医之亲视，人为之洗，俟其痊，始令去。盖其忠厚恺恻，天性然也。配刘宜人，有贤声，卒于广平官署。子二，长凤鸑，附监生；次凤翔，举人，早卒。孙玉麟，邑庠生；孙女二，俱适缙绅家。

[民国《齐河县志》卷三十二《传》]

马见龙，山东齐河人。贡生。年未三十来知县事，精明干练，吏肃民安。乾隆辛巳（1761）夏，大雨，山水骤涨，郡城关外，自北至南，半遭淹浸。西乡一带，滨河居民，乘屋脊，攀树杪，立高阜，颠沛流离，不堪入目。见龙乘马先驱，往来河干，觅舟载面饼往救，竭两昼夜力，全活无算。壬午（1762）岁旱，步祷白兆山，往返六十里，露顶炙烈日中，至青莲桥，大雨如注。从者取雨具以进，见龙曰：受一日之苦，苏万民之命，虽沾濡，奚惜也！卒冒雨归。后升同知去。

[道光《安陆县志》卷二十三《名宦》]

马见龙，捐贡，任湖北安陆县知县、湖南巴陵县知县、直隶广平府同知。

[民国《齐河县志》卷二十三《贡监》]

马见龙，齐河贡生。（乾隆）二十五年（1760）四月任。有"传"。

[道光《安陆县志》卷二十《职官》]

马见龙，齐河人。（乾隆）四十四年（1779）任。

[嘉庆《巴陵县志》卷十五《国朝巴陵县知县》]

◎ 马廷玑 ◎

马丽璇先生传

郝金章邑人

马氏为邑之望族，与吾家世为姻娅。吾姑母适于马，吾妹又适于马。一日，紫湘妹丈谓余曰：先祖殁世，瞬逾两纪，知之者莫如子，盍为文以志不朽乎！余以学殖日荒，逡巡未敢应命。嗣是，屡申前请，谊不容辞，谨叙之如下。

公讳廷玑，字丽璇，晚号退一步斋老人。父嵩庆，候选布政司经历。母氏汪，历城榜棚街仕族女，封安人。公生而岐嶷，颖悟异常。甫能言，授以唐人诗，即朗朗上口，不差一字，深为父母所钟爱。泊长，就外傅，读书过目不忘。经史之余，兼通六艺。纯由心得，不假师承，见者皆服其渊博。未弱冠，入邑庠，旋食廪饩，惟棘闱屡困，乃以廪贡就教职，归部铨选。时捻匪北窜，邑城戒严，以助饷卫城功，保加六品衔，委署泰安县训导。泰安仅两日程，在人未有不捧檄色动者。公则谓：鼎烹致养，何如菽水承欢？况匪乱初平，道路尚梗，雅不欲以一官瓠，落贻温峤绝裾之讥，乃恳切陈情，辞不赴任。当道亦鉴其诚，以许之。遂一致其力于孝。知封翁之喜书画也，则染翰临池；知太夫人之悦丝竹也，则调宫协商。凡所以博亲欢者，无不求其精而造其极。又以为人子者，不可不知医，乃兼通岐黄术，有求诊者，辄应手奏效。人第见公之既明医学，善音律，临摹胜于石揭，丹青逼近南田，率以是称公，非知公者也。亲殁，哀毁骨立，丧葬尽礼。遂杜门谢客，布衣蔬食，教子课孙，不问时事，历任邑宰罕有识其面者。然若有关于地方兴利除弊诸要政，则又毅然争之，卒如其议整顿督扬钱局，建立东门外官渡，皆公所主持，惟事成不居其功，故知之者鲜耳。公生于道光十一年（1831）三月二十三日，卒于光绪二十七年（1901）八月初九日，享年七十岁。原配李氏，继配勾氏，均封安人，合葬于城西北祖茔之次。子友鳌，字少璇，候选县丞，亦工书画，先公卒。长孙传洵，恩贡生，以善书名一时；次传涛、三传泌，皆逝世；季传江，字紫湘，即余妹丈也。曾孙八人，长家樾，陆军军官学校毕业，历充参议教练官等职。诸孙亦能各图自立，不坠家声云。

赞曰：孝莫大于顺亲，顺亲莫善于养志。若公者，可谓善养志者矣。亲殁，不茹晕酒，不近声歌，居城市之中，而有山林之概，殆所谓孝思不匮者与！公貌清癯，长身玉立，远望之若夏日之可畏，及近就之，又若煦煦然坐春风中，使人之意也消。迄今心仪其人，而不禁为之神往者，久之。呜呼！可以风矣。

[民国《齐河县志》卷三十二《传》]

马廷玑，字丽璇，晚号退一步斋老人。世居城内，同治间廪贡生。性慷慨，见义勇为。捻匪之乱，奉令创办团练，民赖以安。又督修城工，助理河防，以功得保举六品衔，部选泰安县训导，以亲老，辞不就。善书法，有古帖二百余种，摹临无暇晷。晚岁，尤隽拔苍老，遗墨甚多。

[民国《齐河县志》卷二十七《儒行》]

马廷玑，字丽璇。城内人。试用训导，六品职衔见《儒行志》。

[民国《齐河县志》卷二十三《贡监》]

◎ 房象成 ◎

房集菴传

董元度 平原

房象成，字集菴。岁贡生。韫昺第三子，乡贤大中丞守士元孙。赋性孝友，立品端方，一取一与，虽小不苟儿戏。时当家园花木丛生，不轻折一枝，伯叔咸器焉。两大人前，视膳问寝，不少缺。少游泮，不愿役志于章句致辍子职也。遭父变，哀毁骨立，几灭性。衰衣淡食制，终三年。母王氏高年，以弈为娱，每局乞母，让说故事，必忠孝正大之事，务期博母欢。娶茌平县丞王宜绳女。户科给事中曰：高女孙亦克孝敬，襄夫子，其天性孝顺，固如此。少弟象渠病剧，医药必亲手至，于病痊而后已。兄象隆嫁女乏资，即分妻钗服棠棣之，谊至笃也。族有屈抑事，从容排解，然制行矫矫。公庭中，非公不至。康熙甲申（1704）春饥，会散粟千余石，起乡邻之将饿死者。券尽焚，毫无德色。许瑶洲称之为"丈夫子"，宜矣！晚年绝意功名，闭户课子。其平生好危言笃论以为规，迄今过其家，或文采蜚声，或岐黄兼业，莫不敦德尚行，犹庶几乎仁人孝子之泽也。

[民国《齐河县志》卷三十二《传》]

房象成，字集菴。父韫昺，早卒。事孀母王氏，以孝闻。性慷慨，尝散粟数百石，拯乡人之贫乏者。少从王建侯游，为文一宗。先生晚年危坐梅轩，诸子功课外，一切不问。有"传"，载《艺文志》。

[民国《齐河县志》卷二十七《儒行》]

房象成，字集菴。韫昺子。事孀母，以孝闻。性慷慨，尝散粟数百石，拯乡人之贫者。晚年危坐梅轩，课子外，一切不问。

[道光《济南府志》卷五十六《人物十二》]

民国

◎ 郝芸彬 ◎

郝芸彬（1870—1944），名玉章。齐河县孙耿村人。自幼聪敏，勤奋好学，饱读诗书。乡试举人。早年以教为务，曾应济南后期师范和女子师范任教。后为捍卫和发展中医教育事业乃举办专科学校。

创办学校　培养中医专门人才

民国十八年（1929），南京政府卫生部第一届中央卫生委员会议上，竟然通过了余云岫、汪企张所提"废止旧医以扫除医事卫生之障碍案"，企图强制消灭中医中药，引起全国中医药界的极大反响，由于中医药界的强烈抗议和全国各界人士的大力支持，民国政府被迫撤销了"余汪提案"。但是，当局歧视中医之势仍未根本扭转。即使民国二十五年五月五日公布的宪法草案（内含《中医条例》）仍有歧视和排斥中医言词。郝氏深知欲从根本上消除歧视中医，就必须提高中医队伍的业务素质。欲使中医学术发扬光大，就必须发展中医的教育事业。有感于此，郝氏即投身于中医的教育事业，民国二十三年，他联合当时济南中医药界著名人士张汉臣等，倡导筹办国医学校。经一年多的筹备，于次年九月，"私立山东国医专科学校"在舜皇庙正式成立，同时还创办"国医慈善医院"，为该校教学医院，郝氏任校长及院长。芸彬亲自编写国文教材并登台授课。为了教学需要，他与刘仲华捐献出几百部中医药典籍，其中有宋版、明版的珍本、秘本或孤本。该校学制四年，两年招生一百五十人。正当该校方兴之际，1937年7月7日，日军发动了全面侵华战争，中国人民奋起抗战。郝氏组织师生成立救济医院，为抗战伤病员和难民免费救治，并动员部分学员奔赴解放区；其中不少人成为解放区的医疗骨干。同年11月，济南沦陷，学校被迫停办。

郝氏学识渊博，喜爱方脉，造诣颇深，在全国医药界享有盛誉。生前曾任中央国医馆、中华民国医药学会理事，此时他更加关心中医的教育事业。民国二十六年五月二十二日在中央国医馆第二届第二次理事会议上，讨论关于教育学术案，郝氏以理事身份提议六条：编辑教材应遵经守道，正本清源，以端学生趋向案；学生入学资格请暂予通融以示提倡案；中央应设国医学院并令各省市县多设国医预科学校，以期国医本位成立教育系统案；凡在国医专科学校充当本科教授者均得发给执业证书，以便领导第四年级学生实习诊病案；取缔各省市县关于国医之各项短期学社研究所（针灸、外科在内），以正医统而保民生案；各级中学加添国医简易课程案。

捍卫中医　身体力行

民国二十四年十一月，国民党第五次全国代表大会中委冯玉祥等八十一人，提议政府对于中西医应平等对待，并拟其办法三项：前经立法院议决通过之《中医条例》，迅予公布执行；政府对于医药卫生等机关，应添设中医；应准中医设立学校。当经审核通过。民国二十五年，国民政府公布《中医条例》，是政府对于中西医平等待遇第一次，而二、三项尚未实行。同年十二月，虽经立法院第八二次会议修改《卫生署组织法》在署内设中医委员会，尚未能包括第二项之全部。惟对中医教育问题，关系尤为重要，未能实施，以致国内所有中医学校，因教材未列学制系统，致均不获教部立案，而卫生署之《中医审查规则》，曾注明中医学校系指曾在教部立案者而言，以致各医校毕业生，无从领得中医证书，热心中医教育之人，亦以未得教育部准予立案为憾。民国二十六年二月，国民党召开五届三中全会，全国各地中医药团体，纷纷派代表至京，达五十余单位，假南京市国医公会，商讨请愿事宜，以人数过多，恐碍秩序，每单位仅派一人。公推山东郝芸彬、上海唐吉父、杭州祝敬铭、江西吴琢之、湖南吴汉仙、广东方东溥六人为总代表，向三中全会递交请愿书，要求实行五届全会议决议案全部。

此次请愿，郝氏不负众望，与总代表们同心合力，精心研究，风尘仆仆，呕心沥血，慷慨陈词，据理力争，终于赢得了胜利。为捍卫中医药事业，发展中医的教育事业，奠定了基础，建立了功勋。

著书立说　启迪后学

郝氏治学严谨，尝言：有志医学者，首当辨明途径，潜心《灵》《素》之义，摒弃邪僻之说，秉先圣之矩矱，疗斯世之沉疴……所望后起之英，振衰起靡，昌明至道，上绍轩岐之宗风，下延人类之生命。孜孜不倦，探研医理，著书立说。郝氏崇尚徐灵胎，对徐氏《慎疾刍言》一书，尤为服膺，曾参以己验详加考订。每篇之末附加按语，于民国十八年十月付梓刊行。

郝氏组织当地名医，为私立山东国医专科学校编写一套系统教材，其中《国文讲义》为郝氏编著。他搜集名医之论，汇粹文人名篇之精华，使文医浑然融为一体，是一部很好的国文教材。此外，郝氏尚撰有《伤寒论注释》，惜未及付梓而散佚。

品德高尚　气节可钦

　　郝氏在医学界德高望重。济南沦陷后,日伪欲借其威望维持反动统治,曾以市府秘书长之高位相诱,郝氏严词拒绝。日伪不甘罢休,三次逮捕郝氏独子小云,威逼、恫吓,郝氏毫不动摇,保持了"富贵不能淫,威武不能屈"高尚的民族气节。民国三十三年六月,国医慈善医院张敬轩医师被日寇拘押,郝氏不顾年高体衰,炎夏酷暑,四处奔波,全力营救,不幸中暑身亡。

　　郝氏的一生,为中医事业的发展鞠躬尽瘁,死而后已。创办国医学校,开山东省中医教育之先河,堪称近代医学史上一位杰出的医事活动家和中医教育家。他对继承和发展中医事业所做的贡献,将永留人间。

[《山东中医药志》第六篇《传记》]
[《济南市志》第十八卷《人物传》]
[《历下区志》第七篇《名人传记》]

◎ 王好贤 ◎

　　王好贤(1873—1949),字汉卿。齐河县人。三世业医,幼承家训,精儿科,兼通内、外、妇科,凡经诊治,多著手成春。

[《山东中医药志》第六篇《人物表》]

◎ 董　祥 ◎

　　董祥(1901—1937),字庆云。齐河县大夫营王教堂村人。业医,精妇科,一生以"归脾汤"为妇科要方。著有《中医入门》《临床验方》。

[《山东中医药志》第六篇《人物表》]

临 邑

元

◎ **白明宽** ◎

◎ **宋秉贞** ◎

医学教谕,白明宽、宋秉贞。

[顺治《临邑县志》卷八《官师表》]

明

◎ **李 蒂** ◎

侯氏,医官李蒂妻,举人李朝恩之子妇。归蒂十载,夫故。誓不再生开。以舅姑垂白、弱子在抱,始挥涕勤绩,养老哺幼,茹苦五十三年。年八十四岁。其子李瀛,食饩学宫。万历四十三年(1619),奉文表其门。

[顺治《临邑县志》卷十三《列女》]

清

◎ 刘甲临 ◎

刘甲临,字敬庄。寅升弟。以布政司理问,需次江苏,借补常州府通判。尝奉察荆溪、溧阳、宜兴诸县盗,政成宵肃,民感之,送旗四、伞一、"除莠安良"匾一。署宜兴,消前积案数百卷,奖励士子,观风考课,颇称得士,邑绅为送"学道爱人""冰壶玉尺"匾二。署江阴,地濒海,多荒废,为开垦数百顷,分其半于贫民,半作育婴堂养给及书院膏火。卸篆时,民遮道攀留,三日始得出郭。尤笃于乡谊,长山袁启业以县丞来苏,数月卒,贫不能殓。先生侭助之,并饬丁护其眷属,扶柩回籍。道光二十二年(1842),英夷滋扰,奉扬威将军令,带兵防御,累劳,赏戴蓝翎,旋丁内忧,旋里不再出。历修文庙、文昌阁、节孝祠及书院,并施医药以拯人疾苦,四方感之,送"德隆望重"匾一、"齿德并醇"匾一。年登古稀卒。子炜卿,别有"传"。

[同治《临邑县志》卷九《循异》]

刘甲临,山东临邑人。(道光)十七年(1837)八月任。

[光绪《武进阳湖县志》卷十八《县丞》]

刘甲临,临邑人。例监,官布政司理问。

[道光《济南府志》卷四十三《选举五》]

◎ 李清然 ◎

◎ 李泰宇 ◎

李清然,邑医士泰宇嗣子。习父业,多所全活。视膳问寝,无不曲尽其诚。及父卒,哀礼兼至。奉母能先意承志,母性严厉,清然年逾四十,犹时受杖责焉。雍正三年(1725),入祀孝弟忠义祠。

[同治《临邑县志》卷九《孝义》]

李清然,临邑人。随嗣父泰宇业医,视膳问寝,无不曲尽其诚。父卒,哀礼兼至，筑坟立碑。奉母先意承志，年过四旬，依依如孺子之慕。

[道光《济南府志》卷五十六《人物十二》]

◎ 邢长明 ◎

邢长明，慎言之子。天性好义，道光元年（1821）邑大疫，时长明年甫成童，即散药万余，活人无算。惜未几卒。

[同治《临邑县志》卷九《孝义》]

◎ 马履时 ◎

马履时，附贡生。字坦斋。刘江家庄人。善继父志，以孝闻，尤乐善好施，成人之美。邑中有大兴作，每慨捐为诸绅倡。生平修文庙、明伦堂及西庑书院，各有碑刻，记其始末，兹不备录。戚友有贫不能读，及婚嫁丧葬之无资者，辄厚助之。又精岐黄术，以拯人疾苦，远近称之。盖其培植者厚矣。子三，长维桢，次维哲，俱详《选举志》；三维翰，监生。

[同治《临邑县志》卷九《孝义》]

◎ 许 景 ◎

许景，字介甫。治岐黄业，性廉，不与人计直，造请者，趾相错。所居舍后有小圃，治医暇，手自艺植，有橐驼种树风。晚为医学训科，冠带跨驴，遨游市井间，赋诗自嘲，有"名同僧道亦称官"之句。其放诞如此。

[同治《临邑县志》卷九《方术》]

许景，字介甫。临邑人。治岐黄业，性廉，不与人计直，造请者，趾相错。所居舍后有小圃，治医暇，手自艺植，有橐驼种树风。晚为医学训科，冠带跨驴，遨游市井间，赋诗自嘲，有"名同僧道亦称官"之句，其放诞如此。

[道光《济南府志》卷六十一《方伎》]

◎ 崔 榜 ◎

徐氏，十二里庄崔观河妻。年三十七岁，夫亡，守节三十四年。子榜，精岐黄术。氏现年七十一岁，同治十三年（1874）题旌。

[同治《临邑县志》卷九《节妇》]

民国

◎ 张仪村 ◎

张仪村先生，字敬之。城西张家大庄人。清光绪壬午（1882）科举人。其先本青州府平度州著籍，明永乐间，诏徙斯邑，始占籍焉。累世耕读。"进士"所志子翰林院检讨广誉，是为先生远祖也。举人大成者，先生曾王父也。科分官阶，俱详前《志》。至采芹食饩，逮贡成均，历朝累叶，代不乏人。先生善继善述，抱负奇伟，志在扬辉先烈，支持风教，平生举动行为，难窥奥窔，先生亦不置辩，益引以自豪。邻右族人玉山，因事离家，许身阉寺，咸丰朝为有名太监，颇当道，握权要。先生会试京师，玉山闻之，浼人数莅客邸，再三邀往京西八里屯私宅面谈，先生辞以他故，卒不应。谓人曰：吾不能因私谊而有玷名教也。先生祖遗田约四十亩，为子弟脩脯、膏火、笔墨、书楮之费，往往典质应付，或竟鬻以易资，仅余田三亩，不惜也。曰：有吾舌在，砚田可获也。设帐于外，历四十余年寒暑，附近陵、平、齐、济各县诸生，多出门下。每有所作，辄随手弃置，不留稿本，仅觅得《律吕详解》遗稿，载入本《志》。先生尝谓子弟云：著作家，吾不暇及也。汝等读书为人，宜取法乎上，足矣。性好医术，详求药性、脉理，精研古今方案，惟不轻为人治疾。诸缋事，尤善水墨，写意山水，兴之所至，挥毫泼墨，或竟日尽数十帧不息，亦不倦，或十日不作一画。晚年喜静，日课诸孙大楷数字。春暖夏凉之时，执卷携孙遨游郊野，或危坐高埠，或偃卧林坳，任意所之，信步去留，听山鸟之语音，观时物之变态，其志趣之高远复绝，迥不随俗，亦可以想见。宣统三年（1911）十二月廿四日，以微疾捐馆舍，春秋七十有三越六日。欣逢民国改元，而先生已不及见矣。阖村男妇老幼，闻耗咸致悲悒，所有新春庆贺、灯彩杂戏、钟鼓音乐，均一切自愿停罢，不复举行，亦足征先生之德之感人深也。配周孺人，同邑廪膳生香亭先生女，岁贡生春亭先生女侄也。前先生七年卒，年六十有六。生丈夫子四人，子俊，字孟樵；煜，字子厚，均入邑庠；塽，字仁庵；筑，字文淇，俱业儒；孙男晋灿、晋佐、晋翰，凡三人；曾孙五人。

[民国《续修临邑县志》卷三《师儒》]

◎ 李梦西 ◎

李梦西先生，字辛三。钟楼人。清庠生。学问深沉，性情直谅，为人尤多豪气。在乡里排难解纷，有欲争讼者，经君开导，莫不涣然冰释。前清考职，录取乙等，即用县丞。民国应行政文官考试，及格，以县知事，分发山东任用。曾充济南道尹公署考查吏治委员，任事秉公，毫不偏徇。君精医术，考入医学研究所，充编辑。寻因政变，归里。夏历壬申年（1932），泰安刘公汝桐来长吾邑，谈及《志》书失修，亟待踵事续编，乃招集同学，开会磋商，当经公议，创立县志委员会，并推举常务委员三人，专司编辑之事，君其一也。乃开办未及一年，忽于癸酉年（1933）十二年九日，赍志以殁。春秋五旬有三。

[民国《续修临邑县志》卷三《文学》]

◎ 张连登 ◎

张连登，字星阶。城南史家庄人。邑庠生。教授有方，游其门者，多采芹食饩。晚年，习医术，尤精疡证，设肆施医药，概不索酬。远道就医者，辄以饮食款待之。年八十有四，行不须杖，一方称齿德焉。

[民国《续修临邑县志》卷三《绅耆》]

◎ 周 迈 ◎

◎ 周禄昌 ◎

◎ 周成章 ◎

周迈先生，字五臣。城内东街人。邑庠生。先世浙江萧山人，父乡书，字来宾，乾隆庚子（1780）科山东乡试中式，遂占籍临邑，生丈夫子五人，先生其季也。研习医术，尽其精奥，号称"儒医"。庭除受业之余，尝语人曰：医与儒通，若丹溪、河间，其著作之遗留于后世者，按之皆尽性明理之学也。子禄昌，庠生；曾孙成章，率皆善继善述，嬗其家学，世守其业，论者谓不愧"医名三世"云。

[民国《续修临邑县志》卷三《艺术》]

◎ 王瑞田 ◎

◎ 王大木 ◎

王瑞田，字芝生。城内北街人。增广生员。天姿超拔，学问湛深，善书法，谙岐黄，以不利于棘围，遂弃举业，专医术。肄习《内经》《难经》，并精研历代名医著述，胥能详其大略，于切脉尤有把握，远近驰誉，敦聘就诊者，几无虚日。邑宰李公以菁撄剧证，愈后，送"理精素问"匾额，以志钦感。迄今，犹颜其宅门。子大木，字椿堂，亦能绍箕裘，承父志，所有先人口授窍要及得力之书，皆能一一领会，各有心得。有来延诊者，不论贫富，必尽心肆应，几有日不暇给之势。卒年五十，竟使绝嗣，天不祐善，邑人士惋惜不置。

[民国《续修临邑县志》卷三《艺术》]

◎ 张 沂 ◎

张沂先生，字温泉。城西张家大庄人。少读书家塾，恪守先型，后弃试帖八比之学，乃专习医术，诊脉断证，有声于时，往往于望闻问切之余，即预决生死，多有奇验，不爽毫发。至于用药，每一方剂，最多七味，少常一味，病者辄霍然而愈。宣统元年（1909）春，知县陈公震青母太夫人，玉体违和，屡医不痊，闻先生名，舆延入署。先生著手诊视，即断谓系服药有误，首宜清解药毒，再议根本祛疾之方。连服两剂，果占勿药之喜。陈公馈遗多珍，并江南嘉酿，以志感谢。盖先生无他嗜，惟酷好杯中物耳。先生尤擅点种牛痘之技，附近男女童稚，得免天花之患。庚戌年（1910）卒于家，春秋八十有二。噩耗传闻，远近皆悲感惋惜，以谓生我者，又弱一个云。亦可想见先生之术之活人无算矣。

[民国《续修临邑县志》卷三《艺术》]

◎ 刘福田 ◎

◎ 刘继昌 ◎

◎ 刘旭之 ◎

刘福田，字向五。城南刘家双庙人。三世皆精岐黄术，有声于时。清恩贡生景文先生，继昌之文孙，太学生晓东先生旭之令嗣也。家本饶裕，及君之身，益广田园，訾雄乡里，是以得专力研求医理，绍先人之志。无论男妇、内外两科、大小方脉，笃守家教，不似庸流。于医，瘳目疾，尤擅奇技，号称"眼科圣手"。其术专材长，概可想见矣。十里以内，病家延诊者，不需车马，尝急趋往就，不惮祈寒，不遑溽暑。有来自远方者，必饮食、宿寝以款留之。虽巨富，不望其报；贫者至，医证处方施药，未尝稍有吝意，亦面无德色。历数十年，骈肩累迹而至者，户限为穿，仁术周布于里井，义声洋溢于域外，而君则名愈扬，志愈抑也。民国九年（1920），公举为本区区长。公正廉明，乡誉益重。数县绅民，感君之惠，竞以匾额为馈，以彰有德。

[民国《续修临邑县志》卷三《艺术》]

刘福田（1860—1932），字向五。临邑县刘双庙村人。承家训业医，善治眼科。乡公赠"一方善士"匾。

[《山东中医药志》第六篇《人物表》]

◎ 马道修 ◎

马道修，字海清。刘江庄人。幼肄童业，寻废读，习医术，精研疡症，于咽喉一科，尤有心得，一经施治，即奏奇效。其为人所称道而难能者，病愈不索分文。施舍医药十余年，非家道殷实，几不能给。乃彼苍不佑善人，年仅四十而终，四方为之悼惜焉。

[民国《续修临邑县志》卷三《艺术》]

◎ 李德濬 ◎

李德濬，字达泉。增生。因停止科场，遂潜心医术，志在济世活人。民国七年（1918），子树菜充绥远、包头镇警察署长，德濬送子妇马氏前往就养。在包头，医治多人。时有驻防陆军旅长沈，闻其名，延充军医长。十一年（1921）五月，江西督理兼省长蔡成勋招赴南昌，蒙保陆军三等军医正。十三年（1924），年六十四，卒于军次。

[民国《续修临邑县志》卷三《艺术》]

李德濬（1853—1913），字达泉。临邑县小冯庄村人。贡生。业医，曾悬壶于包头市，术精内科，又善书法。

[《山东中医药志》第六篇《人物表》]

◎ 李守文 ◎

李守文,字含章。邑庠生。精于医术治疗,外科尤所擅长。

[民国《续修临邑县志》卷三《艺术》]

◎ 孟继濬 ◎

孟继濬,字湛泉。邑增生。精音律,书画俱佳,尤精《素问》,济世活人。多才多艺,俊逸风流。

[民国《续修临邑县志》卷三《艺术》]

◎ 潘福寿 ◎

潘福寿,字祝三。邑庠生。工书法,精岐黄。著有《瘟疫伤寒论》。

[民国《续修临邑县志》卷三《艺术》]

◎ 李德泽 ◎

李德泽,字润生。冯家庄人。性聪敏,年甫而立,即弃举业,专攻医术,习外科,亲友以"著手成春"匾额表其门。

[民国《续修临邑县志》卷三《艺术》]

李德泽,字润生。清代临邑县小冯庄人。擅长外科,行医三十余年,名震邻县。以其术精德重,光绪十八年,四方七十六位人士联名送匾曰"著手回春"。著有《外科随笔》,已佚。

[《山东中医药志》第六篇《人物表》]

◎ 卢玉堂 ◎

◎ 高清溪 ◎

卢玉堂,字韫生。卢家庄人。增贡生,候选训导。其先,家本巨富,世守乐善,务耕读,子弟肄业家塾,必礼聘名师。邑诸生高君清溪、董君秘书,通达士子也,曾先后敦膺西席,而高君尤擅长医术,窗课之暇,辄研讨脉理,讲解方案。高君既不倦于教诲,故得尽传其菁奥。卢氏同堂五世,食指浩繁,偶染疾病,尝误于庸医之手,不惟不痊,甚至殒命,因痛自悔艾。游泮以后,攻习举业,兼嗜岐黄,益求精详,锲而不舍,以冀毋蹈非命之殃,且资以济世活人。广览医籍,上探《内经》《难经》，旁及河间、丹溪诸书，皆所涉猎，具有心得者也。尝有开设药肆，出重金延以相佐者，却辞弗就。盖君别有会意，难为不知者言耳。居恒为人医诊，不惮劬劳，不索酬报，一方之人，无男妇老幼，多受其惠赐。晚年，杜门不出，非相知甚深者，逡谢不应。端居，手不释卷，或携筇田野，以优游为乐。现年方逾古稀。

[民国《续修临邑县志》卷三《艺术》]

◎ 张 筠 ◎

张筠，字文淇。张家大庄人。敬之先生幼子，年五十三岁。幼读家塾，肄业之余，即喜岐黄术。迨试场废止，遂倚以为专业。尝谓：理虽精于《素问》，未敢以此先人。盖深知斯术者也。

[民国《续修临邑县志》卷三《艺术》]

◎ 史俊卿 ◎

史俊卿，城南史家庄人。邑庠生。天资秀敏，精岐黄术。著有《妇科汇方》四卷，藏于家。

[民国《续修临邑县志》卷三《艺术》]

◎ 孙世荣 ◎

孙世荣，字锡九。城北祥窝街人。本县高级小学校毕业，以家贫未求深造，弃文习武，谙击技。性喜方术，烧丹汞，炼吐纳，遨游四方，访寻奇士。民国十七年（1928），赴五台山，访道于德县，客舍遇一异人，言谈契合，遂委身事以师礼。耳提面命，甫逾百日，而符箓咒谣俱已通晓。一日，师谓之曰：吾与若缘，止此矣。尔可遄回故里，出所学，以卫闾阎，登斯民于衽席，足能胜任愉快，第勿存自私之心，视为奇货可居，借以牟利，是为綮要耳。记之！记之！语竟，异人遂别去北行。君亦奉命，惟谨而归。惟时，悍匪少团长即张浩然，啸众数百人，白昼掠掳人财，俶扰鲁北，几无完肤。君乃以所学，教人防守抵御之法，以黑布缠臂为标识，授以符咒，定名曰"北方坎"。成立数年，与匪抗衡，辄多捷音。匪徒至，目之为黑神兵下界，故踪迹所到，望之披靡，闻之丧魄。民国二十一年（1932）秋，民团第二路指挥赵仁泉清乡鲁北，面令世荣改"北方坎"为联庄会，充任联庄分会会长，仍住祥窝本街。

[民国《续修临邑县志》卷三《艺术》]

◎ 张子柱 ◎

张许氏，张家大庄张述贤之妻，医士子柱之母也。性喜清静，寡言笑，家小康。年六十七岁，遭藁砧之痛。氏纺织之暇，兼理家政，现年九十有一，行不须杖。子柱亦善承色养，乡间称颂，以为懿德遐龄云。

[民国《续修临邑县志》卷三《寿妇》]

◎ 王　怀 ◎

王怀（1847—1927），临邑县宿安街村人。庠生。自修岐黄术，善治内科杂病。

[《山东中医药志》第六篇《人物表》]

◎ 魏安静 ◎

魏安静（1853—1923），江西南昌人，行医定居临邑德平。喜读方书，工儿科，名闻于邑。

[《山东中医药志》第六篇《人物表》]

◎ 龙云南 ◎

龙云南（1862—1918），字文泉。临邑县德平养马庄村人。清末悬壶济南二十余年，声誉卓著。学验俱丰，善治杂病，尤精妇科及针灸术，对妇科癥瘕深有研究，光绪末年以妇科术名震济南。

道人装束，淡泊世情，不畏权贵，贫者就医照顾备至，常施医舍药济之，富贵者求诊数延方至。民国初，山东省府某官员之妻病肠痈，七位名医久治弗愈，慕名差人三延不至。后省府委托文泉知友李某延请方至。诊毕索阅前医处方，拍案大斥曰：庸医杀人也！此刻七位名医在座，怒不敢言。随拟方：升麻半斤，大锅煎汤，少量频服。临行嘱曰：愿夫人活即服此药，不想活不必用也。省府大人留款厚待，不应即返。患者以方如法调理，数日即愈。省府差人送厚礼酬谢，文泉正言辞谢。

省府官员仰慕文泉之医术医风，委其友李氏聘为省府专医，屡聘不应。其友再三申明省府大员为官清正廉明，非系赃官，多次请求，始勉强应聘。于省府任医时，凡士兵仆役患病，皆以免费诊治，药费从己薪俸月银内支付。

慈善为本，活人甚多。临终一贫如洗，官兵为之流涕。卒后，省府为其立碑于济阳县孙耿村艾氏（艾系龙氏岳丈，当地绅士）之域。惜"文化大革命"时已毁。

著有《妇科临证医案》《七癥八瘕》，未梓，"文化大革命"时被焚。

[《山东中医药志》第六篇《传记》]

◎ 马 浩 ◎

马浩（1866—1947），临邑县官道村人。业医六十余年，善治外感时病。

[《山东中医药志》第六篇《人物表》]

◎ 徐盛禄 ◎

徐盛禄（1867—1949），临邑县徐楼村人。幼承家训，行医六十余年，善治温热病，又擅长膏、丹、丸、散配制。

[《山东中医药志》第六篇《人物表》]

◎ 朱立统 ◎

朱立统（1868—1938），临邑县人。清末庠生。业医四十余年，术精内科杂症。

[《山东中医药志》第六篇《人物表》]

◎ 于丙秀 ◎

于丙秀（1870—1929），临邑县于家河村人。业医四十余年，专治外科病。治痈疽尤所擅长，名闻惠民、陵县、庆云、济南等地。著有《疮疡辨证心得》，已佚。

[《山东中医药志》第六篇《人物表》]

◎ 邢 蒿 ◎

邢蒿（1870—1937），临邑县仁家楼村人。善治温病，喜用清凉攻下法，处方不过七味，主张药专力宏。

[《山东中医药志》第六篇《人物表》]

◎ 庞继同 ◎

庞继同（1872—1948），临邑县庞家村人。庠生。业医，以善治外感热病闻名于邑。

[《山东中医药志》第六篇《人物表》]

◎ 张文奇 ◎

张文奇（1873—1947），临邑县大庄村人。业医四十余年，学本仲景，善治外感病。

[《山东中医药志》第六篇《人物表》]

◎ 李法成 ◎

李法成（1875—1948），临邑县枣园村人。以善治妇科病而闻名于商河、临邑等地。

[《山东中医药志》第六篇《人物表》]

◎ 郭继续 ◎

郭继续（1876—1933），临邑县郭家村人。专长外科，对痹症尤有研究，自制"五辣丹"，即樟丹、葱、姜、胡椒、辣角、棉油、血竭等，对风寒湿痹确有卓效。

[《山东中医药志》第六篇《人物表》]

◎ 李树梅 ◎

李树梅（1876—1946），字雪楼。临邑县小冯家村人。庠生。幼承家训，业医五十余年，术精外科。著有《集方便览》，未刊。

[《山东中医药志》第六篇《人物表》]

◎ 王健耕 ◎

王健耕（1880—1942），临邑县马家寺村人。传家技业医四十余年，长于治外感温病，尤精小儿痘疹。

[《山东中医药志》第六篇《人物表》]

◎ 齐元珍 ◎

齐元珍，字聘之。民国临邑县杨家村人。民国初，任山东省东临道教育视导员，后弃教悬壶德平，设"聘之诊所"，后又悬壶天津，长于内科，尤善治虚劳痼疾，晚年闻名于津。

[《山东中医药志》第六篇《人物表》]

◎ 孟诜 ◎

孟诜，汝州梁人，寄籍平昌，孟子三十一代孙，明经曜之子也。高宗朝擢进士第，授长乐尉，迁凤阁舍人。他日至刘祎之家，见赐金，曰：药金也，烧之火，有五色气。果验。武后不悦，出为台州司马，累迁春官侍郎。相王闻其名，召为侍读，拜同州刺史。神龙初致仕，居伊阳山，治方药，尝语人曰：养性者，善言不可离口，善药不可离手。睿宗召之，以老辞诏，给羊酒糜粥。河南尹毕构以诜有古人风，名所居为子平里。开元初卒，年九十三。所著有《食料本草》传于世。

[乾隆《德平县志》卷三《人物》]
[光绪《德平县志》卷七《先哲》]

孟诜，平昌人。擢进士第，累迁凤阁舍人。偶至刘祎之家，见赐金，曰：此药金也，烧之火，有五色气。试之而信。武后闻不悦，出为台州司马，频迁春官侍郎。相王召为侍读，拜同州刺史。神龙初致仕。屡征不就，名所居为子平里。尝语人曰：养性者，善言不可离口，善药不可离手。开元初卒，年九十三。

[道光《济南府志》卷七十二《补遗》]

孟诜，孟子三十一代孙。唐高宗朝擢进士，累官凤阁舍人，拜司州刺史。神龙初致仕，居伊阳山。睿宗召之，以老辞，赐物百段，诏春秋给羊酒糜粥。名所居为子平里。有《食料本草》传于世。

[嘉靖《山东通志》卷三十《人物三》]

孟诜，汝州梁县人。登进士第，累官凤阁舍人，转春官侍郎，拜同州刺史。神龙初致仕，诏河南春秋给羊酒以终其身。

[正德《汝州志》卷六《人物》]

孟诜，汝州梁人。举进士，垂拱初为凤阁舍人。诜少好方术，尝于侍郎刘祎之家见所赐金，谓祎之曰：此药金也，火其上，当有五色气。试之果然。神龙初致仕，归伊阳之山，以药饵为事。睿宗立召至京师，欲授官，固辞衰老。景云二年（711），诏有司每岁春秋给羊酒糜粥。开元初，河南尹毕构以诜有古人风，改其所居为子平里，寻卒。所著有《补养方》《必效方》各三卷，俱传于世。

[嘉靖《河南通志》卷三十六《方伎》]
[康熙《河南通志》卷三十四《方伎》]

孟诜，汝州梁人。进士，历侍读，拜同州刺史，神龙初致仕。诜居官，颇刻敛，然以治称。

[天启《同州志》卷六《秩官》]
[乾隆《大荔县志》卷八《职官一》]

孟诜，汝州梁人。擢进士第，神龙初致仕。居伊阳山，治方药。睿宗召，将用之，以老固辞。尹毕构以诜有古人风，名所居为子平里。开元初卒，年九十三。诜常语人曰：养性者，善言不可离口，善药不可离手。当时传其当。

[道光《伊阳县志》卷四《人物志》]

孟诜，唐代汝州梁（今河南临汝）人，寄居平昌（今山东临邑县德平）。生于武德三年（620），卒于开元元年（713）。诜系孟子三十一代孙，明经曜之子。曾任光禄大夫。因议武则天赐凤麟阁侍郎刘祎之金为药金，出为台州司马（今属浙江），高宗朝擢进士，历官长乐尉、凤阁舍人、春官侍郎、同州刺史。

神龙初致仕，居伊阳山，治方药，虽入暮年，志力犹坚。常语人曰："养性者，善言不可离口，善药不可离手。"睿宗召赴京师，诜以年迈体衰辞诏，帝赐羊酒糜粥。诜有古君子之风，名居处曰"子平里"。开元初卒，寿九十三岁。

诜少好医药，长于饮食疗法，以《周礼》"食医"之意引而伸之，撰《食疗本草》。此书原卷被英人所盗，存英国博物馆。唐王焘撰《外台秘要》，宋唐慎微撰《经史证类备急本草》，日人丹波康赖撰《医心方》，明李时珍著《本草纲目》等书均引《食疗本草》章节。1907年敦煌莫高窟发现一种唐人抄本残卷，首尾均佚，仅存由石榴至芋二十六味药，皆系食物性药品。1927年东方学会抄录出版。另撰有《必效方》三卷、《补养方》三卷等，均佚。

[《山东中医药志》第六篇《寓医》]

《丧服正要》二卷，孟诜撰。诜，孟子三十一代孙，明经曜之子。高宗朝擢进士第，官至同州刺史。是书见《唐志》。

《家祭礼》一卷，孟诜撰。见《唐志》。《书录解题云》：《正祭》《节祠》《荐新》《义例》，凡四卷。

[宣统《山东通志》卷一百二十八《艺文志第十·经部·礼》]

《锦带书》八卷，孟诜撰。诜有《家祭礼》，见经部礼类。是书见《宋志》。

[宣统《山东通志》卷一百四十《艺文志第十·子部·类书》]

明

◎ 葛如麟 ◎

葛引生，字长伯，号东山。守礼之子，邑廪生。闻见赅博，未第而卒。著有《家礼摘要》《东山余墨》《东山论草》各集。子尚宝卿昕，著有《校刻孝经》《郎中疏草集》《玉山房集》《古法书》各卷行世。孙进士如麟，著《帝王歌》《祀典管见》《丁丑吟》《小儿语》《痘疹书》行世。又有《笃惠堂稿》十卷、《拙宦自状》六卷，藏于家。

[光绪《德平县志》卷七《贤能》]

效霞按：《小儿语》，宣统《山东通志》卷一百三十九归于子部杂家类，非医书。

葛如麟，字子仁。昕子。万历癸卯（1603）举人，庚戌（1610）进士，知山西临晋县，调榆次，德威并济，擢户部主事，督崇文门税，夙弊一清，累迁湖广布政司参议，改备兵潼关，澄城民变，单骑诣县，擒其渠魁，诛之，不兴大狱，晋陕西按察使，备兵如故，主帅战死，拟戍，寻覈捷级状，复官归里。本朝顺治七年（1650）卒，里谥"贞静先生"云。

[光绪《德平县志》卷七《宦绩》]

葛如麟，字子仁。昕子。万历癸卯举人，庚戌进士，知山西临晋县，调榆次，擢户部主事，督崇文门税，夙弊一清，累迁湖广布政司参议，改兵备潼关，澄城民变，单骑诣县，擒其渠魁，诛之，不兴大狱，晋陕西按察使，备兵如故，主帅战死，拟戍，寻覈捷级状，复官归里。卒，里谥"贞静"。

[道光《济南府志》卷五十二《人物八》]

葛如麟，字子仁。明代德平县（今临邑县德平）人。万历癸卯举人，庚戌进士，官湖广布政司参议、陕西按察史。嗜医术。著有《痘疹书》，已佚。

[《山东中医药志》第六篇《人物表》]

效霞按：葛如麟，万历《平阳府志》、万历《榆次县志》、乾隆《蒲州府志》、雍正《敕修陕西通志》、宣统《山东通志》、民国《德平县续志》、民国《临晋县志》、民国《潼关县新志》等志书，均有载录，但未有关于其从事医学的记述，故不备录。

清

◎ 朱长泰 ◎

朱长泰，字大来，又字谦茹。举顺治元年（1644）乡试，丙戌（1646）捷礼闱，丁亥（1647）成进士。知江南含山县，时号"清官第一"，贼不敢犯。有汪生者，怀金宿邸舍，比明尽铁石，生持诉，长泰审视，其中有敝，屈戍断处斩然。明日，携之出，曰：暮夜失金，谁则？知者请叩诸司户之神。走吏至邸舍，尽曳诸扉，列庭下，察其无屈戍者，出所携，按之，而断处悉合。主人慑服，吐金。自是，声名四驰。以卓异荐擢户部云南司主事，榷河西务税，缺额弥补，鬻产才二百金。其廉洁如此。既还里，自号般水。究心典籍，尤邃于《易》。祀乡贤。所著有《周易致一》六卷，阐发精深，识者谓堪与濂洛分席。又有《帝王年编》四卷、《主敬斋稿》《步天歌》《修真节要奇方》《集史》各一卷，藏于家。

[光绪《德平县志》卷七《宦绩》]

朱长泰，字大来，又字谦茹。举顺治元年乡试，丙戌捷礼闱，丁亥成进士。知江南含山县，时号"清官第一"，贼不敢犯。有汪生者，怀金宿邸舍，比明尽铁石，生持诉，长泰审视，其中有敝，屈戍断处斩然。明日，携之出，曰：暮夜失金，谁则？知者请叩诸司户之神。走吏至邸舍，尽曳诸扉，列庭下，察其无屈戍者，出所携，按之，而断处悉合。主人慑服，吐金。自是，声名四驰。以卓异荐擢户部云南司主事，榷河西务税，缺额弥补，鬻产才二百金。其廉洁如此。既还里，自号般水。究心典籍，尤邃于《易》。卒祀乡贤。著述详《艺文》。

[乾隆《德平县志》卷三《人物》]

朱长泰，字大来，一字谦茹。德平人。顺治元年举人，丙戌捷礼闱，丁亥成进士。知江南含山县，时号"清官第一"，贼不敢犯。有汪生者，怀金宿邸舍，比明尽铁石，生持诉，审视，其中有敝，屈戌断处斩然。明日，携之出，曰：暮夜失金，谁则？知者请叩诸司户之神。率吏至邸舍，尽曳诸扉，列庭下，察其无屈戌者，出所携，按之，而断处悉合。主人慑服，吐金。自是，声名四驰。以卓异荐擢户部云南司主事，榷河西务税，缺额弥补，鬻产才二百金。既还里，自号津水。究心典籍，尤邃于《易》。祀乡贤。著有《周易致一》六卷、《帝王年编》四卷、《主敬斋稿》《步天歌》《修真节要奇方》《集史》各一卷。

[道光《济南府志》卷五十六《人物十二·国朝德平》]

朱长泰，德州人。顺治丙戌进士。任江南含山知县。为政果断，奖善必力，除恶务尽，三年考成，廉敏称著。

[道光《济南府志》卷七十二《补遗》]

[雍正《山东通志》卷二十八之四《人物志四》]

朱长泰，字大来，一字廉茹。德平人。顺治三年（1646）会试中式，四年成进士。知江南含山县。听断明察，案无遁情，时号"清官第一"。迁户部主事司，榷河西务。解组归，究心典籍，著有《帝王年编》《主敬斋稿》《步天歌》《修真节要奇方》《集史》各书。祀乡贤。

[宣统《山东通志》卷一百六十九《人物志第十·国朝济南府》]

朱长泰，字谦茹。山东德平人。丁亥进士。顺治四年（1647）任。事详《名宦志》。

[康熙《含山县志》卷十一《职官》]

[乾隆《含山县志》卷八《文职》]

朱长泰，号谦茹。山东德平人。由进士顺治四年任。爱民礼士，薄裁轻徭。抚院王一品奖之曰：爱民如子，视国犹家，一钱不受，过刘山阴之廉，百废俱兴，有张渔阳之干。任满，钦取入京，士民怀之，立祠以祀，应请入名宦。

[康熙《含山县志》卷十八《名宦》]

朱长泰，字谦茹。山东德平人。顺治丁亥进士。知含山县。严正果断，有"包拯再出"之谣。奖善黜恶，不遗余力，考绩以廉敏著，行取入都，士民怀之，立祠以祀。新、旧《通志》皆载入《名宦》。

[乾隆《含山县志》卷八《名宦》]

朱长泰，字谦茹。德平人。顺治丁亥进士。知含山县。严正果断，有"包拯再出"之谣。邻民有冤抑上控，辄求下含山谳讯。奖善黜恶，不遗余力，三年考绩以廉敏著称。

[乾隆《江南通志》卷一百十八《名宦》]

朱长泰，字谦茹。德平人。顺治间进士。知含山县。严正果断，有"龙图再出"之谣。邻民有冤抑上控，辄求下含山谳讯。奖善黜恶，不遗余力，三年考绩以廉敏著称。

[光绪《重修安徽通志》卷一百四十九《名宦》]

朱长泰，字谦茹。德平人。顺治间进士。知县事，严正果断，有"龙图再出"之谣。邻民有冤抑上控，辄求下含山谳讯。奖善黜恶，不遗余力，三年考绩以廉敏著称。

[光绪《直隶和州志》卷十三《名宦》]

《周易致一》六卷、《帝王年编》四卷、《集史》一卷、《步天歌》《修真节要奇方》各一卷、《主敬斋稿》，德平人朱长泰撰。长泰，号谦茹。详《人物》。

[道光《济南府志》卷六十四《经籍》]

朱长泰，《周易致一》六卷、《帝王年编》四卷、《主敬斋稿》一卷、《步天歌》一卷、《修真节要》一卷、《奇方集义》一卷，均藏于家。

[民国《德平县续志》卷十二《著作》]

《周易致一》六卷，朱长泰撰。长泰，字大来，又字谦茹。德平人。顺治丁亥进士。历官户部主事。《县志》载是集云：阐发精深，识者谓堪与濂洛分席。

[宣统《山东通志》卷一百二十七《艺文志第十·经部·易》]

《帝王年编》四卷，朱长泰撰。长泰有《周易致一》，见经部易类。是编见《府志》。

[宣统《山东通志》卷一百三十一《艺文志第十·史部·编年》]

《集史》一卷，朱长泰撰。长泰见经部易类。是编见《府志》。

[宣统《山东通志》卷一百三十二《艺文志第十·史部·史抄》]

《步天歌》，朱长泰撰。长泰有《周易致一》，见经部易类。是编见《县志》。

[宣统《山东通志》卷一百三十七《艺文志第十·子部·天文算法》]

《修真节要奇方》，朱长泰撰。长泰见经部易类。是编见《县志》。

[宣统《山东通志》卷一百四十《艺文志第十·子部·道家》]

《主敬斋稿》二卷，朱长泰撰。长泰有《周易致一》，见经部易类。是编见

《县志》。

[宣统《山东通志》卷一百四十三《艺文志第十·集部·别集》]

《朱志》二十卷，国朝顺治七年（1650），知县朱长泰主修，教谕许畅、训导凌嘉瑞、巢学生、陆龙腾同纂。

[乾隆《含山县志·缘起》]

朱长泰，丙戌中式，第三百八十九名；丁亥复中式，第一百七十名。授知县，升主事。祀乡贤。有"传"。

[光绪《德平县志》卷六《选举·国朝》]

顺治四年丁亥科吕宫榜

朱长泰，字大来。德平人。官户部主事。有"传"。祀乡贤。

[道光《济南府志》卷四十二《选举四》]

国朝户部主事朱长泰墓，在县南二里。

[乾隆《德平县志》卷一《丘墓》]

◎ 郭长清 ◎

郭长清，字圣之。工吟咏，兼精岐黄。著有《纪游诗草》《脉诀新要》二卷，藏于家。年八十九岁。

[光绪《德平县志》卷七《人瑞》]

郭长清，字圣之。清代陵县人。工吟咏，精医术。著有《脉诀新要》，未刊。

[《山东中医药志》第六篇《人物表》]

《纪游诗草》，郭长清撰。长清有《脉诀新要》，见子部医家类。是编见《县志》。

[宣统《山东通志》卷一百四十六上《艺文志第十·集部·别集》]

◎ 王半仙 ◎

王半仙，逸其名。幼学道术，操作无异常人。久之稍稍厌人事，隐于邑之基山。尝鼻息吹尘成穴，日中趺坐，顶露金光。有疾者，聆其清谈，辄沉疴若失。或叩其术，但云吐纳采炼。虽有口诀，其实静能生悟，无他谬巧也。后不知所终。

[光绪《德平县志》卷十《杂记》]

◎ 贾德润 ◎

处士贾公玉华墓志铭

高麟台邑优廪生

贾公,讳德润,字玉华。世居德平城西西贾家阁。公天姿巉异,以家贫故,幼读一二载,遂弃,之京,就商贾业焉。先是明景泰琅,至国朝乾隆间,已失传。公能规复旧物,起为之,艺名振华夷。但供给珐琅材料者,仅有京中袁某一人,秘其术,故亦无人能通焉。公后苦心思索,恍然有得,监制与袁某无少异然。当京邸闲暇时,仍嗜学,读古方书数十种,淹通《本草经》,但弗暇临症,人故鲜有知之者。更逐日留心时务,奏议出,见一善,辄乐道不去口,或纤毫不慊意,即愤惋郁憯,时起而拍案。盖意气慷爽,天性使然也。尤笃于内行,父早殁,事母以孝闻。每岁暮归,与弟侍母侧,必宵深始共退,其怡怡不问可知。晚年居家日,多课子侄以勤俭,虽家道渐裕,而自奉如故。时好日新不为变,公真丰歉一致者哉!玉华公殁,年恩波因备述其兄生平,而以志请余。虽不能铭,然乐道天下之善以传焉,乃勉据行实以次。公生于道光二十年(1844)四月十六日寅时,卒于光绪二十六年(1900)又八月初四日辰时,享年六十一岁。铭曰:不试故艺,洙泗之遗,奉水愉愉,子道无亏,友于其性;姜被无私,事期古处,力矫波驰,镜石理幽,无忘高规。

[民国《德平县续志》卷十二《碑记》]

◎ 李振垣 ◎

李振垣,字环宫。例贡生。家道素丰,好施舍,每逢公益,多有捐助。光绪初年,施种牛痘,自备痘浆,并以食物给种痘儿,不受馈赠,远近称之。十六年(1890),黄河决口,马颊泛滥,沿河居民,惶恐万状。振垣督率村众,急于堵截,怀镇一带得庆安澜。二十六年(1900),拳匪变乱,组织乡团以防匪患,地方安堵。

[民国《德平县续志》卷六《行谊》]

李振垣,字环宫。清代陵县人。贡生。光绪初年,施种牛痘,自备痘浆,免费接种,不受馈赠。

[《山东中医药志》第六篇《人物表》]

李振垣,字环宫。监贡。

[民国《德平县续志》卷五《科贡》]

◎ 吕蓝田 ◎

吕蓝田,字仙桥。邑之岁贡生也。性至孝,侍母起居,日必躬亲。好读书,志趣远大。见清末士习日坏,徒务虚名,食饩后,遂设帐于乡,购集中外时务书,专心致志,研究实用,来学者,踵接于门,多有成就。晚年,益精岐黄业,尤擅长妇科,四方求诊,无不应手奏效,并不索酬。尝推此旨谕诸儿曰:汝曹各就相当职业,为社会尽一分责任,为同胞造一分福利,父愿足矣!切勿积储金钱,贪致富有,作社会经济之障碍。与其藏之以祸己,不若散之以济人。其明达有如此者?

[民国《德平县续志》卷六《行谊》]

吕蓝田,字仙桥。宣统辛亥(1911)岁贡。

[民国《德平县续志》卷五《科贡》]

吕蓝田,字仙桥。清代德平县人。贡生。早年任教,晚精医术,善治妇科。四方求诊者,无不应手奏效,概不索谢。

[《山东中医药志》第六篇《人物表》]

◎ 于风调 ◎

于风调,善医术,乡党有疾者,自行投诊,贫者服药,概不索值,尝慨然以济世自负。至于排难解纷,尤其特长,以故庄中三十余年无讼事。殁后,乡人祭之曰"风调先生"。

[民国《德平县续志》卷六《行谊》]

于风调,清代德平县人。工医术,为人治病,贫者服药概不索值,以济世活人自负。又善解难排纷,故庄中三十年无讼事。

[《山东中医药志》第六篇《人物表》]

◎ 孔宪纪 ◎

孔宪纪,字友堂。为人性纯笃,伯母病重,奉侍汤药,未尝少懈。捐资兴学,热心教育。又善岐黄,救世活人,不事财利。殁后,公送匾额,以"望重乡里"四字旌之。

[民国《德平县续志》卷六《行谊》]

孔宪纪，字友堂。清代德平县人。捐资兴学，热心教育，善岐黄术，以济世活人为务。公赠"望重乡里"匾。

[《山东中医药志》第六篇《人物表》]

民国

◎ 徐荫周 ◎

徐荫周，字堇原。邑北徐家庄人。庚戌（1910）恩贡生也。性笃孝友，学问以实践为本。痛清末士习日坏，知非改良教育，不足以救济，故设帐授生徒者三十余年，每于解经说诗之余，喻以革故鼎新之义，学者宗之。民国肇造（1911），凡及门弟子与族党青年，多所成就。又精岐黄，晚年悬壶里门，时值疾疫大作，辄提囊出诊，著手成春，而药值有无，未尝计及，人以为有韩康之遗风焉。

[民国《德平县续志》卷六《行谊》]

◎ 孟 氏 ◎

孟氏，郭儒重妻。年二十三岁，夫殁无出。母兄欲逼其再醮，因此不入母家者十数年。孝事舅姑，教养孤侄，邻里贤之，家道小康。又善正骨术，男女有挫折筋骨者，求医多得愈。卒年八十六岁。

[民国《德平县续志》卷六《列女》]

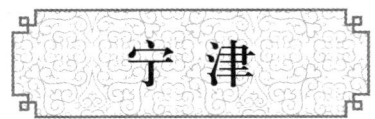

◎ 刘 翰 ◎

刘翰，沧州临津人。世习医业，初摄护国军节度巡官。周显德初，诣阙献《经用方书》三十卷、《论候》十卷、《今体治世集》二十卷。世宗嘉之，命为翰林医官，其书付史馆，再加卫尉寺主簿。太祖北征，命翰从行。建隆初，加朝散大夫、鸿胪寺丞。时太祖求治，事皆核实，故方技之士必精练。乾德初，令太常寺考较翰林医官艺术，以翰为优，绌其业不精者二十六人。自后，又诏诸州访医术优长者籍其名，仍量赐装钱，所在厨传给食，遣诣阙。开宝五年（971），太宗在藩邸有疾，命翰与马志视之。及愈，转尚药奉御，赐银器、缗钱、鞍勒马。尝被诏详定《唐本草》，翰与道士马志、医官翟煦、张素、吴复珪、王光祐、陈昭遇同议，凡《神农本经》三百六十种，《名医录》一百八十二种，《唐本》先附一百一十四种，有名无用一百九十四种，翰等又参定新附一百三十三种。既成，诏翰林学士中书舍人李昉、户部员外郎知制诰王祐、左司员外郎知制诰扈蒙详覆毕上之。昉等序之曰：《三坟》之书，神农预其一。百药即辨，《本草》序其录。旧经三卷，世所流传。《名医别录》，互为编纂。至梁陶弘景乃以《别录》参其《本经》，朱墨杂书，时谓明白。而又考彼功用，为之注释，列为七卷，南国行焉。逮乎有唐，别加参校，增药余八百味，添注为二十卷。《本经》漏缺则补之，陶氏误说则证之。然而载历年祀，又逾四百，朱字墨字，无本得同；旧注新注，其文互阙。非圣主抚大同之运，永无疆之休，其何以改而正之哉！乃命尽考传误，刊为定本。类例非允，从而革焉。至如笔头灰，兔毫也，而在草部，今移附兔头骨之下；半天河、地浆，皆水也，亦在草部，今移附土石类之间；败鼓皮，移附于兽名；胡桐泪，改从于木类；紫矿，亦木也，自玉石品而改焉；伏翼，实禽也，由虫鱼部而移焉；橘柚，附于果实；食盐，附于光盐；生姜、干姜，同归一类；至于鸡肠、蘩蒌，陆英、蒴藋，以类相似，从而附之。仍采陈藏器《拾遗》、李含光《音义》，或穷源于别本，或传效于医家，参而较之，辨其臧否。至如突屈白，旧说灰类，今是木根；天麻根，解似赤箭，今又全异。去非取是，特立新条。自余刊正，不可悉数。下采众议，定为印板。乃以白字为《神农》所说，墨字为《名医》所传，唐附今附，各加显注，详其解释，审其形性。证谬误而辨之者，署为今注；考文意而述之者，又为今按。义既判定，理亦详明。今以新旧药合九百八十三种，并目录二十一卷，广颁天下，传而行焉。翰后加检校工部员外郎。太平兴国四年（979），命为翰林医官使，再加检校户部郎中。雍熙二年（985），滑州刘遇疾，诏翰驰往视之。翰还，言遇必瘳，既而即死，坐责授和州团练副使。端拱初，起为尚药奉御。淳化元年（990），复为医官使。卒，年七十二。

[《宋史》卷四百六十一《列传第二百二十·方技》]

刘翰，沧州临津人。世习医，初为护国军节度巡官，周显德初，诣阙献《经用方书》三十卷、《论候》十卷、《今体治世集》二十卷，世宗嘉之，命为翰林医官，其书付史馆，再加卫尉寺主簿。太祖北征，命翰从行。建隆初，加朝散大夫、鸿胪寺丞。乾德初，令太常寺考较翰林医官艺术，以翰为优，绌不精者二十六人。开宝五年，太宗在藩邸有疾，命翰与马志视之。既愈，转尚药奉，御赐银器、缗钱、鞍勒马。尝被诏与道士马志、医官翟煦、张素、吴复珪、王光祐、陈昭遇同定《唐本草》，凡《神农本经》三百六十种、《名医录》一百八十二种、《唐本》先附一百一十四种、有名无用一百九十四种，参以新附一百三十三种。既成，诏翰林学士、中书舍人李昉，户部员外郎、知制诰王祐，左司员外郎、知制诰扈蒙详覆，毕，上之，广颁天下。加检校、工部员外郎。太平兴国四年，命为翰林医官使，再加检校、户部郎中。雍熙二年，滑州刘遇疾，诏翰驰视。翰还言遇必瘳，既而即死，降和州团练副使。端拱初，起为尚药奉御。淳化元年，复为医官使。卒年七十二《宋史》本传略。

[光绪《宁津县志》卷八《方技》]

刘翰（生卒年不详），宁津县人。世代研习医道，从事医生的职业。原先，他曾代理护国军（唐方镇名）节度巡官。后周显德初年，他到宫廷献上《经用方书》三十卷、《论》十卷、《今体治册集》二十卷。周世宗嘉奖了他，任命他做医官，他献的书交付史馆保存。后来又兼任卫尉寺主簿。宋太祖北征时，命刘翰随军同行。宋建隆初年，任朝散大夫、鸿胪寺丞。这时太祖励精图治，所有的事都要考核确实才行。所以，对学医、卜、星、相一类方技的人要求技术必须精通熟练。乾德初年，宋太祖命令太常寺考试比较医官们的技术，刘翰考取了优等。同时贬退了医术不精的医官二十六人。以后，宋太祖又下诏令各州官吏访求医术优良的人，将他们的名字登记在册，照例酌情赏赐置办衣装的钱，送到朝廷任职，沿途所到之处用丰盛的饮食款待。宋开宝五年，赵光义（后为宋太宗）在王府患病，太祖命刘翰与马志前去看病。治好了太宗的病以后，刘翰就升任尚药奉御的职位，还赏赐了他一些钱财、鞍勒、马匹。刘翰还曾按皇帝之命，详细修定《唐本草》。刘翰与道士马志、医官翟照、张素、吴复珪、王光佑、陈昭遇共同商议，最后确定收载的药物有：《神农本草经》三百六十种、《名医录》一百八十种、《唐本草》增加的药物一百一十四种，有名称没有使用过的一百九十四种。另外又参考各种医书考定新增加的药物一百三十三种。书稿编成后，太祖就诏令翰林学士、中书舍人李昉，户部员外郎、知制诰王佑，左司员外郎、知制诰扈蒙详细审查这些书稿，然后全部呈上。刘翰此后即兼任检校工部员外郎。宋太宗即位后，于979年（宋太平兴国四年）任命刘翰为翰林医官使兼任检校户部郎中。985年（宋雍熙二年），滑州刘遇患病，太宗诏令刘翰火速前往给刘遇治病。刘翰回京后说刘遇的病一定会好。但刘遇却很快就死了。因此刘翰被贬为和州团练副使。端拱初年，刘翰又被任为尚药奉御。990年（宋淳化元年）又升任医官使。

[《宁津县志》第二十八编《古近代名人》]

[《山东中医药志》第六篇《传记》]

清

◎ 陈大经 ◎

陈大经，字筠操。江苏无锡监生。康熙间知县事。门无监人，投讼牒者，入燕寝，诉其情，被讼者亦然，曲直立剖，催科不用鞭扑，亦无逋者。农时，民告贷于官，应之秋偿，不责息。病者，予之药，鲜不效。会有大役，邻邑部送役夫千人至县，期尚缓，粮粮已竭，大经遣还，约某日至，及期毕集《通志》引《江南通志》。

[光绪《宁津县志》卷六《宦绩》]

陈大经，字筠操。无锡人。由监生授宁津令。门无阍人，投讼牒者，入燕寝，诉其情，被讼者亦然，曲直立剖，催科不用鞭扑，亦无逋者。农时，民告贷于官，则应之秋偿，不责息。病者，为诊脉，予之药，鲜不效。尝有大役，邻邑部送役夫千人至县，期尚缓，糇粮将尽，大经尽散遣还，与约某日至，众感之，及期毕集。

[乾隆《江南通志》卷一百四十二《宦绩》]

陈大经，字筠操。康熙中，游京师，一满洲巨公为注选籍，得宁津县。到官不设转斗，讼者直造衙斋，立剖曲直去。久之，民隐无弗闻。农时，蹑芒履，亲视播插，民忘其官。值岁凶，屏去催租版，辄散官谷。大吏将揭参，即自投狱，倚虎门决事，民日号哭。大吏辕得镌职留任，民欢跃趋狱，舁出之，无何殁于官，民争筑土作庙祀之。

[光绪《无锡金匮县志》卷二十《宦望》]

◎ 张见龙 ◎

张见龙，字应五。道光乙酉（1825）拔贡。品端学粹，事亲以孝闻。侍母疾，亲尝汤药，衣不解带者月余。母殁，父以年迈，不再娶。凡杖履寝馈，皆亲自检点，问安视膳，数十年无间。父殁，哀毁骨立，几病苦。次父以乾隆己酉（1789）举于乡，见龙训诲子孙，俾各成名，继志述事，克承先业，领乡荐，应拔萃者，累世不绝。且乐善好施，舍棺木、药材以济贫之。有称贷者，概不取偿。里中有争讼事，一言折服，立与止息。咸丰三年（1853），粤匪窜踞连镇，值粮台支绌，竭资助饷。同治七年（1868），捻匪扰境，宁津戒严，乡民避难入城，闭门三日，粮绝，请诸邑令，冒险归里，挽粟至城，赖以安。光绪三年（1877），岁大旱，斯时家渐落，无余粮，犹且籴米石，分干糇，以救饿莩。年八旬，五世同堂。殁之日，乡里无不泣下。

[光绪《宁津县志》卷八《孝友》]

◎ 李命长 ◎

李命长，字佑之。报捐同知。秉性刚直，见义必为，凡有义举，捐资为众倡。族邻有故，以一言判其曲直，众莫不服，附近数十年无公庭讼。咸丰三年（1853），粤匪北窜，僧忠亲王驻扎连镇，命长运粮给军，县令彭额其门。又施种牛痘，并给药饵，全活婴儿无算，公赠"德孚众望"匾额。同治七年（1868），捻匪肆扰，命长出粮，募众筑寨，制造器械，以为守御。邻村之避难者，多资其饮食，至今犹感戴之。

[光绪《宁津县志》卷八《义行》]

李命长，以子铎封修职郎。

[光绪《宁津县志》卷七《封荫》]

◎ 张明贤 ◎

张明贤，字众超。乾隆时庠生。好学不倦，晚年耽于医，施药饵，活人无算，尤善导引之术，年届期颐，犹若童颜，寿至一百三岁，无疾而终。

[光绪《宁津县志》卷八《方技》]

张明贤，字众超。清代宁津县人。乾隆时庠生。好学不倦，广闻博识。晚岁耽于医，施药饵，不望报。志在济世，活人无算。尤善导引之术，年届期颐，犹若童颜。寿高一百三岁，无疾而终。

[《山东中医药志》第六篇《医林寿星小传》]

◎ 牛履祥 ◎

牛履祥，字吉符。布政司理问。精医术，著手成春。殁后，本邑暨邻邑诸巨公为诗勒石，以志其技之奇焉。

[光绪《宁津县志》卷八《方技》]

牛履祥，字吉符。杨盘北街人。性情忠厚，深通医学，治病救人，不取分文。本县和邻县送匾额数方，并勒石为诗，以颂其德。后为皇帝赏识，封为御医兼布政司理问，赐钢叉、金瓜钺斧、朝天蹬。

[《乐陵县志》第二十九篇《社会闻人》]

◎ 崔化南 ◎

崔化南，字绍伯。太常寺先农坛执事。初习儒术，年十八，忽学医，人问其故，笑而不答，施治辄神效。郡城于明经属纩矣，化南问其疾状，曰：可起也。与药二剂而愈。吴邑高公室人有梦熊之喜，既而病甚厉，延名医罔效，濒绝。化南诊之，曰：石麟为祟耳！不出三日，当愈。再投药饵，脱然。高问曰：必生男乎？化南曰：岂惟男，且必才贤。后果为吴邑望人。其技之神，类如此。年至七十卒。

[光绪《宁津县志》卷八《方技》]

崔化南，字绍伯。清代宁津县人。太常寺先农坛执事。以儒学兼通医术。

[《山东中医药志》第六篇《人物表》]

◎ 王沂源 ◎

◎ 王晋发 ◎

王沂源，名医晋发子，能继父业。病者有"得一诊视，死而无憾"之语。

[光绪《宁津县志》卷八《方技》]

◎ 周彭年 ◎

周彭年，字符笺。太学生、进士周濬之父。好方书，精其学。素性坦率，独至切脉审方，如断大狱，其全活者众矣。

[光绪《宁津县志》卷八《方技》]

周彭年，字符笺。清代宁津县人。太学生。好方书，精医学。

[《山东中医药志》第六篇《人物表》]

◎ 李长忠 ◎

李长忠，精针灸，尤善疗目疾。无力医治者，尝资以饮食医之，而恤孤济贫，毕生犹如一日。

[光绪《宁津县志》卷八《方技》]

李长忠，清代宁津县人。业医，精针灸术，尤善疗目疾。

[《山东中医药志》第六篇《人物表》]

◎ 李 鉁 ◎

李鉁，字珍同。例贡生，中书科额外中书。精天算，善堪舆，凡甘石、青鸟以及医药、卜筮之书，无所不读。画山水得倪黄法，而时参以华亭笔意，与南皮张文达公为画友。晚年见戴文节公画卷，益进。爱种菊，得种菊子法，变成异色者甚多。著《菊谱》一卷，载种子法甚详。其他著作，尚若干种。

[光绪《宁津县志》卷八《方技》]

◎ 徐元瑞 ◎

徐元瑞，庠生。才优品端，善医学，断病调方，出人意表。同邑刘清华署泰安府，遘病，叹曰：若得徐君，吾病痊矣。未及而殁。元瑞少年失怙，处兄弟之间，天真烂漫，虽至暮年，怡怡犹若少时。卒年七十余岁。

[光绪《宁津县志》卷八《方技》]

徐元瑞，清代宁津县人。庠生。以医术知名。

[《山东中医药志》第六篇《人物表》]

◎ 王廷杰 ◎

王廷杰，善岐黄术，针砭尤精，时时施药济人。道光十年（1830），邑侯朱一琼旌其门。

[光绪《宁津县志》卷八《方技》]

王廷杰，清代宁津县人。工岐黄术，尤善针灸。

[《山东中医药志》第六篇《人物表》]

◎ 张继谦 ◎

张砚田妻□氏，年二十五夫亡，守节至六十四岁。性至孝，以侄继谦为□，教以义方，后继谦为良医，皆母教也。当事者表其门曰"璞玉完贞"。

[光绪《宁津县志》卷九《节孝》]

◎ 徐德明 ◎

徐德明，朝鲜人，清末寄居宁津。以医为业，善治外科。

[《山东中医药志》第六篇《人物表》]

◎ 洛会堂 ◎

洛会堂，字云间。清代宁津县人。贡生。深明医理，每遇温疫流行则施药济贫。

[《山东中医药志》第六篇《人物表》]

◎ 赵夕化 ◎

赵夕化，清代宁津县人。好岐黄术，善用针灸治病。

[《山东中医药志》第六篇《人物表》]

◎ 刘长源 ◎

刘长源，清代宁津县人。廪生。业医。著有《脉诀要论》《药性辨同》，未刊。

[《山东中医药志》第六篇《人物表》]

◎ 李 沉 ◎

李沉，字信夫。清代宁津县人。廪生。工医，术精眼科。

[《山东中医药志》第六篇《人物表》]

◎ 王保义 ◎

王保义，字汤臣。清代宁津县人。太学生。精医术，治病无论贫富，不讨药资。殁后，乡人赠"仁人仁术"匾。

[《山东中医药志》第六篇《人物表》]

庆 云

明

◎ 陈嘉善 ◎

陈嘉善，授太医院吏目。

[康熙《庆云县志》卷八《科贡》]

清

◎ 邓 煜 ◎

邓煜，字含黎。天资旷逸，弱冠选拔贡。事亲竭孝养，博闻强记，谈论古今，娓娓不倦。前辈名宿，书斋常满。闲居和乐，色笑可亲。临事裁决，可否立判。乐周济，明末兵变，掩暴骨数百人。晚年施医药，以南华自娱。值邑人讼兴，借公作证，不肯向吏，遂自尽。讣闻，通邑士民咸痛惜之。子国宾，授县丞。

[康熙《庆云县志》卷八《乡贤》]

邓煜，字含黎。庆云拔贡。事亲孝，博闻强记，乐周济，明末掩暴骨数百人。晚年施医药，以南华自娱。

[光绪《重修天津府志》卷四十二《人物二》]

邓煜，崇祯元年（1628）就职州判。

[嘉庆《庆云县志》卷二《列朝拔贡》]

◎ 陈登瀛 ◎

陈登瀛，字仙洲。监生。性和平谨慎，无疾言遽色，遇事明决，动中规矩，善为人排解。精通医术，人多赖以全活。光绪初，重修纪王桥，四乡举为总董，工坚料省，不辞劳瘁，南北行旅，不病于涉。

[民国《庆云县志》卷二《忠义》]

◎ 杨玉成 ◎

杨玉成，字德汝。恩赐寿官。光绪十六年（1890），东乡水灾，人多不能举火。玉成给与饮食，保全甚众。施粥施医，诸善举不一而足。卒年八十四。

[民国《庆云县志》卷二《忠义》]

◎ 郭连城 ◎

郭连城，字光璧。武生。为人和平，未尝以恶声加人，好善行。年自弱冠，为儿童种痘，不取分文，济人无数。现年七十八岁，家道萧索，仍好善举，历年种痘如故，不辞劳瘁。城北一带村庄，恭送"术济群婴"匾额。邑令汪公宝树赠以"仁术保婴"匾额。四乡共称之曰"德行先生"。

[民国《庆云县志》卷二《忠义》]

◎ 秦太华 ◎

秦太华，字峻峦。监生。因城工，奖六品职衔。为人和平好善，医术传家，专以济人为志。无论富贵贫贱，昼夜寒暑，有求必应，贫者则更施之以药。邑令国栋吴公赐以"仁术济时",善庆杨公赐以"业精于勤"匾额。

[民国《庆云县志》卷二《忠义》]

◎ 王贞吉 ◎

王贞吉,字咸临。性仁厚,精医术,病家来延,无分昼夜,靡不慨往,辄应手奏效,而于痘疹尤精。著有《酌准秘抄》,待梓。山东名儒贾声槐赠以"序"。邑令觉罗景额其门曰"杏林森茂"。邻有李姓、张姓者,皆以亲死,贫不能葬。贞吉代买棺具,兼助以财。对于欠债者,未尝追索。仁心仁术,兼有之矣。

[民国《庆云县志》卷二《忠义》]

◎ 胡赞恩 ◎

胡赞恩,字惠卿。性至孝,慷慨爽朗,排难解纷,有古游侠风。尝施药济人,不求酬报。母失明,不能操作,动辄需人。公晨起躬自执炊,视母膳毕,然后敢入值。如有远行,必丐邻人代为执炊,归必诣邻家谢。母病,药必亲尝,昼夜守伺,目不交睫,终其身,不稍懈。

[民国《庆云县志》卷二《孝友》]

◎ 陈佩璋 ◎

◎ 陈佩琳 ◎

陈佩璋,字礼南。陈佩琳,字玉泉。兄弟也。清乾嘉间文生。儒术既深,医术尤精。一主补,一主泄。凡得虚弱症者延佩璋公,得时气症者延佩琳公,投之所向,无不如意,时人比之"和缓"。

[民国《庆云县志》卷二《医家》]

陈佩璋,字礼南。一生嗜梅花,专写梅,惜墨如金,不多生枝节,立干有屈,如龙动如铁之势。自作题梅花诗数首,入《续庆云诗钞》。

[民国《庆云县志》卷二《画家》]

陈佩璋,字礼南。清代庆云县人。庠生。儒医。善治虚证,喜用补法。

陈佩琳,字玉泉。清代庆云县人。儒医。善治实证,喜用泻法。

[《山东中医药志》第六篇《人物表》]

[《庆云县卫生志》第九编《名医简介》]

◎ 陈 溥 ◎

陈溥，字雨轩。文生。幼贫，好学不倦。读史，慕太仓公与涪翁之为人，尝复"不为良相，当为良医"之言，因攻医学及调剂药品。积十年余，诊治辄效，于妇科尤精。稍有疑，则不投药。曰：药非能益人，但用以攻害人者而已。善养生，勿轻服药，尤治疾要道也。公体素弱，常以此道自养，终身无甚疾。卒年八十四。

[民国《庆云县志》卷二《医家》]

陈溥，字雨轩。清代庆云县人。庠生。业医，术精妇科。

[《山东中医药志》第六篇《人物表》]
[《庆云县卫生志》第九编《名医简介》]

◎ 马 符 ◎

马符，字瑞亭。性嗜读，持家勤俭，励品端方。精医术，人有求者，无论昼夜寒暑，徒步未尝辞劳。用药极有斟酌，于天时、地理、人事，尤格外注意，是以颇有奇效。

[民国《庆云县志》卷二《医家》]

马符，字瑞亭。清代庆云县人。精医术，用药善斟酌，于天时、地理、人事尤加注意，是以治病多效。

[《山东中医药志》第六篇《人物表》]
[《庆云县卫生志》第九编《名医简介》]

◎ 陈吉甫 ◎

陈吉甫，字荣周。专医道，于前哲诸名家所著书，无不博览，复于书中异同者，折中一是。凡所处方，皆有变通，未尝拘执成格。其济世活人之术，远近皆推重焉。

[民国《庆云县志》卷二《医家》]

◎ 刘 儒 ◎

刘儒，字艺圃。庠生。高才，精岐黄术，尤善理痘疹，有起死回生之妙。

[民国《庆云县志》卷二《医家》]

刘儒，字艺圃。清代庆云县人。精岐黄术，尤善治痘疹。

[《山东中医药志》第六篇《人物表》]
[《庆云县卫生志》第九编《名医简介》]

◎ 刘慎思 ◎

刘慎思，字粤勉。增生。文章得曾祖曦若公真传，县令潘公国诏以名进士期之。晚年，学岐黄甚精，延诊者，门前络绎不绝。著有医书若干卷，惜已散轶。

[民国《庆云县志》卷二《医家》]

刘慎思，字粤勉。清代庆云县人。增生。晚岁始修医术，延诊者不绝。撰有医著，未刊。

[《山东中医药志》第六篇《人物表》]
[《庆云县卫生志》第九编《名医简介》]

◎ 刘鸿荃 ◎

刘鸿荃，字香南。城工，五品。初习儒，因多病习医。凡方药，皆从己身体验而出，驰名本邑及山东乐陵各县。书法端谨，重修城碑，系出其手。

[民国《庆云县志》卷二《医家》]

刘鸿荃，字香南。清代庆云县人。初习儒，因多病修医，凡方药皆己亲身体验而出，名闻邻近诸县。工书法。

[《山东中医药志》第六篇《人物表》]
[《庆云县卫生志》第九编《名医简介》]

◎ 马龙骧 ◎

马龙骧，字跃骧。廪生。素清贫，饱经史，精岐黄，常设药室于市，遇有贫家病者，医药兼施，毫无吝色。一生诗酒自娱，襟怀洒落，士林皆敬重之。

[民国《庆云县志》卷二《医家》]

马龙骧，字跃骧。清代庆云县人。廪生。精医术，乐善好施。

[《山东中医药志》第六篇《人物表》]
[《庆云县卫生志》第九编《名医简介》]

◎ 撒膏林 ◎

撒膏林，字雨村。精医学，财冠一乡，慷慨好施，意豁如也。光绪二年（1876），岁饥，竭力周济乡邻，赖生活者无算。自此，家境日见陵夷，甚至饮食不继，公处之坦然。山东布政尚其亨极赏识之，委修河工。公耐劳勤慎，不数月，竣其事。上宪嘉之，历署阳信、乐陵、海丰巡检，嗣以年老赋归来。两袖清风，家徒壁立，公之廉洁可知。著有《医学汇编》，待梓。

[民国《庆云县志》卷二《医家》]

撒膏林，字雨村。庆云县人。生活于清末民初。精医道，才冠一乡，慷慨好施，光绪二年，岁饥，施钱舍粮，竭力周济，乡邻赖以生存，活者无算，自此家境日渐凋零，甚或衣食不继，雨村处之坦然。山东布政尚其亨赏识之，委修河工，既勤且慎，不数月峻其事，上嘉之。历署阳信、乐陵、海丰三县巡察，以年老赋衰辞归，两袖清风，家徒壁立。著有《医学汇编》，未梓。

[《山东中医药志》第六篇《传记》]

[《庆云县卫生志》第九编《名医简介》]

◎ 李桂荣 ◎

李桂荣，字香亭。邑武生。性豁达，不拘小节。博经史，不求甚解。堪舆、卜筮，无一不通，尤精岐黄。时而对症用药，颇有神效。

[民国《庆云县志》卷二《医家》]

◎ 张云亭 ◎

张云亭，字雨山。性忠厚正直，幼年失怙，事母以孝闻。慷慨好施，见义必为。又精针灸术。光绪庚子（1900），灾异流行，公尽力施治，日不暇食，村中赖生活者，不胜枚举。乐陵韩春发僵卧于道，气息奄奄。公见而针之，并赐以汤药，数日痊愈。后赠以"妙手回春"匾额。其善行，类多若此。

[民国《庆云县志》卷二《医家》]

张云亭，字雨山。清代庆云县人。业医，善针灸术。事母以孝闻。

[《山东中医药志》第六篇《人物表》]

[《庆云县卫生志》第九编《名医简介》]

◎ 李葆光 ◎

李葆光，系嘉庆己卯科（1819）进士、户部郎中廷乾公之子。性豁达，善为人排难解纷，乡里皆钦敬之。又精岐黄，全活无算。年逾古稀，有求诊者，无不慨往，手到病除，概不受谢。

[民国《庆云县志》卷二《医家》]

李葆光，清代庆云县人。工医术，活人无算。虽年迈，有延者，无不至，药到病除，从不受谢。

[《山东中医药志》第六篇《人物表》]
[《庆云县卫生志》第九编《名医简介》]

◎ 韩寅秀 ◎

韩寅秀，字义宾。附生。工诗。幼时贫，不能读，常挟经耘田，后卒得成名。学由程、朱入手，立心制行，不枉己徇人，毅然独求其是。晚年，尤精医卜、堪舆诸学。著有《静存斋诗稿》，藏于家。

[民国《庆云县志》卷二《堪舆》]

◎ 郑作霖 ◎

郑溶，字安澜。乡谥"正纯"。生性简默，笑言不苟，一生规行，矩步前清常学师，举为乡饮大宾。享年八十三岁而终。其长子作霖，字解祥。邑庠生。教读为业，成就多人。兼通医学，救人无算。一生勤于著作，所著有《劝学四言》《本草便读药性赋》六篇，下至所养菊花，各有名目，各有品题，九十余首。现年七十余，仍康健如素，子孙满堂，人以为德门云。

[民国《续修庆云县志·忠义》]

郑作霖，字解祥。清代庆云县人。庠生。精医术。著有《劝学四言》《本草便读药性赋》，未刊。

[《山东中医药志》第六篇《人物表》]
[《庆云县卫生志》第九编《名医简介》]

◎ 张连登 ◎

军功六品张连登，字辉科。性慷慨，好义字，学尤佳。因助军需，奖六品职衔。尤精医学。同治元年（1862）夏，因治病归，在庄北大路拾遗金一封，密置书斋，急莅道旁，坐俟寻者。至夕，果有西村丁寿先同一客来造访，叩其居址、姓氏，曰：凌县边宗尼。言：盐摊正乱，为下乡买盐，失金一封。遂领至书斋，问其顶件两数，共八十九两七钱有奇。开封验视，悉符，即原银交还，并责以"不加小心"之语。斯时也，传闻啧啧，咸称东直郎坞为仁人君子之乡矣。至小阳月，边宗尼者会同惠、信、乐三邑亲友，公送匾额曰"清洁可风"。乐邑文生郑锡三赠联云：志洁行芳光祖烈，轻财重义贻孙谋。郑奉先赠联云：谨行谨言超末俗，清心清节挽颓风。皆悬挂于书斋，而其长君守春遂继以起。

[民国《续修庆云县志·忠义》]

◎ 傅汝霖 ◎

傅汝霖，字雨村。为人淡泊，好施予。凡乡里称贷者，无不慨允，意豁如也。又善岐黄，精针灸。遇有求医者，无论富贵贫贱、寒暑昼夜，必竭力施治。故乡党戚友间赖以生活者，不胜枚举。

[民国《续修庆云县志·忠义》]

傅汝霖，字雨村。清代庆云县人。业医，精针灸术。凡有求者必尽力施治，惠及乡里。

[《山东中医药志》第六篇《人物表》]
[《庆云县卫生志》第九编《名医简介》]

◎ 王书堂 ◎

王书堂，字读轩。喜行方便，毫无德色，尤精岐黄。无论闲忙，有求必应，五里内酒饭不扰。民国十年（1921），大饥，山东利、霑等县饥民众多，逃至公村者三四十名。公怜之，施粥数次。在村办公，从未有假公济私、利己之心，故有相争者，公至则解。乡人咸钦慕之。

[民国《续修庆云县志·忠义》]

◎ 张万选 ◎

太学生张万选，字子青。天性孝友，才情敏捷。少失怙，事母曲尽孝养，昼夜侍侧，不敢远离，食必甘旨，寝必温被；母病，汤药亲尝，衣不解带，目不交睫，数月如一日，毫无懈意；居母丧，哀礼兼尽，里党皆称其孝。又好博览医书，内、外两科，无不精通，用药颇有神效，远近争延驰名，皆自"为人子者，不可不知医"之语推之也。

[民国《续修庆云县志·孝友》]

张万选，字子青。清代庆云县人。太学生。业医，术专内、外两科，用药颇效。

[《山东中医药志》第六篇《人物表》]
[《庆云县卫生志》第九编《名医简介》]

◎ 丁占龙 ◎

增生丁占龙，字梦起，亦字菊潭。专务实学，不慕浮华，酷好文词，尤精医学。著有《三字史略》《三字人物略》《芸香诗草》，存于家。儒学举优批云。品端学正，意味深长，人供佩服。

[民国《续修庆云县志·文学》]

◎ 张际虞 ◎

邑庠生张际虞，字蒲版。际唐先生之从弟也。文章最尚清真，县令贺公祥麟伟其器识，收之门下，一经切磋，文思益进。嗣贺公升迁宛县，聘为幕宾，凡有稿件，多出其手。医卜、星相，无不精通。于岐黄之术，尤能独臻其妙。晚年家居，一时延诊治者，门外常满，施治各有奇效。胸怀洒落，年逾古稀而终。

[民国《续修庆云县志·文学》]

◎ 王云岫 ◎

邑增生王云岫，字迈峰，号紫岚，别号懒真子。幼失恃，孝以事父。弱冠，入邑庠。为人旷达，不以俗务累心。少习举业，行文颇有奇气。乡试三荐不售，遂绝意功名，教授生徒，晰言性命，以理学为宗，门下多有成就者。著有《觉人铭醒世词》《半半歌》《处世难曲》诸作，诗赋皆擅其长。至医卜、星相，又其余事。与郝君佑，契合最深。所作《小神仙传》，前已采入邑志。晚年家居，最好善缘，结文昌社，字纸会诸事。遇人，劝善规过，排难解纷，闻者莫不敬服。寿逾古稀而终。其子汝锡，邑庠生。终身行止，颇有父风。论者咸谓家教有素云。

[民国《续修庆云县志·文学》]

无事小神仙传

王云岫

先生何许人也？少好学博古，善草书，工水墨。壮游山水，颇有林泉之趣。是盖道学人也。神仙之名，何自来乎？先生自言曰：尘世之人，无事者鲜。余独习为懒散，入则据机静坐，出则曳杖闲游，任意逍遥，聊无所事，因自号以寄意焉。客又曰：神仙而曰小者，何也？先生复自解曰：神仙遗世，岩栖谷饮，采药炼丹，奉真朝斗，丹成果就，乃成大罗。事亦苦矣！余揣未能，虽有出世超尘之想而未脱尘，缘故以小别之，偶解无事之嘲耳！客敛衣就坐，退而自思者三日，历阅古今名流，或浪寄江湖，或甘心泉石，多以无事自高，先生不屑也。他日再造先生之庐，因见奇石怪松，迥非凡境，名花异草，别有洞天，且垒块为山，团花作佛，是有真机，近于游戏，时而有业也。俯拾即是，著手成春。先生暇甚，而其为文也，不著一字，尽得风流。先生逸甚，小园日涉成趣，非静者不能得其机，非化者未能通其妙。自是君身有仙骨乎？恍然遇之，未识其真，仿佛其似为之。赞曰：孤标落落，松柏心耶。秀骨珊珊，梅花品耶。清风朗朗，缑山鹤耶。逸致飘飘，华顶云耶。仙乎仙乎，其斯为先生之高乎？抑其为无事之乐乎？先生笑而不答，第闻泉声泠然，檐铃皆响，神仙之趣，仍当问之先生可乎！

[民国《庆云县志》卷四《撰述》]

◎ 王 阆 ◎

王阆，字涉骞。附贡生。人品端方，有道学风。性聪明，于书无所不读，凡星平、地理等书，无不精通，尤长于医。卒年八十四岁。

[民国《续修庆云县志·文学》]

◎ 刘来琮 ◎

岁贡生刘来琮，字方玉。以医学名世。同治七年（1868），捻匪扰庆云。公亲率庄丁人等勇敢者数十人，御贼苦战，陷大队中，被执，骂贼不屈而死。

[民国《续修庆云县志·殉难》]

刘来琮，字方玉。清代庆云县人。贡生。以医名世。

[《山东中医药志》第六篇《人物表》]

[《庆云县卫生志》第九编《名医简介》]

刘来琮，咸丰六年（1856）。

[民国《庆云县志》卷二《贡生》]

◎ 萧登汉 ◎

萧登汉，字章甫。居心仁慈，立品端正。精外科术，一生好舍药材，以拯疾苦。无论昼夜寒暑，有延者，徒步不辞劳瘁。迨病愈，不索谢，间有以礼物谢者，确辞不受。虽勤俭自持，绝不以外物肥其家。其为人，概可知矣。

[民国《续修庆云县志·名医》]

萧登汉，字章甫。清代庆云县人。工医道，以善治外科知名，不索谢，有酬者，皆正色拒之。勤俭自持。

[《山东中医药志》第六篇《人物表》]
[《庆云县卫生志》第九编《名医简介》]

◎ 刘鹏飞 ◎

邑庠生刘鹏飞，字千青。以伯父来琮御捻匪阵亡，袭云骑尉。生平立心刚直，不慕荣利。因年老不合世俗，退而习医，济世活人，可称为最，而功同良相之言，风闻遐迩。

[民国《续修庆云县志·名医》]

刘鹏飞，字千青。清末民初庆云县人。终生业医，活人无算。

[《山东中医药志》第六篇《人物表》]
[《庆云县卫生志》第九编《名医简介》]

◎ 张振玉 ◎

文生张振玉，字子乐。自幼勤学好问，设教惠民，后习医学，立志济人救世，受惠者称为"义士"。

[民国《续修庆云县志·名医》]

张振玉，字子乐。清代庆云县人。庠生。早年设教惠民，晚习医术，济世活人为业。

[《山东中医药志》第六篇《人物表》]
[《庆云县卫生志》第九编《名医简介》]

◎ 张守春 ◎

城工六品张守春，字梅轩。拾金不昧，连登公之子。少年嗜学，专恶不平，有鲁仲连之风。年三十，邑令吴公国栋重修城垣，工竣，视梅轩公有干办材，详请赐六品职衔。后习医，妇科尤长。卜筮、堪舆，并皆佳妙。其奇者，尤在指写一端，运指如龙蛇之势。民国九年（1920），住流波镇仁术堂，有数家大病，延医无效，梅轩到，沉疴立除。首事会同十三村送匾额曰"作述神医"。现年七十有余，身体康强。尝言：以不坠先人之业为幸。

[民国《续修庆云县志·名医》]

◎ 王 阁 ◎

◎ 王福成 ◎

邑庠生王阁，字印川。才试灵敏，议论风生，有过目不忘之才。专攻医学，博览群书而折中之，不拘成方而变通，合度施治，故有神效。往来津、保之间，所至无不欢迎。晚年家居，不以产业为事，惟对于乡邻，无不有求必应，故中外称"福星"焉。其次子福成，医术亦精，著手即能成春。父作子述，远近皆推重之。

[民国《续修庆云县志·名医》]

王阁，字印川。清代庆云县人。庠生。工岐黄术，凡诊治者多著手成春。次子福成，医术亦精。

[《山东中医药志》第六篇《人物表》]
[《庆云县卫生志》第九编《名医简介》]

◎ 温凌云 ◎

◎ 温亮采 ◎

处士温凌云，字超凡。性慷慨，工岐黄。豁达大度，仗义疏财，善排难解纷，乡里之人数十年鲜有至讼庭者。凡应诊施治之时，必先贫而后富，著手有回春之妙。著有《医宗家藏》四卷，待梓。其孙亮采，字虞臣。独能得其真传，用药无不奇效，论者谓能绳其祖武云。

[民国《续修庆云县志·名医》]

温凌云，字超凡。清代庆云县人。精医术，凡应诊施治之时，必先贫而后富，治多回春。辑有《医宗家藏》，未刊。孙亮彩，得其真传，用药多奇效。

[《山东中医药志》第六篇《人物表》]
[《庆云县卫生志》第九编《名医简介》]

◎ 宗云庆 ◎

处士宗云庆，自幼读书，后事医术，内、外两科，无不精通，人多敬重之。

[民国《续修庆云县志·名医》]

◎ 张笃庆 ◎

邑庠生张笃庆，字锡甫。幼孤苦，出嗣后，兼奉本生母生养死葬，人称其孝。精于岐黄，人皆称为"儒医"。延之者，无论贫富，无不急为诊视，所全活者甚众。病愈有备礼物登门申谢者，一介不取。值世变，以农圃为业，不问新政，隐居杏园，咸目董杏仙风、前后媲美云。

[民国《续修庆云县志·名医》]

张笃庆，字锡甫。清代庆云县人。以医闻名，且有孝行。

[《山东中医药志》第六篇《人物表》]
[《庆云县卫生志》第九编《名医简介》]

◎ 李广泽 ◎

邑庠生李广泽，字如春。性好学，耽经萉史成名者，多出其门。嗣因科举停止，弃儒就医。疑难大症，诊治多效，四乡咸嘉赖之。

[民国《续修庆云县志·名医》]

◎ 范逢源 ◎

岁贡生范逢源，字取菴。设教庆云、海、阳三邑，从游者，成就颇多。尤于教读之暇，致力医术。上稽《黄帝素问》，下及四子奇书，若《辨证录》《脉诀论》《药性赋》、内外两科、膏丹丸散等书，莫不反复研究，深有心得。所著有《是乃仁术》三卷，藏于家。邻近村庄，无论贫富老幼，有求必应，手到病除，蒙再造者，不可胜数。当时号为"名医"，故功德至今犹令人称道弗衰云。

[民国《续修庆云县志·名医》]

范逢源，字取菴。清代庆云县人。贡生。早年任教兼习医，后弃教业医，精内、外两科。辑有《是乃仁术》三卷，未刊。

[《山东中医药志》第六篇《人物表》]

[《庆云县卫生志》第九编《名医简介》]

范逢源，光绪十八年（1892）。

[民国《庆云县志》卷二《贡生》]

◎ 刘敬兴 ◎

儒士刘敬兴，字式衡。幼聪敏，嗜医术，博读各家医书，独有心悟。有延医者，徒行就诊，不饶饭，不受酬。每施一方，沉疴立起，时人比之"和缓"。

[民国《续修庆云县志·名医》]

刘敬兴，字式衡。清末民初庆云县人。入病家诊，徒步以往，不索饭，不受谢。

[《山东中医药志》第六篇《人物表》]

[《庆云县卫生志》第九编《名医简介》]

◎ 于兰瀛 ◎

于兰瀛，字仙洲。幼颖悟，博览经史，不以功名为意。久研医术，各科皆有心得。每施一方，不泥古，亦不背古，著手成春。好善忘劳，有求必到。功侔良相，其若人乎！

[民国《续修庆云县志·名医》]

于兰瀛，字仙洲。清末民初庆云县人。于各科皆有心得，施方不泥古，多著手成春。

[《山东中医药志》第六篇《人物表》]

[《庆云县卫生志》第九编《名医简介》]

◎ 刘儒宾 ◎

◎ 张伯筠 ◎

从九品刘儒宾，字子珍。性嗜读，博览经史。公赋质素弱，腿患寒疾，服药年余，始得痊愈。以此矢志医学，后得外祖伯筠张公真传，脉理别有会心，尤善治伤寒之症。有求者，无论昼夜寒暑，徒步未尝辞劳，其济世活人之术，远近皆推之。著医书数卷，存于家待梓。

[民国《续修庆云县志·名医》]

刘儒宾，字子珍。清代庆云县人。得外祖张伯筠脉理真传，工医术，善治伤寒。以济世为怀，求无不应。

[《山东中医药志》第六篇《人物表》]
[《庆云县卫生志》第九编《名医简介》]

◎ 胡 轸 ◎

邑庠生胡轸，字次翼。天性颖悟，儒术既深，医术尤精。于阴阳、术数等学，尤格外注意。有延者，无不应诺，无论昼夜寒暑，未尝辞劳。于邻近村庄，来接则不劳车马；甚贫乏者，则不令具茶酒。其济世活人之术，远近皆推重焉。蒙举乡饮介宾。

[民国《续修庆云县志·名医》]

胡轸，字次翼。清代庆云县人。学识广博，精医术，工阴阳术数，不求名利，以济世活人为务。

[《山东中医药志》第六篇《人物表》]
[《庆云县卫生志》第九编《名医简介》]

◎ 秋阳道人 ◎

秋阳道人传
岁贡王名簜筠圃

秋阳道人者，盖志在终身弗昏浊务，如秋日之悬清光，故以为号也。其人于世事，无所好，常闭门读书，讽咏不倦。凡诗文、词赋、书画、星相及天文、地理、兵法、岐黄等学，无不留意焉。且喜抄书读，故有务外名，又或目之为抄书将云。然家最贫，衣食不能自给，以舌耕为业，而愚拙成性，教徒严如亲子弟，以故延师者，惮之外于世故，不尚周旋而嫉恶，又太严，故或有称之为大者，或有目之为愚者，或有讥之为狂者，皆无足辨也。赞曰：甘守困穷，不慕纷华，忍饥读书，非斯人耶！

[民国《续修庆云县志·撰述》]

民国

◎ 于希智 ◎

于希智(1895—1939),号及武。庆云县后于村人。工岐黄术,精内、外两科,名闻乡邑。

[《山东中医药志》第六篇《人物表》]

◎ 程思敬 ◎

程思敬(1895—1936),字丹铭。清末民初庆云县程太蓝村人。民国元年(1911)考入沧州博施医院习医,民国三年投充陕西陆军第三混成旅,历任军医长、医官、处长等职。民国十六年任河南督署总医院院长。民国十九年,返乡举办"居仁医院",乡里称其"剖腹割刺疗病,中西医无不精通,和睦乡里,施药救生"。

[《庆云县卫生志》第九编《名医简介》]

[《山东中医药志》第六篇《人物表》]